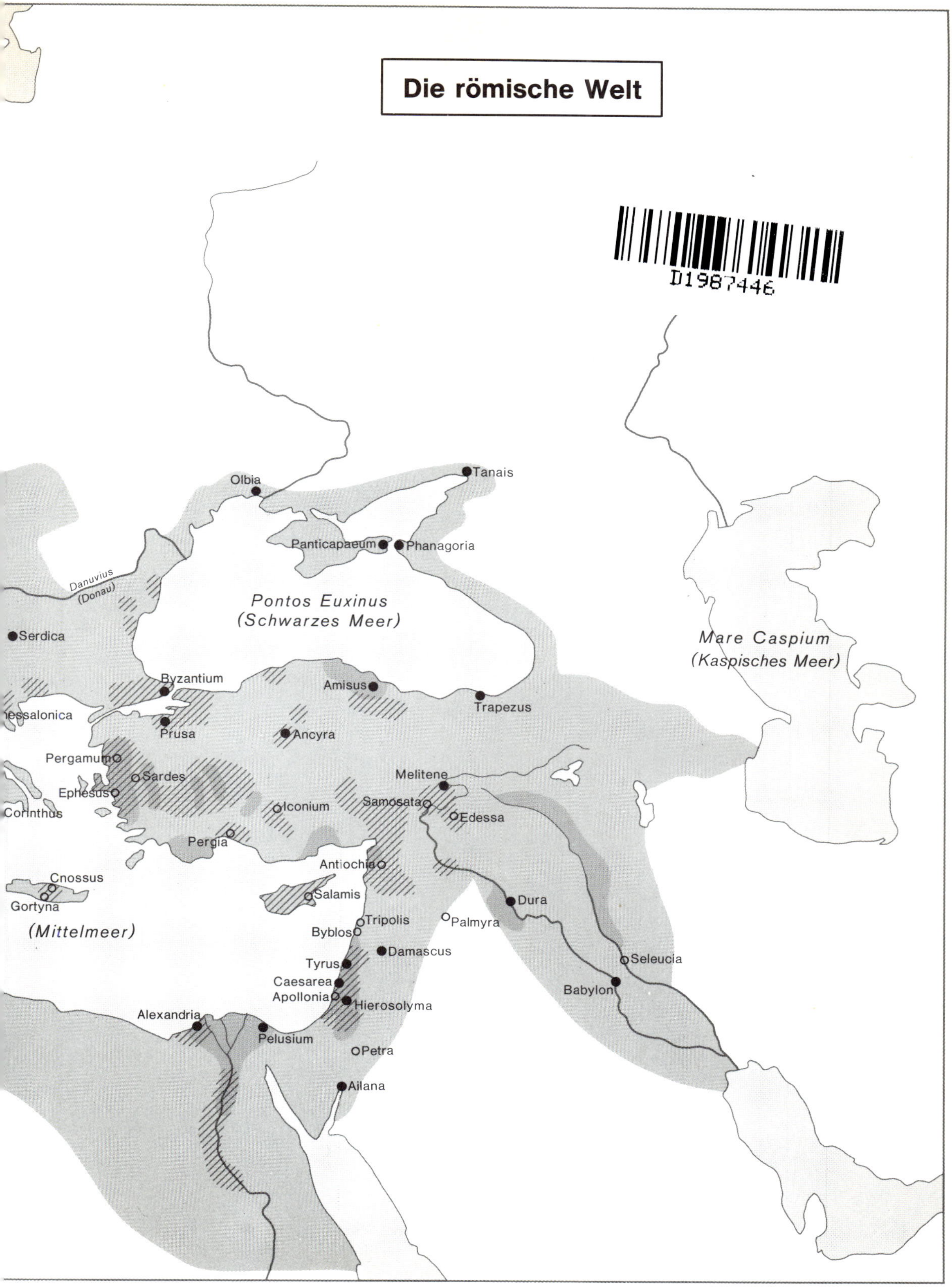
Die römische Welt
Tanais
Olbia
Panticapaeum
Phanagoria
Danuvius
(Donau)
Pontos Euxinus
(Schwarzes Meer)
Mare Caspium
(Kaspisches Meer)
Serdica
Byzantium
Amisus
Trapezus
hessalonica
Prusa
Ancyra
Pergamum
Sardes
Ephesus
Corinthus
Melitene
Samosata
Edessa
Iconium
Pergia
Antiochia
Cnossus
Gortyna
Salamis
(Mittelmeer)
Tripolis
Byblos
Palmyra
Dura
Damascus
Seleucia
Tyrus
Caesarea
Apollonia
Hierosolyma
Babylon
Alexandria
Pelusium
Petra
Ailana

DER TRIUMPH DES ABEND-LANDES

J. M. Roberts

DER TRIUMPH DES ABEND-LANDES

Eine neue Deutung der Weltgeschichte

Titel der englischen Originalausgabe
THE TRIUMPH OF THE WEST
Original-Verlag: British Broadcasting Corporation
Übersetzt von Dr. Elisabeth Sautter, Bad Honnef

Lizenzausgabe 1989 für
Manfred Pawlak Verlagsgesellschaft mbH,
Herrsching

Lektorat: H. Dieter Wirtz
Umschlagfoto: Bildarchiv preussischer Kulturbesitz

Printed in Yugoslavia
ISBN: 3-88199-642-7

Inhalt

Einleitung

Wir schreiben das Jahr 1900: Obwohl sich der einzelne zu jener Zeit Mißgeschikken und Ungewißheiten ausgesetzt sah, scheint es um die Jahrhundertwende – im Gegensatz zu heute – für den Menschen viel leichter gewesen zu sein, sich im Hinblick auf die Gesellschaft als Ganzes zuversichtlich zu fühlen. Welche Einschränkungen sie auch machten, vernünftig denkende Männer und Frauen in der sogenannten »zivilisierten Welt« konnten damals voraussetzen, daß die Dinge immer besser werden und die mit der Zivilisation einhergehenden Fähigkeiten und Kräfte einen anhaltenden Fortschritt sicherstellen würden. Probleme wurden rasch gelöst; bei denen, die bestehen blieben, sah es ganz so aus, als ob auch sie, vielleicht schon bald, menschlichem Erfindungsgeist weichen würden. Nur einige wenige Hochgebildete fühlten sich pessimistisch gestimmt, wenn sie auf das bevorstehende Jahrhundert blickten.

Diese Zuversicht war mit dem Gefühl der Zugehörigkeit zu einer bestimmten Kultur verbunden, die allgemein »europäisch«, »westlich« oder die »Kultur des Abendlandes« genannt wurde. Ihre schiere Energie und Kraft begeisterte die Menschen. Manchmal schien es fast so, als sei der Hauptzug dieser westlichen Kultur ihre Kraft, Wandel zu schaffen, doch brachten ihr technologischer Genius und ihr Reichtum offenbar auch eine tiefer wurzelnde Überlegenheit zum Ausdruck. Jedermann wußte, daß es in der fernen Vergangenheit andere große Kulturen gegeben hatte, von denen sich einige in moderne Zeiten hinübergerettet hatten. Aber, sagen wir einmal, das China des 19. Jahrhunderts wurde von denen, die zur »zivilisierten Welt« gehörten, gewöhnlich für kaum lebendiger gehalten als das alte Assyrien. Diese Vorstellung setzte einen unausgesprochenen Gegensatz zu allem anderen, zum *un*zivilisierten Rest der Welt, der vor allem keinen Anteil an der westlichen Dynamik hatte.

Die abendländische Kultur war in Europa entstanden und herangereift, bevor sie über die Meere auf andere Kontinente übergriff, die von Europäern besiedelt wurden. Um 1900 waren Nord- und Südamerika, Australien, Neuseeland und Südafrika ihre überseeischen Zentren und Hochburgen. Nicht alle diese Kontinente und Länder erreichten das gleiche kulturelle Leistungsniveau in all ihren Lebensbereichen. Aber das galt auch für Europa. Man gab offen zu, daß in einigen Teilen Europas – in Rußland beispielsweise oder in Teilen des Balkans – der Zivilisierungsprozeß nicht so weit gediehen war, wie es hätte sein sollen, und daß man darüber streiten konnte, ob sie als »zivilisiert« zu betrachten seien oder nicht. Auch war die westliche Kultur außerhalb Europas keineswegs auf Länder beschränkt, die von

Europäern besiedelt waren, denn Männer aus dem Abendland hatten schon lange Zeit auf andere Weise als durch Wanderung die ganze Welt nach ihren Vorstellungen der Zivilisation zugeführt. Als ihre Ideen und Institutionen sich über den Erdball verbreiteten, waren einige von ihnen bereit, zuzugeben, daß es abendländisch geprägte Inder, Chinesen, Afrikaner gab, die als »zivilisierte« Menschen gelten konnten. Und in den letzten zwei bis drei Jahrzehnten des 19. Jahrhunderts trat tatsächlich ein nicht-westliches Land in Erscheinung, nämlich Japan, um sich der zivilisierten Welt anzuschließen, auch um deren Maßstäbe, Ideen und viele ihrer Gebräuche zu übernehmen. Dennoch stimmten um 1900 die meisten vernünftig denkenden Menschen weitgehend darin überein, daß es nur in einer »westlichen« Welt, wie immer man sie auch genauer definieren mochte, eine echte Kultur geben könne.

Über achtzig Jahre später finden es heutzutage viele Menschen schwer, dessen so sicher zu sein. Noch weit weniger sind sie imstande, es für selbstverständlich zu halten, daß die westliche Kultur auch weiterhin die Hauptquelle menschlichen Fortschritts und Wohlergehens in kommenden Zeiten sein wird. Manche glauben sogar, daß diese Kultur ihre Pfeile verschossen haben könnte. Die Gründe für solche Befürchtungen sind offenkundig. Wir haben Menschen auf den Mond geschickt, können aber keinen Weg finden, um all unseren Mitmenschen genug zu essen zu geben, weit weniger noch, ihnen eine Chance zu bieten, ihr Leben so zu leben, wie wir es für selbstverständlich halten. Zahllose Menschen haben anscheinend keinen Anteil an dem von Wissenschaft und Technik geschaffenen Reichtum, obwohl ihnen dieser immer aufreizender vor Augen steht. Unsere Fähigkeit, das Los der Ärmsten zu bessern, scheint mit der Zeit sogar abzunehmen, während die Zahl jener Menschen erschreckend zunimmt. Auch in der alten europäischen Mitte der westlichen Welt hat sich dieses Jahrhundert als viel, sehr viel gewalttätiger erwiesen als das vergangene. Menschen haben einander in großen Weltkriegen in einem grauenvollen Umfang getötet. Obwohl sich die Großmächte seit fast vierzig Jahren glücklicherweise nicht mehr bekriegt haben, ist beinahe an jedem Tag seit 1945 irgendwo gekämpft worden, oft um einen hohen Preis und ohne Sinn und Ziel. Alte Haßgefühle und Verbitterung sind nicht ausgerottet, neue sind in Erscheinung getreten. Politische Leidenschaft, religiöse Bigotterie, Furcht, Ehrgeiz und Neid sind destruktiv wie eh und je, und neue Anschauungen erschließen jenen Kräften nur weitere Räume, die in vergangenen Jahrhunderten oft Kriege verursacht haben und heute gefährlicher denn je zu sein scheinen. Es ist vorstellbar, daß, wenn die internationale Politik so schlecht geführt wird, wie es in der Vergangenheit oft der Fall war, nukleare und biochemische Waffen nicht nur ganze Völker, sondern auch viele kulturelle Errungenschaften und Zeugen der Zivilisation vernichten.

Intellektuelle in westlichen Ländern empfinden solche Ängste anscheinend mit besonderer Intensität. Selbst ihr alter Glaube an die technologische Dynamik wird in Frage gestellt. Materieller Fortschritt vollzog sich noch nie zuvor so rasch, aber er hat seinen Preis gekostet, indem er der Umwelt Schaden zufügte und neue Probleme schuf. Nicht einmal materielles Wachstum, so zeigt sich, ist »kostenfrei«. Es könnte sein, daß dies deshalb so ist, weil die Größenordnungen so enorm zugenommen haben, daß überragendes technisches Können offensichtlich nicht mehr so klar und unzweideutig wie früher in eine glückliche Zukunft führt. Moralische und politische Schwierigkeiten verschwinden nicht, weil wir über eine bessere Elektronik und Medizin verfügen: Sie stellen sich im Ergebnis nur noch bedrohlicher dar. Selbst die Sowjets, die (zumindest offiziell) einem eindeutigen, unkomplizierten Fortschrittsglauben huldigen, nachdem er anderswo längst zerbrochen ist, beginnen jetzt anscheinend zu schwanken. Bürger der nordamerikanischen Staaten, in einer optimistischeren Zeit »der Welt letzte, größte Hoffnung«, stümpern jetzt mit orientalischen Religionen, mit Wunderglauben und mit den Marotten derer herum, die einen Individualismus ablehnen. Sowohl die Sowjetunion als auch die USA sind mit Umweltproblemen, Alkoholismus, unzufriedenen Minderheiten und wirtschaftlich ruinösen Rüstungen belastet. Beide zweifeln offenbar an ihrer Fähigkeit, der Ereignisse Herr zu bleiben, und schlagen sich mit einer frustrierenden Unfähigkeit herum, ihrer internationalen Umwelt eine sichere Ordnung zu geben.

Die Störung der westlichen Psyche ist schon seit Jahrzehnten im Gange. Die Schrumpfung des europäischen Imperiums und der Verlust des Monopols der alten Staaten an technologischer und wirtschaftlicher Macht ist die eine Quelle der Enttäuschung; so war es für die westlichen Regierungen leichter, sich dem Spiel gewachsen zu fühlen, als sie, um die Welt zu steuern, lediglich ihre eigenen Interessen in Rechnung zu ziehen hatten. Dies macht jedoch nur einen sehr kleinen (und erst seit kurzem bestehenden) Teil der Geschichte aus. Größerer Schaden dürfte dem Selbstvertrauen des Westens durch die Erkenntnis dessen zugefügt worden sein, was aus seinem Käfig ausbrach und beinahe entkam: das irre Böse. Als Beispiel mag das »Tausendjährige Reich« dienen. Es war schwer, nichts zutiefst Verdorbenes in einer Zivilisation zu spüren, die die Welt dirigierte und beinahe in die Vernichtungslager führte. Die Wurzeln des Unbehagens reichen jedoch tiefer als bis zum Jahre 1939, als der Zweite Weltkrieg begann, oder 1933, als Hitler in Deutschland an die Macht kam. Lange vor 1900 rüttelten Künstler, Philosophen und Wissenschaftler an den absoluten Maßstäben der alten, zuversichtlichen westlichen Welt. Die Kultur dieser Welt hatte ihr Fundament im Glauben an die vernünftige, objektive Intelligenz – aber wo gab es Vernunft, wo war die objektive (erst recht die autonome) Intelligenz nach Freud? Die Achtung, derer sich diese Kultur erfreut hatte, hatte ihren Grund in dauerhaften Werten gehabt. Marxisten, Anthropologen und Rassisten machten mit dergleichen kurzen Prozeß. Die abendländische Kultur hatte eine reiche künstlerische Tradition gepflegt, die, so weitgefächert sie sich auch entfaltete, den Blick auf klassische Maßstäbe und eine Ästhetik zurückrichtete, die als allen Menschen zugängig betrachtet wurde, die willens waren, zu lernen und zu genießen – aber Romantizismus, Subjektivismus, Surrealismus und schließlich die pure Jagd nach Sensation um jeden Preis änderten dies alles.

Vor einem solchen Hintergrund veröffentlichte ein deutscher Professor unmittelbar nach dem katastrophalen Ende des Ersten Weltkrieges ein Buch mit dem Titel »Der Untergang des Abendlandes«. Es war kein Wunder, daß es ein Bestseller wurde. Auch wenn das Buch nicht viel gelesen wurde, sein Titel, eine mißverstandene, aber scheinbar passende, griffige Formel, die einen Glaubensverlust in einem ganzen Kulturkreis aufzeigte, schlug ein. Mit einer solchen Redewendung wurde natürlich nur eine Metapher geboten. Jede derartige Ausdrucksweise sollte zwar sehr genau überprüft werden, aber viele Leute akzeptieren solche Ausdrücke, weil der Rückgriff auf Metaphern der einzige Weg zu sein scheint, der Größe dessen, was geschieht, Ausdruck zu geben. Ganz abgesehen von den eingefleischten Pessimisten, ist jedenfalls die artikulierte Meinung in den westlichen Ländern weniger selbstbewußt, ihrer Werte weniger sicher als zu Beginn des Jahrhunderts. Ist es richtig, davon auszugehen und zu folgern, daß unsere Kultur in einem endgültigen Sinn »gescheitert« ist, oder kann sie nur in einem Vergleich als im »Untergang« begriffen beschrieben werden? Das sind Fragen, die einer Diskussion noch ganz offenstehen, wie das bei derartig schwerwiegenden historischen Urteilen fast immer der Fall ist. Ich neige eher dazu, die ganz düsteren Urteilssprüche zurückzuweisen und dem größeres Gewicht beizumessen, was Menschen tun, als dem, was Intellektuelle sagen. Es gibt ein paar durchaus diskutable und weniger subjektive Gründe, den sehr pessimistischen Schlußfolgerungen entgegenzutreten. Und es ist der Mühe wert, das zu tun.

Moralische und ästhetische Werturteile über die Vergangenheit berühren unser Leben hier und heute. Wenn sie nicht haltbar begründet sind, können sie leicht die historische Perspektive verzerren und so unser eigenes Urteil noch mehr trüben. Das heißt nicht, daß wir die Greuel der Vergangenheit schlicht vergessen und lautstark von »Errungenschaften« reden können. Es geht hier vielmehr um den Versuch, die historische Durchschlagskraft der abendländischen Kultur zu bemessen, um auf diese Weise ihre Wirkung auf die Entwicklung des Menschen zutreffend zu bewerten. Das sollte uns zumindest dazu verhelfen, unsere heutige Welt ein bißchen besser zu verstehen. Ich glaube nicht, daß es als unwiderruflich angesehen werden muß, daß die Tage der abendländischen Kultur als einer weltgestaltenden Kraft vorüber sind oder daß das Abendland nur auf sterile Triumphe zurückblicken kann. So etwas muß bewiesen und kann nicht nur behauptet werden. Es liegt eine Gefahr in der Unterschätzung des bleibenden Unterschieds – im Guten wie im Bösen –, den das Abendland für die Welt bedeutet hat und weiterhin bedeutet. Wenn wir historische Fehlurteile darüber fällen, werden unsere heutigen Probleme um einiges schwerer zu handhaben, werden sie etwas bedrohlicher sein, weil das Verständnis für das Phänomen verformt wird. Der Sinn für das wahre Gewicht der Vergangenheit ist der Beginn der politischen Weisheit: Unsere Vergangenheit umfaßt eine Welt, die vom Abendland radikal umgestaltet worden ist. Der zweideutige Triumph des Abendlandes mag ein mit Fehlern behafteter, komplizierter und widersprüchlicher Triumph gewesen sein, es war dennoch ein Triumph.

Die vorliegende Arbeit ist ein Versuch, diesen Triumph historisch zu erfassen. Sie ist eher ein historischer Essay als ein Geschichtswerk. Sie ist in keiner Weise eine umfassende Abhandlung über die allgemeine Geschichte oder auch nur über irgendeinen bestimmten historischen Teilbereich. Das volle Bild, aus dem sich die hier niedergelegten Gedanken ergeben, muß man anderswo suchen. Dies ist ganz entschieden keine in aufgeblasenem oder gar aggressivem Geist abgefaßte Untersuchung. Triumphe haben ihren Preis, oft einen schrecklichen. Die Römer wußten das. Sie pflegten gelegentlich ihren erfolgreichen Heerführern, um deren Siege zu feiern, das zu bereiten, was sie einen »Triumph« nannten. Seine Gefangenen in Ketten vor ihm, den Siegeslorbeer über den Brauen, auf den Wangen Streifen vom rituellen Zinnoberrot, wurde der siegreiche Befehlshaber in seinem Wagen in einer Prozession durch die Straßen zum Kapitol gezogen, um den Dank des Senats zu empfangen. Und wenn die Sonne ihren Glanz herniederwarf, die Trompeten schmetterten und die Römer lauten Beifall spendeten, vernahm der Gefeierte manchmal die Stimme eines Mannes, der neben ihm im Wagen stand – die Stimme eines Sklaven, der den Helden daran erinnerte, daß er trotz allem kein Gott war. »Denke daran«, pflegte der Sklave von Zeit zu Zeit zu sagen, »auch du bist nur ein Mensch!«

I.
Die eine Welt

Als abstrakte Idee ist Kultur nicht leicht zu bestimmen, Kulturen als historische Fakten sind dagegen leichter zu erörtern. Selbst wenn Historiker sich nicht einig sind, wie viele es gegeben hat, so gibt es doch Kulturen, die gemeinhin anerkannt werden – die des alten Mesopotamien oder Ägypten und ebenso die Kulturen Chinas, des klassischen Griechenland und des antiken Rom, um nur einige eindeutige Beispiele anzuführen. Wenn sie von diesen (oder anderen) Kulturen sprechen, greifen Historiker bedeutende Traditionen heraus, in deren Rahmen sich menschliches Leben über Jahrhunderte hinweg in Formen abspielte, die denen anderer Traditionen unähnlich waren und ihnen mit der Zeit immer unähnlicher wurden. Weil Kulturen unter anderem ausgefeilte soziale Organisationen aufbauen, eine massive Konzentration von Arbeitskraft möglich machen, schriftliche Zeugnisse hinterlassen, die die Anpassung und Auswertung des geistigen Kapitals sehr erleichtern, entwickeln sie im Laufe der Zeit ein kulturelles Potential, das außerhalb dieser Kulturen nicht existieren kann. In der gesamten geschichtlichen Epoche – hinsichtlich der Ära der Kulturen – hatten die Menschen so eine viel größere Chance als ihre prähistorischen Vorfahren, ihr Leben deutlich anders zu leben als die meisten anderen menschlichen Wesen. Man könnte beinahe sagen, daß sich mit Kultur die erste Chance des Menschen ergibt, ein wirklich individuelles Leben zu leben.

Dennoch haben Kulturen Identitäten. Gewöhnlich sehen sich Gesellschaften, die zu einer Kultur gehören, bei aller Verschiedenheit im Hinblick auf ihre Institutionen, soziale wie politische, ähnlich. Sie teilen oft gewisse allgemein akzeptierte Lebensstile oder Technologien und auch Werte und Überzeugungen. Natürlich können innerhalb desselben Kulturraumes Menschen verschiedene Dialekte und Sprachen sprechen, verschiedene lokale Gottheiten verehren, verschiedene und konkurrierende Herrscher haben, verschiedene Kleidung tragen, doch haben sie Dinge gemeinsam, die sie nicht mit Menschen anderer Kulturen teilen. Häufig gehört dazu eine besondere Vorstellung von Autorität und Kosmos. Kulturen drücken ihre Übereinstimmung in solchen Dingen üblicherweise in Mythen oder religiösen Strukturen, in Komplexen ererbter Vorstellungen aus. Bis auf den heutigen Tag liegt im Kern jeder Kultur eine Art geregelter religiöser Überzeugungen, und solche Überzeugungen sind oft die wichtigsten Elemente des Zusammenhaltes.

Die schon angesprochenen Unterschiede zwischen Kulturen sind der hervorragendste Beweis dafür, daß Menschen imstande sind, auf ganz verschiedene Weise zu leben. Solche Unterschiede reichen in der Tat sehr tief. Es geht beispielsweise darum, welche Vorstellungen man von der natürlichen Umwelt hat, aber auch, was

△ Kaiser von eigenen Gnaden afrikanischen Stils: Zentralafrikas Bokassa bestellte Krönungsroben aus Frankreich, die nach denen Napoleons I. entworfen wurden

◁ Kaiser von eigenen Gnaden europäischen Stils: Napoleon I. von Frankreich. Adler und Siegerkranz sind dem kaiserlichen Rom, Goldbienen den merowingischen Königen entliehen man seinen Herrschern, Dienern, seiner Gemeinschaft, seiner Familie und sich selbst schuldet. Die Unterschiede betreffen Glaube und Mythos, und Glaube und Mythos trennen und differenzieren menschliche Wesen von Grund auf.

Während des größten Teils der letzten fünftausend Jahre hat es mehrere voneinander verschiedene Kulturen gegeben, die in derselben Welt Seite an Seite lebten, jedoch jede für sich. Bis in die jüngste Zeit gab es zwischen vielen von ihnen oft nur geringe Wechselwirkungen. Selbst bei unmittelbarem geographischem Kontakt oder bei Begegnungen in offenen Konflikten waren sie anscheinend immer durch unsichtbare Membranen voneinander getrennt, die sich, obwohl durchlässig genug, um eine gewisse wechselseitige Anregung zu erlauben, als enorm zäh und dauerhaft erwiesen haben. Kulturen haben jahrhundertelang koexistiert, sogar gemeinsame Landesgrenzen gehabt und einander doch nur wenig vermittelt, was auf der einen oder anderen Seite zu einem wesentlichen Wandel geführt hätte. Ihre jeweils einzigartige Natur blieb unberührt. Manchmal fehlte natürlich selbst die geringste Kommunikation zwischen ihnen, und sie hatten keinerlei Chance, einander kennenzulernen. Die lateinamerikanischen Kulturen entstanden, reiften heran und verfielen über Jahrhunderte hinweg, unberührt von irgend etwas außerhalb ihrer Hemisphäre, ja oft sogar von allem, was außerhalb ihrer Wohngebiete in den Regenwäldern lag. Es ist möglich, daß die chinesische Kultur eine starke Wirkung auf die Inkas ausgeübt hätte, wenn sie sie erreicht hätte – aber sie konnte nun einmal nicht über den Pazifik gelangen, um zu vermitteln, was sie anzubieten hatte.

Selbst wenn eine gewisse Verbindung bestand, führte sie nicht immer zu einem nennenswerten Austausch. Ungefähr vierhundert Jahre lang, von 200 v. bis 200 n. Chr., wurde China von den Han-Kaisern regiert, von denen der eine oder andere einen gewissen diplomatischen Kontakt zum kaiserlichen Rom gehabt haben mag, doch das konnte nicht als signifikante kulturelle Beziehung bezeichnet werden. Es kam zwischen China und Rom niemals zu einer wirklichen wechselseitigen Einflußnahme. Ebensowenig vermittelte China der mittelalterlichen Christenheit viel auf direktem Wege; geringe Handelsbewegungen und die Berichte einiger weniger Reisender machten wirklich nicht viel aus. Das technologische Wissen, das Europäer möglicherweise von China übernommen haben, kann nur über Mittelsmänner in den Westen gelangt sein. Andererseits konnte China den nahegelegenen japanischen Inseln unmittelbar eine bestimmte Auffassung von Staat, Familie, eine Schrift und eine Ethik vermitteln. Auf diese Weise trat eine japanische Kultur in Erscheinung, die der chinesischen eindeutig verwandt war (obwohl sie sich, einmal entstanden, alsbald von ihr unterschied und gänzlich unabhängig wurde).

Eine Möglichkeit festzustellen, wieviel reicher und vielfältiger menschliches Leben im Laufe der Jahrhunderte wurde, bietet sich durch ganz einfache alltägliche Dinge an. Schubkarren verrichten in Ländern überall auf der Welt die gleiche Art von Dienst. Sobald wir das Wort benutzen, haben wir eine recht klare Vorstellung davon, auf welche Art von Gerät es sich bezieht. Und doch sind manche Schubkarren ganz anders als andere. Die Art von Schubkarren, die die Chinesen Tausende von Jahren benutzt haben, sieht völlig anders aus als ihr europäisches Gegenstück. Obwohl sie in ihrer Mechanik bei vielen Verrichtungen leistungsstärker ist (das Rad befindet sich an einer anderen Stelle und nimmt den Armen des Mannes, der den

Karren schiebt, mehr vom Gewicht der Ladung ab als das des europäischen Modells), bleibt sie auf einen Teil der Welt beschränkt. Dieser Karren ist die lokale Antwort auf ein universales Problem – die gleiche praktische Arbeit muß nicht immer auf die gleiche Art getan werden. Sogar innerhalb eines einzelnen Landes wie England gibt es Spaten in vielen Formen und Größen. Alle Spaten werden zum Graben gebraucht, aber unterschiedliche örtliche Werkstoffe, unterschiedliche Arbeitstraditionen und Böden haben zu sehr vielfältigen Entwürfen angeregt. Waffen sind eine andere Art von Gerät. Das Schwert eines Kreuzfahrers im 12. Jahrhundert war erheblich verschieden von dem des Sarazenen, den er bekämpfte, wie eine Geschichte von Richard Löwenherz erzählt, der mit seinem Schwert Seide durchzuschneiden versuchte. Die feine Klinge seines großen Gegners Saladin verrichtete diese Arbeit sehr viel besser als Richards schwere Waffe. Beide Schwerter aber unterschieden sich von denen, die später von den berühmten japanischen Schwertschmieden hergestellt wurden.

Auf ähnliche Weise dienten auch Bauwerke immer weitgehend demselben Zweck; sie sollten beherbergen, schützen und beeindrucken. Doch die Architektur variierte lange Zeit erheblich von Land zu Land und sogar von Nachbarschaft zu Nachbarschaft. Die Verfügbarkeit bestimmter Werkstoffe ist *eine* Erklärung, das Vorhandensein von Fähigkeiten und Erfahrungen eine *andere*. An dieser Stelle kommen wir jedoch zu dem menschlichen und zum Element der Tradition zurück, zu dem Phänomen der Auswahl, die eine spezifische Kultur trifft. Menschen werden nicht nur durch das Material eingeengt, das ihnen zur Verfügung steht, sie ziehen auch Tradition und Vorbilder in Betracht, sei es, indem sie ihnen folgen, sei es, indem sie sie ablehnen. Die Kathedrale von Salisbury, Aurungzebes Moschee in Lahore und der Meiji-Schrein in Tokio sind Sakralbauten, doch unterscheiden sie sich völlig voneinander. Sicher handelt es sich bei allen um öffentliche Gebäude, aber dieser

Die traditionelle chinesische Schubkarre: Ein technologischer Triumph in kleinem Rahmen

Rüstung soll schützen und manchmal auch erschrecken: Das Ergebnis konnte in Europa und Japan sehr unterschiedlich sein

Punkt bringt uns nicht viel weiter. Es sind nicht die Ähnlichkeiten, sondern die Unterschiede zwischen dem, was in einer protestantischen amerikanischen Kirche, in einer nigerianischen Moschee oder einem buddhistischen Tempel geschieht, die unterschiedliche architektonische Formen erklären. Selbst innerhalb der begrenzten Gruppe christlicher Sakralbauten wandelten sich Anschauungen im Verlauf der Jahrhunderte so, daß es zum Beispiel zu manchen Zeiten und mancherorts praktisch unmöglich war, daran zu denken, eine Kirche anders als in einem bestimmten vorherrschenden Stil (etwa in Neugotik) zu erbauen, wie immer auch Profanbauten in derselben Gesellschaft aussehen mochten.

Auch Kleider haben lange Zeit soziale Unterschiede angezeigt. Der menschliche Körper ist rund um die Welt weitgehend gleich, sieht man einmal von einigen wenigen markanten Unterschieden in bezug auf Hautfarbe, Statur, Haar und Fett ab. Weil aber Klima, Werkstoffe und die über einen großen Zeitraum entwickelten Fähigkeiten lange von Ort zu Ort und von Zeit zu Zeit verschieden waren, haben sich verschiedene Völker sehr verschieden gekleidet.

Fast immer in der geschichtlichen Zeit sind dann Kleider auch Zeichen der Gruppenzugehörigkeit gewesen. Die fremdartige Bekleidung der ersten Europäer, die nach Japan kamen, faszinierte japanische Künstler so sehr, daß sie diese in Zeichnungen und Bildern festhielten. Das geschah, hervorgerufen durch immer neue Eindrücke, über drei Jahrhunderte lang. Die Reihe beginnt mit Darstellungen portugiesischer Gentlemen und ihrer Dienerschaft auf Wandschirmen und endet mit Skizzen von den Offizieren des amerikanischen Kommandanten Matthew C. Perry und ihrer Ausrüstung. Kleider signalisieren auch Klassenunterschiede innerhalb von Gesellschaften – so wird der Sari in verschiedenen Teilen Indiens auf ganz verschiedene Weise getragen. Noch heutzutage unterscheiden sich christliche Geistliche von anderen Männern dadurch, daß sie Soutanen, dunkle Anzüge und Priesterkragen tragen. Kilt, Kimono und der westafrikanische Kent, Hosen, Breeches und Dhotis, jene Lendentücher der Männer in Indien, Uniformen und akademische Roben, Zylinder und Gamaschen übten lange Zeit die gleiche Funktion aus.

Auch die Sprache trennt die Menschen und macht sie verschieden voneinander. Dabei ist es nicht nur so, daß die grammatischen Strukturen, Vokale und Akzente außerordentlich variieren. Die Unterschiede in der Sprache gehen tiefer: Sie machen manche Gedankengänge buchstäblich erst möglich (oder verfehlen sie). Wie jeder, der versucht hat, Dichtung zu übersetzen, wahrscheinlich festgestellt hat, können wir in einigen Sprachen keine exakte Entsprechung für gedankliche Nuancen, die wir zum Ausdruck bringen möchten, oder für Strukturen finden, die dieselbe Ausdruckskraft haben wie die Strukturen, die uns vertraut sind.

Wir haben diese enorme Vielfalt lange für selbstverständlich gehalten. Unsere Museen, Bibliotheken und Nachschlagewerke quellen über von Beweisen dafür. Reiseunternehmen profitieren davon: Wir zahlen dafür, in entfernte Teile der Welt reisen und dort sehen zu können, wie sie sich von unserem Lebensraum unterscheiden. Warum aber suchen wir immer gieriger nach dem, was anders ist? Warum lieben und genießen wir menschliche Vielfalt? Vielleicht, weil sie noch nie so gefährdet war. Ein interessanter kultureller Wandel beginnt sich jetzt rund um die Welt abzuzeichnen. Eine neue Einförmigkeit menschlicher Erfahrung bildet sich heraus, offensichtlich in globalem Rahmen. Kürzlich – vielleicht sogar plötzlich – schien die Welt weniger vielgestaltig, weniger differenziert, weniger pittoresk, einförmiger und auch etwas grauer zu werden. »Kürzlich« und »plötzlich« sind historische Kürzel. Im vergangenen Jahrhundert, in dem der angedeutete Prozeß feststellbar wird, gab es nur wenig, anhand dessen man Bewegungen in Richtung auf Mannigfaltigkeit hätte ausmachen können. Erst in den letzten zwei oder drei Jahrzehnten – als sie sich auf einmal sehr viel rascher vollzog – wurde die Veränderung zu offensichtlich, als daß man sie hätte ignorieren können. Das ist möglicherweise der Grund, warum wir in diesen wenigen Jahrzehnten Vielfalt besser zu schätzen begonnen haben.

Die einfachste Erklärung für den festgestellten Wandel ist die technologische. Wenn Maschinen leistungsfähig sein sollen, gibt es, abgesehen von ihrer detaillierten Ausstattung, wenig Spielraum für die Konservierung traditioneller Stile und Werkstoffe. Folglich sieht ein Auto ziemlich genauso aus wie alle anderen Autos in der Welt. Ein Schiff ist ein Schiff, ein Flugzeug ein Flugzeug. Und mehr noch – eine gemeinsame Technologie normiert auch vieles andere. Unterschiedliche Verfahrensweisen und neue Arbeitsmodelle folgen der Ankunft von Maschinen in einer ländlichen Wirtschaft oder von Klimaanlagen in einem heißen Klima oder von billiger Wasserkraft in einem an fossilen Brennstoffen armen Land. Kugelschreiber, Kohlepapier und Schreibmaschinen haben eins wie das andere das Kommunikationswesen verändert, und das Telephon bewirkt dies sogar noch rascher. Kommunikationstechnologie macht in der Tat die Sache besonders deutlich. Zuerst die Schrift, dann der Druck trugen zu einer Vereinheitlichung von Formen bei, doch haben Innovationen in jüngster Zeit (insbesondere seit der Stationierung von

Satelliten) noch viel rascher und radikaler festgelegte Lebensweisen und Traditionen unterbrochen und neue Standardformen durchgesetzt. Sie haben die Macht der Regierungen wieder verstärkt, haben den Geschmack verfeinert und gleichzeitig vereinheitlicht, haben neue Bedürfnisse und Vorstellungen verbreitet. Immer mehr Menschen teilen heute immer rascher als je zuvor gleiche Eindrücke. Auch wenn neue Ideen auf Veränderung zielen, handelt es sich um Veränderungen in einer gemeinsamen Richtung. Reklamewände, Transistorradios und Kinos haben das Gefühl des Menschen für das, was möglich ist, von Grund auf gewandelt. Überall in der Welt haben sie Ansprüche und Erwartungen verändert, aber auch in zunehmendem Maß auf dasselbe Ziel ausgerichtet. Das Fernsehen hat außerhalb Europas und Nordamerikas noch keinen so starken Einfluß, aber wahrscheinlich wird das mit der Zeit noch kommen. Es kann sein, daß im Rückblick der Tag, an dem der erste Apparat in einem anatolischen oder mongolischen Dorf aufgestellt wird, sich als der Tag erweist, der in dieser Gemeinde einen sich weit rascher vollziehenden Wandel eingeleitet hat als die Ankunft des ersten Werkzeugs aus Eisen, wann immer dies auch vor Tausenden von Jahren geschehen sein mag.

Man kann solche Veränderungen leicht unterbewerten. Sie geschehen manchmal unbemerkt. Gelegentlich werden sie geleugnet. Sich untereinander falsch zu verstehen ist das Schicksal der Menschen, und es gibt viele Gründe für Mißverständnisse in Sprache und Kultur, die uns daran erinnern, daß Menschen und ihre Gesellschaften immer noch sehr verschieden sind, und es ist durchaus vernünftig, darauf hinzuweisen, daß die Uniformität noch nicht sehr tief geht – so verläuft das alltägliche Leben in einem afrikanischen Dorf bedeutend anders als in einem kleinen englischen Ort. Und trennt der Islam – um eine andere Ebene zu wählen – die arabische Welt nicht sehr viel mehr von der christlichen, auch wenn in beiden Welten das Automobil zum alltäglichen Erscheinungsbild gehört? Werden Frauen in Bombay, Borneo und London nicht verschieden behandelt? Selbstverständlich muß die Antwort auf solche Fragen »ja« lauten. Das bedeutet aber nicht, daß Kulturen, die lange Zeit voneinander verschieden waren, heute nicht aufeinander zulaufende Wege einschlagen, wie breit auch immer der gegenwärtig zwischen ihnen liegende Graben sein mag. Viele materielle Veränderungen der letzten Jahrzehnte mögen kaum mehr als oberflächlich sein, doch haben manche von ihnen Umwandlungsprozesse auf weit tieferen Ebenen angezeigt, Prozesse, die fundamentale Überzeugungen ins Wanken gebracht haben.

Triviale Fakten sind häufig die deutlichsten Anzeichen für das, was vor sich geht. Bleiben wir bei Kleidern. In keiner zivilisierten Gesellschaft wählen sich die Menschen ihre Kleider samt und sonders immer nur aus, weil sie nützlich, bequem oder billig sind. Kleidung hat auch einen symbolischen Charakter; sie sagt etwas über die aus, die sie tragen. So gesehen ist es auf den ersten Blick zum mindesten merkwürdig, daß die Schuhe, Anzüge, Hemden und Krawatten, die von so vielen westlichen Städtern im 20. Jahrhundert getragen werden, in einem ganz anderen Klima die tägliche Kleidung Tausender im modernen Afrika oder Asien werden konnten. Wie lautet die Botschaft, die damit übermittelt wird? Es ist nicht leicht einzusehen, warum afrikanische Frauen wünschen sollten, die gleiche Unterwäsche zu tragen, die die europäische und nordamerikanische Frau in den Kaufhäusern von Marks &

Spencer in London, Lafayette in Paris oder Macy in New York kaufen, anstatt ihr traditionelles Gewand. Zwar ist es durchaus nachzuvollziehen, wenn ein japanischer Geschäftsmann seinen Savil-Row-Anzug[1] passender findet als die traditionelle Robe eines feinen Herrn in seinem Land, doch warum zieht der Hongkong- oder Macao-Chinese Anzüge an, die denen nachgemacht sind, die von mitteleuropäischen Geistlichen bei den akademischen Feierlichkeiten ihrer Universitäten getragen wurden? Und was signalisiert ein Mitglied des nigerianischen Parlaments mit der Perücke eines Engländers des 18. Jahrhunderts?

Feierliche Gelegenheiten scheinen überall ungewöhnlichen Putz zu erfordern, aber das erklärt nicht, warum er importiert werden muß. Es ist auf den ersten Blick schwer zu begreifen, warum neue Nationen sich auf der Suche danach nicht öfter an ihren eigenen Traditionen orientieren. Zum Beispiel hätten afrikanische Regierungen beschließen können, ihre akademischen Gelehrten nach Art von Medizinmännern oder ihre Soldaten in die Löwen- und Tigerfelle ihrer eigenen legendären Helden und Krieger zu kleiden. Zeremonien an den afrikanischen Universitäten werden aber normalerweise in westlichen Gewändern abgehalten, und sogar bei Paraden in voller Montur bleiben afrikanische Soldaten zumeist bei Uniformen von westlichem Zuschnitt. Wie die Einführung von Bärenfellmützen durch die britische Fußgarde nach der Schlacht von Waterloo (in der die französische Garde sie trug) zeigt, ist die Übernahme exotischer Bekleidung mit Gewißheit ein Akt der Huldigung. Die Aneignung der Symbole einer anderswo entstandenen und entwickelten kulturellen Tradition ist demnach ein Beweis – wenn auch noch so verschleiert und nur ungern zugegeben – für Bewunderung und Respekt – und das ist alles andere als ein neuartiges Phänomen.[2]

Monomanie kann eine solche unbewußte Huldigung deutlich sichtbar machen. So beförderte sich »Feldmarschall« Idi Amin selbst auf einen europäischen Rang und sprach von sich feierlich als »VC« (also als Träger des Viktoriakreuzes, der höchsten Tapferkeitsauszeichnung für britische und irische Soldaten aller Grade) – eine Bezeichnung, die buchstäblich sinnlos ist, es sei denn vor dem Hintergrund einer jahrhundertealten Tradition militärischer Ehrungen. Ein noch unsinnigeres Beispiel ist das des ehemaligen »Kaisers« (Anm. d. Ü.: im Englischen »emperor«, daher die sprachliche Verbindung zum Lateinischen) von Zentralafrika, Bokassa. *Imperator* war ursprünglich ein römischer militärischer Titel. Verschiedene europäische Sprachen haben davon später ihre Bezeichnung für eine sehr hochstehende Art von Herrschern abgeleitet. Bokassa übernahm beides, Titel und dazugehörigen Pomp, und orientierte sich an dem imperialen Stil, mit dem er am besten vertraut war, nämlich dem französischen. Seine Krönungsgewänder waren denen des ersten Napoleon nachgemacht. Er trug seine Krone wie ein mittelalterlicher König und hielt in den Händen ein Szepter, das Symbol der Autorität, das auf den Bildern, mit denen mittelalterliche Handschriften geschmückt sind, in die Hände des Königs David gelegt und heute noch englischen Monarchen bei ihrer Krönung überreicht wird. Wie alle Herrscher spielte Bokassa bewußt eine Bühnenrolle. Allerdings entnahm er sie einem nicht-afrikanischen Manuskript, dem großen Drama der europäischen Monarchie. Für das europäische Theater geschrieben, wurde es auf diesem Kontinent fast tausend Jahre lang mit großem Erfolg aufgeführt, Afrika

Die Perücke als Symbol: Die Kleidung des Sprechers des Abgeordnetenhauses von Zimbabwe erinnert an Jahrhunderte britischer Verfassungsgeschichte

aber, dem vergangenen wie dem gegenwärtigen, hat es nichts zu sagen. Wenn wir fragen, warum Bokassa seine Symbole an einer solchen Quelle suchte, mag die Antwort banal scheinen: Nachahmung ist die subtilste Form von Schmeichelei. So pervers sie auch ist, sie ist ein Anspruch auf Teilhabe an einer bewunderten, wenn auch fremden Tradition. Sie steht für etwas anderes und weitaus Wirkungsvolleres als das, was an Ort und Stelle verfügbar ist, und verleiht so Ansehen und Geltung.

Weitere Beweise sind leicht zu finden. Seit 1945 sind die meisten Prestigebauten rund um den Erdball mehr oder weniger gelungene Imitationen europäischer und amerikanischer Vorbilder. Ein anderer Aspekt ist die weltweite Verbreitung einiger Sprachen. Chinesisch ist zwar die Sprache, die von den meisten Menschen auf der Welt gesprochen wird, aber sie ist die Sprache eines einzigen Staates. Suchte man mit ihr außerhalb der chinesischen Grenzen eine Kommunikation, blieben die menschlichen Kontakte natürlich sehr begrenzt. Mit Englisch dagegen wird man sich fast überall in der Welt verständigen können, in gewissem Maße auch mit Spanisch und Französisch. Ein weiteres Beispiel sind jene Institutionen, die explizit von übernommenen Bestrebungen, Zielen und von Prestige sprechen. Warum errichten junge Nationen »Universitäten«, die »Bakkalaureus«-, »Master«- und »Doktor«-Grade verleihen und sich in »Fakultäten« gliedern? Im mittelalterlichen Europa wurzelnde Institutionen können doch gewiß nicht die einzigen und unersetzbaren Vorbilder für die Organisation höherer Studien sein. Aber Ideen wie »höhere Studien« oder »Graduierter« selbst sind Begriffe einer ganz spezifischen Kultur. Ihre Übernahme beweist eine erfolgreiche kulturelle Implantation. Auf ähnliche Weise deutet die Perücke des Speaker in einem afrikanischen Parlament oder die auf dem Kopf eines afrikanischen Richters Achtung vor der parlamentarischen Demokratie oder wenigstens ein Lippenbekenntnis zu ihr oder zu einer Rechtsprechungs- und Verfahrenstradition, die bis ins Mittelalter zurückreicht – aber warum? Diese Traditionen sind nicht afrikanisch, und es ist nicht einzusehen, warum man darauf stolzer sein sollte als auf einheimische Autoritätssymbole.

Wahrscheinlich gibt es dafür mehr als eine Erklärung. Trägheit spielt *eine* Rolle. Viele ehemalige europäische Kolonien fanden es schlicht einfacher, auf dem alten Weg weiterzugehen. Aber das kann unmöglich alles sein. Schließlich haben viele Länder ihre koloniale Vergangenheit heftig verworfen, eine Vergangenheit, die erniedrigend, unangenehm und schrecklich gewesen ist. Andere wiederum schienen freiwillig besondere Bindungen an diese Vergangenheit bewahren zu wollen. Sie fanden diesen Weg attraktiver. Manche Namen, Schlagworte, Bestrebungen, Formen und Institutionen drückten für sie eine überlegene Macht aus und nötigten ihnen in einer Weise Respekt ab, den vorhandene Alternativen nicht einflößen konnten. Zuzeiten nehmen sich solche neuen Nationen in etwa so aus wie jene germanischen Völker des 5. Jahrhunderts, die mit Staunen auf die römische Welt blickten, in die sie eingefallen waren, und denen dann – um es salopp auszudrücken – nichts anderes einfiel, als die römische Kultur zu übernehmen.

Solche Parallelen mögen sehr weit entfernt liegen und weit hergeholt erscheinen. Es gibt aber auch viele jüngere und umfassendere Beispiele einer Wandlung durch bewußte Nachahmung. Japan steht heute mitten in der Avantgarde der Moderne. Über Jahrhunderte hinweg hatte es sich von der Welt abgeschlossen, vor allem von den Europäern. Europäer durften das Land nicht betreten; die einzige Ausnahme bildeten ein paar niederländische Kaufleute, denen es erlaubt war, sich jährlich einmal, von Ostindien kommend, zu Handelszwecken auf einer kleinen Insel im Hafen von Nagasaki aufzuhalten, das der einzige Berührungspunkt mit dem Westen war. Davon abgesehen war Japan eine geschlossene Gesellschaft. Die Portugiesen, die als erste nach Japan gekommen waren, wurden im 17. Jahrhundert ausgewiesen, als sich Japans Herrscher gegen die christliche Religion wandten, die einige von ihnen zuerst anziehend gefunden hatten. Danach konnte sich das Land als insulare Gemeinschaft an die zweihundert Jahre lang gegen Eindringlinge schützen. Eine Änderung trat erst in der Mitte des 19. Jahrhunderts ein, als Japans moderne Geschichte begann. Der historische »Büchsenöffner« war ein Geschwader amerikanischer Kriegsschiffe unter Kommodore Perry. Als es in die Edo-Bucht einlief, konnte man ihm den geforderten Zugang nicht verweigern – zu groß schien die Gefahr, die von den Kanonen ausging. Die Japaner wichen vor der Bedrohung durch Gewalt zurück und öffneten – obwohl nur widerwillig – ihr Land erneut dem Handel und den Missionaren aus dem Westen. Sie mußten »ungleiche« Verträge mit fremden Mächten unterzeichnen, Verträge, mit denen ein wirksames System von besonderen Exterritorialrechten für Europäer und von Einschränkungen des japanischen Rechts auf Regelung des eigenen Handels geschaffen wurden. Die Japaner sahen sich in ihrer Souveränität über ihre eigenen Angelegenheiten beschränkt, obwohl sie weder besetzt noch kolonisiert wurden, waren aber mit ihrer Rolle als Unterlegene nicht zufrieden. Nicht gewillt, die Dinge einfach über sich ergehen zu lassen, wählten sie schließlich das Beste von dem, was der Westen zu bieten hatte, um sich auf diese Weise gegen weiteren Druck zu wappnen. Das Ergebnis: Innerhalb weniger Jahrzehnte war Japan eine Nation, die sich in vieler Hinsicht erstaunlich »westlich« präsentierte.

Eine Tradition zu ändern ist keine leichte Entscheidung. Nicht alle Japaner waren glücklich und ohne weiteres von der Notwendigkeit überzeugt, einen solchen Schritt zu vollziehen. Japaner hatten (und haben noch) einen stark ausgeprägten Sinn für die persönliche Identifizierung mit ihrer Kultur; das stärkte die Gefühle nationalen Stolzes und nationaler Solidarität, bevor die Anforderungen der modernen Zeit an die Oberfläche traten. »Obwohl es kein räumlich ausgedehntes Land ist«, schrieb zu Beginn des 19. Jahrhunderts ein Japaner über sein Heimatland, »herrscht es über alle Teile der Welt, weil es nicht ein einziges Mal seine Dynastie oder die Formen seiner Souveränität gewechselt hat. Die verschiedenen Länder des Westens entsprechen den Füßen und Beinen des Körpers. Deshalb kommen ihre Schiffe von weit her, um Japan zu besuchen.«[3]

Indien, das um die Mitte des 19. Jahrhunderts fast völlig unter britischer Herrschaft stand, und China, das zu der Zeit von den Fremden zu schwerwiegenden Zugeständnissen getrieben wurde, waren warnende Zeichen dafür, daß der Westen noch eine andere Seite offenbaren konnte. Folgerichtig war die offizielle japanische Politik darauf ausgerichtet, den Westen auszuschließen, doch hatten inzwischen einige japanische Gelehrte durch das sogenannte »holländische Lernen« – durch das Studium von Büchern in holländischer Sprache, waren doch die Holländer die einzigen aus dem Westen, denen es offiziell gestattet war, mit Japanern Kontakt zu haben – Wissen in Medizin, Naturwissenschaften und Technologie erworben – und sie wunderten sich. Der überkommene Glaube an die Überlegenheit der chinesischen Kultur, von der Japan in der Vergangenheit so stark angezogen worden war, geriet ins Wanken. Schon 1811 war ein offizielles »Institut zur Erforschung fremdländischer Bücher« geschaffen worden, und einige der feudalen Herrschaften errichteten nun Schulen für westliche Wissenschaften und Sprachen – man spürt förmlich, wie Japan zwischen den Alternativen schwankte. Schon vor Perry schickten einige der Clans junge Angehörige ins Ausland, um mehr über die Quelle der geheimnisvollen Macht des Westens herauszufinden, und Perrys eigener Bericht über seine Mission brachte seine Überraschung über den Informationsstand zum Ausdruck, über den die Japaner im Hinblick auf westliche Länder bereits verfügten. Der Westen wurde nicht (wie in China) mit Verachtung betrachtet, wenn auch viele Japaner ihm feindlich gegenüberstanden. So gab es zwei geläufige Redensarten, die für zwei mögliche japanische Zukunftsperspektiven standen: *Sonno joi,* was soviel bedeutet wie »Ehre den Kaiser, verjage die Barbaren«, und *Wakon yosai,* was »östliche Ethik und westliche Wissenschaft«[4] heißt.

Die Regierungspolitik spiegelte Unentschlossenheit wider. 1825 war ein kaiserliches Edikt mit dem Titel ergangen »Denk nicht zweimal nach« – es drängte auf Vertreibung der Fremden. Das war zwar das Rezept des 17. Jahrhunderts, aber da es Japan damals vor dem Christentum bewahrt hatte, hoffte man, daß es vielleicht wieder funktionierte. Insgesamt jedoch zeigte sich Japan sehr widersprüchlich: So wurde 1842, nachdem vorher Berichte über den Druck eingegangen waren, den die Briten auf China ausübten,[5] eine Befehl erlassen, daß fremden Schiffen, die in Not geraten waren, geholfen werden durfte, wenn es auch einzelnen Fremden nicht erlaubt war, an Land zu gehen.

In den späten fünfziger und sechziger Jahren des 19. Jahrhunderts ging die Auseinandersetzung hin und her; hier und da kam es zum Bürgerkrieg. Die meisten Herrscher Japans stimmten darin überein, daß eine gewisse Übernahme westlicher Vorbilder nötig war, denn der Versuch, den Westen völlig auszuschließen, wäre sehr gefährlich gewesen. So brachten die Bombardierung von Kagoshima durch die königlich britische Marine und die Zerstörung mehrerer Forts durch eine kombinierte britisch-amerikanisch-holländisch-französische Expedition die Hoffnungslosigkeit eines Widerstandes zum Bewußtsein. Es war nur zu deutlich – wie die »ungleichen« Verträge zeigten –, daß Japan Gefahr lief, auf denselben Weg getrieben zu werden, auf dem sich China, von westlichen Ländern schikaniert und ausgebeutet, schon befand. Daher drängten manche auf Übernahme westlicher Werte – doch die Frage blieb: Welche Vorbilder (etwa Individualismus, Utilitarismus, christlicher Idealismus) und welche Übernahme in welchem Umfang? Für viele Japaner ging es im übrigen nicht nur um Rückgewinnung von Macht, sondern um Statuserhaltung, um Gleichheit mit den westlichen Nationen; Modernisierung war als ein Weg zur Wiederfindung der Selbstachtung zu betrachten.

Am Ende vermieden Japans Herrscher das Schicksal Chinas nicht nur durch das Bemühen, den Westen zu verstehen (sie entsandten zwischen 1860 und 1867 sieben »diplomatische Gesandtschaften auch zum Studium« nach Europa und in die USA), sondern auch durch den Rückgriff auf die japanische Geschichte. Das »Shogunat«, das Japan seit dem 17. Jahrhundert regierte, hatte bereits durch seine Unfähigkeit, den westlichen Eindringlingen zu widerstehen, an Ansehen verloren. Im Winter 1867/68 wurde es gestürzt. Der Sitz des Kaisers, dessen Status seit zwei Jahrhunderten nicht über den einer abgesonderten, rituellen, machtlosen Figur reichte, wurde nun von den Gegnern des Shogunats von Kyoto nach Tokyo verlegt, zum Mittelpunkt der Staatsbühne. Das war die Operation, an die man sich heute als die »Meiji-Restauration« erinnert, nach dem Namen des damaligen Kaisers, eines Jungen, der zu dieser Zeit noch nicht zwanzig Jahre alt war und der alle Phasen der Entwicklung seines Landes noch erlebte, bevor er 1912 starb.

Die vier größten Clans unterstellten nun ihre Macht und ihre Ländereien dem Kaiser. Japans Herrscher hatten sich zugunsten der Revolution entschieden, ob-

△ Japanische Impression des amerikanischen Kommodore Matthew Perry, dessen Geschwader Japan 1854 zwang, sich Ausländern zu öffnen

◁ Der Osten blickt auf den Westen: Portugiesische Händler des frühen 17. Jahrhunderts, dargestellt von einem japanischen Künstler auf einer »spanischen Wand«

▷ Europäischer Seemann mit rotem Haar und Sommersprossen: Eine Haida-Maske von den Königin-Charlotte-Inseln an der Nordwestküste Kanadas

Japanische Künstler waren fasziniert von der Ausrüstung und den Waffen der westlichen Soldaten und Seeleute – in diesem Fall amerikanischen

wohl sie diese als eine Restauration bezeichneten und sie auf die Hauptinstitution zentrierten, die den Partikularismus der japanischen Geschichte zum Ausdruck brachte: die ununterbrochene Reihe von kaiserlichen Abkömmlingen des Sonnengottes. Es bedurfte kaiserlicher Autorität, um durch Wandel vorwärts zu schreiten; die Hinwendung zu einer solchen Quelle war nur in einer Kultur möglich, die sich ihrer nationalen Identität schon sehr genau bewußt war. Die Entscheidung war auch mutig und vorausschauend, da sie den Schwierigkeiten Rechnung trug, die zu erwarten waren. Viele Nationen haben die Vorteile einer Verwestlichung gesucht, ohne an den Preis für die Aufgabe der alten Wege zu denken – oder auch ohne zu erwarten, einen solchen Preis zahlen zu müssen –, die Japaner jedoch entschieden sich bewußt für die Modernisierung, wenn auch für eine, die (wenn eben möglich) unter Kontrolle gehalten werden sollte. In allem, was für die Wiedererlangung wirklicher Unabhängigkeit erforderlich war, sollte Japan westlicher werden. So begann der Inselstaat, sich in den folgenden zwei bis drei Jahrzehnten zu einer Industrienation zu entwickeln.

Beim Start der neuen Ordnung hatte Japan wichtige Pluspunkte in der Hand. Während der voraufgegangenen hundert Jahre etwa hatte die Kapitalanhäufung einen hohen Grad erreicht, weil die Bevölkerung nicht besonders stark angewachsen war. Die traditionelle Loyalität gegenüber Kaiser und Familie konnte einem bewußten Nationalismus leicht angepaßt werden, einem Nationalismus, der dem der europäischen Staaten ähnlicher war. *Sonno Kaikotou* – »Ehre den Kaiser, der über das Land herrscht« – wurde zur Losung der Samurai, die in der Meiji-Ära die treibende Kraft hinter der Staatspolitik waren. »Wissen soll in der ganzen Welt gesucht werden, um die Fundamente der kaiserlichen Herrschaft zu festigen«, lautete eine offizielle kaiserliche Erklärung fast von Anfang an.[6] Das Bildungsniveau war bereits am Ende der Tokugawa-Periode beachtlich, und die traditionelle Wirtschaft ließ bald ein beachtliches Wachstumspotential erkennen. Gehorsame, hart schaffende Arbeitskräfte gab es in riesiger Zahl; alte Vorstellungen von nationalem und persönlichem Stolz ließen sich ohne Schwierigkeiten mit dem Erwerb neuer Fähigkeiten verbinden. Ein japanischer Intellektueller, Fukuzawa Yukichi, Sohn einer Samurai-Familie, hat einen bewegenden Bericht über die Pazifiküberquerung des ersten Dampfschiffes mit einer japanischen Mannschaft hinterlassen. »Die Reise der Kanrinmaru war ein epochemachendes Ereignis für unsere Nation«, schrieb er. »Jedes Mitglied der Mannschaft war entschlossen, das Schiff ohne Hilfe eines Fremden hinüberzubringen.«[7]

Vor allem gab es ein innerliches Gefühl für die Notwendigkeit, die nationale Identität durch Anpassung zu bewahren. Trotzdem blieb dem Staat noch viel zu tun: Die erste japanische Industrialisierung begann unter schwierigen Bedingungen, und nicht einmal Protektion und Subsidien vermochten privates Kapital so leicht von der traditionellen Investition abzubringen. Die Innovation mußte auch an anderen Fronten durchgreifen. Ausländische Experten wurden angeheuert, um die neue Beamtenschaft auszubilden. Eine geschriebene Verfassung konstituierte ein Parlament mit zwei Kammern. Die Japaner suchten ein Äquivalent zum britischen Oberhaus und schufen damit auch einen neuen Adel. Ein neues bürgerliches Gesetzbuch spiegelte deutschen Einfluß wider und verband den Schutz der älteren japanischen Einrichtung des Familienmanagements mit einem neuen Schwerpunkt auf Eigentumsordnungen, die Individualismus und Marktwirtschaft begünstigten. Die allgemeine Schulpflicht, Eisenbahnen und die allgemeine Wehrpflicht wurden eingeführt (eine erstaunliche Veränderung in einem Land, welches sich jahrhundertelang geweigert hatte, seine Bauern zu bewaffnen), der Gregorianische Kalender, Zeitungen (sechzehn wurden allein im Jahre 1868 gegründet) und religiöse Toleranz folgten. Der Feudalismus und das System der Gefolgsleute, das die alte Kriegskaste der Samurai am Leben erhalten hatte, wurden aufgegeben, konservative Rebellion wurde unterdrückt, die Briten halfen bei der Ausbildung einer neuen Marine (die auch lange Zeit ihre Schiffe von britischen Werften kaufte; erst 1905 legten die Japaner den Kiel ihres ersten eigenen Kriegsschiffes). Bei staatlichen Anlässen begannen die Damen bei Hof damit, die häßlichen, reizlosen Gewänder des zeitgenössischen Europa zu tragen.[8] Japanische Soldaten und Seeleute übernahmen westliche Uniformen. Das erinnert an die Bemühungen Peters des Großen im frühen 18. Jahrhundert, Rußland zu modernisieren; sein Beispiel war in den Köpfen mancher Japaner lebendig (deren eigenes Beispiel zu gegebener Zeit seinerseits andere Reformer anderswo inspirieren sollte).

Die Nachahmung des Westens gerade in vordergründigen Dingen machte trotz allem manche Leute unglücklich. Neue Gedankengänge waren nicht zu vermeiden. Einige wurden in der Tat sehr eifrig aufgegriffen – insbesondere die, die man Samuel Smiles Bestseller »Selbsthilfe« oder der Vorstellung entnahm, die man von dem hatte, was Darwin über das Überleben des Stärkeren gesagt haben soll. Es gab

△△ 1872 wurde Japans erste Eisenbahnlinie eröffnet. Sie führte von Yokohama nach Tokyo, dessen nach Westen ausgerichteter Bahnhof auf diesem Holzschnitt erscheint

△ 1871 machte sich Prinz Iwakura auf, um von Yokohama aus als Japans erster Botschafter in einem westlichen Land nach den Vereinigten Staaten in See zu stechen

◁ Um 1880 griffen manche Japaner bereits europäische Kleidung auf, häufig jedoch mit nicht gerade überzeugenden Resultaten

Das Anfangsstadium eines Industriegiganten: Japanische Baumwollspinnerei um 1870

aber auch offene Wertkonflikte, hitzige Debatten, die enthüllten, daß vieles im japanischen Denken mit dem implizit oder explizit in den westlichen Ideen enthaltenen Universalismus unvereinbar war. Der Meiji-Kaiser selbst soll es nicht gerne gesehen haben, wenn in seiner Gegenwart die Worte »Ost« und »West« zur Bezeichnung kultureller Unterschiede gebraucht wurden. Im Jahr seines Todes beging ein geachteter Politiker Selbstmord, um symbolhaft Japans Sorge über das Vordringen dessen, was er, vielleicht in weiser Voraussicht, als westlichen Hedonismus betrachtete, zum Ausdruck zu bringen. Diese Geste war typisch japanisch, doch hat Verwestlichung von oben her immer zu einem kulturellen Schock geführt, wie die islamische Welt mit einiger Verspätung zeigen sollte.

Es waren nicht nur Japaner, denen das, was hier vor sich ging, nicht gefiel: Ausländische Bewunderer und Kenner Japans waren oft der gleichen Meinung. Kipling bedauerte »dieses Schwelgen in Reizlosigkeit um der Anerkennung aus der Hand von Menschen willen«, und andere beklagten den Verlust an Raffinement, Höflichkeit, Moral und an der Fähigkeit zu schlichtem Glücklichsein, der dem Wandel zu folgen schien.[9]

Es dauerte nicht lange, bevor es zu einer nationalistischen Reaktion kam. Als Katalysator wirkte das Scheitern des Versuchs aus dem Jahre 1887, durch Verhandlungen die Nachteile zu beseitigen, die den Japanern durch die »ungleichen« Verträge der Jahrhundertmitte aufgezwungen worden waren. Diese Verträge sollten nicht mehr lange überdauern, denn 1894 fanden neue Verhandlungen statt, diesmal mit Erfolg, und 1911 erlangte Japan wieder die volle Kontrolle über seine Zölle. Davon abgesehen war die Abneigung gegen eine übersteigerte Verwestlichung weit verbreitet. Konservative Befürchtungen tendierten dahin, sich indirekt und vorsichtig zu äußern, anstatt einen Wandel völlig abzulehnen; weder legten sie den japanischen Reformern Hindernisse in den Weg, noch scheinen sie in ihrem sehr sicheren Gefühl dafür, wie weit sie gehen durften, schwankend geworden zu sein. Die Männer, die während der ersten dreißig bis vierzig Jahre der Modernisierung Japans an der Spitze standen, stammten weitgehend aus denselben Domänen wie die alte herrschende Klasse; sie bildeten eine zusammenhängende Gruppe. Eine solche Kontinuität bei den Eliten machte die Steuerung des Wandels leichter. Japans führende Männer wußten, was sie wollten: Unabhängigkeit von Fremden. Ausländische Kapitalanlagen zum Beispiel wurden im großen und ganzen aus dem Industrialisierungsprozeß herausgehalten; daraus ergab sich, daß der Staat dabei eine größere Rolle übernehmen mußte, da es an nennenswerten Anlagequellen in privater Hand fehlte. Das bedeutete eine hohe Besteuerung, aber die Disziplin der traditionsgebundenen Gesellschaft Japans machte schließlich das Unmögliche möglich. Die Japaner erlebten deshalb eine in Grenzen gehaltene westliche Prägung, und vieles blieb bewußt unberührt.

So sahen viele Seiten der japanischen Lebensführung lange Zeit unverändert aus – wie manche Dinge heute noch. Die traditionelle Rolle der Frau, feststehende Modelle für die Erziehung der Kinder, der konfuzianische Glaube an kindliche Ehrfurcht, die Bereitschaft, sich für die Gemeinschaft zu opfern – dies alles lebte weiter und zeigt immer noch, daß die japanische Gesellschaft auf Werten gegründet ist, von denen viele dem Westen fremd sind. Daher ist zum Teil auch der Mangel an

Verständnis zu erklären, mit dem sich viele westliche Politiker erbittert mühten, mit dem kriegerischen Japan der dreißiger und vierziger Jahre fertig zu werden.

Insgesamt vollzog sich der Wandel in der japanischen Gesellschaft atemberaubend rasch – selbst in den dreißiger Jahren waren die meisten Japaner in den Städten nicht mehr als eine Generation (!) von den traditionellen Verhaltensmustern des Lebens auf dem Lande entfernt, und Fischer und Bauern stellten immer noch die zahlreichste Gruppe der arbeitenden Bevölkerung dar. Wie weit dieser Wandel tatsächlich ging und ob er am Ende unter Kontrolle gebracht und eingegrenzt wurde, wie es die Reformer der Meiji-Ära erhofften, ist hier jedoch nicht die Frage. Worauf es für unseren Zweck ankommt, ist, daß das, was getan worden war, durch bewußte Nachahmung geschehen war. Genau das war es, was Japans bemerkenswertes militärisches Können möglich gemacht hatte.

Die Entscheidung der Meiji-Politiker ist ein herausragendes Zeichen für die Anziehungs- und Verführungskraft, die die westliche Kultur auf nicht-westliche Gesellschaften ausübte – eine Kraft, die um so stärker wirkte, als sie ein Versprechen enthielt, einen Weg zu weisen, auf dem man der Macht des Westens widerstehen konnte. Dieses Versprechen ist von vielen großen Reformern in anderen traditionellen Gesellschaften während der letzten zwei bis drei Jahrhunderte vernommen worden. Die Reformversuche begannen praktisch an den äußersten Grenzen Europas mit Peter dem Großen von Rußland, dessen symbolträchtige Großtat wie die Friedrichs des Großen von Preußen (ein anderes vielzitiertes Beispiel) ein Anreiz für die war, die von ihm häufig erst aus westlichen Büchern und von westlichen Lehrern erfuhren. Von ihm aus verläuft die Reihe über die Reformer des 19. Jahrhunderts, wie Mehemet Ali von Ägypten, über die des frühen 20. Jahrhunderts, wie Kemal Atatürk, bis zu jedem der Führer der »Dritten Welt«, die den Aufbau einer Nation, Demokratie, Industrie oder irgend etwas anderes aus dem »Bestellkatalog« eines kultivierten Lebens anvisierten.

Gleichwohl ist bewußte Nachahmung weder heute, noch war sie immer die bedeutendste Kraft, die Stile, Ideen und Vorstellungen der westlich-abendländischen Kultur verbreitet. Die Wirkung dieser Kultur auf die nicht-westliche Welt ist viel komplizierter und hat sehr viel mehr Aspekte als das, was durch einige der genannten Fakten schon angedeutet wurde. Es ist praktisch unmöglich, objektiv festzustellen, wie weit diese Wirkung gegangen ist. Es stimmt nicht einmal, daß die aus dem Westen kommenden Veränderungen nur dazu geführt haben, die Menschen einander ähnlicher zu machen. Im Gegenteil! Innerhalb der westlichen Gesellschaften hat der Beginn des Wandels oft bestehende Kontraste verstärkt oder neue geschaffen. Wirtschaftliche Disparitäten, die es früher nicht gab, ergaben sich plötzlich aufgrund von Ereignissen, die sich im Westen vollzogen. Das Leben eines mittelalterlichen Europäers war in bezug auf Nahrung oder Kaufkraft wahrscheinlich genauso wie das seines asiatischen Zeitgenossen; das gilt jedoch keineswegs mehr für ihre modernen Nachfahren. Versuche, für die vereinheitlichende Kultur des Westens einen Ausgleich zu finden, haben manchmal auch zu neuer politischer Aufsplitterung und Polarisierung geführt, und die dramatischen Augenblicke des gewaltsamen Widerstandes gegen den Beginn der Modernisierung, vor allem in islamischen Ländern, haben gerade in den letzten Jahren zunehmend die Schlagzeilen gefüllt.

Das unterstreicht die nicht überraschende Tatsache, daß die Wechselbeziehung zwischen Kulturen eine weitreichende und komplizierte Angelegenheit ist. Alles, was wir tun können, ist zu versuchen, Trends zu erkennen. Immerhin ist ja selbst im 20. Jahrhundert, in dem Regierungen über beträchtliche Mittel verfügen, die bewußte Veränderung sozialer und kultureller Institutionen sehr schwierig. Im Guten wie im Bösen wird menschliche Vielfalt überall durch Beharrungsvermögen unterstützt und geschützt. Die republikanische Verfassung Indiens beispielsweise enthält die konventionellen westlichen Platitüden – Demokratie, Säkularismus, Republikanismus – unserer Epoche, zu denen heute alle Welt Lippenbekenntnisse ablegt. Und obwohl Indien im Hinblick auf seine parlamentarische und politische Geschichte einen besseren Bericht vorzuweisen hat als die meisten jungen Nationen, besitzt für die meisten Hindus die Existenz der Kaste einen zumindest ebenso hohen Stellenwert wie ihre formale Gleichheit vor dem Gesetz, und das Problem der Unberührbaren wird gewiß nicht durch eine Verfassungsbestimmung in irgendeiner Form geändert werden (obwohl es Gründe gibt, zu vermuten, daß es durch die blinden Kräfte des wirtschaftlichen und technologischen Wandels hinweggefegt werden wird). Indische Beamte handeln immer noch gemäß dem, was Astrologen über günstige Tage sagen (was das anbelangt, so trug sogar die Terminierung der Unabhängigkeit dem Rechnung), und von Frau Gandhi wurde behauptet, sie habe Astrologen im Hinblick auf Wahlen befragt. Außerdem ist der indische Staat zwar unzweifelhaft formal säkularisiert, die indische Gesellschaft aber ist es nicht: Kühe werden in Benares nicht so behandelt wie in England.

Der Halt, den alte Lebensformen durch das Gesetz der Trägheit gewinnen, kann auch an sehr viel trivialeren Beispielen sichtbar werden, und manche davon sind uns so vertraut, daß wir sie leicht übersehen. Selbst innerhalb desselben Kulturraumes gehen Engländer und Franzosen ganz verschieden mit Messer und Gabel um, aber beide benutzen Messer und Gabel, während die meisten Inder, auch gebildete Männer und Frauen, ihre Finger vorziehen. Auch hat in Indien Kaugummi keineswegs die Betelnuß ersetzt. Und was mit dem Sexualverhalten zusammenhängende Rituale und Gebräuche angeht, so bleiben sie rund um den Globus außerordentlich verschieden.

Und doch, auch wenn man alles vorgebracht hat, was über den Fortbestand von Vielfalt gesagt werden kann – es handelt sich dabei mehr um eine Sache des Überdauerns als um Neuschaffung. Es treten in unserer Welt nicht genug neue Unterschiede in Erscheinung, die überzeugend darauf hinweisen, daß sich menschliches Verhalten differenziert und Menschen einander unähnlicher werden. Die Tendenz der letzten hunderttausend Jahre scheint sich totzulaufen. So exakt wir auch Veränderungen feststellen, wir befinden uns in einer erkennbar neuen und einzigartigen historischen Phase. Zum ersten Mal gibt es einen Trend zu einer größeren kulturellen Einheitlichkeit, als es je möglich schien. Traditionelle und lokale Lebensweisen weichen, häufig ohne daß dies erkannt wird, vor globalen Bewegungen zurück. Während der letzten Jahrhunderte sind Kulturen mehr und mehr in Kontakt miteinander getreten, und ihre Geschichte wurde allmählich Weltgeschichte. Kommunikationsmittel haben nie zuvor den Widerhall der Ereignisse so rasch und genau von einer Seite des Erdballs zur anderen übermittelt.

Kulturen treffen zusammen: Die Tradition der Hindu schreibt Achtung vor der Kuh vor, selbst wenn Indiens modernem Geschäftsleben dadurch einige Unannehmlichkeiten entstehen

Rhythmus und Tempo des geschichtlichen Verlaufs sind jetzt nicht nur schneller als noch vor einem Jahrhundert, sie erreichen auch bedeutend mehr Menschen. Absonderung ist heute unmöglich. Das ist der Hintergrund dafür, warum die Welt jetzt weniger fremdartig, etwas weniger aufregend, ein bißchen weniger vielfältig ist.

Die Erklärung für dieses Phänomen scheint in der Geschichte des Abendlandes zu liegen, und zwar auf mehr als einer Ebene. Die Häufung von Anzeichen für eine zunehmende materielle Uniformität rund um die Welt und der enorme wirtschaftliche und technologische Einfluß des Westens kann nicht alles sein. Dahinter verbirgt sich ein tiefer greifender und entscheidender Wandel, nämlich eine wachsende weltweite Akzeptanz bestimmter Vorstellungen und Institutionen. Aber auch diese sind der westlich-abendländischen Kultur entlehnt, die tatsächlich genau das geworden ist, von dem so viele Menschen im 19. Jahrhundert glaubten, sie müsse es werden: die erste Weltkultur.

Daß die Menschheit möglicherweise langsam gleichförmiger werden würde, haben zuerst Europäer registriert, wenn auch nur indirekt und ungenau. Selbstverständlich ist allein schon die Idee der Kultur eine europäische Idee, ein geistig-intellektuelles Mittel zur Erklärung uns zur Verfügung stehender Daten – und zwar auf der Basis europäischer Begriffe. Etwas als Kultur anzusehen ist ein selektiver, ein Orientierungsakt, ein Weg, die Geschichte zu ordnen und zu organisieren. Diejenigen, die dies zuerst nachvollzogen, können heute als Pioniere der Soziologie gelten. Mehrere von ihnen versuchten, die allgemeinen historischen Prozesse zu begreifen. Im 18. Jahrhundert zum Beispiel zeichneten die Franzosen Turgot und Condorcet Perioden nach, in denen sich nach ihrer Auffassung jede Gesellschaft entwickelte, und zur gleichen Zeit entwarfen schottische Studenten ähnliche Schematisierungsmodelle. Sie bagatellisierten die offensichtlichen Unterschiede zwischen verschiedenen Gesellschaften nicht, waren aber mehr an dem, was sie als allgemeine Evolutionsmuster verstanden, interessiert. Im 19. Jahrhundert stellte der Franzose Auguste Comte (der Erfinder des Wortes »Soziologie«) höchst umfassend die Beweise und Argumente für seine Überzeugung dar, daß alle Gesellschaften ähnliche Organisationsphasen durchlaufen, die in bezug auf die Ausbildung der Verstandeskräfte deutliche Abschnitte aufweisen. Karl Marx schlug einen anderen Weg ein, aber auch er bot eine allgemeine Interpretation der historischen Entwicklung an; in seinem Fall stellte sie sich als Projektion dessen dar, was er als europäische ökonomische Erfahrung betrachtete. Wie Comte scheint er geglaubt zu haben, daß (in einem philosophischen Sinne) notwendige Veränderungen hauptsächlich durch das Wirken von Naturgesetzen zur Durchsetzung gelangen, die überall in der Welt gelten, wie lange die Umstände ihre Entfaltung an den verschiedenen Orten auch hemmen mögen.

Keiner dieser Denker erkannte, daß seine Visionen und Theorien nicht Enthüllungen allgemeingültiger Gesetze waren, sondern Einsichten in die Kraft ihrer eigenen Kultur, die imstande war, andere Kulturen zu überlagern. Die Geschichte schien nur einen einzigen Weg aufzuzeigen, weil überall in der Welt die abendländische Anschauung von Welt und Geschichte, Naturgesetzen und Gesellschaft anscheinend in zunehmendem Maße andere Anschauungen und Werte verdrängte. Das System, in dem wir die Zeit nach Jahren messen, ist ein gutes Beispiel. Obwohl immer noch einige bedeutende Alternativen Anwendung finden (die islamische zum Beispiel), ist inzwischen die westliche Zeitrechnung fast weltweit verbreitet. Außerdem stellt sie eine ganze Weltanschauung und eine Zeiteinteilung dar, die auf christlichen Vorstellungen beruht. Warum ist von den überwiegenden Teilen der Welt ein Kalender übernommen worden, der so vollgesaugt ist mit fremden Denkkategorien? Das kann kaum daher kommen, daß die christliche Lehre für wahr gehalten wird. Offensichtlich haben die Ideen einer erfolgreichen Kultur eine enorme Kraft. Sie zwingen neue Symbole auf, beseitigen alte Unterschiede und machen eben dadurch die förmliche Errichtung einer neuen institutionellen Ordnung möglich (oder fördern sie), die die Menschen schrittweise auf neue, gemeinsame Wege führt. Die abendländische Kultur hat in der Welt das alles seit einigen Jahrhunderten bewirkt. Sie ist die stärkste treibende Kraft kulturellen Wandels seit Beginn der modernen Zeit. Das meiste von dem, was wir heute als traditionelle äthiopische Malerei ansehen, um nur ein Beispiel zu nennen, geht lediglich auf die Übernahme europäischer Vorbilder zurück, übermittelt von portugiesischen Besuchern im 16. Jahrhundert. Chinoiserien oder der Kult, den die Impressionisten mit der japanischen Schrift trieben, sind nur Episoden und Modeerscheinungen in der Geschichte der abendländischen Kunst, während heutzutage indische und japanische Künstler verbreitet westliche Stile übernehmen.

Westlicher Einfluß läßt sich in seiner widersprüchlichsten Form an der Verwendung westlicher Ideen und Mythologien zur Verteidigung eben gegen den Westen erkennen, der sie in die Welt setzte. Politische Körperschaften wie die »Vereinten Nationen« oder die »Organisation für Afrikanische Einheit« werden gelegentlich als Mittel der Verteidigung gegen den Westen betrachtet. Andererseits sind sie aber ebenso Ausdruck der ideologischen und institutionellen Vorherrschaft des Westens. Die Idee, solche internationalen Organisationen zu schaffen, hat wie die Idee des Staates ihren Ursprung in der westlichen Kultur. Die Schaffung derartiger Einrichtungen zeigt sowohl das Prestige westlicher Ideen als auch ihre Anziehungskraft. Afrikaner und Asiaten berufen sich inzwischen auf die Ideen der Demokratie, des Nationalismus, der Menschenrechte und viele andere Faktoren der westlichen politischen Mythologie.

Eine solche Abhängigkeit kann sehr tief gehen. Panafrikanismus und afrikanische Einheit sind Ideen, die keinen Sinn ergeben ohne ein bestimmtes Afrika-Konzept. Aber Afrika ist eine westliche Idee, eine geographische Vorstellung, die dem Denken der Griechen und Römer entstammt und erst in der modernen Zeit eindeutig definiert wurde. Bevor Europäer diese Idee nach Afrika brachten, wußte kein Afrikaner, daß er auf einem Kontinent lebte, der (nützlicherweise) als ein Ganzes betrachtet werden konnte. Natürlich soll das nicht heißen, daß das moderne Afrika nichts als ein Produkt Europas ist. Afrika ist das Ergebnis einer jahrhundertelangen inneren Entwicklung einerseits und einer gleichzeitig verlaufenden Wechselbeziehung mit der Außenwelt andererseits. Während dieses Jahrhunderts beeinflußte die afrikanische Realität machtvoll und oft entscheidend die von außen kommenden Kräfte. Der Islam war lange die bei weitem wichtigste Kraft, die Afrika von außen her formte; dazu kam das mannigfaltige Neue, das von den Kolonialmächten beigetragen wurde, die ihrerseits wiederum der enormen Vielfalt auf dem

Kontinent selbst Rechnung tragen mußten. Große Unterschiede bestanden, sagen wir einmal, zwischen den westafrikanischen Kolonien Großbritanniens, wo so viel von einer einheimischen Handels- und Bildungselite abhing, und denen in Zentralafrika oder Kenya, wo nicht nur weiße Siedler dominierten, sondern auch ganz unterschiedliche lokale Potentiale existierten. Man darf den europäischen Einfluß eben nicht als eine Art *Deus ex machina* ansehen, der alles und jedes im modernen Afrika erklärt, nicht als den charmanten Prinzen, der ein verstaubtes Dornröschen mit einem technologischen Kuß aufweckt. Trotzdem haben spezifische einschneidende westliche Einflüsse Afrikas Geschichte in den letzten zwei bis drei Jahrhunderten bestimmt, und das durch nichts tiefer greifender als durch die Einführung neuer Ideen.

Das scheinheilige Gerede moderner Politik zeigt am besten die Macht westlicher Ideen. Trotz gelegentlicher Ausnahmen und ungeachtet heftiger Reaktionen (besonders von seiten der islamischen Welt), ist es stets interessant und aufschlußreich, wenn sich in einem internationalen Forum Delegierte für die Rechte der Frau einsetzen – ein ganz und gar westliches Anliegen. Obwohl in den Ländern derjenigen, die sich für jene Rechte einsetzen, der weitaus größte Teil der Frauen eine traditionelle Rolle spielt, sind die meisten ihrer männlichen Landsleute sehr froh, wenn die Dinge so bleiben.[10] Wenn die Redner tatsächlich glauben, was sie sagen, dann zeigt das nur, wie total ihre Unterwerfung unter fremde Werte ist, die sich eine bestimmte Kultur in einer bestimmten Epoche schuf; glauben sie es aber nicht, dann ist ihre Scheinheiligkeit nicht allein der Tribut des Lasters an die Tugend, sondern ein Preis, den ideologische Schwäche der ideologischen Stärke zahlt.

Im allgemeinen natürlich (wenn auch nicht immer) sind es nur die Eliten der nicht-westlichen Länder, die die Sprache des Westens sprechen. Ob sie die Leute aufrufen, sich um die nationale Fahne zu scharen, ihre Stimme in demokratischen Wahlen abzugeben oder sich auf der Suche nach einer gerechteren und egalitären Gesellschaft gegen hauseigene Ausbeuter zu wenden, immer benutzen sie die Sprache einer fremden Welt. Wie der Mann in Molières Stück, der, ohne es zu wissen, sein ganzes Leben lang Prosa redete (Anm. d. Ü.: »Le Bourgeois Gentilhomme«, 1670), verwenden sie Begriffe, deren Bedeutung sie nicht kennen oder wenigstens nicht völlig als Teil ihres eigenen Erbgutes begreifen. Indem sie diese Begriffe verwenden, haben sie jedoch in einem gewissen Maß ihre eigenen Traditionen aufgegeben, auch wenn sie das nicht ausdrücklich wollen.

Vor einigen Jahren nahm ich an einer Konferenz teil, auf der der Stand der Geisteswissenschaften in der modernen Welt erörtert wurde. Es wurde mir schlagartig klar (obwohl niemand sonst das bemerkenswert zu finden schien), daß der Begriff »Geisteswissenschaften« auf eine ganz spezifische und umfassende Weise in der europäischen Kultur wurzelt und daß er außerhalb dieser Kultur viel weniger Sinn ergibt als innerhalb von ihr – es sei denn natürlich, man ginge davon aus, die europäische Kultur sei eigentlich eine Weltkultur. Das zu sagen weckte Feindseligkeit. Ein afrikanischer Schriftsteller war besonders empört. Ihn ärgerte die Vorstellung, daß vieles von dem, was er hochschätzte, in gewisser Weise eine koloniale (wenn auch gutgemeinte) Auflage war, daß seine eigene Kultur möglicherweise in ganz andere Richtungen wies als die der westlichen Literatur – die ihn zu so

Sprecher einer panafrikanischen Konferenz, die 1945 in Manchester abgehalten wurde, benutzen Slogans und Schlagworte der westlichen liberalen Politik für ihre Zwecke

fremdartigen konventionellen Formen wie dem Roman und dazu getrieben hatte, die exotische Sprache von Shakespeare und Milton zu benutzen – und daß das Bildungsgut der Geisteswissenschaften mit den Traditionen seiner eigenen Gesellschaft vielfach ganz und gar nicht zu vereinbarende moralische Implikationen mit sich bringen könnte. Seine Empörung würde jeden eurozentrierten Kulturchauvinisten entzückt haben – ein Erfolg zugunsten westlicher Grundvorstellungen war errungen worden, ohne daß mein Gesprächspartner das irgendwie erkannt hatte.

Es ist leicht, in solchen Dingen mißverstanden zu werden. Vielen fällt es schwer, zu akzeptieren, daß die Anerkennung des historischen Erfolges einer bestimmten Kultur bei der Ausbreitung ihrer Ideen nicht bedeutet, daß man diese Kultur bewundert oder ihr zustimmt. Man muß das aber selbstverständlich akzeptieren, wenn man der Meinung ist, daß allein der Verlauf der Geschichte moralische Werte rechtfertigt; aber dem wollen viele nicht zustimmen, wollen auch nicht zugeben, daß westlich-abendländische Kultur in mancher Hinsicht besser ist als die angebotenen Alternativen. Glücklicherweise ist es nicht nötig, über den »Erfolg« unserer Kultur in solchen Begriffen zu sprechen. Dieser Erfolg ist eine Sache der historischen Wirkkraft. Fast alle heute die Welt umgestaltenden Grundprinzipien und Ideen gehen von Europa aus. Sie haben sich rund um den Erdball verbreitet, und andere Kulturen sind unter ihrem Anprall zerfallen. Die Anerkennung dieser Tatsache sagt in sich noch nichts darüber aus, ob das Ergebnis gut oder schlecht ist, bewundernswert oder bedauerlich.[11] Sie stellt lediglich fest, daß unsere Epoche das Zeitalter der ersten Weltkultur und daß diese die Kultur des Abendlandes ist.

»Moderne« Geschichte muß immer vor dem Hintergrund der Entwicklung der abendländischen Kultur betrachtet werden. Es läßt sich jetzt erkennen, daß die abendländische Kultur während der drei bis vier Jahrhunderte nach etwa 1500 mehr und mehr die übrige Welt entscheidend beeinflußt hat. Einige der Folgen waren unbestreitbar gut, andere ebenso unbestreitbar schlecht. Die meisten entziehen sich jedoch einer solchen Qualifizierung. Vielleicht gibt es eine noch unentdeckte moralische Größe, die es uns erlauben würde, zu sagen, wann es in einem gewissen Sinne moralisch besser oder schlechter gewesen wäre, wenn die Geschichte eine andere Richtung eingeschlagen hätte als die, die sie tatsächlich genommen hat. Ich glaube nicht, daß es eine solche Größe gibt, auch nicht, daß über Geschichte in so vereinfachender Form gesprochen werden kann, und bezweifle, daß man auf eine so allgemeine Abstraktion wie »Kultur« sinnvollerweise Begriffe wie »gut« oder »schlecht« anwenden kann. Fest steht jedoch, daß die abendländische Kultur bewußt oder unbewußt andere Kulturen zu Zugeständnissen gezwungen hat, Zugeständnisse, wie jene sie niemals zuvor irgendeiner von außen kommenden Macht hatten machen müssen. Manchmal ist die eigene Identität, ist der innere Zusammenhang einer Kultur in dem Prozeß beinahe verlorengegangen, manchmal ist jedoch die Tradition einer Kultur und die daraus resultierende Kraft auch stärker gewesen als der Einfluß von außen. Interessant in diesem Zusammenhang ist die Entwicklung in China. Wie groß das Gewicht der chinesischen Tradition in der Praxis auch sein mag, eine Milliarde Chinesen werden formal und nominell nach Grundsätzen regiert, die von einem deutschen Philosophen der Spätromantik stammen, von einem Mann, der bemüht war, das Europa seiner Zeit mit Hilfe der von der ersten modernen Industrienation, Großbritannien, ins Leben gerufenen Wirtschaftswissenschaft zu verstehen (es ist eine Ironie des Schicksals, daß Karl Marx oft und beiläufig eine tiefe Verachtung für andere, nicht-europäische Kulturen an den Tag legte). Andere Länder haben andere westliche Lehrer gewählt. So versuchen manche Politiker, die immer komplizierteren und umfassenderen Probleme wirtschaftlicher und sozialer Natur ihrer eigenen Gesellschaft in Prokrustes-Betten zu zwingen, wie sie neben anderen Lehren beispielsweise der Nationalismus des Giuseppe Mazzini liefert. Auch diese wichtigen Denkkategorien sind und bleiben westliche Kategorien und sind den eigenen Kulturen jener Politiker fremd. Nur in einigen islamischen Ländern scheint ein unversöhnlicher Widerstandsgeist lebendig zu sein.

Die Menschen haben einige Aspekte dieser großen Veränderung erfaßt. Sie wissen zum Beispiel, daß ein großer Teil der Geschichte der letzten drei Jahrhunderte die Geschichte eines Triumphs der überragenden Macht des Abendlandes war. Eroberung und Manipulierung der Welt durch Gewalt, auf Macht gegründete Herrschaft – kurz: westlicher Imperialismus – sind, so wird behauptet, der einzige echte Triumph, dessen sich der Westen erfreuen konnte. Das ist eine in vielen Teilen der Welt willkommene Doktrin, der Haltung derer verwandt, die das Gefühl uralter Schuld pflegen und darunter erschauern. Sie paßt und scheint eine Menge Fakten zu erklären: Eine Zeitlang wurde ein großer Teil der Welt in der Tat unmittelbar von Europäern beherrscht, und häufig setzten diese ihren Willen auch in vielen Dingen durch, die sie nicht unmittelbar beherrschten. Wie alle wirksamen historischen Mythen hat auch die Vision von einer welthistorischen Rolle des Abendlandes als eine besonders auffällige und weit ausgreifende Episode in der uralten Geschichte von Sünde, Herrschaft und Macht einen wahren Kern.

Das geht jedoch noch nicht weit genug. Was der westlich-abendländische Einfluß auf die Geschichte der Menschheit bedeutet hat, kann nicht dadurch ausgeschöpft werden, daß man eine kurze Ära politischer und militärischer Eroberung beschreibt, obwohl diese ohne Zweifel ein Teil der komplexen Wahrheit ist. 1986 beherrschen Westeuropäer nicht mehr von der Welt als vor fünfhundert Jahren, doch erbringen sie (und die Länder europäischer Abstammung, die in Übersee entstanden) in aller Welt immer wieder beachtliche Leistungen. Im Jahre 1978 bestand zum Beispiel das römische Kardinalskollegium zum ersten Mal aus mehr Nicht-Europäern als aus Europäern (56:55); das spiegelt die Verpflanzung des katholischen Glaubens in der Vergangenheit wider, die so erfolgreich war, daß heutzutage Europa nicht mehr länger der Kontinent mit dem größten Anteil an getauften römisch-katholischen Christen ist. Die Geschichte des Weltchristentums ist aber überwiegend die Geschichte eines abendländischen Erfolges bei der Verbreitung seines Ideengutes. Die Welt hat abendländischen Werten und Vorstellungen nicht etwa nur deshalb so stark nachgegeben, weil sie durch nackte Gewalt dazu gezwungen wurde, welche Rolle dies zuweilen auch in vielen Ländern gespielt haben mag, die Welt hat vielmehr jahrhundertelang auch manches andere, was aus dem Abendland kam, angenommen.

Papst Paul VI. 1964 in Bombay. Eine von vielen päpstlichen Reisen, mit denen die Stärke der römisch-katholischen Kirche außerhalb Europas augenscheinlich wurde

Manche haben versucht, den westlichen Einfluß sinnvoll zu begründen, indem sie ihn unter wirtschaftlichen Aspekten betrachteten. Im wesentlichen, so sagen sie, besteht das, was geschehen ist, darin, daß ein ökonomisches System, der Kapitalismus, über andere triumphiert hat (dabei folgt dann häufig eine Auseinandersetzung darüber, ob dieser Prozeß unabweisbar und notwendig war, ob er wohl zu vermeiden gewesen wäre oder ob er korrigierbar sei). Aber selbst wenn wir uns über eine Definition des »Kapitalismus« einigen können, ist es schwierig, wenn nicht unmöglich, ein System dieser Art zu umschreiben, ohne daß nicht vieles von dem mit einbezogen wird, was sich in den wirtschaftlichen Systemen nachweisbar »nicht-westlicher« Gesellschaften findet. Ihr kapitalistisches Saatgut (wenn es das war) ging aber offensichtlich nicht mit derselben Kraft auf wie in einigen westlichen Ländern. Warum nicht? Eine sorgfältige Untersuchung der historischen Umstände könnte vielleicht eine Antwort liefern, jedoch sollte man nicht den Fehler begehen, von vornherein die Hypothese auszuschließen, ein spezifisch westlicher Faktor sei auf einer anderen als der Ebene wirtschaftlicher Organisation nicht verfügbar gewesen. Jahrhundertelang stellten sich Europäer in Begriffen ihrer Kultur ziemlich genauso dar wie Nicht-Europäer, doch heute sehen manche Länder nur einen geringen Unterschied zwischen marktwirtschaftlich organisierten amerikanischen und sozialistischen sowjetischen Ausbeutern. Anscheinend ist nicht nur der Kapitalismus der Wesenszug, den der Rest der Welt als charakteristisch für »den Westen« erkennt.

An solche allzu stark vereinfachenden Anschauungen muß man erinnern, um wenigstens die Grundlagen etwas auszuleuchten. Man überläßt uns die Aufgabe, die eigentliche Natur des westlichen Einflusses und die der westlichen Kultur zu ermitteln. Vor uns liegt eine Forschungsaufgabe: Wir müssen feststellen, was »der Westen« ist, welcher Natur diese mächtige, aber auch geheimnisvolle Größe ist, die eine so umfassende Wirkung auf die Welt ausübt. Die Bezeichnung ist voll von Widersprüchen und Paradoxien. Daß sie so weit verbreitet ist und so vieles abdeckt, liegt daran, daß man sie für nötig hält, um eine komplizierte Idee wie in einem Brennpunkt einzufangen. Manchmal ist das, auf das sie sich bezieht, sind ihre begleitenden Bedeutungsinhalte leicht zu erfassen – im kalten Krieg beispielsweise. Aber diese eng begrenzte Verwendung ist erst eine Erscheinung der jüngsten Entwicklung und fängt bereits an, veraltet zu wirken. Viele der ärmeren Länder der Welt sehen im »Westen« einfach die »Reichen«; sie pflegen Ost und West, die Antagonisten des kalten Krieges, in einen Topf zu werfen und fügen zu einem großen Teil auch Japan hinzu (eine neuere, passendere Unterscheidung ist natürlich Nord/Süd). Aber solche Unterscheidungen gehen über Hautfarbe, Religion und Bildung hinweg, und dabei bleiben Verteidiger westlicher Werte auf beiden Seiten auf der Strecke. Zum Beispiel sagt man von einigen lateinamerikanischen Ländern, die historisch und kulturell sehr wohl zum westlich-abendländischen Kulturraum gehören, sie seien der »Dritten Welt« zuzurechnen. Was die Definierung des Westens in Kategorien des Imperialismus angeht, so müßte dabei nicht nur ein Land einbezogen werden, das im kalten Krieg zum »Osten« gehörte, nämlich die Sowjetunion, sondern auch ein Land nicht-westlicher Abstammung: Japan. Länder können also offenbar im Laufe der Zeit unter solche Kategorien fallen (und sich ihnen auch entziehen?). Es wäre jedoch bedauerlich, wollte jemand meinen, wir würden uns, wenn wir vom »Westen« sprechen, einer vordergründigen Ausdrucksweise bedienen.

»Der Westen« ist natürlich eine irreführend vereinfachende Bezeichnung. Es hat niemals einen simplen, monolithischen »Westen« gegeben, und er stand auch nicht anderen vereinfachenden, monolithischen Abstraktionen wie der »Osten«, »Asien« oder »Afrika« gegenüber – weit ausholende Dualismen dieser Art stehen dem Verständnis historischer Prozesse im Wege, in denen Kulturen und Subkulturen von erheblicher Besonderheit agieren oder reagieren, miteinander in Wechselbeziehung stehen und immer neue Gelegenheiten zu Entdeckungen und zur Selbstfindung bieten. Bei den Männern aus dem Westen, die als »weiße Männer«, »haarige Barbaren« (wie die Chinesen sie nannten) oder unter irgendeiner anderen Bezeichnung bekannt wurden, handelte es sich in Wahrheit um Spanier des 16., um Franzosen des 17., um Schotten und Neuengländer des 19. Jahrhunderts – und viele andere mehr. Was sie durch die Jahrhunderte miteinander verband, war ihre historische Rolle. Sie alle waren Werkzeuge zur Übermittlung verschiedener Auslesen aus dem Reichtum einer einzigen Kultur, der des Abendlandes, in andere Teile

1886: Apachen-Kinder aus dem amerikanischen Südwesten nach ihrer Ankunft. Vor einer Schule in Pennsylvania stellen sie sich dem Photographen

der Welt. Ungeachtet ihrer Vielfältigkeit verbindet dieser kulturelle Hintergrund sie mit demselben historischen Prozeß. Was auf den folgenden Seiten geboten wird, ist nur die Skizze eines Versuchs, der Natur dieses Prozesses, dem Aufbruch des Abendlandes, im Verlauf seiner Geschichte, seiner Wirkung auf die Welt, seiner Durchschlagskraft auf die Spur zu kommen.

Da sich diese Kultur in ihrer Geschichte enthüllt, in ihr erkannt und definiert werden kann, muß die Untersuchung mit historischen Sondierungen beginnen. Zu erwarten, daß Untersuchungen in diesem engen Rahmen alle Quellen anführen, aus denen die Überlegenheit dieser Kultur entspringt, wäre unrealistisch. Alle Arten von materiellen Faktoren müßten berücksichtigt werden, von der Verfügbarkeit großer Landmassen für den Ackerbau bis zum Besitz bestimmter Werkzeuge zu bestimmten Zeitpunkten, von klimatischen Bedingungen bis zu unklaren Faktoren, die auf subtile Weise die Geburtenraten bedingen. Jeden dieser Aspekte genau zu untersuchen würde eine zeitraubende und mühsame Arbeit sein. Hier können nur einige wenige der offenkundigeren berührt werden. Mit den Reaktionen der Menschen auf solche materiellen Kräfte, mit der Art, wie sie genutzt wurden, und mit

Prägung durch die Zivilisation? Dieselben Kinder nach vier Monaten Ausbildung und Einflußnahme gezielter Philanthropie

den Anstrengungen, die gemacht wurden, um sich davor zu schützen, kamen aber noch andere Faktoren ins Spiel – sie sind seelischer, geistiger, intellektueller, ideologischer Natur und zeigen die ganze Palette von Ideen, Vorstellungen, Überzeugungen auf, mit denen die an einer bestimmten Kultur Beteiligten von dieser ausgestattet wurden, um den harten Tatsachen der materiellen Welt begegnen zu können. Teil dieses Ideengutes waren auch das wachsende Selbstbewußtsein der abendländischen Kultur, das Bild, das sie von sich selbst hatte, ihre Mythen in bezug auf das, was sie war und wohin sie sich bewegte. Man kann ihr Wirken in der

Strandbekleidung in Kenia. Die Unterwäsche aus einem westlichen Kaufhaus erweist sich in Mombasa als vielseitig verwendbar

Geschichte dieser Kultur verfolgen, einen Teil ihres enormen, komplexen, ihres befleckten und zweideutigen Triumphes, denn es ist inzwischen völlig klar, daß die westlich-abendländische Kultur der Welt unter anderem eine Idee von dem vermittelt hat, was eine erfolgreiche Gesellschaft ist, und eine Vorstellung von der Last, die es abzuschütteln gilt – die Saat der Vernichtung der eigenen politischen Dominanz des Westens. Diese Vernichtung durch etwas, was er selbst der Welt gegeben hat, ist eine Ironie des Schicksals. Aber die Geschichte ist voll von solcher Ironie. Es ist nicht wahrscheinlich, daß unsere Eitelkeit bei einem Blick in die Vergangenheit unverletzt bleibt.

II.
Ein Gefühl für Richtung

Wie einzelne Männer und Frauen weben auch Völker und Kulturen an Mythen über das, was sie waren und sind, können und tun sollten. Auf diese Weise finden sie in ihrer Erfahrung Sinn. Viele Mythen haben ganz offensichtlich mit der Vergangenheit zu tun, mit Geschichte. Eines der Merkmale einer Kultur ist der Wunsch, in ihrer Vergangenheit Sinn zu finden und ihre Kenntnis darüber zu ordnen. Wir können zu diesem Zweck nicht ohne Mythen auskommen; sie sind unerläßlich, wenn man der Geschichte zu Leibe rückt; ohne sie wäre die ganze Angelegenheit unerträglich. Solche Mythen entstehen nun aber in vielen verschiedenen Graden der Verfälschung. Zu verschiedenen Zeiten und an verschiedenen Orten haben Menschen geglaubt, daß alle Geschichte sich durch die Bewegungen der Sterne oder durch rassische Merkmale erklärt, daß sie Teil eines göttlichen Planes, daß sie von verdorbenen Menschen (Jesuiten und Freimaurer sind beliebte Beispiele) vom rechten Weg abgedrängt worden, daß alles eine Widerspiegelung des Klassenkampfes ist – um nur einige von vielen Gedankengängen aufzugreifen. Vernünftig oder nicht, auch solche Mythen binden uns an eine Zukunft. Sie vermitteln Wegweiser und Verbindungsglieder in bestimmte Richtungen und legen uns in anderen Hindernisse in den Weg. Sie erzeugen häufig Geschichtsphilosophien, die versuchen, das, was geschehen ist, rational zu erklären. Deshalb ist die Vergangenheit, wie wir sie durch die verzerrende Optik unserer eigenen Bedürfnisse und Sehnsüchte sehen, genauso wichtig für uns wie das, was »wirklich« geschah – die »Vergangenheit, wie sie wirklich war«, wie es Ranke einmal ausdrückte.

Was Menschen tun und die Art und Weise, wie sich das, was sie tun, in ihren Augen darstellt, ist oft schwer voneinander zu trennen. Ein Grund, warum Geschichte so schwer zu verstehen ist, liegt darin, daß das, was geschah, keineswegs immer das war, was zu geschehen schien. Der Sturm auf die Bastille wurde – durchaus zu Recht – als das symbolische Ende einer Ära angesehen; die Wirklichkeit bestand darin, daß sich der Mob eines nahezu leeren, von einer Handvoll Soldaten im Ruhestand bewachten Gefängnisses bemächtigte und dann zu lynchen begann. Die Erstürmung des Winterpalais ist zu einem Kinostück und endlos oft in Bildern und Schriften reproduziert worden, um ihr einen heroischen Maßstab zu unterschieben; in Wirklichkeit aber war sie eine in die Länge gezogene, konfuse, halbherzige Angelegenheit, bei der Verteidiger wie Angreifer Blutvergießen ängstlich vermieden.[1] Immer aber ist das, was zu geschehen schien, in sich selbst ein wesentlicher Teil dessen, was im weitesten Sinne geschah. Das bedeutet, daß wir versuchen müssen zu verstehen, wie Menschen ihre eigene Geschichte sehen: Das

Drei der 1875 eingereichten Entwürfe für den Wiederaufbau der »Houses of Parliament«. Der Stil sollte gotisch und elisabethanisch sein. Barrys Entwurf (unten) erhielt die Zustimmung

Bild, das sie von ihr haben, gibt den Dingen Gestalt, von denen sie fühlen, daß sie sie tun können und tun sollten. Als Engländer sich im 19. Jahrhundert daranmachten, das Parlament wiederaufzubauen, nachdem der alte Westminsterpalast niedergebrannt war, taten sie das in pseudomittelalterlichem Stil. Sie bedienten sich neuer Ideen, verwendeten Eisen und Glas für ihre Bahnhöfe und für den Kristallpalast, wollten aber, daß ihr Parlamentsgebäude die Fortdauer einer alten Verfassung zum Ausdruck brachte. So wandten sie sich der Gotik und dem Stein zu, wie sie das auch noch bei manchen anderen staatlichen und städtischen Bauten taten. Viele »neue Nationen«, die entstanden, als sich Kolonialregierungen zurückzogen, haben der Neuschreibung und Wiederentdeckung ihrer wirklichen oder vermeintlichen Vergangenheit große Aufmerksamkeit geschenkt. Wenigstens eine von ihnen, Ghana, hat den Namen eines seit langem erloschenen Gemeinwesens angenommen, ähnlich wie die Holländer, die, ebenfalls Angehörige einer neuen Nation, auf Erinnerungen an das zurückgriffen, was die Römer Batavia genannt hatten. Sowjetrußland ist das beste Beispiel von allen. Es ist förmlich festgelegt auf eine spezifische Interpretation der Vergangenheit, ohne die seine eigene Geschichte in den Augen seiner Machthaber keinen Sinn gäbe, und seine Enzyklopädien und Lehrbücher werden häufig überarbeitet, um solch eine Erklärung glaubwürdig aufrechtzuerhalten.

Auch ganze Kulturen haben historische Mythen, obwohl diese viel schwerer zu fassen und zu erkennen sind. Wie sieht eine Kultur ihre Vergangenheit? Wie insbesondere sieht sich unsere Kultur? Auf vielerlei Weise, so scheint es. Es gibt Dutzende, vielleicht Hunderte von Versionen ihrer Geschichte. Diese finden sich keineswegs alle in dem, was Historiker geschrieben haben, ob Gutes oder Böses. Wir können zu diesen Versionen alle jene summarischen, formlosen Urteile von Menschen zählen, die je bewußt über diese Dinge nachdachten. Unser Bild von der Vergangenheit als Kultur kann nicht leicht ganz eindeutig dargestellt werden. Es geht dabei nicht nur um eine Sache der formgerechten Schilderung, sondern um ungeordnete Bündel sehr tief wurzelnder – nahezu unbewußter – Haltungen. Sie sind ein Teil dessen, was ein Philosoph einmal ein »ererbtes Agglomerat« nannte. Wir könnten es als eine umfassende Geisteshaltung bezeichnen, als eine Art, die Vergangenheit der Welt zu betrachten, die alle unsere Einzelurteile darüber färbt.

Trotzdem, um es kurz und grob zu umschreiben: Ich glaube, im Kern des westlichen Geschichtsbildes finden sich zwei zentrale Mythen. Eine davon ist die Idee, daß Menschen in mancher Hinsicht fähig sind, ihr Schicksal in die eigene Hand zu nehmen; sie sind autonom. Der andere Mythos ist die Idee, daß Geschichte einen Sinn hat, weil sie Richtung hat; sie bewegt sich irgendwohin. Das sind Ideen, von denen manche meinen, sie könnten sich fast wie unabhängige Kräfte selbst hervorbringen. Andere haben sie, weniger geheimnisvoll und metaphysisch, einfach als starke und entscheidende Einflüsse auf die historische Entwicklung betrachtet. Weil Menschen an sie geglaubt haben, müssen sie als positive Faktoren in Rechnung gestellt werden. So vereinfacht ausgedrückt, sind sie zweifellos zu grob umschrieben. Solche Ideen sind von der Mehrheit der Menschen, die im abendländischen Kulturraum gelebt haben, niemals so explizit und stetig vertreten worden. Aber sie tauchen in qualifizierter Form immer wieder auf; sie dauern in der Geschichte unserer Tradition fort.

Diese beiden Ideen, Mythen, Vorstellungen – oder wie immer man sie bezeichnen will – haben ihren Ursprung ganz offensichtlich in zwei Traditionen, die älter sind als unsere eigene, nämlich in der griechisch-römischen und in der jüdischen. Dort liegen, wie man schon lange erkannt hat, die Wurzeln der abendländischen Kultur. Jene beiden Traditionen treffen am deutlichsten im Christentum zusammen. Es ist die schlichte Wahrheit: Keiner von uns könnte heute das sein, was er ist, wenn nicht vor fast zweitausend Jahren eine Handvoll Juden daran geglaubt hätte, sie wäre einem großen Lehrer begegnet, hätte ihn gekreuzigt, tot und begraben gesehen und dann erlebt, wie er wieder auferstand, um noch eine Weile auf dieser Erde zu bleiben, bevor er hinging, um in der ewigen Herrlichkeit bei ihrem jüdischen Gott, seinem Vater, zu leben. Und keiner von uns könnte heute das sein, was er ist, wenn nicht jene unbekannten Männer die Nachfolger gefunden hätten, die zu gegebener Zeit die intellektuellen und geistlichen Führer einer durch die Macht Roms umschlossenen Kultur werden konnten.

Der Beitrag Griechenlands zur abendländischen Tradition ist unendlich groß und reich. Die Vorstellung, die man davon hat, wird leicht von den Errungenschaften einiger weniger prominenter griechischer Städte in ihrer klassischen Glanzzeit im 5. und 4. Jahrhundert v. Chr. beherrscht. Wir sollten doch wenigstens jene große griechische Welt nicht vergessen – hellenistische Welt ist die übliche Bezeichnung –, die sich über das ganze östliche und einen großen Teil des westlichen Mittelmeerraumes sowie als Ergebnis der Eroberungen Alexanders des Großen im 4. Jahrhundert v. Chr. über weite Teile des Nahen Ostens erstreckte. In der Praxis neigen wir dazu, uns bei den außergewöhnlichen Gestalten des früheren, klassischen Zeitalters aufzuhalten, bei den großen Philosophen, Mathematikern, Historikern, Dichtern. Wenn wir das tun, erkennen wir in ihnen ohne Schwierigkeit jene Dinge, die sie uns so verwandt erscheinen lassen, und übersehen die enormen Unterschiede, die auf diese Weise in den Schatten geraten. Gerade aber die Gelehrten erinnern uns daran, daß sich die griechische Welt in ihrer besten Zeit von unserer Welt mehr unterschied, als daß sie ihr ähnlich war.

Eine Auswahl zu treffen kann zur Überidealisierung der griechischen Welt führen, selbst wenn man ihren glanzvollen Höhepunkt im Blick hat. Eine wissenschaftliche Autorität hat einmal geäußert, daß die griechische Hoch-Zeit, das 5. und beginnende 4. Jahrhundert v. Chr., als eine Art *Tour de force* betrachtet werden kann, als ein Triumph geistiger Anstrengung zwischen zwei von Furcht, Schuld und Unverstand regierten Epochen.[2] Aber selbst in dieser großen Zeit ist vieles an der griechischen Geschichte eine Geschichte von Aberglauben, Stolz, Überheblichkeit. Die Politik der Stadtstaaten wurde leicht von irrationalen Ängsten beherrscht – nicht an das Übernatürliche und an die Lehren der Astronomie zu glauben galt in Athen als strafwürdig. Die griechische Gedankenwelt war zu keiner Zeit ein homogener Block (nur eine sehr primitive Kultur kann das sein), und sie war ein historisches Kontinuum. Unterschiedliche Elemente herrschten darin zu verschiedenen Zeiten vor, und viele der primitivsten und irrationalsten unter ihnen überdauerten neben einigen ihrer größten Errungenschaften bis in das christliche Zeitalter.

Diesen komplexen Hintergrund muß man im Auge behalten, wenn man herauszufinden versucht, was denn die Griechen der zukünftigen Kultur des Abendlandes hinterließen. Der Reichtum ihres Erbes hat sich beispielsweise unserer Sprache aufgeprägt, die durchsetzt ist mit Wörtern griechischen Ursprungs. Vor dem Hintergrund jenes Reichtums ist daher eine erbarmungslose Vereinfachung und Themenauswahl nötig.

Viele mögen fragen, warum man überhaupt mit den Griechen beginnt; schließlich war zu der Zeit, in die wir zurückblicken wollen – das 6. Jahrhundert v. Chr. –, die Geschichte ihrer Kultur schon halb vorbei. Viele mögen auch fragen, warum man nicht mit Ägyptern oder Assyrern beginnt; schließlich muß jene enorme Zeitspanne, in der die alten ägyptischen Dynastien und die Reiche von Mesopotamien und Assyrien aufblühten und eines nach dem anderen wieder verging, doch ebenfalls Spuren hinterlassen haben. Warum also mit dem alten Griechenland anfangen? Die Antwort ergibt sich, wenn man sie in einem anderen Licht betrachtet: Die Griechen übernahmen nicht einfach bestimmte Ideen und Fähigkeiten von anderen, sondern wandelten sie zu etwas völlig Neuem um; ihre Kultur war schöpferisch, entwickelte sich fort und kann noch heute auf ihre Kraft und Kreativität überprüft werden. Das war zuvor nicht so: Nachdem die politische und militärische Struktur, die es geschützt hatte, verschwunden war, verlor das alte Ägypten

Die klassische griechische Kultur stützte sich nicht zuletzt auf die militärische Stärke der Städte: Ein korinthischer Helm (um 460 v. Chr.)

seine Bedeutung, ausgenommen vielleicht für einige Gelehrte. Griechenland aber übte seinen Einfluß in der Welt noch aus, lange nachdem die griechischen Städte selbst nur noch Ruinen waren.

Ein Element im Rahmen dieser Einflußnahme war das Gespür der Griechen für den Unterschied zwischen zivilisierten Menschen und Barbaren*. Die Heftigkeit, mit der sie ihren langen Kampf gegen Persien führten, hatte ihren Grund zum Teil darin, daß sie fühlten, daß mehr auf dem Spiel stand als das bloße Überleben. Einige von ihnen – so Herodot – gingen so weit, zwei geistige Welten im Konflikt zu wähnen und diesen Konflikt als einen zwischen Freiheit und Sklaverei anzusehen. Daß der Westen im Gegensatz zur Barbarei stand, war eine Auffassung, die noch eine lange Geschichte vor sich hatte, und dies in weltlichen wie in religiösen Ausformungen. Diese Geschichte beginnt mit den Hellenen, wie sich die alten Griechen selbst nannten. Sie scheinen geglaubt zu haben, daß nur die, die ihre Sprache, ihre Götter und ihre Ahnen mit ihnen teilten, ein wirklich menschliches Leben führen konnten, ein Leben, das auf Selbstbestimmung (Autonomie) und politischer Selbstverwaltung beruhte (der Stadtstaat oder die *Polis* hat die Hälfte unseres politischen Vokabulars erfunden). Sie hielten sich für etwas Besonderes, und sie waren es auch in vieler Hinsicht. Erst in unserem Jahrhundert sollte das politische Leben wieder eine Sache der aktiven Teilhabe eines so großen Teils der Bevölkerung werden, wie es in der *Polis* der Fall war. Aber jede Medaille hat zwei Seiten. Die Fähigkeit des Individuums zur Selbstbestimmung hervorzuheben und seine autonome Entwicklung zu fördern gab der Kreativität Raum und bereicherte die Kultur. Aber es führte auch zu wilder Konkurrenz und Selbstüberheblichkeit. Der Konkurrenzkampf spornte natürlich zu hohen Leistungen an (dem akademischen Wettstreit um die Auswahl von Tragödien zur Aufführung bei den großen öffentlichen Festlichkeiten in Athen verdanken wir einige der Schätze europäischer Literatur), aber Klüngel und Intrigen in der Politik der Stadtstaaten bedeuteten eine schreckliche und möglicherweise tödliche Belastung der Kräfte des staatlichen Lebens.

Die Überzeugung der Griechen, Menschen – wahre Menschen – seien in ihrer Fähigkeit zur Selbstbestimmung einzigartig unter den Lebewesen, führte bei manchen von ihnen beinahe zu einer Vergötterung der rationalen Vernunft. Die größten griechischen Denker räumten dem rationalen Fragen eine Stellung ein, die es im Westen nie mehr ganz verlieren sollte, die aber auch in keiner anderen Kultur in dieser Form vorkommen sollte; Sokrates ist die symbolhafte Verkörperung jener Haltung geblieben. Die Anfänge des griechischen Rationalismus liegen jedoch weiter zurück, liegen im Jonien des 6. vorchristlichen Jahrhunderts, als man dort orientalische Vorstellungen über die Natur der Welt übernahm, diese aber von ihrem mythologischen und magischen Hintergrund loslöste und in rationale Fragen umsetzte. Die Jonier erfanden praktisch die Naturwissenschaften; damit bewegten

* Roberts verwendet den Begriff »Barbaren« im ursprünglichen Sinne, meint also damit Völker, die keinem geschlossenen Kulturkreis angehören. Von den Griechen übernommen, bezeichneten die Römer mit »Barbaren« all jene, die außerhalb der römischen Zivilisation lebten. Der Begriff, auch im Mittelalter verwendet, ist also nicht als negative Wertung irgendeines Volkes zu verstehen (Anm. d. Verlages).

sie sich auf den Rationalismus zu und entfernten sich von der Magie. Wenn sich das dann auch als weniger fruchtbar erwies als der griechische Beitrag zur Philosophie (und man kann sich darauf einigen, daß die Richtung, die Plato den philosophischen Studien gab, für Jahrhunderte wissenschaftlichen Fortschritt verhinderte, indem er sie von der Beobachtung der materiellen Welt und vom Experiment weg auf Mathematik und Metaphysik lenkte), so stellte es dennoch eine enorme Bereicherung des menschlichen Weltverständnisses dar. Was die Beobachtung der Welt anbelangt, so war Aristoteles der erste, der wissenschaftliche Daten klassifizierte und analysierte. Auf diese Weise wurde die Vernunft und sogar eine kritische, ätzend scharfe Rationalität Teil dessen, was Griechenland der Zukunft hinterließ, obwohl das keineswegs das war, was die alten Griechen als beherrschende Note ihrer Kultur betrachtet haben.

Die Auflistung dessen, was unser griechisches Erbe enthält, ist der Mühe wert, weil sie viel von dem erkennen läßt, was wir ihm verdanken. Aber ein Verzeichnis dieser Art erzählt nicht die ganze Geschichte. Was der Westen Griechenland verdankt, ist nicht lediglich die Masse an spezifischen Kunstwerken und Ideen, die überdauert haben – etwa der Parthenon, die Dramen oder die Logik –, und die Vorstellung, die wir von diesen Dingen haben. Überdauert hat Griechenland auch in der Leistungsidee, die solche Dinge zum Ausdruck bringen, und es lebt in dieser Idee bis heute weiter. Die Griechen setzten einen neuen Maßstab für menschliche Leistung, vermittelten der Welt eine höhere Vorstellung von dem, was die Menschheit vollbringen konnte, als die bis zu ihrer Zeit gültige. Diese Vorstellung sollte sich als weit erhabener erweisen als viele Ideale, die in späteren Jahrhunderten in den Vordergrund traten. Sie inspirierte die Römer, die Menschen von Byzanz, später die italienische Renaissance, sie inspiriert manche Menschen heute noch.

Jenes Vermächtnis ist immer und immer wieder aufgegriffen worden. Das war manchmal bitter nötig. Im Mittelalter wurde es weitgehend von arabischen Gelehrten weitergegeben – eine Art intellektueller Bluttransfusion durch Mittelsmänner. Aber etwa seit dem 15. Jahrhundert ist das alte Griechenland der abendländischen Kultur in gewisser Weise immer sehr vertraut gewesen. Irgendwie denken wir ständig an Griechenland – wir haben Gelehrte, deren Aufgabe es ist, Griechenland zu studieren, und wir haben für sie Bibliotheken und Museen eingerichtet. Wir entdecken es fortwährend neu, erklären es und bedienen uns seines Erbes. Das alte Griechenland ist von Europäern stets als ein Spiegel betrachtet worden, in dem sie sich selbst wiederentdecken konnten. Jahrhundertelang (genaugenommen bis zu unserem Jahrhundert) stellte es ein gewichtiges, zentrales Element in den Erziehungs- und Bildungsplänen der abendländischen Kultur dar, und wir nehmen noch heute sein Erbe andauernd in uns auf.

Mit ziemlicher Sicherheit würden die Griechen des klassischen Zeitalters die Juden als Barbaren betrachtet haben, und doch haben Kultur und Religion des jüdischen Volkes unsere Kultur und Religion genauso unverkennbar geformt, wie die der Griechen es getan haben. Hinter dem Christentum liegt ein reiches jüdisches Erbe, das eben durch das Christentum in die Zukunft weitergereicht wurde. Um festzustellen, was auf uns überkommen ist, ist es (wieder) nötig, unbarmherzig auszuwählen. Ich möchte nur zwei bedeutende Ideen herausnehmen, die meines

◁ Aphrodite, Göttin der Liebe und immer wieder auftretendes Thema der griechischen Kunst. Ein spätes Beispiel (3. Jh. v. Chr.), naturalistisch und technisch ausgefeilt

▽ Kunst als Politik: Der Parthenon, der die Akropolis von Athen krönt, war das Herzstück der perikleischen Vorstellung von einem monumentalen Zentrum, das Athens Anspruch auf die moralische und künstlerische Führung Griechenlands verkörperte

△ Ein Läufer aus dem 6. Jahrhundert v. Chr. Athletik war eng mit der griechischen religiösen Kultur verflochten – erfolgreiche Athleten erfreuten sich eines großen Prestiges

Erachtens unsere Geschichte unauslöschlich geprägt haben. Die erste ist die Idee vom schlechten Gewissen. Zuerst von den Propheten artikuliert und gepredigt, erscheint diese Idee immer wieder durch die ganze abendländische Geschichte hindurch, eine Kraft, die die Grenzen des moralisch Möglichen immer weiter hinausschob. Sie stattete die christliche Lehre von Anfang an mit einem Korrektiv aus, das helfen konnte, Fehlhaltungen selbst auszugleichen, und machte es so möglich, höhere Ziele zu erreichen. Mit der Zeit sollte diese Idee jene Menschen anregen, die als erste die individuelle Religionsfreiheit einklagten. Sie rief ein bohrendes Gefühl der Unzulänglichkeit hervor, das die abendländische Gedankenwelt oft aufgestört und davor bewahrt hat, in Unbeweglichkeit zu erstarren. Im schlimmsten Fall hat sie den Individuen, die sich bewußt waren, den allgemeinen moralischen Grundsätzen, auf die sich das Christentum stützte, nicht entsprechen zu können, ein lähmendes Schuldgefühl vermittelt. Im Mittelpunkt des jüdischen

Die West- oder Klagemauer, die Stätte jüdischen Gebets, ist der Rest jenes Tempels, der 70 n. Chr. von den Römern zerstört wurde

Glaubens steht hingegen nicht – wie bei seinem christlichen Abkömmling – die Erlösung des einzelnen Menschen. Gottes Bund mit Israel war kein Bund mit bestimmten Männern und Frauen, sondern mit einer ganzen Gemeinschaft. Hier liegt die Wurzel der zweiten großen jüdischen Idee, deren Einfluß später die Weltgeschichte mitgestaltete: die Idee vom auserwählten Volk. Sie sollte Generationen von Christen in ihrem Glauben bestärken, daß, wenn sie ihren Weg durch dieses Tal der Tränen in Gehorsam gegenüber Gottes Gesetzen gingen, sie das Gelobte Land der Erlösung nicht nur erreichen könnten, sondern erreichen würden. Diese Idee beseelt die Geschichte des Exodus. Tausende von Jahren später, von den Tagen derer an, die im Mittelalter durch Leiden und Armut zur Heiligkeit zu gelangen suchten, bis zu den Tagen der Pilgerväter und sogar noch weiter, haben abendländische Denker einer Zukunft entgegengesehen, in der nach dem schweren Gang durch die Wüste alle Dinge Vollkommenheit erlangen würden (sogar manchmal in irdischen Begriffen). Das ist der eine Grund, warum, anders als die Geschichte so vieler anderer Kulturen, die des Abendlandes viele Utopien hervorgerufen hat. Die abendländische Geschichtsauffassung zeigte immer jenen progressiven Trend, Geschichte als die Geschichte eines Volkes zu betrachten, das auf dem Weg irgendwohin ist.

Es gibt nun aber in der Ideengeschichte keine sauber verpackten Teile. Das skrupellos überhebliche und anmaßende Streben der Griechen nach Auszeichnung und Ruhm war offensichtlich nicht vereinbar mit den disziplinierten, gemeinschaftsbezogenen Zielsetzungen der jüdischen Tradition in ihrer nachhellenistischen Phase. Zwar waren zur Zeit Christi manche Juden (der biblische König Herodes war einer von ihnen) »hellenistisch« – das heißt, sie hatten griechische Lebensformen und Vorstellungen angenommen –, aber sie waren unpopulär. Diejenigen Juden, zumeist die ärmeren, die strenggläubigen Lehrern folgten, mißtrauten ihnen. Innerhalb des Christentums hielten die Spannungen später an. »Was hat Athen mit Jerusalem zu tun?« wütete Tertullian und bekannte sich zu dem, was ihm eine passende Antithese zu sein schien. Und doch vermittelten sowohl die griechische als auch die jüdische Kultur starke positive Antriebe; beide gaben der Welt im Hier und Heute einen Sinn und einen Grund, sich für ihre Werte einzusetzen.

Für die meisten ihrer Bewohner deckte sich diese Welt mit den Grenzen des riesigen Römischen Imperiums. Während der großen Zeit der griechischen Stadtstaaten hatte man den kleinen latinischen Städten in Mittelitalien nicht viel Aufmerksamkeit geschenkt. Rom war eine von diesen. Römische Institutionen trugen von Beginn an den Stempel der italischen Kulturen, die ihnen vorausgegangen waren, vornehmlich den der Etrusker, und erst im Laufe der Zeit hinterließen die Kontakte mit den griechischen Städten in Italien und Sizilien Spuren. Später, nach dem langen Kampf mit Karthago, der das Faktum der Vorherrschaft im westlichen Mittelmeerraum schuf, erwies sich Rom allmählich als erfolgreiche imperiale Macht. Die *Magna Graeca*, wie die Römer die Welt der griechischen Städte nannten, unterlag bald den Legionen der Republik. Es dauerte zwar länger, den hellenistischen Osten zu erobern, doch war der Prozeß bereits vor der Geburt Christi abgeschlossen. Die unterworfenen Gebiete und das Reich veränderten die Römer auf vielerlei Weise, nicht weniger aber wurden sie geprägt durch die Art, wie sie sich in den Mythen sahen, die sie entwickelten, um sich selbst darzustellen.

Die immer engere Berührung mit den Griechen – es war so etwas wie ein Markierungspunkt, als die Römer zu den panhellenischen Spielen zugelassen wurden, bei denen Vertreter aller griechischen Städte zusammenkamen – regte die Römer zu einer Selbstbesinnung an. Obschon es unter ihnen zähe, wilde und genügsame Haufen gab, waren doch viele Römer von der überlegenen Kultur der hellenistischen Welt überwältigt. Sie war reich, üppig, hedonistisch, komplex, vernünftig. Selbst diejenigen, die ihrem Zauber nicht erlagen, vermochten kulturelle Überlegenheit zu erkennen, wenn sie sie sahen – und der Kontrast muß oft quälend gewesen sein. Die lateinische Sprache beispielsweise war nicht im entferntesten ein so ausgefeiltes, subtiles Instrument wie das Griechische. Als Athen bereits eine Stadt aus Marmor war, war Rom noch eine Stadt aus Ziegelsteinen. Als die Römer sich selbst und ihre historische Rolle zu definieren suchten, waren sie folglich fast gezwungen, das wenigstens teilweise in Begriffen der griechischen Kultur zu tun. So griffen sie eifrig die (von ihrem größten Dichter, Vergil, unsterblich gemachte) Legende von Aeneas auf, jenem trojanischen Held, der nach der Eroberung Trojas seine brennende Vaterstadt verließ, nach sieben Jahren Seefahrt Italien erreichte und dessen Sohn Ascanius Alba Longa gründete, die Mutterstadt Roms. Griechische Götter wurden denen des römischen Parthenon gleichgestellt, und Zeus, der Göttervater, wurde Jupiter. Selbst in der Republik übernahmen Römer der herrschenden Schicht griechische Ideen und Bildungsgrundsätze; so kam es, daß nach den Worten des römischen Dichters Horaz »gefangene Griechen ihre grimmigen Eroberer versklavten«. Ja, Römer lasen Homer, und römische Kunst und Architektur holten sich ihre Vorbilder in Griechenland. Auf diese Weise wurde eine Tradition weitergereicht, die schließlich Caesar und Cicero, Horaz und Vergil

△ Außerhalb Griechenlands, bei Paestum südlich von Neapel, steht der Tempel des Meeresgottes Poseidon (des Neptuns bei den Römern), der im 5. vorchristlichen Jahrhundert errichtet wurde

◁ Hellenisierung: In einer Villa bei Ephesus, deren Besitzer Römer war, befand sich dieses Wandgemälde von Platons Lehrmeister, von dem Philosophen Sokrates

▷ Vorderasien in Italien: Ein berühmter Tempel der Aphrodite bei Knidos (heute Türkei) war Vorbild für Kaiser Hadrians Villa in Tivoli in der Nähe von Rom

hervorbrachte. So nahm dann die römische Vorstellung von dem, was es hieß, ein Römer zu sein – *Romanitas* –, mit den alten römischen Traditionen auch viel von dem griechischen Erbe auf, das der römische Imperialismus bewahrte.

Römische Waffen und römische Regierungen errichteten ein Rahmenwerk, innerhalb dessen die hellenistische Vergangenheit fortlebte und schließlich in das frühe Christentum mündete. Im Augenblick seiner größten Ausdehnung erstreckte sich das Römische Reich von Schottland bis zur Sahara und von Gibraltar bis an den Euphrat. »Romania« war ein Wort, das im 4. Jahrhundert auftauchte und deutlich machte, daß das Reich ein Ganzes war, obschon es damals nicht mehr so weit ausgedehnt war. Zu ihm gehörten die großen Städte der alten griechischen Welt, und dort fand es die Vorbilder für die Monumente, die seinen Stil charakterisierten: Tempel, Foren, Theater, Aquädukte. Einigen großen Gebieten – Sizilien, Afrika – brachte es einen Wohlstand, wie man ihn für Jahrhunderte (wenn überhaupt, so nur für wenige) nicht mehr erleben sollte, und schuf ein kompliziertes Handelssystem, das sich bis an die indische Küste und nach Zentralasien erstreckte (römische Münzen sind sogar in Indochina aufgetaucht). Trotz allem blieb Zentrum des Reiches immer der Mittelmeerraum. Seine großartigsten Städte waren samt und sonders Häfen des großen Binnenmeeres; keine Stadt von Rang lag weit davon entfernt. Diese Städte bildeten ein umfassendes kulturelles Gefüge, in dem die griechische Sprache jedermann überall in die gebildete Gesellschaft einführte.

Die Monumente, die die Römer hinterließen, beeindruckten nachfolgende Generationen so stark, daß diese mit ehrfürchtiger Scheu erfüllt wurden. Man gelangte zu der Auffassung, daß ihre mächtigen Bauten von Riesen oder Magiern erbaut worden sein mußten, denn etwas so Riesiges, so gut Geplantes, so sorgfältig Ausgeführtes konnte sicher nicht durch schiere menschliche Kraft errichtet worden sein. Hinter diesen Bauwerken stand jedoch mehr als nur die hervorragende Fähigkeit, sich die einfache Technologie jener Tage zunutze zu machen. Die Römer taten etwas, wozu die Griechen nie imstande gewesen waren: Sie brachten ihrem gesamten Kulturraum Friede, Ordnung und Stabilität. Als ein ungeteiltes Regierungssystem blieb das Römische Reich fast dreihundert Jahre lang bestehen, bis es in einen westlichen und einen östlichen Teil aufgespalten wurde. Zwar war die Bürokratie nicht überall gleich vollkommen, erfolgte die Kommunikation nicht überall gleich rasch, mußten den lokalen Gewohnheiten oftmals große Zugeständnisse gemacht werden – wenn es jedoch darum ging, zu entscheiden, wie weit man gehen konnte, ohne Gefahr zu laufen, die von Rom unterworfenen Völker zu beleidigen, war der Statthalter einer ganzen Provinz manchmal genauso auf sich allein gestellt wie ein Distriktoffizier in einer indischen Grenzregion vor den Tagen des Telegraphen; Pontius Pilatus beispielsweise konnte nicht seinen Vorgesetzten in Rom anrufen und um Weisung bitten – er mußte seine eigene Entscheidung treffen, um in einem schwierigen Fall in einer unruhigen Stadt seine Hände in Unschuld waschen zu können. Das Reich aber war trotz alledem eine Einheit – ein riesiges Gebiet unter einer einzigen höchsten Autorität und einem einzigen Gesetz, ein Gebiet, das mit einer Kultur deckungsgleich war.

Das Reich und das, was es schützend umschloß, machte die rasche Ausbreitung des Christentums möglich. Dieses faßte zuerst in den ausgedehnten jüdischen

Gemeinden Wurzeln, die in den großen Städten rund um das Mittelmeerbecken verstreut waren (Rom selbst war ein Ort, an dem das bald geschah). Daß das Christentum zuerst nur eine jüdische Sekte war, ist unbestreitbar. Jesus behauptete niemals, außerhalb der jüdischen Tradition zu stehen, und die Evangelien sind nur auf dem Hintergrund des Alten Testamentes zu verstehen. Trotzdem war es für das Christentum, nachdem der heilige Paulus einmal damit begonnen hatte, die Frohe Botschaft den Heidenvölkern zu predigen, nicht schwer, sich über die jüdischen

Blick auf römische Technologie: Grabrelief, auf dem Bauarbeiten dargestellt sind – vielleicht solche des Familienunternehmens?

△ Römische Verstädterung: Das Amphitheater (hier bei Djemila, Tunesien) war Mittelpunkt der religiösen Spiele. Die Zeremonien gingen bis auf die Etrusker zurück

▷ Römische Urbanität: Gezielte Planung zeigt sich in Timgad (Algerien), das 100 n. Chr. von Kaiser Trajan als Kolonie für Soldaten im Ruhestand gegründet wurde

Gemeinden hinaus auszubreiten, weil diese eingebettet waren in eine umfassendere Kultur. Ideen und Menschen bewegten sich leicht in einer zugleich toleranten und religiösen oder doch zum mindesten dem Unsichtbaren gläubig gegenüberstehenden Welt. Die griechisch-römische Welt, in die das Christentum eintrat, wimmelte von Sekten und Mysterienkulten. Für die meisten Menschen, die ihnen in ihrem ersten Jahrhundert begegneten, müssen die Christen nichts weiter gewesen sein als die Anhänger einer von vielen spirituellen oder auf Aberglauben beruhenden Heilslehren, mit denen Männer aus dem Orient bei denen hausieren gingen, die Schutz vor der Unsicherheit ihrer eigenen Welt suchten. Aber der Glaube der Christen hatte den unschätzbaren Vorteil, eine Aufhebung des Todes selbst und ewiges Leben anzubieten – ein ungeheurer Anspruch. Die ersten Christen glaubten (wie Millionen heute noch), daß die Anhänger Christi eines Tages aufgerufen würden, sich ihm in seiner Glorie zuzugesellen und mit ihm ewig zu leben. Er hatte den Tod überwunden – und das würden auch sie.

Es gab vieles anzubieten in einer Welt, die bei Mysterienkulten und Zauberkräften Beruhigung suchte. Doch das Christentum bot damals schon, wie später, auf manchen Gebieten offenbar lediglich eine alternative Magie an, einen anderen Aberglauben für ein irrationales Zeitalter. Das war jedoch nie alles. Das Christentum konnte aus vielem anderen in jener Kultur Nutzen ziehen, in die es hineingeboren war. Außerhalb der jüdischen Gemeinden mußten die ersten christlichen Proselyten und Lehrer in einer Welt wirken, deren geistige Führer griechisch sprachen, schrieben und dachten. Als die bedeutenden Männer, die wir »Kirchenväter« nennen, sich daranmachten, die Lehre auszuarbeiten, die (wie sie hofften) ihren Glauben eindeutig von Mysterien und Magie unterscheiden würde, verwoben sie die christliche Doktrin immer mehr mit dem geistigen Gefüge, das Rom von Griechenland geerbt hatte; auf diese Weise hoben sie sich mehr und mehr von ihrem jüdischen Urgrund ab. Eine sehr frühe Folge dieses Vorganges war, daß Jesus, der jüdische Lehrer, zunehmend hinter dem eindrucks- und geheimnisvolleren Bild Christi, der Verkörperung der Gottheit, dem Sohn, der zweiten Person der Dreifaltigkeit, zurücktrat. Diese Gestalt war eine Kreation der frühen Kirche, die sie mit den Evangelien rechtfertigen mußte. Wie andere große Religionen wurde auch das Christentum nicht gegründet, sondern entwickelte sich aus sich selbst. In seinen ersten drei bis vier Jahrhunderten gewann es eine eigene Individualität.

Gelegentlich trat deutlich zutage, was das Christentum Griechenland in konzeptioneller Hinsicht schuldete. Einige der Kirchenväter versuchten, in der Lehre vorsichtig Ideen zum Tragen zu bringen, die Christus als die Verkörperung des *Logos* vorstellten – als Verkörperung der Vernunft, die im Kern der göttlichen Natur ruht. Eine weitere griechische Idee, der Dualismus von Leib und Seele, eine Idee, die Plato so nachdrücklich vertrat, verschmolz leicht mit dem Kontrast von Fleisch und Geist, den der heilige Paulus so stark unterstrich (und von ihm vielleicht dem Alten Testament entnommen war). Das sind tiefe Wasser, von Laien und modernen Geistern nicht leicht auszuloten. Aber das Werk der ersten Theologen brachte auf herausragende, konkrete Weise die Wirkung der christlichen Lehre auf neue Vorstellungen der schon alten Kultur zum Ausdruck, in die das Christentum hineingeboren wurde. Durch sie und durch die Kirche sollte das Abendland später

Der Gott Mithras, Sinnbild einer der erfolgreichsten spätrömischen Geheimkulte, dargestellt auf einem Altarrelief

mit der griechischen Vergangenheit verbunden werden. Es gab allerdings in dieser Vergangenheit vieles, was das Christentum verwarf. Deshalb war es von außerordentlicher Bedeutung, daß sich die Kirche mit der Zeit fest etablierte und sich imperialer Autorität bedienen konnte, um ihren Auffassungen mit politischen Mitteln Geltung zu verschaffen.

Der Mann, der das zuwege brachte und mehr als irgend jemand anderer die christliche Kirche zum Vermächtnisträger Roms machte, war ein gebürtiger Serbe, war Kaiser Konstantin – Konstantin der Große, wie er später genannt wurde. Die römische Politik bot zu jener Zeit ein außerordentlich konfuses Bild, und das Imperium zerfiel unter rivalisierenden Machthabern, als die Armee Konstantin nach dem Tod seines Vaters im Jahre 306 n. Chr. in York zum Kaiser ausrief. Konstantin benötigte fast zwanzig Jahre des Kampfes und der Diplomatie, bevor er seine Konkurrenten aus dem Feld geschlagen hatte und das Reich wieder unter einem einzigen Mann – unter sich selbst – vereinte. Das war im Jahre 324.

Vieles von dem, was über Konstantin verbreitet wurde, gehört zwar in den Bereich der Legende, doch seine wichtigste Entscheidung in bezug auf die Christen ist belegt: 313, ein Jahr nach seinem Sieg an der Milvischen Brücke nahe Rom – seine Soldaten waren mit einem christlichen Monogramm auf ihren Schilden in den Kampf gezogen – und fest davon überzeugt, daß der Christengott ihm zur Seite gestanden hatte (»In diesem Zeichen wirst du siegen!«), erließ er ein Toleranzedikt, das völlige Religionsfreiheit zusicherte. Das Christentum wurde gleichberechtigt, die Verfolgung, durch Aufhebung vorheriger Edikte immer wieder ausgebrochen, ausgesetzt. Konstantin sicherte den Christen also erneut Tolerierung zu und stellte ihren Kirchen und der Geistlichkeit finanzielle Mittel zur Verfügung. Nach 320 erschien das alte heidnische Symbol des Sonnengottes nicht mehr auf seinen Münzen, 324 bekannte er sich förmlich als Christ, und im folgenden Jahr übernahm er den Vorsitz auf dem ersten ökumenischen Konzil der Kirche, das in Nicaea stattfand. Er sah sich als Kaiser offenbar verpflichtet, den Glauben vor Verunreinigung und das Reich vor dem Verfall zu bewahren. Ohne die fortdauernde Gunst des Christengottes hielt er den Fortbestand des riesigen Imperiums nicht für gesichert. Konstantin war sicher ein gläubiger Christ, wenn auch nicht in einem sehr spirituellen Sinne. Er ließ sich 337 auf seinem Sterbebett taufen.

Konstantins Konversion hatte ebenso weitreichende Folgen wie eine weitere seiner Entscheidungen: die Errichtung einer neuen kaiserlichen Hauptstadt am Eingang zum Bosporus, der Mündung des Schwarzen Meeres. Die strategische Bedeutung der Lage mußte einem so guten Feldherrn offenkundig gewesen sein. Aber Konstantin hatte mehr als nur strategische Gesichtspunkte im Sinn. Eine große und aufsehenerregende Stadt sollte entstehen, ein »neues Rom« und, so hoffte er, eine christliche Stadt ohne heidnische Statuen und Tempel. Am Ende trug sie seinen Namen: Konstantinopel, das heutige Istanbul. Diese Gründung ließ nun die administrative Teilung des Reiches in Ost und West, die Kaiser Diokletian 285 eingeleitet hatte, deutlicher in Erscheinung treten. Der Grund für diese Maßnahme war plausibel: Ost *und* West waren für ein einziges Regierungszentrum zu groß geworden. So wurde ein Anstoß zu einem schrittweisen Abdriften des griechisch

Kopf einer riesigen unvollendeten Statue Konstantins

sprechenden Ostens vom Latein sprechenden Westen gegeben. Als Konstantin, der ebenfalls einen Mitkaiser einsetzte, der östlichen Hälfte des Imperiums eine prunkvolle Hauptstadt an der Stelle gab, an der einst eine griechische Stadt, Byzantion, gestanden hatte, eines der wichtigsten Zentren der alten hellenistischen Welt, wurde auch damit die kulturelle wie administrative Unterscheidung zwischen Ost und West unterstrichen. Daraus sollte dann am Ende der Staat hervorgehen, den die Geschichte als das Byzantinische Reich kennt.

Konstantin leitete die Entwicklung ein, in deren Verlauf das Imperium zu einem christlichen Reich wurde. Er kleidete die Kirche in das kaiserliche Purpurrot und stützte ihr mit dem ganzen Gewicht des kaiserlichen Patronats den Rücken. Das löste einen historischen Prozeß aus, der nie mehr rückgängig gemacht wurde. Vor dem Ende des Jahrhunderts verbot Theodosius, der letzte, nur kurze Zeit regierende Herrscher eines geeinten Imperiums, das sich von Asien bis zum Atlantik erstreckte, die Verehrung der alten heidnischen Götter. Das Reich war offiziell christlich geworden. Was bedeutete das?

Das bedeutete in erster Linie eine neue Art ideologischer Einheit. Das alte Reich war tolerant gewesen: Wer dem offiziellen Kult und seinem Altar den gebotenen Respekt erwies, konnte glauben, was er wollte. Christen waren nur deshalb öffentlich verfolgt worden, weil sie sich weigerten, das zu tun, was andere Römer taten, und weil sie sich nicht an den Opfern beteiligten, die den göttlichen Kaisern dargebracht wurden: Das Reich verfolgte sie nicht um ihres Glaubens willen! Vom 4. Jahrhundert an ging die Obrigkeit jedoch langsam dazu über, allen ihren Untertanen das Christentum aufzuzwingen. Wie die jüdische Religion war auch das Christentum eine Religion ausschließlicher Ansprüche, aber anders als die jüdische Religion versuchte es, diejenigen zu bekehren, die dem Christentum noch nicht angehörten. Und seit Theodosius wußten die Christen auch die Macht des Staates hinter sich. Nicht lange, und wir hören von der Verfolgung von Priestern anderer Kulte, von Judenpogromen. Am Ende des 5. Jahrhunderts wurden die letzten heidnischen Lehrer aus der Akademie von Athen verjagt – intellektuell ausgedrückt: Das Mittelalter beginnt, die Antike ist vorüber. Das Christentum saß im Sattel und erwies sich darin bald als Meister. Die Kirche war nun eng an die glänzende, angesehene Tradition Roms gebunden, ein Legat, das dem Christentum in den folgenden Jahrhunderten Halt gab.

Die Christen aber betrachteten die Kirche keineswegs als mächtig, sondern als schwach. Die Gläubigen waren, so ein beliebtes Bild, der gerettete Überrest des auserwählten Volkes, in der Arche hin und her geworfen, während die Flut immer höher stieg und die Stürme sie umtosten. Das erklärt natürlich, warum sie so hart, unnachgiebig, grausam, kompromißlos und – wenn man das sagen darf – »unchristlich« zu ihren Mitmenschen waren. Sie lebten noch in einer Welt von Dämonen und Magie, in der denen, die den Versuchungen von Häresie und Heidentum erlagen, ewige Höllenqualen drohten. Ihre Gemütsart war unerfreulich, aber heroisch. In ihrer besten Form war sie edel. Und sie machte den Übergang des kulturellen Erbes der Juden und Griechen von einer sterbenden Antike in eine neue Zeit möglich. Wie in allen großen historischen Entscheidungen, so lag auch darin eine gewisse Ironie, denn am Ende, und vielfach unwissentlich, trug die

Römische Soldaten brachten von der Belagerung Jerusalems die heilige Menora, den siebenarmigen Leuchter, nach Rom, um ihn bei einem Triumphzug zur Schau zu stellen

Kirche dazu bei, das Rahmenwerk der klassischen Welt zu zerstören; und viele der attraktiveren klassischen Ideen verbannte sie in die Abstellkammern der Geschichte. Der größte englische Historiker, Edward Gibbon, sah in der Geschichte der späten Antike – die Epoche, in der das einstmals so große Römische Imperium in Verfall geriet – einen Triumph der Barbarei und des Aberglaubens über klassische Kultur. Mit Aberglauben meinte er das Christentum. Gibbons Ansicht war die des »aufgeklärten« 18. Jahrhunderts. Natürlich ist diese Aussage zu brillant und zu simpel, um wahr zu sein. In Wirklichkeit rettete das Christentum viel von der römischen Vergangenheit, das sonst vielleicht verlorengegangen wäre. Doch erinnert uns Gibbons Epigramm daran, daß ein bedeutendes historisches Ereignis, der Triumph des Christentums, der Triumph der einst verachteten Religion einer ganz kleinen jüdischen Sekte war. Dieser Vorgang signalisierte unmißverständlich eine Richtungsänderung auf dem Weg der Kultur. Dennoch entwickelte sich das Christentum innerhalb, nicht außerhalb der Reichskultur und konnte nicht verhindern, daß es zum Übermittler wenigstens eines Teils der heidnischen Vergangenheit wurde. Archäologen erzählen uns, daß römische Ziegel in vielen Städten beim Bau christlicher Kirchen wiederverwendet wurden, und wir wissen von heidnischen Tempeln, die auf der Suche nach Baumaterial geplündert wurden. Manchmal wurden sie zur Gänze einem neuen Zweck zugeführt. Der älteste Tempel, von dem wir wissen,

Das Pantheon in Rom dient heute als Grabstätte der Könige des Vereinigten Italien (Kupferstich von Piranesi aus dem 18. Jh.)

daß er auf solche Weise in christlichen Dienst genommen wurde, ist das Pantheon in Rom, das einzige noch intakte Bauwerk aus der klassischen Antike.

Es gibt aber noch eine andere Transmissionsebene, die mehr ist als eine Sache von Material und Stil. Fast zweitausend Jahre n. Chr. – und viel länger noch nach Sokrates – erklärte ein Deutscher, es sei Sache der Philosophen, die Welt zu verändern, nicht sie zu verstehen. Wichtig daran, daß die griechischen und jüdischen Ideen vom Römischen Imperium geschützt und gehegt und dann in das spätere Abendland weitergereicht wurden, ist nicht nur, daß sie den Menschen halfen, die Welt zu verstehen, sondern auch, daß sie ihnen halfen – ja, sie dazu trieben –, die Welt zu verändern. Auf den ersten Blick scheint das unmöglich zu sein: Kein Christ (überhaupt kein Mensch) dachte in der späten Antike in den Begriffen einer besseren Alternative zu jener großen Kultur, die das Reich barg. Es war schlicht *das* Reich und wurde damals nicht einmal »römisch« genannt, weil kein anderes ihm vergleichbar war, so daß es keines Namens bedurfte. Seine Maßstäbe waren allgemeingültig, und andere Staaten konnten in ihrem Licht beurteilt werden. Selbst jene, die von einem rasch herannahenden Jüngsten Tag träumten, sahen ihn als einen Tag, an dem alle irdische Macht vergehen und zerfallen würde – nicht als einen, der eine menschliche Ordnung, eine Kategorie von Maßstäben durch eine andere ersetzen würde. Selbst gebildete Menschen wußten kaum etwas über Per-

Der langlebige klassizistische Impuls: Ein von Kaiser Napoleon III. zu Ehren seines Onkels in Auftrag gegebenes Gemälde des französischen Malers Ingres, das die von der Siegesgöttin angeführte Apotheose Napoleons I. darstellt sien oder Indien und nichts von China. Rom war alles, was sie kannten. Es *war* Kultur schlechthin.

Außerdem dürften viele Menschen damals der Meinung gewesen sein, daß sich die Welt schon von selbst erschreckend genug veränderte, ohne daß es noch einer Hilfe bedurfte, diesen Prozeß zu fördern. Am Ende des 4. Jahrhunderts sah sich die alte westliche Mittelmeerwelt vor dem Zusammenbruch des kulturellen Rahmens, wie sie ihn kannte. Eine ganze Weltordnung schien in einem Chaos barbarischer Invasionen von Nord und Ost unterzugehen. Was wir heute sehen, ist weniger dramatisch – eher ein Kollaps politischer Autorität als ein kulturelles Ende. Die in jener Zeit zum Ausdruck kommende Unruhe war jedoch verständlich. 402 waren Kaiser und Senat nach Ravenna geflohen. Etwas über achtzig Jahre, solange es noch westliche Kaiser gab (der letzte wurde dort 486 abgesetzt), sollte diese Stadt das Zentrum der kaiserlichen Herrschaft im Westen sein. Ein wildes Volk, die Westgoten, plünderte Rom 410; ein anderes, die Vandalen, wiederholte den Vorgang im Jahre 455 (daher die Bedeutung, die ihr Name im Englischen und in anderen europäischen Sprachen angenommen hat). Am Ende dieses Jahrhunderts beherrschten die Vandalen das ehemalige römische Afrika; die Westgoten regierten über Spanien; ein neues fränkisches Königreich war im nördlichen Teil der alten Provinz Gallien aufgetaucht, mit einem burgundischen Königreich zwischen sich und einer Anhäufung anderer gotischer Volksstämme; ein ostgotisches Königreich erstreckte sich über Italien und einen großen Teil des Balkans: Ein barbarischer Westen war aus den Trümmern Roms erstanden.

Allerdings war der Herrscher Italiens, Theoderich, der einzige Ostgote, der römischer Bürger war, vom Kaiser adoptiert und von ihm auch zum »Konsul« ernannt; er wurde (wie andere fremde Heerführer) mit dem Titel »Patrizier« angesprochen. Theoderich wollte in des Kaisers Namen regieren, und wie unter seiner Herrschaft kein Römer ein militärisches Kommando innehatte, so kein Ostgote ein ziviles Amt. Aber das war nur eine sehr abgeschwächte Form des Überlebens des einst so großen Römischen Imperiums. Wie Theoderichs öffentliche Spiele, die abgehalten wurden, wenn er in Rom war, oder wie auch die Inschrift »Invicta Roma« auf seinen Münzen sagte das mehr über das Ansehen des Reiches als über seine Macht aus. Anerkanntermaßen war Roms Ansehen immer noch hoch. »Unser Königtum ist eine Nachahmung des Euren, eine Kopie des einzigen Imperiums auf Erden«, schrieb Theoderich an den Kaiser.[3]

Die Barbaren, die im 4. Jahrhundert so hartnäckig und unaufhaltsam vorwärtsdrängten, waren keineswegs alle Feinde Roms, es sei denn auf eine objektive, unbewußte Art, so etwa wie der moderne Tourist, der mit seinen Ansprüchen, ohne sich dessen bewußt zu sein, den historischen Schatz zerstört, an dem er teilhaben möchte. Oft liebten barbarische Könige Rom. Sie hatten lange neben ihm gelebt. Nun wollten sie Anteil haben an seinem Reichtum, an seiner Kultur, und als sie sich niederließen, um ihre Erfolge zu genießen, zeigten sie sich nicht selten bereit, ihre eigenen Götter aufzugeben und dem Gott des christlichen Imperiums zu folgen – so ist beispielsweise der verhältnismäßig geringfügige barbarische Einfluß auf die »romanischen« Sprachen oft hervorgehoben worden: Latein wurde die erste Sprache bei der Ausformung der Mundarten in den barbarischen Königreichen.

Noch etwas anderes liegt klar auf der Hand. Was immer im Westen auch geschah, es bedeutete nicht das Ende des christlichen Reiches. Nicht, daß die barbarischen Herrscher versuchten, ihm nachzueifern, nein, die Veränderungen des 3. und 4. Jahrhunderts hatten der Reichsidee bereits einen festen Ankergrund im Osten gesichert, wo die wohlhabendsten Provinzen und der beste Rekrutierungsboden für das Imperium zu finden waren. Die Geschichte des Byzantinischen Reiches hatte begonnen. Sosehr es auch immer bedroht sein mochte, ein auf Konstantinopel gründendes »christliches Reich« kämpfte ein Jahrtausend lang, um die Feinde der Christenheit in Asien und Südosteuropa zurückzuschlagen. Im Westen aber blieb keine solche staatliche Struktur zurück. Dort mußte das einst vom Imperium geschützte Christentum für sich selbst sorgen. Schon früh hatte es unterschiedliche christliche Traditionen gegeben, nicht nur östliche, westliche, griechische, lateinische, sondern auch koptische, nestorianische, maronitische. Gewisse Traditionen und Orte nahmen aber aufgrund historischer Assoziationen unbestreitbar eine herausragende Stellung ein – vor allem Jerusalem, wo diejenigen, die Christus gekannt hatten, sich nach seiner Kreuzigung zusammenfanden, und das christliche Rom, das der heilige Petrus gegründet hatte. Nun, als die weltliche Struktur des westlichen Imperiums zerbrach, mußte zunehmend der Papst für die sonst nirgends zu findende Leitung des christlichen Westens sorgen, während im Osten die Führung durch den Kaiser von Konstantinopel garantiert war.

Als die Barbaren gegen die westliche Hälfte des Reiches anstürmten und die Macht des weit entfernten Kaisers zu schwinden schien, war schwerlich zu erwarten, daß Männer der Kirche sich besonders zuversichtlich fühlten. Das durch das Christentum und die klassische Kultur weitervermittelte Vermächtnis zeigte sich in dieser Zeit eher von einer jenseitsgerichteten und passiven als von einer aktiven Seite. Die Übertragung der alten Kultur auf das, was später das abendländische Europa wurde, war in einer Zeit heftiger barbarischer Einfälle eine Sache des Überlebens, nicht der schöpferischen Kraft. Das Ende der alten Sicherheiten war eine schreckliche Erfahrung für alle, die man gelehrt hatte, das Imperium für eine Selbstverständlichkeit zu halten. »Wenn Rom vergehen kann, was kann dann noch sicher sein?« hatte der heilige Hieronymus gefragt. Die Schlußfolgerung war einleuchtend: Nichts in dieser Welt kann als selbstverständlich betrachtet werden. Das Beste, was der Christ erhoffen konnte, war die Chance, in Erwartung der Ewigkeit seine Seele in Ordnung zu bringen. Bei manchen Männern, von denen in früheren, weniger schweren Zeiten zu erwarten gewesen wäre, sie hätten sich Ziele ausgesucht, die weltlichen Erfolg versprachen, sieht man nun auf der Suche nach geistlichen Antworten auf ihre inneren Probleme. Aber sogar das heftige Ringen um die Überwindung der Ungewißheiten und Fallen dieser Welt förderte das Aufbrechen neuer Lebenskeime, die in der konkreten Welt große Veränderungen bewirken sollten. Männer und Frauen traten von der Welt zurück und schufen kleine Inseln der Spiritualität und des Studiums, auf denen sie in der Flut Fuß fassen konnten. Sie bemühten sich, Barbaren zu bekehren, die Reinheit der Lehre zu bewahren und einem Geschichtsverständnis Ausdruck zu geben, das dem Geschehen Sinn gab.

Eine solche Gestalt war St. Augustinus von Hippo, ein Mann von gewaltigem Einfluß auf die spätere Entwicklung der christlichen Lehre und Kultur. Er war ein

Afrikaner, hochgebildet im lateinischen Schrifttum, mit dem in der späten Reichsepoche für gewöhnlich eine weltliche Karriere vorbereitet wurde. Augustinus war 354 geboren, und sein Leben fiel in die gewalttätige und schreckliche Zeit, als die römische Welt zusammenbrach. Das Christentum war nicht seine erste Zuflucht bei dem Versuch, dieser Zeit entgegenzutreten, obwohl er in der christlichen Tradition aufgewachsen war (seine Mutter war Christin). Erst nachdem er zuerst in Rom, dann in Mailand gelebt hatte, wandte er sich dem Glauben seiner Mutter zu. In Mailand war er unter den Einfluß eines bedeutenden Bischofs geraten, des heiligen Ambrosius, der ein so mächtiger Mann war, daß von ihm gesagt wurde, seine Autorität überschatte selbst die des kaiserlichen Hofes.[4] Ambrosius hatte seine geistliche Autorität so gut genutzt, daß er sogar einen Kaiser zur Rede stellen konnte, und einer stand eines Tages vor ihm in seiner Kirche und tat öffentlich Buße für seine Untaten – das erste bedeutende Beispiel für die kritische Macht des Christentums in staatlichen Angelegenheiten und der Beginn einer langen abendländischen Tradition der Konfrontation von Staat und Kirche. Welche Wirkung auch immer die Anschauungen des heiligen Ambrosius im einzelnen auf ihn gehabt haben mögen, Augustinus verehrte den Bischof tief, wenngleich ihn im letzten Stadium seiner Bekehrung zum Christentum anscheinend die Schwierigkeit hemmte, ein keusches Leben zu führen. Schließlich jedoch wurde Augustinus Christ und ließ sich im Alter von dreiunddreißig Jahren taufen. Nach seiner Konversion machte er rasche Fortschritte. 391 wurde er zum Priester geweiht, fünf Jahre später kam er als Bischof nach Afrika zurück, wo er in seiner Diözese Hippo lebte, bis er 430 während der Belagerung der Stadt durch die Vandalen starb.

Augustinus hinterließ einen bedeutenden Namen als Gelehrter, als Heiliger und Bischof und einen enormen Ruf als Polemiker. Seine umfangreichen Streitschriften bezeugen dies. Die Bedeutung, die der für ein späteres Zeitalter gewann, lag jedoch eher darin begründet, daß er durch Bewältigung der die Kirche in seiner eigenen Zeit bedrohenden Probleme zur Festlegung ihres Kurses für viele zukünftige Jahrhunderte beitrug und sie von Ideen und Vorstellungen wegführte, die sie an eine stoische, ausdauernde, am Ende aber sterile Seite der klassischen Vergangenheit gebunden hätte.

Man nehme beispielsweise den Manichäismus, ein Bündel von Lehren, die angeblich von einem Perser des 3. Jahrhunderts stammten, der die Geschichte als einen ewigen Konflikt zwischen Gut und Böse betrachtete. Für einige Zeit war Augustinus selbst manichäischen Ideen gefolgt, hatte sich aber dann energisch gegen sie gewandt. Der manichäische Versuch, dem menschlichen Leben dadurch einen Sinn abzugewinnen, daß man es im Zusammenhang eines durch einen solchen Kampf beherrschten Universums sah, war letztlich Ausdruck eines tiefen Pessimismus. Er untergrub das Vertrauen in die menschliche Autonomie. Augustinus verwarf diese Sicht der Dinge und entwickelte eine Anschauung, die seither ein zentrales Element des Christentums geblieben ist: daß alle Schöpfung gut und das Böse nur das Ergebnis von Mängeln ist, die sich aus der Unvollkommenheit der geschaffenen Dinge ergeben, insbesondere aus dem Mißbrauch des freien Willens. Solche Unterscheidungen mögen unserer Zeit, die ihre Probleme nicht leicht erkennt, wenn sie in theologische Begriffe gefaßt sind, etwas nebelhaft vorkom-

Von Augustinus, dem abendländischen Kirchenvater, ging ein starker Einfluß auf das christliche Gedankengut aus. Er beeinflußte auch das Denken des Mittelalters, das der Reformatoren des 16. Jahrhunderts sowie das späterer Kirchenväter men – und doch hatten sie erhebliche aktuelle Bedeutung: Sie trugen zur Klärung dessen bei, was nach menschlichem Ermessen zu erreichen möglich war. Nimmt man die manichäische Auffassung – oder, wenn man es lieber so ausdrücken will: kleidet man seine Geschichtsauffassung in die Form des manichäischen Mythos –, dann gibt es keine letzte Hoffnung, daß die Dinge einmal anders werden könnten, als sie sind. Man mag die Pflicht haben, für das Gute zu kämpfen, aber viel erbringen wird das nicht. Auf der anderen Seite ist nach der christlichen Lehre die Erlösung von einem Stand der Dinge, die aufgrund menschlichen Handelns gefallen oder unvollkommen sind, möglich, ja sogar wahrscheinlich. Ein Christ glaubt, daß Hoffnung aus Gottes Gnade erwächst, und deshalb muß er auch glauben, daß Grund zum Kämpfen besteht. Das Königreich Gottes ist möglich.

Als er versuchte, einen Sinn in dem zu finden, was um ihn herum vorging, schrieb der heilige Augustinus sein vielleicht größtes Werk: *De civitate Dei,* zu deutsch: »Der Gottesstaat«. In diesem Buch verband er die Geschichte Roms mit einer Vision von göttlichen Zielsetzungen. Jahrhundertelang haben Intellektuelle die klassische Welt von seinem Standpunkt aus betrachtet. So schrecklich die Ereignisse seiner Zeit auch sein mochten, sie waren nicht sinnlos, wie Augustinus versicherte. Sie zeigten, daß selbst die bedeutendste politische Institution der Geschichte, das mit Kultur schlechthin gleichbedeutende Imperium, im wesentlichen entbehrlich war. Paradoxerweise waren die Katastrophen, die Rom trafen, so lehrte er, eine weitere Bestätigung dafür, daß Entwicklung sinnvoll ist, daß Gott seine Absichten letztendlich durchsetzt. Das war sehr wichtig. Jahrhundertelang lernten Christen aus seinen einflußreichen Werken, daß alles das, was geschah, seinen Platz in einem göttlichen Plan hatte. Die Geschichte bewegte sich auf etwas zu, wenngleich für Augustinus das, was bevorstand, als Jüngster Tag zu sehen war: Die jüdische Idee, die an den Wurzeln des christlichen Glaubens liegt, wurde erneut bestätigt. Der Untergang Roms konnte akzeptiert werden, weil er den Erben des Reiches, die katholische Kirche, nicht in seine Katastrophe hineinriß. Christen konnten die Geschichte, deren Zeugen sie sein mußten, in dem Vertrauen transzendieren, daß ihr Sinn anderswo zu suchen war.

Unter den Ideen aus der späten Antike, die an den Wurzeln der abendländischen Kultur liegen und sich anderswo nicht finden, ragte ein ganz bestimmtes Menschenbild heraus. Die platonische Idee vom Dualismus der menschlichen Natur, in der die Seele, göttlichen Ursprungs, mit ihrem Gefängnis, dem Körper, im Streit liegt, ließ sich gut einfügen in die Vorstellung vom Individuum als einer selbstverantwortlichen Person, nicht nur als einer Kreatur, die zu autonomer Leitung fähig ist, sondern als Besitzer einer in Gottes Augen kostbaren Seele. Daraus folgte vieles andere: der Glaube, daß der Mensch sein Leben selbst gestalten kann (und deshalb sollte); der Glaube, daß der Mensch der Schöpfer seiner selbst sein muß. Hieraus ergaben sich dann zu gegebener Zeit wiederholte Angriffe auf überkommene Ansprüche, erworbene Rechte und gesellschaftliche Konformität.

Die Folgen für die menschliche Geschichte waren tiefgreifend. Wie die überwältigende Mehrheit der menschlichen Gesellschaften gründete auch die christliche Gesellschaft auf der Ausbeutung des Menschen durch den Menschen. Immer ist es manchen Menschen aufgrund vorherrschender sozialer Systeme bessergegangen als anderen, ob in bezug auf die Mittel, über die sie verfügten, einschließlich anderer Männer und Frauen und ihrer Arbeitskraft, oder ob in bezug auf ihr Ansehen und ihren Einfluß. Das Christentum hat aber ungeachtet aller moralischen Ungeheuerlichkeiten (als welche sie unserer selbstgefälligen Epoche erscheinen mögen), die es duldete oder förderte, auch für einen Ausgleich gesorgt. Es enthielt Elemente der Selbstkritik und, vor allem, eines dogmatischen moralischen Anspruchs, der alle Christen zu allen Zeiten daran gehindert hat, die Notwendigkeit von Reformen und Verbesserungen zu ignorieren. Wenn man glaubt – wie es bis in unser Jahrhundert von jedem Christen erwartet wurde –, die einzelne menschliche Seele sei von unendlichem Wert, dann glaubt man an etwas, das im Hinblick auf menschliche Gleichheit und den Anspruch des Menschen auf gleiche Behandlung sehr wichtig ist. So weit dies auch von der Wirklichkeit entfernt sein mochte – das Christentum enthielt ein transzendentes Prinzip. Deshalb war es potentiell eine Quelle von Rechtsansprüchen. Das zeitigte sehr weitreichende Konsequenzen. So war beispielsweise die Sklaverei (auch wenn diese nicht leicht definiert werden kann) eine Institution, die bis zum 19. Jahrhundert praktisch überall in der Welt als selbstverständlich betrachtet wurde, bis dann die westlich-abendländische Kultur diejenige sein sollte, die die Sklaverei als einzige aus eigenem freien Entschluß abschaffte.

Lange zuvor jedoch hatten christliche Ideen schon auf die konkreten Formen der Sklaverei und auf die Rechtslage der Sklaven Einfluß genommen, indem sie Fragen in bezug auf deren Behandlung aufwarfen – so forderten sie zum Beispiel, daß Sklaven die Möglichkeit zu religiöser Unterweisung gegeben werden müsse. Es kommt jedoch vor allem auf die Grundaussage an: In Christus gibt es nämlich weder Sklaven noch Freie.[5]

Selbst sehr autoritäre Regime (einige von ihnen dem Namen nach christlich) mußten sich mit solchen Dingen auseinandersetzen und müssen es immer noch. Hier liegt der Urgrund von etwas, das immer noch nur für wenige glückliche Menschen selbstverständlich ist: eine pluralistische Gesellschaft, in der verschiedene und alternative soziale und moralische Ziele verfolgt werden können.

Das jüdische Erbe vermittelte dem Christentum auch noch ein anderes Potential. Das auserwählte Volk befand sich auf einer Wanderschaft, ging irgendwohin, schritt auf ein gelobtes Land zu. Das bedeutete unvermeidlich den Versuch, die Welt zu verändern, und sei es auch nur, um die Wanderschaft abzukürzen, um das Erstrebte rascher zu vollenden. Der christliche Wertekatalog verlangte ja die Mitwirkung der Christen am Aufbau eines neuen Jerusalem, was natürlich die Ausschaltung anderer Möglichkeiten bedeuten konnte, die dem Christentum im Wege standen. Hier kommen wir zurück zu der intoleranten, selbstgerechten, alttestamentarischen Komponente in der Gleichung – der Drang, die alte korrupte Welt kompromißlos in eine neue, reinere und gerechtere Welt umzuwandeln, rundheraus gesagt: Es zeigt sich ein sozialer und praktischer Puritanismus. Das paßte zu dem platonischen Dualismus: Gnade oder Wille konnten Leib und Geist, Tier und Intellekt miteinander versöhnen und die Erlangung moralischer Rechtschaffenheit ermöglichen. Beide Denkrichtungen sprachen vom Mißtrauen des Individuums gegen sich selbst, was später eine so heftige Reaktion hervorrief, beispielsweise bei Rousseau. Aber trotz griechischer Spuren in der Strenge, mit der die Welt und das

Im 13. Jahrhundert wurden im Straßburger Dom Statuen der Ecclesia und der Synagoge aufgestellt, letztere mit verbundenen Augen, blind für die christliche Wahrheit

Fleisch zurückgewiesen wurden, ist es das jüdische Erbe, das hier vor allem zum Tragen kommt. Propheten neigen immer zum Puritanismus (und derselbe puritanische Eifer ist in der anderen großen Religion zu erkennen, die sich aus den Völkern semitischer Zunge, im Islam, entwickelte).

Ein letzter Punkt. Die Ideen, die an der Wurzel der abendländischen Kultur liegen, haben kaum jemals eine so nachdrückliche Förderung erfahren wie durch etwas, das häufig als ihnen fremd betrachtet wird: den Marxismus. Das mag erstaunlich erscheinen. Der Grund dafür liegt teilweise darin, daß Marxismus ein heute so oft mißbrauchter und falsch angewendeter Begriff ist. Ich verstehe unter Marxismus jedenfalls eine Denkweise, die nicht nur ein Lippenbekenntnis zu den von Karl Marx entwickelten Ideen ablegt und seinen Namen wie einen Talisman zur Schau stellt, sondern in ihrem Zentrum um zwei Überzeugungen kreist, auf die Marx immer wieder zurückgriff, wie qualifiziert und widersprüchlich die verschiedenen Äußerungen auch gewesen sein mögen, in die er sie gekleidet hat.

Die erste dieser Überzeugungen lautet, daß in der Welt, so wie wir sie kennen und wie andere sie vor uns in der Vergangenheit gekannt haben, Freiheit weitgehend eine Illusion ist. Der Druck der historischen und materiellen Verhältnisse, in die die Menschen verstrickt sind, ist so groß, sagt Marx, daß die meisten von ihnen nur wenig Anlaß haben, ohne Zwang zu handeln, was immer der einzelne auch für kurze Zeit zustande bringen mag. Das ist die Idee, die wir den historischen Materialismus nennen. Er beschränkt sich nicht auf Marx und seine Anhänger und tritt in vielen Versionen auf, harten und weichen, immer aber ist er für ihre Anschauung wesentlich.

Die andere Überzeugung, die mir ein Hauptgedanke des Marxismus zu sein scheint, besagt, daß das Potential der Menschheit so groß ist, daß der Mensch praktisch die volle Kontrolle über sein Schicksal übernehmen könnte, wenn er nur die Hindernisse, die ihm seine soziale Ordnung hier und heute in den Weg legt, wegräumen würde. Dann würde sozusagen die wahre menschliche Natur in Erscheinung treten; dann würden die Menschen wahrhaft frei sein.

Das Bindeglied zwischen diesen beiden Ideen liefert nach Auffassung von Marx ein bestimmtes Bild von der Geschichte. Dieses stellt das, was in der Welt geschieht, als einen sich mehr oder weniger unerbittlich und vom Willen des Menschen unabhängig vollziehenden Prozeß von der Befreiung dar. Marxisten glauben, daß Menschen, die die Geschichte mit den Augen des Glaubens erforschen, imstande sein werden, mit ihr sich selbst zu erkennen und voranzuschreiten. Wenn sie so handeln, werden sie eines Tages ihr eigenes Leben so gestalten können, wie es menschliche Wesen praktizieren sollten.

Vielleicht würden nicht alle, die für sich in Anspruch nehmen, Marxisten zu sein, beipflichten, daß dies die Zentralthemen des Marxismus sind. Aber ohne sie kann der Marxismus kaum eine echte Lehre sein. Natürlich bedeutet das weder, daß diese Vorstellungen unbedingt miteinander verbunden sein müssen, noch, daß sie für sich selbst evident sind. Es ist tatsächlich sehr schwierig, ihnen mit voller Überlegung und vom Intellekt her zuzustimmen, obwohl manche Leute das zu tun scheinen. Daß die Geschichte die Geschichte der Freiheit sei (obschon in ganz anderer Weise), war die Überzeugung Hegels, dessen Schüler Marx war, und vieler anderer Menschen, die die Französische Revolution miterlebt oder bald danach gelebt haben. Der Marxismus ist eine um diese Vorstellung gewobene Mythologie, eine Lesart der Geschichte von einem ethischen Standpunkt aus. Aber das bedeutet nicht, daß es einfach ist, an solche Ideen zu glauben, soweit Glauben Handeln im Licht einer Vision heißt. Denn wenn man so handelt, sind alle theoretischen Schwierigkeiten bald vergessen. Der Marxismus hatte Erfolg nicht als Philosophie, sondern als Glaubenslehre; seine historische Rolle lag in seiner belebenden, inspirierenden Wirkung, nicht in dem System wissenschaftlicher Erkenntnisse, das er lieferte (wenngleich es das war, was Marx gehofft zu haben scheint).

Wie die anderer großer Religionen beruhten auch die historischen Erfolge des Marxismus auf besonderen Umständen, auf Führung und auf einer im wesentlichen mythischen Kraft. Und diese Kraft scheint mir ihre Wurzel in der Tatsache zu haben, daß der Marxismus, wie es einmal beschrieben wurde, im Kern eine christliche Irrlehre ist. Er ist eine Neufassung des alten Szenarios, auf dessen klassische und biblische Ursprünge wir ja schon kurz eingegangen sind, und ist folglich ein charakteristisches Produkt der westlichen Kultur. Obwohl Marx die Welt mit den Augen eines Materialisten des 18. Jahrhunderts betrachtete, beurteilte er sie ganz so wie ein jüdischer Prophet: Er klagte eine Kultur an, die den größten Reichtum produziert hatte, den es je gegeben, indem sie sich ihren unterbezahlten Fabrik- und Feldarbeitern gegenüber grausam und heuchlerisch verhielt. Die Welt, die eine Welt sein sollte, in der die Menschen ihre wunderbare Kraft zu vernünftiger Selbstbestimmung voll entfalten konnten, war in seinen Augen eine Welt der Unvernunft und des Aberglaubens, in der sich die Menschen untereinander wie Tiere aufführten. In gewisser Hinsicht konnte die Menschheit das nicht verhindern; die Mühlen der Geschichte mahlen eben langsam und konnten nicht rascher gedreht werden. Sie kreischten jedoch – und das Ergebnis sollte eine apokalyptische Umwandlung sein, derjenigen ähnlich, nach der die jüdischen Sektierer strebten, die so begierig die Ankunft des Messias erwarteten. Marx glaubte an Gott, aber er nannte ihn Geschichte. Das richtige Geschichtsbewußtsein, so dachte er, konnte den Menschen schon hier und heute frei machen, so wie das Verständnis für die Absichten Gottes das auserwählte Volk bei dem, was es vollziehen mußte, gestärkt und unterstützt hatte oder wie die ersten Christen an dem Glauben an den göttlichen Plan für die Arche der Kirche festhielten, die den Stürmen trotzte, in denen die alte Welt zerbrach. Freiheit war etwas, das Marx im Prinzip sehr hoch einschätzte. Er sagte einmal, er habe nicht den Wunsch, sie gegen Gleichheit einzutauschen.[6]

Daß die Wurzeln der marxistischen Ideen weit zurückgehen in die abendländische Kultur, ist keineswegs das einzige, was über die intellektuelle Abstammung des Marxismus zu sagen ist. Selbst im Vorbeistreifen sollte man darauf hinweisen, daß der unmittelbare Hintergrund, vor dem das Denken von Marx gesehen werden muß, in verweltlichten Versionen vieler ursprünglich christlicher Ideen zu finden ist, die von Philosophen des 18. Jahrhunderts verbreitet wurden. Aber es gibt auch Bindeglieder und Parallelen zu fernen Zeitaltern, und sie können lange zurückverfolgt werden. Wenn das so ist, dann scheint der Marxismus die abendländischen Traditionen keineswegs zu verleugnen, wie »Kalte-Krieg-Polemik« dies manchmal behauptet, sondern eher einige der zentralsten und traditionsreichsten Ideen des

Westens neu zu formulieren und zusammenzufassen. Das schreckliche konkrete Ergebnis der Einführung des Marxismus als Staatsreligion in einigen Ländern berührt dieses Urteil ebensowenig, wie die zahlreichen historischen Beispiele für repressives, unschöpferisches Verhalten des institutionalisierten Christentums in den letzten neunzehnhundert Jahren die Botschaft des Evangeliums aufheben. Das trägt dazu bei, die Ironie des Schicksals zu erklären, die darin liegt, daß im Namen

Karl Marx im Alter von 52 Jahren

des Marxismus so viele zeitgenössische Revolutionäre in Asien und Afrika versucht haben, die westliche Vorherrschaft abzuschütteln. Eine solche Übernahme einer westlichen Mythologie ist eines der klarsten und authentischsten Zeichen der Unterwerfung unter westliche Kultur rund um die Welt von heute und vielleicht auch auf eine sehr alte Tradition zurückzuführen. Was Horaz über die unterlegenen Griechen sagte, die ihre stolzen römischen Eroberer versklavten, könnte jetzt von der westlichen Kultur und der Welt gesagt werden, die so begierig ihre Ideen übernommen hat – darunter den Marxismus.

III.
Die Geburt des Abendlandes

Wie immer wir den Westen definieren, sein historisches Herzstück ist Europa. Nun ist aber Europa, ebenso wie der Begriff Europa, ein historisches Artefakt; einst gab es beides nicht. Für lange Zeit waren nach dem Verschwinden des weströmischen Reiches nur einige wenige Gelehrte und vielleicht noch ein paar Soldaten und Machthaber fähig, in Begriffen einer höheren oder umfassenderen Gemeinschaft zu denken. Vor etwa 900 n. Chr. muß es deren in der Tat nur sehr wenige gegeben haben. Doch als das 10. Jahrhundert anbrach, gab es Europa und das Abendland, wenn sie auch nicht entfernt dem entsprachen, was diese Worte heute besagen. Wir können viele noch heute lebendige und wirksame Phänomene durchgehend bis, grob gerechnet, zu den Jahrhunderten zwischen 400 und 900 n. Chr. zurückverfolgen. Damals wurden bestimmte Richtungen erschlossen, andere versperrt. Vieles von der Zukunft der Welt wurde durch die damaligen Entscheidungen festgeschrieben. Jene Jahrhunderte – die wir herablassend und anmaßend immer das finstere Mittelalter nennen – brachten unter anderen Dingen, die wir heute noch kennen, den Primat des Papsttums im Westen, die ersten klösterlichen Strukturen, die englische Monarchie und einige ihrer Schlüsselinstitutionen sowie die grundlegenden sprachlichen Gliederungen, die bis heute an der Basis vieler moderner europäischer Nationen liegen. Zur selben Zeit traten eine Feudalgesellschaft, das Heilige Römische Reich, der erste europäische Adel, das französische Königtum, das Gedankengebäude, das der europäischen Kultur bis zur Wiederentdeckung des Aristoteles im 11. Jahrhundert Form gab, und viele andere Dinge in Erscheinung, die inzwischen verschwunden sind, die aber jahrhundertelang Bestand hatten und einen außerordentlichen Einfluß auf die Welt ausübten: Vieles, von dem wir heute noch zehren, hat deshalb in jenem Zeitalter seinen Ursprung. Aus diesem Grund können diese weit in der Vergangenheit zurückliegenden Jahrhunderte, so unendlich fern sie auf den ersten Blick auch scheinen mögen, uns immer noch zum Verständnis unseres eigenen Jahrhunderts verhelfen.

Vieles in dieser enorm schöpferischen Periode war allerdings auch höchst besorgniserregend. Manche Bewohner des alten Römischen Imperiums im Westen betrachteten den Beginn des 5. Jahrhunderts als eine Zeit besonders bedrohlichen Unheils. Keiner von ihnen aber hatte das Gefühl, die Geburtswehen eines zukünftigen Europas mitzuerleben, oder dachte auch nur im Traum daran, daß Historiker jene Zeit einmal in diesem Licht betrachten würden. Geschichte ist keineswegs immer das, was den Leuten am meisten bewußt ist. Trotz des Auf und Ab, des Kommens und Gehens von Völkern lebten und starben Männer und Frauen oft in

△△ Die »Eiserne Krone« der Lombarden, deren Innenreif aus einem Nagel des Kreuzes Christi geschmiedet sein soll

△ Lothar II., König der Franken, in römischem Stil porträtiert, das heißt ohne das traditionelle lange Haar und den Bart der fränkischen Könige

▷ Der Barbarenkrieger – abgebildet auf einem germanischen Grabdenkmal (etwa 700 n. Chr.). Er stellt sehr wahrscheinlich Wotan dar

Diese Miniatur aus dem 11. Jahrhundert zeigt den heiligen Benedikt,
wie er einen späteren Wohltäter des von ihm in Monte Cassino gegründeten Klosters segnet

entlegenen, isolierten Dörfern, einsamen Tälern oder Lichtungen in den Wäldern, die damals große Teile Europas bedeckten, ohne je daran zu denken, daß Historiker auf ihre Zeit einmal so zurückschauen und sie so beschreiben würden. Da ihre Lebensspanne kürzer war als die ihrer modernen Nachfahren, können sie im frühen Mittelalter kaum ein Umbruchsgefühl gehabt haben.

Eines jedoch war zweifellos geschehen: Der politische Überbau der weströmischen Gesellschaft war verschwunden. Das wirft eine höchst bedeutsame Frage über das Ende des alten Westreiches auf: Was trat an dessen Stelle? Lange Zeit hindurch kann es nicht so ausgesehen haben, als sei etwas sehr Eindrucksvolles in Erscheinung getreten. Der Westen, oder doch weite Teile davon, war des römischen Staatswesens beraubt worden, das man so lange für selbstverständlich gehalten hatte. Eine weiter existierende Wirtschaft zog der Organisation und Ausweitung von Macht enge Grenzen. Autorität muß bei den Barbarenstämmen lange lediglich eine Sache lokaler oder personaler Loyalität gewesen sein, auf die ein Heerführer zum Schutz dessen, was er verteidigen mußte, zurückgreifen konnte. Kriegerische Horden vergrößerten sich auf dieser Grundlage und bildeten kleine Königreiche, aber lange Zeit nichts sonst. Dennoch beginnt die Geschichte Europas mit diesen kleinen heidnischen Einheiten. Sie bildeten die ersten europäischen Gemeinwesen. Durch sie sollten schließlich die barbarischen Völkerschaften zivilisiert, das heißt vor allem zum Christentum bekehrt werden.

Die Kirche war das Hauptinstrument beim Aufbau Europas. Sie konnte sich auf das Vertrauen von Gemeinschaften stützen, die eine übernatürliche Autorität anerkannten, als die weltliche Macht vergangen war. Die Zähmung der westlichen Barbaren auf dem Weg über ihre Könige ist eine ihrer bedeutendsten Großtaten, doch stand andererseits auch die Kirche in der Schuld von Königen. Herausgefordert durch den breiten Zulauf, den eine mächtige Häresie (der Arianismus) sogar in Italien hatte, war es für die römische Kirche äußerst wichtig, daß die Franken, ein Volk, das sich über einen großen Teil des westlichen Germanien, das nördliche Rheinland und Nordfrankreich ausbreitete, ein König, Chlodwig, führte, der das römische Christentum annahm und ihm im ehemaligen römischen Gallien Geltung verschaffte. Zum Teil errang die Geistlichkeit solche Erfolge, indem sie die Bewunderung der Barbaren für Rom ausnutzte. Was diese tatsächlich von der amorphen Masse wußten, zu der das Westreich im 5. Jahrhundert geworden war, ist schwer zu erkennen. Vielleicht sahen sie es nie so, wie es wirklich war. Das, mit dem sie sich konfrontiert fühlten, war irgend etwas Faszinierendes mit geheimnisvollen Ressourcen, mit Kräften und einer komplizierten Geschichte im Hintergrund, mit riesigen architektonischen Monumenten als auffälligsten Relikten. Es hatte Glanz. Sie betrachteten die Kultur, die sie vorfanden, mit Ehrfurcht und Bewunderung und versuchten, von ihr zu lernen. Sie verfügte über ein hohes Wissen, ein Kennzeichen, das ebenso eindrucksvoll war wie die Verfügbarkeit der Fernsehtechnik in unseren Tagen. Die staunenden germanischen Krieger unterschieden nicht zwischen zwei Elementen, die sich später auseinanderentwickelten – nämlich zwischen Christentum und der *Romanitas,* der alten klassischen Vorstellung von dem, was es hieß, ein Römer zu sein. Dem Christentum, seit den Tagen Konstantins immer stärker mit Kette und Schuß der klassischen Kultur verwoben, hatten sie nur Aberglauben entgegenzusetzen. So wurden die Invasoren allmählich christianisiert, und als schließlich Europas künftiger Grundriß aus dem Streubereich der barbarischen Niederlassungen hervortrat, bestand er in einer Reihe christlicher Königreiche. Deren Herrscher hatten beschlossen, es mit der eindrucksvollsten Kollektion von Ideen und Institutionen zu halten, die sie je angetroffen hatten. Gewiß überlebte barbarischer Brauch in den römisch-germanischen Königreichen, manches hielt sich bis ins Mittelalter, aber die Darstellungen Wotans in der germanischen Kunst wurden allmählich zu Bildern Konstantins, als ihre Schöpfer langsam aufhörten, einfach nur Barbaren zu sein, und die Erbschaft Roms antraten. Auf den Münzen germanischer Könige erschienen die Köpfe von Kaisern; 550 ließ sich der erste von ihnen selbst auf den kaiserlichen Insignien abbilden.

Am Ende des 7. Jahrhunderts war das römische Christentum im westlichen Europa dominierend, und seine großen Errungenschaften im frühen Mittelalter sollten eine ganze, neue Welt entstehen lassen, die von den Überresten der klassischen Vergangenheit bis zu den kulturellen Beiträgen der Barbaren christlich war. Eine neue religiöse Insitution, das Kloster, spielte in diesem Prozeß eine entscheidende Rolle. Tausend Jahre lang sollte das Mönchtum in der Kulturgeschichte Europas von großer Bedeutung sein; zeitweise beherrschte es die Szene. Es ist faktisch unmöglich, sich die europäische Kultur ohne Mönche vorzustellen. Die Anfänge des Mönchtums waren allerdings weit entfernt von dem geordneten, disziplinierten, ruhigen Leben, das wir heute als typisch für Ordensleute ansehen. Die ersten christlichen Mönche waren im Nahen Osten, in Ägypten und Syrien aufgetreten. Einige von ihnen waren in der Einsamkeit lebende Eremiten, wilde und fanatische Gestalten, die zweifellos die gleiche Mischung aus genuiner religiöser Überzeugung, geistiger Einsicht, Scharlatanerie und regelrechtem Wahnsinn widerspiegelten, wie sie sich heutzutage unter Indiens großer Zahl heiliger Männer findet. Manche von ihnen waren Männer von großer Gelehrsamkeit und organisatorischen Fähigkeiten.

Vom Osten her breitete sich das Mönchtum im westlichen Europa aus und veränderte sich dabei. Auf dem europäischen Festland bot es die Chance zu einem Leben, von dem Männer und Frauen alter, herrschender Familien, den sozialen Eliten der Antike, zunehmend angezogen wurden, als die alte Sicherheit des römischen Lebens zerbröckelte. Die Anziehungskraft dieser neuen Lebensform auf so viele der besten und gebildetsten Geister der Zeit war von großer Tragweite. Nach und nach entstanden klösterliche Gemeinschaften, in denen nicht nur ein Leben des Gebetes und der Meditation geführt, sondern allmählich auch andere Dinge gepflegt wurden: Schreiben, Studium und Künste. Klöster wurden zu Zellen, die die genetische Erbmasse einer Kultur vorwärts- und weitertrugen. Von ihnen gingen Männer aus, um die heidnischen Länder des nördlichen Europa zu bekehren, während innerhalb ihrer Mauern andere eine lebendige Kultur bewahrten, als der Rückhalt, den sie in den weltlichen Bibliotheken und in den Städten der alten klassischen Welt gehabt hatte, zerbrach.

Die frühe Geschichte des Mönchtums ist voll von Namen dynamischer, gläubiger Persönlichkeiten, von denen viele bewundernswert sind. Einer aber ragte heraus, der vielleicht bedeutendste Mönch von allen und mit Sicherheit ein Mann,

Eine Elfenbeintafel aus dem 10. Jahrhundert zeigt Schreiber zu Füßen Papst Gregors des Großen. Der Pontifex maximus (590–604 n. Chr.) setzte sich stark für die politischen Ziele der Kirche ein der viel dazu beitrug, die künftige Welt zu gestalten. Dieser Mann war Benedikt von Nursia, besser bekannt als der heilige Benedikt. Viele Einzelheiten seines Lebens sind noch unbekannt – die einzige schriftliche Quelle, über die wir verfügen, entstand etwa fünfzig Jahre nach dem Tod des Heiligen –, aber wir wissen, daß er um das Jahr 480 in einer aristokratischen italienischen Familie zur Welt kam, daß er auf die ihm offenstehende weltliche Karriere verzichtete und sich, verzehrt von dem Wunsch nach Erlösung, schon als junger Mann zuerst in eine Klostergemeinschaft, dann in eine Einsiedlerzelle zurückzog. Wir wissen nicht, ob er jemals zum Priester geweiht wurde, aber etwa um 520 bis 530 gründete er eine neue Klostergemeinschaft in Monte Cassino, zwischen Rom und Neapel – im nachhinein eine der großen schöpferischen Akte abendländischer Geschichte.

Für seine Mönche verfaßte Benedikt einen Verhaltens- und Disziplinarkodex. In diesem war vieles (vermutlich das, was der Heilige für das Beste hielt) von den frühen klösterlichen Traditionen zusammengefaßt. Aber es handelte sich dabei um weit mehr als ein Sammelsurium oder eine bloße Anthologie von Vorschriften, denn der Mann, der die Regel schrieb, war ein Mann von hoher Geistigkeit und großer Begabung. Sein Ziel war der Dienst vor Gott und die Erlangung des persönlichen Seelenheils. Es führte weg von früheren Übertreibungen – den Kasteiungen, Selbstgeißelungen und langen Zeiten der Einsamkeit, wie sie die Wüstentradition gepflegt hatte – und ersetzte sie durch eine gemeinschaftliche Routine, die der dem Kloster vorstehende Abt, der Vater der Mönche, zu leiten hatte. Das Leben unter der Regel verlief nach einem festen Zeitplan für Arbeit, Gebet, Gottesdienst und Ruhe. Siebenmal an jedem Tag kamen seine Mönche zusammen, um zu beten und die Psalmen zu singen (und sie praktizieren das heute noch). Zwischen den Gottesdiensten studierten sie, verrichteten körperliche Arbeiten, aßen an einem gemeinsamen Tisch und schliefen in einem gemeinsamen Raum. Die Abtei besaß zwar Land für den Unterhalt der Klostergemeinschaft, doch das kann nicht für ein Leben in Luxus gereicht haben. Das Leben war einfach und hochdiszipliniert. Der Wille der Mönche sollte der Gemeinschaft und ihrer nie wechselnden Routine unterworfen sein. Dennoch war es kein Leben unerreichbarer Vollkommenheit und Strenge. Der klassische literarische und philosophische Hintergrund der römischen Tradition und ihrer modifizierten Formen scheint in der Benediktinischen Regel Früchte getragen zu haben; sie war nicht unmenschlich, sondern konnte von gewöhnlichen gläubigen und entschlossenen Menschen gelebt werden, weil sie nichts Unmögliches verlangte.

Mit der Zeit übernahmen immer mehr Gemeinschaften Benedikts Ideale und seine Lebenspraxis. Die Regel kam durch den bedeutendsten englischen Missionar, den heiligen Bonifatius, im 8. Jahrhundert nach Deutschland. Die sich selbst verwaltende, autonome Gemeinschaft, die Benedikt geschaffen hatte, war nicht nur imstande, anarchische Zeiten zu überstehen, sondern entsprach auch den Anforderungen der Missions- und Pionierarbeit unter den Heiden. Sie war eine Arche, die in der Sintflut bestehen konnte. Dank der eigenen Inspiration des heiligen Benedikt wurde sie auch zu einer Arche der Gelehrsamkeit und der Spiritualität. Seine Mönche studierten und kopierten die Handschriften, die das Wissen der späten Antike in ein nachrömisches Europa weitergaben. Mönche vermittelten der Zukunft natürlich nur eine Auswahl des Vergangenen, teils weil nur einiges davon sie interessierte, teils weil sie nicht zu allem Vergangenen Zugang hatten. Jahrhundertelang jedoch überlieferten sie der Zukunft das klassische Erbe, als dieses sonst nahezu von jeglicher Verbindung zum Abendland abgeschnitten war. Deshalb ist der heilige Benedikt (der um 547 n. Chr. starb) eine so wichtige Figur in der Geschichte unserer Kultur. Benediktinisches Mönchtum ist die Grundlage eines großen Teils des abendländischen Europa.[1]

Die Klöster waren um so wichtiger, als im 9. und 10. Jahrhundert neue Schläge auf Europa niederfielen, die den Prozeß beendeten, in dessen Verlauf die Nachfahren der ehemaligen Barbaren zu Verteidigern des Christentums gegen die neuen Invasoren wurden. Dem Islam werden wir an anderer Stelle besonderes Augenmerk schenken. Aber da gab es die Ungarn, Avaten und auch andere, neue Wellen heidnischer Barbaren aus dem Osten. Vor allem jedoch waren da die Wikinger – viel gefährlicher als die herumziehenden Magyaren, weil sie vorzugsweise darauf bedacht waren, Stützpunkte zu bilden und erobertes Land zu besiedeln, ferner als Seefahrer leicht über größere Entfernungen hinweg angreifen konnten. Karl der Große, von 768 bis 814 König der Franken, wurde durch sein Vorgehen – er konnte einige dieser Gefahren abwenden – zu einer der zentralen Figuren der Geschichte.

Der Franke war ein bedeutender Kriegsherr, obwohl nicht einmal er der Wikinger Herr zu werden vermochte. Weit mehr aber sollte er als *Europae pater* – als Vater Europas – Bedeutung gewinnen (ungeachtet aller hartnäckigen Anstrengungen nationalbewußter Historiker kann er weder ausschließlich für die französische noch für die deutsche Geschichte reklamiert werden). Sein besonderer Rang beruht auch nicht auf einem falsch verstandenen und anachronistischen »Internationalismus«, und ebensowenig hat dieser Rang lediglich etwas damit zu tun, daß Karl zu so vielem den Grund legte, was bis in die ferne Zukunft fortbestand (in Großbritannien beispielsweise ist die Einteilung der Währung in Pfund, Shilling und Penny, die er elfhundert Jahre zuvor einführte, erst vor kurzem aufgegeben worden). Tatsache ist: Karl der Große nahm auch in seiner Zeit einen besonderen Platz ein. Er war der erste Herrscher im abendländischen Europa, der den Titel »Kaiser« trug, seit ein germanischer Heerführer 476 den letzten weströmischen Kaiser entthront hatte. Auch andere Herrscher des 9. Jahrhunderts trugen diesen Titel, aber sie scheinen damit nur die Tatsache gemeint zu haben, daß sie persönlich Oberherren einer Reihe von Unterkönigen waren. Karl der Große ist immer anders gesehen worden.

Karl wurde am Weihnachtstag des Jahres 800 in Rom vom Papst selbst gekrönt. Er war der erste Kaiser, dem das widerfuhr. Gelehrte haben seither heftig darüber diskutiert, was Zeremonie und Titel bedeutet haben mögen. Vielleicht ist das nicht überraschend. Sein erster Biograph (der ihn kannte) stellte es so dar, als sei Karl selbst nicht ganz sicher gewesen, was da geschah. Einige Dinge liegen auf der Hand: Er war ein germanischer König – Karl der Große hatte seinen Titel und Besitz von seinem Vater und seinem Bruder geerbt, die beide Könige der Franken gewesen waren –, stellte aber den Anspruch, mehr als nur ein weiterer Kriegsherr zu sein. Nun gab es ja aber bereits einen Kaiser in Byzanz: Wollte Karl zum Ausdruck bringen, daß er ein Herrscher von gleichem Rang war? Vielleicht glaubte er wirklich, das sei auch schon alles. Den byzantinischen Kaisern paßte es ganz und gar nicht, ihn als gleichrangig anzuerkennen, obwohl sie ihn mit diesem Titel anredeten, weil ihnen das aus Gründen der Diplomatie geboten schien. Ihre Repräsentanten an Karls Hof nahmen bald an Zeremonien teil, in denen er als *Imperator* und *Basileus,* also mit dem Titel der Ostkaiser, gegrüßt wurde. Nicht lange, und sein Siegel trug die Inschrift *»Renovatio Romani Imperii«* – Erneuerung des Römischen Reiches.

Es ist reizvoll, sich vorzustellen, daß Karl der Große, als er nach Rom ging, um den Papst zu unterstützen, die mächtigen Ruinen aus der imperialen Vergangenheit sah (und wahrscheinlich ehrfürchtig betrachtete), die mit ihren Dächern, Mosaiken, farbigen Ziegeln und Stuck noch sehr viel eindrucksvoller ausgesehen haben müssen als heute. Die klassische Vergangenheit Roms war, anders als die der Geschichte des Volkes Gottes in der Bibel, die einzige Vergangenheit, auf die Europa zurückblicken konnte – eine Identifizierung mit der Reichstradition bedeutete auch eine Identifizierung mit der Klassik. So wurde das imperiale Rom durch die Krönung erneut mit der weltlichen Autorität im Westen verbunden. Die Errichtung eines festen Palastes in Aachen war ein weiterer Ausdruck einer neuen Rolle, und die Leute bei Hofe glaubten, Aachen, nicht Konstantinopel, sei Roms wahre Nachfolgerin. Auch die Kunst, die karolingische Kunst – »karolingisch« deshalb, weil das der Name war, den die von Karl dem Großen abstammenden Könige erhielten –, zeigt mit der Übernahme klassischer Vorbilder den Einfluß eines neuen Gefühls für die Vergangenheit.

Der Franke war bald Herrscher über viele Völker, eine andere Erinnerung an das Imperium. Eroberungen vergrößerten den ursprünglichen Kern des fränkischen Territoriums. Karl erlangte die Herrschaft über die Spanier im heutigen Katalanien, über die Nachfahren anderer germanischer Völkerschaften in Südfrankreich und Burgund, über Italiener und Lombarden in Mittel- und Norditalien, über Bavaren, Böhmen, Wenden, Awaren, Sachsen und Dänen im Osten. Das war ein Reich, größer als alles, was man im Westen seit dem Römischen Imperium gesehen hatte (in Gestalt und Ausdehnung in etwa mit der Europäischen Wirtschaftsgemeinschaft der sechs Gründerländer übereinstimmend). Innerhalb der abendländischen Christenheit lagen nur die Britischen Inseln, Süditalien und die kleinen Staaten im spanischen Asturien außerhalb seiner Grenzen. Obwohl er, wie die Legenden über ihn und seine Paladine in Erinnerung bringen sollten, ein tüchtiger Kriegsherr war, scheint Karl der Große eine neuartige Form von Herrschaft über das Völkergemisch beansprucht zu haben: Er hatte eine sehr ideologische Vorstellung vom Königtum, eine Vorstellung, die über das hinausging, was die gewöhnlichen germanischen Könige in seiner Rolle sahen. Er selbst sah sich anscheinend als einen König wie die in der Bibel beschriebenen, als einen Richter und Vater seiner Untertanen, der vor allem für ihren religiösen Glauben verantwortlich war. Die christliche Religion war der Mörtel, der sein Vielvölkerreich zusammenhielt.

Der Kaiser besaß eine hohe Meinung von der Kirche. Sein Volk, die Franken, war das erste germanische Volk gewesen, das die arianische Version der christlichen Lehre, die Rom als häretisch betrachtete, aufgab und sich mit dem römischen Katholizismus identifizierte. Fränkische Adlige wurden Bischöfe, und die fränkische Kirche blühte. Karls des Großen Vater und Onkel hatten zwar mit dem

Gedanken an eine Kirchenreform gespielt, er aber stürzte sich mit Eifer auf die Förderung des kirchlichen Lebens, wobei er sich selbst mit der Doktrin und mit einer guten Regierung beschäftigte. Die Wirkung dürfte in vielen Dorfkirchen und Privatkapellen nicht sehr in Erscheinung getreten sein, kann aber beim höheren Klerus leicht festgestellt werden. 789 wurde dieser in einer weitverbreiteten Botschaft ermahnt, »die Priester in allen Diözesen mit Fleiß zu prüfen . . . damit sie den rechten Glauben bewahren, auf die katholische Taufe achten und für die Gebete der Volksmassen Verständnis haben . . .« Zumindest ist die Absicht evident, wie immer die praktische Wirkung sein mochte.[2]

Etwas besonders Bedeutsames, mit dem Karl der Große die Kirche förderte, war, daß er zu Studien anregte. Dabei ging es nicht um Massenbildung, sondern darum, eine Handvoll Gelehrter anzuspornen und zu unterstützen. So rief er an den Aachener Hof gelehrte Männer aus vielen Ländern, deren Aufgabe es war, heilige Schriften, vor allem die Bibel, abzuschreiben. Die Kopien gingen dann hinaus zu den großen deutschen Missionsklöstern. Das führte auf dem Weg über andere Klöster zu einer weiten Verbreitung solcher Handschriften und so zur Bewahrung vieler lateinischer Werke, die sonst verlorengegangen wären (vom gesamten Schriftgut des antiken Rom, das uns heute bekannt ist, überdauerten neun Zehntel in ihrer frühesten Form als karolingische Kopie). So bestimmte die Arbeit der karolingischen Gelehrten und Kopisten in hohem Maße die intellektuelle und literarische Entwicklung des Mittelalters. Fast zufällig ergab sich dabei auch eine neue und sehr viel klarere Schrift als die, die den Kopisten bis dahin zur Verfügung gestanden hatte – die »Minuskeln« (»kleine Schrift«), die im Abendland die Anfertigung von Handschriften wiederbelebte und die Vorläuferin der ersten italienischen Drucktypen

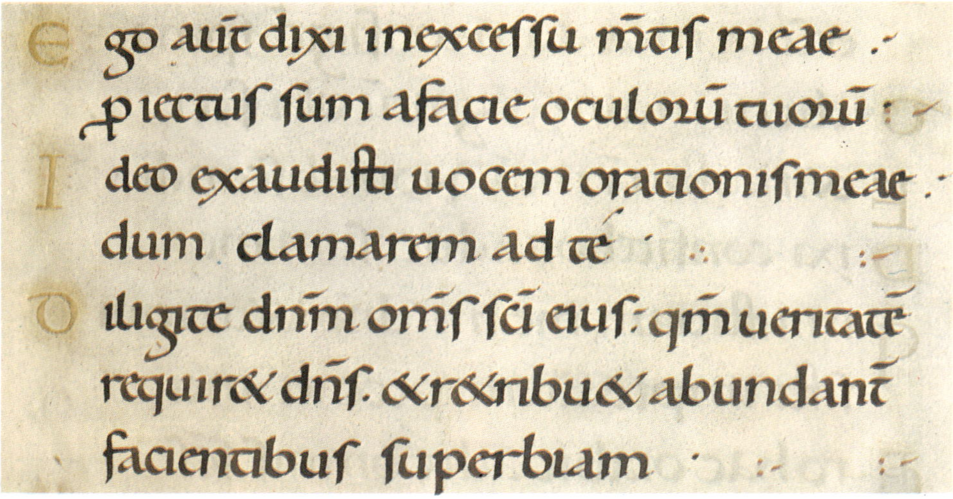

△ Karolingische Handschrift

▷ Karl der Große, gemalt von Albrecht Dürer für die Stadt Nürnberg. Das Gemälde entstand fast siebenhundert Jahre nach den Tagen des bedeutenden Herrschers, der hier anachronistisch die Insignien des Heiligen Römischen Reiches trägt. Karl der Große ist in späteren Jahrhunderten oft abgebildet worden (ein zeitgenössisches Porträt ist nicht bekannt)

Dis ist der gstalt und bildnus gleich
karolus magnus
Annis 14

war (denn wie es scheint, wurde sie im 15. Jahrhundert für sehr viel älter gehalten, als sie es tatsächlich war).

Die Kopisten, die die Aufgabe lösten, ein leicht lesbares Alphabet zu entwickeln, das auch dann in erkennbarer Form überdauern würde, wenn es von weniger fähigen Leuten abgeschrieben würde, entsprachen damit nicht nur einfach den Bedürfnissen der Pietät. Die »karolingische Renaissance«, wie sie genannt wurde – eine »Renaissance«, weil ihr Beitrag zur Wiederentdeckung der Klassiker die Gelehrten des 19. Jahrhunderts an die Wiederentdeckung Griechenlands und Roms im späten Mittelalter erinnerte –, vermischte Politik, Studium und Religion. Die Kirche lieferte einen dauerhaften Unterbau für Eroberungen. In Deutschland zum Beispiel ließ Karl der Große auf seine militärischen Erfolge gegen die Sachsen in deren Gebiet die Errichtung von Bistümern und Missionszentren folgen. Nachdem sie das Christentum einmal angenommen hatten, wurde Rückfall genauso schwer bestraft wie Rebellion. Das wirkte. Sachsen wurde eingeschüchtert und zu Loyalität und Ehrfurcht gezwungen. Die Heiden zum Glauben zu bekehren bedeutete auch, sie in den Schoß der Kultur aufzunehmen. Die Missionstätigkeit des frühen Mittelalters, bei der englische Missionare sich mit der fränkischen Kirche verbunden hatten, war erster Ausdruck einer nach außen gerichteten Bewegung einer Kultur, die sich über die ganze Welt ausbreiten sollte. Die Eroberungen Karls des Großen in Deutschland schoben die Grenzen des römischen Christentums noch weiter hinaus.

Die »karolingische Renaissance« muß in diesem Rahmen gesehen werden. Eine missionierende Kirche brauchte Bücher zur praktischen Anleitung, als Hilfe zur Einübung, zur Propaganda. Das gleiche gilt darüber hinaus auch für das karolingische Königtum: Welche bessere Unterweisung für die Untertanen konnte es geben als die in den Geschichten von gerechten Königen, die Gott selbst an die Spitze Israels gesetzt hatte? Die Autorität der Karolinger war bereits (niemand wußte genau, wie oder in welchem Maße) durch die sakrale Qualität, die die Kirche der Krönung verlieh, gestärkt worden. 754 war der Begründer ihrer Linie, der Vater Karls des Großen, zusammen mit seinen beiden Söhnen Karl (der Große) und Karlmann vom Papst mit dem heiligen Öl gesalbt worden – wie David im Alten Testament: Das war eine neuartige Zeremonie. Danach muß die Autorität der karolingischen Könige eine Qualität gehabt haben, die um einiges höher war als die bloßer germanischer Kriegsherren, obwohl Karl der Große das in den Augen vieler seiner großen Vasallen immer noch war.

Die »besondere Beziehung« zwischen der fränkischen Monarchie und dem Papsttum, des einzigartig bedeutsamen weströmischen Bistums, ist ein weiterer Fixpunkt im Aufbau Europas. Die imperiale Vergangenheit Roms, selbst noch in ihrem Verfall, und die Fähigkeit ihrer Bischöfe, ihr Vermächtnis besonderer Heiligkeit als Nachfolger des heiligen Petrus und als Wächter über die Stätte seines und des Martyriums des heiligen Paulus zu nutzen, zählte sehr stark. Hinzu kam noch jene Legende, die, seit dem 7. Jahrhundert verbreitet, immer mehr als wahr angesehen wurde und die besagte, Kaiser Konstantin habe dem Papst den Primat über die Ostkirchen und die Oberherrschaft über ganz Italien übertragen. Doch scheint der Zusammenbruch der kaiserlichen Herrschaft im Westen der Hauptgrund für die neue weltliche und administrative Verantwortung des Papsttums gewesen zu sein, das bald dazu übergegangen war, ohne besondere Rücksicht auf jene untätigen Repräsentanten der Amtsgewalt von Konstantinopel zu handeln, die in Ravenna residierten. Das war der Hintergrund, vor dem der Vater Karls des Großen dem Papst militärische Hilfe gegen die lombardischen Könige leistete, denen es gelungen war, ihre Herrschaft über Italien auszudehnen, und der in der Folge dann das Papsttum mit Ländereien ausstattete, die weit im Norden von Rom lagen und die Grundlage des späteren Kirchenstaates, der zeitlichen Macht des Papsttums, bildeten.

Die Bindungen des Christentums und der Kirche an die erste transzendierende politische Struktur im Abendland, an das barbarische Königtum, bildeten auf diese Weise ein kompliziertes und vielschichtiges Geflecht. Diese Tatsache mag es weniger überraschend erscheinen lassen, daß Papst Hadrian I., der 772 den Stuhl Petri bestieg (im selben Jahr, in dem Karl der Große nach dem Tod seines Bruders die Herrschaft über die gesamten fränkischen Gebiete antrat), als erster Papst seine offiziellen Dokumente ohne Bezugnahme auf den regierenden Kaiser von Konstantinopel datierte.

Schließlich entstand im Westen ein neues Imperium als dauerhafte Einrichtung, die allerdings in einem großen Teil ihrer Existenz mehr Form als Inhalt haben sollte. So vage die Bedeutung des Titels sein mochte, den Karl der Große trug, seine Krönung durch den Papst löste die Entstehung des Heiligen Römischen Reiches aus

Kaiserliche Propaganda: Kaiser Otto II., Sohn Ottos von Sachsen, in byzantinischem Stil dargestellt (seine Frau war eine byzantinische Prinzessin)

(eine Bezeichnung, die erst seit dem 12. Jahrhundert im Gebrauch war), das tausend Jahre bestehen sollte. Seine Geschichte beginnt mit Karl dem Großen, weil er den Kaisertitel trug und die deutschen und italienischen Teile seiner Erbschaft das Kernland dieses Reiches bildeten. Hundertfünfzig Jahre später (962, um genau zu sein) wurde Otto der Sachse zum Kaiser gekrönt – wie sein großer Vorgänger durch den Papst in Rom. Nach ihm fiel der kaiserliche Titel bis 1805 an eine ununterbrochene Folge von Herrschern, der durch einen anderen arrivierten Kaiser, Napoleon von Frankreich, ein Ende gesetzt wurde. Tausend Jahre aber gab es wenigstens dem Namen nach und oft auch in der Realität wieder ein Westreich, das zuerst gleichen Status mit Byzanz beanspruchte und dieses dann dreihundertfünfzig Jahre überlebte. »Es war weder heilig noch römisch, noch ein Reich«, heißt ein altes Wortspiel. Nun, vielleicht. Aber wenn man anerkennt, daß es untrennbar mit der Idee des Schutzes der Kirche und mit dem christlichen Königtum verbunden war, dann ist »heilig« lediglich eine übertriebene Umschreibung der Idee in ihrem Kern. Was die Eigenschaft »römisch« angeht, so war dieses Reich der Erbe Roms im Westen und konnte ebendeshalb auch »Reich« genannt werden. Darüber hinaus war der Kaiser eine völlig andere Art von Herrscher als ein normaler König, denn er regierte über mehrere Völker, selbst wenn zur Zeit Ottos des Großen diese Völker auch noch in Deutschland und Italien zu finden waren.

Natürlich dürfen wir uns nicht durch Worte irreführen lassen. Im Mittelalter wurden sie genau wie heute als politische Instrumente benutzt und müssen als solche verstanden werden. Die Kaiser besaßen nicht immer sehr viel Macht, ebenso die späten fränkischen Könige, unter deren Ägide ein gewisser Zusammenbruch jener zentralen Autorität folgte, die unter der Herrschaft Karls des Großen bestand. Die materiellen Errungenschaften der Karolinger und Ottonen dürfen ebenfalls nicht zu hoch bewertet werden. Karl der Große machte Aachen zwar zu einem Zentrum der Wissenschaft und verschönerte es nach den westeuropäischen Maßstäben jener Zeit in großartiger Weise, doch im Vergleich zum zeitgenössischen Konstantinopel oder zu Córdoba – um von der römischen Vergangenheit gar nicht zu reden – wirkte es provinziell und klein.[3] Dennoch wurde dort eine Idee geboren, in der das Selbstbewußtsein des späteren Europa, des hochmittelalterlichen Europa, wurzelte. Das Erbgut des klassischen Rom und des Christentums – Reich und Papsttum – bildete das Fundament einer sich neu entwickelnden Christenheit, einer Christenheit, die sich von den christlichen Gemeinden der östlichen Gebiete unterschied. Aus diesem Grund war die Zeit Karls des Großen so bedeutsam. In ihr entsteht zum ersten Mal eine neue kulturelle Einheit im abendländischen Europa, die ausgerichtet ist auf das kirchliche Zentrum in Rom und auf eine politisch-militärische Macht nördlich der Alpen.

Diese Kultur reichte schon in den Tagen des fränkischen Kaisers über die formalen Grenzen seines eigenen Imperiums hinaus (dessen sauber gezogene Grenzen auf vielen modernen Karten irreführend endgültig erscheinen, denn es dauerte fast bis zur Neuzeit, bevor politische Grenzen, wie wir sie kennen, eine Realität wurden). So existierte ein wichtiges Zentrum christlicher Kultur (auf das Karls des Großen eigenes Bemühen um die Wissenschaft zurückgriff, wie es schon bei der Bekehrung Deutschlands der Fall gewesen war) außerhalb des Frankenreiches, im

Norden, jenseits des Ärmelkanals: Auf den Britischen Inseln existierte eine Kultur, die den Kern einer zukünftigen Nation und einer führenden Weltmacht bilden sollte.

Der Zusammenbruch der römischen Kaiserherrschaft war in Britannien vollständiger als in jedem anderen Land des westlichen Europa, was nicht zuletzt am Beispiel der lateinischen Sprache deutlich wird: Nachdem sie dreihundert Jahre und länger gesprochen worden war, verschwand sie hier völlig, während sie in Spanien und Frankreich wie auch in Italien die Basis für die zukünftigen Landessprachen bildete. Es ist allerdings unwahrscheinlich, daß dieser Vorgang als Umbruch empfunden wurde. Was hier vor sich ging, geschah als kontinuierlicher Prozeß, der sich über einen längeren Zeitraum erstreckte – bedingt durch das allmähliche Vordringen germanischer Völker, die sich vom frühen 5. Jahrhundert an in immer größerer Zahl in den Gebieten der östlichen und südlichen Flußmündungen Englands niederließen. Von ihnen als »Invasoren« zu sprechen mag zwar völlig richtig sein, läßt aber an ein plötzliches, gewaltsames Geschehen denken, was in den wenigsten Fällen gerechtfertigt ist. Manchmal trafen sie zwar auf Widerstand, aber hier und dort können germanische Neuankömmlinge und römisch-britische Einheimische selbst vor der förmlichen Beendigung der römischen Herrschaft sehr wohl friedlich nebeneinander gelebt haben. Archäologische Forschungsergebnisse lassen das jedenfalls vermuten.

Nichtsdestoweniger wurde die ehemalige römische Provinz Britannien von dem sterbenden Westreich des 5. Jahrhunderts aufgegeben; formale Bindungen zwischen ihr und dem Festland wurden gelöst, und eine Handvoll barbarischer Königreiche bildeten sich heraus, einige mit Namen, an die englische Grafschaften – Essex, Sussex, Kent beispielsweise – bis zum heutigen Tag erinnern. Dieser Vorgang nahm lange Zeit in Anspruch, war aber zu Beginn des 7. Jahrhunderts abgeschlossen. Kurz zuvor, im Jahre 597, hatte eine römische Mission mit der Evangelisierung der Insel begonnen; sie ging von Canterbury aus, das von diesem Augenblick an der belebende Mittelpunkt der Kirche in England war. Auf ihren raschen Erfolg folgte eine Periode des Konkurrenzkampfes, in der Englands kulturelle und politische wie seine religiöse Zukunft in der Schwebe hing; am Ende des nächsten Jahrhunderts jedoch hatten die Römer den keltischen Kult im Streit um den Primat in England entscheidend zurückgedrängt;[4] und bald sollte eine mächtige missionarische Bewegung auf das Festland erfolgen, also von einem Gebiet aus, das kurz zuvor in kultureller Hinsicht noch ein »totes Wasser« gewesen war. So erfolgreich war die Rekultivierung dieser Inseln, daß Karl der Große auf England zurückgriff, um sich der Gelehrten zu versichern, die er brauchte, um die fränkische Kirche wiederzubeleben. England, so dürfen wir sagen, war von Anfang an ein Teil Europas.

Wie seine kontinentalen Nachbarn litt auch das englische Volk unter den Überfällen der Nordländer. (Der Zerfall der zentralen Autorität in Franken nach Karl dem Großen war auch auf die Stürme der Wikinger zurückzuführen.) Im 9. Jahrhundert war ein großer Teil der Insel von den Dänen erobert und besetzt. Der Kampf mit ihnen erreichte einen Höhepunkt unter dem König, der den größten Anspruch darauf hat, der erste englische Nationalheld gewesen zu sein, den es wirklich gegeben hat: Alfred der Große, König von Wessex und Begründer der nationalen Monarchie, obwohl er selbst niemals über ganz England herrschte. Er ist auch eine Art Index dafür, wie weit die europäische Kultur bereits zu seiner Zeit vorgedrungen war. Eine seiner Hauptsorgen bestand darin, den Schaden wiedergutzumachen, der der Religion und der Wissenschaft bei den Überfällen der Wikinger durch die Zerstörung so vieler Klöster zugefügt worden war. Dahinter verbarg sich mehr als nur eine konkrete Vorstellung von ihrer Nützlichkeit für die Regierung und mehr als naive Frömmigkeit. Alfred verfügte über einen hohen Intellekt. Er setzte sich mit den Werken der Philosophie ebenso wie mit denen der Religion auseinander und wünschte, das Schrifttum, das sich damit befaßte, seinem Volk zu vermitteln. Natürlich waren diese Schriften in Latein abgefaßt. Alfred war in seiner Jugend nicht nur zweimal in Rom gewesen (der Papst hatte ihm übrigens die Ehrenwürde eines römischen Konsuls verliehen), sondern er war auch ein eifriger Lateinschüler (auch Karl der Große hat versucht, es zu lernen, jedoch, wie berichtet wird, ohne großen Erfolg). Latein war nicht leicht zu lernen, und es gab auch nicht viele Lateinlehrer. Deshalb faßte Alfred den kühnen Plan, die Bücher ins Englische übersetzen zu lassen, »die zu kennen allen Menschen am meisten not tut«. So viele freigeborene junge Engländer wie möglich sollten wenigstens so weit unterrichtet werden, daß sie die englische Schrift lesen konnten und so imstande waren, an dem Erbe der klassischen Vergangenheit teilzuhaben. Das war eine großartige Idee. Und wie die für die Übersetzung ausgewählten Texte deutlich machten, ging dieses Programm davon aus, daß das Herz der Kultur im Christentum und in der Klassik zu suchen war. Alfred selbst übersetzte den Philosophen Boetius, ein Buch des Papstes Gregor des Großen, das den Bischöfen zeigte, wie sie ihre Gemeinde zu unterrichten hatten, eine Geschichte der alten Welt von Orosius und das Buch, das die Hauptquelle aller englischen Geschichtswissenschaft ist, Bedas »Kirchengeschichte des englischen Volkes«. Alfreds intellektueller Ehrgeiz war ebenso erhaben wie seine politischen und militärischen Großtaten. In ihm zeigt sich die gleiche Mischung aus römischen und christlichen Traditionen, durch die sich auch der karolingische Hof auszeichnete (mit dem Alfred in enger Verbindung stand). In dieser Mischung waren die Fundamente der mittelalterlichen Christenheit zu suchen, die Wiege des modernen Europa.

Das »Mittelalter« – ein Begriff, dessen Auftauchen im 15. Jahrhundert darauf hindeutete, daß manche Leute glaubten, die Jahrhunderte, die dieser Begriff meinte, seien bereits vorüber – erstreckte sich über eine lange Zeit (etwa über fünf Jahrhunderte nach dem Jahre 900). Das ist jedoch eine willkürliche Datierung. Viele Historiker pflegen die Jahre 1000 oder 1100 n. Chr. als brauchbarere Ansatzpunkte anzusehen.[5] Welches Datum wir auch wählen, an einem bestimmten Punkt wird die qualitative Veränderung sichtbar. Ein breit angelegter Bau mußte auf dem im frühen Mittelalter geschaffenen Fundament errichtet werden, dessen Ergebnis ein reifes abendländisches Europa war. Seine politische, materielle und kulturelle (ja selbst seine geographische) Definierung basiert auf den von außen einwirkenden Kräften (dieser Aspekt soll einer späteren Erörterung vorbehalten bleiben). Nur etwas muß hier hervorgehoben werden: Nur wenige Menschen würden etwa im

15. Jahrhundert das Wort »Europa« gebraucht haben, um die größte kollektive Entität, der sie sich zugehörig fühlten, zu bezeichnen. Sie werden eine ältere Bezeichnung vorgezogen haben: »Christenheit«.

Auch dieses Wort ist erst spät entstanden. Es kann mit Sicherheit nicht vor dem 11. Jahrhundert festgestellt werden. Lange Zeit bezeichnete die wachsende geographische Reichweite der Kirche nicht zugleich auch eine territoriale Ausdehnung. Das sollte uns nicht überraschen, denn die Menschen im Mittelalter dachten nicht so ohne weiteres an Gesellschaften, die bestimmte geographische Räume besetzten. Die Christenheit war zunächst eine Gemeinschaft von Personen, die den christlichen Glauben teilten, ob in seiner römischen, orthodoxen, koptischen oder irgendeiner anderen Form, ob unter christlichen Herrschern oder, wie in Teilen des Nahen Ostens oder in Spanien, unter heidnischen Machthabern. Potentiell konnte natürlich die ganze Welt in die Christenheit einbezogen werden. Nur ganz allmählich erfuhr diese Vorstellung eine Einschränkung. Sie nahm zu dem Zeitpunkt Gestalt an, als es – auch im Hinblick auf den Islam – nötig erschien, eine Art Grenzlinie zwischen der christlichen und der übrigen Welt zu ziehen. Aber neue Vorstellungen faßten nur langsam Fuß. Kein Zweifel, sogar noch im 11. Jahrhundert hatten die meisten Europäer wahrscheinlich noch nie etwas vom Byzantinischen Reich gehört. Vier Jahrhunderte später war die Vorstellung von der Christenheit immer noch verschwommen, aber inzwischen war vieles geschehen, was es erlaubte, die Christenheit als das Gebiet innerhalb der geistlichen Jurisdiktion der römisch-katholischen Kirche zu umschreiben. Wahrscheinlich verstanden die meisten Europäer sie damals so.

Um 1500 n. Chr. bedeckte die Christenheit ein Gebiet, das auf dem Weg über eine Kultur auf lateinischer Basis die Traditionen der alten klassischen Vergangenheit erbte. Ein großer Teil ihrer Grenze war durch geographische (Atlantik, Mittelmeer) oder ideologische Gegebenheiten (Islam) gezogen. Aus dieser letzteren Tatsache ergibt sich die Erkenntnis, daß das endgültige Bild, das die Christenheit bot, ein Eingeständnis des Scheiterns, ein Verzicht auf eine universale Schau und die Anerkennung der Realität des Drucks von außen war. Um 1500 regierten in den Ländern innerhalb dieser Christenheit nur christliche Fürsten; manche von ihnen standen in Abhängigkeitsverhältnissen zueinander, aber alle erkannten formal die geistliche Oberhoheit des Papstes in Rom und (meistens) einen gewissen vagen, schlecht definierten Primat desjenigen Regenten an, der der Erbe einer geisterhaften Version des Supremats Karls des Großen, des Heiligen Römischen Kaisers, war.

Ohne Zweifel war schon lange, bevor diese Begriffsschärfe erreicht war, eine sehr tiefreichende Trennung von der »anderen« Christenheit der Ostkirchen und des Byzantinischen Reiches erfolgt. Die Trennung war in der kulturellen Verschiedenheit des griechischen Ostens und des lateinischen Westens des alten Römischen Imperiums begründet. Sie war durch Diokletian und Konstantin institutionalisiert und dann durch unterschiedliche historische Erfahrungen im Laufe der Jahrhunderte vertieft worden. Geographische und ethnische Divergenzen gewannen noch durch ein theologisches Schisma an Bedeutung, das ein sehr wirksames kulturelles Trennelement darstellte. So entwickelten sich zwei Kulturzonen auf verschiedenen

Wegen zu voller Reife. Aus der Verschiedenartigkeit erwuchs Mißtrauen, Unverständnis und am Ende Konflikt; es war eine westliche Armee, die 1204 als erste das christliche Konstantinopel plünderte. Ein sehr wichtiger, vielleicht wesentlicher Beitrag zu dieser Entfremdung und zur Ausbildung des abendländischen Europa als einer unterscheidbaren Kultur ergab sich aus der Eigendynamik der römischen Kirche.

Die lange Beherrschung der europäisch-abendländischen Kultur durch die Religion mag bei der Natur des Christentums logisch unausweichlich gewesen sein. Im Osten wie im Westen erhob es institutionelle Ausschließlichkeitsansprüche. Theoretisch wenigstens waren diese letzten Endes mit denen anderer Religionen unvereinbar. Konkrete Zugeständnisse waren natürlich möglich. Barbarisches Brauchtum – ein Fest zur Wintersonnenwende, kultischer Gottesdienst an geheiligtem Ort, volkstümliche Riten – konnte in der Praxis hingenommen werden, wenn es sich in einem christlich geprägten konzeptionellen Rahmen einbeziehen und in Begriffe christlicher Theologie fassen ließ. Bis zum 11. Jahrhundert erlaubte das eine große konkrete und lokale Vielfalt in der abendländisch-europäischen christlichen Praxis. Örtliche liturgische Formen und Riten überlebten (ein »mozarabischer« Ritus, der auf die Zeit der Westgoten zurückging, wird heute noch in Toledo praktiziert, wenn auch durchweg nur als altertümliches Relikt); Bischöfe, Könige und Magnaten trafen ihre eigenen Entscheidungen in disziplinarischen und moralischen Fragen. All dies änderte sich jedoch, als das mittelalterliche Papsttum Ansprüche erhob, die dem abendländischen Christentum einen ganz neuen unnachgiebigen Zug, eine neue Uniformität und eine neue Macht gaben. Das Ergebnis war die mittelalterliche Kultur, wie wir sie heute sehen.

Der Wandel, der sich vollzog, war zu einem großen Teil auf das Mönchtum zurückzuführen, vor allem auf die zu Beginn des 10. Jahrhunderts gegründete Benediktinerabtei von Cluny, ein burgundischer Besitz bei Mâcon. Diese Gemeinschaft machte sich bald einen Namen mit ihrer strengen Disziplin, mit der großartigen liturgischen Ausschmückung des Gottesdienstes, mit hervorragendem wirtschaftlichen Management und, insbesondere, mit ihrer Unabhängigkeit von den örtlichen Vertretern der kirchlichen und weltlichen Macht. Kluniazensische Ideale gewannen rasch an Boden. Im 11. Jahrhundert gab es viele Klöster, die nach kluniazensischen Regeln lebten; sie zogen Nachwuchs und Schenkungen von adligen Familien an, und ihr Einfluß war gleichermaßen groß in klerikalen Kreisen wie bei den Laien. Könige und Fürsten hörten oft auf den Rat kluniazensischer Mönche.

Von denen, die den kluniazensischen Idealen anhingen, war niemand bedeutender und tüchtiger als Papst Gregor VII. Er ist einer der größten Revolutionäre der europäischen Geschichte. Hildebrandt, wie er vor seiner Inthronisation genannt wurde, war Mönch gewesen und bewunderte Cluny sehr. Durch ihn erreichte das kluniazensische Ideal die Kirche in ihrem Kern, denn er war fast ein Vierteljahrhundert der vertraute Ratgeber von Päpsten, bevor er 1073 selbst zum Nachfolger des heiligen Petrus gewählt wurde. Fast unmittelbar danach setzte er eine Kampagne zur Disziplinierung und Wiederbelebung der Geistlichkeit in Gang. Kleriker sollten etwas Besonderes sein, eine *Militia Christi,* die »Soldaten Christi«. Gregor hat faktisch die Idee von der christlichen Gesellschaft erfunden, die aus zwei Gruppen

Im Jahre 1095 weihte Papst Urban II. die dritte Abteikirche von Cluny – ein großes Ereignis, das in dieser Handschrift eines Tochterklosters zu Paris festgehalten ist (12. Jh.)

besteht, aus Laien und Priestern. Er verurteilte Unkeuschheit (damals wurde das Konkubinat unter Klerikern weitgehend toleriert) und vor allem die Einmischung der Laien in die Angelegenheiten der Kirche. Dabei handelte es sich um mehr als um eine abstrakte theologische oder rechtliche Problematik. Im Kern der Sache ging es um Reichtum und Besitz: Sollten Laien – Könige und Magnaten – oder Geistliche – Bischöfe und Äbte – darüber gebieten?

Deshalb brach über dem Problem der Beziehungen zwischen Laien und Klerus ein heftiger Streit mit Königen und Kaisern aus. Die dramatischsten Episoden dieser Auseinandersetzung sind in die Geschichtsbücher als der Investiturstreit eingegangen – ein Streit darüber, wer einen Abt oder Bischof mit Ring und Stab in Amt und Würden einsetzen und vor der Weihe dessen Ehrenerweis entgegennehmen dürfe. Gregor verbot den Geistlichen, sich von Laien einsetzen zu lassen, weil er eine Manipulierung der Kirche durch Laien befürchtete. Zweimal exkommunizierte er den deutschen König Heinrich IV., doch am Ende wurde Gregor von den Truppen seines Gegners, der inzwischen Kaiser geworden war, aus seiner eigenen Stadt vertrieben. Gregor VII. starb schließlich im Jahre 1085 im Exil.

Die Auseinandersetzung über die Laieninvestitur ging danach noch lange weiter. Formal schien es am Ende so, als habe das Papsttum gesiegt, aber der Ausgang war unklar, und man kann nicht ohne weiteres behaupten, daß irgend jemand tatsächlich unterlegen gewesen ist. Die Einzelheiten sind aber weniger wichtig als das, was für die abendländische Christenheit auf dem Spiel stand. Gregor hatte nicht nur die Unabhängigkeit der Kirche sichern wollen, sondern auch ihre Trennung von und ihren Vorrang vor der Welt der Laien. Die Anstrengungen, die er unternahm, um das zu erreichen, waren außerordentlich schöpferische Akte, obwohl das Ergebnis in gewissem Sinne ganz anders war, als Gregor es beabsichtigt haben konnte. Die gregorianische Reform teilte alle christlichen Gemeinschaften in zwei Gruppen ein – also Laien und Kleriker, wie er es gewollt hatte –, aber die Spannung zwischen diesen Gruppen erwies sich immer wieder als Katalysator für die Laien. Gregor war jedoch erheblich weiter gegangen als bis zu einer bloßen Unterscheidung; er erhob Forderungen, die, von einigen seiner Nachfolger noch stärker betont, zur Geltendmachung von sehr viel mehr als Unabhängigkeit und geistlicher Vormacht der Kirche führten. Gregor erklärte, daß Herrscher, wenn sie irrten, abgesetzt werden könnten – eine schockierende Idee für eine Gesellschaft, welche einen tiefen Respekt vor Lehnseiden besaß, die gesellschaftliche Bindungen von höchster Tragweite darstellten. Im 13. Jahrhundert forderten Gregors Nachfolger die höchste monarchische Gewalt über alle Menschen.

Paradoxerweise sollten solche Ansprüche dazu beitragen, der europäischen Geschichte eine einzigartige Wendung in Richtung auf Freiheit zu geben. Aus Jahrhunderten der Auseinandersetzung und manchmal des offenen Konfliktes zwischen dem, was man später als Kirche und Staat bezeichnete, ging Europa mit einer Tendenz hervor, die auf lange Sicht zugunsten von Freiheit und Pluralismus sprach. In der abendländischen Monarchie konnte es keine Entwicklung zu einer Personalunion von weltlicher und geistlicher Autorität geben, wie es sie in Konstantinopel gab. Außerdem mußten mächtige Männer, ob Geistliche oder Laien, wenn es zu Auseinandersetzungen kam, Hilfe erbitten und dann Zugeständnisse machen. Ihre Streitigkeiten hinterließen Lücken, in denen Freiheit Wurzel fassen und überleben konnte. Das bedeutete, daß auf politischem und rechtlichem Feld eine selbstkritische Anpassung innerhalb der mittelalterlichen europäischen Kultur oft erleichtert und durch Umstände abgesichert wurde, die einen Spielraum für Eigeninteresse und Eigennutz ließen.

Diese Bewahrung einer Idee von Freiheit und deren Weitervermittlung an die Zukunft ist also in schwer abzuschätzendem Maß auf die Streitigkeiten zwischen Kirche und Staat zurückzuführen. Sie mögen sich unmittelbar aus Auseinandersetzungen über Besitz und Macht ergeben haben, aber sie waren latent auch in dem Prinzipienstreit zwischen dem geistlichen Supremat Roms und den Realitäten weltlicher Macht angelegt. Die großen Philosophen und Rechtsdenker des Mittelalters kamen immer wieder auf dieses Thema zurück. Die Trennung von *Temporalia* (zeitlichen Dingen) und *Spiritualia* (geistlichen Dingen) bei der Einführung eines Bischofs in seine Diözese, die Umschreibung geistlicher Immunitäten und viele andere theoretische Klarstellungen bringen eine Neigung zum Ausdruck, die im mittelalterlichen Leben immer wieder auftauchte. Es gab einen Konflikt nach dem anderen zwischen einzelnen Königen und ihren Bischöfen (durch einen solchen Konflikt bekam Canterbury den Märtyrer – den Schatzkanzler Heinrichs VIII., Thomas Morus –, der es zur größten Pilgerstätte im Mittelalter werden ließ), zwischen örtlichen Magnaten und Äbten, ganz abgesehen von dem großen Kampf zwischen Papst und Kaiser, doch schafften solche Auseinandersetzungen Gelegenheiten, die dazu beitrugen, eine Kultur für neue Entwicklungen offenzuhalten und sie lebendig und dynamisch zu bewahren.

Währenddessen veränderte sich die Kirche selbst – und dadurch auch Europa. Zunächst war eine wachsende päpstliche Bürokratie zu beobachten: Die römische *Curia* oder Kurie (der päpstliche Hof) faßte die kirchlichen Angelegenheiten zusammen und gab ihnen eine zentrale Leitung. Von überall her aus Europa erreichte zuerst Pergament, dann Papier in einer steigenden Flut die Stadt Rom, alles in der internationalen Sprache abgefaßt, die den Kontinent zusammenhielt, Latein. Geistliche und Pilger bewegten sich in endlosen Reihen über die großen Straßen Europas, von denen viele nach Rom führten, und auch das bezeugte eine neue Einheit im Leben des Kontinents, ungeachtet seiner lokalen Vielfalt. Neue religiöse Orden – Zisterzienser, Dominikaner, Franziskaner – trugen zur geistlichen Wiederbelebung bei und entwickelten ein neues Verständnis des Evangeliums. Die intellektuelle Sachkenntnis stieg. Die Architektur erlebte eine Zeit der Blüte, eine große Epoche des Kathedralbaus begann im 12. Jahrhundert. Auch die Lehre wandelte sich – die eigenartige Theorie von der Transsubstantiation, einem mystischen Prozeß, in dem Leib und Blut Christi im Brot und Wein des Abendmahles tatsächlich gegenwärtig werden sollte, wurde im 13. Jahrhundert verbreitet –, und häufige Einzelbeichten gaben der Kirche ein mächtiges neues Instrument zur Disziplinierung der Menschen in die Hand. Priesterliches Zölibat wurde jetzt die Norm, und die Geistlichkeit unterschied sich von den Laien in einer Weise, wie es in den orthodoxen Kirchen des Ostens niemals der Fall sein sollte. Die neuen Universitäten, die zuerst im 13. Jahrhundert in Erscheinung traten, waren geistliche Einrichtungen, und die gesamte Bildung lag in den Händen des Klerus. Das Europa westlich der Elbe war zu dieser Zeit bereits ein mit dem Christentum wie nie zuvor durchtränkter Kulturraum.

Die Laien wie die Geistlichkeit hielten den Anspruch der Kirche auf das Wächteramt über die eine einzige Wahrheit für eine Selbstverständlichkeit. Bei ihren Auseinandersetzungen ging es für gewöhnlich um die konkrete Anwendung. Diese Feststellung unterstreicht eine der ärgsten Auswirkungen der Stärkung der Kirche: Vom 13. Jahrhundert an hören wir viel mehr von Verfolgung der Häresie, die sich in einer Weise entwickelt hatte, für die es seit dem 5. Jahrhundert keine Parallele gab. Es war jedoch stets ein Kennzeichen des mittelalterlichen Christentums, daß es nach einer Gemeinschaft strebte, die andere Ideologien ausschloß. Hinduismus, Konfuzianismus, Buddhismus, Schintoismus scheinen keine Schwierigkeiten gehabt zu haben, mit anderen Religionen zu leben, und sogar der Islam weist eine Hierarchie der Toleranz auf. Das Christentum aber verlangte Festigkeit im Glauben – und in zunehmendem Maß den unverfälschten Glauben. Daher ist auch die

△△ Ein technischer Triumph: Das Dach der Kathedrale von Durham (begonnen 1093) zeigte erstmals, wie Rippengewölbe dazu dienen konnten, weite Spannen zu überbrücken

△◁ Ein Bild, das man in der gesamten westlichen Christenheit findet. Hier ein Paneel in einem Fenster der Eaton-Bishop-Gemeindekirche, Worcestershire

△▷ Chaucers »Eheweib von Bath«, deren Geschichte die erste Autobiographie der englischen Dichtung vorausgeht – das individuellste Porträt einer Frau in der mittelalterlichen Literatur

▷ Ein Teufel versucht, die Seele eines Sterbenden mit sich fortzutragen – das Schicksal, das der Christ des Mittelalters fürchtete, dargestellt in einer französischen Handschrift (15. Jh.)

In manus tuas domine commendo spiritum meum.
Dilexi quoniam ex
audiet dominus:
vocem orationis mee.

Verfolgung der Häresie zu erklären. Der Zusammenschluß von Kirche und Staat in der abendländischen Christenheit bei der gewaltsamen Unterdrückung von Abweichungen, die jeden von ihnen gefährden konnten, war lange Zeit hindurch höchst wirksam.

Nun kann aber die mittelalterliche Kultur nicht nur wegen ihrer ideologischen Gleichförmigkeit oder im Hinblick auf ihre Institutionen und ihre Politik als durchtränkt von Religion beschrieben werden. Es lohnt sich zu wiederholen: Die Menschen sahen sich selbst als in der Christenheit lebende Christen, nicht als in Europa lebende Europäer – die gewaltigen Folgen dieses Umstands waren überall deutlich sichtbar: Damals gab es mehr Geistliche im öffentlichen Leben, mehr Männer- und Frauenklöster; in Hunderten von Städten und Ortschaften war der Turm der Kirche oder Kathedrale das höchste Wahrzeichen; die größten Werke der Kunst und Technik der Zeit (und die größten Einzelinvestitionen an Kapital) waren die romanischen und gotischen Kathedralen, die für viele Nordeuropäer jahrhundertelang deutlich machten, was sakrale Architektur sein sollte; und sogar der tägliche Zeitplan wurde durch die Glocken der Türme von Pfarrkirchen und Klöstern festgelegt.

Natürlich ging Religion tiefer als das. Das mittelalterliche Christentum färbte die Ansichten der Menschen in allen Lebensbereichen. Es hatte Aberglaube und Tradition übernommen; heidnische Riten waren christlich umgeformt worden, und heidnische Feste gingen in den Kirchenkalender ein. Die christliche Mentalität offenbarte sich in den in farbigem Glas erzählten Geschichten, den Skulpturen und Schnitzereien, sickerte durch die Homilien der Prediger in die Vorstellungswelt und den Intellekt der Menschen ein. Dadurch veränderte sie den menschlichen Geist. Was immer man zum Beispiel von den bissigen Kommentaren mancher mittelalterlicher Geistlicher über Frauen halten mag, das Bild der gesegneten Jungfrau Maria, das von Tausenden von Kirchenfenstern, Fassaden und Altären herabblickte, war zu keinem Zeitpunkt das Bild einer Fruchtbarkeitsgöttin, sondern die weibliche Verkörperung von Ideen der Fürsprache und Vermittlung, ein Brennpunkt der Verehrung und Andacht. Es handelte sich hier nicht um einen Fruchtbarkeitskult, der der abergläubischen Überbetonung ihrer Rolle zugrunde lag, sondern ist als ein in mütterlicher Zuneigung wurzelndes Versprechen zu verstehen. Wie die Einführung und Institutionalisierung neuer spezifischer Rollen für Frauen im religiösen Leben – einige herausragende Frauen verschafften sich Anerkennung durch ihre Leistungen auf den Gebieten der Erziehung, der Wissenschaft oder der Verwaltung –, so erzog auch eine solche Einflußnahme die Christenheit allmählich zu einer wachsenden Achtung vor der Frau (und zu einem Schutz ihrer Rechte), die anderen großen Kulturen unbekannt ist. Der Achtung folgte eine echte Unabhängigkeit, wie begrenzt sie sich in der Perspektive unserer Tage auch ausnehmen mag. Das Eheweib von Bath in »The Canterbury Tales« des im Jahre 1400 gestorbenen englischen Dichter Geoffrey Chaucer, dessen Sprache noch dem Mittelalter verpflichtet ist, ist in der osmanischen Türkei oder im konfuzianischen China nicht leicht vorstellbar.[6]

Der Fall dieser Frau erinnert übrigens daran, daß zu Chaucers Zeit die Kirche die Einführung der Trauung durchgesetzt hatte, eine der fundamentalsten aller menschlichen Institutionen. Die Religion setzte nicht nur die Prüfungen fest, verordnete und erklärte sie, legte klar, wie eine geeignete Vereinbarung über die Vereinigung von Mann und Frau rechtskräftig sein mußte, sondern baute auch darauf auf, um sich weite Lebensbereiche zu erschließen. Das Kirchenrecht – und mit Geistlichen besetzte Gerichte, in denen jene als Richter tätig waren – regelte nicht nur die Eheschließung, sondern auch vieles, was sich auf das Familienleben, auf Erbschaftsangelegenheiten und weite Bereiche der persönlichen Lebensführung und des Glaubens bezog. Allerdings gelang es der Kirche nicht, sämtliche Bereiche des öffentlichen Lebens unter ihre Kontrolle zu bringen. Das lag zweifellos zum Teil daran, daß große physische und politische Probleme dies unmöglich machten, ist jedoch in erster Linie auf die Auswirkungen der Erfindung des Johannes Gutenberg,[7] auf die Erfindung der Buchdruckerkunst zurückzuführen. Die Kirche konnte die Entwicklung auf eine vielgestaltige, pluralistische Gesellschaft hin, selbst in sektiererischen Ausprägungen, nicht verhindern.

Die protestantische Reformation des 16. Jahrhunderts bedeutete einen gewaltigen Umbruch, der am Ende die religiöse Spaltung der christlichen Welt zur Folge hatte. Der Mann, den wir zu Recht als ihre dominierende Persönlichkeit betrachten, war eine ganz und gar mittelalterliche Figur. Er verspottete Kopernikus, weil dieser die These aufstellte, daß sich die Erde um die Sonne dreht. Er war ein Mönch, der wie viele mittelalterliche Geistliche vor ihm unter dem Kontrast zwischen dem, was die christliche Gesellschaft war, und dem, was sie vorgab zu sein, litt. Aber anders als seine Vorgänger überlebte Martin Luther und war erfolgreich, weil es bestimmten Herrschern gefiel, ihn zu unterstützen, wie keiner seiner Vorgänger unterstützt worden war – und weil der starke Druck des osmanischen Imperialismus die Aufmerksamkeit vieler, die sonst eine Auseinandersetzung mit ihm gesucht hätten, anderweitig band. Fest steht: Mit der Ausbreitung der Reformation beginnt in bestimmter Hinsicht die moderne Welt.[8]

Auf der tiefsten Ebene liegt die Erklärung für den Erfolg der mittelalterlichen Gesellschaft bei der Gestaltung der Zukunft in der christlichen Natur dieser Gesellschaft. Auf einer solchen Ebene können wir erneut das Vermächtnis einer unendlich weit zurückliegenden Vergangenheit erkennen. Das ist zum Beispiel an der Tatsache zu erkennen, daß die christliche Weltanschauung im Mittelalter integral und rational war. Sie bot eine Erklärung für die ganze Schöpfung an, eine Erklärung, die intellektuell vertretbar war. Sie mochte in einem Geheimnis gründen, aber ihre sprachliche Ausdrucksform und ihre Struktur waren verständlich und logisch. Gottes Wege mochten letztlich unergründlich sein, aber sie waren nicht unvernünftig. Obwohl das immer wieder bestritten worden war, war dies genau das, was die frühen Kirchenväter über den göttlichen Logos gelehrt hatten, was Augustinus mit Hilfe der römischen Geschichte dargelegt und was die großen scholastischen Denker des Mittelalters in dem philosophischen System, das wir nach Thomas von Aquin Thomismus nennen, zu einem Höhepunkt intellektueller Verfeinerung brachten. Die Idee, Glaube sei vernünftig, sollte triumphieren. Das führte zu etwas, das sich stark von den barbarischen Ritualen und unverständlichen Göttern in orientalischen Tempeln unterschied, und weil es letztlich in seinen Wurzeln griechisch war.

Darüber hinaus war dies eine aktive, forschende, kämpferische religiöse Kultur. Christliche Geistliche versuchten fortwährend, die Dinge umzuformen, sie neu zu gestalten. Die Vorstellung, die Entwicklung der Religion sei eine Pilgerfahrt zur Erlösung, wurde niemals aus den Augen verloren. Das Christentum war beinahe besessen selbstkritisch. Aus diesem Grunde ist zu einem großen Teil jenes selbstgewählte Martyrium, jene unbewußte Häresie zu erklären, als ein Reformer nach dem anderen die Kirche, wie sie war, schmähte, um der Sache der Kirche, wie sie sein sollte, zu dienen. Ihr Bemühen, die Welt zu verändern, und ihre Selbstkritik sorgten dafür, daß die mittelalterliche Kultur nie die Fähigkeit zur Selbsterneuerung verlor, obwohl diese Erneuerung am Ende erst nach der Zerstörung der formalen und strukturellen Einheit in der Reformation erreicht wurde.

Die »protestantische Ethik« wurde zu gegebener Zeit für die später folgende Vergötterung des Individuums in der abendländischen Kultur verantwortlich ge-

Martin Luther in der Mitte seines Lebens, gemalt von Lucas Cranach d. Ä.

◁ Kurzer Prozeß mit Ketzern: Missetäter werden verbrannt, während einem weiteren, in Vorbereitung seines Schicksals, der Kopf geschoren wird

▽ Die triumphierende Kirche: Allegorisches Gemälde in der Dominikanerkirche Santa Maria Novella in Florenz, das unter anderem die Arbeit der Dominikaner hervorhebt

macht. Das war übertrieben. Es dürfte heute hilfreicher sein, sich ins Gedächtnis zu rufen, daß auch der Protestantismus ein Übermittler mittelalterlichen Erbgutes war, wie Persönlichkeit und Anschauung Luthers deutlich machen. Im Kern des Christentums lag, nachdem der heilige Paulus sein Werk einmal vollendet hatte, stets die Vorstellung von dem höchsten, unendlichen Wert der einzelnen menschlichen Seele. Diese Idee war die Pfahlwurzel der Achtung vor dem Individuum hier und heute, die getragen wurde von der römischen Gesetzes- und Rechtsauffassung und durch die auf das antike Griechenland zurückgehende Betonung der moralischen Autonomie des Menschen. Sie war ein ständiges – wenn auch manchmal nahezu stummes – Argument gegen Konformität und ein fundamentaler Prüfstein für alle festgeschriebenen sozialen und politischen Ansprüche. Selbst hochgradig autoritäre Regime mußten ihr in angemessener Weise entsprechen.[9] In ihrer später säkularisierten Form wurde diese Vorstellung eine unerschöpfliche Quelle kreativer Energie innerhalb der abendländischen Kultur. Ihre Bedeutung läßt sich leicht ermessen, wenn man das Nichtvorhandensein eines solchen Akzentes in anderen großen Kulturen – beispielsweise von solchen, die vom Islam und Hinduismus geprägt wurden – bedenkt. In der Geschichte dieser Kulturen gibt es zweifellos für ihre großen Taten gerühmte, eindrucksvolle Einzelpersönlichkeiten, aber kaum Achtung vor der Individualität an sich. Sie alle haben den Nachdruck auf soziale Harmonie, Ordnung und Zusammenhalt und die damit verbundenen Werte gelegt. In keiner von ihnen wurde vor der Begegnung mit den abendländischen Ideen der Wahrung der Individualrechte besondere Aufmerksamkeit geschenkt.

Das Abendland brachte seinen moralischen Hang zum Schutz des Individuums (das jenen Schutz inzwischen wenigstens der Form nach auf einen großen Teil der Welt übertragen hat) in religiöser Weise zum Ausdruck.[10] Das Christentum war eine – obwohl nur eine – der komplexen Quellen einer gewissen Neigung der abendländischen Gesellschaft, sich in Richtung auf Vielfalt und Pluralismus zu entwickeln. Außerdem förderte es eine zunehmende, immer mehr um sich greifende Anerkennung der Freiheit des Menschen, unterschiedliche Entscheidungen hinsichtlich seiner persönlichen und sozialen Ziele zu treffen und diese Ziele auch zu verfolgen. Selbst im Mittelalter konnten Europäer zwischen einem religiösen und einem weltlichen Leben wählen – dennoch standen beide Alternativen im Zusammenhang mit derselben übergreifenden Sicht von der Gesellschaft und ihres Zweckes, der Rettung der Seelen. Was erst noch akzeptiert werden mußte, war die Toleranz von Meinungsverschiedenheiten über Endziele, Grundanschauungen und Grundwerte. Denn nur eine Gesellschaft, die Meinungsvielfalt und auseinandergehende Meinungen akzeptieren kann, ohne unter der Last der Konflikte, die sie hervorrufen, auseinanderzufallen, ist fähig, sich Energien und intellektueller Ressourcen zu bedienen, die in homogeneren Kulturen ungenutzt bleiben.

Wirklich offene Gesellschaften, die eine solche Vielfalt dulden, gibt es erst seit sehr kurzer Zeit. Es sind immer noch sehr wenige. Politische Institutionen spiegeln erst allmählich sich wandelnde soziale Tatbestände wider. So blieben weitgehend unwirksame englische Gesetze über Gotteslästerung als geschrumpfte Relikte eines theozentrischen Zeitalters lange Zeit auch dann noch in Kraft, als niemand mehr den Willen aufbrachte, sie durchzusetzen. Die soziale Praxis sagt daher mehr aus über das Tempo des Wandels und die Wirkung der dem mittelalterlichen Europa durch seinen Rationalismus und Individualismus vermittelten Ausrichtung. So ist die Geschichte der Bewahrung der dem Evangelium innewohnenden individuellen Botschaft letztendlich die Geschichte von Abweichlern, wunderlichen Gestalten, von Asketen, Häretikern, die sich immer wieder gegen die Kirche wandten und sie zu widerrechtlichen Kompromissen mit der politischen Macht zwangen. Aber politischer Kompromiß und kluge Einschätzung der Wirklichkeit waren auch eine Hilfe.

Natürlich ist es gefährlich, wenn man versucht, ein so komplexes Phänomen summarisch abzuhandeln. Die Falle, in die man am leichtesten gerät, besteht darin, daß man die Vergangenheit in Begriffe faßt, die nicht die ihrigen waren, ihr Noten gibt, je nachdem, ob sie dem Weg, den die Geschichte nach Meinung der Historiker nahm, folgen oder von ihm abweichen, die Vergangenheit zu dem in Beziehung setzt, was geschehen sein »muß«. Das zu tun ist für das historische Verständnis tödlich. Wir können dergleichen vermeiden, wenn wir auch weiterhin im Gedächtnis behalten, daß die meisten Männer und Frauen, die in jenen weit zurückliegenden Jahrhunderten lebten, faktisch nichts von dem gemerkt haben, was Historiker später wichtig nannten und von dem sie zu sagen pflegten, es sei damals »wirklich« so geschehen. Wenn wir gute oder schlechte Noten verteilen, dann wenigstens auf der Grundlage des Bewußtseins, der Maßstäbe und Bestrebungen derer, die damals lebten.

Nun bin ich aber ohnedies nicht sehr an guten oder schlechten Noten interessiert – es kommt auf die wirklichen Zusammenhänge mit späteren Zeiten an. Für unseren Zweck ist an der Kultur des Mittelalters ihr konkreter Zusammenhang mit dem, was folgte, von Interesse. Ein großer Teil der späteren Dynamik des Westens beruht auf dem, was im Mittelalter geschah und den Boden für seine materiellen, institutionellen, kulturellen und psychologischen Fundamente bereitete. Ob dies am Ende der Menschheit zum Guten oder Bösen gereicht, braucht uns hier nicht zu beschäftigen. Worauf es ankommt, ist die Beziehung von Ursache und Wirkung. Wenn wir darüber urteilen, ist eine Einwirkung unserer Kenntnis von dem, was später geschah, unvermeidlich, so daß wir, wenigstens in diesem Sinne, über Bedeutungsebenen urteilen können, doch sollten wir versuchen, nur Urteile über eine instrumentelle Bedeutung von Dingen und Vorgängen abzugeben, nicht über moralische oder ästhetische Werte.

Die offensichtlichste Errungenschaft des Mittelalters ist ganz physischer und nüchterner Art: Um 1500 ernährte Europa mehr Menschen als je zuvor. Die Beweise sind lückenhaft und schwer zu interpretieren, aber es ist wahrscheinlich, daß es damals ungefähr achtzig Millionen Europäer gab.[11] Diese Zahl war erreicht worden trotz eines furchtbaren Rückschlags im 14. Jahrhundert, in dem eine Folge von Katastrophen (die wir gerne, aber ziemlich irreführend mit dem Namen bezeichnen, den eine von ihnen trug, mit dem »Schwarzen Tod«) eine bedenkliche Überbevölkerung grausam korrigiert hatte. Um 1500 ging der Trend wieder aufwärts. Eine solche absolute Zunahme an Lebenskraft und menschlichem Kapital war nur möglich, weil die Westeuropäer gelernt hatten, mehr Nahrungsmittel zu

 Der schwere, mit Rädern versehene Pflug des späten Mittelalters produzieren. Darüber hinaus verfügten sie über einige natürliche Vorteile – fruchtbarere Böden, Regen in Hülle und Fülle sowie eine lange Wachstumsperiode –, Gegebenheiten, die weiter östlich gelegenen Ländern fehlten. Aber diese Vorteile mußten genutzt werden. Vieles ist der technologischen Innovation im frühen Mittelalter zugeschrieben worden – der mit Rädern und Streichbrett ausgestattete Pflug, der schwerere Böden bewältigen konnte, ferner Kummet und Hufeisen –, aber es scheint so, als liege die eigentliche Erklärung für die steigenden Erträge in der Urbarmachung von mehr Land und in der allmählichen Verbesserung der Anbaumethoden (die natürlich in vielen Fällen wiederum von der verfügbaren Technik abhing) sowie möglicherweise in der Veränderung der Ernährungsweise im Zusammenhang mit der spezifischen Situation der Landwirtschaft und der Versorgung mit anderen Nahrungsmitteln als Getreide – ein Faktor, der in Betracht gezogen werden muß.[12] Außerdem führte ein anderer, wenn auch kleiner Beitrag zu einer besseren Lebensmittelversorgung – die noch in den Anfängen steckende Entwicklung eines Fernhandels. Das Mittelalter war eine Zeit wichtiger wirtschaftlicher Errungenschaften.

Tatsache ist, daß Europa in bezug auf Energiequellen, Verfügung über Betriebskapital und Realeinkommen pro Kopf anderen Kulturen mehr und mehr überlegen wurde. Und was noch wichtiger ist: Es stand am Vorabend einer gewaltigen Vermehrung seiner verfügbaren Ressourcen – bedingt durch Eroberungen – und vor einer erheblichen Ausweitung des internationalen Handels.

Um 1700 lag Europa in bezug auf den Reichtum seiner Bewohner deutlich vor anderen Regionen. Es sollte aber bald auch mit solchen kulturellen Meßwerten an der Spitze liegen wie der Verbreitung von Erziehung und Bildung und, wenn »an der Spitze liegen« der richtige Ausdruck ist, auch in der Ausbildung eines immer autonomeren Marktes, der sich von dem abgeschirmten Feudalsystem, das im Mittelalter faktisch alle wirtschaftlichen Prozesse hemmte, unterschied. Die Wurzeln all dieser Vorgänge lagen im spätmittelalterlichen Europa. Dabei ist es nicht möglich, die Erklärung auf materielle und technische Faktoren zu beschränken, so wichtig diese auch waren; wir müssen ebenfalls soziale, institutionelle und kulturelle Fakten einbeziehen, die es Europa ermöglichten, einen Ausweg aus dem Bevölkerungsproblem zu finden, das andere Kulturen belastete.

Natürlich war dieser Fortschritt, wie ja überhaupt die meisten wirtschaftlichen Fortschritte, untrennbar mit einem sozialen Wandel verbunden. Der Bevölkerungsschwund des 14. Jahrhunderts machte es zum Beispiel allen Grundherren unmöglich, ihre Leibeigenen an ihre Güter zu binden. Da Arbeitskräfte rar waren, konnten diejenigen, die die Güter verließen, damit rechnen, Lohnarbeit zu finden – selbst diejenigen, die blieben, konnten jetzt Lohn verlangen. Ganz besonders in England begann sich die alte Starre der bäuerlichen Gesellschaft schon früh zu lockern. Was immer der Begriff »feudale Gesellschaft« – und er ist schließlich eine Erfindung von Juristen und Historikern – besagen mag: Im 16. Jahrhundert reichte er dort zur Beschreibung der Gesellschaft nicht mehr aus. Aber auch im übrigen Europa gab es nur wenige europäische Länder, die von solchen Veränderungen völlig unberührt blieben – sie alle hatten teil an einer allgemeinen Freisetzung der Wirtschaft. Um 1500 war diese im abendländischen Europa weitgehend auf dem Weg zur Autonomie, soweit Autonomie die Regulierung von Preisen meint, die relativ unverfälschte Signale in bezug auf die Nachfrage liefern und einen substantiellen Grad von Sicherheit des Eigentums vor willkürlicher Konfiszierung garantiert.

Das erinnert uns an einen anderen Indikator wirtschaftlichen Wandels: das Wachstum von Städten im späten Mittelalter. Es gibt eine alte, tiefverwurzelte europäische Tradition, die dem Stadtleben als einer Basis für Subversion und Innovation mißtrauisch gegenübersteht. »Stadtluft macht frei«, sagt ein altes deutsches Sprichwort, und nicht jeder hielt das für etwas Gutes. Es war jedoch manchmal für die, die sich aus formalrechtlichen Bindungen lösten, wenn sie das grundherrliche Gut verließen, um in die Stadt zu ziehen, die buchstäbliche Wahrheit, und die Idee von einem »Städter« oder »Bürger« – das sind jene Stadtbewohner, die bestimmte Rechte und Pflichten besaßen, die sie mit ihren Mitbürgern teilten – stellte einen Schritt in Richtung auf individuelle Freiheit dar. Die zahlenmäßige Zunahme der Bevölkerung und das fortschreitende Wachstum der Städte im Mittelalter erfolgten in der Tat gleichzeitig (wenn auch nicht notwendig so) mit dem allmählichen Wachstum der Agrarwirtschaft. Um 1500 lebten viele Europäer, wenn auch nur eine Minderheit, in Städten, wichtigen Mittelpunkten einer neuen Lebensweise, die gänzlich anders war als die des frühmittelalterlichen Bauern oder des Proletariats der großen hellenistischen Stadtstaaten. Die Städte hegten und pflegten den neuentdeckten Handel, auf dessen Zusammenbruch in der Spätantike die mittelalterlichen Jahrmärkte lange Zeit die einzig effektive Reaktion gewesen waren.

Zu jener Zeit stellten Häfen einen besonders wichtigen Faktor dar. Und Städte wie Venedig und Lübeck – oder auch Florenz und Brügge – besaßen mehr als nur eine wirtschaftliche Bedeutung. Sie vermochten eine Sicherheit und einen Reichtum an Erfahrung zu bieten, die im frühen Mittelalter unbekannt waren und in bürgerlichen Festen, Feiertagen, religiösen und weltlichen Feiern eine Unabhängigkeit ganz neuer Art zum Ausdruck brachten. Einige von ihnen, zumeist in Italien, hatten schon zu einem frühen Zeitpunkt ein kulturelles und künstlerisches Leben von beispielloser Intensität entwickelt, das sie zu Wiegen dessen machten, was wir in der Rückschau als Renaissance bezeichnen. Sie gaben ihrer neuen Vitalität in einem verbesserten Bauwesen Ausdruck – nicht lediglich in neuen öffentlichen Gebäuden wie Zunfthallen und Börsen, auch nicht einfach nur in den Stadtpalästen der Reichen, sondern ebenso in komfortableren Häusern vieler ihrer Bürger. Sogar im Norden, wo kein leicht zu bearbeitender Stein bei der Hand war, entstanden in den drei Jahrhunderten nach 1200 nach und nach größere Bauten, zwar oft aus Backstein, aber mit Ziegeldächern, und jene Bauart bedeutete – wie in den südlichen Ländern – nicht nur mehr Komfort, sondern auch größere Sicherheit vor Feuer (und deshalb größere Sicherheit für Kapitalinvestitionen von Gesellschaften beim Hausbau) und günstigere Bedingungen für eine Verbesserung des Gesundheitswesens, obwohl das nur sehr langsam sichtbar wurde.[13]

Das bringt uns auf die weit unterschätzten technologischen Fortschritte des Mittelalters. Um 1400 begann man bereits mit dem Bau größerer und seetüchtigerer Schiffe, die das Beförderungsmittel einer neuen Ära des Seehandels wurden. Und nur hundert Jahre später verfügten die besten Handwerker und Ingenieure des abendländischen Europa über bessere Fertigkeiten und größeres Wissen als die der

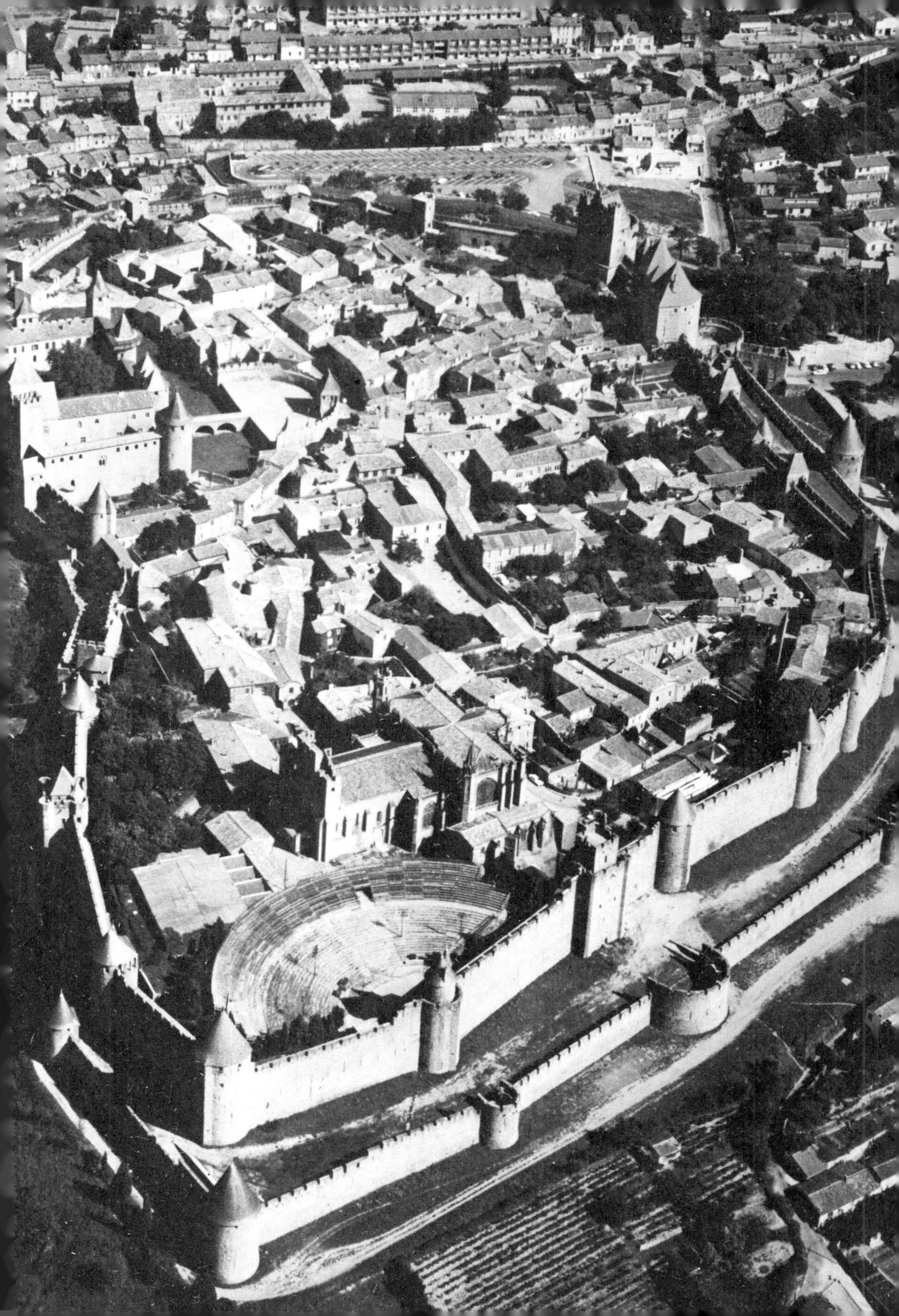

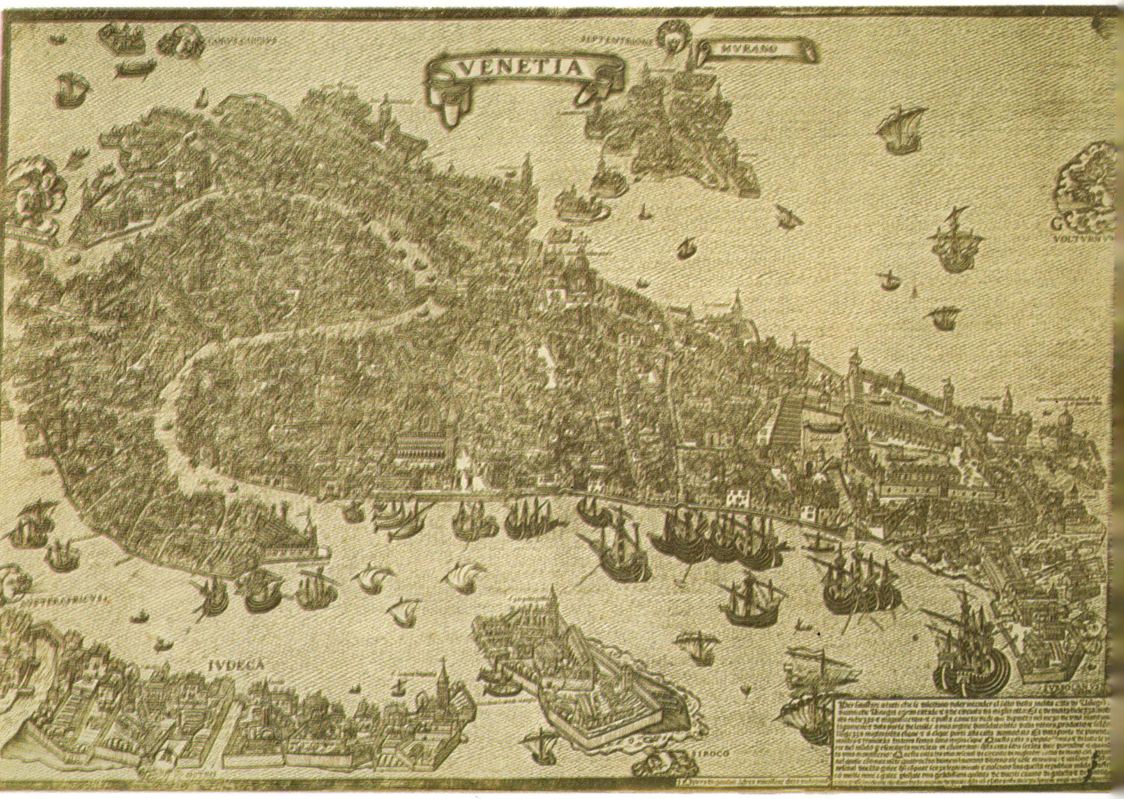

△ Venedig im Jahre 1517: Eines der größten Handelszentren des Mittelalters öffnet sich der Neuzeit

◀ Eine mittelalterliche Stadt, deren Mauern größtenteils im 19. Jahrhundert wiederaufgebaut wurden: Carcassone

islamischen Welt, von der sie einstmals so vieles übernommen hatten. Interessant in diesem Zusammenhang ist, daß jene technischen Leistungen eine einzigartige Kapitalanhäufung widerspiegeln, die in der Zukunft das wirtschaftliche Wachstum in einem beispiellos raschen und beispiellos wirksamen Prozeß vorantreiben sollte. Die Bildung von Industriekapital und die Ausweitung des außereuropäischen Handels hatten um 1500 zwar gerade erst begonnen, aber begonnen hatten sie. Ihre Triebkraft sollte andauern.

Das Mittelalter wurde auch Zeuge einer bedeutenden politischen und organisatorischen Leistung. Die teils auf dem Stammeswesen aufbauenden, teils patriarchalisch organisierten Teile des barbarischen Europa waren zu komplexen Gebilden geworden, die große administrative Leistungen und eine politische Kontrolle erlaubten. Hunnen, Wikinger, Sarazenen und die übrigen Völker, die das frühe Europa überfielen, waren schließlich abgewehrt worden. Könige sahen sich zunehmend in der Lage, die Führer jener Mächte gegeneinander auszuspielen oder sie im Kampf zu schlagen (im 15. Jahrhundert verfügten sie über ein neues »letztes Argument der Könige«: Kanonen, die das feudale Bollwerk zerstören konnten). Angesichts einer Periode ausgeprägter und berühmt gewordener politischer Unruhen – wie der »Rosenkrieg«, jene von 1455 bis 1485 andauernde Auseinandersetzung zwischen Lancaster und York um die englische Krone – kann man leicht eine Wahrheit übersehen, die uns beim Lesen der Shakespeareschen Schauspiele in die Augen springt: Die Rivalen kämpfen um die *Krone* (oder um die Kontrolle über sie). Königsmacht war also der Mühe wert.[14]

Die stetige Entwicklung der Königsmacht zeigt ganz deutlich: Europa trat allmählich als ein System von Einzelstaaten in Erscheinung. Es gab kein übergrei-

Edward I. führt den Vorsitz in einer Parlamentsversammlung

fendes, ideologisch normierendes Reich, das ihnen Ehrfurcht eingeflößt und aus dem es kein Entrinnen gegeben hätte[15] (das Heilige Römische Reich konnte ebendas niemals werden). Das, mit dem sich Europa später viel stärker konfrontiert sah, war das bedrohliche Anwachsen einzelner Bestandteile seines Systems, wobei es sich manchmal um Dynastien, manchmal um Staaten handelte. Das habsburgische Spanien und das bourbonische Frankreich waren die beiden ersten Anwärter auf die Rolle des Schöpfers einer neuen europäischen Ordnung (zum Glück für Europa erreichten jedoch weder die Habsburger noch die Bourbonen ihr Ziel). Auch später gab es dank der weitverbreiteten Anerkennung eines europäischen Machtgleichgewichts keinen, der darauf Anspruch erhob – das sollte noch in ferner Zukunft liegen.

Offensichtlich ist aber, daß um 1500 bereits einige Machthaber über Gebiete herrschten, die denen moderner Nationalstaaten – Portugal, Spanien, Frankreich und England – entsprachen.[16] Daher kann der Hundertjährige Krieg zwischen den beiden letzteren vielleicht als der erste von Nationalstaaten geführte Krieg angesehen werden.

Innerhalb dieser politischen Ordnung gab es einige Institutionen, die sich, obwohl noch weit entfernt von ihren modernen Nachfolgern, bis in die Neuzeit fortentwickelten und überlebten. Das britische Parlament ist dafür das beste Beispiel. Ähnliche Institutionen gab es auch in anderen Ländern, doch existieren die meisten von ihnen nicht mehr. Aber es ist schon bemerkenswert, ja großartig, daß jene Ära die repräsentative Regierung erfand, denn darum handelte es sich letztlich bei den mittelalterlichen Parlamenten. Manche von ihnen mögen zwar ihre Wurzeln im frühen Mittelalter haben, aber sie waren inzwischen weit entfernt von jenen Jahrhunderten der Barbarei. Vielmehr deuten sie auf eine Epoche hin, in der ähnliche Einrichtungen über die ganze Welt verbreitet sein würden. – Die abendländische Staatsform und das repräsentative Regierungssystem sollten jedoch nicht das einzige mittelalterliche Vermächtnis an die Weltgeschichte sein.

Wichtiger war, daß die Welt ein bestimmtes Bild vom Individuum als dem Schöpfer eines potentiell unendlichen spirituellen Wertes hatte, dessen Status durch einen Menschenrechtskatalog definiert und geschützt werden konnte und sollte. Irgendwie hatte sich, so unwahrscheinlich das auch erscheinen mag, die europäische Mischung als etwas erwiesen, das der Nährboden für eine eher dynamische als statische Zukunft sein konnte.

IV.
Eine Auseinandersetzung um die Welt

Was konnte das mittelalterliche Europa (das lange brauchte, um sich seiner als einer gegebenen Größe bewußt zu werden) von anderen Kulturen wissen? Auf welche Weise und auf welchen Wegen konnte es von ihnen etwas erfahren? – Ein Blick auf die Landkarte zeigt: Aus dem Norden war nichts zu erwarten, vielmehr lebten dort jahrhundertelang barbarische Völker, die, bevor die Kirche sie zivilisierte, nur eine Bedrohung darstellten. Aus dem Osten, von jenseits der großen Ebenen, drangen in ständig wiederkehrenden Wellen andere Barbaren vor: Hunnen, Avaren, Mongolen und so fort. Gewiß, im östlichen Mittelmeerraum hatte in der östlichen Hälfte des alten Römischen Imperiums nach dem Zusammenbruch des westlichen Teils eine Kultur überlebt, die Kultur von Byzanz. Diese bereicherte die Kunst des abendländischen Europa und in mancher Hinsicht auch sein Denken, doch aus allen möglichen Gründen, geographischen, sprachlichen, politischen und theologischen, entwickelten sich im Lauf der Jahrhunderte die Kulturen von Byzanz und der römischen Christenheit immer mehr auseinander.[1]

Die orthodoxe Welt war für das abendländische Europa weitgehend als Vermittler und Puffer von Bedeutung. Byzanz stand zwischen der Christenheit und Asien. Konstantinopel war für Europa lange Zeit lediglich ein Kreuzpunkt von Straßen, über die im späten Mittelalter einige wenige Reisende ihren Weg ins ferne Asien nahmen. Marco Polo, sein Vater Niccolò und dessen Bruder Maffeo waren die berühmtesten unter ihnen. Papst Innozenz IV. schickte zahlreiche Abgesandte zu den Tartaren, und es gab einen bemerkenswerten Franziskaner, Willem von Roebruck, der den Großkhan der Mongolen besuchte – aber über Byzanz hinaus blieb Asien den Abendländern zum größten Teil unbekannt, eine Welt voller Wunder, fast so fern wie Afrika jenseits der Sahara.

Die einzige große Ausnahme bei sonstiger Unkenntnis war eine nichtchristliche Kultur, mit der das Abendland in direktem Kontakt stand und durch die es indirekt mit Asien und Afrika verbunden war: Das war die Welt des Islam. Das Wort bedeutet »Unterwerfung« oder »Gehorsam«. Der Islam ist der Weg der Unterwerfung unter den Willen Allahs, des einen Gottes, und des Gehorsams gegenüber seinem Gesetz. Dieses (so glaubt der Muslim voll Vertrauen) wurde der Menschheit endgültig durch den letzten und größten einer langen Folge von heiligen Männern offenbart, zu denen die jüdischen Patriarchen, die Propheten des Alten Testamentes und jener Jesus gehören, der von den Christen (irrtümlich und blasphemisch, so meinen die Muslime) als Gott verehrt wird. Jener große Mann war Mohammed, der Prophet, der so heilig war, daß sein Antlitz noch heute auf keinem Bild dargestellt werden darf. Sein Leben, sein Werk und seine Lehre haben einen größeren Einfluß auf Europa und die spätere abendländische Kultur gehabt als irgendeine andere nichteuropäische Kultur seit Jesus Christus – und haben ihn immer noch.

Um etwa 570 (das genaue Jahr ist nicht bekannt) wurde Mohammed als Kind armer Eltern geboren. Sie gehörten einem der zahlreichen Beduinenstämme der riesigen arabischen Halbinsel an. Die nomadisierende Hirtengesellschaft der Wüste stand unter einer Belastung, die ständig zunahm, während Mohammed als Waise aufwuchs. Die alten Werte und Treueverhältnisse wurden durch den Handel bedroht, der Expansion und Wohlstand in die Karawanenstädte und Häfen am Roten Meer brachte. Die eigentliche Erklärung für Mohammeds Erfolg scheint in seiner Fähigkeit gelegen zu haben, Überzeugungen und moralischen Prinzipien Ausdruck zu geben, die die Völker Arabiens befähigten, mit diesen Veränderungen fertig zu werden. Er tat das auf zweifache Weise, einmal indem er ihnen ein heiliges Buch zur Anleitung gab, zum anderen indem er sein Volk in einen Eroberungsprozeß hineinriß, an dessen Ende sich das islamische Reich von Delhi bis Spanien, vom Jemen bis an die Donau erstreckte.

Das heilige Buch des Islam ist der Text mit der Bezeichnung Koran, der aus Einsichten, Urteilen und Aphorismen besteht, die Mohammed über zwanzig Jahre lang seinen ersten Anhängern vortrug. Wie der Prophet, so glaubten auch sie, daß ihm diese Texte von Gott selbst eingegeben worden waren. Die verschiedenen Teile des Koran wurden erst nach Mohammeds Tod zusammengefügt, aber es besteht kein Zweifel, daß sie Mohammeds authentische Botschaft enthalten: Es gibt nur einen Gott, Allah, und Mohammed ist sein Prophet. Kompromißlos monotheistisch lehrt der Islam, daß dies derselbe Gott ist, an den auch die Juden und Christen glauben, obwohl auf eine irrige und falsche Weise. Darüber hinaus lehrt der Koran auch, daß man Gott mit Gebeten und durch Befolgung seiner Gesetze dienen und eine umfassende Reihe von Vorschriften befolgen muß, die ständig länger wurde, bis sie jeden Aspekt des sozialen Lebens abdeckte, vom Essen und Trinken bis hin zu Heirat und Erbschaften. Der Islam war folglich nicht nur ein Glaubensbekenntnis, sondern eine von einem Gesetz beherrschte Gemeinschaft. Er war sowohl eine Religion der Tat als auch eine Theologie. Seine Anhänger waren verpflichtet, auf eine bestimmte Art in einer Gesellschaft zu leben, die viele der überlieferten patriarchalischen Lebensformen der Wüste bewahrte. Trotzdem stellte der Islam letztlich die Bruderschaft der Gläubigen über die Familienbande, die der Wesenskern der Stammesgesellschaft waren. Das ist allerdings keine so große Veränderung, wie man vielleicht denken mag. Anders als das Christentum, das seine Anhänger erbarmungslos zu einer Betrachtung ihrer selbst als Individuen zwang, machte der Islam die Bedeutung der Gruppe geltend.

Dennoch gibt es im Islam interessante und vielsagende Parallelen zum Christentum. Beide Glaubenslehren stellen – oder stellten – absolute Forderungen an den Intellekt; sie verlangen, als wahr anerkannt zu werden; sie sind monotheistisch und in dieser Hinsicht in ähnlicher Weise dem kulturellen Erbe der Stammesgesellschaften des Mittleren Osten verpflichtet, die ja der semitischen Sprachengruppe angehörten, in dem die beiden Religionen ja ebenfalls wurzeln. Beide sind (christliche Bibel und muslimischer Koran) Buchreligionen – aber das abendländische Christentum und der Islam wurden zu gänzlich verschiedenen politischen Kräften. Das liegt ohne Zweifel an dem ganz verschiedenen kulturellen und historischen Kontext, indem sie sich entwickelten und reiften. Das Christentum wuchs in den Städten des Römischen Reiches heran, der Islam in der Wüste. Aber dann war da auch noch etwas anderes: Der Islam wußte nichts von dem Potential an Konflikten zwischen den Gesetzen Gottes und denen der Cäsaren, das von Anfang an im römischen Christentum angelegt war.

Mohammeds Lehre wurde nicht sofort auf breiter Ebene begrüßt. Der Monotheismus und die Verweisung der Sippe in den zweiten Rang führte bald zu einem Konflikt mit der traditionellen arabischen Gesellschaft, die heidnisch und polytheistisch war. Schon zu Lebzeiten des Propheten ging der Islam von der Bekehrung der Ungläubigen (die er vorschrieb) zur Eroberung über. Unter diesen Umständen vereinigte Mohammed in seiner Person die Rolle des geistlichen Führers mit der des politischen Souveräns.[2] Von Medina aus, der Stadt, in der er sich 622 niederließ (dem Jahr, mit dem der muslimische Kalender beginnt), unterwarf er zuerst Mekka, das alte Pilgerzentrum, und dann die Stämme Arabiens. Bei seinem Tod 632 schien das Schicksal des Islam, der durch Uneinigkeit und Streit zwischen seinen Anhängern gefährdet war, noch an einem seidenen Faden zu hängen. Doch die Lehre überlebte. »Kalifen«, die nach dem Tod des Propheten die geistlich-religiöse Führerschaft antraten und seine Werke maßgebend interpretierten, bildeten den Kern der Gemeinschaft. Die ersten stammten aus dem Kreis seiner persönlichen Anhänger und waren mit ihm blutsverwandt oder verschwägert, bis 661 der letzte von ihnen getötet wurde. Seither ist im Islam ununterbrochen eine Auseinandersetzung über die Rechtmäßigkeit späterer Kalifen im Gange. Trotzdem hatte der Islam damals bereits eine Veränderung der Welt in Angriff genommen, die weiter reichte und spektakulärer war als alle anderen vor Beginn der Neuzeit durchgesetzten Veränderungen, und von seinen Siegen und imperialen Erfolgen konnten seine Anhänger die göttliche Autorisierung seines Staatswesens ablesen. So besagt die muslimische Überlieferung, der Prophet habe zu seinen Lebzeiten Schreiben an die Kaiser von Rom und Persien gerichtet und sie aufgefordert, den Islam anzunehmen, da sie sonst die schrecklichen Folgen des Unglaubens zu erleiden haben würden.

Die Wiederbelebung der arabischen Völker führte bald zu rasch aufeinanderfolgenden Eroberungen. Die Araber gaben dem Druck der Überbevölkerung auf der öden arabischen Halbinsel nach. Das war bei der Aufstellung arabischer Heere ebenso hilfreich wie Mohammeds Bekräftigung, der Tod im Kampf gegen die Ungläubigen sei ein sicherer Pfad ins Paradies. Der »heilige Krieg« war geboren.

Nachdem die Araber die Grenzen Arabiens einmal überschritten hatten, wirkte sich die Schwäche ihrer Nachbarn zu ihren Gunsten aus. Schon als Mohammed starb, hatte sich das Reich von Byzanz bereits seit Jahrzehnten mit dem persischen Großreich der Sassaniden-Dynastie auseinandersetzen müssen, und der Vorgang war für beide Staaten zu einer starken Belastung geworden. Als der Kampf zwischen den arabischen Völkern auf den Irak und Syrien übergriff, traf er auf Gebiete, die die Kaiser von Konstantinopel und Ktesiphon schon nicht mehr unter Kontrolle hatten (unzufriedene unterworfene Völker waren oft nur zu gerne bereit, Herren zu verjagen, die sie nicht schützen konnten, und neue zu akzeptieren, die dazu imstande schienen).

So begann die große Ära der arabischen Eroberung. Jerusalem wurde 638 von islamischen Heeren eingenommen, ein Ereignis von großer symbolischer Bedeutung. Im Norden stießen sie bis Syrien vor und schoben im Osten die Grenzen der Christenheit bis nach Anatolien zurück. Bald bemächtigten sie sich der byzantinischen Erbteile an den früheren römischen Besitzungen in Ägypten und Nordafrika und faßten auf diese Weise die abendländische Christenheit in der Flanke. In den Jahren 673 bis 678 griffen sie Konstantinopel an, allerdings ohne Erfolg. Inzwischen hatte weiter östlich das sassanidische Persien längst kapituliert. Kabul wurde 664 von den Muslimen erobert. Dann versuchten sie ein halbes Jahrhundert lang, in Indien einzudringen. Schließlich überschritten islamische Heere den Hindukusch und dann den Indus und nahmen Sind ein. Es gibt sogar eine Geschichte, die besagt, daß ein arabisches Heer bis China vordrang. Sicher ist, daß ein anderes Talas im Hohen Pamir erreichte und dort 751 eine chinesische Armee besiegte, so daß Turkestan und ein großer Teil von Sinkiang islamisiert wurden. Zum Schluß zeichnete sich so etwas wie eine Grenze für den Islam im Gebiet des Oxus ab.

Diese enormen Eroberungen machten aus der islamischen Kultur sehr viel mehr als das, was bei ihrer Konstituierung möglich erschienen war. Viele verschiedene Völker wurden bekehrt, und von da an sollten viele unterschiedliche Beiträge zu einer neuen kulturellen Mischung und zu einer neuen religiösen Gemeinschaft geleistet werden, die weit über den Rahmen des ursprünglichen arabischen Herrenvolkes hinausging. Zu dieser Zeit war auch das Verhältnis zwischen der abendländischen Christenheit und dem Islam klar umrissen. Sie waren sich zuerst auf dem Schlachtfeld begegnet, und so ging es auch jahrhundertelang weiter. Der islamischen Eroberung Afrikas war die Meeresüberquerung nach Europa gefolgt, jener Sprung über die Meerenge von Gibraltar nach Spanien, die Zerschlagung der alten christlich-westgotischen Königreiche auf der Iberischen Halbinsel, Überfälle auf die Küsten Italiens und Frankreichs. Araber und Mauren versetzten die Europäer genauso in Schrecken wie Hunnen oder Wikinger. Die Volksüberlieferung sprach ihnen eine Rolle zu, in die auch die Taten anderer einflossen. So war es spätestens im 11. Jahrhundert, als die Rolandsage, das große Epos mittelalterlicher Ritterlichkeit, mehr oder weniger ihre endgültige Form gefunden hatte, den Barden gelungen, einen heroischen Kampf gegen überwältigende arabische Streitkräfte aus dem zu machen, was in Wirklichkeit ein Scharmützel mit baskischen Bergbewohnern im Jahre 778 war. Heutzutage sind solche wahren Geschehnisse nur noch Gelehrten bekannt, aber im Volk lebt die Erinnerung an Jahrhunderte des Kampfes immer noch fort, bis heute erkennbar in den sizilianischen Puppenspielen über Karl den Großen und seine Paladine, in den Fiestas kleiner spanischer Städte, in denen Touristen mit militärischen Umzügen und Pseudokämpfen zwischen »Mauren« und »Christen« unterhalten werden, oder in den südamerikanischen Tänzen, in denen Christen unter der Führung »Santiagos« (des heiligen Jakobus) gegen »Mauren« unter Pontius Pilatus antreten.

Die Angst, die der Islam weckte, ist leicht zu verstehen. Es war schwer, unbesorgt zu leben, während die Araber unentwegt vorwärtsdrängten. Das mächtige chinesi-

△◁ Eine Miniatur des 14. Jahrhunderts zeigt Karl Martell bei der Schlacht von Poitiers (732) in der vollen Rüstung der mittelalterlichen ritterlichen Kriegsführung

△▷ In Sizilien treten Marionetten wie diese in Darbietungen auf, die alte Legenden wieder aufleben lassen, wie sie erstmals in der Konfrontation mit dem Islam Form annahmen

sche Reich hatte noch Mühe, ihnen im Osten Halt zu gebieten (wie uns berichtet wird, plünderten und brandschatzten Araber die Stadt Kanton noch im Jahre 758), als auf den Sturm durch Spanien Vorstöße nach Frankreich folgten. Als sich dann eine arabische Heerschar 732 aus Poitiers zurückzog, hatte die Bedrohung tatsächlich bereits ihre europäische »Hochwassermarke« erreicht – aber das wußte damals noch niemand. Die Überfälle auf Frankreich dauerten jedenfalls noch jahrelang an. (Karl Martells Sieg kann lediglich als weiteres Grenzgefecht betrachtet werden.)

Es bedurfte auch großer Anstrengungen, die Araber auf Süditalien beschränkt zu halten; ohne diese Mühe wäre vielleicht ganz Italien islamisch geworden. So wie die Dinge sich dann entwickelten, erschienen im späten 9. Jahrhundert arabische Emirate für kurze Zeit in Taranto und Bari, und 846 wurde Rom geplündert. Weiter westlich konnten die kleinen christlichen Staaten im nördlichen Spanien keineswegs ungestört auf ihre Weise leben, obwohl der Islam auf die Iberische Halbinsel beschränkt blieb (und die Muslime dort keinen ernsthaften Versuch unternahmen, sich nördlich des Duero niederzulassen). Überfälle und Scharmützel in den Grenzregionen hörten fast niemals ganz auf. Karl dem Großen blieb kaum mehr zu tun, als eine Grenzprovinz in Katalanien, der spanischen Mark, so zu organisieren, daß sie (wie die dänische Mark im Osten) als militärischer Schutzschild für den Westen dienen konnte. Zwei Kulturen, die kaum an alternative Möglichkeiten dachten, zeichneten sich zuerst in Begriffen des Konflikts gegeneinander ab.

Das war jedoch nur die offenkundige und dramatischere Seite der Ereignisse. Sie deutete nur *eine* Bedrohung in dem komplizierten islamisch-christlichen Beziehungsgeflecht an, das im Laufe der Jahrhunderte entstand. Gewiß, der Ansturm des Islam in der Zeit vom 7. bis 9. Jahrhundert stellte einen der wichtigsten Prozesse dar, die Europa in eine bestimmte Form schmiedeten. Das Wort »Europäer« (im Lateinischen *europeenses*) taucht offenbar zum ersten Mal in einem Hinweis auf Karl Martells Sieg bei Tours im 8. Jahrhundert auf. Alle Kollektive werden angesichts von äußeren Herausforderungen selbstbewußter, und Selbstbewußtsein fördert den Zusammenhalt. Das europäische Bewußtsein hätte sich – wenn überhaupt – wohl kaum so früh entwickelt ohne die Bedrohung durch den Islam. Der Sinn für territoriale Grenzen wurde ausgeprägter. Aber es war auch noch etwas anderes im Gange ...

Die islamische Kultur zog am Ende keine Vernichtung der Christen oder der christlichen Kultur in den eroberten Gebieten nach sich. Im Osten war es nicht das Christentum, sondern der byzantinische Staat, der von den arabischen Heeren aufgerollt wurde. Lange Zeit war der Islam tolerant. Der Prophet hatte erklärt, Juden und Christen, Völker der Schrift, seien keine Heiden. Christliche Gemeinschaften lebten in den von Arabern eroberten Gebieten zwar mit Abgaben belastet, aber sonst ungestört. Manchmal begrüßten sie die Veränderung: Nicht alle christlichen Kirchen waren über die orthodoxe Dominanz erfreut gewesen. Erst das spätere Verhalten von Eindringlingen aus dem abendländischen Europa richtete die Wut der Muslime gegen ihre christlichen Nachbarn in Palästina und Syrien.

In Südspanien fand sich die große Mehrheit der christlichen Bevölkerung mit der Bekehrung ab; zweifellos hatten steuerliche Erleichterungen damit etwas zu tun; die aber, die Christen blieben (die »Mozarabier«), wurden erst im vorgerückten 9. Jahrhundert verfolgt. Aus der Distanz blieben die Umgangsformen zwischen christlichen und islamischen Machthabern durchaus gut, und die Kultur der Kalifate (zuerst mit dem Mittelpunkt Damaskus, dann Bagdad) war kosmopolitisch. Harun-al-Raschid sandte Geschenke an Karl den Großen, wenn wir Einhard glauben dürfen, und der Kaiser wurde in der Tat durch den Sohn des früheren Emirs von Córdoba um Intervention in Spanien gebeten!

Die Tatsache, daß mit der Zeit diese Toleranz gegenüber den Christen schwand, sollte uns daran erinnern, daß während vieler Jahrhunderte, die wir das Mittelalter nennen, die islamische Kultur selbst eine sich wandelnde Größe war. Sie benötigte lange Zeit, um Einflüsse – hellenistische, persische – von Ländern, auf die sie sich ausdehnte, zu verarbeiten. Aber dieser Vorgang konnte im Abendland nicht nachvollzogen werden, wo der Islam als ein monolithischer Block angesehen wurde (manchmal unbegreiflicherweise), wie auch immer die Erfahrungen damit und die Reaktionen darauf im einzelnen sein mochten.

Zu Beginn schien der Islam lediglich eine Bedrohung zu sein. Viele abendländische Europäer müssen sich im 8. und 9. Jahrhundert häufig wie die Bewohner einer belagerten Festung vorgekommen sein. Wenn ein Stoßtrupp der Araber oder Wikinger erschien, gab es nur zwei Möglichkeiten: zu kämpfen oder sich loszukaufen. Man versuchte beides (Dänengeld nannte man den Tribut, der skandinavischen Eindringlingen gezahlt wurde). Der Kampf gegen den Islam dauerte an und wurde am Ende Europas erste große gemeinsame Sache. Anders als der Widerstand gegen die Normannen behielt dieser Kampf immer eine religiöse Dimension: Die skandinavischen Könige mußten bekehrt werden, die »Mauren« nicht. Mehr noch, der Konflikt stellte die Zukunft ursprünglich christlicher Gebiete in Frage. Er wurde härter, als das christliche Europa im 11. und 12. Jahrhundert einen Sinn für

Die Männer im Panzer kamen aus dem Norden. Normannische Soldaten auf einem Kapitel der Kathedrale von Monreale in Sizilien und als Schachfigur, von einem süditalienischen Kunsthandwerker aus Elfenbein geschnitzt

größere ideologische Einheit entwickelte, in der Zeit, als die erste große christliche Gegenoffensive begann.

Damals war Europa schon daran gewöhnt, zu kämpfen. Und es gab immer mehr, die bereit waren, der Bedrohung durch den Islam entgegenzutreten. In diesem Zusammenhang leitete ein kleiner Umstand eine wesentliche Änderung ein: Die Franken hatten den Steigbügel eingeführt, und so kam es, daß berittene Krieger, die von Königen und Heerführern unterhalten wurden, zum Rückgrat der Heere wurden: Die Ritter, die Ahnherren des späteren europäischen Adels, erschienen auf der Bühne der Weltgeschichte. Sie waren landhungrige Burschen und froh, sich Grund und Boden erkämpfen zu können, den sie in einer Zeit, in der Land die einzige wirkliche Sicherheit bot, ihren Nachkommen hinterlassen konnten. Einige dieser Ritter gehörten zu einer Gruppe, die von skandinavischen Barbaren abstammte und die in die Geschichte unter dem Namen Normannen eingegangen ist. Wie ihre weit entfernten Verwandten, die Varanger, die entlang den großen Flüssen im Osten in ein geheimnisvolles Land, das spätere Rußland, vordrangen, waren sie einfallsreich und entschlossen. Im 10. Jahrhundert hatten sie sich in Nordfrankreich festgesetzt. Bald warfen sie die skandinavischen Fesseln ab und übernahmen die fränkische Sprache ihrer Tage mitsamt der christlichen Religion. 1066 folgten einige Normannen ihrem Herzog nach England, in der Hoffnung, dort ihre wirtschaftliche Situation zu verbessern. Aber dem, was England liefern konnte, waren Grenzen gesetzt. Es war schon ein christliches Staatswesen, und Wilhelm der Eroberer hatte einen gewissen Rechtsanspruch auf die englische Krone, deshalb konnte sein Königreich von seinen Landsleuten nicht einfach wie Beutegut behandelt werden. Im Süden waren die Aussichten dagegen besser. Als andere Normannen dort fanden, was sie suchten, öffneten sie, ohne es zu wissen, ein neues Kapitel in der langen Geschichte des Wechselspiels und der Konflikte zwischen der abendländischen Christenheit und dem Islam.

Brennpunkt dieser Ereignisse war Sizilien, die größte Mittelmeerinsel und seit der Antike – seit Mitte des 8. vorchristlichen Jahrhunderts, als Griechen hier landeten und Kolonien gründeten – eine Stätte der Kultur und des Reichtums. Dem byzantinischen Ostreich war es gelungen, Sizilien zu halten, als das Westreich zusammenbrach. Gut drei Jahrhunderte war die Insel danach Kolonie Konstantinopels, mit Griechisch als Verwaltungssprache, mit Bischöfen, die beim Patriarchen von Konstantinopel, nicht beim Bischof von Rom, Führung und Autorität suchten. Während die Araber zunächst nur die sizilianischen Küstenregionen überfielen, erfolgte die totale islamische Eroberung der Insel im Jahre 827. Es dauerte dann zwar noch über hundert Jahre, den christlichen Widerstand endgültig zu brechen, doch war der Einfluß des Byzantinischen Reiches auf die Insel schon um 900 nahezu völlig gebrochen. Bei diesen Vorgängen war Syrakus, fünfzehnhundert Jahre lang eine große Metropole, so zerstört worden, daß (angeblich) nichts Lebendiges mehr übrigblieb. Aber ungeachtet der Grausamkeit, mit der die Eroberung vor sich ging, scheinen sich die Inselbewohner, nachdem ihr Land einmal erobert war, recht gelassen unter die islamische Herrschaft gefügt zu haben, vielleicht, weil diese weniger Abgaben verlangten als Byzanz, vielleicht, weil sie in den umfangreichen islamischen Handelsverkehr mit seinen großen Märkten und seinen Lieferanten herrlicher Waren integriert wurden, in eine Welt, die soviel mehr zu bieten hatte als das abendländische Europa. Schon damals war Sizilien ein recht bunt gemischtes Gemeinwesen. Auf der Insel geborene Sizilianer sikulischer Abstammung vermischten sich mit Arabern, Berbern, Griechen, Schwarzafrikanern, Juden, Persern, Slawen und Lombarden, und Palermo, die arabische Hauptstadt, besaß bald Hunderte von Moscheen und war wahrscheinlich größer als jede christliche Stadt dieser Zeit mit Ausnahme von Konstantinopel.

In Sizilien waren die Araber wie überall sonst nicht nur Kulturträger, sondern auch Kulturvermittler. Wie in Spanien und Nordafrika setzten sie die verfallenen römischen Bewässerungsanlagen mit eigenen Techniken instand, sie brachten Orangen, Zitronen und Melonen auf die Insel, führten wahrscheinlich den Reisanbau ein und sicherlich auch Baumwolle und Seide. Alles in allem erfreute sich das islamische Sizilien, soweit wir das heute beurteilen können, einer reichen und sich ständig verbessernden Wirtschaft. Seine Minen und Mineralvorkommen waren ergiebig, sein Handwerk blühte. Das Schicksal wandte sich erst dann gegen die Inselbewohner, als im 10. Jahrhundert zwischen den islamischen Herrschern machtpolitische Rivalitäten auftraten und es zu Konflikten mit solchen Untertanen kam, die sich gegen den Islam in seiner orthodoxen Form auflehnten. Und um die Mitte des 11. Jahrhunderts war das islamische Sizilien nicht mehr fest in die politische Einflußzone eingebunden, deren Mittelpunkt Tunis war. Tunesien und ein großer Teil Nordafrikas waren mehr oder weniger in Anarchie verfallen. Es gab zwei Hauptzentren islamischer Macht, an jedem Ende des Mittelmeeres eines, jedes mit einem Kalifat, doch konnte keines von beiden das, was dazwischen lag, unter Kontrolle halten. Berber und Beduinen verwüsteten gemeinsam die einstmals blühenden Städte Tunesiens. Das islamische Sizilien wurde zum ersten Mal vom islamischen Machtzentrum in Afrika getrennt. Das schuf die Voraussetzungen für eine christliche Rückeroberung der Insel.

Die erste Runde ging an Byzanz, das in den dreißiger Jahren des 11. Jahrhunderts einen Feldzug nach Sizilien unternahm, um im Bündnis mit dem Emir, der Hilfe gegen die Rebellen brauchte, seinen Nutzen aus Streitigkeiten zwischen islamischen Notabeln auf der Insel zu ziehen. Aber die Vorherrschaft von Byzanz im westlichen Mittelmeerraum war endgültig vorüber – verstärkt noch durch die Entscheidung des Papstes, der die langen Auseinandersetzungen zwischen der Kirche Roms und der von Konstantinopel zum Anlaß nahm, zukünftig die Vertreter der lateinischen Kirche zu unterstützen. Zu diesen gehörten in erster Linie die Normannen, die sich bereits in Süditalien etabliert hatten.

Die christliche Wiedereroberung des islamischen Sizilien begann, als ein Normanne, Roger von Hauteville, 1060 mit einer kleinen Truppe in der Nähe von Messina landete. Es handelte sich dabei lediglich um ein Aufklärungsunternehmen, das nur ein paar Stunden dauerte. Sehr frühzeitig im darauffolgenden Jahr erschien ein größeres normannisches Kommando. Es fand eine Insel vor, auf der noch eine Mischkultur existierte, wenn auch eine, in der der Islam dominierte. Es war zu einer breiten Einwanderungswelle gekommen: Islamische Siedler hatten sich im Landesinneren als Bauern niedergelassen; Arabisch war Verwaltungssprache geworden. Es überrascht deshalb nicht, daß das normannische Sizilien so lange das Gepräge seines islamischen Erbes trug. Roger, der 1072 Herrscher über die Insel und »Grafschaft« Sizilien wurde, stützte sich auf islamische Beamte, Buchhalter und Soldaten; die von den normannischen Regenten geschlagenen Münzen trugen arabische Inschriften; auf manchen standen sogar die Worte »Mohammed ist der Apostel Gottes«; und der erste normannische Statthalter von Palermo nannte sich Emir, trug also jenen Titel, den später die Premierminister der sizilianischen Krone trugen. Die Muslime mußten zwar (wie die Juden) Steuern zahlen, doch war es ihnen erlaubt, Gottesdienst zu halten und in Gerichten, in denen ihre eigenen Richter den Vorsitz führten, ihr eigenes Recht zu sprechen. Die Vorsicht gebot den – nicht sehr zahlreichen – Normannen, zunächst einen Ausgleich nicht nur mit den Muslimen, sondern auch mit den griechischen Orthodoxen zu suchen.

Das Resultat war das normannische Sizilien, ein Gemeinwesen, in dem über einhundert Jahre griechische und arabische sowie römische und nordeuropäische Traditionen zu einer einzigartigen Mischung verschmolzen. Da setzte Roger einen lateinischen Geistlichen auf den erzbischöflichen Stuhl von Palermo, während er griechische Klöster mit Land beschenkte; da regierte sein Nachfolger (Roger starb 1101) das Land von der ehemaligen arabischen Hauptstadt aus; und da sprach sein Sohn, Roger II., sowohl Griechisch als auch Arabisch und soll sich einen Harem nach islamischem Stil gehalten haben – seine eigene königliche Rolle scheint er wie die des Kaisers von Byzanz aufgefaßt zu haben. Nach 1130, als er in einer prächtigen Zeremonie in der zur Kathedrale von Palermo umgewandelten ehemaligen Moschee gekrönt wurde, war er König eines Gebildes, das schlicht und eindeutig das *Regnum* – »das Königreich« – genannt wurde. Mit der Zeit dehnte er seine Autorität auf Nordafrika und sogar auf Korfu aus. Obwohl sein Einfluß als christlicher König im Mittelmeerraum immer stärker wurde, zeigte er sich an den Kreuzzügen wenig interessiert. Einer der Gründe: Sie warfen seiner Meinung nach nicht genug Gewinn ab.

Die Kreuzfahrerei war etwas Neues, war eine im späten 11. Jahrhundert auftauchende Idee, wenn auch auf eine recht vage Weise: Im Lateinischen findet sich bis ins 13. Jahrhundert kein klares Wort für das, was wir »Kreuzzug« nennen. Dem Wesen nach war ein Kreuzzug ein militärisches Unternehmen zu einem symbolischen und religiösen Zweck, im allgemeinen die Herstellung alter Freiheiten christlicher Gebiete von den Ungläubigen, und er war der klarste Beweis für die Verschärfung der europäischen Reaktion auf den Islam und für den Übergang zu einer engstirnigen Feindseligkeit. Karls des Großen Versuch, die Muslime in Spanien zurückzudrängen, war ein früher Vorläufer dieser Idee gewesen, die durch später folgende »heilige Kriege« mit dem Islam in Spanien genährt wurde. Schon in fränkischer Zeit war die Kirche dazu übergegangen, die Waffen der christlichen Krieger, die das christliche Volk vor den Heiden schützten, zu segnen. Das war ohne Zweifel ein Weg, auf dem die Kirche versuchte, der Unruhen in einer Gesellschaft Herr zu werden, in der es in überreichlicher Zahl bewaffnete Banden gab, die weder Laien noch Priester respektierten, wenn ihnen der Sinn nach Raub stand.

Die Kreuzzugsidee trat jedoch erst in voller Klarheit zutage, als ihr Herzstück das Heilige Land selbst wurde. Im 11. Jahrhundert ersetzte eine neue Macht innerhalb

Ein Kulturgemisch: Arabischer Brunnen in dem aus dem 12. Jahrhundert stammenden romanischen Kreuzgang von Monreale

des Islam das alte Kalifat von Bagdad und bedrohte die Christenheit aufs neue. Das war, als die Seldschukentürken im Islam eine dominierende Rolle übernahmen. Ursprünglich aus Zentralasien stammend, etablierten sie sich in Kleinasien, Jerusalem und Ägypten. Die Lage wurde zusehends gespannter. So war die Reaktion Papst Urbans auf einen Hilferuf des Ostkaisers, als er 1095 in seinen Predigten auf der Synode von Clermont zum ersten Kreuzzug aufrief, nur verständlich: Er beschwor die Erinnerung an Karl den Großen, der dem Glauben durch Eroberung und christliche Herrschaft zu einer so weiten Verbreitung verholfen hatte, und setzte einen militärischen Zug nach dem Osten in Beziehung mit der alten Idee der Pilgerfahrt nach Jerusalem, der Heiligen Stadt. Sehr bald überschattete die Idee, die Befreiung des Heiligen Grabes sei das Ziel der Kreuzfahrer, alles andere. Sie war außerordentlich wirksam. Pilgerfahrten waren immer etwas Verdienstvolles gewesen, und die militärische Pilgerfahrt zur Befreiung des Grabes Christi aus den Händen der Heiden garantierte geistigen Lohn wie nichts sonst. 1096 begann die erste einer ganzen Reihe von Volksbewegungen, die in den kommenden Jahrhunderten immer wieder die Kraft des Kreuzzugsideals beweisen sollten.

Die Kreuzzüge waren jedoch nie ausschließlich eine Sache frommer Hingabe und eine durch faszinierende Predigten geschürte Leidenschaft der Massen. Dahinter verbargen sich andere Kräfte. Historiker haben immer wieder versucht, diese Kräfte zu entschleiern und zu identifizieren. Einige haben in erster Linie einen wachsenden Druck auf die verfügbaren Nahrungsmittel festgestellt, der sich im abendländischen Europa vom 11. Jahrhundert an zunehmend bemerkbar machte, als die Bevölkerungszahl anstieg und Grund und Boden noch kostbarer wurden; Waldrodung und die Urbarmachung von Brachland schienen angesichts der Arbeitsmethoden und Werkzeuge, die zur Verfügung standen, ihre Grenzen erreicht zu haben; viele hielten im Osten entlang der baltischen Küste nach Land Ausschau, andere im Süden. Nicht zuletzt aus diesem Grund hatten sich die Normannen nach Süditalien und Sizilien gewandt, führten die Franken in Spanien Krieg. So war es nicht verwunderlich, daß andere den Blick über das Meer richteten, auf die Levante, also auf die Länder um das östliche Mittelmeer. Unter den Massen, die sich 1096 in Richtung auf Syrien und Palästina in Bewegung setzten, befanden sich Tausende von Kämpfern, die vor allem dem normannisch-fränkischen Landadel entstammten. In Erinnerung an frühere Zeiten, in denen der Bevölkerungsdruck die Wikinger aufs Meer hinausgetrieben hatte, haben nicht wenige Historiker die Kreuzzüge als den letzten Einbruch nördlicher Barbaren in reichere Gefilde verstanden.

Begehrlichkeit und Landhunger können die spätere Ausweitung der Kreuzzugsziele erklären, denn der Kreuzzug wurde am Ende auch gegen andere als Muslime gepredigt – zum Beispiel gegen Häretiker. Diese Unternehmungen schienen denen, die daran teilnahmen, vielversprechend zu sein; so trieb manche die Aussicht auf Beute (vielleicht in den Städten des Byzantinischen Reiches) und Sklaven; die Genueser, die eifrig darum bemüht waren, die Kreuzfahrer auf ihren Schiffen zu transportieren, dachten an zukünftige territoriale und kommerzielle Vorteile in der Levante. Immer aber trug und stützte religiöse Überzeugung die Bewegung, und diese Überzeugung war unstreitig um so größer, als sich dahinter eine totale Unkenntnis der Kreuzfahrer in bezug auf die Religion, gegen die sie kämpfen sollten, verbarg.[3] Blinder Glaube vermittelte den Menschen ein reines Gewissen bei dem, wobei sie sonst vielleicht gezögert hätten, vor allem aber bot er denjenigen, die im Dienst des Glaubens starben, Hoffnung auf ewiges Heil. Natürlich komplizierte es die Dinge, daß es im Osten bereits ein christliches Reich gab, Byzanz, und historisch gesehen gehörten Syrien und Palästina, also die umkämpften Gebiete, ja zum alten Imperium. Aber die lateinische und die byzantinische Christenheit hatten sich schon zu weit voneinander entfernt, als daß die Franken begreifen konnten, wofür das Imperium stand – sie betrachteten dessen Völker als Fremde.

Wer stellte sich den Kreuzfahrern außer Byzanz noch in den Weg? Im frühen 12. Jahrhundert hatte das Kalifat von Bagdad seinen Höhepunkt längst überschritten. Die arabische Welt war aus den Fugen geraten, wenn auch die Seldschukentürken dem Islam neue militärische Schwungkraft gegeben hatten. So konnten die ersten Kreuzfahrer trotz aller Schwierigkeiten auf ihrem Weg Erfolge verzeichnen. Jerusalem, die Heilige Stadt, wurde von ihnen in einem Waffengang zurückerobert, der von schrecklichen Massakern an jüdischen und muslimischen Frauen, Alten und Kindern begleitet war. Die Kreuzfahrer führten sich oft alles andere als »christlich« auf. Wie spätere Siedler in außereuropäischen Gebieten konnten sie mitleidslos (weil ihre Position unsicher war), ja grausam sein (weil ihr Gewissen unbeschwert war und sie im übrigen ja weit weg von Europa und seinen Verboten waren). Sie mißachteten die Interessen der Heiden, die sie als *inferior,* minderwertig betrachteten. »Christen haben recht, Heiden haben unrecht«, heißt es im »Rolandslied«, und so sah auch die Haltung der christlichen Ritter aus.[4] Wir dürfen sie jedoch nicht zu streng beurteilen. Sie hielten ja lediglich an etwas fest, das in ihren Augen ihr Vorhaben rechtfertigte.

Wie sahen die Muslime die christlichen Ritter? Auch ihre Reaktion war recht simpel. Ungeachtet der Vielfalt von Engländern und Deutschen, Franzosen und Italienern waren die Kreuzfahrer für die Muslime (wie für die Byzantiner) schlicht »Franken«, ein Wort, das rund um die Welt gehen sollte. Sie waren, in unseren Begriffen, einfach »Abendländer«. Trotz aller Unterschiede waren sie durch eine gemeinsame Abstammung, durch einen fremden Hintergrund und eine bestimmte historische Rolle gekennzeichnet. Sie fühlten das mit aller Intensität. Mehr noch: Ihre Identität festigte sich in den Augen der Muslime, als ihre negativen Erfahrungen mit dem schrecklichen Gebaren der Kreuzfahrer jedes Verständnis für die in den Reihen ihrer Feinde existierenden Unterschiede ausschaltete.[5]

Am Ende scheiterten die Kreuzzüge. Der Nachschub aus Europa reichte nie aus, um die fränkische Herrschaft über das wiedergewonnene Gebiet zu halten, nachdem sich die Muslime erst einmal zusammengeschlossen hatten – und sie schlossen sich zusammen, insbesondere unter der Führung des nahezu legendären Saladin, des Kurdenführers, der Jerusalem für den Islam zurückgewann. Er faszinierte seine fränkischen Gegner so sehr, daß manche von diesen glaubten, er sei ein heimlicher Christ, und im 14. Jahrhundert war die Geschichte seiner Geburt zu einer Legende geworden: Es hieß, nach einem Schiffbruch nahe der Küste Ägyptens sei seine Mutter – angeblich eine fränkische Adlige – in den Osten gelangt. Das war eine subtile Form kultureller Selbstbelobigung.

Ein anderer, wichtigerer Teil der Geschichte der islamischen Rückeroberung war die Beseitigung der den Islam wie die Christenheit bedrohenden mongolischen Gefahr durch den Islam im Jahre 1260.

Zu dieser Zeit war die inhärente Schwäche jener Christen, die sich im Morgenland niedergelassen hatten, längst eine bewiesene Sache. In Palästina und Syrien war eine Handvoll neuer Fürstentümer abendländischer Geschlechter entstanden, ganz und gar künstliche Gebilde, durch eine Art *Tour de force* geschaffen, aufrechterhalten durch kleine fränkische Kommandos. Innerhalb dieser kleinen christlichen Staaten brachen immer wieder schwere Differenzen zwischen den im Morgenland Angesiedelten (und manchmal Aufgewachsenen) und Neuankömmlingen aus Europa auf, die mit jedem neuen Kreuzzug bewiesen, daß sie nichts oder nur sehr wenig aus den Fehlschlägen ihrer Vorgänger gelernt hatten. Außerdem spielten sich lange, quälende, bittere und mörderische Kämpfe zwischen Franken und den Kaisern von Konstantinopel ab. Es darf also nicht überraschen, daß das Ziel der Kreuzzüge letztendlich nicht erreicht wurde.

Sie hinterließen dennoch ihre Spuren an der Gestalt des zukünftigen Europa und in der Weltgeschichte. Gibbon hatte recht, wenn er die Kreuzzüge eine »Auseinandersetzung um die Welt« nannte, denn Großes stand auf dem Spiel. Das augenscheinlichste unmittelbare Ergebnis bestand in der Kluft zwischen der Christenheit und dem Islam, die tiefer ging als je zuvor, verhärtete doch der unnachgiebige Geist, in dem die Kreuzzüge geführt wurden, die Reaktion des Islam und führte zu einer Wiederbelebung des islamischen Eifers. Im Nahen Osten begannen die Muslime

ABRAHE 7 CAMELIS SVIS
VADIT CV SERVO ABRAHE

△ Mehr als zweihundert Jahre nach dem tatsächlichen Ereignis hielt ein französischer Künstler die erfolgreiche Erstürmung Jerusalems durch die Kreuzfahrer im Jahre 1099 fest

◁ Fertigkeiten und Stil von Byzanz lebten im normannischen Sizilien fort: Mosaike zeigen biblische Geschichten in Monreale und in Cefalù (hier der beeindruckende Christus)

damit, ihre christlichen Mitbürger zu verfolgen. Das brachte eine Katastrophe über die alten christlichen Gemeinden, die in Ägypten, Syrien, Palästina und im Irak überlebt hatten. Eben diese Verhärtung der Haltungen verhalf (am Ende) den osmanischen Türken zum endgültigen Sieg über Byzanz. Aber das stand erst viel später, im Jahre 1453, bevor. 1244 gaben die Christen Jerusalem erneut und endgültig auf. Die erste, vielleicht verfrühte Welle europäischer Expansion war gescheitert. Letzten Endes hatten sich alle Bemühungen der Kreuzfahrer als Fehlschlag erwiesen.

Was sich in der Rückschau als ein sehr viel bedeutsameres unmittelbares politisches Ergebnis der Kreuzzüge darstellt, war die tödliche Wunde, die sie dem christlichen Ostreich zufügten. Byzanz war die größte aller christlichen Mächte und einst der Schutzschild des Abendlandes gewesen. Aber das Abendland hatte diese Macht weder verstanden noch ihr Vertrauen entgegengebracht. So führten die sizilianischen Normannen den Kampf zielstrebig fort, um noch weitere byzantinische Inseln zu erobern, während Genuesen, Pisaner und Venezianer sich ihren Weg in den Handel des Reiches bahnten. Der bei weitem schlimmste Schlag, der jemals gegen Byzanz geführt wurde, kam von seiten der Franken, als 1204 ein Kreuzfahrerheer das christliche Konstantinopel plünderte. Mehr als ein halbes Jahrhundert wurde die Stadt nach diesem furchtbaren Ereignis von den Franken als Teil eines neuen »Lateinischen Reiches« *(Romania)* regiert. Der griechische Kaiser kehrte zwar

△△ Angriff der Kreuzfahrer auf Konstantinopel vom Land und vom Wasser her (1204)

△ Der Felsendom in Jerusalem, wie ihn der Aquarellmaler David Roberts im 19. Jahrhundert sah

◁ »Krak des Chevaliers« im heutigen Syrien, mächtigste der Kreuzfahrerfestungen in der Levante

△ Diese Illustration (15. Jh.) aus der Geschichte des heiligen Ludwig erinnert an den langandauernden Konflikt zwischen Christentum und Islam

▷ So wurden die Anhänger des Propheten im 13. Jahrhundert gesehen: Fahnenträger und Musikanten des Kalifen von Bagdad

ويحمل القفص والحبالة والقبس والذبالة انها لضغث على إبالة فانصاعت تقص مدرجها
وتنشد مدرجها فلما دانتني قرنت بالرقعة درهما وقطعة وقلت لها ان رغبت في المشوف المعلم
واشرت الى الدرهم فنوهي بالسر المدهم وان ابيت ان تشرحي فخذي القطعة وابرحي

مالت الى استخلاص البدر التم والأبلج الهم وقالت دع جدالك وسل عما بدا لك فاستطلع
طلع الشيخ وبلدته والشعر وناسج بردته فقالت ان الشيخ من اهل سروج وهو الذي وشى

1261 zurück, aber die alte imperiale Macht war zu dieser Zeit bereits gebrochen. Daß Byzanz in den Händen der muslimischen Feinde endete, war nur noch eine Frage der Zeit.

Mit Byzanz, jener starken Macht, verschwand natürlich auch der Schutzschild des westlichen Europa und des Donauraumes, und so waren es die Kreuzfahrer, die am Ende die Basis für eine zweihundert Jahre dauernde türkische Vorherrschaft auf dem Balkan schufen.

Erreichten die Kreuzfahrer letztendlich nicht ihr Ziel, das da hieß, das Heilige Land zu befreien, so konnten sie auch der islamischen Bevölkerung, auf die sie trafen, recht wenig von der Kultur des Abendlandes vermitteln. Wie alle Siedler mußten sie sich den Gegebenheiten einer Grenzlandumgebung anpassen: dem Klima, der verfügbaren Nahrung, den lokalen Sitten, um nur einige Beispiele anzuführen. Gerade die Levante zeigte sich als eine ganz besondere Art von Umwelt, und dies sowohl in psychologischer als auch in materieller Hinsicht: Jene Welt war von Völkern bewohnt, von denen einige die Erben einer Kultur waren, die weit höher stand als die abendländische. Die Franken trafen in der Levante Verwaltungsmethoden vor, die viel fortschrittlicher waren als ihre eigenen, fanden bedeutend mehr Städte als im Abendland vor, Städte, die reicher, größer und älter waren. Die Seehäfen der Levante waren bedeutend, weltoffen – selbst das aufsteigende Venedig konnte nicht mit ihnen konkurrieren –, und Jerusalem, Antiochia und andere Städte blickten auf eine historische Vergangenheit, die weiter zurückging als die Geschichte Roms.

Wenig Rückhalt im, so gut wie keine Gewalt über das Hinterland, versuchten die Kreuzfahrer mehr und mehr, sich in den Städten zu etablieren. Dort schufen sie bald »Bürgerschaften«, veranstalteten Staatszeremonien – wie etwa Krönungen nach abendländischem Muster –, um wenigstens einiges von ihrer Kultur zu bewahren. Das alles klingt jedoch nicht sehr überzeugend. Die Franken waren der Levante immer nur aufgesetzt, faßten dort niemals Wurzeln.

Nun war die Levante aber eine Grenzregion, und Grenzregionen verändern die Menschen auf subtile Weise. Siedler, die sich in solchen Zonen niederlassen, kommen mit bestimmten Vorstellungen von gewissen Lebensformen, um dann festzustellen, daß sie sich mit Rücksicht auf lokale Gegebenheiten ändern und anpassen und manchmal auch alte Gewohnheiten aufgeben müssen. Den Kreuzfahrern erging es ähnlich. Zwar nahmen sich manche eingeborene Frauen oder Konkubinen, übernahmen arabische Kleidung und Nahrungszubereitung und nahöstliche Annehmlichkeiten wie das Baden – womöglich ist so auch das Bett mit vier Pfosten in das europäische Mobiliar übergegangen –, aber alles das ging nicht sehr tief. Die Kreuzfahrer zeigten kaum eine Spur von Interesse an der einheimischen und muslimischen Kultur und Wissenschaft, und mit Ausnahme ihrer Militäranlagen erscheinen uns ihre technischen und künstlerischen Leistungen heute eher schwach. Jene Gebiete blieben provinziell und ihr geistiges Leben das einer fränkischen Kolonie.[6] Das wirkt sonderbar, zieht man in Betracht, daß vieles, was die Kreuzfahrer antrafen, besser war als das, was sie von zu Hause gewöhnt waren.

Die islamische Kultur war in vielen Bereichen der des christlichen Abendlandes fraglos überlegen. So ist es nicht verwunderlich, daß der Islam während der Zeit der

Kreuzzüge die abendländische Kultur auf einigen Gebieten tiefgreifend beeinflußte. Dabei handelte es sich fast immer um eine einseitige Sache. Zwar war der Islam selbst die unmittelbare Quelle und der Ursprung dieser Veränderungen, aber die islamische Welt wirkte auch als Transmissionssystem für Einflüsse, die sowohl aus dem Fernen Osten als auch aus der hellenistischen Vergangenheit der Welt des Nahen Osten kamen. Nicht zuletzt auf diese Weise fanden die Gedanken griechischer Wissenschaftler und Philosophen wieder Eingang in die geistige Welt des westlichen Europa.

Manchen Orten kam eine besondere Bedeutung zu, weil dort immer wieder Begegnungen stattfanden und derartige Dinge ohne Schwierigkeiten weitergereicht wurden – der Hof von Palermo war einer dieser Orte (und wurde deshalb mit großem Mißtrauen beobachtet). In Sizilien wirkte nicht nur die muslimische, sondern auch die byzantinische Kultur auf die Kultur der Normannen ein, und wir können diese Wirkung an solchen Kunstwerken wie dem Krönungsmantel Rogers II. ablesen, der später an die Habsburger überging, oder an priesterlichen Gewändern byzantinischer Herkunft, die mit arabischen Zeichen bestickt sind. Kirchen wurden mit arabischen Inschriften geschmückt, und in der Palastkapelle von Palermo finden sich Malereien und Schnitzereien mit Schachspielern, die Turbane tragen, mit Dromedaren und verschleierten Jungfrauen. Arabische Handwerker fertigten für den Palast Rogers II. eine Wasseruhr an, und griechische Klassiker wurden an seinem Hof ins Lateinische übertragen.

Leider hielt sich die normannische Kultur Siziliens, die eine beispiellose Vielgestaltigkeit vermuten läßt, nicht lange genug, um das Abendland entscheidend zu beeinflussen. Im 12. Jahrhundert zerstörten Ansprüche von Feudalherren sowie ein neuer Widerstand gegen die Muslime (der in gewisser Weise auf einen wachsenden Zustrom nordeuropäischer Immigranten zurückzuführen sein mochte, die von den normannischen Königen oft gezielt auf ehemaligen muslimischen Ländereien angesiedelt wurden) das Gleichgewicht der Toleranz. Allmählich wurden Bürokratie und Bildung latinisiert und die Insel christianisiert. Freilich trugen die Könige von Sizilien noch orientalische Kleidung, sie behielten ihre muslimischen Konkubinen und Leibwächter, und es gab Äbte, die ihre Dienerschaft auf den Koran schwören ließen. Die Ära der Normannen endete schließlich, als Wilhelm II., der kinderlos blieb, 1189 starb. Nach ihm geriet sein Königreich in die Machtsphäre neuer Herrscher – es etablierten sich die deutschen Staufenkaiser.

Einer jener Kaiser, Friedrich II. – *Stupor mundi* (»Das Staunen der Welt«), wie er genannt wurde –, zog jedoch die letzten muslimischen Gemeinschaften voll in das Königreich mit ein. Friedrich erließ strenge Gesetze gegen Häretiker, ging aber auch mit seinen muslimischen Untertanen ins Gericht – nicht weil sie einer anderen Religion angehörten, sondern weil sie offen gegen ihn rebellierten. Ansonsten galt der Staufer als der toleranteste Herrscher seiner Zeit; einer der Gründe, warum manche Christen ihm mißtrauten, schienen doch seine Auffassungen als verdächtig und galt sein Verhalten als skandalös: Friedrich liebte es, religiöse und philosophische Fragen mit jüdischen und muslimischen Philosophen zu erörtern, er hielt sich ein muslimisches Schützenkorps und einen Harem, kurz: Sein Führungsstil rief Argwohn hervor. Am sizilianischen Hof lebte auch Michael Scotus, ein Arzt und

Krönungsumhang Rogers II., geschmückt mit Löwen, die Kamele angreifen, und arabischen Schriftzeichen

Astrologe, der darüber hinaus als anerkannter Übersetzer arabischer und griechischer Texte und als Autorität auf dem Gebiet der Aristotelischen Schriften und des Werkes des persischen Gelehrten Averroes galt (übrigens versetzte ihn Dante zusammen mit den Zauberern in die Hölle). Es waren also schillernde Gestalten, die zum engsten Kreis Friedrichs zählten.

Daß Friedrich II. soviel Aufmerksamkeit auf sich lenkte, zeigt nur, wie weit sich die Dinge in nur einem Jahrhundert bewegt hatten. Hundert Jahre früher war das Kulturgemisch des normannischen Sizilien als selbstverständlich betrachtet worden. Das war im 13. Jahrhundert nicht mehr so. Aus diesem Grunde war es einer anderen Region als Sizilien vorbehalten, wichtige Errungenschaften der islamischen Kultur an das Abendland weiterzugeben. Jene Region war Spanien.

Es ist auch heute immer noch leicht, die Kraft, den Reichtum und die Eleganz des islamischen Spanien nachzuvollziehen. Die Alhambra von Granada oder die Mezquita von Córdoba sind nur die auffälligsten jener Denkmäler, die es hinterlassen hat. So großartig diese aber auch sind, selbst sie enthüllen nicht die ganze Geschichte. Die »Mauren« (als welche aufeinanderfolgende arabische und solche Herrscher in Spanien, die dem Volk der Berber angehörten, irreführend in einen Topf geworfen wurden) waren Teil einer umfassenderen islamischen Welt. *Al-Andalus* – das arabische Wort für Spanien – erstreckte sich auf der Halbinsel über mehr als das, was mit dem modernen Wort »Andalusien« gemeint ist, und war Teil eines islamischen »Westens«, der auf seinem Höhepunkt auch einen großen Teil Nordafrikas und Siziliens umschloß. *Al-Andalus* war ebenfalls Teil eines noch größeren Wirtschaftsgebietes. Nach dem Abbasidenaufstand des Jahres 750 war die islamische Welt eine einzige große Handelszone, ein freier Markt mit allem, was der Verkehr von Waren und Händlern ergab, ein Markt, der sich im Osten bis nach Persien ausdehnte. Innerhalb dieses Marktes galt das islamische Recht, das nicht territorial-, sondern personalbezogen war. Der Binnenhandel wickelte sich zwar langsam, aber doch ohne administrative Hindernisse ab. Viele der Bewohner dieser Zone waren arabisiert und sprachen Arabisch, jedoch waren ethnische Minderhei-

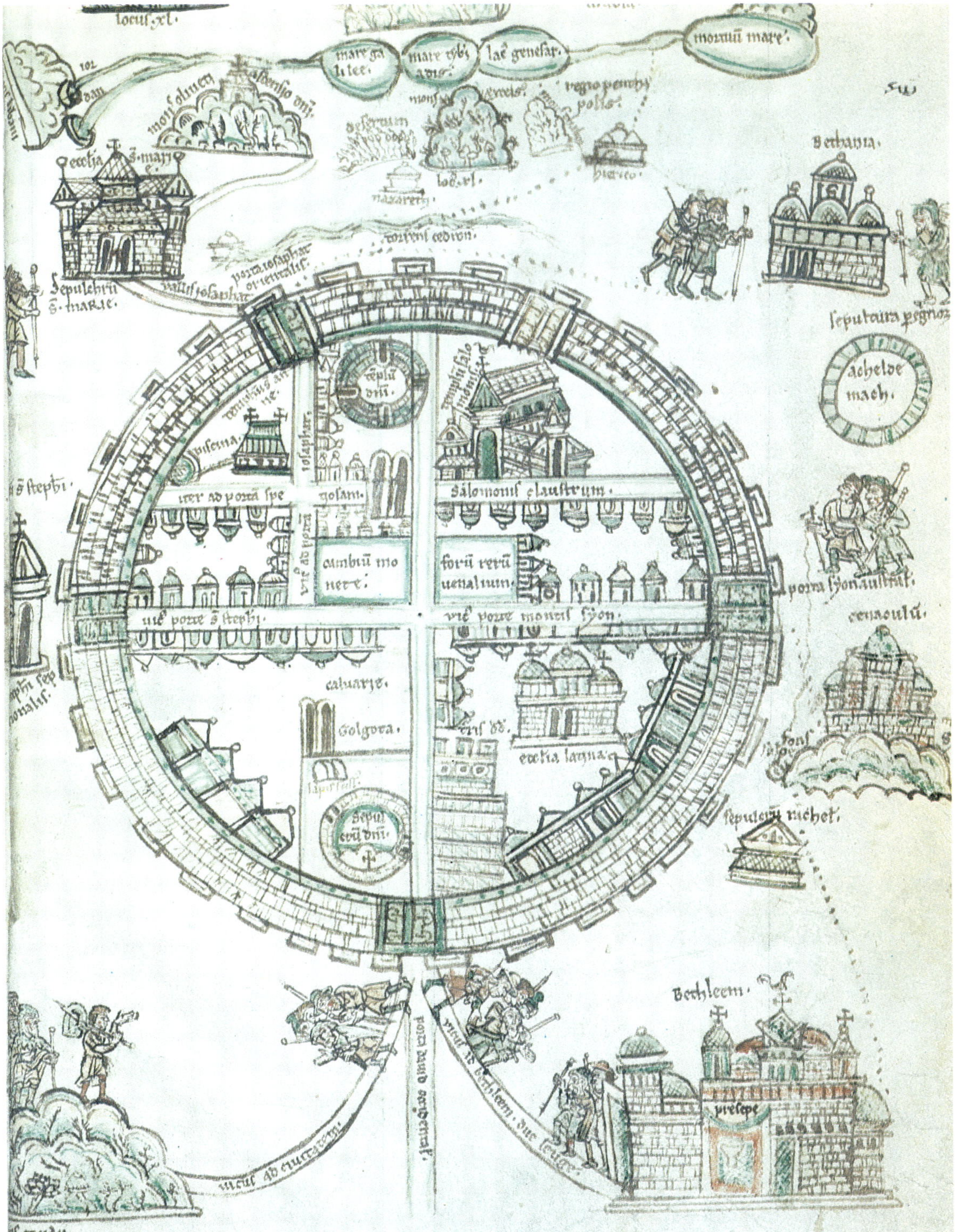

Karte von Jerusalem und Umgebung (12. Jh.)

ten gleichberechtigt. Nur der Glaube unterschied die Menschen vor dem Gesetz. *Al-Andalus* war so Teil einer größeren Welt, einer Welt von Ideen und Vorstellungen – einer wirklichen Kultur.

Spanien war das großartigste Beispiel dieser Kultur im Abendland. Grob umrissen, kann die Geschichte *Al-Andalus'* in drei Phasen eingeteilt werden. Von Tariks Ankunft, jenem muslimischen Feldherrn, der 711 n. Chr. bei Jérez de la Frontera den Westgotenkönig Roderich besiegte, bis etwa 850 waren die eroberten Gebiete formal als Teil des ummayadischen Kalifats organisiert, dessen Zentrum Damaskus war. Dann folgten weitere anderthalb Jahrhunderte, in denen sich die muslimische Herrschaft auf der Halbinsel unter einem Zweig der Ummayad-Familie konsolidierte; ein eigenes spanisches Kalifat mit dem Mittelpunkt Córdoba trat 929 in Erscheinung und legitimierte die Autorität der örtlichen Dynastie (möglicherweise war *Al-Andalus* zu dieser Zeit der mächtigste Staat in Europa). Diese Ära dauerte bis zum Niedergang, der nach der Jahrtausendwende einsetzte, als die Einheit des Kalifats von Córdoba ethnischen und Stammesgliederungen zum Opfer fiel. Danach begann die letzte, erst 1492 mit dem Fall Granadas endende Phase des muslimischen Spanien, in der sich der Islam trotz gelegentlicher heftiger Anstrengungen auf dem Rückzug vor einer christlichen Reconquista befand.

Die großartigsten städtischen Mittelpunkte von *Al-Andalus* waren Córdoba und Sevilla. Sie waren tatsächlich die größten aller islamischen Städte. Von Sevilla sagte man, es sei Damaskus ähnlicher als Damaskus selbst. Von Córdoba und Sevilla – und auch von Toledo und Granada – wurden Gelehrte und Intellektuelle aus ganz Europa angezogen, weil sie über große Bibliotheken und Schulen verfügten und kulturelle Begegnungsstätten darstellten, die über die islamische Kultur die hellenistische Vergangenheit wie die Fähigkeiten und das Wissen Asiens heraufbeschworen. Madrid besaß eine Astronomenschule, während Sevilla als erste Stadt eine beachtliche Gruppe von Schülern und Interpreten der aristotelischen Lehre an sich zog. Von der Mitte des 10. bis zur Mitte des 13. Jahrhunderts pflegten muslimische, christliche und jüdische Gelehrte in Spanien zusammenzuarbeiten – zu ihrem großen gegenseitigen Vorteil. Die Juden hatten eine besondere Bedeutung: Für eine gewisse Zeit waren sie faktisch die einzigen Europäer, unter denen sich Leute fanden, die Arabisch lesen konnten. Ein wichtiger Anreiz zur Kooperation ergab sich aus dem Wunsch der christlichen Europäer, Zugang zu den wissenschaftlichen Erkenntnissen zu gewinnen, die in den arabischen Fassungen der griechischen Schriften enthalten waren. So wurde Toledo eines der großen Zentren gemeinschaftlicher Übersetzungen, als es wieder in christliche Hände kam.

Auf diese Weise erreichte griechische, persische und indische Wissenschaft, aus dem Arabischen ins Lateinische übersetzt, die abendländische Christenheit. Das galt auch für einen gewissen Teil der Technologie Chinas, insbesondere für die Fähigkeit, Papier herzustellen (und vielleicht auch Schießpulver).[7] Unsere modernen Ziffern waren ein weiterer Gewinn, den Europa aus diesem Austausch zog, und zwar einer der ersten. Schon früher in östlichen Ländern bekannt geworden, tauchten die ursprünglich indischen Ziffern im 9. Jahrhundert im christlichen Spanien auf (einschließlich der Null, ein Wort, das vom arabischen *safira,* das heißt »leer sein«, hergeleitet ist). Ein Buch über das Rechnen mit diesen Ziffern, das der große arabische Gelehrte Al-Kwarizmi verfaßt hatte, wurde in Toledo ins Lateinische übersetzt, und diese Ziffern wurden überall in Europa als »Toledo-Ziffern« bekannt. Es dauerte lange, bis ihre endgültige Form feststand, aber wahrscheinlich hatten die meisten von ihnen bereits im mittelalterlichen Spanien ihre heutige Form. Ihre Übernahme eröffnete dem Westen neue Wege.

Allmählich entwickelte sich eine intellektuelle Gemeinschaft, die über die Grenzen hinausreichte und nicht durch Glaubensdifferenzen gestört wurde. Praktisch überall in Spanien vertraten Gelehrte und Wissenschaftler weitgehend verwandte aristotelische Ansichten über die Grundstruktur der natürlichen Welt. Solche Ansichten schienen weder mit der christlichen noch mit der islamischen Theologie im Widerspruch zu stehen. Dante beispielsweise versetzte in der größten christlichen Dichtung des Mittelalters die muslimischen Weisen Avicenna und Averroe (ebenso wie den Helden Saladin) mit den Weisen und Heroen der klassischen Welt Griechenlands und Roms in eine Vorhölle.[8] Gelehrte, die dem Islam oft große Achtung entgegenbrachten, waren natürlich eine Minderheit, aber sie besaßen eine enorme Triebkraft für die weitere Entwicklung des europäischen Denkens: Die Bedeutung, die im Mittelalter auf Alchimie und Astrologie gelegt wurde, und die fließenden Grenzen zwischen Astrologie und Astronomie sind zu einem großen Teil ihnen zu verdanken. Noch heute behaupten nicht wenige, es sei in erster Linie der islamische Einfluß gewesen, der die Ereignisse in Gang gesetzt habe, die zur Herausbildung der modernen Wissenschaft führten, sei doch allein schon die Entwicklung der für die Entstehung der europäischen Universitäten so entscheidenden scholastischen Methoden bis auf Ursprünge in den islamischen Rechtsstudien zurückzuführen.[9] So schwierig es sein mag, den islamischen Einfluß zu bestimmen, es handelte sich dabei ganz sicher um mehr als um eine Sammelwirkung unabhängiger Einzelelemente.

Die *Convivencia* (das Zusammenleben), als welche die spanische Erfahrung mit der gleichzeitigen Existenz von drei Seite an Seite wirkenden Hauptreligionen von einem Historiker des 19. Jahrhunderts bezeichnet worden ist, fand auch noch andere kulturelle Ausdrucksformen. Es gab zum Beispiel eine erhebliche gegenseitige Durchdringung künstlerischer Stile in *Al-Andalus,* wie etwa die »mozarabischen« Werke der unter arabischer Herrschaft lebenden Christen oder der islamische Einfluß auf die Töpferkunst zeigen. Der muslimische Einfluß im Bereich der Agrarwirtschaft und der landwirtschaftlichen Technologie hatte weitreichende Auswirkungen, und selbst heute weist die spanische Landschaft noch Spuren ihrer orientalischen Prägung im Mittelalter auf. Oliven, Aprikosen, Reis, Zucker, Orangen und Zitronen wurden samt und sonders durch die Muslime auf die Halbinsel gebracht, ebenso die *Noria,* das Wasserrad, das möglicherweise das Originalmodell für alle später in Europa hergestellten Maschinen darstellt. Was die Sprache angeht, so hat nur das Lateinische dem Kastilischen mehr Wörter übermittelt als das Arabische, und aus dem Kastilischen sollten später viele solche Wörter in andere europäische Sprachen einfließen.[10]

Insgesamt akzeptierten sich beide Gesellschaften jenseits der Grenzen im täglichen Miteinander, teilten oft die guten Dinge des Lebens. So zeigt eine alte Zeichnung in einer Handschrift einen christlichen Ritter, der in aller Ruhe mit einem gleichberechtigten Muslim Schach spielt. In der berühmten Dichtung des mittelalterlichen Spanien bewegt sich der Held, der *Cid campeador,* leichthin gleichermaßen in einer christlichen wie in einer muslimischen Welt (wie es auch sein reales Vorbild tat, wenngleich weniger edel und selbstlos). Die Menschen auf beiden Seiten der Grenzen hatten erkannt, daß sie mit ihren Nachbarn auskommen und realisierbare Übereinkünfte achten mußten, wenn ihr Leben erträglich sein sollte. Und Alfons VI. von Kastilien, der König, dem sich 1085 Toledo unterwarf und der so dieser bedeutenden muslimischen Stadt die Rolle als christliche Hauptstadt zurückgab, deren sie sich in den Zeiten der Westgoten erfreut hatte, rühmte sich gar, König dreier Religionen zu sein – sehr zum Ärger seiner frommen Frau und ihrer Ratgeber. Ungeachtet aller militärischen Auseinandersetzungen und nahezu ständiger Unruhen waren jedoch im allgemeinen friedliche Beziehungen zwischen Christen

△ Die Arkaden der Mezquita in Córdoba

▷ Im Inneren der Alhambra von Granada

und Muslimen in besiedelten Gebieten möglich, wie ja unser Schach spielender Ritter und sein maurischer Gast vermuten lassen.

Doch kamen selbst in Spanien die Ereignisse nie völlig zur Ruhe. Könige mochten den Frieden wahren, Grenzbewohner oder in Städten ansässige Milizen aber sorgten gewöhnlich mit Ausfällen und Belagerungen für gelegentliche Auseinandersetzungen – ein günstiger Nährboden für den Ehrgeiz von Fürsten. Am Ende wurde Spanien zum Schauplatz des erbittertsten Kampfes zwischen dem Islam und dem Christentum, da immer weniger ein Kompromiß möglich schien: Das islamische Spanien wurde ausgelöscht, ungeachtet der dauernden Spuren, die es mit Monumenten und in der Mentalität der Spanier hinterlassen hat. – Die einzigen Arabisch sprechenden Menschen, die man im Spanien von heute antrifft, sind wahrscheinlich Touristen. Das ist die Folge eines Vorganges, der später als das große nationale Epos der spanischen Geschichte betrachtet wurde, der Reconquista.

Wie die der Kreuzzüge, so reichten auch die Wurzeln der Reconquista sehr tief, wie jene waren sie unterschiedlicher Art. Spanien hatte das Christentum schon in der römischen Zeit angenommen. Der erste spanische Papst wurde 366 n. Chr. in sein Amt eingeführt. Zu Beginn des 7. Jahrhunderts kursierte dann die Legende, der Apostel Jakobus habe das Land besucht – und tatsächlich wurde im 9. Jahrhundert (so wird jedenfalls behauptet) in Compostela sein Grab entdeckt. Ein spanischer Fürst ergriff die Gelegenheit, erbaute einen Schrein und erklärte den heiligen Jakobus – Santiago, wie er von den Spaniern genannt wurde – zum Patron Spaniens und, bezeichnenderweise, zum Maurentöter. Mit der Zeit nahm bei den christlichen Spaniern die Idee Gestalt an, die einstmals christlichen Gebiete in einer bewußten Anstrengung zurückzuerobern, obwohl diese Idee natürlich auf einem Mißverständnis beruhte – nämlich auf der Vorstellung, daß die Christen der Reconquista die gleichen Ziele und Ideale verfolgten wie die ehemals gotischen Eliten des vorislamischen Spanien. Bald war religiöser Feuereifer am Werk und schürte den Kampf gegen die Mauren, doch machte er nicht die ganze Reconquista aus. Der Kernpunkt jenes Vorganges war die Übertragung der politischen Kontrolle von muslimischen auf christliche Herrscher. Zu diesem Prozeß trugen machtgierige Fürsten, fanatische Frömmler, rauhbeinige französische Ritter auf der Suche nach Kampf, kastilische Landjunker auf der Jagd nach Land und Beutegut und ebenso selbstlose Helden, Heilige und Märtyrer bei.

Am Ende des 11. Jahrhunderts machten sich auch in Spanien allmählich die Einflüsse bemerkbar, die das religiöse Leben der Christenheit zu Beginn der Reformen Papst Gregors VII. disziplinierten und zentralisierten. Die Geschichte wird dann kulturell wie politisch komplex. In einer mit Symptomen – wie der Verfall der westgotischen Schrift und die Errichtung romanischer Kirchen – übervollen Situation wandelten sich zwar die Ziele, Methoden, Mittel und Absichten der Rückeroberer auf subtile Weise und verlagerten sich mit der Zeit, aber dennoch war zu Beginn des 11. Jahrhunderts (als noch die Mehrheit der Bevölkerung in *Al-Andalus* muslimisch war) die Hoch-Zeit des Islam in Spanien vorüber.

Nach 1031 zerfiel das Reich der Kalifen von Córdoba in eine Reihe kleiner maurischer Königreiche, wodurch das islamische Spanien mehr und mehr in die Defensive geriet (wie es damals auch in der islamischen Welt im Osten der Fall war, die sich mit Kreuzfahrern, Mongolen und Türken auseinanderzusetzen hatte). Nach der Eroberung Toledos durch die Christen gab es gegen Ende des 12. Jahrhunderts zwar noch ein letztes mächtiges Wiederaufleben des Islam unter den Almohaden, einer Berberdynastie aus Nordafrika, doch verhalf dies der Sache des Islam nur noch einmal zu einer kurzen Erholung, bevor im Jahre 1212 die Christen das Heer der Berber in der großen Schlacht von Las Navas de Tolosa besiegten, in der Überlieferung der entscheidende Sieg der Reconquista. Von nun an standen den Christen nur noch rivalisierende arabische Herrscher gegenüber, die nur gelegentlich und in begrenztem Umfang Unterstützung aus Afrika erhielten. So fielen Córdoba und Sevilla in der Mitte des 13. Jahrhunderts an Kastilien, und damit blieben dem Islam in Spanien nur noch zwei oder drei kleine Staaten, deren wichtigster das Emirat von Granada darstellte. Außerhalb dieser Gemeinwesen wurde ganz Spanien von christlichen Fürsten regiert. Das war im Jahre 1252. 1340 kam es auf der Iberischen Halbinsel schließlich zu einer letzten großen islamischen Invasion von Afrika aus – ein Kreuzzug in umgekehrter Richtung. Aber er scheiterte. Jedoch ließ das Ende des Islam noch auf sich warten ...

An diesem sich lange hinziehenden Vorgang gab es vieles, was erregend und tragisch, vieles, was interessant und faszinierend ist. Aus einer bestimmten Sicht stellt sich die Reconquista nur als der extreme Ausdruck einer weitverbreiteten europäischen Haltung gegenüber dem Islam dar. Sie verkörperte den Geist der Kreuzzüge und rechtfertigte sich mit dem Bewußtsein, Gottes Werk zu verrichten. Aber obwohl sie mehr war als ein rein spanisches Phänomen, sollte sie später doch als die eine überragende, einzigartige Großtat spanischer Geschichte gelten. Immer wieder scheint Spanien in seiner Geschichte gerade im Angesicht von Feinden für Augenblicke eine reale Kennzeichnung als Nation erreicht zu haben – die Reconquista liefert dafür das beste Beispiel. Sie hat Spaniens Geschichte bis auf den heutigen Tag geprägt. In ihrer Folge fand eine einzigartige Verflechtung der Religion mit dem spanischen Nationalcharakter statt. Die Geschichte der Nation war wie in keinem anderen Land mit der eines intransigenten, militanten Katholizismus verstrickt. Spanien wurde ein Land von Heiligen und Soldaten, in dem bis zu diesem Jahrhundert Religion eine Sache der Politik war (und oft einer ziemlich blutigen), so daß gar der Bürgerkrieg der Jahre 1936 bis 1939 von den nationalistischen Siegern als *Cruzada* – als Kreuzzug – idealisiert wurde.

Eine der daraus folgenden Konsequenzen war Intoleranz. Bereits bevor die Reconquista abgeschlossen war, hatte eine allgemeine und offizielle Verfolgung der Muslime, Juden und Morisken (bekehrte Mauren) begonnen, eine Haltung, die die Erinnerung an jene Zeit der erfolgreichen *Convivencia* total verdrängte.

Die endgültige Zerschlagung des Islam erfolgte schließlich am 2. Januar 1492, als sich Granada dem Heer Isabellas von Kastilien und Ferdinands von Aragon, der »Katholischen Könige«, wie man sie nannte, unterwarf. Auf die militärische Eroberung folgte eine radikale ideologische Säuberung: Juden, die die Taufe verweigerten, wurden noch im selben Jahr ausgewiesen; Versprechungen, die Rechte der muslimischen Untertanen der »Katholischen Könige« zu respektieren, wurden ignoriert; zehn Jahre später wurden die kastilischen Muslime gezwungen, ins Exil zu gehen, wenn sie sich nicht taufen ließen. Andere Säuberungsaktionen folgten,

◁ Rabbi Moses Arragel, ein jüdischer Gelehrter, diskutiert mit einem Franziskanermönch einen biblischen Text. 1422 übersetzte er die Bibel aus dem Hebräischen ins Spanische. Obwohl ein angesehener Mann, mußte er einen diskriminierenden roten Flicken auf der Schulter tragen

▽ Coexistenz und Convivencia. Aus einer spanischen Handschrift des 13. Jahrhunderts. Schach war in der islamischen Welt trotz gelegentlicher Zweifel hinsichtlich seines theologischen Stellenwertes weit verbreitet

und selbst die Morisken mußten schließlich das Land verlassen. Aber damals war die eigentliche Geschichte der Reconquista schon zu Ende und mit ihr der Kreuzzug gegen den Islam – fast unmerklich wurde sie durch eine andere Art von Kreuzzug ersetzt, einen Kreuzzug gegen Andersgläubigkeit und Abweichung, und tragischerweise sollte dieser während eines großen Teils der späteren Geschichte Spaniens anhalten.

Nach der Eroberung von Granada sah es einige Jahrzehnte lang so aus, als werde der Kampf gegen den Islam noch weiter nach Süden getragen. So segnete 1494 der Papst einen afrikanischen Kreuzzug; einige Spanier setzten zur nordafrikanischen Küste über, eroberten mehrere kleine Städte und stellten sie unter spanische Herrschaft. Später führte Karl V. Unternehmungen gegen Tunis und Algier durch. Wie jene früheren Königreiche und Fürstentümer in der Levante gingen jedoch die spanischen Eroberungen in Nordafrika nach kurzer Zeit wieder verloren, und schon bald standen spanische Soldaten und Seeleute im Kampf gegen die stärkste Gefahr von islamischer Seite, die bis zur Galeerenschlacht bei Lepanto 1571 wie

Einige hervorragende westgotische Bauten aus dem frühen Mittelalter überdauerten im nordwestlichen Spanien, darunter dieser Teil des königlichen Palastes bei Oviedo

eine drohende Wolke über dem Abendland hing – gegen die Seestreitkräfte der osmanischen Türken.

Aber nicht einmal Lepanto war der letzte Ausschlag der Kreuzfahrerbewegung. Melilla, Mers-el-Kebir oder Oran (wie Ceuta, das die Portugiesen fast ein Jahrhundert zuvor, im Jahre 1415, erobert hatten) sind nämlich zugleich auch Teil einer anderen Geschichte, die gegen Ende der Reconquista gerade erst begann – die Geschichte eines europäischen Imperiums in Übersee. Da die afrikanischen Niederlassungen wenig florierten und spanische Herrscher bald durch den Traum von einer Ausweitung ihrer Macht in Italien ihr Interesse an Afrika aufgaben, soll hier nur festgestellt werden, daß Europa zu jener Zeit an der natürlichsten aller Grenzen,

Die Alhambra von Granada mit der Sierra Nevada im Hintergrund

an seinen Meeresküsten, Halt geboten wurde. Zum ersten Mal wurde, wie ein französischer Gelehrter hervorhob, die Straße von Gibraltar eine politische Grenze.[11] Er hätte hinzufügen können, daß sie auch, wie nie zuvor, eine kulturelle Grenze darstellte. Die Reconquista bewirkte letztendlich eine klare Grenzziehung zwischen den Gebieten des Abendlandes und des Islam. Eine ungeordnete, in ihren Umrissen verschwommene Zone, über die jahrhundertelang Verbindungsfäden zwischen zwei Kulturen nach beiden Seiten gelaufen waren, wurde nun durch die scharf gezogene Küstenlinie nicht nur topographisch aufgehoben.

Die Wasser des Atlantik und des Mittelmeeres markierten Europas Grenzen im Westen, und innerhalb dieser Grenzen lag um 1500 die eine Hälfte der christlichen Welt. Die andere Hälfte war eine weit weniger klar umrissene Region, war der slawische Osten.

V.
Abgrenzung einer Welt

Die Europäer sind sich schon seit langem nicht sicher, wo Europa im Osten »endet«. Im Westen wie im Süden sorgt das Meer für eine natürliche Grenze (daran erinnert uns etwa das »Ende der Welt« oder das Kap Finisterre in Spanien), im Osten aber erscheint der Horizont unendlich weit. Fürst von Metternich, im frühen 19. Jahrhundert Kanzler des Habsburger Reiches, meinte, Asien beginne gleich vor den Fenstern seines Amtssitzes in Wien. Es sprach einiges für diese Vorstellung, schließlich war der Islam von türkischen Heeren zweimal bis vor die Tore der Stadt getragen worden. Bevor er endgültig zurückgeschlagen war – ein langwieriges Unternehmen, das im späten 17. Jahrhundert begann und erst in unserem endete –, sorgte die osmanische Herrschaft auf dem Balkan und in Südosteuropa für Entwicklungen, die sich stark von denen im westlichen Europa unterschieden. Man kann Europas Grenzen im Südosten aber auch anders sehen. Nicht nur die politische und militärische Geschichte, sondern auch Sprache, Geographie und Religion haben in dieser Region andere Arten von Grenzen gezogen.

Weiter nördlich waren die Dinge noch unklarer und komplizierter. Europas große nördliche Ebene zieht sich nach Osten endlos weit hin, von Nordfrankreich und den Niederlanden quer durch die westlichen Teile der Sowjetunion bis zu den Gebirgen des Ural und des Kaukasus. Zwar führen dort in einigen Teilen die Menschen ein hartes Dasein, aber die vielen urbaren Gegenden haben seit jeher Invasoren und Siedler aus dem Westen sowie Nomaden aus dem Osten angezogen: Die Heere Karls des Großen weiteten die Grenzen des fränkischen Christentums bis in die »Dänische Mark« aus; vom 11. Jahrhundert an drängten deutsche Siedler durch die Mark Brandenburg nach Pommern, vom 13. Jahrhundert an in preußisches Gebiet vor – weiter südlich, in Mähren, waren sie bereits früher mit Angehörigen einer anderen Völkergruppe zusammengestoßen, mit den Slawen, die sich schon Jahrhunderte zuvor in den Ebenen niedergelassen hatten.

In viel höherem Maße als die anderer Völker scheint die Geschichte der Slawen in entscheidenden Augenblicken von herausragenden Einzelpersönlichkeiten bestimmt worden zu sein. Aus der Geschichte der bedeutendsten slawischen Nation, aus Rußland, fallen uns unschwer Iwan der Schreckliche, Peter der Große, Lenin und Stalin ein.

Vielleicht aber kommt niemandem in der russischen Geschichte solche Bedeutung zu wie einem Mann, der kein Russe war und auch nie Rußland betreten hat. Dennoch übte er einen enormen, wenngleich indirekten Einfluß aus. Dadurch, daß er dazu beitrug, Ideen und Ideologie Gestalt zu geben, hat sein Einfluß den heutigen sowjetischen Machthabern indirekt seinen Stempel aufgedrückt. Von hohem Intellekt und Wagemut, stets entschlossen, für die Verwirklichung seiner Träume zu kämpfen, war er aber auch undankbar und engherzig; und er war imstande, sich gegen die zu wenden, die ihm dienten; und quälte und erpreßte die, deren geistige Unabhängigkeit er fürchtete. Alle, die seine Pläne zu gefährden schienen, suchte er erbarmungslos zu vernichten. Doch sein Wirken legte den Grund zu einem Rußland, das wir immer noch erkennen können. Dieser Mann war Justinian, Kaiser von Byzanz in den Jahren von 527 bis 565.

Damals muß es so ausgesehen haben, als habe Justinians bemerkenswerteste Tat darin bestanden, daß er so sehr bemüht war, das Römische Imperium wiederzuvereinigen und neu aufzubauen. Trotz einiger Erfolge führte er diese Aufgabe nicht zu Ende, ebensowenig zerstörte er die Macht Persiens, die im Osten wie eine drohende Wolke über dem Reich lag. Wichtiger erscheint heute, daß sich unter ihm Gestalt und Charakter des Byzantinischen Reiches als Matrix der östlichen christlichen Kultur festigten. Seit unter Diokletian erstmals ein administratives Erfordernis formell Bestätigung gefunden hatte, trugen in erster Linie politische Entscheidungen immer wieder dazu bei, die östliche von der westlichen Reichshälfte zu trennen. Zuerst waren Mitkaiser üblich, dann löste sich das Westreich in eine Reihe von Fragmenten auf, während der östliche Reichsteil weitgehend als eine umfassende Größe fortbestand, mit großen Provinzen auf dem Balkan, in Kleinasien und Afrika, doch bloßen Ansprüchen auf frühere Reichsgebiete weiter westlich. Justinians Leistungen sollten trotz einiger erfolgreicher Feldzüge nicht in der Rückgewinnung dieser Territorien liegen, sondern das, was größere Bedeutung gewann, war sein Beitrag zu einem unterscheidbaren imperialen Stil byzantinischer Prägung.

Justinian führte ein, was man etwas schwerfällig »cäsaropapistische Autokratie« genannt hat – ein Versuch, in einem einzigen Begriff die Theorie zusammenzufassen, daß weltliche und geistliche Gewalt eins sind. Das war eine Vorstellung, die im abendländischen Europa keine Wurzeln zu fassen vermochte (obwohl es verständlicherweise immer Herrscher gegeben hat, die ihr zuneigten), im römischen Ostreich jedoch setzte sie sich völlig durch. Wenn gesagt wird, der Kaiser sei das Haupt sowohl der Kirche als auch des Staates gewesen, so ist das zwar richtig, wird aber so, wie es sich darstellte, weder der Idee noch der Praxis im Byzantinischen Reich gerecht – tatsächlich trifft der Unterschied, den wir gedankenlos zwischen Kirche und Staat machen, auf das Leben im Ostreich, das theoretisch eine monolithische christliche Gemeinschaft war, also Kirche und Staat in einem, nicht wirklich zu. Diese Theorie hat sich durch die orthodoxen Kirchen bis auf unsere Tage bewahrt. Ihre Vorstellung von der Pflicht, die sie gegenüber dem Herrscher hatte, brachte eine sehr viel geringere Unabhängigkeit zum Ausdruck als die Auffassung der römisch-katholischen Kirche. Für die Führer der orthodoxen Kirchen war es im allgemeinen möglich, die moralische Autorität ihrer Machthaber auch dann anzuerkennen, wenn sie Ungläubige waren oder – wie heutzutage in der Sowjetunion – Atheisten sind.

Justinians Reich war und blieb für tausend Jahre sowohl ein christliches Imperium als auch Erbe Roms. Um das zu demonstrieren, behielt es die alten römischen Titel bei. Aber Byzanz war ein Kind des späten Römischen Reiches – nicht die

△ Konstantin beschenkt die Heilige Jungfrau mit seiner neuen Stadt, Justinian übergibt ihr seine große neue Kirche, die Hagia Sophia, die Kirche der Heiligen Weisheit

◁ Justinian auf einem Medaillon von 534, das sehr wahrscheinlich an den Sieg seines Feldherrn Belisarius über die Vandalen erinnern soll

▽ Jahrhundertelang wurde das geheimnisvolle »griechische Feuer« zur Verteidigung Konstantinopels eingesetzt

Mythen der Republik Rom und deren Kraft stützten es, sondern die oberste Gewalt, die das kaiserliche Amt mit der Zeit an sich gezogen hatte, jene Seite der »römischen« Tradition, die schon immer besonders leicht durch östliche Vorstellungen beeinflußt worden war. Das war das Rom der despotischen Monarchen, denen ein quasi-göttlicher Status zugeschrieben und denen rituelle Ehren erwiesen wurden. Der Nimbus, der die Repräsentanten persischer Kaiser umgeben hatte, war von den römischen Kaisern übernommen worden und fand nicht zuletzt seinen Ausdruck in der byzantinischen Ikonographie, die in Mosaiken und Malereien neben den Gestalten von Heiligen, ja selbst sogar neben Christus Kaiser darstellt, ähnlich wie jene von einem Heiligenschein umgeben.

Die östliche Orthodoxie war zunächst weder theologisch erkennbar noch unwiderruflich von der abendländischen Christenheit getrennt. Anfangs ging es zwischen Ost und West um wenig mehr als um kirchliche Unabhängigkeit und den Anspruch auf die päpstliche Autorität. Tief in den Uranfängen der christlichen Kirchen wurzelnde Haltungen öffneten jedoch einen Weg, der (in bestimmten Augenblicken) einen Absprung ins Schisma möglich machte. Auch strategische und politische Faktoren trieben Ost und West auseinander. Justinians Heere eroberten Italien von den Ostgoten zurück und setzten für eine gewisse Zeit die kaiserliche Macht wieder ein. Danach sollte Byzanz noch jahrhundertelang Italien unter seiner Herrschaft halten, wie es auch Sizilianer, Afrikaner und Griechen regierte. Stück für Stück aber verlor es seine westlichen Territorien, und der direkte Kontakt mit ihnen wurde im 6. und 7. Jahrhundert immer schwieriger, als ein Keil heidnischer Völkerschaften der kaiserlichen Kontrolle über den Balkan und den Peloponnes, außer in einigen Küstenstädten, praktisch ein Ende setzte. Dabei handelte es sich um die Völker, die man später undifferenziert als »Slawen« bezeichnete. Danach drifteten die fränkische und die griechische Christenheit ungeachtet der Bedrohung durch den Islam noch rascher auseinander. Karl der Große etwa pflegte lockere diplomatische Beziehungen zu dem großen Harun-al-Raschid, dem Kalifen von Bagdad (der davon nicht sehr beeindruckt gewesen zu sein scheint), nicht weil dieser die Franken, sondern weil er das Ostreich bedrohte.

Das christliche Ostreich von Byzanz, das immer stärker in Erscheinung trat, sollte bis in die Mitte des 15. Jahrhunderts existieren. Wie die Kreuzzüge zeigten, war das nur in geringem Maße dem christlichen Abendland zu verdanken. Trotzdem leistete Byzanz dem westlichen Europa lange Zeit gute Dienste, indem es den Schock des islamischen Anpralls auffing und abschwächte. Doch schon bald wurden erste Anzeichen einer Spaltung von Ost- und Westkirche deutlich, hervorgerufen zunächst von Normannen und Kreuzfahrern, die immer wieder byzantinische Besitzungen beanspruchten, schließlich von seefahrenden venezianischen und genuesischen Kaufleuten, die nach und nach in den Handel Byzanz' drängten.

Im 9. Jahrhundert begann Byzanz, die Auswirkungen der arabischen Eroberungen – durch sie verlor es faktisch alle nordafrikanischen und levantinischen Besitzungen – zu überwinden und seinen Einfluß auf dem Balkan wieder zur Geltung zu bringen. Im 11. Jahrhundert aber verschlechterte sich die Lage erneut. Papsttum und Orthodoxie befanden sich in einem regelrechten Schisma. 1071 erlitt das byzantinische Heer durch die türkischen Seldschuken die verheerende Niederlage von Manzikert, was bedeutete, daß von dieser Zeit an Kleinasien für das Reich praktisch verloren war. Ein Hilferuf des Kaisers von Byzanz führte 1096 zum ersten Kreuzzug. Dann trat gut einhundert Jahre später, 1204 – ein weiteres entscheidendes Datum –, ein besonders makabres Ereignis ein: Byzanz wurde geplündert von – den Christen. Die Weigerung, Tribut an ein Kreuzfahrerheer zu zahlen, veranlaßte dieses dazu, sich gegen seine Glaubensbrüder zu wenden und raubend, brandschatzend, plündernd und mordend durch das »zweite Rom« zu ziehen. Damit wurde dem großen östlichen Reich eine tödliche Wunde zugefügt, wenn das Ende auch erst zweieinhalb Jahrhunderte später eintrat.

Hinter dieser langen Geschichte von Katastrophe und Niedergang verbirgt sich jedoch eine glänzende und reiche Kultur, deren Stil und Gepräge von den verschiedenen Provinzen und Völkern des Imperiums und auch von Asien mitbestimmt wurden. Sie hatten Byzanz einen kosmopolitischen Charakter verliehen, der dem abendländischen Europa immer fehlte. Byzanz entlehnte vieles von den Persern, Arabern und Türken, mit denen es oftmals Krieg führte, und bereicherte in diesem Prozeß seine eigene Kultur. Das wichtigste Vermächtnis an die Zukunft war das slawische Europa, denn von Byzanz aus wurden die slawischen Völker christianisiert (die Völker, die der Sprachgruppe angehören, die wir slawisch nennen) und wurde vieles im slawischen Europa in einer Weise geprägt, die es auch heute noch vom westlichen Europa unterscheidet. Das ist der Hauptgrund, warum es bis heute schwer zu entscheiden ist, ob Rußland ein Teil des Westens ist oder nicht.*

Die slawischen Anfänge liegen im dunkeln, obwohl diese große Volksgruppe schon sehr früh Osteuropa besiedelte. Zwar wurden die Slawen über lange Zeit von nomadisierenden Eindringlingen aus dem Osten bedrängt, die immer wieder ihre Siedlungsgebiete angriffen, doch konnten sie sich letztendlich behaupten. Um 500 n. Chr. besetzten slawische Umsiedler das nördliche Donauufer von Belgrad bis zum Schwarzen Meer. Wie andere Völker, mit denen sie sich im Laufe ihrer Geschichte vermischten, machten sie dem Byzantinischen Reich schwer zu schaffen. Obwohl Bauern und Hirten, die ohne spezifische politische Organisation in Sippen zusammenlebten, schlossen sie sich den nomadisierenden Awaren an, die 626 Konstantinopel belagerten, und nahmen viele griechische Städte ein, die von der byzantinischen Flotte nicht von See her unterstützt werden konnten. Zu jener Zeit lebten Slawen nicht nur in einem großen Teil der Ebenen Polens, der Ukraine und Nordrußlands, sondern es gab auch verstreut liegende slawische Siedlungen entlang der Adriaküste und in Teilen Mitteleuropas. Obwohl einige Phasen in der Geschichte jenes Volkes schwer nachvollziehbar und wie in ein geheimnisvolles Dunkel getaucht sind, finden sich doch immer wieder Berührungspunkte zwischen jener kraftvollen Völkergruppe und der abendländischen Kultur – so hat ironischerweise beispielsweise das Wort »Sklave« seinen Ursprung im Slawischen.[1]

Die slawischen Wanderungen waren im großen und ganzen zu Ende, als sich 856 ein bulgarischer Fürst zum Christentum bekannte – ein zukunftsträchtiges Ereignis

* Rußland steht hier nicht für die Sowjetunion, sondern ist, wie auch an anderen Stellen, entweder als Teilrepublik der sowjetischen Union oder als geographisches Gebiet zu verstehen (Anm. d. Verlages).

in der slawischen Geschichte. Die Bulgaren (wie die Griechen sie nannten), ethnisch den Hunnen verwandt, hatten im 7. Jahrhundert die Oberhoheit über die Slawen des unteren Donautals erlangt, von denen sie mit der Zeit slawisiert wurden. Das Ergebnis war der erste wirkliche slawische Staat, eine bulgarische Monarchie, und die Bekehrung seines Khans, Boris, war ein hervorragender Schachzug der byzantinischen Diplomatie. Wenn sich Bulgarien gegen spätere Kaiser von Byzanz auch oft auflehnte, so sollte es doch nie in die westliche, römische Einflußsphäre geraten. Was jedoch wichtiger war: Bulgarien leitete den Prozeß ein, durch den die slawischen Völker in den Wirkungsbereich des Christentums gelangten, da die Monarchie den Glauben in seiner griechischen Version angenommen hatte. Die sich entwickelnden slawischen Kulturen wurden auf jene Weise an die Ostkirchen gebunden, die sich ja mehr und mehr von den Traditionen des lateinischen Westens entfernten. Das vermittelte den Slawen nicht nur den Zugang zu einer spezifischen theologischen oder liturgischen Form, sondern auch zu rechtlichen und philosophischen Vorstellungen, zu Kulturmodellen, die sie von Byzanz entlehnten.

Zahlreiche Legenden entstanden um zwei Brüder, die mehr als andere dazu beitrugen, die Slawen zu europäischen Christen zu machen. Gemeint sind die griechischen Mönche Kyrillos und Methodios, die später heiliggesprochen wurden. Konstantinos (den Namen Kyrillos nahm er erst kurz vor seinem Tode an) scheint als Gesandter bei den Arabern und als Missionar bei den Chasaren, einer wichtigen Macht an der unteren Wolga, gewirkt zu haben, bevor er und Methodios um die Mitte des 9. Jahrhunderts vom Kaiser nach Mähren gesandt wurden. Dort entwickelte er die Glagoliza, eine Schrift, die die Basis für eine eigenständige slawische Literatur schuf. Jene glagolizische Schrift wurde jedoch später zugunsten einer auf griechischen Buchstaben aufbauenden Schrift aufgegeben, aus der sich dann die moderne russische und bulgarische Schriftsprache entwickelte, die zu Ehren des Heiligen Kyrillisch genannt wurde. Zusammen mit dem christlichen Glauben verbreitete sie sich rasch unter den slawischen Völkern und führte zur Ausformung einer slawischen Liturgie und zur Herausgabe einer slawischen Bibel.

Die Fähigkeit, zu lesen und zu schreiben, gibt einer Kultur Gestalt, festigt sie so, wie es sonst nicht möglich wäre. Von dem Augenblick an, in dem eine Schrift erscheint, gibt es Berichte, gewinnen Völker neue Klarheit in ihren Vorstellungen über das, was getan werden kann und getan werden sollte. Außerdem bedeutet Bildung die Fähigkeit auszuwählen: Mit der Stabilisierung der Sprache werden bestimmte Einflußmöglichkeiten von außen verhindert, andere wiederum gefördert. Für die Slawen bedeutete Bildung, daß die Vorbilder, nach denen ihre Gelehrten, ihre Rechtsgelehrten, ihre Politiker sich richteten, in Zukunft in Ostrom zu suchen waren – Vorbilder, die aus der griechischen Erbschaft von Byzanz stammten, nicht aus dem lateinischen Erbe der katholischen Kirche des Abendlandes. So sollte sich am Ende die orthodoxe Sphäre der christlichen Kultur, die sich allmählich in den Norden von Byzanz, also in jene slawischen Gebiete, ausbreitete, mehr und mehr nach ihren eigenen Rhythmen bewegen, losgelöst von dem, was sich im westlichen Europa ereignete. Die orthodoxe slawische Welt sollte daher keine Renaissance, keine Reformation, keine Gegenreformation erleben – ausgenommen natürlich jene slawischen Gebiete, die mittlerweile zum römischen Katholizismus

Das Christentum kommt zu den Slawen.
Links: Die Taufe des Khans Boris.
Unten links: Die Dreifaltigkeit, abgebildet in einer bulgarischen Kirche (18. Jh.).
Unten rechts: Eine Ikone des heiligen Wladimir (15. Jh.)

bekehrt worden waren (vor allem Polen und Böhmen). Sie sollten, im Positiven wie im Negativen, an der Geschichte des abendländischen Europa teilhaben.

Aber damit eilen wir der Geschichte voraus. Kehren wir wieder zu Kyrillos und Methodios zurück. Die »Slawenapostel«, wie sie auch genannt werden, hielten bei der Christianisierung der Slawen jene Methode bei, die bisher praktiziert worden war und die bis ins 16. Jahrhundert (bis sich das Christentum in der Neuzeit auf andere Kontinente ausdehnte) angewendet werden sollte: Waren erst einmal Könige, Fürsten oder Heerführer bekehrt, so nahmen auch bald darauf die Massen den Glauben an. Auf diese Weise waren im Westen die Franken katholisch geworden (durch die Bekehrung ihres Führers Chlodwig), und der gleiche Prozeß spielte sich auch im Osten ab, obwohl er dort eine weitere Dimension erfuhr, da die byzantinische Tradition die weltliche und die geistliche Macht in der Person ein und desselben Herrschers konzentrierte. Ob die barbarischen Könige im Abendland es gerne zugaben oder nicht: Sie waren in den Augen der Kirche nur treuhänderische Verwalter des geistigen Wohlergehens ihrer Völker, nicht nur vor Gott für sie verantwortlich, sondern auch vor dem Stellvertreter Gottes auf Erden, dem Vicarius Christi, der in Rom saß. Östliche orthodoxe Kaiser kannten keinen solchen irdischen Vorgesetzten.

Die folgenreichsten Bekehrungen durch die Ostkirche fanden gegen Ende des 10. Jahrhunderts – wohl 986 – in einem Fürstentum statt, dessen Mittelpunkt eine Handelsstadt am Dnjepr war, in Kiew Rus. Zu diesem Zeitpunkt taucht in der Geschichte erstmals der Begriff »Rußland« auf. Westeuropäer sind niemals wirklich imstande gewesen, sich klar darüber zu werden, wo sie Rußland auf ihrer geistigen Landkarte einzeichnen sollten. Ist es – besser: Ist das slawische Europa überhaupt ein Teil Europas? Ist es, wie es heute viele Asiaten sehen, ein Teil des Abendlandes? Oder gehört es (wie viele Nordamerikaner und Westeuropäer meinten und noch meinen) zu einem nicht-westlichen, halbasiatischen »Osten«? Ist es etwas von Ost *und* West Verschiedenes, also *Sui generis?* Daß die Russen selbst sich vor allem im 19. Jahrhundert mit dieser Frage auseinandersetzten, zeigt, daß die Schwierigkeit keineswegs nur eine Folge der Veränderung war, die sich aus der Revolution von 1917 ergab, als sich in Rußland eine Macht etablierte, die sich als ideologische Opposition zum Kapitalismus verstand. Noch weniger handelt es sich dabei lediglich um ein mit dem »Eisernen Vorhang« und den Folgen des Sieges von 1945 zusammenhängendes Problem. Vielmehr geht es hier um eine Frage mit weit tiefer reichenden Wurzeln.

Erst im 18. Jahrhundert wurde Rußlands regierendes Herrscherhaus in Westeuropa als Mitglied jenes hehren Kreises der Europa regierenden Dynastien anerkannt, und selbst damals verstand niemand so recht, was in Moskau eigentlich – sowohl kulturell als auch politisch – vor sich ging. Aus diesem Grunde ist auch die lange Zurückhaltung hinsichtlich der Anerkennung der Romanows zu erklären, obwohl diese seit 1613, als sie erstmals den Thron bestiegen, regierten. War das Russische Reich orientalisch, war es arabisch? Zweifel blieben.

Kiew war der erste Kern eines Phänomens, das wir Rußland nennen können. Im 8. Jahrhundert waren die slawischen Völker des nördlichen Rußland und der Ukraine einem von Norden kommenden Ansturm skandinavischer Völker ausgesetzt, ähnlich dem, den Westeuropa erlebte. »Waräger« wurden sie genannt, jene Wikinger, Dänen und Normannen, die im Osten immer weiter landeinwärts vordrangen, begünstigt durch ihre wendigen Boote, die für die Erforschung der großen Flüsse Rußlands ideal geeignet waren, begünstigt natürlich auch durch das weitverzweigte russische Flußsystem. Es ist geradezu unglaublich, wie weit die Nordländer vordrangen: Mitte des 9. Jahrhunderts standen einige von ihnen vor Bagdad, und im Jahre 860 überfiel die Besatzung von zweihundert Schiffen sogar die kaiserliche Hauptstadt von Byzanz.

Schon vor dieser Zeit, so erzählt die Legende, errichtete der Warägerprinz Rurik seinen Hof in Nowgorod (die späteren russischen Adligen, die den Titel »Fürst« trugen, erhoben ausnahmslos den Anspruch, von seinem Hause abzustammen). Bald wurde die Hauptstadt nach Kiew verlegt, die Waräger vermischten sich in zunehmendem Maße mit den von ihnen unterworfenen Slawen, und der direkte Vorfahr des russischen Staates trat ins Leben – Kiew Rus. Lange Zeit kaum mehr als ein Marktflecken, blieb es vorerst heidnisch (offiziell bis etwa 986, inoffiziell jedoch wohl erheblich länger) und kann wohl kaum über eine gewisse Zivilisation verfügt haben, jedenfalls nicht, als es noch mit Skandinavien verbunden war – hat es doch während des ganzen ersten Jahrtausends unserer Zeitrechnung nur wenige greifbare kulturelle Veränderungen in der skandinavischen Zivilisation gegeben.

Byzanz hatte da bedeutend mehr zu bieten: Seine Verbindungen mit dem Ostreich wurden trotz immer wieder aufflammender Kämpfe zahlreicher, intensiver, erheblich unterstützt durch eine byzantinische Diplomatie, die geschickt gegen die Waräger vorging. Ob byzantinische Missionare in Kiew wirkten, ist nicht bekannt, jedenfalls erreichte das Christentum Kiew noch vor 900, wahrscheinlich von Bulgarien her. So ließ sich eine Fürstin von Kiew, Olga, die für ihren minderjährigen Sohn die Regentschaft führte (er war übrigens der erste Fürst von Kiew, der einen slawischen Namen hatte – Swjatoslaw), zur Christin bekehren.

Mitte des 10. Jahrhunderts war das Los eines künftigen Rußland noch ungewiß. Eines jedoch stand fest: Es stellte für das Christentum ein lohnendes Ziel dar. Kulturell auf einer sehr niedrigen Stufe stehend, wartete Rußland geradezu auf die formende Kraft einer Kultur. Da der Islam im Südosten durch die Chasaren an einem Vordringen gehindert wurde, China außerdem zu weit entfernt war, um in den Wettbewerb einzutreten, blieben nur zwei mögliche Kandidaten: der katholisch-lateinische Westen und der griechisch-orthodoxe Osten. Die Entscheidung mußte bald fallen, hatten doch die katholischen Christen bereits die polnischen und böhmischen Slawen bekehrt und deutsche Siedlungen (und neue Bistümer) in Böhmen und in den baltischen Gebieten gegründet. Schon zu diesem Zeitpunkt standen sich die beiden christlichen Traditionen erbittert gegenüber. Die Frage war also: Wer konnte sich letztendlich behaupten und somit die Zukunft Rußlands bestimmen?

Es war schließlich Wladimir, der die weitere Entwicklung entscheidend beeinflussen sollte, ein Fürst, der nach wilden dynastischen Kämpfen um 980 als Sieger in Kiew Rus erschien. Enkel der heiligen Olga, jedoch Heide, außerdem formal ein Verbündeter des byzantinischen Kaisers, begann, sich mit anderen Religionen auseinanderzusetzen. Wladimir soll von ziemlich rauhem, zähem Charakter gewesen sein, und die Russen halten gerne an der Geschichte fest, er habe den Islam verworfen, weil dieser den Genuß von Alkohol verbot. Das mag sein. Sicher ist, daß er Gesandtschaften mit dem Auftrag ausschickte, christliche Kirchen in anderen Ländern aufzusuchen und zu beurteilen. Die Deutschen, so berichteten die Gesandten nach ihrer Rückkehr, hätten wenig zu bieten, die Bulgaren einen schlechten Geruch! In Konstantinopel aber gewann man ihre Herzen. »Dort« – wahrscheinlich in der Hagia Sophia –, so erklärten sie, »wußten wir nicht, waren wir im Himmel oder auf der Erde, denn auf Erden gibt es eine solche Schönheit nicht. Wir wissen nicht, wie wir sie beschreiben sollen, wir wissen nur, daß dort Gott bei den Menschen wohnt.« Wladimir scheint auch nach den Berichten einige Zeit gezögert zu haben, das orthodoxe Christentum für sich und sein Volk anzunehmen, mußte er doch auch politische und diplomatische Erwägungen anstellen. Am Ende jedoch entschloß er sich dazu, und um seine Haltung auch nach außen hin zu zeigen, heiratete er eine byzantinische Prinzessin, die Schwester des Kaisers.

Wladimir entschied sich also für das orthodoxe Christentum, jene Kirche, die sich so anders darstellte als die des Abendlandes: Jahrhundertelang waren in der Hagia Sophia Weihrauch und Gesänge aufgestiegen, waren Prozessionen prächtig gekleideter Priester und Akolythen durch die Straßen gezogen, und die Rituale, die das Erscheinen des Kaisers in der Öffentlichkeit umgaben, hatten eine Kultur mit Gottes eigener Autorität versehen. Das war eine gewaltige und anhaltende Anstrengung gewesen, aber sie machte sich durch den Eindruck bezahlt, den sie in den Köpfen der Barbaren hinterließ, die Wladimir ausgesandt hatte, damit sie ihn bei seiner Entscheidung beratend unterstützen konnten. Sein Entschluß muß jedoch auch das Ergebnis politischer Kalkulationen auf beiden Seiten gewesen sein: Kiew Rus war Byzanz eine Brautmesse wert und sogar eine Prinzessin. Über alle diese Vorgänge hinaus aber lag die Bedeutung der Entscheidung Wladimirs in dem, was noch kommen sollte. Er formte Rußlands Zukunft mehr als alles andere in der russischen Geschichte.

Es folgte die Bekehrung seines Volkes und so auch dessen kulturelle Entwicklung. So unerbittlich sich Wladimir dabei auch gab (und er ging sehr hart vor, um seinen Untertanen den neuen Glauben aufzuzwingen), so wurde doch zweihundert Jahre später seine Kanonisierung befürwortet. Heilige müssen nicht immer gute Menschen sein, es genügt, wenn ihr Leben das Wirken Gottes zum Ausdruck bringt. Er hatte beschlossen, daß Rußland christlich sein sollte, und dadurch, daß er es nicht katholisch werden ließ, trug er zu jenem russischen Rätsel bei, das in der Frage liegt: Ist Rußland Teil des Abendlandes?

Die Antwort liegt zum Teil in den geographischen Gegebenheiten. Rußland entstand in einer exponierten und isolierten Lage: Keine bedeutenden landschaftlichen Markierungen umgaben seine ersten kleinen Gemeinwesen; rund um Kiew Rus breiteten sich die weiten, anonymen Ebenen des Ostens aus. Aber es lag an einem Handelsweg, und das öffnete die Stadt für Einflüsse von außen, das gab ihr fast einen kosmopolitischen Zug: Im 11. Jahrhundert heiratete ein Fürst von Kiew die Tochter eines norwegischen Königs, sein Sohn eine byzantinische Prinzessin; eine angelsächsische Königsfamilie suchte am Hof von Kiew Zuflucht. Als die Kräfte Kiews nachließen und Moskau und Nowgorod größere Bedeutung gewannen, war die zukünftige russische Monarchie geographisch noch immer ungeschützt und ohne klar umrissene Grenzen. Die russische Staatsmacht entstand, kristallisierte und festigte sich in kleinen Inseln inmitten eines Ozeans von Land, über dessen Ebenen Feinde drängten, aber auch Kaufleute und andere friedlich Gesinnte einwanderten. Von Osten her bedrohten jahrhundertelang zuerst Turkvölker aus den Steppen, dann Mongolen und Tataren das Reich, und aus dem Westen kamen die Deutschen: Kaufleute, Siedler, katholische Missionare und vor allem die Deutschordensritter. Sie bildeten die Speerspitze des europäischen Zugriffs im Osten, einen Teil der ersten Welle europäischer Expansion, die sich auch in den Kreuzzügen ins Heilige Land ausdrückte. Wie die »Militärorden« anderer Länder waren sie Kreuzfahrer, kämpfende Ordensleute, die bestimmte religiöse Gelübde ablegten und bei der Ausbreitung des Glaubens ihren Oberen bedingungslos gehorchten. Ihre Vorhuten gaben dem »Drang [der Siedler] nach Osten« Flankenschutz, jenem Ostlandzug der Deutschen, der die Gründung von Städten im Baltikum, die Herrschaft über polnische, litauische und lettische Bauern sowie die Christianisierung des baltischen Hinterlandes zur Folge hatte.

Jene Kreuzritter betrachteten die Russen als Feinde und Eindringlinge. Es spielte keine Rolle, daß sie Christen waren und behaupteten, den Glauben zu verbreiten. Die orthodoxen Slawen waren auch Christen, doch ziemlich sicher, daß ihre katholischen Angreifer sie nicht als solche betrachteten. Schlimmer noch: Während die Deutschen in slawisches Gebiet eindrangen, die Bevölkerung versklavten und sich des Grund und Bodens bemächtigten, bedrängten die Tataren das orthodoxe Rußland von Osten her. Das katholische Abendland und das heidnische Asien fielen also gleichzeitig über die Slawen her, und da die Natur den Menschen in den Ebenen nur geringen Schutz bot, setzten sie ihre einzige Hoffnung in die Macht der Fürsten, verfügten jene doch über die notwendigen militärischen Mittel, um den Eindringlingen entgegenzutreten. Wenn also Rußland überhaupt überleben würde, dann nur als eine von einem Staat geschaffene Nation – von einem Staat, der die zum Überleben nötige militärische Macht bot und dessen Herrscher diese Macht mit dem autokratischen Anspruch der Orthodoxie stützten. Von Anfang an trieb der feindliche Druck Rußland zur Zentralisierung und dazu, die Staatsgewalt voll zur Geltung zu bringen.[2]

Eine Stärkung der autokratischen Autorität war nicht das einzige Ergebnis der jahrhundertelangen Einbrüche und Raubzüge aus Ost und West. Ein tiefsitzender, psychologisch bedingter Argwohn gegen das Abendland griff Platz, der immer und immer wieder neu belebt wurde und den Austausch von Ideen zwischen West und Ost verhinderte. Das erklärte teilweise die lange Auseinandersetzung, die sich im 19. Jahrhundert zwischen russischen Intellektuellen abspielte: Sollte Rußland sich als eine Nation weiterentwickeln, in dem es bewußt westeuropäische Vorstellungen und Methoden übernahm (so die »europhile« Sicht), oder sich nach innen wenden und sich auf der Suche nach seiner Geschichte seiner eigenen Institutionen und Traditionen als Werte bedienen (so die »slawophile« Sicht)?

Man kann sich gar nicht oft genug daran erinnern, in welchem Maße Unsicherheit und Argwohn gegenüber Europa die Antworten auf solche Fragen bestimmten. Rußland und der russische Staat waren zu einem großen Teil durch Konflikte mit

Westeuropäern geprägt (Polen mochten Slawen sein, sie waren aber auch an den lateinischen Westen gebundene Katholiken), mehr noch: In russischen Augen machten sich diese Europäer, obwohl sie sich Christen nannten, zynisch und widernatürlich die Gefahren zunutze, die Rußland von den heidnischen Barbaren Asiens drohten. Das war ein ständig wiederkehrender Alptraum. Rußland sah sich immer mindestens zwei Fronten gegenüber: einer asiatischen und einer europäischen. Seine Methode, mit diesem Problem fertig zu werden, ist jahrhundertelang die gleiche geblieben: Es drängte diese Fronten so weit wie möglich weg von seinem Kernland. Nur Raum und militärische Macht vermochten die Bewohner der weiten Ebenen zu schützen – aber immer blieb der Alptraum, die beiden Gefahren, Ost und West, könnten wieder gleichzeitig akut werden.

1938 lief in den russischen Kinos einer der größten Filme eines bedeutenden Regisseurs an, Eisensteins »Alexander Newsky«. Jener Fürst aus dem 13. Jahrhundert, der diesem Film seinen Namen gab, ein Großherzog von Nowgorod, kam in einer turbulenten Zeit auf den Thron: 1240 hatten die Mongolen Kiew eingenommen, sich Nowgorod auf sechzig Meilen genähert und sich als Herrscher über Südrußland und Oberherren der russischen Fürsten etabliert. Es gab aber auch noch andere Gefahren, und Newsky beschloß nach reiflicher Überlegung, sich mit den Tataren zu verbünden, um zuerst die Schweden, dann die Deutschen abwehren zu können. Nowgorod überlebte. Unter Newskys Sohn, der Fürst von Moskau war, ging die Kurve wieder nach oben, und die allmähliche Konsolidierung Moskaus nahm ihren Anfang. Zurück zu besagtem Film: Hier erscheinen zwar die Tataren als grausam, aggressiv, raubgierig, jedoch sind sie nicht die »Hauptschurken«. Das sind die christlichen Deutschen, die, in fremdartige düstere Rüstungen gekleidet, die slawische Stadtbevölkerung grausam bedrohen, sich im Kampf brutal auf die Überlegenheit ihrer Waffen verlassen, dabei mit einem religiösen Deckmantel versehen. Dieser Film wurde gedreht, während die Aussichten auf eine gemeinsame Abwehr Hitlers und auf eine kollektive Sicherheit in Europa von Tag zu Tag geringer wurden. Der entscheidende Punkt der Aussage ist eindeutig: Aus dem Westen näherte sich eine neue Gefahr, und die Russen mußten alle ihre Kräfte mobilisieren. In Eisensteins Film trugen die Deutschen Helme wie jene der deutschen Truppen, die 1917 Rußlands Kräfte gebrochen hatten und somit erst den Frieden von Brest-Litowsk vom März 1918 ermöglichten, der die neue Sowjetregierung zu erheblichen Konzessionen gegenüber den Mittelmächten zwang.

In der Tat schien sich eine Wiederholung jenes Vorganges anzudeuten, mehr noch: Im Hintergrund lauerten, als Eisenstein seinen Film drehte, neue »Tataren«. 1936 brach in der Mongolei ein Krieg zwischen Rußland und Japan aus. Die russischen Machthaber sahen eine alte Gefahr, sahen eine Allianz zwischen Westeuropa und Asien gegen Rußland.[3] Das ist der Hintergrund, den man im Auge behalten muß, wenn man sich über die uns oft völlig unangemessen erscheinende sowjetische Furcht vor einem von Deutschland angeführten Europa auf der einen und einem aufsteigenden China auf der anderen Seite wundert. Die Geschichte ist stärker als die marxistische Ideologie.

Moderne Historie scheint kein so großes Interesse an Daten zu haben, mit denen Epochen »anfangen« und »enden«, wie das in meiner Schulzeit der Fall war, aber solche Daten sind immer noch recht nützlich, wenn man die historischen Landkarten abstecken will. 1453 ist ein sehr gut geeignetes Datum, weil es in diesem Jahr feststand, daß Rußland der große Bruder der orthodoxen Familie sein würde. Neunhundert Jahre nach Justinian unterlag Konstantinopel, das zweite Rom, einem Heer der Ungläubigen. Nach dem schweren Schaden, der ihm in der Zeit der Kreuzzüge zugeführt worden war, und nach dem darauffolgenden Fehlschlag der Kreuzfahrer bei der Abwehr der Muslime konnte zwar das Byzantinische Reich seine Hauptstadt zurückgewinnen und weiter existieren, war ihm auch von Zeit zu Zeit eine kleine Atempause gegönnt, doch wurde es in immer engere Grenzen gezwungen. So sah sich Byzanz, nachdem endgültig die Bemühungen gescheitert waren, die katholische und die orthodoxe Kirche wiederzuvereinigen, dem letzten islamischen Angriff gegenüber, der dieses Mal von den »osmanischen« Türken allein geführt wurde. Kreuzzüge im Osten und die Reconquista im Westen hatten im Islam einen »Gegen-Kreuzzugs-Geist« hervorgerufen, und die furchterregenden osmanischen Krieger sahen sich in erster Linie als westwärts gerichtete Streitmacht.

Das Ende des alten Reiches entbehrte nicht einer gewissen Tragik: Am Abend des 28. Mai empfing Konstantin XI. – der achtzigste Kaiser seit der Zeit, als sein Namensvetter Konstantin der Große das Reich dem Christentum zugeführt hatte – in der Hagia Sophia die heilige Kommunion; in der Frühe des nächsten Morgens fiel er (niemand weiß genau, wie oder wann) an der Spitze seines Heeres im Kampf gegen die zum Schlußangriff angetretenen Türken. Einige Stunden später betraten die Sieger die Stadt. Als das Plündern und Morden endete, begab sich der türkische Anführer direkt zur Hagia Sophia, sprach seine Gebete und ließ seinen Siegesthron errichten; die große Kathedrale wurde Moschee; tausend Jahre christlicher Herrschaft fanden ihr theatralisches Ende. Das Vermächtnis Roms im Osten schien für immer beendet.

Der Sieger von Konstantinopel war Muhammad II. Das Volk des osmanischen Sultans blickte zu diesem Zeitpunkt auf eine großartige Reihe militärischer Erfolge zurück. Wie viele andere Nomadenvölker asiatischer Herkunft stützten sie sich anfänglich auf ihre herumziehenden Heere, die immer dann von Gebieten oder Reichen Besitz ergriffen, wenn diese zerfielen. Im 15. Jahrhundert, längst fest etabliert, beherrschten sie Anatolien, den asiatischen Teil der heutigen Türkei, und offenbarten schon zu diesem Zeitpunkt ihre starke Bindung an den Islam.

Um 1400 konnte der Islam auf eine mehr als siebenhundert Jahre alte Tradition zurückblicken, und wie das römische und das orthodoxe Christentum hatte auch er Höhen und Tiefen erlebt. Vom 15. Jahrhundert an ist eine neue islamische Expansionswelle zu beobachten, zuerst in den alten Gebieten des mittleren Ostens und im Bereich der Ägäis, wo abendländische Herrschaft bereits die byzantinische abgelöst hatte. Im 16. Jahrhundert erhob sich dann ein neues großes persisch-islamisches Reich unter der Führung der Safawiden-Dynastie (die ebenfalls türkischen Ursprungs war). Noch weiter östlich hatten Eroberungen schon im 12. Jahrhundert zur Schaffung muslimischer Sultanate in Delhi geführt, und bald nach 1500 errichtete Babur, ein Zeitgenosse des englischen Tudorkönigs Heinrich VIII. (und einer der schillerndsten unter den Herrschern von Rang), das indische Reich der Großmoguln, einen weiteren Brennpunkt muslimischer Macht.

△ Zeichnung des Inneren der Hagia Sophia, die damals noch als Moschee benutzt wurde, aus dem 19. Jahrhundert

◁ Janitscharen des 16. Jahrhunderts: Die Elitekorps des osmanischen Heeres, erstmals im 14. Jahrhundert aus zwangsweise eingezogenen Christen aufgestellt

◁◁ Konstantinopel im frühen 16. Jahrhundert: Das Goldene Horn bedeckt die Mitte der Karte, die Hagia Sophia ist ebenfalls zu erkennen

Der Wiederaufstieg des Islam ließ nicht nur Kommunikationsbarrieren zum Fernen Osten entstehen und unterbrach wichtige Seewege in den Mittelmeerraum, sondern trug die türkische Macht tief hinein nach Europa, das seit Karl Martells Sieg über die maurischen Heere bei Tours niemals mehr in solch großer Gefahr gewesen war. Um 1500 herrschten die Türken nicht nur über das kontinentale Griechenland, Bosnien, die Herzegowina, über Albanien und die ägäischen Inseln, bekehrten nicht nur viele Balkanbewohner zum Islam, nahmen nicht nur den italienischen Hafen von Otranto ein und hielten ihn ein Jahr lang, sondern drangen auch noch weiter vor und zerschlugen die ungarische Armee 1526 in der Schlacht bei Mohács, eroberten Ungarn und belagerten Wien. Gewiß, sie nahmen es nicht ein, eroberten auch 1565 Malta nicht, mußten gar Rückschläge in Gebieten hinnehmen, die seit langem islamisiert waren, doch das frühe 16. Jahrhundert erlebte das Osmanische Reich in der Tat auf seinem Höhepunkt (alle muslimischen Gebiete Nordafrikas, außer Marokko, befanden sich damals unter seinem Einfluß), zugleich jedoch am Beginn seines Niedergangs. Obwohl sein Druck auf eine geteilte Christenheit stärker denn je zu sein schien, stellte der Islam bald nach 1600 nicht mehr die gleiche militärische Gefahr dar wie zu einem großen Teil des Mittelalters. Sicher, die Türken konnten Zypern und Kreta erbeuten und schwärmten immer noch über den Balkan aus, aber ein sehr scharfsichtiger und kenntnisreicher Beobachter hätte die Bedeutung des Wortlauts eines Vertrages erkannt, der Ende 1606 im Frieden von Zsitvatorok (Ungarn) den seit 1593 dauernden Krieg zwischen den Habsburgern (Kaiser Rudolf II.) und den Türken beendete. Es handelte sich dabei um den ersten Vertrag, den die Osmanen mit einem nicht mehr verächtlich als »König von Wien« bezeichneten, sondern mit einem als ebenbürtig anerkannten Herrscher, mit dem »Römischen Kaiser«, aushandelten, nicht diktierten. 1683 standen die Türken schließlich noch einmal vor den Toren Wiens, und wieder mißlang es ihnen, die Stadt einzunehmen. Der osmanische Stern begann endlich sichtbar zu verblassen. Die Schlacht um Wien war die letzte große Anstrengung der Osmanen.

Ihre Erfolge hatten bis dahin bereits gigantische Auswirkungen gezeitigt. Die türkischen Eroberungen erklären, warum Metternich meinte, Asien beginne unmittelbar östlich von Wien, denn die Türken brachten den von ihnen eroberten Gebieten nicht nur den Islam (es gibt heute noch blühende muslimische Gemeinschaften in Jugoslawien), sondern auch Verwaltungsmethoden, die den Unterschied zwischen diesem Teil Europas und dem, was man weiter westlich antraf, unterstreichen. Das war seit langem bekannt. Ein Engländer, der im 17. Jahrhundert durch Ungarn reiste, drückte es ziemlich kurios (und mit einiger Übertreibung) so aus: »Schon bevor man Buda erreicht, scheint man eine andere Welt zu betreten, eine Welt, die völlig verschieden ist von der der westlichen Länder: Man nimmt dann Abschied von Haar auf dem Kopf, von Bändern, Hauben, Hüten, Handschuhen, Betten und Bier und begegnet Gewohnheiten, Verhaltensweisen und einem Lebensstil, die sich ohne große Variationen, vielmehr ziemlich einförmig bis nach China und in die äußersten Gebiete Asiens erstrecken.«[4] Damit deckte unser Reisender zwar nicht die Vielfalt des Ostens ab, doch es war schon etwas daran: So konnte man noch im 19. Jahrhundert auf den Sklavenmärkten von Belgrad eine junge Serbin als Konkubine kaufen, gab es auf dem Balkan keines der bürgerlichen Rechte, keine der repräsentativen Körperschaften und keines der Individualrechte des mittelalterlichen Abendlandes, doch wäre man ebensowenig auf westliche Leibeigenschaft und oberherrliche Gerichtsbarkeit gestoßen. Bauern erbten den väterlichen Besitz, erfreuten sich größerer Freiheit als unter byzantinischer Herrschaft, waren auch nicht mit großen Abgaben belastet, und nicht wenige verbesserten ihren Stand im Dienst des Reiches. Im übrigen gab es unter osmanischer Herrschaft auch keine religiöse Intoleranz, wie sie der abendländischen Kirche eigen war – Christen und Juden waren unter dem türkischen Recht als Gemeinschaften zwar in gewisser Weise benachteiligt, zahlten Sonderabgaben und waren Untertanen zweiter Klasse, aber die Ausübung ihrer Religion war ihnen erlaubt. Als sich die Türken schließlich zurückzogen, existierten die christlichen Gemeinden, die sie jahrhundertelang beherrscht hatten, immer noch, waren ihre Kultur und Sprache intakt geblieben. Das unterschied sich bedeutend von dem, wie christliche Herrschaft in Sizilien und Spanien gegen den Islam vorging.

Die meisten europäischen Untertanen der Türken waren orthodoxe Christen, die schon vor den osmanischen Eroberungen einer Kultur angehörten, die sich von der abendländischen abhob. Außerdem unterschieden sich fast alle Sprachen des Ostens erheblich von denjenigen, die im Westen vorherrschten, also von der lateinischen Sprache oder denen germanischen Ursprungs. Dies alles war natürlich auch eine Folge der geographischen Gegebenheiten, die die unterschiedliche Entwicklung beider Kulturen geradezu unterstützten – so waren die Bergregionen des Balkans eben wenig geeignet, eine gewisse Kommunikation zu fördern. Vor diesem

Tirana (Albanien) um 1850: Teil eines Gemäldes von Edward Lear

Hintergrund muß man zu folgendem Schluß gelangen: Wahrscheinlich hätte es im Osten immer ein anderes Europa gegeben, selbst ohne Jahrhunderte osmanischer Vorherrschaft!

Immerhin aber regierten die Türken noch bis ins letzte Jahrhundert einen großen Teil dieser Region, und ihre Okkupation muß bestehende Differenzen noch vertieft haben: Als Grenzbewohner in einer Zone endemischer Auseinandersetzungen, als unterdrückte Christen, die nicht Herren, sondern Unterworfene waren, als Objekte der Interessen europäischer Diplomaten, führten Südosteuropäer mehr als dreihundert Jahre ein völlig anderes Leben als Westeuropäer, und das alles spielte sich auf der Basis von Unterschieden ab, die es schon lange zuvor gegeben hatte.

Die türkischen Eroberungen in Europa hatten erhebliche Auswirkungen für Rußland. Da das Ostreich nicht mehr existierte und im europäischen Abendland Verwirrung herrschte, blieb Moskau der einzige potentielle Schirmherr orthodoxer Christen. Schon 1448 hatte Moskau die kirchliche Autorität des Patriarchen von Konstantinopel abgeschüttelt. »Zwei Rom sind gefallen«, schrieb ein Mönch dem moskowitischen Herrscher im frühen 16. Jahrhundert, »das dritte steht aufrecht, und ein viertes wird es nicht geben ... Ihr seid der einzige christliche Zar in der Welt.«[5] In westlichen Ohren klingen solche Worte ungewöhnlich. Im Kontext der orthodoxen Überzeugungen jedoch ergaben sie Sinn: Die römische Kirche hatte den Glauben verraten (allerdings meinten manche orthodoxe Geistliche, Byzanz habe seine Strafe durch die Hände der Ungläubigen verdient, weil es bis zuletzt gehofft habe, mit dem Katholizismus zu Kompromissen kommen zu können), und der Herrscher eines orthodoxen Staates besaß eine theologische Verpflichtung – und eine theologische Autorität –, die so bedeutend waren wie die weltlichen Aufgaben.

Durch Zufall ereignete sich der Zusammenbruch in dem Augenblick, in dem sich die Russen unter der Führung des Fürsten von Moskau endlich von ihren Feinden freikämpften. 1462 bestieg ein Staatsmann von der Art der englischen Tudor- und der französischen Bourbonenkönige den Thron Moskaus: Iwan der Schreckliche. Er konsolidierte das Territorium seines Staates nicht nur auf Kosten unerwünschter Fremder, wie die katholischen Litauen und die Tataren, sondern auch auf Kosten russischer Handelsrepubliken wie Pleskau (Pskow) und Nowgorod. Die moskowitische Macht breitete sich von ihrem Zentrum wie ein Waldfeuer aus: Als Iwan der Schreckliche den Thron bestieg, erstreckte sich sein Fürstentum über etwa 415 000 Quadratmeilen; bei seinem Tod dehnte es sich – theoretisch – über Gebiete aus, die im Osten bis an den Ural reichten. Seine Nachfolger setzten das Werk fort: 1480 wurde der Ural überquert; 1552 – ein weiterer entscheidender Schritt – wurde die tatarische Hauptstadt Kasa erobert. Von dort aus ging der Vormarsch die Wolga abwärts über Astrachan zum Kaspischen Meer. Um 1600 erstreckte sich Rußland schon über ein Gebiet von ungefähr zwei Millionen Quadratmeilen – und vor ihm lag Asien! Dort gelang es den Russen, in einem Kolonisierungsprozeß vorzudringen, neue Gebiete zu bevölkern und, mehr über Land als über Meer vorstoßend, seine südöstliche Flanke gegenüber der muslimischen Welt abzusichern. Zwar entriß Rußland im 18. Jahrhundert in Europa Staaten, vor allem dem Osmanischen Reich und Polen, Teile ihres Territoriums, doch lagen seine bedeutendsten territo-

Die Ikone Wladimirs, am meisten verehrt unter den russischen Ikonen der Heiligen Jungfrau, wurde wahrscheinlich in Konstantinopel gemalt und im 12. Jahrhundert nach Rußland gebracht rialen Erweiterungen in Asien – und diese sollten noch größere Auswirkungen auf die Zukunft haben. Schon 1600 erstreckte sich die Macht Moskaus über den Ural bis nach Sibirien, über die Wolga bis an die Küsten des Kaspischen Meeres; um 1638 hatten russische Siedler bereits das Ochotskische Meer erreicht (das war von Moskau weiter entfernt als Oregon von Massachusetts). Und immer weiter drangen sie vor und erreichten 1649 die Beringstraße. Im 17. Jahrhundert meldete Rußland Ansprüche auf einen pazifischen Küstenstrich und auf Gebiete an, die zu China gehörten – es gab also schon russische Untertanen an der Pazifikküste, bevor es solche am Schwarzen Meer geben sollte.

Eine Zeitlang verschleierte Rußlands aggressive Westpolitik im 18. Jahrhundert seinen Vorstoß im Osten, selbst als in dessen Folge in Alaska Siedlungen entstanden. Im 19. Jahrhundert rollte dann eine weitere, deutlich sichtbarere Woge ostwärts nach Zentralasien, in den Fernen Osten und nach Nordamerika, wobei die zentralasiatischen Völker in einer Reihe von Feldzügen unterworfen wurden, die Kasachen in den fünfziger, die Usbeken in den siebziger Jahren. Der Vorgang ähnelte in etwa dem britischen Vorgehen in Indien ein halbes Jahrhundert früher, als das Bedürfnis nach Sicherheit zu neuen Annexionen führte, doch war er auch Teil der jahrhundertealten Auswärtsbewegung der Europäer zu Lasten schwäche-

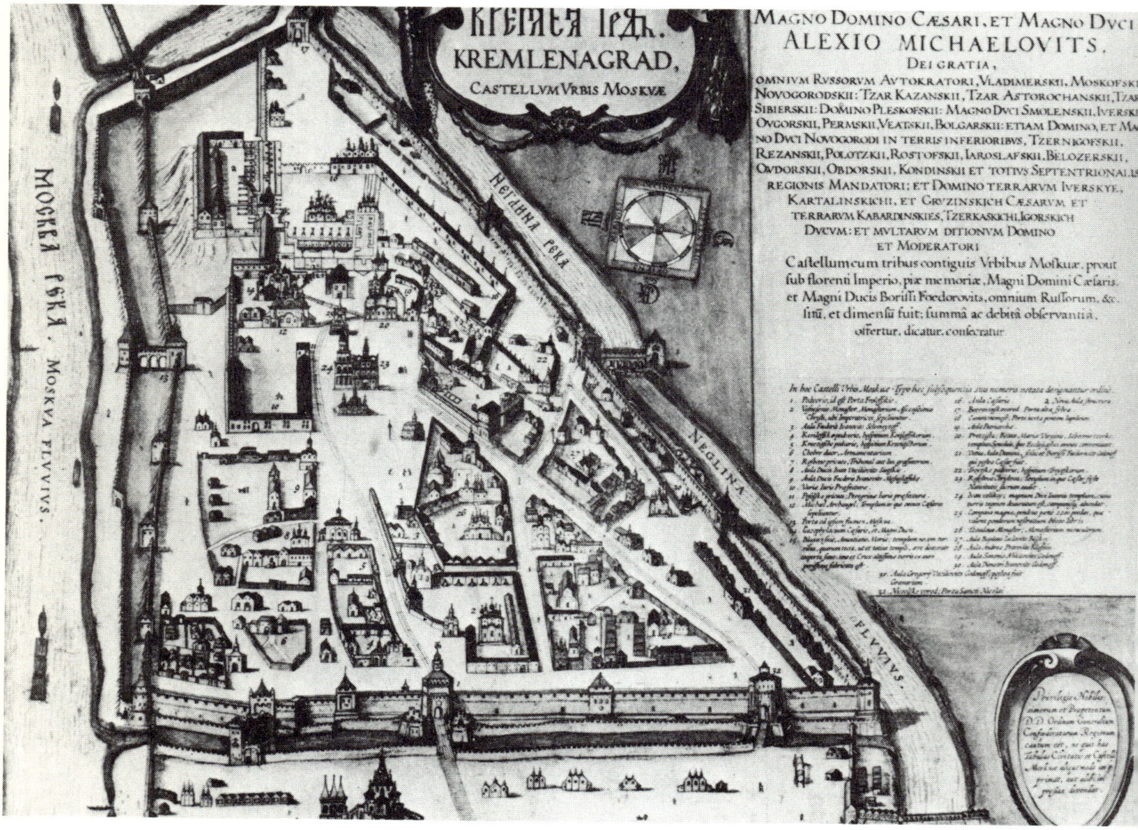

Der Moskauer Kreml, wie man ihn 1597 sah

rer Völker. Im frühen 20. Jahrhundert gab es dann kurzlebige russische Versuche, den nördlichen Iran und die Mandschurei unter Kontrolle zu bringen, Versuche, die im Zweiten Weltkrieg und danach wiederholt wurden. (Letztes Beispiel ist Afghanistan, schon im 19. Jahrhundert erklärtes Ziel der Russen, doch konnte damals das zähe Bemühen der britischen Politik eine Eroberung verhindern.) Lediglich die kalifornischen Niederlassungen erwiesen sich als ein »Schlag ins Wasser«, und Alaska wurde 1867 an die Vereinigten Staaten verkauft.

Diese Ausweitung ließ ein russisches Imperium mit globalen Verantwortlichkeiten entstehen. Der größte Staat, der seine Grenzen mit Rußland teilte, war (und ist noch) China. Sie gerieten bald in Konflikt miteinander, doch waren im 17. Jahrhundert und noch lange danach die Mandschu-Kaiser in China durchaus in der Lage, sich des Gegners zu erwehren. So wurden die Russen gegen Ende des 17. Jahrhunderts von Vorposten vertrieben, die sie am unteren Amur errichtet hatten. 1689 gaben sie aufgrund eines Vertrages ihre Niederlassung bei Albazin auf, gewannen dadurch aber Handelsrechte in Peking. 1727 setzte ein weiterer Vertrag die Grenzen zwischen den beiden Reichen fest, in dem die Russen ihren Anspruch auf die Mongolei verloren.

Teils als Reaktion auf die russischen Bewegungen, teils in Erwiderung britischer Vorstöße in Indien machten sich die Ching-Kaiser im 18. Jahrhundert erneut daran, ihr Reich zu erweitern: Sie fügten ihrem Besitz riesige Gebiete an der Grenze zu Sinkiang hinzu, und bald besaßen sie eine größere Macht über Tibet, über den Osten von Turkestan, in der Mongolei und in der Mandschurei als irgendein chinesischer Herrscher zuvor. Doch im 19. Jahrhundert wandelten sich die Zeiten: China verlor an Rußland größere Gebiete als an irgendeinen anderen europäischen Staat. Das Ende des Krimkrieges im Jahre 1856, der Rußlands Kräfte im Konflikt mit England, Frankreich und der Türkei gebunden hatte, setzte neue Energien für eine weitere Expansion nach Osten frei. 1861 erzwang Rußland die Abtretung großer Gebiete in Zentralasien. Kurz danach waren die Augen der Russen bereits wieder auf den Fernen Osten gerichtet, und besonders die Mandschurei und Korea übten auf sie eine ungeheure Faszination aus: »Wir werden aus der Mandschurei ein zweites Buchara* machen«, träumte ein russischer General.[6]

Als Chinas Macht in den neunziger Jahren des letzten Jahrhunderts unter dem Eindruck der Niederlage gegen die Japaner und der Demütigung durch andere westliche Staaten immer stärker erschüttert wurde, setzten sich die Russen in dem strategisch wichtigen Hafen von Port Arthur fest und nahmen den Bau einer Eisenbahn durch die Mandschurei nach Wladiwostok in Angriff. 1891 begann der Bau jener berühmten Strecke, der Transsibirischen Eisenbahn. Als er 1916 vollendet war, war es möglich, von Rußland bis zum Pazifik im selben Zug zu reisen, und die Linie wurde bald einem strategischen Nutzen zugeführt, an den man bei der Planung noch gar nicht gedacht hatte: dem Transport amerikanischer und japanischer Industrieprodukte vom Hafen Wladiwostoks zu den in Europa gegen Deutschland kämpfenden Truppen.

* Buchara, heutige Hauptstadt Usbekiens, wurde 1868 als unabhängiges Khanat von den Russen erobert (Anm. d. Verlages).

1914, zu Beginn des Ersten Weltkriegs, bedeckte das Russische Reich ein Sechstel der Landoberfläche der Erde. Das war zwar nicht ganz so viel wie der britische Besitz (der ein Fünftel ausmachte), aber das russische Territorium befand sich in einer zusammenhängenden Masse unter einer Zentralregierung. Sicher, es mußte kurz zuvor Rückschläge in Asien hinnehmen (als deren größter die Niederlage gegen die Japaner im Jahre 1905 anzusehen ist, der die Aufgabe der russischen Pläne hinsichtlich der Mandschurei und Korea erzwang), doch war Rußland zu diesem Zeitpunkt immer noch eine große asiatische Macht (und ist es geblieben). Sein Imperialismus im Osten ist Teil der weltweiten Einflußnahme des Westens. Obwohl in ganz anderer Weise als die amerikanischen Vizekönige Spaniens, die portugiesischen Besitzungen in Übersee, das asiatische Handelsnetz der Niederlande oder das britische Engagement in Indien, war auch das Russische Reich ein Übermittler abendländischer Kultur. Was auch immer die russischen »Westler« und »Slawophilen« über ihr kulturelles Schicksal sagen mögen und wie fremdartig die russische Lebensweise den westeuropäischen und amerikanischen Liberalen auch anmuten mag, Rußland war in den Augen der Asiaten westlich. »In Europa«, so schrieb Dostojewski, »sind wir Asiaten, während in Asien auch wir Europäer sind.«[7]

Die Zwiegesichtigkeit Rußlands kann über einen langen Weg zurückverfolgt werden. Sie zeigt sich in seinen zentralen Institutionen, in der Natur des russischen Regimes selbst. Moskowitische Ideologen, versessen darauf, die Autorität ihrer Großfürsten zu stärken, begannen im 15. Jahrhundert, häufiger den Titel »Zar« zu verwenden, und versuchten, dessen Anerkennung durch westliche Herrscher zu erreichen. Das ging einher mit der Umwandlung von einem Fürstentum in ein Vielvölkerreich – und seiner Rechtfertigung –, das das Erbe der Goldenen Horde und deren Nachfolgestaaten antrat. Iwan der Große war der erste russische Herrscher, der sich »Zar« nannte, und die erste westliche Bestätigung, daß dies der Titel der Herren von Moskau war, erfolgte in einem diplomatischen Schreiben aus dem Jahre 1514. Dann, 1547, kurz vor der Eroberung des tatarischen Khanats Kasan, wurde zum ersten Mal einem russischen Herrscher bei seiner Krönung förmlich der Titel »Zar« verliehen. So überlebte das, was einst der Name der römischen Cäsaren gewesen war, jenes Reich, in dem er Titel eines Herrschers geworden war, um dann in die Terminologie eines anderen Imperiums einzugehen. Iwan übernahm auch, nach seiner Heirat mit der Nichte des letzten Ostkaisers, als königliches Siegel das byzantinische Souveränitätssymbol, den doppelköpfigen Adler, der nach und nach Bestandteil der heraldischen Insignien der russischen Monarchie und als solcher bis 1917 beibehalten wurde.[8]

Immer und immer wieder haben Drehungen und Wendungen in der russischen Geschichte unterstrichen, wie sehr sie sich von der Geschichte des Abendlandes unterschied – so zerstörten die Tataren die russischen Städte gerade zu der Zeit, als die abendländischen Städte ihre größte Stärke und Unabhängigkeit zeigten. Die durch Jahrhunderte fortgesetzte Konsolidierung des Staatsterritoriums durch Landerwerb bestätigte die militärische und autokratische Ausrichtung des Regimes. Im Guten wie im Bösen »schleppte« Rußland während seiner Expansionsepoche nichts mit von der abendländischen und »feudalen« Betonung des Individualstatus und

Der mit Schwert und Knute bewaffnete Alexander II., der Befreier der Leibeigenen,
in westlichen Augen dennoch die Verkörperung des Despotismus

des Individualrechts, nichts von der Spannung zwischen Religion und weltlicher Macht, nichts von den »Freiheiten« der abendländischen Städte, nichts vom Gewicht der Gruppen- und Standesrechte, die im Westen zur Repräsentation von »Reichsständen« in parlamentarischen oder quasiparlamentarischen Institutionen führten. Weil es orthodox war und keine Reformation erlebte, bildete sich in Rußland keine Tradition des religiösen Pluralismus heraus, und seine wissenschaftliche Revolution und seine Aufklärung mußten importiert werden. Als es sich industrialisierte, geschah das auf der Basis der Leibeigenschaft, die in anderen Zentren der Industrialisierung praktisch verschwunden war. Und die Leibeigenschaft sollte sich dann tatsächlich noch weiter ausdehnen und zum Bild der russischen Gesellschaft in einer Zeit gehören, in der sie in den westeuropäischen Ländern zurückging.

Das Russische Reich, lange mit Asien beschäftigt, das es auf dem Landwege eroberte, spielte – im Gegensatz zum Westen – nur eine geringe Rolle bei der Entdeckung und Ausnutzung der Weltmeere, aber es wurde unausweichlich in das diplomatische Gefüge Europas einbezogen, doch blieb es diesem ideologisch fremd, auch wenn es seine Sprache und Formen übernahm – und es blieb zum Westen geistig wie geographisch in Distanz und setzt sich bis heute mit der Frage auseinander, ob es zu Europa gehört oder nicht.

Siegel des ersten Romanow-Zaren Michael, der von 1613 bis 1645 regierte

Im 18. Jahrhundert verlegte Peter der Große die russische Hauptstadt nach Petersburg. Dort nahmen dann zwei Jahrhunderte ihren Anfang, in deren Verlauf Rußlands Machthaber offensichtlich mehrfach versuchten, es eindeutig mit dem Westen zu identifizieren. 1918 aber, als der Kampf mit Deutschland eine neue Wendung genommen hatte, wurde die Hauptstadt wieder nach Moskau zurückverlegt. Und dort blieb sie, in dem ehemaligen Dorf, das sich als das »Dritte Rom« betrachtet hatte und nun erneut zur selbsternannten Metropole einer internationalen Heilslehre wurde. Die erste und zweite Internationale waren an Rußland

Peter der Große (nach einem Gemälde von Karel de Moor aus dem frühen 18. Jahrhundert) ließ nichts unversucht, sein Reich dem Westen zu öffnen

vorbeigegangen, dann aber war es in Moskau, wo 1918 die dritte förmlich errichtet wurde, praktisch und offiziell als die Verkörperung des sowjetischen Führungsanspruchs im internationalen Kommunismus. Auch diese Internationale ist nun Vergangenheit, aber der Anspruch wird immer noch erhoben, wenngleich er in den letzten Jahren mehr und mehr angefochten wird.

Und immer noch kennen wir die Antwort auf unsere Fragen nicht. Wenn die Sowjetunion westwärts blickt, scheint sie sich unwohl zu fühlen, sieht sie sich bedroht von Ländern, von denen nur allzuoft eine tödliche Gefahr ausgegangen ist. Andererseits wird die russische Expansion in Asien schon seit langem als progressiv, fortschrittlich, »westlich« gerechtfertigt. Von Asien aus gesehen – oder manchmal auch von Afrika oder von Südamerika aus –, stellte sich jedoch Rußland und stellt sich die Sowjetunion westlich dar, oft genug lediglich als ein weiterer Ausbeuter. Es ist immer noch schwer zu sagen, wo Europa im Osten »endet«.

Die russische
Kaiserkrone

VI.
Eine Entdeckerkultur

Selbstlose intellektuelle Neugier spielt bei der Jagd nach Wissen ganz sicher eine geringere Rolle, als wir gerne annehmen. Selbst die großartige Geste, mit der Präsident Kennedy seinen Landsleuten vorschlug, den Versuch zu wagen, Menschen auf den Mond zu schicken, entsprang keineswegs nur dem Wunsch, festzustellen, wie weit Technologie vorangetrieben werden konnte, sie war auch ein Versuch, internationales Prestige und nationale Selbstachtung zu erwerben. Außerdem stand im Hintergrund die Notwendigkeit, Mittel für die Entwicklung von Raketen zu mobilisieren, die für ein normales Rüstungsprogramm vielleicht nicht verfügbar gewesen wären. Genauso konkret und politisch waren ihrem Ursprung nach die Ozeanreisen, durch die im 15. Jahrhundert begonnen wurde, die Welt zu erschließen, um sie dann überraschend schnell zusammenzuführen. Zum ersten Mal, und sehr rasch, wurde der Globus eine eigene Größe. Ein Jahrhundert nach Kolumbus war vieles kartographisch noch nicht erfaßt, wohl aber potentiell erfaßbar, weil man die Welt umsegelt hatte. Menschliche Kultur hatte Tausende von Jahren existiert, ohne daß etwas Derartiges geschehen war. Dann aber begann die Menschheit innerhalb nur eines Jahrhunderts in einer einzigen, nicht mehr wie bis dahin in verschiedenen Welten zu leben. Warum geschah das so plötzlich?

Eines ist an dieser Veränderung so offensichtlich, daß es leicht übersehen wird: Die Entdeckungen waren ausschließlich das Werk von Europäern. Was noch wesentlicher ist: Mit den Entdeckungsfahrten begann eine neue Ära, eine Ära weltweiter Expansion durch Europäer, die schließlich zu einer absoluten, wenn auch nur zeitweiligen wirtschaftlichen und politischen Vormacht Europas auf unserer Erde führte. Diese Dominanz steht im Mittelpunkt der historischen Rolle des Westens in der Weltgeschichte, obwohl sie nicht deren Wesenskern ist. Warum waren die Europäer des 15. Jahrhunderts die einzigen, die einen solchen Prozeß in Gang brachten? Wir wissen genug über die Geschichte der Seefahrt anderer Kulturen, so daß diese Frage ohne weiteres gestellt werden kann.

Völker aus der Südsee unternahmen lange, geheimnisumwitterte Fahrten in offenen Kanus; jahrhundertelang benutzten chinesische Seeleute fast die gleichen Navigationsinstrumente wie die Europäer, manche von ihnen auch schon viel früher. Die Ming-Kaiser verfügten über fähige Admirale, über erfahrene Mannschaften, deren seetüchtige Dschunken wahrscheinlich die größten Schiffe ihrer Zeit darstellten. Sie sandten Expeditionen um Südostasien herum nach Indien, zum Persischen Golf und nach Arabien. Einer ihrer Befehlshaber, Ching Ho, führte eine große Flotte bis an die ostafrikanische Küste, eine großartige navigatorische Leistung.[1] 1480 beschloß der Ming-Hof jedoch, derartige maritime Unternehmungen nicht fortzusetzen. Ein Jahrhundert später waren die Werften von Nanking nicht mehr in der Lage, hochseetüchtige Schiffe zu bauen, und es sollten nicht die Chinesen sein, die Amerika oder Australien entdeckten. Schon bald gerieten die großen Fahrten Ching Hos bei seinen Landsleuten in Vergessenheit. Die Araber der Golfregion und in den südarabischen Häfen waren ebenfalls ausgezeichnete Seeleute. Sie segelten nach Java und Kanton, um Sklaven und Gewürze zu handeln, und drangen weiter an der Küste Afrikas vor als die Chinesen (wenngleich sie wohl nicht das Kap der Guten Hoffnung umschifft haben). Die arabische Kartographie verfügte während des größten Teils des Mittelalters über einen höheren Standard als die europäische, und arabische Seeleute wußten von dem Magneten, lange bevor er weiter westlich bekannt wurde, und obwohl nicht wenige islamische Gelehrte von der Kugelgestalt der Erde überzeugt waren, hielten sie die Erforschung der Meere nicht für möglich. Das wirkte nachhaltig. So beherrschte später die osmanische Flotte für einige Zeit zwar das östliche Mittelmeer, wagte sich aber nie auf den Atlantik hinaus. Infolgedessen ankerten Jahrhunderte später in chinesischen und indischen Häfen eine große Zahl europäischer und amerikanischer Schiffe, während man in Sevilla, Bristol oder Boston nie eine Dschunke oder Dhau zu Gesicht bekam.

Diese Unterschiede scheinen, obwohl sie so eigenartig waren, jahrhundertelang als nicht weiter bemerkenswert hingenommen worden zu sein. Die ausgeprägte Gleichgültigkeit mancher Kulturen und ihr Mangel an Neugier in bezug auf andere Welten ist ein interessantes, umfassendes Thema. Warum zeigten islamische Gelehrte bis vor kurzem keine Neigung, lateinische oder westeuropäische Texte ins Arabische zu übersetzen? Warum kann man, wenn doch der englische Dichter John Dryden ein Stück über die Thronfolge in Delhi nach dem Tod des Mogulnkaisers Aurungzebe schreiben konnte, mit Sicherheit davon ausgehen, daß kein indischer Schriftsteller jemals daran dachte, ein Stück über die ebenso dramatische Politik des englischen Hofes im 17. Jahrhundert zu verfassen? Jedenfalls ist sicher, daß die Erklärung für die europäische Wißbegier und Abenteuerlust tiefer liegen muß als im Bereich der Wirtschaft, so wichtig diese auch gewesen sein mag. Es war nicht nur Habgier, die die Europäer glauben ließ, sie könnten hinausgehen und die Welt in Besitz nehmen. Gewinnsucht ist nicht auf ein bestimmtes Volk oder eine bestimmte Kultur beschränkt – im 15. Jahrhundert ist dies auch bei vielen arabischen, indischen und chinesischen Kaufleuten zu beobachten. Manche Europäer wollten mehr. Sie wollten forschen und entdecken. Die Idee einer Beherrschung der Natur war Teil ihrer Kultur und wartete nur darauf, praktisch genutzt zu werden. Wie hätte das unmittelbarer zum Ausdruck kommen können als durch einen Griff nach der Landkarte, durch einen Zugriff auf die Oberfläche der Erde selbst?

Bereits um etwa 1400 konnten einige europäische Völker auf beachtliche Leistungen in maritimen Unternehmungen blicken. Neben den Venezianern und Genuesen, die lange Zeit den Handel im Schwarzen Meer, in der Levante und im Mittelmeerraum beherrscht hatten, gab es auch noch die unternehmungsfreudigen Katalanen. Auch in nördlichen Gewässern hatte es schon lange einen fest etablierten Handel gegeben. Die hanseatischen Kaufleute hatten das Baltikum mit dem Rheinland verbunden, und die Engländer pflegten ihren Wein aus der Gascogne zu importieren. Auf diese Weise entwickelte sich jenes Selbstvertrauen, auf das sich eine ganze Epoche der Expansion stützen sollte.[2]

Bald stärkte der technische Fortschritt den Unternehmungsgeist. Obwohl die Chinesen den Magneten entdeckt hatten und etwas von der Netzkartographie verstanden, entwickelten Europäer den perfekten Kompaß und wurden im späten Mittelalter zu hervorragenden Landvermessern und Kartographen. Etwa gegen 1450 galten sie in diesem Bereich unzweifelhaft als die Ersten ihres Fachs, und ihre instrumentelle Ausrüstung entwickelte sich in dem Maße, wie sich die weiteren maritimen Erfolge einstellten. Feuerwaffen stellen eine andere Seite der Geschichte dar. So unterrichteten die Jesuitenmissionare, die im 17. Jahrhundert nach China gingen, ihre Gastgeber in der Herstellung von Gewehren, und bald funktionierten dort die »Schießeisen« erheblich besser als jene, die bisher von den Chinesen hergestellt worden waren. Der Eisenguß im Reich der Mitte war dem europäischen um Jahrhunderte voraus, und das Schießpulver war in China ebenfalls schon seit langem bekannt, aber aus irgendeinem Grund hatten die chinesischen Feuerwaffen nie das europäische Qualitätsniveau erreicht.

Es muß jedoch noch andere Gründe gegeben haben, die die Europäer dazu bewogen, die Meere zu erforschen und zu erobern. Pure Abenteuerlust kann nicht der einzige Beweggrund gewesen sein. Einer der Gründe: Ein wiedererstarkter Islam eignete sich mehr und mehr die besten Land- und Seewege nach Asien und zum Korn und Holz des südlichen Rußland an. Das war ein entscheidender Umstand. Schon gegen Ende des 13. Jahrhunderts war von Genua aus eine erste Expedition gestartet, um einen Seeweg um Afrika herum nach Indien zu suchen; die damals verbreitete Annahme, Indien sei von Europa aus nicht auf dem direkten Seeweg zu erreichen, sollte auf diese Weise überprüft werden. Der katalanische Mystiker Ramòn Lull, der von 1235 bis 1316 lebte, ist der erste, von dem berichtet wird, er habe die Anregung gegeben, um Afrika herum nach Indien zu segeln.[3]

Im 15. Jahrhundert setzte sich eine zweite Welle der europäischen Kultur in Bewegung. Das christliche Europa stand auf dem Balkan dem Islam gegenüber und sah sich im Mittelmeerraum noch vor dem Fall von Konstantinopel im Jahre 1453 in die Defensive gedrängt. Europas Festlandgrenzen waren bis zum Ende dieses Jahrhunderts praktisch ausgefüllt: Die Iberische Halbinsel war zu dieser Zeit schon christlich, und im Osten verhinderte so etwas wie eine Grenze zwischen dem katholischen Polen und dem orthodoxen Rußland eine Ausweitung.

Es gab auch einen ökonomischen Wandel. Solange Byzanz existierte, war es möglich gewesen, einen gewissen Kontakt über Land mit den asiatischen Lieferanten von Luxusgütern (vor allem von Gewürzen), die die Europäer sehr schätzten, und von Massengütern aufrechtzuerhalten, die man rund um das Schwarze Meer leicht erwerben konnte. Nach der türkischen Eroberung mußten solche Güter entweder zu hohen Preisen eingekauft, anderswo erworben oder auf einem neuen Weg direkt aus Asien beschafft werden. Das stärkte die Hoffnung, einen direkten Weg zu den Gewürzinseln finden zu können. Im übrigen ergingen sich die Geographen des 14. Jahrhunderts in Spekulationen über den märchenhaften Reichtum des Mandingoreiches von Mali. Es gab auch Hinweise auf andere aufregende Dinge – von dem Reich des Priesterkönigs Johannes, des legendären christlichen Fürsten,

△△ Die mittelalterliche Weltsicht der Araber. Eine Karte des Geographen Al-Idrisi (um 1200)

△ Methone an der Küste der Peloponnes war Standort eines der Festungshäfen, die die venezianische Macht im östlichen Mittelmeer stützten auf dessen Hilfe manche Kreuzritter gehofft hatten; nicht wenige hielten dieses Reich für das geheimnisvolle christliche Königreich Äthiopien. Und schließlich sahen diejenigen, die noch den Ideen der Kreuzzüge nachhingen, endlich eine Chance, die türkische Flanke aufzurollen.

Expansion und Entdeckungsreisen waren folglich die Antwort auf mannigfaltige Herausforderungen. Dabei war entscheidend, daß sich diese Herausforderungen an eine Gesellschaft richteten, die sehr viel zuversichtlicher, fähiger und aufgeschlossener war als die zeitgenössischen Gesellschaften in anderen Teilen der Welt. Und diese Gesellschaft sollte in dem Maß, in dem neue Erkenntnisse aufgearbeitet wurden, noch fähiger, noch zuversichtlicher werden. Ein kumulativer Prozeß war im Gange. Wissen baute auf Wissen auf, und selbst unvollständige (und manchmal irrige) Information reizte zu weiterem Forschen an. In einem sehr realen Sinn war auch das Werk der großen Entdecker und Geographen Teil des umfassenden Wandels der europäischen Kultur, eines Vorgangs, den wir ungenau als Renaissance bezeichnen. Ihr Werk bringt dieselbe intellektuelle und geistige Kraft zum Ausdruck, die beispielsweise im Werk von Leonardo da Vinci Gestalt annimmt, und wie bei den künstlerischen Manifestationen dieses Zeitalters liegen hier die Wurzeln tief in der Vergangenheit.

Das Interesse an der Außenwelt regte sich um 1400 an mehreren Königshöfen des mittelalterlichen Europa. Die Geschichte der bewußten Entdeckungsvorhaben muß jedoch mit den Portugiesen beginnen, einem Volk, das zwar klein, aber leistungsfähig war – »Gott gab ihnen ein kleines Land zur Wiege, aber die ganze Welt zum Grab«, wie ein Portugiese im 16. Jahrhundert schrieb. Die Reconquista war in Portugal lange vorbei, bevor sie in Spanien abgeschlossen wurde, und da sich die Spanier die endgültige Eroberung Granadas selbst vorbehalten hatten, gab es auf dem Festland kein Ventil für den Kreuzzugseifer der Portugiesen. Diese Situation regte im 15. Jahrhundert eine Serie erfolgreicher Expeditionen nach Nordafrika und Marokko an. Doch mehrere portugiesische Entdeckungen, die weiter im Süden erfolgten, sollten die Weltgeschichte verändern. Für gewöhnlich werden sie mit dem Namen eines bemerkenswerten Fürsten, mit Heinrich dem Seefahrer, wie ihn die Engländer seltsamerweise nannten, in Verbindung gebracht – dem Dom Enrique der Portugiesen.[4]

Als dritter Sohn des Königs von Portugal hatte Heinrich von Anfang an wenig Aussicht, Thronfolger zu werden. Das enthob ihn nicht zuletzt von der Notwendigkeit, eine Heirat einzugehen, und er blieb zeit seines Lebens ein Junggeselle, genügsam, enthaltsam, keusch und streng religiös. Er wurde in die spätmittelalterliche Welt mit ihrer Begeisterung für das Rittertum und die immer noch lebendige Kreuzzugsidee hineingeboren und nahm an drei Feldzügen gegen die Mauren teil. Den ersten von diesen unternahm er 1415 zusammen mit seinem Vater und seinen Brüdern nach Nordafrika. Jeder der Prinzen trug bei diesem Abenteuer ein Stückchen des Heiligen Kreuzes mit sich, das ihnen ihre englische Mutter mitgegeben hatte. Den Höhepunkt der Reise bedeutete die Einnahme der Stadt Ceuta. Das war in Heinrichs Leben ein besonderes Ereignis, denn in Ceuta wurde er, wie er es erbeten hatte, mit allen Ehren zum Ritter geschlagen. Später zog er sich von den normalen Tätigkeiten eines mittelalterlichen Prinzen zurück. Er begab sich an die

Südküste Portugals, und irgendwo in der Nähe von Sagres, dem südlichsten Kap der Algarve, präsidierte er über einen Hof von recht exzentrischer Art, der für den größten Teil seines Lebens im Mittelpunkt seines Interesses stand und bald zu seiner ständigen Residenz wurde. Von dort aus organisierte er die Schiffe, den Nachschub, gab die Informationen weiter, deren man bedurfte, um Jahr für Jahr Expeditionen zu den Westküsten Afrikas und auf den Atlantik hinaus unternehmen zu können. Diese gewaltige Aufgabe konnte er nur finanzieren, da er die Einkünfte eines der reichsten Ritterorden des Mittelalters kontrollierte, des Christusordens. Später, 1448, wurde ihm außerdem durch königliches Dekret die Kontrolle über den ganzen afrikanischen und ozeanischen Handel übertragen; das brachte ihm Gebühren für Lizenzen und Zulassungen sowie Strafgelder von überführten Kaufleuten ein, die ihren Handel außerhalb der Legalität abwickelten. Dennoch besaß Heinrich niemals genug Geld für seine ehrgeizigen Vorhaben.

In der Rückschau haben Historiker in Kenntnis dessen, was aus dem »Guinea«-Handel später wurde, die eigentliche Erklärung für Heinrichs Bestrebungen in dem Verlangen gesehen, seine Schatzkammern zu füllen. Natürlich strebte er nach Reichtum. Ein Fürst, der einen großen Hofstaat von Edelleuten und Gefolgsmännern zu unterhalten hatte, brauchte Geld, selbst wenn er nicht beabsichtigte, Expeditionen zu den afrikanischen Küsten und den atlantischen Inseln durchführen zu lassen. Aber da gab es das Gold, das von irgendwo südlich der Sahara her kam, und die Möglichkeit, mit dem Osten Handel zu treiben, vor allem Handel mit Gewürzen, den unentbehrlichen, im Mittelalter am höchsten geschätzten Waren. Außerdem unterstützte Heinrich neue Siedlungen – so ließ er auf Madeira Zuckerrüben und Wein aus Kreta anpflanzen – und setzte damit eine beispielhafte Entwicklung in Gang. Trotz allem waren es nicht wirtschaftliche Interessen, die Heinrich motivierten. Selbst die Suche nach Gold kann nur im Licht der Kreuzzugsidee richtig verstanden werden. Schließlich mußte es für den Islam eine schwere strategische Einbuße bedeuten, wenn man ihn von seinen Goldquellen abschnitt – so nannte Portugal, als es Goldmünzen (aus afrikanischem Gold) schlug, das Hauptgeldstück *Cruzado,* der »Kreuzzug«.

Der Ansatz, von dem aus Heinrichs ausdauernde Leidenschaft für Entdeckungsreisen verstanden werden kann, liegt in Kräften, deren Wirkung heutzutage nicht mehr leicht nachzuvollziehen sind: in Rittertum und Religion. Heinrich war ein Mensch des Mittelalters und folglich ein Christ. Er sagte einmal, es sei der eigentliche Sinn des Lebens, Gott zu dienen und Ehren zu erwerben. So sorgte er dafür, daß seine Unternehmungen durch die Veröffentlichung ganz spezifisch abgefaßter päpstlicher Bullen autorisiert wurden. Eine von diesen, die *Romanus Pontifex,* die »zu Recht als Charta des portugiesischen Imperialismus bezeichnet wurde«,[5] verlieh den Portugiesen ein Schiffahrts-, Handels-, Fischerei- und Eroberungsmonopol zwischen dem Kap Bojador und Westindien. Jene Dokumente unterstrichen den Dienst, der dem Christentum mit solchen Abmachungen geleistet wurde – und Heinrich konnte auch in Zukunft auf Eroberungskriege und die Bekehrung der Heiden setzen, auch als Waren- und Sklavenhandel alltäglich geworden waren. Er jedenfalls hatte ganz anderes im Sinn: Er wollte das Reich des Priesterkönigs Johannes finden, dem Islam Land abgewinnen, einen Weg zum Osten öffnen, wo es, wie vage bekannt war, andere Christen gab, Nachfahren der vom heiligen Thomas an der Malabar-Küste in Südwestindien Bekehrten. Vielleicht konnte mit ihrer Hilfe der Islam in einer Zangenbewegung gefaßt werden?!

Die jüngsten technischen Fortschritte im Schiffbau und in der Navigation unter Segel waren geeignet, Heinrichs Anstrengungen zu unterstützen. Mit der Benutzung des Magneten durch europäische Seeleute im späten 12. Jahrhundert wurde die Navigation einfacher; ein »Jakobs-Stab« genanntes Gerät stand den Kapitänen bald nach 1300 zur Verfügung (es war von einem Juden erfunden worden), womit sie den Stand der Sonne oder der Sterne sehr viel leichter bestimmen konnten, als dies mit dem komplizierten Astrolabium möglich war. Die Schiffsbedienung wurde mit der Anbringung des Steuerruders am Achtersteven anstelle der Seitenruder erheblich erleichtert; neue Arten von Segeln und Takelwerk waren noch wichtiger. Im Mittelalter spielte sich die Schiffahrt ausschließlich in Küstennähe ab; so wurde der Handel im Mittelmeerraum abgewickelt, und so bewegten sich auch die Portugiesen die afrikanische Küste hinunter. Diese Methode führte jedoch auf den Heimfahrten von Afrika zu echten Gefahren, weil die Schiffe dann in Gegenwind und Gegenströme gerieten, eine schwierige Angelegenheit für die kleinen, rechtekkig aufgetakelten mittelalterlichen Koggen. Als dann die Karavelle erfunden wurde, im wesentlichen ein schmälerer, schnittiger Dreimaster mit neuen »lateinischen« Segeln wie die der Langboote im östlichen Mittelmeerraum, konnten die Kapitäne näher am Wind segeln. Nun wagten sie sich auch weiter auf den Atlantik hinaus und nutzten günstige Winde für einen bequemeren Heimweg an den Azoren vorbei, die seit etwa 1451 unter portugiesischer Herrschaft standen. Als weitere Veränderungen folgten, verlor sich die Gestalt der mittelalterlichen Kogge endgültig in jenen neuen Schiffstyp, dessen Grundform sich während der nächsten drei Jahrhunderte nur noch geringfügig verändern sollte.

Von 1418 an erweiterten portugiesische Entdeckungsfahrten die europäische Kenntnis von der Welt fast von Jahr zu Jahr. 1415 begann die Erforschung der Inselgruppe Madeira; ihre und die Kolonisierung der Azoren ließ nicht lange auf sich warten.[6] Bald gingen die Fahrten weiter die westafrikanische Küste hinunter; zuerst brachten sie keinen Erfolg, im Jahre 1434 aber, nach zehnjährigen Anstrengungen, umrundete eine Flotte das Kap Bojador oder das, was ominös »Kap Nichts« genannt wurde. Unbekannte Küsten und Gewässer waren zwar noch zu entdecken, trotzdem dürfte dies die bedeutsamste aller von Heinrich organisierten Fahrten gewesen sein, weil sie eine starke psychologische Barriere überwand: Das Kap hatte bisher europäischen Reisen nach Süden eine legendäre Grenze gesetzt; jenseits des Kaps, so glaubten manche, kochte das Meer, wurden Menschen in der Sonne schwarz. Jetzt aber änderten sich die Dinge: Forschungsreisen führten allmählich an der Küste Guineas hinunter; der Papst sanktionierte Heinrichs Ansicht, diese Fahrten seien Teil des Kampfes gegen die »Mauren«; diejenigen, die daran teilnahmen und starben, sollten als Gefallene eines Kreuzzugs betrachtet werden.

Als 1441 ein Schiff mit Farbigen in einen portugiesischen Hafen einlief, betrachtete man sie als Kriegsgefangene, hielt sie ferner für Muslime. Drei Jahre später fand der erste Verkauf von Sklaven in Portugal statt – der westafrikanische Sklavenhandel hatte begonnen. Sehr bald fand man heraus, daß es viele Afrikaner gab, die

Heinrich der Seefahrer (rechts, mit großem schwarzen Hut) kniet vor dem heiligen Vinzenz, dem Patron der Stadt Lissabon (Altargemälde aus dem 15. Jahrhundert)

Eine Karte aus der Mitte des 16. Jahrhunderts zeigt das Rote Meer (teilweise detailliert) und einen Teil des Nilquellenkomplexes, außerdem eine Gestalt, die den legendären Priesterkönig Johannes darstellt bereit waren, den Händlern ihre Opfer zu verkaufen. Das Geschäft wurde, genau wie die Anwendung von Gewalt gegen Schwarze, alsbald mit dem Argument gerechtfertigt, daß es die Bekehrung zum Christentum ermögliche. Nach kurzer Zeit wurde daraus ein ausgedehntes Gewerbe.[7] Ein wenig Goldstaub war der nächste Hinweis auf den Reichtum, den erfolgreiche Entdecker möglicherweise erschließen konnten. Von da an durften maritime Unternehmungen mit bedeutend mehr Unterstützung rechnen. Um die Mitte der vierziger Jahre des 15. Jahrhunderts führten neben Heinrichs Kapitänen noch andere ihre Schiffe zur Küste von Guinea, und es scheint, daß damals bei einer erfolgreichen Reise bereits ein Gewinn erzielt werden konnte. Die Entdeckungsfahrten nahmen nun an Distanz und Häufigkeit zu, als die Menschen anfingen zu begreifen, daß Heinrichs Vision eine neue Quelle des Reichtums erschloß. Gegen 1450 erreichten die Portugiesen zuerst den Senegalfluß, dann den Gambia. Das Festland war nun endlich nicht mehr nur eine trostlose Wüste. Es verlief zunächst ein Stück nach Osten, dann in südlicher Richtung. 1448 wurde auf der Insel Arguin ein Fort errichtet, das die erste dauerhafte europäische Niederlassung in Westafrika wurde. Als Heinrich 1460 starb, hatten seine Schiffe Sierra Leone erreicht.

Auf diese Weise trug Heinrich, wie im folgenden Jahrhundert Luther, dazu bei, der modernen Geschichte den Weg zu bahnen, obwohl beide kaum diese Absicht in ihre Bestrebungen mit einbezogen haben. Nach dem Tod Heinrichs gab es nur eine kurze Pause in den Expansionsbemühungen. In den siebziger Jahren des 15. Jahrhunderts wurde der Äquator überquert und die Goldküste erreicht, der Kongo 1485 entdeckt. 1487 starteten zwei neue Expeditionen mit dem alten Ziel, einen Kontakt

△ Die afrikanische Vorstellung vom Europäer: Eine Elfenbeinurne mit portugiesischen Würdenträgern und ihrem Schiff (16. Jh.)

zum Priesterkönig Johannes herzustellen und den Weg nach Indien zu öffnen; dieses Mal war damit ganz bewußt die Absicht verbunden, in den asiatischen Gewürzhandel einzusteigen. Eine der Unternehmungen ging über Land; Pedro de Covilhao, ein Portugiese, bahnte sich seinen Weg von Kairo nach Aden und nahm dort ein Schiff nach Indien (er kam dort an, wurde aber auf dem Heimweg auf allerhöchsten Befehl an den Hof des Kaisers von Äthiopien gebracht, der ihn gut behandelte, ihm Landbesitz und eine Frau schenkte, ihm aber nie gestattete, wieder nach Hause zurückzukehren). Die andere Fahrt unternahm mit zwei kleinen Schiffen von je ungefähr fünfzig Tonnen Bartolomeu Diaz, der als erster Europäer das Kap der Stürme umsegelte – oder, wie es nach seiner Rückkehr genannt wurde, das Kap der Guten Hoffnung, wobei sich die Hoffnung darauf bezog, Indien auf dem Seeweg erreichen zu können. Gewiß, es gelang ihm nur dank der Stürme, und er konnte nur noch ein paar hundert Meilen darüber hinaus nach Osten segeln, bevor seine erboste Mannschaft ihn zur Rückkehr zwang. Dennoch stand nun fest, daß ein Schiff direkt von Afrika nach Indien segeln konnte. Im Juli 1497 stachen in Lissabon vier Schiffe unter dem Kommando des Vasco da Gama in See. Er umschiffte das Kap und nahm an der Ostküste für das letzte Stück der Reise einen muslimischen Lotsen an Bord. Im Mai 1498 ging er in indischen Gewässern vor Anker. Bei seiner Rückkehr war Gamas Kabine vollgepfropft mit Juwelen und vor allem mit Gewürzen – Pfeffer, Nelken und Zimt.

Lissabon wurde der europäische Hauptumschlagplatz des Asienhandels. Pfeffer kostete dort ein Fünftel des Preises, der in Venedig gefordert wurde. Bald blockierten die Portugiesen den Weg über das Rote Meer, der nach Ägypten führte, der

△ Die schrittweise Beherrschung des Meeres: Eine Radierung aus dem 16. Jahrhundert

◁ Die erdichteten Reichtümer der Gewürzinseln durchgeisterten das frühe Entdeckungszeitalter. Eine Handschrift aus dem 15. Jahrhundert stellt eine Pfefferernte dar

Quelle des venezianischen Handels, und obwohl sie nach einigen Jahrzehnten die Blockade aufgeben mußten und nicht in der Lage waren, ein seegebundenes Monopol am asiatischen Gewürzhandel zu etablieren, galten sie als führende Seemacht – so nannte sich der portugiesische König »Herr über Guinea und die eroberten Gebiete, über die Seefahrt und den Handel in Äthiopien, Arabien, Persien und Indien«, obgleich es damals wahrscheinlich nicht ein einziges portugiesisches Schiff im Indischen Ozean gab.[8] Aber bald schon verwandelten schiere Gewalt und das Bewußtsein, die Herrschaft über die Meere zu besitzen, das Zeitalter der portugiesischen Entdeckungen in die Ära des portugiesischen Imperiums. Innerhalb weniger Jahre trieb Portugal regelmäßig Handel mit der Malabar-Küste, baute dort Häfen, beherrschte die indischen Gewässer mit der Kampfkraft seiner Schiffe, und schon bald erschien ein portugiesisches Geschwader in Kanton.

△ Ein Fenster der Abtei von Tomar, dem portugiesischen Hauptquartier des Christusordens, mit dessen Vermögen die Expeditionen Heinrichs des Seefahrers finanziert wurden

▷ Portugiesisches Schiff in Nagasaki. Ein japanischer Samurai am Ufer raucht Tabak, der zuerst von den Portugiesen nach Japan gebracht wurde

In den östlichen Meeren, über die die Portugiesen während des folgenden Jahrhunderts herrschen sollten, war das Reich nicht territorialer Natur, sondern bestand in Schiffahrt und Handel. Es beruhte auf der Kontrolle über die Meere von einigen wenigen, mächtigen Handelszentren aus.

Die erste strategische Basis, die sich die Portugiesen (nach den Häfen an der ostafrikanischen Küste) schufen, war Goa (1510); darauf folgte Ormuz (1515) an der Mündung des Persischen Golfs, über den fast der gesamte Handel zwischen Indien, Persien und den Molukken (1519 erobert) ging, dem Zentrum des indonesischen Gewürzhandels. Später, nach einem gescheiterten Versuch, sich in Kanton einzurichten, ließen sich die Portugiesen in Macao nieder, wo ihre Anwesenheit nach 1557 von China geduldet wurde. Von Macao aus suchten sie Handel mit Japan, wo sie sich 1571 in Nagasaki etablierten.[9] Innerhalb eines knappen Jahrhun-

derts waren also die Portugiesen weit in die entlegensten Gebiete der Erde vorgedrungen, zu weit vorgedrungen, denn ihr kleines Land war damit überfordert (um 1600 gab es über vierzig Häfen und Forts), aber sie hatten eine große Leistung vollbracht, eine Leistung, die um so erstaunlicher war, als ihre Wurzeln so tief in der christlichen Kultur des Mittelalters lagen.

Die historischen Konsequenzen – die Ausweitung des Kapitalismus, die Verbreitung des Christentums rund um den Erdball, der Aufbau überseeischer Reiche und die Änderung der politischen Machtverhältnisse in der Welt – waren enorm. So auch der Einfluß auf das menschliche Denken. Die Welt existiert in hohem Maße im menschlichen Geist, denn sie ist das, was wir sehen oder fühlen. Das trägt nicht unmittelbar zur Ordnung geographischer Kenntnisse bei. Die Welt muß also abstrahiert und in einer Form begriffen werden, daß man sie sich leicht vorstellen kann – etwa auf »geistigen« Landkarten. Im Mittelalter können sich nur wenige Menschen, die nicht unmittelbar mit der Schiffahrt oder mit akademischem Wissen befaßt waren, eine Landkarte vorgestellt, geschweige denn gesehen haben. Erst die Erfindung des Buchdrucks machte die geographischen Kenntnisse auch anderen als Gelehrten und Seeleuten zugänglich. Heutzutage sind wir alle im Besitz geistiger Landkarten, im Zeitalter der Entdeckungen war das jedoch nicht so: Nur wenige Menschen verfügten über solche Weltbilder, und diejenigen, die sie besaßen, stellten fest, daß sie sich in erstaunlicher Weise veränderten.

Was damals vor sich ging, läßt sich nicht leicht datieren. Um etwa 1400 brachte ein Florentiner, der aus Konstantinopel nach Italien zurückkehrte, die Abschrift eines der bedeutendsten griechischen Texte mit, die »Geographia« des Ptolemäus.

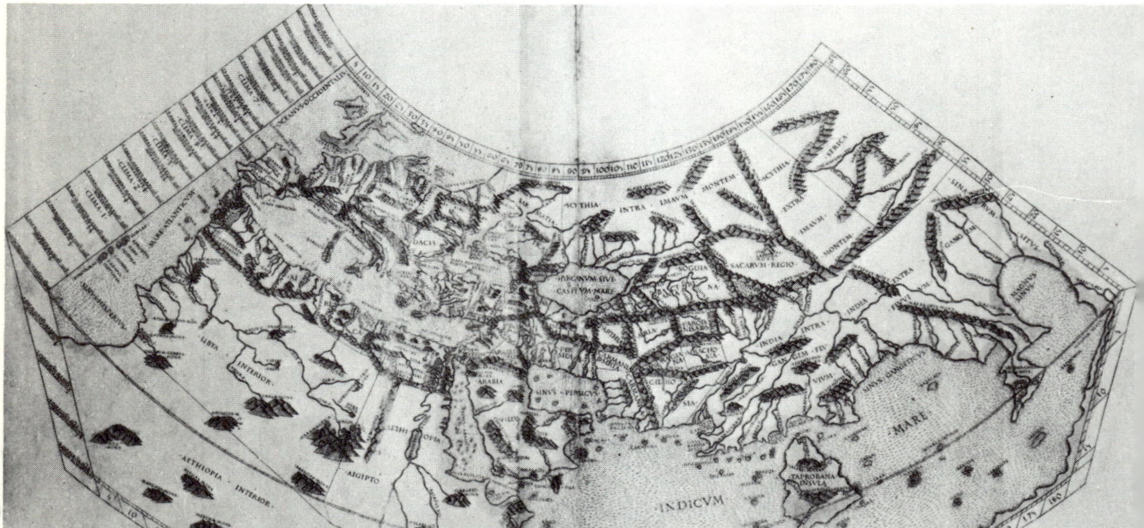

Die Welt, abgebildet in der »Geographia« des Ptolemäus

Erinnerungen daran hatten sich mehr als eintausend Jahre in den geographischen Vorstellungen der Europäer und Araber erhalten. Innerhalb weniger Jahre wurde dieses Werk ins Lateinische übersetzt, wodurch es leichter zugänglich wurde, und 1472 erschien es im Druck. Sechs weitere Ausgaben kamen noch vor dem Ende des Jahrhunderts heraus, die meisten mit Karten ergänzt. Es ist richtig, daß die ptolemäische Weltkarte, die im 2. Jahrhundert n. Chr. entstand, einen großen Fehler enthält: Ptolemäus glaubte, der Indische Ozean sei ein riesiges, ganz von Land umgebenes Gewässer und deshalb von See her nicht zugänglich. Hätte er recht gehabt, dann hätte man von Afrika aus zu Lande an der Südküste des Ozeans entlang bis nach China reisen können. Insgesamt jedoch waren seine Kenntnisse für einen Bewohner des Mittelmeerraumes im zweiten vorchristlichen Jahrhundert beeindruckend: Die Kanarischen Inseln, Island und sogar Ceylon erscheinen auf den Karten des Ptolemäus.

Der nächste große Schritt nach vorn blieb den Portugiesen vorbehalten, nachdem sie entdeckt hatten, daß sich die Küste Guineas nach Osten hinzog, um dann wieder weiter nach Süden zu verlaufen. Damit griffen sie auf eine frühere griechische Auffassung zurück, die Auffassung des Geographen und Historikers Strabo, der der Ansicht war, Afrika könne umschifft werden, wenngleich er sich in bezug auf die Entfernungen und Proportionen gründlich irrte. Es war aber im Grunde das ptolemäische Konzept, auf das sich der Genueser Christoph Kolumbus stützte, als er 1492 aufbrach und nach Westen segelte, um Asien auf dem Seeweg zu erreichen. Kolumbus muß also, ebenso wie die alten Griechen, von der Kugelgestalt der Erde überzeugt gewesen sein.

Zu diesem Zeitpunkt blickte jeder Seefahrer auf Portugal, verfügte doch dieses Land über konkrete Ergebnisse hinsichtlich der Seefahrt, erworben über einen Zeitraum von achtzig Jahren. Obwohl beträchtlich langsamer, verlief dieser Prozeß ähnlich wie der Vorstoß des Menschen ins All: Jede neue Errungenschaft erschien etwas weniger überraschend als das vorangegangene. Die berühmteste Entdeckung jenes Zeitalters erfolgte schließlich im Westen, wenn auch in einer bis dahin unbekannten Hemisphäre – und sie war ein glücklicher Zufall. Unter der Flagge der Krone Aragón-Kastiliens landete Christoph Kolumbus am 12. Oktober 1492 auf einer Insel, die er San Salvador nannte; von dort aus segelte er weiter nach Kuba und Hispaniola (eine Insel, die heute zwischen Haiti und der Dominikanischen Republik aufgeteilt ist) und entdeckte so Amerika, ohne es zu wissen. Wie Heinrich dem Seefahrer gelang Kolumbus etwas ganz anderes als das, was er sich als ursprüngliches Ziel gesetzt hatte. Es gab eine sehr alte Idee, die sich auf Aristoteles und Seneca berufen konnte, in der es hieß, man könne nach Asien gelangen, indem man westwärts über den Atlantik segele. Kolumbus' Sohn berichtete (bezeichnenderweise), sein Vater habe diese Idee in Portugal aufgegriffen, »wo der Admiral [Heinrich] anfing, darüber nachzudenken, daß, wenn Menschen so weit nach Süden gelangen konnten, man vielleicht auch nach Westen segeln und in diesem Teil der Welt Länder finden«[10] könne. So wirkte Heinrich der Seefahrer auch im Fall des Genuesen Christoph Kolumbus in gewisser Weise als Motor.

Selbst nach drei weiteren Reisen wollte Kolumbus immer noch nicht einsehen, daß er nicht Asiens küstennahe Inseln erreicht hatte. »Westindien« erinnert bis

Eine imaginäre Neue Welt: Spanische Soldaten dringen in das ländliche, unberührte Westindien vor. Idealisierte Darstellung des flämischen Malers Jan Mostaert (16. Jh.)

△ Um 1800 begannen auch die Nordamerikaner, die Ankunft des Kolumbus als Teil ihrer eigenen Vergangenheit zu betrachten. Eine phantasievolle Darstellung einer Landung von Frederick Kemmelmeyer

◁ Einer der bedeutendsten Namen der Entdeckungsgeschichte ist der des Engländers James Cook. Zu seiner letzten Seereise, von der er nicht zurückkehrte, startete er mit diesem Schiff, der »Resolution«

heute an seinen Irrtum. So glaubte er bis zu seinem Lebensende, er habe einen Teil der Alten Welt erreicht.[11] Andere aber erkannten bald, daß es sich um etwas anderes als um Asien oder auch nur um dessen Inseln handeln mußte.

Ein weiterer Italiener, Amerigo Vespucci, scheint dagegen überzeugt gewesen zu sein, daß ihm die Entdeckung einer bisher unbekannten Welt wenige Jahre später gelungen war, doch gibt es kontroverse Diskussionen über seine Atlantikfahrten: So führte er auf keiner von ihnen das Kommando, und sogar seine Zahlenangaben sind angezweifelt worden. Von einer dieser unter spanischer Flagge geführten Reisen aber, auf der wahrscheinlich die Mündung des Amazonas entdeckt wurde, kehrte Vespucci mit der Überzeugung zurück, den äußersten Osten Asiens berührt zu haben. In den Jahren 1501 und 1502 nahm er an einer anderen Expedition teil, diesmal unter portugiesischer Flagge, die weiter nach Süden vordrang. 1505 schließlich erschien in Florenz ein kleines Buch, zu dem der Seefahrer einen Bericht über die »Neue Welt« *(Mundus Novus)* beitrug.

Diese Worte sind in der Tat ein Schlüssel zu der eigentlichen Entdeckung des Zeitalters, zu der, die im Geist der Menschen stattfand. Europa begann allmählich zu begreifen, daß es auch noch anderswo eine Welt gab; die Erkenntnis, daß es auf dem westlichen Weg nach Asien einen ganzen Kontinent, nicht nur ein paar Inseln gab, griff um sich; bald schlug jemand vor, diesen Kontinent nach Vespucci zu benennen, und so erscheint 1507 auf einer Karte der Name »Amerika«.[12] Später wurde diese Bezeichnung auf den nördlichen Kontinent ausgedehnt, den der Italiener Giovanni Caboto und sein Sohn Sebastiano bereits 1497 entdeckt hatten, obwohl sie damals wie Kolumbus der Meinung waren, auf das Gebiet des großen Khans der Mongolen gestoßen zu sein. Das Schicksal eines zweiten Unternehmens unter dem älteren Caboto ist ungewiß, doch gibt es keinen Hinweis darauf, daß er seine Meinung änderte.[13] Der Niederländer Gerhard Kremer, besser als Mercator bekannt, war schließlich der erste, der eine Landkarte druckte, auf der Süd- und Nordamerika verzeichnet waren.

Ein direkter Kontakt mit Asien in östlicher Richtung und zwei zwischen 1492 und 1498 neu entdeckte Kontinente – das sollte die Welt verändern. Am augenscheinlichsten und unmittelbar regte es Entdeckungsreisende dazu an, noch weiter vorzudringen. Die Umseglung der Welt war das nächste Ziel: Dreißig Jahre nach der ersten Reise Kolumbus' wurde sie von einem spanischen Schiff durchgeführt, das unter einem anderen der großen portugiesischen Kapitäne auf große Fahrt ging, unter Fernão de Magellan. Er wurde auf den Philippinen getötet, doch erinnern die Meerengen, die er durchsegelte, an seinen Namen. Nach dieser Großtat wurde die Gangart bei der gezielten Erforschung der Erde immer schneller. Zu Beginn des 18. Jahrhunderts zeigte sich endgültig, daß Asien nicht mit Nordamerika verbunden war. Bald danach wurde Australien umsegelt. Das 19. Jahrhundert brachte die Erschließung des unbekannten Landesinneren Afrikas und der Gebiete Zentralasiens. – Einem westlichen Forscher des 20. Jahrhunderts blieb, nachdem die beiden Pole erreicht worden waren, offensichtlich so gut wie nichts mehr, etwas über die Erdoberfläche herauszufinden, jedenfalls nichts über die Gestalt ihrer großen Landmassen. So wandte er sich dem Weltraum und anderen Planeten zu, und das nicht nur, weil er über die dazu erforderliche Technologie verfügte, sondern auch, weil es ihn dazu trieb, weiter dem jahrhundertealten Entdeckerdrang zu folgen.

Schon lange zuvor hatten die großen Entdeckungen immense politische Konsequenzen nach sich gezogen. Der erste Vertrag zwischen europäischen Staaten über den Handel außerhalb europäischer Gewässer war 1477 zwischen Portugal und Spanien geschlossen worden: Es wurde deutlich, daß in einer Welt, die sich von Jahr zu Jahr vergrößerte, neue Konflikte drohten. Zugegeben, die Spanier und Portugiesen, zwei mächtige Völker, trugen den Interessen anderer Europäer wenig Rechnung, als sie 1494 erneut einen Vertrag, den von Tordesillas, schlossen,[14] der die unbekannte Welt entlang eines Längengrades, der nahezu fünfzehnhundert Meilen westlich von den Kapverdischen Inseln und den Azoren verlief, zwischen ihnen aufteilte: Das Land, das östlich dieser Linie entdeckt wurde, sollte Portugal gehören, alles andere Spanien. Trotz der Zustimmung des Papstes führten intervenierende Nationen dieses Übereinkommen bald ad absurdum. Dennoch bedeutete dies ein Markstein von großer psychologischer und politischer Bedeutung: Die Europäer, die zu diesem Zeitpunkt noch nicht einmal den Erdball umrundet hatten, waren entschlossen, das gesamte noch nicht entdeckte Land – ohne Rücksicht auf die dort lebenden Menschen – zwischen sich aufzuteilen. Die potentiellen Auswirkungen dieser Entscheidung waren weitreichend. Ungeachtet der darin zum Ausdruck kommenden Arroganz gründete sich die Entscheidung auf die solide Basis einer festen Überzeugung. Die Eroberung der offenen See war der erste und größte Triumph über die Kräfte der Natur, ein Triumph, der zur Beherrschung des ganzen Erdballs durch die abendländische Kultur führen sollte. Wissen ist Macht, und das von den ersten systematisch vorgehenden Entdeckern erlangte Wissen – nicht nur über die geographische Lage bis dahin unbekannter Länder, sondern über Winde, Navigationsmethoden und gefahrlose Handelsrouten –, dieses Wissen stieß das Tor zum Zeitalter der abendländischen Welthegemonie auf.

Die Europäer sollten nun eine neue Sicht ihrer selbst und ihrer Beziehung zu anderen Völkern in der Welt gewinnen. Landkarten sind ein guter Schlüssel zum Verständnis dieses Wandels: Sie sind stets mehr als bloße Tatsachenfeststellungen; sind die Umsetzung der Wirklichkeit in Formen, mit denen wir uns zurechtfinden; sind Fiktionen und Dokumente der Vorstellungskraft, die mehr vermitteln als wissenschaftliche Daten. So spiegeln sie Veränderungen in unserer Vorstellung von der Wirklichkeit wider. Die Welt ist nicht nur das, was »da draußen« existiert, sie besteht in dem Bild, das wir von ihr in uns tragen und das uns befähigt, konkrete Gegebenheiten in den Griff zu bekommen. Mit diesem Zugriff wandelt sich unser Verständnis für ebendiese Gegebenheit – und wandeln sich auch viele unserer Annahmen und Überzeugungen.

Ein entscheidender geistiger Wandel trat ein, als sich schließlich die Begriffe »Europa« und »Christenheit« voneinander abzuheben begannen. Landkarten zeigen den Unterschied zwischen diesen beiden Größen. Nach dem Zeitalter der Entdeckungen konnte Jerusalem, wo Jesus lebte, nicht mehr länger als Mittelpunkt der Welt betrachtet werden – als welchen es viele mittelalterliche Landkarten darstellen. Bald war es Europa, das auf den Landkarten europäischer Geographen den Mittelpunkt bildete. Den Schlüssel zu einem neuen geistigen Weltbild lieferte

Ein Psalter zeigt die christliche Welt des Mittelalters, auf Jerusalem ausgerichtet (13. Jh.)

die Entdeckung der beiden amerikanischen Kontinente. Irgendwann um 1500 hatten europäische Kartographen den uns vertrauten Entwurf der Weltkarte fertiggestellt. Vorher war Europa bei Versuchen, die bekannte Welt darzustellen, für gewöhnlich in die obere linke Ecke gesetzt worden, während die großen Landmassen von Asien und Afrika über den Rest der Oberfläche verteilt waren – der natürliche Mittelpunkt konnte sich auf solchen Mappen an den verschiedensten Stellen befinden. Dann bewirkten die Entdeckungen in Amerika allmählich eine Veränderung der konventionellen Anordnung: Den Landmassen von Nord- und Südamerika mußte immer mehr Platz eingeräumt werden, als ihre wahre Ausdehnung genauer bekannt wurde. Juan de la Cosa, der Kolumbus auf seiner zweiten Reise begleitete, war der erste, der die von ihm gewonnenen Erkenntnisse (ebenso wie die Entdeckungen Giovanni Cabotos von dessen Reise 1497) in eine Weltkarte einzeichnete, die er 1500 anfertigte. Diese Karte zeigt Europa bereits in einer auf die ganze Welt bezogenen Mittelpunktposition. In der Folge wurden von anderen Kartographen Karten nach einem ähnlichen Konzept gezeichnet, wobei die neuen Fakten so einbezogen wurden, wie sie nach und nach bekannt wurden.

Um die Mitte des Jahrhunderts war diese neue geographische Weltsicht bereits selbstverständlich. Sie fand ihren kanonischen Ausdruck im Werk Mercators – der, nebenbei bemerkt, ein großer Bewunderer des Ptolemäus war. Mercator stellte die neue Weltkarte in jener verbesserten Form dar, die wir von allen Versuchen, ein höchst praktisches Problem zu lösen, am besten kennen: Wie konnte man einen Weg finden, die Erde ohne Verzerrung als glatte Oberfläche darzustellen, auf der man den Kurs loggen und abstecken konnte? Einen Globus mit auf See zu nehmen, der groß genug war, um für die Navigation von Nutzen zu sein, war nicht möglich. Mercators neue »Projektion«, zuerst 1568 auf einer Karte angewandt, sollte vierhundert Jahre mit Erfolg gute Dienste leisten. Im Grunde machte er aus der Erdkugel einen Zylinder. An einer Seite aufgeschnitten und entrollt, ergab dies ein Netz von Längen- und Breitengraden, das immer anzeigte, wo man sich in bezug auf die Pole befand. Nicht möglich waren damit exakte Flächenvergleiche, weil die Enden des Zylinders natürlich aus Linien bestehen, die Pole aber Punkte sein mußten. Mercators Darstellung der Welt wird deshalb mit zunehmender Entfernung vom Äquator recht verzerrt. Trotzdem bietet sie eine gute wissenschaftliche Basis zur Bestimmung von Position und Richtung auf offener See.

Natürlich bewirkte sie auch noch etwas anderes: Sie prägte sich dem Geist von Menschen ein, die nichts mit Navigation zu tun hatten, und vermittelte die Vorstellung, daß das Festland auf der Erde von Natur aus um einen europäischen Mittelpunkt gelagert war. Auf diese Weise lag Europa in den Köpfen mancher im Zentrum der Welt. Natürlich führte das dazu, daß die Europäer für Jahrhunderte ihren Atlanten unbewußt die Vorstellung entnahmen, dies sei die natürliche Ordnung der Dinge. Es kam ihnen so gut wie nie in den Sinn, daß man Mercators Projektion eventuell auch auf China oder auf Hawaii zentrieren konnte. Diese Denkweise ist selbst heute noch des öfteren anzutreffen.[15]

Die meisten Völker halten sich gerne für die Mitte aller Dinge. So glaubten die Chinesen lange Zeit, sie lebten in dem, was sie das »Königreich der Mitte« – oder des »Zentrums« – nannten. Mercator verhalf seiner eigenen Kultur zu einem, wie man heute zu sagen pflegt, »eurozentrischen« Weltbild. Viel später wurde dieses durch die weltweite Übernahme des Greenwich-Meridians noch bestärkt, der im Jahre 1884 eingeführt wurde, nachdem sich bei der Ausarbeitung des Fahrplans der kanadischen Pazifikeisenbahn Schwierigkeiten ergeben hatten; das veranlaßte einen ihrer Ingenieure dazu, eine Kampagne für eine internationale Festlegung von Zeitzonen zu starten. Das war, wenn man so will, eine geistige oder moralische Verzerrung. Aber vielleicht war das bei einer in Europa erfundenen Projektion auch unvermeidbar, die im übrigen technisch und wissenschaftlich lange Zeit gute Dienste leistete. Es ist schwerlich Mercators Schuld, daß wir heute Projektionen benötigen, die andere Informationen liefern, als er sie zu vermitteln suchte – jede Karte ist konventionell und selektiv.

Die ersten Anfänge eines Wandels im menschlichen Denken liegen allerdings in der Zeit, bevor die ersten Landkarten erstellt wurden, und können mindestens bis zum 14. und 13. Jahrhundert zurückverfolgt werden.[16] Schon damals begann sich der europäische Kontinent für einige wenige als ein mit der Christenheit in jeder Hinsicht identisches Gebiet und folglich als die Heimstatt einer unverwechselbaren Kultur darzustellen. Allerlei Anzeichen deuten auf die Präsenz von Keimen hin, die wahrscheinlich durch vieles, was im späteren Mittelalter geschah, im Wachstum gefördert wurden.[17] In der Zwischenzeit hatte sich das Christentum bis in die letzten Teile Europas verbreitet.[18] Ganz anders stellte sich die Lage der christlichen Kirchen Asiens dar: Zuerst Opfer der muslimischen Reaktion auf die Brutalität der Kreuzfahrer, dann Leidtragender des Aufstiegs der osmanischen Türken und der Zerstörung des Byzantinischen Reiches, erlebte das nicht-europäische Christentum zu Beginn des 16. Jahrhunderts seine schwierigste Phase. Das gab seiner katholisch-abendländischen Form natürlich um so größere Bedeutung. Am Ende gab auch Europas Wirtschaftsleben, das während der letzten Jahrhunderte immer reicher geworden war, dem Kontinent eine neue Art von Homogenität.

Alle diese Fakten bedeuteten, daß das Europa des 15. Jahrhunderts in einem ganz neuen Sinn eine Einheit war. Manche Geistliche, Politiker und Polemiker begannen damit, die Implikationen dieses Tatbestandes herauszuarbeiten und zu überdenken.[19] Sie waren sich zwar nicht immer in vollem Maße ihres Tuns bewußt, doch allmählich wurde »Europa« ein mit »Christenheit« austauschbarer Begriff, wurde »europäisch« gleichbedeutend mit »christlich«, und im allgemeinen Sprachgebrauch erstreckte sich die »Christenheit« nicht mehr auf die Christen unter osmanischer Herrschaft – sie wurden nicht als Europäer betrachtet. Landkarten, auf denen seit dem 14. Jahrhundert allmählich zwischen den politischen Gewalten in den verschiedenen Gebieten unterschieden wurde, zogen im darauffolgenden Jahrhundert nach und nach Grenzen zwischen einer auf Europa beschränkten Christenheit und den vom Islam beherrschten Gebieten.

Mit einem steigenden Selbstbewußtsein ging zunehmend ein Gefühl der Überlegenheit einher. Neue Erkenntnisse über andere Kontinente schienen das zu rechtfertigen; vergangene Vorstellungen wurden wieder wach und erhielten neue Bedeutung – so hatte sich die alte Antithese von zivilisiert und barbarisch niemals ganz verloren. Die Europäer sahen sich als die Bewahrer der christlichen Kultur, die

ORBIS TERRAE COM

Quam ex Magna Vniuersali Gerardi Mercatoris Domino Richardo Gartho, Geographiæ ac cæterarum bonarum arti

DE MVNDI CREATIONE ac constitutione breuis instructio

Studiosus Geographiæ ante omnia ... mundi creationem, hoc modo. Deus constituto puncto, quod nunc mundi centrum est, pro sede et quiete grauium, massam liquidam informem creans, quã chaos uocant, illic eam iniecit, excitatoq; uehementi spiritu eam agitauit, agitando crassiora grauioraq; discreuit, quæ centro se ad æquilibrium applicantia, terram ac mare in unũ corpus figuræ sphæricæ dederunt, cuius centrũ punctus ille qui sedes est grauium existit, supra hoc corpus ut leuiora et nobiliora quæq; ita superiorem locum obtinuerunt, lucidaq; materiam globos paulatim collecta, lunam, solem, stellasq; reddidit, quæ ratione primi mobilis, supremi inquam cæli super polis æquinoctialis siue mundi ab ortu in occasum rapiuntur, noctem diemq; diuidentes, at super alijs polis, eclypticæ uidelicet, proprio motu ab occasu in ortum, aliæ citius, aliæ tardius circumuoluuntur. Vt autem terra habitationi animalium accommoda fieret, spiritus ille quo placuit Deo undas in altum attollens, alibi montes & altiorem terræ aream congessit & solidauit, alibi cauaturas & sinus effecit, in quos fluxilis aqua descenderet, & quo in æquilibrio penderet tota machina, nostræ continenti quæ Asiam, Africam et Europam comprehendit alteram quam Americam siue nouam Indiam uocant ex opposito obiecit, & quia hæ duæ continentes pro maxima parte supra æquinoctialem uersus polũ arcticum sunt sitæ, ideo his sub polo antarctico tertiam continentem opposuit, maribus undiq; inter se communicantibus, ut tota terræ marisq; machina undiq; æquilibris esset & consisteret, omnesq; partes ex quauis regione adnauigabiles redderentur. Hæc obiter ex Patris mei in suam Cosmographiam lucubrationibus annotare uolui, ut naturali orbis speculatione imbueretur Lector, & ad altiora eius conditi mysteria aditum nanciscatur.

illorum situ uaria ipsi accidentia contingere obseruet, quæ ratione circulorum, quibus astrorum tempora determinantur, illi obueniunt. Sunt autẽ circuli ad Geographiam cognitu necessarij, Paralleli siue æqui distantes, & Meridiani. Porro quia hi circuli in plano non eodem modo possunt, quod sphæræ superficies in planum seruata eadẽ partium ad inuicem habitudine deping nos eam complanandæ sphæræ rationem secutos esse, quã Gemma Frisius in suo planisphærio ad longe optima est. Et si enim gradus à centro uersus circumferentiam crescant, uti in gradibus tamen latitudinis longitudinisq; gradus in eadem à centro distantia eandem ad inuicem proport in sphæra, et quadranguli inter duos proximos parallelos duosq; meridianos rectangulam figu modum in sphæra, ita ut regiones undiquaq; omnes natiuam figurã obtineant, sine omni tortu cente tamen uersus exteriora magnitudine, propter graduum longitudinis latitudinisq; increme quo etiam fit ut paralleli, qui in sphæra æquatori sunt æquidistantes, hic circulares appareant, linea, per medium hemisphærij media inter utrumq; polum distantia ducta, quæ diuiditur in 180 dium tantum æquinoctialis in uno circulo, dimidium alterum in altero continetur, quia dimidium perficiei tantum in uno circulo compræhendi potest, nequaquã tota, ita uno circulo totam ueter tinentem comprehendimus, nimirum Europam, Asiam & Africam, Nouum autem orbem siue In circulo, Continente interim australi in utrumq; circulum incidente. Dicitur autem æquinoctial noctio, quod solis eum perueniens efficit, quod bis in anno contingit, circa 11. diem Martij &

NDIOSA DESCRIPTIO

: fautori summo, in veteris amicitiæ ac familiaritatis memoriã Rumoldus Mercator fieri curabat Aº. M. D. Lxxxvii.

er polis zodiaci proprio motu, anno uno eclypticam permeat oblique æquinoctialem secans & ad 13. cum
gradus ab illo uersus utrumq; polum recedens, ubi tropicus Cancri & Capricorni notantur. Meridiani sunt
er æquinoctialis sectionem quamuis & polos mundi descripti, ideo Meridiani dicti, quod in illo constituto
ridies fit omnibus qui sub eodem in eodem hemisphærio duobus polis terminato habitant.
c quid hi circuli mutationis quæue accidentia in regiones & diuersas sphæræ partes adferant, audi. Meridia
tudinem locorum & longitudinis, siue horarum differentiam duorum quorumlibet locorum indicant. Con-
nt autem Geographi initium longitudinum in meridiano qui per occidentalissimam insulam Canariarum
, & inde uersus orientem longitudinem computant, quia proprius astrorum motus per quem longitudines
obseruantur, ab occasu in ortum tendit. Differentia autem longitudinis duorum locorum, ex distantia meri
n utriusq;, quæ in æquinoctiali patescit, cognoscitur. Vt si Meridiani illorum 30. gradibus in æquatore à se
stent, erit differentia longitudinis eorum 30. gradium, & duarum horarum differentia, ita ut cum in occi-
re fuerit hora decima, in orientali erit duodecima, duabus enim horis sol ab orientalioris meridiano perue-
cidentalioris meridianum motu diurno, etenim 24. horis totum globum terræ ambit. Præterea diuiduntur
i in 360. gradus, quemadmodum æquinoctialis, & numerantur ab æquinoctiali utrimque ad polum 90.
i uersus polum Arcticum designant latitudinem boream, uersus Antarcticum uero meridionalem, et quot
dem meridiano eodemq; hemisphærio polis terminato sunt loca diuersæ latitudinis, eandem semper eodem
horam numerant, ut cum unus computat horam 8. cum dimidia, reliqui omnes tantundẽ numerant. Paral-
circuli [quos minores uocant, quia eorum planities non per centrum mundi transit] à Meridiani gradibus

designantur iuxta eorum latitudinem, sic tropici duo, Cancri & Capricorni, gradum latitudinis 23. cum dimidio i
meridianis omnibus occupant, Arcticus autem & Antarcticus circuli 66. cum dimidio, qui coeli zonas quinq; com
prehendunt, inter duos tropicos sitam, torridam uocant, quod sol perpetuo supra eã uersans omnia ibi torreat & in
tensum calorem adferat, duæ inter tropicos et Arcticũ Antarcticumq; temperatæ dicuntur, quod medio modo inter
calidissimam & frigidissimam se habeant, reliquæ intra Arcticũ una, & intra Antarcticum altera, frigidæ sunt, ut
pote à sole remotissimæ. Rursum quia in diuersa latitudine etiam diuersa fit quantitas diei cuiusq;, distinxerunt uni
uersam latitudinem ab æquinoctiali ad polũ usq; per certos aliquot Parallelos, in quibus primus latitudini notat in
qua maxima dies maximaq; nox super perpetuam æqualitatẽ, quæ est in æquinoctiali quadrante unius horæ crescit,
secundus illam in qua dimidia hora, tertius in qua tribus quadrantibus et sic deinceps donec parallelorũ uicinitas per
semihoras tantum differentias considerat, tandem etiam per horas integras, dies, hebdomedas, menses, ita ut sub po
lo unus tantum dies unaq; nox totum annũ emetiantur. Inter hos parallelos constituerunt Veteres quinq; spacia quæ
climata appellarunt, primum à tertio parallelo ad quintum usq;, secundum hinc ad 7., tertium ad 9., quartum ad 11.,
quintum ad 13. Hucusq; putabant orbem habitari, ulterius non, propter intensius frigus. ab æquinoctiali etiam us-
que ad tertium utrimq; parallelum [quod est medium torridæ zonæ] propter nimium æstum inhabitabilem crede-
bant, posteriores tria climata uersus polum addiderunt, at tandem inuentum est totam undique terram habitabilem
esse, & sub æquinoctiali temperatiorem opinione calorem esse, propter breuiorẽ Solis præsentiam, ut qui perpetuo
12. tantum horis supra horizontem manet, in frigidissima autem zona propter longissimos dies æstate calidiorem
opinione aerem esse, noctuq; propter uentorum raritatem ac debilitatem minus infrigidari. Vale & fruere.

ihrer Meinung nach über der der Nachfahren Japhets und weit vor der der Nachfahren Hams stand (nach der Legende galten die Söhne Noahs als Stammväter der Völker Kleinasiens, der Japhetiden, bzw. der Afrikas, der Hamiten). Ein Engländer namens Purchas gab 1625 jener neuen europäischen Überzeugung Ausdruck: »Nicht durch mathematische Prinzipien, sondern durch die göttliche Wahrheit lernt Europa, zum Himmel emporzusteigen. Jesus Christus ist sein Weg, seine Wahrheit, sein Leben; Jesus, der sich vom undankbaren Asien, wo er geboren wurde, und von Afrika, dem Ort seiner Flucht und Zuflucht, längst geschieden hat und fast gänzlich und einzig ein Europäer geworden ist. Finden wir doch in Asien diesen Namen kaum, weniger noch in Afrika und in Amerika überhaupt nicht, bis auf eine spätere europäische Nachlese.«[20]

Der Sinn für Identität, für eine spezifische Natur, die aus der Religion erwuchs, war damals nichts Neues mehr. Er zeigte sich in dem Übergang von der Idee der Christenheit zur Idee Europa. Was neu ist an Feststellungen wie der zitierten, ist die Überzeugung, die darin auf einer moralischen und mythischen Ebene zum Ausdruck kommt, und ihre Bindung an Land und Volk, an Europa und den Europäer. Sie zeigt Europäer, die der Meinung sind, daß sie vom Rest der Welt nur wenig zu lernen haben. Und was noch wichtiger ist: Sie bemühen dafür eine geistliche Autorität – sogar Christus »ist fast gänzlich und einzig ein Europäer«. Gegen Ende des 17. Jahrhunderts wurde »Christenheit« dann auch als politischer Begriff durch »Europa« abgelöst, jedenfalls in England und den Niederlanden.[21]

Die universalgeschichtliche Auffassung des gebildeten Europäers jener Zeit kann an dem Werk eines französischen Priesters, Jacques Bénigne Bossuet, Bischof von Meaux, abgelesen werden, ein gelehrter und nachdenklicher Mann, der beliebt war wegen seiner eloquenten und modernen Art, bei Hof zu predigen, und der 1670 zum Tutor des Dauphins berufen wurde. Während der elf Jahre, in denen er diesen Posten bekleidete, behandelte eines der Bücher, die er zur Unterweisung seines Zöglings schrieb, die Universalgeschichte. Er wählte die Religion und die Geschichte großer Imperien – »die beiden Kernpunkte, um die sich die menschlichen

◁ Jacques Bénigne Bossuet, gemalt von Hyacinthe Rigaud

◀◀ Die Welt in einem Atlas von Mercator (Mitte des 16. Jahrhunderts). Allerdings zeigen diese Seiten nicht den mit seinem Namen verbundenen Entwurf

Dinge drehen«[22] – als Schlüsselthemen, um die Aufmerksamkeit seines königlichen Schülers zu wecken. Beim Studium seines Buches fällt ein bemerkenswerter Gedankengang auf: Die Geschichte des größten Teils der Welt findet keinen Platz.

Die Aufmerksamkeit des Autors konzentriert sich ganz auf die Tradition, deren Erbe Europa ist – und unmittelbar zu Bossuet und zu seinem Herrn, Ludwig XIV., führt –, auf die jüdisch-römische Tradition. Wir lernen von Bossuet viel über die israelitischen Könige und die großen Tage Roms, sogar etwas über Assyrien, Persien und Ägypten, deren Geschichte auf die der Juden und Griechen einwirkte, aber beispielsweise nichts von China, dessen Reich bereits zweitausend Jahre alt war, als er sein Werk verfaßte – und doch muß er, der Tutor jenes Dauphins, der als Ludwig XIV. feierlich die ersten Botschafter Siams (eines China tributpflichtigen Staates) empfing, etwas von den außerordentlich gelehrten Berichten jesuitischer Missionare über den chinesischen Kaiserhof gewußt und möglicherweise auch von den Konzessionen gehört haben, die manche dieser Jesuiten in ihrer Verhaltensweise und in ihrer Kleidung einer Kultur machten, die sie zu bewundern gelernt hatten. Warum zeigt er dann sowenig Interesse für Chinas Rolle in der Menschheitsgeschichte? Die Gründe dafür sind in der von der europäischen Kultur bereits erreichten emotionalen und logischen Autarkie zu suchen: Die Essenz der Geschichte war für Bossuet wie für seine Zeitgenossen in der christlichen Geschichte zu finden, die im Europa seiner Zeit, ja vielleicht sogar in einem katholischen Monarchen kulminierte, der sich selbst als »Sonnenkönig« – *le roi soleil* – verstand. Erst kurze Zeit vorher hatten die Menschen erfahren, daß sie in einem helozentrischen Universum lebten, daß die Planeten sich um die Sonne drehten, die nun so zweifelsfrei im Zentrum der Himmelskarte stand wie Europa im Mittelpunkt der Weltkarte Mercators. Nunmehr konnte ein König, der mächtigste in Europa, diese Theorie als ein Bild seiner eigenen Stellung akzeptieren.

Heutzutage haben sich viele daran gewöhnt, einen speziell geprägten Begriff zu benutzen, um diesen Geisteszustand zu bezeichnen: »Eurozentrismus«. Das bedeutet, »Europa in den Mittelpunkt der Dinge zu stellen«, das bedeutet gewöhnlich aber auch: Solche Überlegung ist falsch! Wenn wir aber nur von Fakten sprechen, von dem, was sich ereignet hat, und nicht von dem Wert, den wir den Ereignissen beimessen, dann ist es natürlich ganz richtig, Europa in den Mittelpunkt der neuzeitlichen Geschichte zu stellen. Seit der Zeit der Entdeckungen ist Europa und sind jene Länder, die europäischer Abstammung sind, die Hauptquelle der Geschichte gewesen, und in dieser Hinsicht (aber in keiner anderen) erkannten Purchas, Bossuet und andere die Wahrheit. Von Europa waren die Entdecker, die Konquistadoren, die Siedler und Kaufleute ausgegangen: Sie schufen eine Welt, deren Zentrum Europa und deren Peripherien die beiden Amerika und Asien waren. Nichtsdestoweniger ging der Eurozentrismus schon sehr früh in aufschlußreicher Weise über die bloßen Tatsachen von Macht und Einfluß hinaus (die sich sowieso gerade eben erst zeigten). Was Purchas und andere empfanden, war eine qualitative Superiorität.

Es muß jedoch angemerkt werden, daß das Überlegenheitsgefühl schon sehr früh Widerspruch erregte. Im 16. Jahrhundert erinnerte der französische Philosoph Michel Eyquem de Montaigne daran, daß es vielleicht nur an einem Sinn für

Perspektiven fehle. »Wir ... wundern uns über die einmalige Erfindung unserer Artillerie«, schrieb er, »und sind erstaunt über die ungewöhnliche Erfindung des Buchdrucks – während doch, ohne daß wir das wissen, andere Menschen an einem anderen Ende der Welt, das den Namen China trägt, schon vor tausend Jahren beides kannten und perfekt nutzten.«[23] Aber auch dieses Urteil vereinfachte zu sehr. Der Buchdruck mag dort bereits seit langem bekannt gewesen sein, aber er zeigte in China nicht die befreienden Wirkungen, die er in Europa nach sich zog. Auch konnte der Hinweis auf Leistungen anderer Kulturen in der Vergangenheit nicht den im Lauf der Zeit größer werdenden Diskrepanz im Leistungsvermögen erklä-

Die Heilige Jungfrau der Seefahrer ist von großen Entdeckern umgeben. Das Gemälde befindet sich in der alten »Casa de Contratación« von Sevilla

ren, der in vieler Hinsicht erst noch enträtselt werden muß. Es steht jedoch fest, daß sich die Europäer immer rascher dieses Unterschiedes bewußt wurden, fast genau von dem Augenblick an, in dem die Berichte über das, was die Entdecker herausfanden, einliefen. Das ist der Hauptgrund dafür, daß die Entdeckungsfahrten ebenso wie die Wiederentdeckung der Antike durch die Humanisten einen Wendepunkt in der Kultur- und Geistesgeschichte Europas darstellen. – Mehr als zwei Drittel Erde sind von Wasser bedeckt, und schon um 1600 fanden sich für die Europäer keine Konkurrenten, die ihre Herrschaft über die Weltmeere – abgesehen vom Mittelmeer – anzweifeln konnten.

VII.
Neue Welten

Man fordere irgend jemanden in Afrika, Asien oder Europa auf, eine amerikanische Stadt zu nennen: Wenn er nur von einer einzigen gehört hat, ist es sehr wahrscheinlich New York. Früher hieß es Neu-Amsterdam, und überall in den Vereinigten Staaten findet man ähnliche Namen: New Orleans, New Jersey, New Hampshire – und natürlich Neu-England. Kanadas ursprünglicher Name war Nouvelle France, Neu-Frankreich. Südlich des Rio Grande lag das große spanische Vize-Königreich Neu-Spanien und noch weiter südlich Neu-Granada. Die Spanier hatten Neu-Galizien, Neu-Kastilien und auch ein Neu-Toledo gegründet. Hinter dieser Eigentümlichkeit in der Geschichte der Ortsnamen muß mehr stecken als die bloße Unfähigkeit, sich etwas anderes auszudenken. Diese Namen versehen die Neue Welt mit dem Stempel »Europa« – und bringen die europäische Absicht zum Ausdruck, eine europäische Kultur zu bewahren. Dasselbe trug sich später auf der anderen Seite der Erde zu, in Neuseeland, Neu-Südwales, Neu-Kaledonien. In den beiden Amerika wie anderswo unterwarfen sich die Europäer dem, was sie vorfanden, nicht, sondern bemühten sich, seiner Herr zu werden, welche Zugeständnisse sie auf ihrem Weg dahin auch machen mochten. Sie waren entschlossen, nicht nachzugeben.

Die erste kraftvolle Anstrengung seit den Kreuzzügen, mit der die europäische Kultur nach Übersee verpflanzt werden sollte, veränderte die Weltgeschichte mehr als irgend etwas anderes seither. Die beiden Amerika beherbergten mit der Zeit zwei verschiedene, aber eindeutig verwandte Varianten europäischer Kultur – mehr oder weniger nördlich und südlich des Rio Grande. Betrachten wir zuerst den Süden, da die Geschichte dort in jeder Hinsicht früher beginnt als im Norden. Die auf dem zentralen und südlichen Festland der amerikanischen Kontinente von den Portugiesen und Spaniern errichteten Reiche entwickelten sich in einem Maße, daß im 19. Jahrhundert der französische Kaiser Napoleon III. wie selbstverständlich den Ausdruck »Lateinamerika« verwendete. Von Europa und von Nordamerika aus gesehen, war Lateinamerika durch die Verwendung des Portugiesischen (in Brasilien) und des Spanischen (in den übrigen Ländern) als dominierende Sprachen, durch die Vormacht des römisch-katholischen Christentums auf dem gesamten Kontinent und durch Regierungsmethoden charakterisiert, die sich von denen der absoluten europäischen Monarchie herleiteten. Später übernahmen diese Länder unter anderem Vorstellungen der europäischen Politik jüngeren Datums: radikal, liberal, republikanisch, antiklerikal, demokratisch – das waren Begriffe, die den Politikern eines unabhängigen Lateinamerika vertraut waren.

1493 erschien in Florenz dieser phantasievolle Holzschnitt von der Landung des Kolumbus. Der Buchdruck führte zu einer raschen Verbreitung der Nachrichten über Entdeckungen

Nördlich des Rio Grande sahen die Dinge etwas anders aus. Obwohl es in einem Großteil der heutigen südlichen Ländern der Vereinigten Staaten ehemals spanische Niederlassungen gab und die Franzosen zunächst Louisiana beherrschten, teilen sich heute zwei im wesentlichen Englisch sprechende Länder von gemischter, jedoch überwiegend europäischer Abstammung in den größten Teil des nördlichen Kontinents. Auch in ihnen ist das Christentum dominierend, allerdings im Rahmen einer auffällig säkularisierten Gesellschaft. Die spezifischen Formen des Christentums in Nordamerika sind außerdem stark vom Protestantismus, von einer Tradition des religiösen Pluralismus und darüber hinaus von einem ganz anderen sozialen Gefüge geprägt. In bezug auf Recht, Verwaltung, Politik spiegeln sie das Europa der konstitutionellen, individualistischen politischen Kultur wider, kurz gesagt, mehr die politische Kultur Englands als die des kontinentalen Europa.

Ob Norden oder Süden, beide Amerika sind Teil der abendländischen Welt, welche Unterschiede auch immer zwischen ihnen bestehen mögen. In dem einen Teil sind die Abkömmlinge der Ureinwohner offiziell weitgehend ignoriert worden, im anderen wurden sie nahezu völlig ausgemerzt – heute erscheinen uns beide Haltungen arrogant, aber sie sprechen von starker Selbstsicherheit. Beide Teile des modernen Amerika sind die große schöpferische Leistung *einer* Kultur – oder besser: Sie wurden geformt von zwei ausgewählten, überarbeiteten Versionen dieser Kultur, die in einer jeweils verschiedenen Umwelt zum Tragen kommen. Daß dieser Prozeß so erfolgreich war, war kein bloßer Zufall – und er sagt uns manches Wichtige über unsere Kultur und darüber aus, warum sie in unserer Epoche dominierend ist.

Die Erschließung der Karibik und Zentralamerikas fand mit der Gründung und raschen Etablierung von Imperien ihren Ausdruck, während die Erforschung des Nordens noch auf sich warten ließ, obwohl die Ursprünge des Imperialismus eher noch komplizierter als die des Forschungstriebes sind. Sicher, beides begann mit den Portugiesen, die durch die Besiedlung der atlantischen Inseln, eine Aufgabe, in die sie sich mit den Spaniern teilten, ein einzigartiges Beispiel gesetzt und eine unersetzliche Erfahrung vermittelt haben. Lange Zeit hatten die Iberer keine Konkurrenten, und im Verhältnis zueinander blieben die Portugiesen den größten Teil des 15. Jahrhunderts in ihren anfänglichen kolonialen Unternehmungen auf Madeira, den Kanarischen Inseln und den Azoren unangefochten.

Während andere europäische Völker über ein gewisses Potential für Ansprüche und Expansion verfügten, war eine derartige Kraft bei den Völkern Zentral- und Osteuropas um 1500 so gut wie nicht vorhanden: Durch die Folgen der osmanischen Eroberungen und den Aufstieg Moskaus war einer Bewegung nach Südosten und Osten Grenzen gesetzt worden; die alten Seemächte befanden sich im Niedergang. Venedig und Genua, lange Zeit im östlichen Mittelmeer stark engagiert, hatten mittlerweile den Zenit ihres einflußreichen Handelsimperiums überschritten und sahen nun ihre restlichen Besitzungen der osmanischen Gefahr ausgesetzt; auch weiter westlich waren mächtige Rivalen entstanden, zuerst Katalonien, dann Aragón und schließlich die vereinigte Macht von Aragón und Kastilien, also Spanien. In nördlichen Gewässern dagegen forcierten die Skandinavier – ungeachtet der wikingischen und norwegischen Traditionen – den kommerziellen Handel mit der näheren Umgebung – sie lieferten Rohstoffe nach Süden und Osten, wo sich ein bedeutender baltischer Handel entwickelt hatte, der sich im Handelsimperium der Hansestädte bald institutionalisierte. Dagegen verfügten England und Frankreich – nicht zuletzt dank ihrer Häfen – über bessere Voraussetzungen für Abenteuer auf hoher See, und gegen Ende des 15. Jahrhunderts begannen Engländer und Franzosen, erstmals ihre Blicke über die traditionellen Horizonte ihres Handels und ihrer Fischerei zu richten – so unterstützten die Engländer 1497 Giovanni Caboto, als dieser von Bristol aus mit Ziel auf Labrador in See stach; nur wenige Jahre später war sein Sohn dabei, als eine Seeverbindung zum Moskowiterreich um das Nordkap herum hergestellt wurde. Eine wichtige Voraussetzung fehlte jedoch sowohl England als auch Frankreich, um die Führung der Iberer zu erschüttern: Das richtige Kräfteverhältnis hatte sich in diesen beiden Ländern noch nicht herausgebildet – in Portugal bestand es schon seit etwa 1450, in Spanien entwickelte es sich gegen Ende der Reconquista.

Für Spanien gab es allerdings einen besonderen Anreiz: Der lang anhaltende Konflikt mit dem Islam hatte seine Bevölkerung in einzigartiger Weise auf das imperiale Abenteuer eingestimmt, und die Folge war eine eifrige Suche nach Möglichkeiten für neue Feldzüge gegen die Ungläubigen. Aber das erklärt noch nicht alles. Die Reconquista hatte nicht nur Kreuzzugsimpulse vermittelt, sie hatte auch die spanische Gesellschaft verändert. Das mittelalterliche Kastilien war während der Jahrhunderte der Reconquista zu einer spezialisierten Kampf- und Eroberungsmaschinerie geworden, die hervorragend funktionierte, solange Kämpfer benötigt wurden und Land als Belohnung für sie zur Verfügung stand. Als sich jedoch die Reconquista ihrem Ende näherte, verringerten sich die Chancen, gleichzeitig Ehre und Land zu gewinnen, stiegen dagegen die Gefahren, daß Spaniens landlose Junker und Milizen von Magnaten zu deren Zwecken gegeneinander ausgespielt werden konnten. Nach der Eroberung Granadas gab es in Spanien somit kein Ventil mehr – der landhungrige niedere Adel Kastiliens sah sich bald nach neuen Zielen um ... Die kurzen afrikanischen Abenteuer reichten bei weitem nicht aus, dieses Vakuum zu füllen, und so bedurfte es nur eines Anstoßes, daß jene psychische Kraft, geboren aus dem Geist der Reconquista, wieder lebendig wurde.

Bezeichnenderweise wurde im christlichen Feldlager außerhalb von Granada, in Sichtweite der Türme der letzten muslimischen Hochburg, die Entscheidung getroffen, Kolumbus mit den verlangten Schiffen und Geldbeträgen auszustatten. Der Genuese erhielt den Auftrag, überall dort, wo er neues, bisher unentdecktes Land betrat, als Vizekönig oder Gouverneur aufzutreten. Darüber hinaus wurde er – in der Überzeugung, daß er den Seeweg nach Indien entdeckte – mit einem Beglaubigungsschreiben an den großen Khan versehen. Im August 1492 stach er in See – und achtzig Jahre danach erstreckte sich ein spanisches Imperium über die halbe Welt. Philipp II. von Spanien, Urenkel der Katholischen Könige, herrschte über Länder, in denen (wie es sein englischer Zeitgenosse Sir Walter Raleigh bemerkte) die Sonne niemals unterging. In einem, wie es manchen Menschen scheinen mochte, nahezu providentiellen Augenblick hatte Kolumbus den Weg zu einem riesigen neuen Territorium gebahnt, das nun für missionarische Werke, für Abenteuer und persönliches Fortkommen einer europäischen Gesellschaft offenstand, die jahrhundertelang die muslimischen Bewohner Spaniens »unterworfen, verwaltet, christianisiert und europäisiert« hatte.[1]

Noch etwas anderes muß als Teil des Hintergrundes berücksichtigt werden, vor dem der spanische Imperialismus später seinen spezifischen Charakter entwickeln sollte: In dem Augenblick, in dem das erste europäische Reich in Übersee entstand, nahm eine wichtige Epoche innerhalb der Christenheit ihren Anfang. Die protestantische Reformation verschärfte und vergiftete die religiösen Konflikte in ungeheurem Maße, steigerte die religiösen Emotionen zu neuer Intensität und gab den europäischen Herrschern neuen Stoff für Auseinandersetzungen. Die Gegenreformation und ein weitgehend neues römisch-katholisches Bild von der Kirche waren das Resultat. Religionskriege (manche nur dem Namen nach religiös motiviert, manche grausame Feldzüge) sollten die europäischen Schlachtfelder für mehr als ein Jahrhundert mit Blut tränken. Auch das trug zu der Art und Weise bei, wie sich der spanische Imperialismus bald entwickelte.

Die Portugiesen hatten den ersten Überseehandelsvertrag mit den Spaniern 1479 geschlossen, und 1494, zwei Jahre nachdem Kolumbus auf Kuba gelandet war, folgte der Vertrag von Tordesillas, der die östliche und die westliche Welt zwischen ihnen aufteilte. Die Portugiesen waren sich schon vor der Fahrt Vasco da Gamas ganz sicher, daß der Weg zu Reichtum im Osten lag, und scheinen deshalb den letzten Anstoß zu dem spanischen Unternehmen gegeben zu haben, das sich im Kielwasser des Kolumbus westwärts nach Amerika in Bewegung setzte. Der Vertrag von Tordesillas sollte den Westen jedoch keineswegs den Spaniern vorbehalten, denn schon wenige Jahre später traf eine portugiesische Expedition auf Land östlich der Vertragsgrenze, auf das heutige Brasilien. Es waren dennoch die Spanier, die über ein Jahrhundert lang das Schicksal der Neuen Welt bestimmten. Die Portugiesen hatten zwar die atlantischen Inseln kolonisiert und siedelten später auch in Brasilien, aber das bedeutendere portugiesische Überseeimperium lag in Asien und Afrika; es bestand aus Forts, Flotten und Handelsposten, nicht in Gemeinschaften von Siedlern, die sich Land aneigneten und darauf eine neue Gesellschaft aufbauten. Auf der anderen Seite besaßen die Spanier kein Interesse am Handel – was sie wollten, war fester Besitz.

Sie begannen mit den Inseln in der Karibik. Manche wurden von der Aussicht auf Gold angezogen, andere wollten Land anbauen oder Vieh züchten. Auf Hispaniola gründeten sie 1496 Santo Domingo, die erste europäische Stadt in Amerika und, wenn man so will, die letzte im Mittelalter gegründete; 1523 wurde der Grundstein zu ihrer Kathedrale gelegt; 1538 erfolgte die Gründung der ersten Universität in der Neuen Welt, hundert Jahre vor Harvard. Städte waren (vor allem für die Indianer) ein Zeichen dafür, daß die Spanier nicht beabsichtigten, das einmal Eroberte wieder aufzugeben.[2] Architektur sollte übrigens die Kunst sein, die in der kolonisierten Neuen Welt südlich des Rio Grande in den drei Jahrhunderten nach der Reconqui-

Alcázar, Santo Domingo: Der Palast der Familie des Kolumbus

sta in erster Linie gefördert wurde. In der Zwischenzeit wurde Kuba besiedelt und versprach eine reichere, lohnendere Kolonie zu werden als Hispaniola. Bald drangen die Expeditionen weiter vor. Der skrupellose Vasco Núñez de Balboa gründete 1513 auf dem Festland Darién; sechs Jahre später überquerte er den Isthmus von Panama und erblickte als erster europäischer Kapitän die pazifische Küste der beiden Amerika. Die Hoffnung, einen Durchgang durch den Isthmus zu finden, führte rasch andere Entdecker auf das zentralamerikanische Festland. Bald ließen sich die Spanier auch dort nieder. Das kurze Zeitalter der Konquistadoren begann.

Jene Konquistadoren waren in mancher Hinsicht bemerkenswerte Männer. Zwar ist man versucht, sie sich als sehr modern vorzustellen, denn sie errichteten die ersten europäischen Territorialstaaten in Übersee, richtig verstanden werden können sie jedoch nur vor dem Hintergrund der mittelalterlichen Aggressivität. Auf einige ihrer Motive sprechen wir sofort an, andere sind uns fremd. Viele dieser Männer folgten dem mittelalterlichen Drang, die legendären Taten von Paladinen und Heroen zu wiederholen (bezeichnenderweise war das Lesen, Drucken und Schreiben neuer Romane nach traditionellem Muster im ersten halben Jahrhundert des spanischen Amerika offensichtlich sehr verbreitet), manche betrachteten ihr Tun als einen legitimen Weg, Reichtümer zu erwerben, andere als eine Möglichkeit, Land zu erwerben. Immer aber stand das Kreuz im Hintergrund, manchmal als Inspiration, manchmal als Entschuldigung. Diese Männer setzten die Reconquista fort.

Der bekannteste Konquistador startete 1519 mit ein paar hundert Männern von Kuba aus, mißachtete den Befehl, unter dem er stand, und verbrannte später seine Schiffe, so daß eine Umkehr nicht mehr möglich war. Am Karfreitag landete er an der mexikanischen Küste dort, wo heute Vera Cruz liegt. Dieser Mann war Hernán Cortez, dessen Eroberung Mexikos und dessen Zerstörung des Aztekenreiches von allen Episoden der Geschichte Spanisch-Amerikas am besten bekannt und am dramatischsten ist. Er war nicht nur auf persönlichen Reichtum und Sicherheit aus, nein, er war auch überzeugt, seine Sache sei die Sache Kastiliens und die des Glaubens. So führte er stets ein Bild der Heiligen Jungfrau mit sich, und seine Standarte trug den Aufruf, dem Kreuz zu folgen, sowie seinen Wahlspruch: »In diesem Zeichen wirst du siegen.« Cortez war außerdem der Meinung, man müsse Ehre um ihrer selbst willen suchen, und es wird berichtet, er habe erklärt, daß er die Taten der Römer übertreffe.

Die sechzehn Pferde, die Cortez mit sich führte, waren von großem Nutzen. Sie versetzten die Indianer in Erstaunen, hatten sie doch noch nie ein Tier gesehen, das sich selbst in ein anderes Tier und einen Mann verwandeln konnte – das nämlich, so glaubten sie, geschah, wenn ein Spanier absaß. Wahrscheinlich wurden sie auch durch die zeitliche Übereinstimmung der Ankunft Cortez' mit einer Prophezeiung beeinflußt, die besagte, der Aztekengott Quetzalcoatl werde 1519 zurückkehren und von heller Hautfarbe sein. Darüber hinaus kam den Spaniern entgegen, daß die Aztekenherrschaft anderen mexikanischen Stämmen ein Dorn im Auge war.

Es ist aus der Sicht von heute nicht leicht, Cortez uneingeschränkte Bewunderung zu zollen, aber er war seiner Religion in der Tat ebenso treu wie seinem Ehrgeiz und kämpfte zugleich für den Mammon und – für Gott. Hernán Cortez besaß Mut und Tatkraft, und ihm fehlte auch nicht jenes Quentchen Glück, das er gerade zu Beginn seiner Expedition besaß und das aus einem spanischen Heerführer eine bedeutende historische Figur werden ließ: In einer Situation auswegloser Bedrohung nahm er mit Hilfe einer List den Aztekenherrscher Moctezuma (den er zuerst zu bekehren versucht hatte) in dessen eigener Residenz gefangen. Schließlich zerstörte er eine ganze Kultur und – wie er selbst sich ausdrückte – »die schönste Stadt auf der Welt«. An der Stelle jener aztekischen Metropole begann Cortez mit der Errichtung einer neuen, spanischen Stadt. Nach der vollständigen Eroberung des Aztekenreiches wurde er 1522 zum Statthalter von Neu-Spanien ernannt.

Ein Cortez in Mexiko, ein Pedro de Alvarado in Guatemala oder ein Francesco Pizarro in Peru gehörten zu denjenigen Konquistadoren, die in einem Maßstab vorgingen, wie man dies zuvor noch nie erlebt hatte. Um 1600 herrschten die Spanier, wenigstens dem Namen nach, über das Gebiet, das heute den Südwesten der Vereinigten Staaten bildet, über fast ganz Mexiko, über Zentralamerika, die Inseln der Karibik, über die heutigen Staaten Venezuela, Kolumbien, Ecuador, Peru, Chile sowie über die Küstenregionen Uruguays und Nordargentiniens. Um diesen riesigen Machtkomplex zu schaffen, zerstörten die Konquistadoren die Reiche der Azteken und Inkas, zwei umfassende Sozial- und Verwaltungssysteme, die über beachtliche Ressourcen, über Gold und Silber verfügten. Auf Unterstützung aus Europa nicht mehr angewiesen, waren sie und ihre Nachfolger für ihr Mutterland nahezu unkontrollierbar.[3]

Vom ersten Augenblick an offenbarte die neue Ordnung eine Ambivalenz – oder besser: Inkohärenz – in bezug auf die Eingeborenenkulturen. Obwohl Papst Alexander VI. erfreut gewesen war, daß in den karibischen Niederlassungen Eingeborene lebten, die an einen Gott glaubten und »hinreichend disponiert [sind], den katholischen Glauben anzunehmen und eine angemessene moralische Unterweisung zu erhalten«,[4] waren die Siedler schnell enttäuscht, weil die Eingeborenen offensichtlich nicht bereit waren, die spanische Lebensweise zu übernehmen. Manche Siedler erklärten bald, die Indianer seien zu einem solchen Wandel nicht fähig. Die Eingeborenen wurden als Wesen gebrandmarkt, die auf der Schöpfungsskala

Indianer werden nach der Eroberung Mexikos von Cortez zur Arbeit gezwungen

tiefer standen als richtige Menschen und denen etwas fehlte, was dem wahren Menschen eigen ist und Kultur erst möglich machte. So befahl beispielsweise Ferdinand von Aragón, weiße Sklavinnen nach »Indien« zu schicken, weil dort manche Spanier indianische Frauen heirateten, die »weit davon entfernt [sind], vernünftige Geschöpfe zu sein«.

Solche Verhaltensweisen wurden rasch von den Inseln auf das amerikanische Festland übertragen. Zwar betrachteten die Spanier zuerst mit einer gewissen Ehrfurcht die Pracht mancher Institutionen der mexikanischen Eingeborenen und ihren Reichtum an Gold, doch sobald sie in engere Berührung mit den Sitten, der Tradition und der Religion der Eingeborenen kamen, behandelten sie diese mit Verachtung und manchmal auch (wenn sie ihre aztekischen Opferriten vollzogen) mit Abscheu.

Bei anderen Europäern zeigten sich in anderen Ländern und zu anderen Zeiten ähnliche Divergenzen. Zwar hatten Europäer jahrhundertelang von ferne den Pomp, den Reichtum und die Macht außereuropäischer Reiche bewundert, den-

◁ Innerhalb eines Jahrhunderts wurde Cortez zu einer legendären, heldenhaften Gestalt. Ein Gemälde zeigt ihn auf seinem Ritt zur Begegnung mit Moctezuma

▷ Wunderdinge, die die Spanier vorfanden: Die Sonnenpyramide auf dem großen Festgelände der ehemaligen Stadt Teotihuacan im Tal von Mexiko

▽ Metallverarbeitung hatte in den Anden eine sehr viel längere Geschichte als in Mexiko. Hier eine Goldmaske des Sonnengottes aus Ecuador

noch fühlten sie sich selten eingeschüchtert, sondern neigten dazu, andere Kulturen mit der Zeit immer weniger zu respektieren. Wohin sie auch immer gingen – nach Mexiko, Delhi oder Kanton –, die Europäer waren davon überzeugt, daß ihre eigenen Leistungen, ihre Werte und ihre Religion allem anderen überlegen waren.

Das ist nun aber nicht alles. Daß es richtig war, den Ureinwohnern Amerikas eine fremde Religion anzubieten, wurde niemals in Frage gestellt, nur wie das geschehen sollte, das war strittig. Die Religion war Teil der Rechtfertigung für das Imperium, und jeder wußte, daß die Krone von Kastilien die Pflicht hatte, in ihren neuen Besitzungen den Glauben zu verbreiten. Die päpstlichen Bullen, die 1493 die spanische Herrschaft in Übersee abgrenzten, betrauten sie ausdrücklich mit der Bekehrung ihrer neuen Untertanen zum Christentum. Ein neuer Kreuzzug (so sahen nämlich viele Spanier, weil sie Menschen des Mittelalters waren, den Vorgang) erschloß einer bis dahin im wesentlichen auf Europa beschränkten Kraft eine neue Hemisphäre – die universalen Ansprüche des katholischen Christentums hatten nun weltweit freie Bahn. Cortez selbst bat seinen König, Priester nach

Mexiko zu entsenden, und wollte dort auch mit dem Zehnten ausgestattete Klöster gründen. Das Kreuz gehörte *allen* Menschen, und deshalb mußten die Amerikaner bekehrt werden, ob sie das nun wollten oder nicht.

Die Indianer zu bekehren war allerdings keine leichte Aufgabe. Sie schienen das Leben auf den Gütern spanischer Siedler nicht zu schätzen, auf denen sie wie Knechte behandelt wurden. Bald löste die Kunde davon, daß die Indianer die Segnungen der Kultur, die man ihnen anbot, zurückwiesen, Befürchtungen aus: Sie wollten weder arbeiten noch ihre Laster aufgeben – waren sie vielleicht am Ende unverbesserlich? Aus diesem Grunde sollten dann bald besondere Gesetze erlassen werden, um ihr Leben besser zu ordnen. Die erste Umfrage mittels Fragebogen, die eine Regierung durchführen ließ, wurde 1516 von drei Mönchen organisiert, die die Meinungen der Siedler ermitteln sollten. Nur *ein* Mann, den sie befragten – ein Dominikaner –, war der Auffassung, die Indianer seien reif für die Freiheit. Es ist nicht weiter überraschend, daß das ein Mönch erklärte, denn unter der Geistlichkeit – insbesondere unter den Bettelmönchen – fanden die Indianer ihre einzigen Beschützer.

Einige Franziskaner und Dominikaner, gewissenhafte und fromme Missionare, die in der ersten Evangelisierungsphase das Kreuz in das neue spanische Reich brachten, machten sich bald daran, die Indianersprachen sprechen und schreiben zu lernen, Aufzeichnungen über Geschichte und Brauchtum der Indianer anzufertigen und deren Fertigkeiten und Traditionen zu fördern. Dabei verfolgten sie ein konkretes Ziel: Sie wollten Analogien zum Christentum in der einheimischen Religion nutzen (die Azteken zum Beispiel verbanden mit dem Zeichen des Kreuzes die Vorstellung von Regen- und Windgöttern und hatten, wie sie glaubten, auch einen Gott, der von einer Jungfrau geboren worden war). Aus diesem Grund arbeiteten die Missionare mit Eifer eine Methode aus, die es dann auch bald erlaubte, aztekische Zeichnungen zur Vermittlung christlicher Begriffe – wie etwa »Seele« –, für die es kein lokales Äquivalent gab, zu benutzen. Es wurde also alles getan, um den Indianern das mitzuteilen, was in den Augen der Mönche das kostbarste aller Güter war, welche die Christenheit anzubieten hatte: das Evangelium. Mit der Zeit wuchs das Verständnis der Missionare für die Eingeborenen, und bald zeigten nicht wenige Geistliche ihre offene Sympathie gegenüber den Indianern – im Gegensatz zu den Siedlern, die als Beamte der Krone das Imperium lebensfähig erhielten, nicht nur in Mexiko, sondern, als sich die Eroberungen ausweiteten, auch andernorts.

Die Sorgen der Priester, die ein solches Vorgehen nicht billigten, waren, neben bloßen menschlichen Gefühlen, in erster Linie theologischer Natur. Jene Sorgen hatten ihre Wurzeln im mittelalterlichen Christentum und in der scholastischen Auffassung, die begründete, wie unterworfene nichtchristliche Völker von christlichen Herrschern zu behandeln waren. 1511 nahm man die Diskussion über dieses Thema wieder auf, und im selben Jahr hielt der Dominikaner Montesinos in Santo Domingo die erste Predigt gegen die Art und Weise, wie die Spanier ihre neuen Untertanen behandelten: »Aufgrund welchen Gesetzes oder welchen Rechts«, so fragte er, »haltet ihr diese Indianer in einer so grausamen und schrecklichen Knechtschaft? ... Sind sie nicht Menschen? Haben sie nicht Vernunft und Seele?

Die auf Selbstsicherheit begründete Brutalität hinter der düsteren Geschichte der spanischen Eroberung und Herrschaft: Pizarros Männer enthaupten den Inka Atahualpa, und Balboa wirft Indianer, die seiner Meinung nach »unnatürlichen Lastern« verfallen sind, seinen Hunden vor

Seid ihr nicht verpflichtet, sie zu lieben wie euch selbst? . . . Seid gewiß, daß ihr unter diesen Umständen so wenig gerettet werdet wie die Mauren oder Türken!«[5] Montesinos' Eintreten für die Indianer gipfelte in der wohl schlimmsten Drohung, die jemand in jener Zeit aussprechen konnte.

In der Folge machte die Krone 1512 mit den »Gesetzen von Burgos« den ersten Versuch, die Siedler in ihre Schranken zu weisen – offensichtlich glaubte die Krone nicht, daß die Drohung mit der Verdammnis allein genüge. Im folgenden Jahr geschah dann etwas sehr Merkwürdiges: Die »Forderung« wurde eingeführt – ein langes juristisches Dokument, das den Indianern in den beiden Amerika vorgelesen werden sollte, bevor es zu Feindseligkeiten gegen sie kam (das in spanischer Sprache abgefaßte Dokument begann übrigens mit einer kurzen Geschichte der Welt und des Papsttums). Jedenfalls kam in jener »Forderung« ein großes Interesse an einer moralischen Rechtfertigung von Gewaltanwendung und Legalität zum Ausdruck – so sollten die Indianer gebeten (!) werden, die Verbreitung des Glaubens bei ihnen zu erlauben, sollten sie ferner die Oberherrschaft der kastilischen Krone anerkennen. Nur wenn sie sich weigerten, durfte bewaffnete Macht gegen sie eingesetzt werden, erklärten die spanischen Rechtsgelehrten.

Später sollte es weitere Gesetze zum Schutz der Indianer geben. Aber ihre Durchsetzung war schwierig. Als beispielsweise der erste Vizekönig von Peru versuchte, sie anzuwenden, wurde er von seinen Landsleuten getötet. Diese Schwierigkeiten weckte sowohl bei der Geistlichkeit als auch bei den königlichen Beamten und Ministern in Spanien ein schlechtes Gewissen, und nicht nur einzelne Persönlichkeiten, sondern die Krone selbst stellte die Frage, wie die Bemühungen einer Kolonialnation in ihren Kolonien aussehen sollten. Am Ende untersagte Kaiser Karl V. alle weiteren Expeditionen sowohl nach Nord- als auch nach Südamerika, bis sich eine große Zahl von Theologen, Rechtsgelehrten und Beamten 1550 in Valladolid über ein Thema auseinandergesetzt hatte, das in modernen Ohren etwas ungewöhnlich klingt: Zur Debatte stand, ob die amerikanischen Ureinwohner wie die Menschen, die Aristoteles als »Sklaven von Natur aus« bezeichnet hatte, Geschöpfe seien, denen die natürliche Vernunft fehle, die sie befähigen würde, ihr Leben selbst zu gestalten, und die deshalb zu Recht und zu ihrem eigenen Besten von anderen regiert werden müßten.[6] Die Feststellung der päpstlichen Bulle *Sublimus Deus* aus dem Jahre 1537, daß »die Indianer wahrhaft Menschen und . . . nicht nur fähig sind, den katholischen Glauben zu begreifen, sondern unserer Information zufolge . . . den großen Wunsch haben, ihn anzunehmen«, scheint nicht ausgereicht zu haben, denn sie ließ die Frage nach dem Wesen jener Menschen offen. Seelen mochten sie ja haben und also auch erlösungsfähig sein. Aber was teilten sie, abgesehen von dieser essentiellen Eigenschaft des Menschseins, mit anderen Menschen – mit Spaniern beispielsweise?

Für die Sache der Indianer trat bei dieser Auseinandersetzung ein bedeutender Dominikaner ein, Bartolomé de Las Casas. Entsetzt über das Verhalten vieler seiner Landsleute, erklärte er, er werde mit der Abfassung eines großen Geschichtswerkes beginnen, um Gottes Taten zu erklären, falls es sich erweisen sollte, daß Er beschlossen habe, Spanien wegen des Verhaltens seiner Söhne in Amerika zu vernichten.

Las Casas, als Siedler nach Hispaniola gekommen, war der erste, der in der Neuen Welt zum Priester geweiht wurde. 1519 focht er in Barcelona mit Vehemenz zuerst die »aristotelische« These an, die Indianer seien von Natur aus Sklaven. Später kämpfte er in Mexiko als Bischof von Chiapa für die Wahrung der Rechte der Indianer. So verweigerte er Spaniern, die ihn in der Beichte in bezug auf ihre Behandlung der Indianer nicht zufriedenstellen konnten, die Absolution. Ein halbes Jahrhundert lang nahm er in Amerika und Spanien predigend, argumentierend, Einfluß nehmend, Partei für die Indianer. »Gott schuf sie als einfache, arglose Menschen«, schrieb er. »Sie sind jetzt ihren natürlichen Herren und den Christen, denen sie dienen, gehorsam und treu. Sie sind jetzt ergeben, geduldig, friedlich und tugendsam. Sie sind auch nicht zänkisch, boshaft oder rachsüchtig, und sie nörgeln nicht. Außerdem sind sie sensibler als Fürsten und sterben rasch an einem Übermaß an Arbeit und an Krankheiten. Sie besitzen keinen irdischen Reichtum, noch wünschen sie, ihn zu besitzen. Ganz sicher wären diese Menschen vor allen anderen die am meisten gesegneten in der Welt, wenn sie nur den wahren Gott anbeteten.«[7]

Die leidenschaftliche Parteinahme des Bartolomé de Las Casas, der beileibe nicht alleine stand mit seiner Auffassung, wurde allerdings aufgewogen durch den unerschütterlichen Glauben der Eroberer, die von der Richtigkeit ihres Vorgehens absolut überzeugt waren. In gewisser Weise entstand hier die Vorlage für einen Konflikt zwischen den moralischen Imperativen der europäischen Kultur und der Selbstsicherheit von Siedlern, wie er in den folgenden drei Jahrhunderten immer wieder und überall auf der Welt ausbrechen sollte. Wie tief der Graben zu jener Zeit war, zeigen die Ausführungen eines zeitgenössischen Historikers, Lopez de Gómara: »Die Spanier gaben den Eingeborenen Lasttiere, um ihnen Schinderei zu ersparen, Wolle zur Kleidung um des Anstands willen, wenn sie sie schon nicht als eine Notwendigkeit betrachteten, und Fleisch zu essen, das sie bis dahin hatten entbehren müssen. Die Spanier lehrten sie den Gebrauch von Eisen und Öllampen, um ihr Leben zu verbessern, sie gaben ihnen ein Geldsystem, damit sie zu kaufen und zu verkaufen lernten und wußten, wie viele Schulden sie hatten.[8] Sie brachten ihnen Latein und andere Dinge bei, die sehr viel mehr wert sind als alles Silber, das man ihnen genommen hat, weil sie durch Bildung zu Menschen wurden, während das Silber für sie von geringem oder gar keinem Nutzen war. So zogen sie Vorteile aus der Tatsache, daß sie erobert, vor allem aber daraus, daß sie Christen wurden.«

Solche Argumente führten zu etwas, das ebenso neu war wie die erste von einer Kolonialregierung vorgenommene Überprüfung der ethischen Imperative, die ihre Handlungen bestimmen sollten, führten aber auch zu dem ersten Versuch, mit einer intellektuellen Begründung eine ganze Rasse als minderwertig abzustempeln – um nichts anderes ging es bei der Auseinandersetzung in Valladolid: Ein großer Herrscher hatte befohlen, Eroberungen in seinem Namen einzustellen, bis seine Gelehrten ihn zu seiner Zufriedenheit über die Rechtmäßigkeit der Eroberungsmethode aufgeklärt haben würden. Obwohl formal ergebnislos, war diese Auseinandersetzung ein wichtiger Wendepunkt im Denken einer Kultur. Las Casas bestritt in der Debatte nicht die von seinen Gegnern aufrechterhaltene aristotelische These, es gebe Geschöpfe, die von Natur aus Sklaven seien, unfähig zu einem vollwertigen, autonomen menschlichen Leben, bestritt jedoch ihre Anwendbarkeit auf die Indianer in Übersee: Wenn es so schien, als ermangele es ihnen an menschlicher Vernunft, dann nur deshalb, weil sie bislang keine Gelegenheit gehabt hatten, sie zu entwickeln. Von der ersten Versammlung des Rates für indianische Angelegenheiten an hatte er mehr als dreißig Jahre lang daran festgehalten, die aristotelische Beweisführung sei nicht auf die Indianer anwendbar, und er benutzte sogar aristotelische Argumente, um seine Position zu verdeutlichen.[9] Die Auseinandersetzung vor dem Gelehrtentribunal führte zu keinem klaren Ergebnis, doch scheint die Krone Las Casas' Begründung übernommen zu haben, zieht man weitere Gesetze aus dem Jahre 1573 in Betracht, die eine gewaltsame Bekehrung in den neu eroberten Gebieten verboten und die die Wahrung der Rechte der Indianer forderten. Unglücklicherweise war (und blieb) der Einfluß der Krone, ihre Untertanen unter Kontrolle zu halten, zu gering, um die Menschen an Ort und Stelle in den hitzigen ersten Tagen der Landnahme zurückzuhalten.

Die spanische Eroberung zog jedoch noch etwas anderes nach sich: Den wahrscheinlich unmittelbarsten Schaden richteten eingeschleppte Krankheiten an – so löschte die Cortezsche Expedition (einige seiner Leute hatten die Blattern) einen großen Teil der mexikanischen Bevölkerung aus. Doch nicht nur die bei den Eingeborenen unbekannten Seuchen führten innerhalb von nur einem halben Jahrhundert zu einem rapiden Rückgang der karibischen Bevölkerung, sondern auch die fürchterliche Art und Weise, in der viele Spanier die eingeborenen Arbeitskräfte rücksichtslos durch ein System ausbeuteten, das sich kaum von der Sklaverei unterschied.

Die Geistlichen waren im großen und ganzen die einzigen einflußreichen Vertreter der indianischen Sache, auch wenn es innerhalb der Kirche Meinungsverschiedenheiten darüber gab, wie und was man die Indianer lehren sollte. Es verwundert deshalb nicht, daß die Bemühungen der Missionare beachtliche Spuren hinterlassen haben. Ganz greifbar und buchstäblich ist vieles von dem, was heute noch von der spanischen Einflußnahme festzustellen ist, ihnen, insbesondere den Ordensgeistlichen – Franziskanern, Dominikanern und Augustinern –, zu verdanken, die als die Speerspitze der Kirche in Spanisch-Amerika wirkten. Mit besonderen Privilegien ausgestattet, die sie in gewisser Weise von den Bischöfen unabhängig machten (wenngleich viele Mönche Bischöfe wurden, unter ihnen Las Casas selbst), erbauten sie Kirchen, richteten Schulen ein, bauten Krankenhäuser, ja ganze Städte und Wasserleitungen – ein Franziskaner, Pater Tembleque, verbrachte siebzehn Jahre damit, Indianer anzuleiten, Aquädukte zu bauen, deren Gesamtlänge mehr als dreißig Meilen betrug, obwohl er weder über eine Ausbildung als Architekt noch als Ingenieur verfügte.[10]

Die Missionare veränderten durch ihr Wirken das Leben der Indianer grundlegend. Sie dachten auch nicht an zukünftige »Liebhaber« indianischer Kunst, nicht an Archäologen, als sie zerstörten, was sie für »Idole« und »Tempel« hielten. Da sie mit so vielen Sprachen konfrontiert wurden und ihre eigene Sprache nur selten und nur der indianischen Elite vermittelten, wählten sie manchmal eine der Eingeborenensprachen aus, förderten sie und beeinflußten dadurch die einheimische Kultur auf einer sehr tiefen Ebene. So veranlaßten sie die Indianer, Kleider zu tragen, zwangen ihnen eine europäische Sexualmoral auf, widersetzten sich jedoch ihrer Hispanisierung. Das zeigte sich sehr deutlich an den ersten Schulen, die in der Neuen Welt in den zwanziger Jahren des 16. Jahrhunderts von Franziskanern gegründet wurden: Der Unterricht wurde in den Eingeborenensprachen oder in Latein gehalten, nicht in Spanisch.

Gelegentlich waren aber auch Priester hemmungs- und rücksichtslos, vor allem wenn es darum ging, Götzendienst auszurotten.[11] Das scheint allerdings mit einer Entwicklung in Europa in Zusammenhang gestanden zu haben, als dort der religiöse Eifer allgemein zurückging und die Gegenreformation die Kirche mehr und mehr zu einem starren Autoritarismus und Formalismus trieb. Bald zeigte sich dann auch die Kirche in der Neuen Welt stärker an ihrer Rolle in der kreolischen Gesellschaft als an der Gewinnung indianischer Seelen interessiert, was kurz darauf selbst unter den religiösen Orden zu Streit führte. Ganz allmählich machte sich die Kirche auch Sorgen wegen der Rassenmischung – und die Stimmen zugunsten der Indianer sowie das Interesse an ihrer Kultur erstarben zwar nicht ganz, wurden mit der Zeit aber schwächer.

So trug die Kirche trotz der edlen Bemühungen und der starken Prinzipientreue der Missionare am Ende zur Schaffung einer zweigeteilten Gesellschaft bei. In einem großen Teil Lateinamerikas stand eine iberische, herrschende Klasse über einer nicht Spanisch sprechenden indianischen Bevölkerung, die sozial und wirtschaftlich von Reichtum und Macht ausgeschlossen war – erst im späten 17. Jahrhundert wurde in Mexiko ein einheimischer Priester Bischof (in Afrika, Indien und China war dies schon eher der Fall). Trotz der frühen Bemühungen des Missionsklerus entstanden sowohl in Nord- als auch in Südamerika keine einheimi-

Ein Teil einer der von Pater Tembleques angelegten Aquädukte

△△ Die Plaza Mayor (auch Zócalo genannt) von Mexiko City aus dem späten 17. Jahrhundert. Sie wurde auf den Ruinen eines Azteken-Tempels angelegt

 △ Portugiesischer Kolonialstil: San Francisco, Salvador (Brasilien)

schen, sondern koloniale Kirchen, charakteristische Produkte ihrer Mutterländer. Sie feierten den Gottesdienst so großartig wie nur möglich, um die indianische Phantasie zu beeindrucken, führten Prozessionen und Bruderschaften ein und bezogen sogar mit Erfolg einheimisches Brauchtum in so außergewöhnliche Manifestationen der christlichen Vergangenheit ein wie *Las Marismas* – Tänze von »Mauren und Christen«, die im Kern Pseudokämpfe waren, in denen die »Christen« vom heiligen Jakobus, dem Patron Spaniens, die »Mauren« hingegen ausgerechnet von Pontius Pilatus angeführt wurden. Das lief auf vieles von dem hinaus, was heute noch in modernen Staaten Lateinamerikas zu sehen ist. Man darf nicht vergessen, daß seine Ursprünge das Werk mittelalterlicher Menschen war – das Werk von Menschen, die die Einheit der Christenheit, starke Rang- und Standesunterschiede, Träume von einem universalen Reich und letztendlich die unwidersprochene Überlegenheit ihrer Religion für etwas ganz und gar Selbstverständliches hielten.

Sie pflanzten dem spanischen Amerika eine Kultur ein, die sich mit einem gewissen zeitlichen Abstand auf eine Weise entwickeln sollte, die mit überraschender Genauigkeit die Evolution des katholischen Europa widerspiegelte. Der Autoritarismus der Gegenreformation, die Dekadenz Spaniens, die Ideen der Aufklärung, der Nationalismus der Französischen Revolution, Positivismus, Sozialismus und viele andere Phänomene sollten zu gegebener Zeit auch die »lateinamerikanische« Kultur prägen. Es war verständlicherweise die kreolische, Spanisch und Portugiesisch sprechende Schicht dieser Kultur, die solche Einflüsse am stärksten zeigte. An ihrem Gegenpol vollzog sich auch ein Wandel in der indianischen Kultur, allerdings im großen und ganzen rückläufig: Die Quellen, die die großartigen Eingeborenenkulturen des vorkolumbianischen Amerika gespeist hatten, schienen zu versiegen oder nur noch rudimentär weiter zu existieren. So zeigte sich eine überwiegend von Eliten europäischen Ursprungs geprägte Gesellschaft, die ihre Kultur in den Begriffen der europäischen Institutionen – Staat, Kirche und Städte – sah. Nur in der Kunst der Plastik gab es, wie an vielen mexikanischen Kirchen noch heute zu sehen, in einem von der Farbigkeit und der Kraft indianischer Arbeit durchfluteten, gegenreformatorischen Barock eine Art positiver Fusion innerhalb des Gefüges der formalen Kultur.

Alles das war, im Positiven wie im Negativen, das Werk der spanischen und portugiesischen Siedler, die auch das künftige Lateinamerika noch lange prägten. Schließlich entwickelten sich im Verlauf von drei Jahrhunderten die spanischen und portugiesischen Besitzungen zu neuen Nationen. Und als diese die Unabhängigkeit erlangten, teilten ihre Eliten Auffassungen, die »westlich-abendländisch« waren, ungeachtet der zurückgedrängten bäuerlichen Kulturen, ungeachtet auch des deutlich sichtbaren afrikanischen Einflusses, der in Brasilien und in der Karibik seinen Niederschlag findet. Die Mischung ist eigenartig – sie zeigt eine Form der Einnistung westlicher Kultur, wie sie der größte Teil Asiens und Afrikas niemals erlebt hat. Sie ist eine beispielhafte Leistung, auch wenn sie kritisiert wird: Die spanischen und portugiesischen Reiche setzten für lange Zeit den Maßstab für das, was ein Imperium sein sollte. Diese Reiche waren die ersten echten europäischen Überseeimperien (das venezianische war seiner Größe und seiner Natur nach

Der »Danza de la Pluma« (Federtanz) in Oaxaca erinnert an die Unterwerfung Moctezumas. Hier werden Spanier im Panzer dargestellt

so ganz anders, daß ein Vergleich nicht möglich ist) und die ersten eines Weltzeitalters.

Die Entwicklung nördlich des Rio Grande verlief dagegen völlig anders. Natürlich gab es Ähnlichkeiten. Eine davon bestand darin, daß beide amerikanischen Kontinente von Europäern in Besitz genommen wurden, die in der Hauptsache auf der Suche nach Land waren, die siedeln wollten. Die erste Welle der europäischen Expansion war abgeebbt, als sich der Bevölkerungsdruck in Europa beim Auftreten der Pest rapide verringert hatte, um sich zu Beginn des 16. Jahrhunderts erneut zu verstärken und gegen Ende des Jahrhunderts in England zu einem breiten Gesprächsthema zu werden, als Siedlung in Übersee erneut als ein mögliches Ziel ins Auge gefaßt wurde. Das war einer der Gründe – und vielleicht der allereinfachste –, warum die Europäer erst mehr als ein Jahrhundert nach Kolumbus ernsthaft begannen, sich in Nordamerika ernstlich niederzulassen.

Die zeitliche Differenz zwischen der Kolonisierung des Südens und der des Nordens machte einer der ersten großen historischen Unterschiede zwischen den beiden Kontinenten aus. Daraus ergab sich vieles andere. Zu der Zeit, als die Besiedlung des Nordens begann, hatte die Reformation stattgefunden, war das Ideal einer vereinten Christenheit zerbrochen. Das wiederum führte zu einem wichtigen Umstand: Die Europäer, die schließlich die Zukunft des nördlichen Kontinents am nachhaltigsten gestalteten, kamen aus protestantischen kirchlichen Gemeinschaften und aus Gesellschaften, in denen die sozialen Überzeugungen des Mittelalters – das, was wir etwas verallgemeinernd als »feudale« Ideen bezeichnen – sehr viel weniger ausgeprägt waren als in Spanien.

Es war nicht etwa so, als seien die Spanier nicht an Nordamerika interessiert gewesen. Spanien gab Florida erst 1819 auf und regierte damals der Form nach noch immer über nicht weniger als neun der künftigen Staaten der amerikanischen Republik, spanische Missionare hinterließen ihre Spuren überall im Südwesten der Vereinigten Staaten und in Kalifornien. – Und da gab es noch andere, die gerne Kolonien gründen wollten: Ein Teil Kaliforniens wurde eine Zeitlang von den Russen beansprucht, die dort Niederlassungen bis in die vierziger Jahre des 19. Jahrhunderts besaßen und die Alaska erst 1867 an die Vereinigten Staaten verkauften; die Franzosen gründeten Kanada, und viele Kanadier ziehen es heute noch vor, Französisch zu sprechen. Nichtsdestoweniger wurden alle Möglichkeiten solcher Art schließlich durch die starken demographischen und historischen Bewegungen ausgelöscht, die von den ursprünglichen englischen Siedlern an der Atlantikküste ausgingen.

Der Wurzelgrund, dem die modernen Vereinigten Staaten von Amerika entstammen, ist in überwältigendem Maße angelsächsisch, sosehr er später aufgefrischt und ergänzt worden sein mag. Obwohl um die Mitte des 19. Jahrhunderts in den Adern der meisten amerikanischen Bürger wahrscheinlich bereits anderes als britisches Blut floß, hatte es bis dahin nur einen einzigen Präsidenten ohne britischen Namen gegeben (Van Buren, 1837–1841) – der nächste, der auf ihn folgen sollte (Roosevelt, 1901–1909), trat erst sechzig Jahre später sein Amt an. Die Tatsache, daß der Kontinent lange von einem Volk mit englischer Tradition beherrscht war, führte zur Beibehaltung vieler britischer Gewohnheiten – so sah man bald das dörfliche Grün Englands in den Städten Neu-Englands. Auch weniger Greifbares lebte, wenn auch spürbar, weiter: politische und kommerzielle Methoden, Rechtsvorstellungen, protestantische religiöse Begriffe. Da all dies in einer neuen Umwelt und zunehmend von Menschen angewendet wurde, die nicht englischer Abstammung waren, unterlagen viele Bereiche des öffentlichen Lebens zwangsläufig tiefgreifenden Änderungen.

Der absolute Staat und die Gegenreformation sollten Amerika nördlich des Rio Grande jedoch kaum berühren, da die gesamte Grundlage des britischen Amerika von Anfang an auch durch die Schaffung wichtiger Kontrollen über die Macht der Krone und ihrer Beamten gekennzeichnet war. Der normale Weg, auf dem die englische Krone Kolonialregierungen einsetzte, war die Übertragung von Verantwortung mittels einer Charta. Diese bedeutenden Dokumente statteten die jeweilige Regierung nicht nur mit legaler Autorität und mit dem alleinigen Rechtstitel auf Grund und Boden aus, sondern auch – durch spezielle englische Gesetze – mit Immunitäten und besonderen Privilegien. Sie waren Stützpfeiler der Unabhängigkeit und Selbstverwaltung.

Die europäische Einflußnahme in Nordamerika unterschied sich noch in einem weiteren, sehr wichtigen Punkt von der in Südamerika: Nördlich von Mexiko existierte nichts, was mit den glanzvollen Kulturen der Azteken oder Inkas vergleichbar gewesen wäre. Es gab kaum Bauten, geschweige denn Monumentalbauten, und von der Eingeborenenkultur als Zivilisation zu sprechen wäre nicht möglich gewesen: Die meisten ihrer Kulturen entsprachen denen der Jungsteinzeit. Welche Erwartungen die Europäer auch immer gehegt haben mochten – sie wurden nicht erfüllt. Tatsächlich war der Kontinent erstaunlich leer. Die Zahl der Eingeborenen – vielleicht insgesamt eine Million – führte natürlich dazu, daß die größte Zahl der Einwanderer, anders als in der Karibik, ihre Felder selbst bebauen mußten, ehe sie nach und nach schwarze Sklaven importierten, die die notwendige Arbeit verrichteten. Berücksichtigt man ferner die geographischen, zoologischen, botanischen und klimatischen Unterschiede, so läßt sich leicht erkennen, warum sich Nord- und Südamerika auseinanderentwickeln mußten, als sie durch Europäer einer Umwandlung unterzogen wurden – durch Europäer, die in ihren eigenen Traditionen so verschieden waren.

Die Geschichte der Dauerbesiedlung in dem Gebiet, das heute das Territorium der Vereinigten Staaten bildet, beginnt im Jahre 1607 mit einer Expedition, die eine Niederlassung in Jamestown im modernen Virginia gründete.[12] Hundertfünfzig Jahre später waren die dreizehn englisch-amerikanischen Kolonien entlang der gesamten atlantischen Küstenregion von Florida (damals noch spanisch) bis zum heutigen Bundesstaat Maine fest etabliert. In diesen Kolonien – sie erstreckten sich landeinwärts größtenteils bis zur Blauen Kette und zu den Appalachen – lebten um die Mitte des 18. Jahrhunderts etwa zwei Millionen Menschen. Sie waren überwiegend britischer Abstammung, aber auch Nachfahren von Holländern, Deutschen und französischen Hugenotten – und es gab schwarze Sklaven.

Diese Mischpopulation und die Gegensätze innerhalb des Territoriums, auf das sie sich erstreckte, deuten bereits auf die ungeheure Mannigfaltigkeit Nordamerikas hin. Die dreizehn Kolonien waren aber auch noch in anderen Dingen voneinander verschieden: Ihre Wirtschaften entwickelten sich auf der Grundlage unterschiedlicher Möglichkeiten, Herausforderungen, andersartiger Anreize und Potentiale; ihre Verfassungen und politischen Ordnungen zeigten, obwohl alle der englischen Krone unterstanden, viele individuelle Züge; ihre kulturellen und ideologischen Charaktere variierten erheblich von einer Kolonie zur anderen, eine Tatsache, die in erster Linie auf die religiöse Vielfalt zurückzuführen ist. So war eine Kolonie, Maryland, ausdrücklich für römisch-katholische Christen gegründet worden; andere (insbesondere die neuenglischen Kolonien) zeichneten sich in sehr hohem Maße durch einen entschiedenen (und manchmal ausschließlichen) Protestantismus aus, wieder andere, etwa Rhode Island und Pennsylvania, galten dagegen als tolerant.

Das alles implizierte eine große kulturelle Mannigfaltigkeit. Viele Leute glaubten, das werde zur Geltung kommen, wenn die königliche Oberhoheit verschwinde, wie es nach der Niederlage der britischen Armee im amerikanischen Unabhängigkeitskrieg geschah; auch der neuen Konföderation wurden wenig Chancen eingeräumt, und es hieß, sie werde bald aus politischen und wirtschaftlichen Gründen zerbrechen. Trotzdem sollten die ehemaligen Kolonien vereinigt bleiben. Natürlich trug der Umstand, daß keine europäische Macht direkt auf Nordamerika Einfluß nehmen konnte, um sich die vorhandenen Differenzen zunutze zu machen, zur Konsolidierung bei, aber es stimmt auch, daß die Konföderation irgendwie zu verfassungsmäßigen Vereinbarungen gekommen war, mit denen der Vielfalt Rechnung getragen wurde und in denen sich ein beachtliches Maß an ideologischer Übereinstimmung zwischen den ehemaligen Kolonien ausdrückte.

Es sollte lange dauern, bis der amerikanische Nationalgefühl aus solcher Vielfalt eine neue Nation zu schaffen vermochte, und es wäre ihm auch nie gelungen, wenn dazu nicht das, was die Kolonien über die Erfahrung des gemeinsamen Kampfes hinaus miteinander teilten, einen konkreten Beitrag geleistet hätte. Das gemeinsame Erbe wurde durch gewisse Haltungen und Mythen gestärkt und belebt, die dieser Pioniergesellschaft nicht nur in den ersten Jahren, sondern auch noch viel später dienten. Und jene Männer und Frauen, die zuerst in die Wildnis kamen, die häufig alles war, was Nordamerika zu bieten schien, wurden in ihrer Entschlossenheit, dieser Umwelt Herr zu werden, durch die religiöse und soziale Ordnung getragen, mit der sie vertraut waren. Die erstere gab den festeren Halt. So vermittelte ihnen die Bibel, die von protestantischen Predigern, aber auch von Laien oft gelesen wurde, die Vorstellung vom auserwählten Volk, das durch Drangsal und Leiden zur Herrlichkeit, zum neuen Jerusalem voranschreitet, zu einer Stadt auf einem Hügel, wie es in einem häufig gebrauchten puritanischen Bild heißt. Die Pilgerväter etwa, die 1620 die Kolonie in Plymouth gründeten, spielten in der Geschichtsschrei-

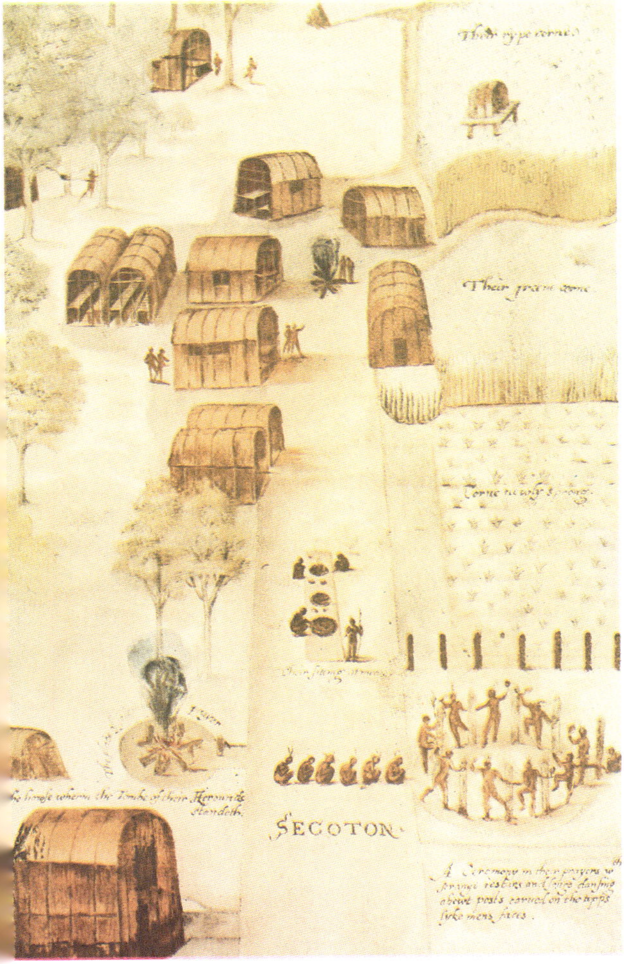

Der Virginia-Siedler John White hinterließ aufgrund seiner Eindrücke eine großartige Serie von Aquarellen. Die obere Abbildung zeigt eine Indianerfrau mit Kind (nach einem Bild von White als Stich angefertigt), die andere ein Indianerdorf

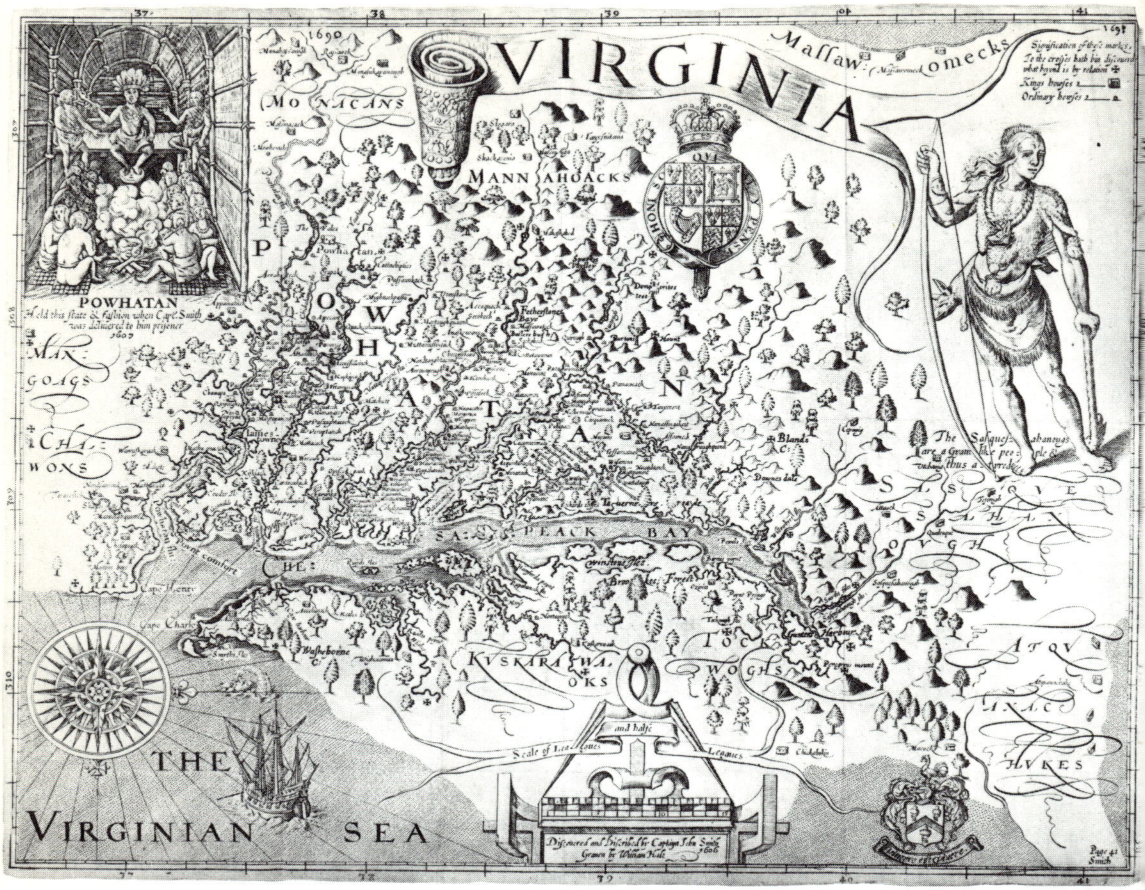

Eine Karte von Virginia, angefertigt von Kapitän John Smith, Statthalter der ersten englischen Kolonie, die sich in der Neuen Welt behauptete

bung der amerikanischen Nation bis zur Erreichung der Unabhängigkeit zwar keine große Rolle. Dennoch waren sie wie andere Neu-Engländer mit dem Bewußtsein, den Absichten einer höheren Macht, einer gerechten Sache zu dienen, und mit der leidenschaftlichen Überzeugung ausgestattet, daß ihr Wirken Teil eines göttlichen Planes sei, einer Überzeugung, die das Bild der Amerikaner von ihrer Geschichte bis zum heutigen Tag prägt. Die Chronik jener Plymouth-Kolonie wurde von ihrem ersten Führer und Leiter, William Bradford, geschrieben, und ihre Seiten sind durchtränkt von der Überzeugung, daß (so seine Worte) »aus kleinen Anfängen größere Dinge durch Seine Hand bewirkt wurden, die aus Nichts alles macht und allem, was da ist, das Sein gibt; und wie eine kleine Kerze tausend Kerzen entzünden kann, so hat das Licht, das hier entzündet wurde, viele Menschen, ja in gewisser Weise unsere ganze Nation erleuchtet«.[13] Dieses aussagekräftige Bekenntnis deutet darauf hin, daß die Unterschiede zwischen Iberern und Angelsachsen beträchtlich waren.

Einer dieser Unterschiede zeigt sich in der Behandlung der Eingeborenen. Obschon Augenzeugen in den frühen Niederlassungen Virginias auf die Fähigkeit der nordamerikanischen Indianer, eine rauhe Umwelt zu meistern, aufmerksam machten, fanden die Eingeborenen unter den angelsächsischen Geistlichen bei weitem nicht solche Fürsprecher wie etwa Las Casas im Süden – die verstiegene Idee, die »Indianer« seien vielleicht Abkömmlinge walisischer Einwanderer oder gar Nachfahren der verschwundenen Zehn Stämme Israels, mag zwar schmeichelhaft erscheinen, doch hatten solch irrige Vorstellungen sehr viel weniger Einfluß als die Berichte über indianische Barbarei, Grausamkeit und Primitivität, die bald in England eintrafen. Es hat in der Tat Massaker unter den Siedlern gegeben, aber man übersieht leicht, daß sie häufig erst infolge rücksichtslosen Vorgehens von seiten der Siedler erfolgten (die manchmal, wie man zugeben muß, verzweifelt versuchten, genug Nahrungsmittel für übervölkerte Gemeinschaften herbeizuschaffen). Schon bald wurde eine Tendenz sichtbar, die an einige Episoden in der Geschichte der spanischen Neuen Welt erinnern und vorausahnen lassen, was später im Verlauf der europäischen Eroberungen in Übersee oft auch anderswo zu beobachten war. Viele weiße Amerikaner gelangten auf jeden Fall zu der Auffassung, die nordamerikanischen Eingeborenen seien hoffnungslos verwildert, eine minderwertige Spezies, wie eine biologisch besser informierte Zeit es heute ausdrükken würde.

Der Puritanismus, der in so vielen nordamerikanischen Niederlassungen für eine ideologische Antriebskraft sorgte, war intellektuell gut darauf vorbereitet, kurzen Prozeß mit jedem Fall zu machen, der vielleicht zugunsten der Indianer vorgebracht werden mochte. Gottes »Wunder wirkende Vorsehung«, die über die ersten Kolonien wachte, bot Zweifelnden eine große Erleichterung – falls es in dieser Sache überhaupt viele zartbesaitete Gemüter gab. Nicht wenige puritanische Geistliche plädierten beispielsweise dafür, die Indianer (in denen sie Kinder des Bösen sahen) auszulöschen und ihr Land in Besitz zu nehmen. Die Argumentation war simpel und fand weitgehend Anklang, urteilt man nach dem, was angeblich auf einer Versammlung in Neu-England übereinstimmend festgestellt und beschlossen wurde ...

1. Die Welt und deren Fülle ist Gottes.
2. Gott kann die Erde oder einen Teil davon Seinem auserwählten Volk übergeben.
3. Wir sind Sein auserwähltes Volk.[14]

Solche Haltungen führten nicht immer oder notwendig zum Angriff auf die Indianer (wenn auch die Reaktionen auf indianische Überfälle fürchterlich waren), doch war eine gewisse Selbstgefälligkeit für diese Kolonisten charakteristisch. Man konnte »deutlich erkennen, daß Gottes Hand die Indianer dezimierte, um für die Engländer Platz zu schaffen«, schrieb ein Kommentator. »Es ... gefiel Gott dem Allmächtigen, sie mit ungewöhnlichen Krankheiten, wie der Pest, zu schlagen, um ihre Anzahl zu verringern, so daß die Engländer sich im Vergleich zu den Spaniern nur für wenig indianisches Blut verantworten mußten.«[15]

Vielleicht war der Protestantismus mit seiner stark ausgeprägten alttestamentarischen Emphase und mit dem Vorrang, den er dem individualistischen Mythos der Erretteten einräumte, von vornherein darauf angelegt, den Indianern als Objekten missionarischer Tätigkeiten weniger Aufmerksamkeit zu schenken als die römisch-

William Pitt, Earl of Chatham, der dem britischen Nordamerika Kanada hinzufügte, nimmt die Huldigung des Kontinents entgegen katholische Kirche den Ureinwohnern des spanischen Amerika; vielleicht war er auch weniger von der Bedeutung der Bekehrung des einzelnen überzeugt und daher mehr darum bemüht, Massen die Mittel und Wege zur Errettung erreichbar zu machen. Es ist sicher richtig, daß die viel kleinere französische Siedlung in Nordamerika (zweifellos zum Teil, eben weil sie so viel kleiner war) bessere Beziehungen zu den Indianern pflegte und daß in diesen Beziehungen die Missionare eine wichtige Rolle spielten. Auch die spanische Krone war von Anfang an entschlossen, christliche Grundsätze in den neuen Siedlungen anzuwenden, und wenigstens auf dem Papier tat sie das auch. Die englische Krone vermochte bei ihren sehr viel unabhängigeren, privilegierten Siedlern und Grundeigentümern wenig zu erreichen, und Amerika verfügte noch nicht über residierende Bischöfe der anglikanischen Kirche, als sich die amerikanischen Kolonien am Ende des 18. Jahrhunderts von ihrem Mutterland lösten, fast drei Jahrhunderte nach der Errichtung der spanisch-katholischen Hierarchie in Mexiko. Lange Zeit kam auch den privaten missionarischen Bemühungen von Engländern in Amerika nur geringe Bedeutung zu, obwohl natürlich die starke Fürsorge, die William Penn den pennsylvanischen Indianern angedeihen ließ, legendär ist, ein Beispiel, welches das Verhalten der Siedler in anderen englischen Kolonien eher noch schärfer hervortreten läßt.

So bildete sich ein starker Kontrast zwischen den beiden Hauptschauplätzen der ersten Phase der europäischen Siedlung in Übersee heraus, und zu einer Zeit, in der Europa von Religions- und Bürgerkriegen zerrissen war, wurden die Gegensätze, die zur Auslösung dieser Kriege beitrugen, auf beide Teile Amerikas übertragen,

Aquarellzeichnung des Laderaumes eines spanischen Sklavenschiffes, das auf dem Weg nach Westindien von einem britischen Kriegsschiff aufgebracht wurde

△ Charleston, South Carolina: Nach der Eroberung durch Shermans Armee im Jahre 1865, kurz vor dem Ende des Bürgerkrieges, bietet sich dem Betrachter ein Bild der Zerstörung

◁ Abraham Lincoln. Seine Entschlossenheit, die Union zu retten, als er sich mit der Sezession der Südstaaten konfrontiert sah, führte schließlich zur Abschaffung der Sklaverei in den Vereinigten Staaten obwohl diese Gegensätze auf je verschiedene Weise auf einer jeweils nach Zeit und sozialer Realität unterschiedlichen Auslese aus dem Angebot der europäischen Kultur basierten. Und dennoch führten sie zur Europäisierung und Christianisierung ganzer Kontinente. Das hatte weitreichende Konsequenzen.

Dasselbe gilt für etwas anderes, nämlich für die Einführung und Ansiedlung anderer rassischer Gruppen. Es fing im frühen 16. Jahrhundert mit dem Import afrikanischer Sklaven in der Karibik und in Brasilien an. Um 1600 stellten die afrikanischen Sklaven die Hauptstütze der Plantagenwirtschaft der brasilianischen Küstenprovinzen dar (damals mögen es zwischen dreizehn- und fünfzehntausend gewesen sein). Sie kamen aus Westafrika, aus dem Kongo, Angola und sogar aus dem Westsudan. In der Hauptsache lieferte jedoch Westafrika die Sklaven, die im 17. und 18. Jahrhundert weiter nach Norden zu den karibischen Zuckerinseln und nach Britisch-Nordamerika verschifft wurden. Die Konsequenzen dieses Vorgangs sollten weitreichend sein. Heutzutage ist Brasilien faktisch der einzige große Staat, der auf einer nahezu perfekten – und erfolgreichen – ethnischen »Mischung« basiert. Im Gegensatz dazu waren die Vereinigten Staaten infolge der Entscheidungen elisabethanischer Engländer im 19. Jahrhundert gezwungen, den im Verhältnis zu ihrer Bevölkerungszahl blutigsten Krieg ihrer ganzen Geschichte – und zudem noch einen Bürgerkrieg – zu führen.

Zu dieser Zeit stand mehr auf dem Spiel als der schmale Küstenstreifen der dreizehn Kolonien des vorrevolutionären Nordamerika und dessen Bevölkerung. Die Vereinigten Staaten, die einen Krieg zwischen Bundesstaaten, einen Bürgerkrieg oder einen Krieg für die Union (wie er unterschiedlich bezeichnet wurde) führten, erstreckten sich um 1861 bereits vom Atlantik bis zum Pazifik und wiesen eine Bevölkerung von mehr als dreißig Millionen auf. Die Republik war bereits ein junger Riese, allerdings zu weit entfernt, um irgendeinen direkten Einfluß auf die Angelegenheiten Europas zu nehmen. Aber der globale Einfluß, den sie in der Zukunft gewinnen sollte, war immens, und die Schaffung eines Kontinentalstaates in Nordamerika – etwas, was in Lateinamerika nicht zustande kam – ist eines der Schlüsselereignisse der modernen Geschichte. Eine hypothetische Annahme kann dazu verhelfen, jenem Vorgang die richtige Perspektive zu geben: Wenn der Norden nicht den Krieg gewonnen und die Union gerettet hätte, würden Frankreich und England den Ersten Weltkrieg wahrscheinlich nicht gewonnen haben. Wenn dies doch der Fall gewesen wäre, hätte höchstwahrscheinlich im Zweiten Weltkrieg keine amerikanische Hilfe gegen Deutschland zur Verfügung gestanden. Es darf bezweifelt werden, daß Nordamerika, wenn aus dem Krieg ein nördlicher *und* ein südlicher Staat hervorgegangen wären, sich einer Ära des inneren Friedens, die nun schon seit 1865 andauert, hätte erfreuen können oder daß etwa der vereinigte Binnenmarkt, der die größte Industriewirtschaft der Welt stützt, entstanden wäre.

1861 lag vor dem neuen Kontinentalstaat noch eine Zeit der Reife. Sein Kommunikationsnetz war noch nicht ausreichend, große Bereiche seines Territoriums mußten erst noch einer regulären Verwaltung unterworfen werden, und seine Bevölkerung stand noch vor ihrem größten Wachstum. Nichtsdestoweniger waren diese Prozesse sichtbar im Gange. Zu diesem Zeitpunkt hatte die Diplomatie schon einige Hindernisse beseitigt: Der Erwerbung Louisianas war die größte Transaktion von Liegenschaften der Geschichte gefolgt; Verhandlungen mit den Briten, Russen, Mexikanern und Spaniern schlossen sich an. Es folgten auch Krieg und Aggression gegen Mexiko (dem die Vereinigten Staaten, wenn man Texas einschließt, fast eine Million Quadratmeilen Land wegnahmen) und gegen die einheimischen Indianer der großen Ebenen, doch Amerika fühlte nur geringe Gewissensbisse. Es erschien ihm selbstverständlich, es sei dazu bestimmt, einen Kontinent von Meer zu Meer auszufüllen, es sei ferner sein manifestes Schicksal, gottgegebenes Land zu besetzen und dessen Ressourcen auszubeuten, es mit freien Männern unter frei gewählten Institutionen zu bevölkern. Offensichtlich kam nie jemand auf die Idee zu fragen, aus welchen Gründen es ein natürliches Recht der Amerikaner sei, nach Westen zu ziehen, wie es auch niemandem einfiel, zu fragen, wieso sich niederländische Farmer das Recht nahmen, in Südafrika Land in Besitz zu nehmen, Spanier in Mexiko, Engländer in Australien oder Russen in Sibirien.

Blind waren also nicht nur die Amerikaner. Auch andere Staaten glaubten, so etwas wie eine verborgene Hand in den großen Prozessen der Geschichte am Werk zu sehen, von denen die Auffüllung des amerikanischen Territoriums nur einer war. 1835 veröffentlichte einer der tiefsinnigsten Beobachter seiner Zeit, der Franzose Alexis de Tocqueville, ein Buch über Demokratie in Amerika, in dem er zu einem überraschenden Urteil kommt: »Es gibt gegenwärtig zwei große Nationen in der Welt, die von verschiedenen Punkten ausgegangen sind, aber auf dasselbe Ziel hinzusteuern scheinen. Ich spreche von den Russen und den Amerikanern. Beide sind unbemerkt groß geworden; und während die Aufmerksamkeit der Menschheit anderswohin gerichtet war, nahmen sie plötzlich den vordersten Rang unter den Nationen ein, und die Welt erfuhr im gleichen Augenblick von ihrer Existenz wie von ihrer Größe. – Alle anderen Nationen scheinen ihre natürlichen Grenzen nahezu erreicht zu haben, sie müssen lediglich ihre Macht erhalten; jene aber sind noch im Wachstum begriffen. Alle anderen stehen still oder bewegen sich nur unter großen Schwierigkeiten voran; jene allein schreiten leicht und rasch einen Pfad entlang, dessen Ende nicht sichtbar ist. Die Amerikaner kämpfen gegen die Hindernisse, die ihnen die Natur in den Weg legt, die Widersacher der Russen sind Menschen. Die ersteren setzten sich gegen die Wildnis mit ihren vielen Fangarmen zur Wehr, ihre Eroberungen erfolgten deshalb mit der Pflugschar, die der Russen mit dem Schwert. Die Anglo-Amerikaner verlassen sich zur Erreichung ihrer Ziele auf das Eigeninteresse und geben der ungesteuerten Kraft und dem gesunden Menschenverstand freie Bahn; die Russen vereinigen alle Autorität der Gesellschaft in einer Hand. Das Hauptinstrument der ersteren ist die Freiheit, das der letzteren die Knechtschaft. Ihr Ausgangspunkt ist je verschieden, und ihre Wege sind nicht die gleichen; doch scheinen beide Seiten durch den Willen des Himmels dazu bestimmt zu sein, das Schicksal je einer Hälfte des Erdballs zu beherrschen.«

Es bleibt noch ein Letztes über die europäische Siedlung in den beiden Neuen Welten, des Nordens und des Südens der beiden Amerika, zu sagen. Wie immer man jene Siedlung definiert und qualifiziert, sie war Teil einer Umwandlung des Erdballs in eine einzige Richtung. Die europäische Kultur schloß, selbst an ihren kolonialen Grenzen, lange Zeit nur wenige bewußte Kompromisse. Als Einflüsse von Übersee nach Europa zurückzufließen begannen (der erste und stärkste brachte neue Verbrauchsgüter – Kartoffel, Tabak, Kaffee, Tee, Gummi – sowie nun in neuem Überfluß verfügbare bekannte Dinge – vor allem Edelmetalle), war das nicht das Ergebnis eines Zusammenwirkens von Kulturen, sondern das Resultat einer schlichten Ausbeutung von Ressourcen anderer Länder. Das führte im Anschluß daran auch zu politischen Rückwirkungen der kolonialen Unternehmungen. Um es auf die einfachste Formel zu bringen: Die Europäer konnten sich nun um neue Interessen streiten. Nach der Ära des Osmanischen Reiches sollte die

Amerika: Teil des von dem Italiener Giovanni Battista Tiepolo gemalten Deckenfreskos in der fürstbischöflichen Residenz zu Würzburg

nicht-westliche Welt auf den Westen keinen direkten Einfluß mehr nehmen, bis zu dem Augenblick, in dem sie im 20. Jahrhundert dank des Öls den Einfluß einer rein wirtschaftlichen Macht erlangte. Was lange vorher an Bedeutung gewann, war der indirekte Einfluß der Neuen Welten auf Europa, war der enorme Unterschied, der dazu führte, den Europäern neuen Stoff für Auseinandersetzungen und Streit zu liefern.

Der Mangel an unmittelbarem Einfluß war seltsamerweise vielleicht die Folge der Prozesse, die durch die Entdeckungen ausgelöst wurden, Prozesse, die stets Einbahnstraßen waren (und blieben). Die Europäer gingen hinaus in die Welt, die Welt kam nicht zu ihnen. Wenige Nicht-Europäer, mit Ausnahme der Türken, betraten jemals europäischen Boden, es sei denn als exotische Importe, Besucher (wie die siamesischen Botschafter am Hofe Ludwigs XIV. oder die amerikanischen »Indianerkönige« an dem der Königin Anna), als Leibdiener oder als Sklaven. Und wir wissen immer noch nicht genau, warum.

VIII.
Ein neues Zeitalter

Vor der National Gallery auf dem Londoner Trafalgar Square steht das gelungene Standbild eines weniger »gelungenen« Königs: Jakobs II. Wie viele Fürsten des späten 17. Jahrhunderts wuchs er in einer Denktradition auf, die seine Zeit für typisch römisch hielt. Seine Zeitgenossen suchten ihre Notabeln zu würdigen und zu ehren, indem sie sie auf eine Stufe mit den Großen der klassischen Antike stellten. Das war eine über ganz Europa verbreitete konventionelle Form der Schmeichelei: Ludwig XIV. in Dutzenden von Statuen, Bildern und anderen Darstellungen, der Große Kurfürst von Brandenburg vor dem Charlottenburger Schloß in Berlin – und viele andere, gestiefelt und gespornt, in anachronistischer Pracht – sind Zeugnisse des Stellenwertes, den eine bestimmte Auffassung von Größe und eine hohe Wertschätzung dessen, was menschliche Leistung zu erreichen vermag, im Denken einer ganzen Epoche hatte. Das größte Monument dieser Idee ist das prächtige Schloß von Versailles, für ein Jahrhundert Regierungssitz der größten Macht in Europa – und noch etwas mehr als das. Versailles war der Brennpunkt der monarchischen Idee, die Bühne für den Auftritt eines großen Hofstaates, dessen Stil Europa kundtat, was seine Herrscher erstreben sollten: Ruhm und Macht.

Jede Epoche der europäischen Geschichte ist auf ähnliche Weise von Vorstellungen geprägt worden, die von den Europäern als selbstverständlich betrachtet wurden, und das bedeutet, daß Europa auf die Welt zu verschiedenen Zeiten unterschiedliche Einflüsse ausübte. Die ersten Spanier in Amerika waren Menschen des Mittelalters, ausgestattet mit dem Gedankengut des Mittelalters. Dennoch fand die endgültige Organisation der letzten noch nicht verzeichneten und erschlossenen Gebiete in Nord- und Südamerika im Zeitalter der Dampfmaschine statt.

Der Aufstieg zur Weltherrschaft dauerte über vier Jahrhunderte. Das gab Zeit für einen Wandel vieler Dinge. Die Iberer des Jahres 1500 waren anders als die Briten des 19. Jahrhunderts, die über Indien herrschten, waren anders als die Amerikaner, die in China Missionsstationen und Krankenhäuser errichteten, anders als die Franzosen, die die Westafrikaner mit ihrem Kulturgut bekannt machten. Obwohl erkennbar war, daß die Nachfolger der ersten Entdecker derselben Kultur angehörten und häufig auf die erste europäische Eroberung wie auf die ersten Schritte ihres eigenen Weges zurückschauten, waren ihnen eine andere Denkweise und andere Ansichten eigen, andere Vorstellungen von dem, was möglich war.

Die ersten Anzeichen für die scheinbar einzigartige Kraft des Abendlandes, sich fortlaufend selbst umzugestalten, können weit zurück in der Vergangenheit ausgemacht werden – lange vor den Reisen des Kolumbus. Aber ein Wandel der Ideen –

Standbild Jakobs II. des englischen Bildhauers Grinling Gibbons

insbesondere von gemeinsamen, kollektiven Ideen – ist nicht nur schwer meßbar, schwer exakt festzustellen und zu definieren, sondern manchmal auch schwer zu erkennen, wenn er im Gange ist. Oft vollzieht er sich langsam und ungleichmäßig.

Offensichtlich teilten gebildete Europäer des 20. Jahrhunderts die Ansichten von Europäern des Mittelalters über Hexen und Zauberer nicht. Was das betrifft, so teilen ja auch nur sehr wenige von uns die Auffassungen der Menschen des 18. Jahrhunderts über solche Dinge. Das 18. Jahrhundert äußerte sich in vielem, was an Barbarei und Aberglaube erinnert. Noch lange nach 1700 wurden in vielen europäischen Ländern Männer und Frauen verbrannt, ertränkt oder gelyncht, weil sie angeblich mit den Schwarzen Künsten vertraut waren. So berührte Ludwig XVI. von Frankreich am Tag nach seiner Krönung im Jahre 1744 mehr als zweitausend Menschen, die am sogenannten »Königsübel« litten, und noch 1825 war anläßlich der Krönung des letzten Königs seiner Linie, Karls X., davon die Rede, diese Übung wieder einzuführen. An dieser Stelle sollte man nicht vergessen, wie lange es dauerte, bis solche Praktiken aufhörten, glaubwürdig zu sein.[1] Hier zeigt sich, wie schwierig es ist, genau zu sagen, worin sich das Denken verschiedener Epochen wirklich unterscheidet. Dennoch *können* langfristige kulturelle Veränderungen beobachtet werden, und Historiker müssen versuchen, sie zu bestimmen. Innerhalb der letzten fünfhundert Jahre entwickelte das Abendland eine völlig neue Mentalität. Diese steigerte nicht nur die Fähigkeit der europäischen Kultur, neue Gedankengänge zu entwickeln, neue Möglichkeiten ins Auge zu fassen, sondern vermittelte dieser Kultur auch ein neues Selbstverständnis.

Um 1500 lebte Europa trotz einiger Innovationen noch von einem Grundstock an Vorstellungen und Ideen, der jahrhundertelang erstaunlich unverändert geblieben war. Dieser Grundstock wurde aus drei Hauptquellen gespeist: aus dem klassischen Erbe Griechenlands und Roms, aus den ersten größeren Reichen des frühen Mittelalters, denen er viele soziale Beziehungsformen und einen großen Teil der durch Recht und Brauchtum geregelten Lebensgewohnheiten entnahm, und schließlich aus dem Christentum. Diese Quelle ist die offenkundigste. Sie überflutete alles andere. Die meisten Menschen dachten damals natürlich nicht in solchen Begriffen, weil sie überhaupt nicht begrifflich dachten. Die wenigen, die es taten, teilten wahrscheinlich eine allgemeine Vorstellung von einer von Gott geschaffenen Welt, bewohnt von ihm ebenbildlichen Geschöpfen, deren Pflicht es war, seinen Gesetzen zu gehorchen, bis der Tod sie zum Letzten Gericht vor sein Antlitz brachte. Die Augen der Menschen richteten sich im allgemeinen auf das, was sie in der nächsten Welt erwartete; sie glaubten, hier auf Erden die Dinge im wesentlichen so lassen zu können, wie sie waren; so vermieden sie jede Störung der etablierten Ordnung, die sich nicht durch Sitte und Religion rechtfertigen ließ. Zwar trat bereits der eine oder andere Skeptiker auf, und es wurde auch schon – ganz vorsichtig – gefragt, ob es denn tatsächlich ein Leben nach dem Tode gäbe. Die geistige Welt der großen Entdecker, Konquistadoren und Gründer der ersten europäischen Überseeimperien aber kann durchaus mit solchen Begriffen erfaßt werden.

Doch schon um 1800 wäre eine solche Beschreibung der vorherrschenden Haltungen in Europa und Nordamerika veraltet gewesen. So zerstörten in erster Linie die protestantische Reformation und die daraus folgenden politischen Veränderungen das alte Ideal von Europa als ein Ort ungeteilter Christenheit. Der Protestantismus begünstigte neue Spekulationen über die Geschichte und rechtfertigte in den Augen mancher Leute sogar die Idee, ein Wandel zum Besseren könne schon in dieser Welt gesucht werden. Weitere, weniger deutliche Anzeichen für den Wandel werden in einem fruchtbaren Aufbruch neuer intellektueller und künstlerischer Kräfte und in jener Wiederentdeckung alter Kräfte sichtbar, die mit dem Wort Renaissance bezeichnet wird. Dann sind da die Entdeckungsreisen selbst. Es war um etwa 1500, als ein italienischer Historiker bemerkte, daß »diese maritimen

Unternehmungen nicht nur viele Behauptungen früherer Autoren über irdische Dinge bekräftigt, sondern auch der Interpretation der Heiligen Schriften neue Impulse gegeben« haben.[2]

Es ist üblich, eine andere Hauptphase in unserer Kulturgeschichte »Aufklärung« zu nennen – ein Bild, das in viele Sprachen eingegangen ist: *Lumières, Enlightenment, Illuminismo.* Damit wird zum Ausdruck gebracht, daß ein neues Licht in bislang dunkle Räume fiel. Im 18. Jahrhundert wurde der Begriff allgemein gebräuchlich. Aufklärung deutete die Beseitigung von Ignoranz durch Wissen, von Aberglaube und Furcht durch Vernunft und gesunden Menschenverstand an. Sie wurde von Kant als »die Beseitigung einer selbst auferlegten Bevormundung« bezeichnet, obwohl der Prozeß nicht in eine einzige Formel gepreßt werden kann. Ein moderner Gelehrter hat ihn hilfreich als »eine Geisteshaltung« bezeichnet.[3] Zu verdanken war er in hohem Maße neuen Erkenntnissen und neuen Spekulationen, wenn auch die meisten gebildeten Menschen wahrscheinlich wenig Genaues darüber wußten. Dennoch vermittelten preiswertere Druckverfahren und eine sich ausweitende Bildung den neuen Ideen eine weite Verbreitung (mit Ausnahme der Bibel war dies bis dahin nicht erreicht worden), und in Tausenden von Europäern in Europa und außerhalb entwickelte sich im 18. Jahrhundert das Gefühl, Teil einer Bewegung zu größerem Selbstbewußtsein und größerer Selbstachtung zu sein, in der gebildete Menschen verantwortlich und offen vieles von dem zurückweisen konnten, was bisher von früheren Zeiten übernommen worden war. Sie spürten auch, daß es nicht mehr nötig war, die Ausbreitung von Wissen mit Mißtrauen zu beobachten – und in der Tat war die Auffassung, neue Erkenntnis in ihrer sozialen Tendenz sei fortschrittlich, ein weiteres Charakteristikum der »Aufklärung«. *Sapere aude* – »Habe Mut, dich deines eigenen Verstandes zu bedienen!« – war eines ihrer Schlagworte.

Vier Veränderungen, die wir der Aufklärung verdanken, scheinen mir für den Wandel im Denken und in der menschlichen Haltung von besonderer Bedeutung gewesen zu sein. Eine davon äußerte sich in einem neuen Impuls, in einem neuen Anreiz, der der Wissenschaft vermittelt wurde und sich im Umgang mit der natürlichen Umwelt ausdrückte. Das war in sich selbst schon ein sehr kompliziertes Problem, weil viele »aufgeklärte« Haltungen sich aus einer zunehmenden Erkenntnis ebendessen ergaben, was die Wissenschaft enthüllt hatte (hier bestand ein wechselseitiges Verhältnis). Die zweite Veränderung war unvermeidlich das Aufkommen eines neuen Skeptizismus, einer neuen Stärkung der alten Fähigkeit der abendländischen Kultur zur Selbstkritik, dieses Mal jedoch in einer Weise, die den formalen religiösen Glauben untergrub. Die dritte große Veränderung bestand darin, daß die Aufklärung in den Menschen den Wunsch weckte, humaner zu werden. Wichtiger als alles andere war schließlich etwas, zu dem diese drei Veränderungen gemeinsam beitrugen: der Durchbruch der Auffassung, Fortschritt sei etwas Normales. – In der Geschichte der Ideen ist jedoch nichts simpel; irgendeine dieser vier Veränderungen von den anderen zu trennen ist nur akzeptabel, weil Geschichte geordnet werden muß, um verständlich zu werden.

Den Begriff »Wissenschaftler« gab es vor dem 19. Jahrhundert nicht. Heutzutage sollen mehr Wissenschaftler ihre Forschungen betreiben, als dies während der gesamten menschlichen Geschichte vor der Gegenwart der Fall gewesen war, und es fällt der Wissenschaft nicht schwer, Eindruck auf uns zu machen. Ihre Haltung gegenüber der Natur wurde früher nur von einigen wenigen Europäern geteilt, während sie heute von Millionen von Menschen rund um die Welt akzeptiert wird. Sie hat dem Abendland einen enormen Vorteil beim Zugriff auf die Ressourcen verschafft und ist daher ein wesentliches Element der Geschichte der abendländischen Dominanz (in einem großen Teil der Welt versucht man heute, sich dieser Dominanz zu entledigen, indem man die Wissenschaft gegen sie mobilisiert). Die Wissenschaft hat der Menschheit auch einen neuen Glauben gegeben, eine Tatsache, die sich sehr wohl als ihr entscheidendster Einfluß auf die nicht-westliche Welt wie auch auf den Westen selbst erweisen könnte.

Die moderne Wissenschaft entwickelte sich als Folge einer intellektuellen Revolution, die zuerst im 17. Jahrhundert in Erscheinung trat. Die sich in dieser Epoche durchsetzenden Veränderungen machten eine erneute Annäherung an die physikalische Welt möglich, die in der Aufklärung von breiten Kreisen der Bevölkerung mitvollzogen wurde. Natürlich hatte die neue Anschauung ihre Wurzeln in der Vergangenheit. Im mittelalterlichen Europa gab es wahrscheinlich noch keinen Glauben an die Wissenschaft, ja es gab wahrscheinlich nicht einmal die Wissenschaft selbst. Es ist richtig, daß islamische und chinesische Wissenschaft sowie indische Mathematik damals in vielen Bereichen einen hohen Standard aufwiesen, und manche jener Erkenntnisse erreichten die Europäer über ihre Kontakte mit dem Islam, vor allem in Spanien. Auch die Griechen hatten fruchtbare Ideen hinterlassen und nützliche Erkenntnisse geliefert, und vieles davon, von byzantinischen und islamischen Gelehrten wiederentdeckt und gepflegt, fand seinen Weg nach Europa. Wissenschaft, wie wir sie kennen, ist ein Nebenprodukt der westlichen Kultur der Zeit nach der Renaissance. Sie trat zuerst in Europa ins Leben, lange nachdem die islamische und byzantinische Gelehrsamkeit alles vermittelt hatte, was sie vermitteln konnte und was von dem Vermächtnis der antiken Welt von Nutzen zu sein schien.

Ob man von der »Entdeckung« der modernen Wissenschaft oder von ihrer »Erfindung« spricht, erste Anzeichen finden sich jedenfalls in neuen Beobachtungen (von denen einige, das muß angemerkt werden, nur dank der Entdeckungsreisen zur Verfügung standen, durch die neue Sterne in der südlichen Hemisphäre ausgemacht und die Abweichung des magnetischen vom wirklichen Norden festgestellt worden waren). Aus Beobachtung und Aufzeichnung können sich Fragen, Interpretation und schließlich (so ist zu hoffen) Verständnis ergeben. Diese grundlegenden Vorgehensweisen sind sehr alt: In unserer eigenen Tradition gehen sie über Aristoteles, den großen Faktensammler, hinaus zurück bis zu den jonischen Griechen. In anderen Kulturen ist Beobachtung als Vorspiel zum Verständnis sogar noch älter: Die Astronomie der Babylonier liefert einige der frühesten exakten Beobachtungen der Sterne und bildet die Basis unserer eigenen Zeitmessung. Das Streben nach rationalem Verständnis, das sorgfältiger Beobachtung zugrunde liegt, lag dennoch für lange Zeit brach.

Die Gelehrten des Mittelalters waren ununterbrochen am Werk (und keineswegs so unschöpferisch, wie man früher angenommen hat), verfügten aber über keine adäquate Technologie, die ihre Arbeit unterstützen konnte. Eine weitere Beschränkung war eher theoretischer Natur: Trotz allem, was man von den Arabern gelernt hatte, und ungeachtet des förderlichen Nachdrucks, den man in manchen ihrer Wissenschaftszweige auf Definition und Diagnose legte, beruhte die mittelalterliche Wissenschaft auf unbewiesenen Annahmen, nicht nur weil es keine Mittel gab, sie zu überprüfen, sondern auch weil daran überhaupt kein Interesse bestand. Lange Zeit verging, bevor wirkliche Experimente, das heißt die Überprüfung von Hypothesen durch wiederholbare Methoden, durchgeführt wurden. Der bedeutsamste Beitrag des Mittelalters zu der späteren wissenschaftlichen Entwicklung in der abenländischen Kultur lag in Fortschritten auf anderen Gebieten: Ganze Generationen hervorragender europäischer Köpfe wurden in den rationalen Disziplinen des scholastischen Gedankengutes ausgebildet, und das technische und instrumentelle Können nahm in solchem Ausmaß zu, daß es mit der Zeit eine immer größere Zahl von fähigen Handwerkern gab. So ging die Entwicklung mehr oder weniger bis zum 16. und 17. Jahrhundert weiter. Trotz allen Interesses der Meister der Renaissance an deskriptiven Studien oder an der Lösung praktischer Probleme in den Künsten und ungeachtet aller neuen geographischen Kenntnisse der Epoche entnahmen selbst die meisten gebildeten Europäer um 1600 ihr Weltbild noch der großen mittelalterlichen Synthese zwischen Aristoteles und der Bibel. Dieses Bild

△ Darstellung des Kopernikanischen Systems im »Atlas Coellestas« von Cellarius (1680)

▷ Diese Armillarsphäre, im 16. Jahrhundert von dem Astronomen Antonio Santucci geschaffen, befindet sich jetzt in Florenz

zentrierte das gesamte Universum auf die Erde und das irdische Leben auf den Menschen, ihren einzigen vernunftbegabten Bewohner. Die erste intellektuelle Leistung des neuen Zeitalters bestand in dem Nachweis, es sei unvernünftig, eine solche Sicht beizubehalten.

Durch das Werk der großen Astronomen und Kosmographen – Kopernikus, Kepler, Galilei und viele andere – wurde eine intellektuelle Barriere überwunden und die Kultur in ihrem Wesen für immer verändert. Es ist hier weder der Ort noch die Zeit, das, was sie vollbrachten, angemessen zu würdigen. In seinem Kern zielte der Anstoß zu ihrem Werk auf die Vermittlung allgemeiner Erklärungen für die Funktionsweise des physikalischen Universums, die über das hinausgingen, was man bis dahin darüber wußte. Es war das Verdienst solcher Männer, daß im europäischen Denken allgemeine Interpretationsregeln akzeptiert wurden, deren Gültigkeit durch Faktenbeobachtung überprüft werden konnte. Reife Wissenschaft beruht auf dem Prinzip, daß die allgemeinste Erklärung, die für eine Vielfalt beobachteter Tatsachen geliefert werden kann, wahrscheinlich die zutreffendste ist. Die weite Verbreitung einer solchen Auffassung war vermutlich sehr viel bedeutsamer als der oft zitierte Streit zwischen Religion und Wissenschaft über die Heliozentrik des Universums, der in traditionellen Darstellungen der abendländischen Geistesgeschichte eine so große Rolle spielt.

Die bedeutenden Fortschritte der Astronomie hatten im Leben Europas geringere unmittelbare praktische und materielle Auswirkungen als die Entdeckungsreisen. Dennoch bewirkten diejenigen, denen diese Fortschritte zu verdanken waren, ebenfalls Änderungen im praktischen Umgang mit der Welt. So beriet Galilei die Venezianer in der Schiffahrtstechnik, legte die Grundlage für die moderne Mechanik, verbesserte die Waffentechnik und erfand das Thermometer. Ferner hing alle Naturforschung in zunehmendem Maße auch von materiellen und technologischen Fortschritten ab – vor allem von der Entwicklung neuer Instrumente. Wer die Handwerker und Künstler waren, deren Arbeit an den von ihnen geschnittenen und geschliffenen Linsen zur Erfindung des Teleskops führte, wissen wir nicht, doch lieferten sie das unerläßliche Gerät für die astronomische Beobachtung und machten es möglich, daß Galilei die Kopernikanische Behauptung von der Existenz eines heliozentrischen Systems bestätigen konnte. Gleichzeitig ermöglichte die Anwendung der optischen Technologie auf die Vergrößerung sehr kleiner Objekte (und schließlich die Erfindung des Mikroskops) in der Anatomie und Biologie außerordentliche Fortschritte; bessere Uhren sorgten inzwischen auch für bessere Möglichkeiten, die Zeit zu messen; und bessere instrumentelle Ausstattung förderte insbesondere die Erforschung der Natur durch systematische Versuche.

Wenn nachfolgende Generationen auf die profanen Heiligen und Väter der Wissenschaft zurückblickten, sprachen sie häufig von Francis Bacon, der eine Zeitlang Lordkanzler Englands war.[4] Seine späteren Bewunderer hielten Bacon voller Stolz für den Verfasser der Shakespearschen Schauspiele, und seine nicht zu bezweifelnde intellektuelle Kraft wurde mit vielen unwahrscheinlichen persönlichen Zügen in Verbindung gebracht. Er scheint jedoch ein Visionär gewesen zu sein, dem es nicht so sehr auf das ankam, was die Wissenschaft entdeckte, sondern auf das, was sie werden sollte: eine Glaubenslehre. »Das wahre und legitime Ziel der

Galileo Galilei, gemalt von Joost Sustermans im Jahre 1686

Wissenschaften«, so schrieb er, »ist es, das menschliche Leben durch neue Entdekkungen und Kräfte zu bereichern.« Durch sie konnte (in Teilen) »eine Rückführung des Menschen ... zu jener Souveränität und Macht erreicht werden ... die er bei seiner Ersterschaffung hatte«. Das war in der Tat eine ehrgeizige Zielsetzung – sie postulierte nicht weniger als die Erlösung der Menschheit von den Folgen des Sündenfalls Adams –, aber Bacon war davon überzeugt, dieses Ziel durch organisierte Forschung zu erreichen. Auch in dieser Hinsicht war er eine prophetische Gestalt, der Vorläufer späterer wissenschaftlicher Gesellschaften und Institute.

Bacons Haltung drückte ein neues Vertrauen in die von der Wissenschaft vermittelten Wahrheiten aus (»Naturphilosophie« – das Wissen von der realen Welt – war dafür lange Zeit die übliche Bezeichnung). Das christliche Europa des Mittelalters hatte die reale Welt in ehrfürchtigem Staunen als Beweis für Gottes geheimnisvolle Wege betrachtet. Im Kern der neuen Wissenschaft vollzog sich der Übergang von dieser Haltung zu einem bewußten und unausgesetzten Forschen nach Wegen, die Natur im Interesse der Menschheit zu manipulieren. Sowohl

Bacons Rolle beim Zustandekommen dieses Prozesses (zu seinen Lebzeiten wurden seine Schriften, wie es scheint, weitgehend ignoriert) als auch seine Modernität sind übertrieben worden. Seine Botschaft war fest in einer sehr alten Tradition verankert: Im ersten Kapitel der Genesis heißt es, der Mensch solle sich die Erde untertan machen. Im 18. Jahrhundert aber wurde Bacon fast als eine mythische Gestalt angesehen, als ein weltlicher Prophet, weil er das Wesen der wissenschaftlichen Revolution zu verkörpern schien. Das galt nicht nur für seine Vorstellungen über das, was Wissenschaft vollbringen müsse, sondern auch für das Plädoyer, mit dem er Beobachtung und Experiment anstelle der Deduktion aus A-priori-Prinzipien forderte.

Vierzig Jahre später waren seine Grundideen Gemeingut in der wissenschaftlichen Diskussion. »Die Handhabung dieser Maschine Welt«, so meinte ein englischer Wissenschaftler in den sechziger Jahren des 16. Jahrhunderts, »kann nur von Philosophen erklärt werden, die sich auf Erfahrung und Technik stützen.«[5] Seit dem 17. Jahrhundert ist der Wissenschaftler immer ein Mensch gewesen, der mit Hilfe von Experimenten Fragen stellt. Die sich darin ausdrückende Auffassung bildet den Kern der geistigen Welt, die wir heute bewohnen.

Es ist leichter, diese Feststellung zu treffen, als in einer Zusammenfassung die genauen Wege nachzuzeichnen, auf denen die Wissenschaft voranzuschreiten begann. Die Hauptbereiche des Bemühens sind jedenfalls klar erkennbar: Die Untersuchungen der frühen Forscher gingen in medizinische, technische, mathematische, astronomische und kosmologische Richtungen. Mit besseren Instrumenten ausgerüstet, schritten sie mit der Zeit weiter und schneller voran. Aber es dauerte einige Zeit, bevor zwischen Wissenschaftlern und Philosophen eine klare Trennungslinie gezogen war, und bedeutende Namen beherrschten diese Umorientierung der Aktivitäten des europäischen Geistes. Doch so wichtig jene Persönlichkeiten in dieser Hinsicht auch waren, interessanter waren sie noch als Marksteine einer langsameren, umfassenderen, nahezu geologischen Verlagerung in den intellektuellen Grundlagen einer ganzen Kultur. Ein folgenreicher Wandel hatte sich vollzogen, als das, was die Wissenschaftler betrieben, allgemein als selbstverständlich akzeptiert wurde, und das sogar von Menschen, die davon wenig oder nichts verstanden. Die entscheidende Veränderung bei der Ausformung des modernen Denkens bestand darin, daß die Anschauung, die Welt sei wesenhaft rational und erklärbar, wenn auch wunderbar und kompliziert, immer weiter um sich griff.

Einen einzigartigen Beitrag leistete zu diesem Ergebnis ein einzelner Mann, Isaac Newton. Seine Fama war ungeheuer, da sich sein Genie auf einem weiten Feld physikalischer und mathematischer Wissenschaft äußerte. Newton, ein bedeutender Experimentator, stellte die Theorie von einer universell wirkenden Schwerkraft auf, die einen Vorgang aus der Entfernung erkennen ließ und erklärte, mochten auch die beteiligten Kräfte für eine unmittelbare Beobachtung zu schwach sein. Die Schwerkraft war ein Modellfall, ein Konzept von integrierender Bedeutung; damit wurde das Universum mit den Begriffen eines einzelnen physikalischen Grundsatzes erklärt. An einem einzelnen Beispiel erläuterte Newton ein fundamentales Kennzeichen des klassischen Wissenschaftsbegriffs, dessen Fähigkeit nämlich, allgemeine Gesetze zu enthüllen, die unser Universum regieren.

Denkmal Newtons in der Kapelle des Trinity Colleges in Cambridge

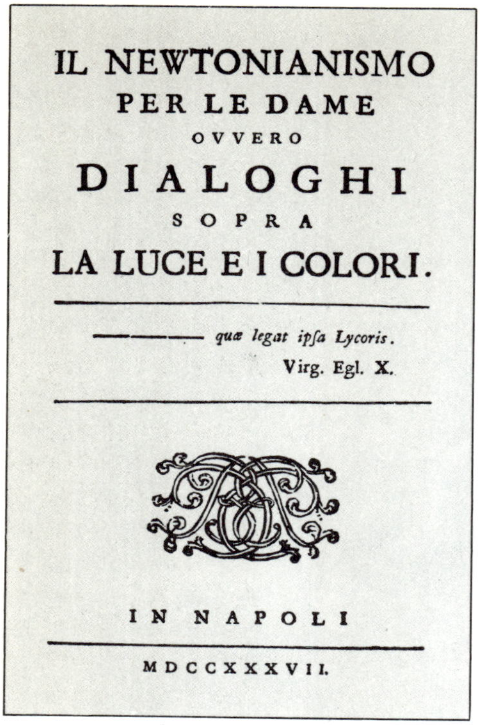
IL NEWTONIANISMO
PER LE DAME
OVVERO
DIALOGHI
SOPRA
LA LUCE E I COLORI.

——— *quæ legat ipsa Lycoris.*
Virg. Egl. X.

IN NAPOLI

MDCCXXXVII.

Um 1737 war die Idee des »Newtonianismus« bereits vertraut genug, um auch auf das Interesse der Damen zu hoffen: Titelblatt und Frontispiz eines italienischen Buches

Jene Aussage bedeutet natürlich, ganz einseitig zu gewichten. Man erfaßt damit einen zu geringen Teil dessen, was Newton vollbracht hat. Wenn aber der Einfluß der Leistung eines so komplexen und großartigen Denkers überhaupt durch eine simple, zusammenfassende Umschreibung erfaßt werden kann, dann nur auf einer so abstrakten Ebene. Er gab den Menschen Grund zu der Hoffnung, daß alle Geheimnisse der Natur, wenn man sich nur Zeit ließ, erklärt werden konnten, weil sie Manifestationen nicht eines unbegreiflichen, absoluten Willens, sondern geordneter, gültiger Prinzipien sein mußten; am Ende mochten diese Prinzipien vielleicht sogar die Natur des Schöpfers enthüllen. »Das weite Firmament hoch droben«, wie es der englische Schriftsteller Joseph Addison ausdrückte, »läßt in seiner Ordnung die Majestät Gottes sichtbar werden.« Es konnte seine Botschaft (so fuhr er in einem anderen Vers seines unvergleichlichen Hymnus fort) dem »Ohr der Vernunft« offenbaren.

Mitte des 19. Jahrhunderts akzeptierten viele Gebildete die Vorstellung, die Natur sei, weil Gesetzen folgend und vernünftig, grundsätzlich erkennbar, und »Naturgesetze« wurden für selbstverständlich erachtet. Langsam und zunehmend ersetzten sie im Denken der Menschen den alten Primat göttlicher Gesetze und das Wirken der Vorsehung. Manchmal wurde das Bild von einer großen Maschine gebraucht, um einen Sinn dafür zu vermitteln, daß die Natur ein in sich geschlossenes, integriertes, rationales System errichtet hatte, das folglich einer vorausschauenden Beobachtung unterzogen werden konnte. Die Übernahme einer wissenschaftlichen Naturanschauung führte unvermeidlich zu der modernen Grundauffassung, die Natur sei in allem manipulierbar. Wenn die natürlichen Vorgänge Gesetzen unterworfen waren und diese Gesetzmäßigkeit beobachtet, bestimmt und verstanden werden konnte, dann konnte man sie sich nutzbar machen. Natürlich hatte die Geschichte der Menschheit schon lange vorher in diese Richtung gedeutet. Bacon mag der Prophet dieser Idee gewesen sein, die ersten aber, die entdeckten, daß erst kochendes Wasser Nahrungsmittel genießbar macht oder daß mittels eines Gegengewichts wirkende Schwerkraft hilft, Wasser von einem Niveau auf ein anderes zu heben, hatten ihm unbewußt den Weg gebahnt. Aber erst in der Neuzeit werden diese und andere Erkenntnisse systematisch erfaßt.

Zu gegebener Zeit wurde sogar die Ansicht verfochten, man müsse mit der Natur im Sinne einer moralischen Pflicht umgehen – nicht nur vom Buch Genesis, sondern auch vom Gleichnis von den Talenten konnte man sagen, daß sie genau das lehrten. Allmählich begannen die Menschen, ihre Umwelt bewußt zu nutzen; sie gingen dazu über, die vorhandenen Ressourcen gezielt einzusetzen. Selbst die Zeit konnte ja vorteilhafter genutzt werden, seit sie genauer meßbar geworden war; sie konnte mehr oder weniger gewinnbringend, mehr oder weniger wirkungsvoll verbracht werden, und als die Menschen das begriffen, schätzten sie die Zeit höher ein. Eine bessere Ausnutzung der Zeit war jedoch nur ein weiteres Mittel zur Erschließung des Reichtums und der Kraft, die in der Natur verborgen lagen. Die Menschen suchten begierig nach weiteren Möglichkeiten. Organisierte Wissenschaft wurde immer mehr als der beste Weg in diese Richtung betrachtet, und es ergaben sich in der Folge einige eigenartige Paradoxien. Als endlich Menschen zum Mond geschickt und dann sicher wieder auf die Erde zurückgebracht wurden, kam es eigenartigerweise manchen Leuten so vor, als mangele es dem Abenteuer an Unberechenbarkeit und deshalb an Reiz. Man setzte 1969 ein solches Vertrauen in die Wissenschaft, daß es nahezu unvorstellbar erschien, das Unternehmen könne fehlschlagen (außer infolge technischen oder menschlichen Versagens), so sorgfältig waren alle relevanten Informationen gesammelt und geprüft worden, so gewissenhaft wurden vorher alle technischen Probleme in Betracht gezogen.[6]

Es ist offensichtlich, daß die Wechselwirkung zwischen der frühen Wissenschaft und der Gesellschaft niemals eingleisig verlief. Manche Umstände in der frühen Neuzeit müssen den Aufstieg der Wissenschaft begünstigt haben. Hierzu Genaues zu sagen ist nicht leicht. Dennoch kann nicht in Zweifel gezogen werden, daß beispielsweise eine entscheidende Beziehung zwischen der Fähigkeit europäischer Handwerker, exakte Instrumente zu bauen, und der Zielrichtung der wissenschaftlichen Forschung bestand. Auf einer allgemeineren Ebene kann man auf zunehmende Anzeichen für ein weitverbreitetes, wenn auch vages Bewußtsein dafür hinweisen, daß die Wissenschaft in der Lage war, wichtige wirtschaftliche und technische Vorteile zu vermitteln. Nicht selten begünstigten die staatlichen Behörden daher wissenschaftliche Arbeit durch Gründung oder Förderung gelehrter Gesellschaften: So erhielt die »Königliche Gesellschaft« ihre Satzung im Jahre 1662 von Karl II., wurde die französische »Akademie der Wissenschaften« vier Jahre später von Ludwig XIV. gegründet. Darüber hinaus wurden Wissenschaftler auch

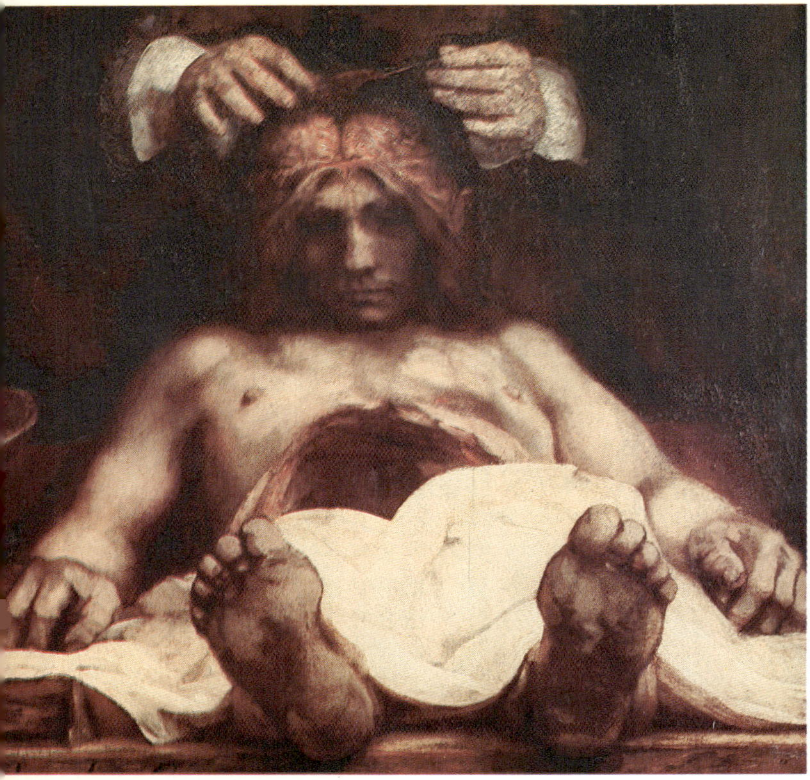

Die Wissenschaft wird Thema der Kunst. Das obere Bild zeigt ein Detail aus Rembrandts »Die Anatomiestunde«, während »Das Experiment mit der Luftpumpe« Joseph Wright aus Derby malte. Der im 18. Jahrhundert lebende englische Künstler war bekannt für seine Darstellungen von wissenschaftlichen Experimenten

häufig in so konkreten Angelegenheiten wie der Navigation und dem Schiffbau zu Rate gezogen. Im frühen 19. Jahrhundert war dagegen offizielle und öffentliche Unterstützung nichts Besonderes mehr, was allein schon die Gründung vieler wissenschaftlicher und technologischer Einrichtungen deutlich werden läßt.

Angesichts der anhaltenden Verwirklichung dessen, was die Wissenschaft versprach, ist es schwerlich überraschend, daß um die Mitte des 19. Jahrhunderts manche Intellektuelle eine nahezu grenzenlose Begeisterung für eine Wissenschaft an den Tag legten, die so viel zu bieten schien. Diese Haltung verdichtete sich zu dem Glauben, daß es innerhalb des konkreten Universums letztlich nichts gibt, was die Menschen nicht vollbringen können, wenn sie nur ernsthaft und methodisch an ihre Aufgabe herangehen und fähig und willens sind, ausreichende materielle und technische Mittel einzusetzen. Diese Voraussetzung löste die Entwicklung der Industriegesellschaft aus, deren Leistungen Karl Marx, wenngleich widerwillig, so sehr

bewunderte. Diese Gesellschaft hat sich seit seiner Zeit darangemacht, Dinge zu vollbringen, die sogar noch viel erstaunlicher sind, als er es sich vorstellte (Menschen auf den Mond zu schicken ist nur ihre spektakulärste Tat), hat einen Traum geweckt, der beispielsweise die einzige bedeutende literarische Kunstform anregt, die seit dem Roman im Westen erdacht worden ist: Science-fiction-Dichtung. Auch in qualifizierter Form und vorsichtig zum Ausdruck gebracht, ist ein so totales Vertrauen in die Wissenschaft inzwischen zu einem Kernbestandteil des westlichen Denkens und zu etwas geworden, das sich nun in der ganzen Welt verbreitet hat. Wenn auch in den westlichen Ländern, wo die Wiege der Wissenschaft stand, hier und da Zweifel auftauchen, so berührt das doch den Glauben einer breiten Öffentlichkeit kaum, solange die offizielle Rhetorik davon ausgeht, daß die Wissenschaft nicht nur eine der mächtigsten, sondern auch eine der wohltätigsten Kräfte ist, die in der Welt am Werk sind.

Im frühen 18. Jahrhundert zeigte die Wissenschaft auch die Tendenz, eine grundsätzlichere Skepsis gegenüber der traditionellen Religion zu fördern. Vielen Wissenschaftlern bereitete es bis dahin keine Schwierigkeiten, ihr Werk mit den christlichen Glaubenssätzen in Übereinstimmung zu bringen; sie gingen davon aus, die Natur des Universums sei auf eine nicht ganz deutliche, aber zuverlässige Weise letztlich gütig. Gott dem Schöpfer konnte nicht unterstellt werden, daß er das Böse oder das Leid gewollt hatte; außerdem illustrierte das, was er vollbrachte, zunehmend seine großartige Voraussicht und Erfindungsgabe bei der Förderung des Wohlergehens seiner Geschöpfe. Das Problem des Bösen blieb bestehen, aber lange Zeit schien die Entdeckung des Reichtums und der Majestät der komplizierten natürlichen Ordnung die Menschen in der Überzeugung zu bestärken, daß die Existenz des Bösen nicht aus dem Willen Gottes kam. Der Begriff des Naturrechts, gottgegebener Gesetze, wurzelte tief in der christlichen Vergangenheit, und die Wissenschaft gab ihm neue Glaubwürdigkeit. Zwang die Beobachtung, daß es Gesetze gab, zum Glauben an die Existenz eines Gesetzgebers? Und selbst wenn das der Fall sein sollte – vieles von dem, was die religiösen Institutionen aller christlichen Länder lehrten, konnte offensichtlich nur schwer mit den Beobachtungen der Wissenschaft in Übereinstimmung gebracht werden.

Hier ergaben sich Probleme, die mit der Zeit immer dringlicher werden sollten. Im 18. Jahrhundert kam es den meisten gebildeten Menschen mehr darauf an, daß sich schnell eine grundsätzlich optimistische Auffassung von der natürlichen Welt verbreitete und die ganze Gesellschaft erfaßte – oder besser: Die Gesellschaft wurde von einigen Denkern in den Rahmen eines menschenfreundlichen natürlichen Systems eingeordnet. Die Menschen faßten die Möglichkeit einer »Wissenschaft vom Menschen« ins Auge; um 1800 waren die Fundamente der modernen Disziplinen der Soziologie, Anthropologie und der Wirtschaftswissenschaft gelegt. Die Vertreter der »Naturgeschichte der Menschheit«, wie die Anthropologie gelegentlich genannt wurde, hielten es für eine Gegebenheit, daß sich der »natürliche« Fortschritt der Gesellschaften von niedrigeren zu höheren Formen vollzog; Adam Smith meinte, die Wirtschaft werde von allgemeinen Gesetzen regiert, wenn sie von menschlicher Einmischung frei bleibe, und die Wirksamkeit dieser Gesetze demonstriere, daß durch das Verlangen nach Befriedigung individueller Wünsche und durch die Konkurrenz der Individuen um Güter ein harmonisches Ergebnis erzielt werden könnte. Waren Eigeninteresse und Gesellschaftsinteresse dank der Wirksamkeit der Naturgesetze nicht ein und dasselbe? Der Zweifel an der Realisierbarkeit dieser erfreulichen Harmonie brauchte lange, bis er so weit verbreitet war wie der Optimismus, aus dem er sich entwickelt hatte. Was sich ereignete, war die außerordentliche Stärkung eines bereits existierenden Selbstvertrauens durch die wachsende Erkenntnis dessen, was die Wissenschaft vollbringen konnte. Die westliche Kultur besaß wieder einmal eine ihr innewohnende dynamische Stoßkraft, deren Urquell ihr Sinn für Richtung und Ziel und die Überzeugung war, ein von der Vorsehung auserwähltes Gefäß zu sein. Diese Überzeugung war eine Frucht des Christentums. Und nun wurde sie genährt durch zunehmende Erfolgserlebnisse und ein neues Gefühl für die Beherrschung der Natur. Beides stimulierte die Auffassung, daß die Menschheitsgeschichte, jedenfalls in den eben vergangenen

Jahrzehnten, eine Geschichte des Fortschritts war – eine Vorstellung, an der viele Geister der Aufklärung festhielten.

Das regte zu einer Neubewertung der europäischen Vergangenheit an, die geradezu ein Kennzeichen der Aufklärung werden sollte. Begonnen hatte sie mit der Verherrlichung der klassischen Antike in der Renaissance. Diese führte zur Bildung verschiedener Begriffe, die wir heute alle in das Wort »Mittelalter« fassen. Aber Mitte von was? Die Antwort lautet: Ein Zeitabschnitt zwischen zwei bewunderungswürdigen Kulturen, zwischen der Kultur des klassischen Griechenland und des antiken Rom und der des humanistischen Europa, die dafür kämpfte, alten Glanz neu zu entdecken oder zu übertreffen. Zwischen diesen beiden Zeitaltern lag, wie manche meinten, entweder eine Zeit der Leere, in der nichts geschehen war, was der Aufmerksamkeit eines gebildeten Menschen wert gewesen wäre, oder, noch schlimmer, Barbarei, Grausamkeit, Ignoranz, Aberglaube. Diese Abwertung eines ganzen Jahrtausends europäischer Geschichte erfuhr breite Zustimmung. Aber schon im 17. Jahrhundert gab es Anzeichen für einen weiteren, damit zusammenhängenden Wandel, die auch in einer interessanten literarischen Auseinandersetzung zum Ausdruck kamen, die in Frankreich zwischen zwei Lagern, dem der »Altertümlichen« und dem der »Modernen«, geführt wurde. Die umstrittene Frage war, ob die literarischen Leistungen der Gegenwart die der großen Dichter der Antike übertrafen oder ihnen nachstanden. Auf den ersten Blick scheint das Problem bedeutungslos zu sein, aber der Streit drückte teilweise ein neues Vertrauen in die neuen Zeiten und das Selbstverständnis einer modernen Kultur aus. Um die Mitte des folgenden Jahrhunderts, als Voltaire sein Buch über »Das Zeitalter Ludwigs XIV.« schrieb, war er überzeugt, daß dieses Zeitalter nicht nur mit anderen »glücklichen Epochen« verglichen werden konnte, »in denen die Künste zur Vollkommenheit entwickelt wurden und ... [die] ein Vorbild für die Nachfahren sind«, sondern eine der Vollkommenheit am nächsten kommende Epoche war, weil »rationale Philosophie erst in dieser Periode in Erscheinung getreten ist und ... eine allgemeine Revolution in unseren Künsten, im Denken und in den Sitten sowie in unserer Regierungsform stattgefunden hat, die als ein inhärenter Beweis für die wahre Größe unseres Landes dienen wird«.[7]

Voltaire selbst verkörperte in den Augen vieler Menschen das Wesen der Aufklärung. Er war skeptisch und respektlos, ein Mann, der sich vorbehaltlos in die Auseinandersetzung mit der römisch-katholischen Kirche stürzte, wenngleich er behauptete, an Gott zu glauben. In gewisser Weise war er auch ein Sozialkritiker, aber keineswegs ein Revolutionär, sondern lediglich jemand, der in seiner Zeit einiges entdeckte, was unhaltbar war. Vieles von dem, was er vertrat, läßt sich ebenso wie die in den Aufklärungsideen des 18. Jahrhunderts aufscheinenden sozialen Aspekte am besten an einem Unternehmen erkennen, das vielleicht als das charakteristischste Produkt der Aufklärung betrachtet werden kann und mit Sicherheit eine der größten Leistungen der europäischen Kultur darstellt. Gemeint ist die »Encyclopédie«, das unter der Leitung von Denis Diderot und Jean Le Rond d'Alembert verfaßte und zwischen 1751 und 1780 publizierte Opus, das am Ende fünfunddreißig (auch Stiche und Register enthaltende) Bände umfaßte. Dieses Korpus floß über von nützlichen und praktischen Informationen über die verschie-

△ Darstellung einer Versammlung in einem berühmten Salon des 18. Jahrhunderts, dem der Madame Geoffrin, in dem viele der fähigsten Köpfe der französischen Aufklärung unter dem »Vorsitz« einer Büste von Voltaire versammelt sind. Das Gemälde stammt von 1814

◁ Jean-Baptiste Pigalles Bronzebüste von Diderot, die heute im Pariser Louvre zu sehen ist

▷ Stiche aus der »Encyclopédie« zeigen die Herstellung von Kanonen

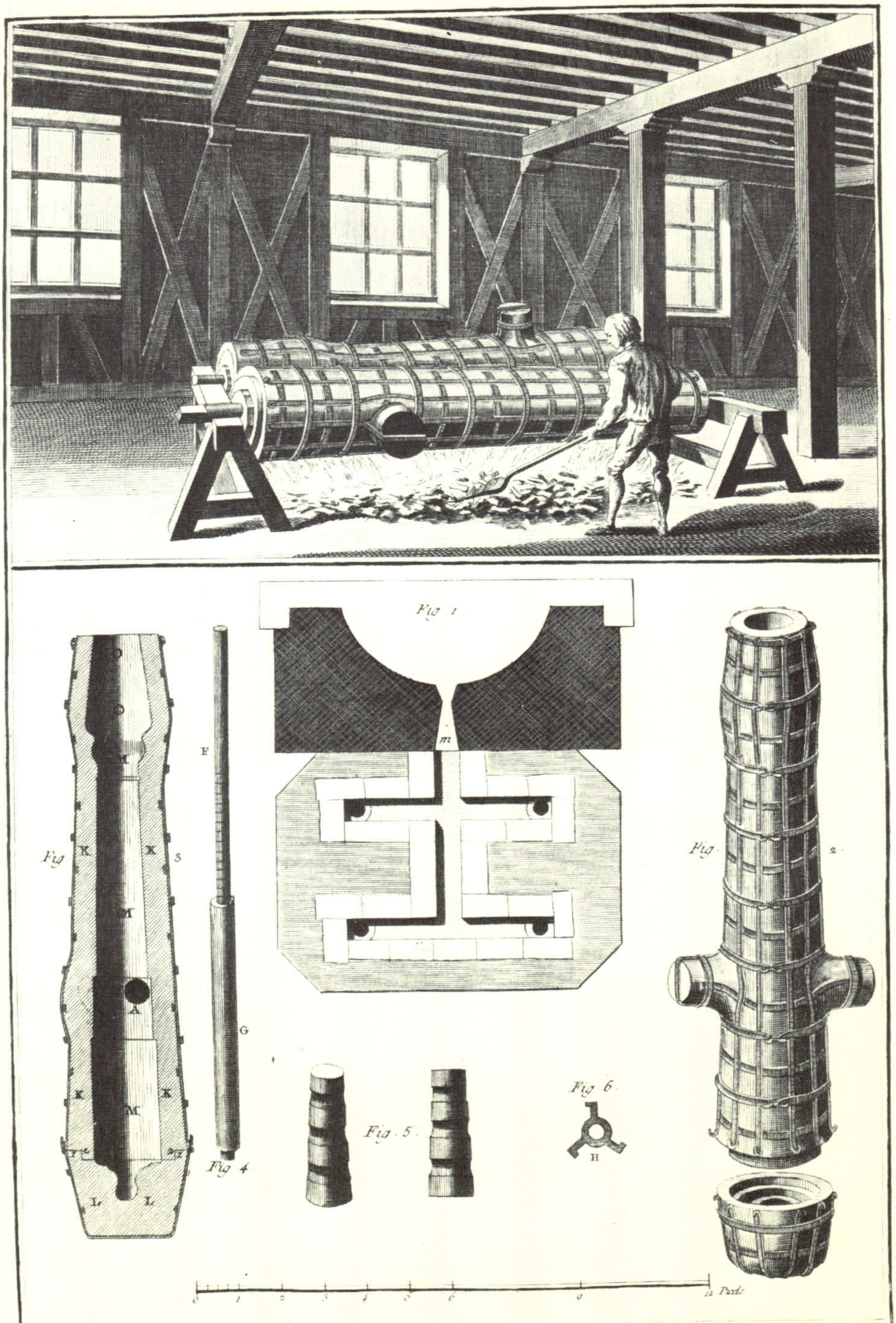

Goussier Del. Benard Fecit

Fonte des Canons,

l'Opération de Secher les Moules, Plan de l'Échéno &c.

densten Themen, die in Artikeln von mehr als einhundertfünfzig Autoren abgehandelt wurden. Obwohl offiziell mißbilligt und bald von der französischen Zensur verboten, wurde es zum Herzstück des gebildeten Frankreich und stellte vielleicht auch den wichtigsten Kanal dar, durch den französisches Gedankengut – das fortschrittlichste jener Zeit – in andere Länder floß.

Die Seiten der »Encyclopédie« umzublättern oder ihre prächtigen Stiche zu betrachten ist nicht genug, um zu erfassen, was ihre Kritiker daran als subversiv schmähten oder warum seine Autoren (jedenfalls manche von ihnen) sie als »Machine de guerre«, als Waffe gegen Obskurantismus, Intoleranz, Aberglaube, Leichtgläubigkeit und Ungerechtigkeit, betrachteten. Genau das aber ist es, was das Opus in jedem seiner Teile darstellt. Artikel für Artikel enthüllt eine scheinbare Tatsachendarstellung plötzlich durch einen ironischen Vergleich, eine brillante Paradoxie oder einfach durch eine logische Ableitung die Unvernunft und Brutalität eines großen Teils dessen, was das 18. Jahrhundert für selbstverständlich hielt. Die »Encyclopédie« schrie nach Reform. Sie brachte den inhärenten Drang des Rationalismus und Humanismus nach sozialem Handeln zum Ausdruck, so oberflächlich sich das in diesem Werk auch manchmal äußern mochte.

Die Bestrebungen der Aufklärungskultur in die Praxis umzusetzen würde viel Zeit in Anspruch genommen haben; tatsächlich wurde das Ziel nie ganz erreicht. Dennoch sollten die Ideen der Aufklärung vom 18. Jahrhundert an nie mehr ganz aus dem europäischen Denken verschwinden; insoweit zeitigten sie Erfolge. Allerdings ist es wichtig, auch zu erkennen, daß diese Ideen in einem gewissen Sinn *nicht* unmittelbar siegten oder jedenfalls keinen leichten Sieg errangen. Das ist auch deshalb von Bedeutung, weil sich daran die Kraft der europäischen Kultur zeigte, ihre eigenen Kriterien zu entwickeln und ihre eigenen Antikörper auszubilden.

1749 setzte die Akademie von Dijon einen Preis für einen Essay über die Frage aus, ob die Wiederbelebung der Wissenschaften und Künste der Moral zugute gekommen sei. Daß das so war, konnte schwerlich von jemandem bestritten werden, der sich als »aufgeklärt« bezeichnete. Der Wettbewerb wurde aber von einem Essayisten gewonnen, der die Frage nachdrücklich verneinte. Er erklärte, der Aufstieg der Künste und die gesteigerte menschliche Fähigkeit, die Natur zu meistern, zu manipulieren und auszubeuten – alles, was für gewöhnlich unter »Kultur« verstanden werde –, sei keineswegs etwas Gutes. So entzog er mancher der grundlegenden Annahmen der aufklärerischen Weltanschauung den Boden. Der Verfasser war ein Schweizer, der in Genf geboren war, aber in Frankreich lebte: Jean-Jacques Rousseau. Als er 1750 seinen Essay veröffentlichte, war er achtunddreißig Jahre alt, stand also in der Mitte seines Lebens. Bis dahin hatte er in der Hauptsache von der Unterstützung anderer Leute oder vom Schreiben gelebt (oft schrieb er über Musik, aber auch über andere Themen; er hatte sogar zu der großen Enzyklopädie beigetragen). Bald darauf schrieb er einen Roman, der zu einem Bestseller wurde, dann ein Buch, das fast so etwas wie die Grundlage der modernen, kindgerechten Erziehungslehre geworden ist (»Émile ou De l'éducation«), danach eine umfassende, nicht ganz zuverlässige, aber faszinierende Autobiographie, viele Abhandlungen über theologische und moralische Fragen und schließlich ein ganzes Paket von politischen Schriften, das ein Meisterstück einschließt, sein bekanntestes Buch, »Du Contrat Social«.[8] Durch diese Bücher und Schriften wurde er zu einem der einflußreichsten Männer, die je gelebt haben.

Rousseau war natürlich selbst ein Produkt der Aufklärungskultur, obwohl er an dem Ast sägte, auf dem er saß. Er stritt sich heftig mit fast allen »Philosophen« herum, mit denen er in Kontakt kam; zum Teil war das eine Sache des Temperaments und der Persönlichkeit; als ein Mensch, der zur Selbstbezogenheit neigte, war er nicht sehr erfolgreich in der Gestaltung seines Lebens. So überließ er die fünf Kinder, die er von seiner Lebensgefährtin hatte, dem Waisenhaus. Nur Frauen, die ihm gegenüber ein stark ausgeprägtes mütterliches Gefühl zeigten, scheinen imstande gewesen zu sein, mit Rousseau über einen längeren Zeitraum auszukommen. Auch gilt es als ziemlich sicher, daß er während seines letzten Lebensjahrzehnts nicht mehr ganz normal war. Trotzdem war er ein Genie.

Mehr als jeder andere läßt Rousseau jenen Ausbruch menschlicher Energie und Kreativität vorausahnen, den wir Romantik nennen. Explizit oder implizit widersprach das, was er schrieb, fast immer überlieferter Einsicht. Von seiten der Geistlichen und Monarchisten trug ihm das ein Verdammungsurteil ein – wie so vielen »Philosophes«. Überraschend aber ist, daß nicht wenige dieser »Philosophes« ihn ebenfalls verurteilten. Er lehnte zu viele ihrer eigenen zentralen Vorstellungen ab – daß (um nur einige Beispiele anzuführen) Regierungen auf vernünftige Weise den Geschmack und die Bedürfnisse gebildeter, kultivierter Menschen zu befriedigen suchen müßten, daß die Wünsche und Sehnsüchte ungebildeter und armer Leute lediglich aus Gründen der Vorsicht und der Barmherzigkeit zu berücksichtigen seien, daß in vielen moralischen Fragen der Kopf ein besserer Führer sei als das Herz. Der Schlüssel zum Denken und zum Standpunkt Rousseaus liegt in der Tatsache, daß er der Philosoph des moralischen Gefühls war. Nach seiner Auffassung konnten persönliche, soziale, pädagogische und politische Entscheidungen nicht gerechtfertigt werden, wenn sie ihre Wurzeln nicht in den Impulsen eines guten Motivs und eines guten Gefühls hatten. Es kam nicht auf das Tun an, sondern auf das Motiv des Handelns. Das war eine höchst individualistische und subjektive Art, sich der Welt zu nähern. Einige seiner Kritiker meinten, Rousseau wende in gewisser Weise außerhalb von Religion und Theologie die Prinzipien des individuellen Gewissens und der Rechtfertigung durch den Glauben an, die den Kern des Protestantismus ausmachen. Aber das war noch nicht alles. Rousseau war auch der Apostel einer neuen Art von kollektiver, sozialisierender Moralität.

Das erste Kapitel des »Contrat Social« beginnt mit den berühmtesten Worten, die je über das Thema Politik geschrieben worden sind: »Der Mensch ist frei geboren, und überall liegt er in Ketten.«[9] Immer und überall wurden (und werden) diese Worte aus dem Kontext herausgelöst: Nur wenige Menschen lasen (und lesen) weiter und stellten fest, daß Rousseau im folgenden erklärt, er glaube, aufzeigen zu können, wie dieser Sachverhalt »legitimiert« werden könne – so der von ihm gewählte Ausdruck. Jener berühmte Satz ist statt dessen für gewöhnlich als ein Aufruf zur Revolution verstanden worden. Das ist angesichts des Gefühlsgehaltes und der Akzentuierung des weiteren Textes verständlich. Zwar gab es auch vor Rousseau Menschen, die Revolutionen verteidigt und rechtfertigt hatten, er aber bot zum ersten Mal eine bedingungslose Rechtfertigung des Widerstandes gegen Autorität schlechthin an. Wie sein Essay von 1750 untersuchte auch der »Contrat Social« ein umfassendes Problem (war es überhaupt möglich, Autorität gerecht und moralisch zu begründen?), wessen sich die Leute aber entsannen, war, daß die Schrift zu zeigen schien, daß kein bestehender Staat gerechtfertigt werden konnte. Wenn der Mensch fühlte, daß seine Grundsätze einer unerträglichen moralischen Unterdrückung und Vergewaltigung ausgesetzt waren, dann hatte er das Recht, so schien Rousseau zu sagen, zu rebellieren, denn nur seine moralische Zustimmung konnte Autorität über ihn legitimieren. Empfindung sollte zudem alles sein, nicht nur in der Politik, sondern auch in bezug auf Moral, Ästhetik, Erziehung, Arbeit – denn in einem guten Herzen lag die einzige wahre Legitimierung der Werte.

Über die Kraft, die Rousseau dazu trieb, zu verkünden, was er verkündete, kann man streiten. Eine Erklärung muß lauten, daß er seine Botschaft aus dem Neid, der Bosheit und dem Haß einer verbitterten, sozial ungefestigten Persönlichkeit filterte. Eine andere ist die, daß er eine jener von Zeit zu Zeit in der abendländischen Geschichte auftretenden prophetischen und moralisierenden Gestalten ist, die gewisse Einsichten vermitteln und Akzente setzen, die sich gegen konkrete und existentielle Ausformungen in ihrer eigenen Zeit richten lassen. Es ist offenkundig, daß das revolutionäre Potential, das er in unsere Kultur einführte, bis zum heutigen Tage fortwirkt. Man kann auch darüber streiten, ob sein Einfluß im ganzen gesehen günstig oder weniger günstig war (und manchmal noch ist). Unbestreitbar ist jedoch, daß er auf weite Bereiche des öffentlichen Lebens gewirkt hat (und immer noch wirkt).

Natürlich können nur wenige Menschen den Kurs ihrer Zeit ganz alleine ändern. Es gibt Anzeichen dafür, daß das Europa des 18. Jahrhunderts reif war für eine Reaktion auf eine Botschaft wie die von Rousseau – Veränderungen in Kunst, Religion und Literatur deuteten darauf hin, daß eine gefühlsbetonte Epoche bereits im Kommen war, als Rousseau mit seinen Schriften für Aufsehen sorgte. Trotzdem wirkte sich sein Einfluß stark aus, nicht zuletzt in einer sich in der zweiten Hälfte des Jahrhunderts durchsetzenden Tendenz, in der Tendenz zu einem neuen Humanismus. Diese Veränderung war aber auch dringend notwendig, denn daß die Gesellschaft des 18. Jahrhunderts manchmal brutal und vorsätzlich grausam war, bedarf eigentlich keines Beweises. Ungeachtet der Eleganz seiner »Salons« war es ein Jahrhundert, in dem beispielsweise die Engländer Geisteskranke einsperren und Gaukler vom Pöbel jagen ließen, in dem die Polen und Spanier Hexen verbrannten und Damen des französischen Hofes hohe Summen zahlten, um einen Platz zu ergattern, von dem aus sie zusehen konnten, wie die Hände eines Mannes, der versucht hatte, den König zu töten, mit dem Brandmal versehen wurde, seine Glieder auf einem Rad gebrochen und geschmolzenes Wachs und Blei in seine Wunden gegossen wurden, bevor man ihn am Ende des Verfahrens – mit aufgeschlitztem Bauch – von vier Pferden schleifen und zerreißen ließ. Es war ein Zeitalter, in dem nur sehr wenige Länder die Folter als Teil des Untersuchungsverfahrens und als Strafe abgeschafft hatten. Sogar in England – einem dieser wenigen Länder – konnte ein Seemann wegen eines Disziplinarvergehens buchstäblich zu Tode gepeitscht werden, auch wenn das nicht das Ziel seiner Verurteilung gewesen sein mochte.

Rousseau, gemalt von dem Schotten Allan Ramsay

Viele Vertreter der Aufklärung stürzten sich in den Kampf gegen solche Übel. Voltaire zum Beispiel war bereits berühmt als Poet, Dramatiker, Historiker und Philosoph, als er in den sechziger Jahren des 18. Jahrhunderts einen Justizmord aufdeckte und die Rücknahme des Urteils erreichte, was fast ausschließlich der von ihm veranstalteten Pressekampagne zu verdanken war. Mehr als irgend jemand sonst verband er Humanismus sehr allgemein mit dem Fortschritt des menschlichen Intellekts. Cesare Beccaria etwa, ein Mailänder Edelmann, schrieb das erste Buch über Verbrechen und Bestrafung, ein Buch, in dem er die Folter verurteilte, ein Werk, das die Grundlage einer sowohl utilitaristischen als auch humanen Strafrechtslehre geworden ist. Das vielleicht klarste Zeichen eines neuen humanistischen Interesses war jedoch eine Kampagne zur Aufhebung der Sklaverei, die im 18. Jahrhundert begann. Die Sklaverei war auf allen Kontinenten eine vertraute Einrichtung, sogar in Europa, obwohl sie dort infolge der zunehmenden Anwendung des Grundsatzes, daß Christen nicht von Christen versklavt werden sollten, zurückgegangen war. Dennoch sah ein Tudorstatut die Sklaverei als Strafe vor,[10] und zu Beginn des 18. Jahrhunderts hätte man nur wenige Europäer gefunden, die sich dagegen ausgesprochen hätten.

Im Jahrhundert zuvor hatte der atlantische Sklavenhandel eine starke Zunahme erlebt. Schätzungen besagen, daß im Laufe von drei Jahrhunderten ungefähr elf Millionen Afrikaner aus Westafrika deportiert worden sind. Vor diesem Hintergrund begann man der Theorie, auf die sich die Sklaverei stützte, größere Aufmerksamkeit zu schenken, insbesondere der Idee von den angeborenen Unterschieden zwischen Schwarzen und Weißen. Einer der ersten Versuche bestand in der Erklärung, es sei zwar kein Unrecht, Sklaven zu kaufen, auf die der Verkäufer einen gültigen Eigentumsanspruch besitze, sehr wohl aber sei es Unrecht, solche zu erwerben, die bis dahin keine Sklaven gewesen seien. Auf die Dauer war es mit Erklärungen solcher Art natürlich nicht getan. Es waren dann vor allem Geistliche, die sich zu Beginn des neuen Jahrhunderts mehr und mehr für die konkrete Situation der schwarzen Sklaven auf den französischen Inseln in der Karibik interessierten. Unruhe entstand auch, als die Gefahr zu bestehen schien, daß sich der Handel auf Frankreich selbst ausdehnte. Doch die ganze Zeit über verstärkte die wachsende schwarze Bevölkerung der Kolonien die Furcht der Siedler vor einem Aufstand – und veranlaßte sie zu noch brutalerer Behandlung ihrer Schwarzen.

Um die Mitte des Jahrhunderts mehrten sich dann die Bemühungen, gegen die Sklaverei anzugehen. Die ersten Publikationen gegen die Sklaverei erschienen in England. 1748 führte dann die erste bedeutende Kritik an der schwarzen Sklaverei aus der Feder eines »Philosophe« zu Diskussionen – sie fand sich in einem (von vielen Lesern mißverstanden) ironischen Kapitel in dem großartigen Buch »L'esprit des lois« von Montesquieu.[11] Die »Encyclopédie« folgte Montesquieus Argumenten und wiederholte sie sehr viel nachdrücklicher, während Voltaire fortwährend das Feuer schürte. Der berühmteste Angriff auf die Sklaverei wie auch gegen die Auswirkungen des europäischen Kolonialismus im allgemeinen wurde jedoch mit einem Buch geführt, das den Namen eines Lohnschreibers aus den Reihen der »Philosophes« trug, des Abbé Raynal, der 1770 eine »Philosophische und politische Geschichte der Institutionen und des Handels der Europäer in den beiden Indien« veröffentlichte. Das Buch erlebte in den folgenden zwanzig Jahren nicht weniger als dreißig Auflagen, wurde in viele Sprachen übersetzt und (aufgrund seines Antiklerikalismus) auf den Index gesetzt.[12] Und nur wenige Jahre später, 1776, beschloß in Nordamerika der Zweite Kontinentale Kongreß, den weiteren Import von Sklaven in die dreizehn Kolonien, die kurz vor der Unabhängigkeit von Großbritannien standen, einzustellen (obwohl dieser Beschluß später von den Schöpfern der Verfassung der Vereinigten Staaten wieder rückgängig gemacht wurde). Thomas Jefferson, der die Unabhängigkeitserklärung entwarf, verurteilte die Sklaverei und wünschte, in die Erklärung einen Angriff auf Englands Georg III. aufzunehmen, da dieser den Sklavenhandel gestattete. Es kam jedoch nicht dazu: Seine Kollegen

Ein Engländer auf Barbados verkauft seine schwarze Geliebte als Sklavin – ein Thema, das darauf abzielte, die Gefühle des Lesers aufzuwühlen. Diese Radierung diente als Titelbild für eines der Bücher des Abbé Raynal

Thomas Jefferson, Verfasser der Unabhängigkeitserklärung, deren einleitende Sätze hinter seinem Denkmal auf den Wänden seiner Gedenkstätte in Washington, D.C., erscheinen verhinderten das. Als sich das Jahrhundert seinem Ende zuneigte, standen die Zeichen jedoch eindeutig gegen die Sklaverei, wenngleich sie zu diesem Zeitpunkt nur in einem einzigen Land, in Dänemark, abgeschafft worden war.

Die Protagonisten der Aufklärung waren natürlich keine simplen, zweidimensionalen Geschöpfe, die einzig und allein von einem bloßen Rationalismus und Humanismus motiviert waren. Thomas Jefferson brachte vieles von dem zum Ausdruck, was seine Zeit bewegte: ein Glaube an Wissenschaft und Technik, ein Humanismus, der ihn die Sklaverei öffentlich anprangern ließ. Dennoch gab er selbst nur einigen seiner Sklaven die Freiheit (zum Zeitpunkt seines Todes besaß er noch zweihundert) und vermochte nicht zu glauben, daß für seine Landsleute die Verwirklichung der Emanzipation ratsam war, wenn das bedeutete, die Sklaven in eine von Weißen dominierte Gesellschaft zu entlassen.

Es ist unmöglich, die Kultur einer Epoche mit einfachen Etiketten zusammenfassend zu kennzeichnen, und völlig ausgeschlossen, damit ihre Bedeutung zu erfassen. Ist das allmähliche Schwinden der allgemeinen Überzeugung von der Zuordnung des Universums auf Gott wichtig oder weniger wichtig wie die Tatsache, daß später zum ersten Mal von Millionen die Vorstellung akzeptiert wurde, daß es immer genug zu essen geben wird und sie niemals wieder eine Hungersnot befürchten müssen? Ist es wichtiger, daß Millionen lernen, die Notwendigkeit von Bildung einzusehen, oder ist es wichtiger, daß eine vergleichsweise geringe Zahl von einflußreichen Leuten die revolutionäre Überzeugung gewinnt, daß es die natürliche und offenkundige Rolle der Regierungen ist, für einen ständig steigenden Wohlstand ihrer Bürger zu sorgen? Es ist nicht leicht, darüber eine Aussage zu machen. Veränderungen dieser Art führten aber zu einer Revolution in der Geschichte der Menschheit, die sich zuerst in der europäischen Aufklärung bemerkbar machte.

In der Aufklärung trat zum ersten Mal eine der Kernideen der europäischen Kultur der Neuzeit in Erscheinung, die ungewöhnlich folgenreiche Fortschrittsidee. Obwohl diese Idee offensichtlich viel den jüdisch-christlichen Mythen verdankte, die der Geschichte Richtung und Ziel gaben, bleibt sie eine sehr komplizierte Idee mit schwer zu entwirrenden intellektuellen Ursprüngen. Das Auftauchen der Vorstellung zum Beispiel, die Welt könne in ständig zunehmendem Maße vom menschlichen Willen und von der Vernunft beherrscht werden, fand nicht nur in wissenschaftlichen Fortschritten ihre Bestätigung, sondern besaß auch eine soziale Dimension. Das zeigte sich oft auf ganz konkrete Weise – zum Beispiel in der wachsenden Fähigkeit Europas, epidemische Krankheiten mehr durch administrative als durch medizinische Maßnahmen einzudämmen. Schon im 14. Jahrhundert wurde in Italien eine Kontrolle der Emigranten aus Seuchengebieten durch Einführung einer Quarantäne in die Wege geleitet, und um 1700 war dieses System schon sehr viel weiter verbreitet. Sogar Soldaten wurden an der habsburgischen Militärgrenze in Quarantäne gehalten, an der entlang einer Strecke von nahezu tausend Meilen, jeweils eine Gewehrschußlänge voneinander entfernt, Posten aufgestellt und Stationen eingerichtet waren, in denen Inspektionen und Desinfektionen durchgeführt werden konnten. Natürlich waren solche Maßnahmen noch lange nicht vollkommen. Trotzdem gab es im Abendland nach 1720 keine gefährliche Seuche mehr. Das war ein erstaunliches, sichtbares Zeichen der konsequenten Suche nach praktischen Lösungen für ein Problem, das man früher für unlösbar, für eine göttliche Fügung gehalten hatte, und deutete auf eine Verbesserung des menschlichen Lebens hin.[13]

Nun ist aber die Fortschrittsidee wie die Verherrlichung der Wissenschaft ebensosehr eine Sache des Glaubens wie des empirischen Beweises.[14] Sie umfaßt häufig mindestens drei Vorstellungen, die, obwohl nicht unbedingt abhängig voneinander, oftmals in Beziehung gesetzt werden. Diese Vorstellungen wurden in der Tat von den Denkern des 18. Jahrhunderts, die die Fortschrittsidee zuerst lancierten, von Anfang an miteinander verquickt. Eine von ihnen besagt, daß der Fortschritt im Sinne einer sowohl materiellen als auch moralischen Verbesserung stattgefunden hat und noch stattfindet, eine weitere, daß er unausweichlich ist und immer so bleiben wird. Wie ein französischer Schriftsteller und Politiker, Antoine Condorcet, es in einer Passage ausdrückte (die er während der Revolution im Untergrund schrieb), konnten die Menschen sicher sein, daß »die Natur der Vervollkommnung der menschlichen Fähigkeiten keine Grenze gesetzt hat, daß die Vervollkommnungsfähigkeit des Menschen wahrhaft grenzenlos ist und daß der Fortschritt auf dem Weg zur Perfektion ... zwar ohne Zweifel in seinem Tempo variieren, aber ... niemals rückgängig gemacht werden wird«.[15] Die dritte Vorstellung besagt, daß, weil der Fortschritt ein Mehr an Menschlichem bedeutet, Menschen und Regierungen danach streben sollten.

Solche Ideen haben keinen einzelnen Ursprung, wenn auch leicht zu erkennen ist, daß manche ihrer Quellen wichtiger sind als andere. Die Genealogie der Ideen ist ebenso kompliziert wie die Genetik des realen Lebens. Ideen tauchen im Laufe der Jahrhunderte immer wieder in neuem Gewand auf, häufig kaum wiederzuerkennen. Tief im Kern der abendländischen Vision von einer Welt, die darauf wartet, im Namen des Fortschritts und mit den Mitteln der Wissenschaft verbessert und neu gestaltet zu werden, sind das Gewicht und der Einfluß der klassischen und der christlichen Vergangenheit Europas noch zu spüren. Die Menschen in anderen Teilen der Welt, die alle abendländischen Europäer ohne Rücksicht auf deren Nationalität »Franken« oder »Feringi« nannten, waren der Wahrheit näher, als sie ahnten: Sie brachten zum Ausdruck, daß das, was die Abendländer miteinander verband, nämlich eine bestimmte Haltung, mehr wog als das, was sie trennte. So fern sie sich auch sein mochten, die Kreuzfahrer des 12. Jahrhunderts und die Kaufleute aus Massachusetts, die im 19. Jahrhundert mit China Handel trieben, teilten manches miteinander, was sie nicht mit den Sarazenen oder den Chinesen gemein hatten. In dem, was sie taten, drückte sich – manchmal auf korrupte, manchmal auf grobe oder brutale Weise – ein Sinn für Richtungen und Ziele aus, drückte sich immer wieder jenes erneuernde, bohrende, antreibende abendländische Gefühl des Handelns aus: Es muß etwas *getan* werden! – Das Leben ist wirklich, ist ernst, ist Kampf, sogar Kampf mit sich selbst. Das Abendland darf sich nicht einfach niederlassen und auf die Erlösung warten. Es hat ein Ziel, auf das es zugehen muß, und zwar auf seinen eigenen Füßen. Und der Fortschritt auf der Straße des Lebens zeigt immer deutlicher, daß es auf dem richtigen Weg ist.

Um die Mitte des 19. Jahrhunderts war aus der jüdisch-christlichen und mittelalterlichen Gußform eine Kultur entstanden, die Veränderung nicht nur einfach

Stamford Mercury:

BEING

HISTORICAL and POLITICAL

OBSERVATIONS

ON THE

Tranſactions of Europe.

TOGETHER WITH

Remarks on TRADE.

Thurſday, September 6, 1722

VOL. XX. No. 11

Printed by *Will. Thompſon*, and *Tho. Baily*, at *Stamford* in *Lincolnſhire*. 1722. (Price Three Half-Pence)

Die Anfänge des Zeitungswesens: Titelseite eines frühen englischen Nachrichtenblattes hinnahm, sondern eifrig danach strebte. Abendländische Bürger institutionalisierten den Wandel, richteten ihr Forschen darauf aus, ihn zu verwirklichen. Bewußt führten sie Neuerungen ein, weil sie glaubten, Veränderung sei fortschrittlich und bestimme den Weg, den Geschichte nimmt. Sie waren Optimisten. Darin liegt der Schlüssel zu der ungeheuren Anpassungsfähigkeit der abendländischen Kultur.

Voltaire. Ein Werk des französischen Bildhauers Jean-Antoine Houdon

Manchmal nimmt sich deshalb die Leistung dieser Kultur wie die Summe der gesamten menschlichen Geschichte aus. So ist beispielsweise die westliche Technologie lediglich der Kulminationspunkt einer kontinuierlichen Entwicklung, die bis zur ersten Anwendung des Feuers zurückreicht. Zusammen mit vielem anderen ist sie jetzt das Eigentum der gesamten menschlichen Rasse, weil sie durch eine Kultur in alle Welt getragen wurde, die sich als unternehmungsfreudiger, anpassungsfähiger und zuversichtlicher erwies als jede andere, eine Kultur, die an das Evangelium des Fortschritts glaubte. Paradoxerweise hält man an diesem Glauben heutzutage nirgendwo stärker fest als in jenen Gesellschaften, die auf andere, augenscheinlichere und äußerlichere Weise entschieden »antiwestlich« sind.

IX. Eine raschere Gangart

Die Briten des Viktorianischen Zeitalters liebten es, ihre Kultur im Gegensatz zu den Kulturen in anderen Teilen der Welt zu sehen. Sie sprachen von Bewegung und Unbeweglichkeit, von Dynamik und Stagnation, von den Lebenden und den Toten. Daß sie den Unterschied zwischen den Kräften verschiedener Kulturen spürten und ihm auf solche Weise Ausdruck gaben, nimmt kaum wunder, berücksichtigt man ihre Sicht von der jüngeren Vergangenheit. Von etwa 1450 an war die Geschichte Europas und jener Welt, die es in Übersee geschaffen hatte, nicht nur einfach eine Geschichte des Wandels gewesen, sondern die eines Wandels, der sich beschleunigte und, sich in immer rascherer Gangart ausbreitend, auch andere Kulturen veränderte. Europa war der Dynamo, der den Antrieb zu dieser Beschleunigung lieferte. Um die Mitte des 19. Jahrhunderts war das offenkundig. Nur wenige Viktorianer fühlten sich bei dem Gedanken an den möglichen Preis für diese Entwicklung unbehaglich. Die meisten denkenden Menschen in der abendländischen Welt hielten es für selbstverständlich, daß die Welt immer besser wurde. Vor diesem Hintergrund konnte der wohl populärste englische Dichter jener Zeit, Alfred Lord Tennyson, von einem »Vormarsch des Geistes« sprechen.[1] Gesellschaften ohne Fortschritt waren zu bedauern und wahrscheinlich zu verurteilen. Eine andere Art der Beschreibung dessen, was da vor sich ging, besteht in der Aussage, daß im 19. Jahrhundert zum ersten Mal eine Weltgeschichte erklärt werden mußte, die einen Prozeß für sich darstellte, hervorgerufen durch die globalen Konsequenzen des Wandels, der zu einem »modernen Europa« geführt hatte – das heißt zu einem Europa, das eine Weltmacht geworden war und selbst einem Wandel unterlag, der rascher verlief als je zuvor.

Der Fortschritt war eine Sache des Glaubens geworden, lange bevor grundlegende Verbesserungen im sozialen Bereich feststellbar wurden. Der Mensch des 20. Jahrhunderts kann den Überfluß in einem Maße für selbstverständlich halten, wie es in früheren Zeiten nur einer kleinen Minderheit vorbehalten war. Das mag angesichts einer Welt, in der Millionen Menschen hungern, realitätsfern erscheinen, doch Tatsache ist, daß sehr viele Länder über sehr viel mehr materielle Güter verfügen, als für ein erträgliches Leben nötig sind. Die Idee vom Überfluß hat sich verbreitet, und diese Idee ist sehr viel weiter verbreitet als der tatsächliche Überfluß. Weltweit hat sie sich erst kürzlich durchgesetzt, etwa in den letzten zwei bis drei Jahrzehnten. Billige Konsumgüter, für die immer mehr Werbung gemacht wird, die aufwendig zur Schau gestellt und überall in der Welt verkauft werden, bieten dafür eine Erklärung. Selbst kommunistische Gesellschaften versuchen, solche Güter bereitzustellen, und versprechen, daß sie eines Tages auch wirklich zur Verfügung stehen werden. Millionen erfahren tagtäglich, daß ein steigender Lebensstandard möglich ist, und sobald sie darum wissen, beginnen einige unter ihnen unausweichlich zu fragen, warum er nicht realisiert wird. Das kann zu einer Revolution führen. Für einen großen Teil der Welt ist die Vorstellung, daß jemand im Laufe seines Lebens zu einem verbesserten Lebensstandard gelangt – und das fast ohne eigene Anstrengung, einfach nur aufgrund einer unwiderstehlichen Fortbewegung des sozialen Prozesses –, neu und nur schwer nachzuvollziehen.

Entwickelte Länder mit einer freien Marktwirtschaft sind länger, manchmal schon seit Generationen, mit einem materiellen Aufstieg vertraut. Jener Prozeß ist jedoch selbst für sie verhältnismäßig neu, und auch sie empfinden die sozialen und politischen Auswirkungen des Postulats eines materiellen Fortschritts als verwirrend. Nachdem viele einen ständig steigenden persönlichen Konsum einmal als gegeben akzeptiert hatten, erwarteten sie auch ein Mehr an sozialen Gütern in Form von Schulen, Krankenhäusern und Dienstleistungen aller Art, gleich, ob sie vom Markt oder von irgendeinem öffentlichen Dienstleistungssystem angeboten wurden. Die Vorstellung von einem potentiellen Überfluß veranlaßte zu utopischen Visionen von Gesellschaften, in denen der materielle Reichtum perfekt darauf angelegt ist, eine ideale Umwelt zu schaffen. Solche Mythologien sind außerordentlich mächtige Triebkräfte des politischen und sozialen Wandels. Sie stellen eine der tiefgreifenden Formen dar, in denen der Westen die Welt verändert, sie sind Infekte, die auf nicht-westliche Länder zufällig übertragen werden, so wie Pocken und Influenza, die die Südsee-Inseln zweihundert Jahre zuvor verwüsteten, sie destabilisierten und ihre traditionellen Lebensformen radikal veränderten.

Die materiellen Wurzeln solcher Veränderungen in den menschlichen Haltungen gehen weit zurück. Einer der ersten Indikatoren ist ein starkes Bevölkerungswachstum. Innerhalb von fünfhundert Jahren, etwa von 1400 bis 1900, erlebte Europa eine demographische Revolution: Seine Bevölkerung stieg von 60 auf nahezu 400 Millionen an, was bedeutete, daß es einen größeren Anteil an der Gesamtbevölkerung der Erde hatte als jemals zuvor,[2] und zwar ohne die überseeische Bevölkerung, die europäischer Abstammung war. Diese Veränderung vollzog sich nicht nur mit beispielloser Schnelligkeit, sondern zeigte auch einen radikalen Wandel in der Natur des Bevölkerungszuwachses an: Jener Zuwachs wurde nicht mehr unterbrochen noch rückgängig gemacht. In früheren Zeiten – und in manchen Teilen der Welt noch heute – ist er eine Sache des *Stop and go:* Gelegentlich hohe Steigerungsraten wechseln mit erheblichen Rückgängen oder totaler Stagnation ab. Inzwischen haben wir uns nun aber an ständig steigende Kurven gewöhnt, die lediglich durch örtlich begrenzte Rückgänge unterbrochen werden oder sich nur in der Steigerungsrate unterscheiden.

Bevölkerungen wachsen, weil entweder mehr Kinder geboren werden oder die Menschen länger leben. Die erhöhte Lebenserwartung war in den letzten anderthalb Jahrhunderten in der Bevölkerungsgeschichte des Westens von größerem Gewicht. Um 1900 waren die meisten europäischen Länder von der Gefahr einer erneut auftretenden Hungersnot befreit. Im vorindustriellen Europa starben in jedem Winter viele Menschen den Hungertod, so gering war die Überlebenschance der Armen. Das war seit Jahrhunderten so gewesen, und es hatte den Anschein, als ob es immer so bleiben würde. Im Abstand von einigen Jahren gab es immer von neuem und verbreitet hohe Sterberaten. Dann war damit zu rechnen, daß Tausende von Menschen an Hunger oder Krankheit starben. So war zu Beginn des 19. Jahrhunderts der britische Nationalökonom und Sozialphilosoph Thomas Robert Malthus noch davon überzeugt, daß aufgrund von schlechten Ernten und den daraus resultierenden geringeren Vorräten der Bestand der Bevölkerung gefährdet war.

Um 1900, als in Afrika, Asien und sogar in Rußland noch periodisch Hungersnöte ausbrachen, wurde das Wachstum der europäischen Bevölkerung als Ganzes nicht mehr unterbrochen. Das war unter anderem auf steigende wissenschaftliche und medizinische Erkenntnisse sowie auf Verbesserungen im hygienischen Bereich zurückzuführen. So konnten epidemische Krankheiten besser vermieden oder unter Kontrolle gebracht werden. Der Schlüsselfaktor ist jedoch das Verschwinden der Hungersnöte. Es gab endlich mehr Nahrungsmittel zu verteilen. Das war vor fünfhundert Jahren nicht der Fall. Sieht man einmal von den zahlenmäßig geringen wohlhabenden Schichten ab, so verfügten zu jener Zeit ganze Gesellschaften über ein Minimum an Nahrungsmitteln.

Der umfassende Wandel in der europäischen Geschichte, den der Bevölkerungsanstieg impliziert, basiert folglich auf der Verfügung über mehr Nahrung. Zuerst lernten die Europäer, von einem bestimmten Stück Land mehr Früchte zu gewinnen; dann fanden sie Mittel und Wege, Nahrungsmittel aus anderen Teilen der Welt zu beschaffen. Das erstere erklärt sich durch eine Agrarrevolution, obwohl einige Historiker diesen Begriff heutzutage ablehnen, da sie meinen, er lasse eine zu plötzliche und gewaltsame Änderung von etwas vermuten, was im Mittelalter begann und Jahrhunderte brauchte, um sich durchzusetzen[3] – und in der Tat handelte es sich um einen kumulativen Wandel, um eine langsame Zunahme an Gütern ohne plötzliche oder dramatische Ausschläge. Die Auswirkungen allerdings waren revolutionär.

Im Kern bestanden sie darin, daß Mittel und Wege gefunden wurden, dem Boden einen höheren Ertrag abzuringen. Während des größten Teils der menschlichen Geschichte (und mancherorts noch bis in die jüngste Zeit) bestand die einzige Möglichkeit, zu mehr Nahrungsmitteln zu gelangen, darin, mehr Land zu kultivieren. Das geschah im frühen Mittelalter durch Waldrodung und Urbarmachung von Brachland oder durch Abwanderung in neue, bebaubare Gebiete im Osten. Es gibt jedoch einen Punkt, über den hinaus die Kultivierung neuen Bodens zu schwierig und zu teuer und der Mühe nicht wert ist. Das Herzstück der landwirtschaftlichen Entwicklungen, die in Europa im 15. Jahrhundert begannen und sich seither um die ganze Welt verbreitet haben, war die Tatsache, daß ein Weg gefunden wurde, aus ein und demselben Stück Land mehr zu erwirtschaften. Erste Anzeichen dafür waren Ertragssteigerungen durch bessere Bewirtschaftung, bessere Anbaumethoden, bessere Tierhaltung. Von Flandern aus verbreiteten sich neue Techniken nach England, Deutschland und Osteuropa. Währenddessen wurden anderswo neue Getreidesorten eingeführt (etwa Reis in Italien). Es folgten eine andere Reihenfolge beim Getreideanbau, die Agrarchemie, bessere Gemüsesorten, selektive Viehzüchtungen für spezifische Bedingungen und zahllose Anwendungsformen der menschli-

Die Bauern des 18. Jahrhunderts begrüßten bald die Ergebnisse der selektiven Züchtung: Georg Stubbs porträtierte den zufriedenen Besitzer neben dem riesenhaften Ochsen, den der Landwirt 1790 in London ausstellte

chen Erfindungsgabe auf traditionelle Methoden. Auf diese Weise steigerten sich im Laufe der Jahrhunderte die Erträge. Das Wachstum dauert immer noch an, jetzt aber außerhalb der westlichen Welt, wie dramatische, auf moderner Chemie und Genetik beruhende Verbesserungen in diesem Jahrhundert demonstrieren.

Die Auswirkungen auf das Leben auf dem Land waren fast überall revolutionär. Sogar das körperliche Erscheinungsbild von Tieren veränderte sich. Aber das war noch nicht alles. Solche Veränderungen setzten auch neue Maßstäbe für das Leben in der Stadt: Veränderte Bevölkerungsstrukturen, modifizierte politische Beziehungen öffneten den Weg zur Industrialisierung und trugen dazu bei, der westlichen Welt – in der dieser große Wandel einsetzte – einen Vorsprung an wirtschaftlicher Überlegenheit zu sichern, den sie bis heute erhalten hat.

Das andere Element – die Einführung von mehr Nahrungsmitteln – ergab sich daraus, daß Großtransporte im Laufe der Jahrhunderte leichter durchführbar wurden. Selbst im Mittelalter gab es schon gewinnbringende Kleintransporte von den Produzenten zu weit entfernten Abnehmern – Venedig und Genua waren die großen »Transportunternehmer« jener Zeit. Überseeischer und interkontinentaler Handel auf breiter Basis wurde jedoch erst mit dem Entdeckungszeitalter möglich. Die Entdeckungen vergrößerten Europas potentielle Ressourcenbasis enorm, indem sie ihm neue Fisch- und Walgründe lieferten, ihm die nördlichen Waldregionen öffneten, die sehr viel mehr lieferten als Nutzholz (Felle, Bienenwachs, Teer, Hanf), die tropischen Gebiete zugängig machten, in denen Plantagenprodukte gewonnen werden konnten, und, vor allem im 19. Jahrhundert, die riesigen Reservoirs an Getreideböden und Weiden in Amerika, Australasien und Südafrika erschlossen.[4] Eine Schätzung besagt, daß den Westeuropäern im Jahre 1500 pro Kopf etwa vierundzwanzig Morgen Land zur Verfügung standen. Dank der Entdekkungen stieg diese Ziffer auf einhundertachtundvierzig!

An diesem Punkt berührt sich der Vorgang der steigenden Agrarproduktion mit der Geschichte der Industrialisierung. Wir leben heutzutage im Westen in industrialisierten Gesellschaften, und das erscheint uns als selbstverständlich. Dasselbe gilt auch für viele Millionen anderer Menschen in den übrigen Teilen der Welt. Es ist jedoch noch nicht lange her, daß etwas Derartiges nirgendwo für selbstverständlich betrachtet werden konnte; in keinem Gebiet der Welt existierten Industriegesellschaften; niemandem schien das überhaupt vorstellbar. Das Ereignis ihrer Entstehung beginnt sich zuerst in den Leerräumen einer weitgehend bäuerlichen Wirtschaft abzuzeichnen, das heißt in den mittelalterlichen größeren Gemeinden Italiens und in den spätmittelalterlichen flämischen Städten, in denen sich zuerst Tuchmacher in größerer Zahl zusammenfanden. Das führte zur Erweiterung ihrer Geschäfte. Manche stellten unter einem Dach mehrere Webstühle auf; Färber und Bleicher drängten zu größeren Bottichen und größeren Mengen Stoff, um somit wirtschaftlicheres Arbeiten zu ermöglichen. Ein solchermaßen betriebenes Handwerk führte zwangsläufig zu komplizierteren kommerziellen Organisationen, verlangte auch nach mehr Arbeitskapital, um das sich ausdehnende Handelsnetz, über das eine wachsende Menge an Fertigwaren verteilt wurde, zusammenzuhalten, so unbedeutend es auch nach modernen Maßstäben war.

Inzwischen ereignete sich noch etwas anderes. Langsam, jedoch kontinuierlich wuchs das technologische Know-how der Schmiede, Handwerker, Mechaniker. Einer der einzigartigsten – und verwirrendsten – Züge der Geschichte Europas ist ihr lang andauernder und anscheinend ununterbrochener technologischer Fortschritt.[5] Man erwarb allmählich Kenntnisse für die präzisere Bearbeitung von Werkstoffen, für die Errichtung größerer Gebäude, über die Wiederentdeckung und die Nutzung von Mineralien. Der Prozeß ging zwar nur langsam voran, doch ganz allmählich zeigte sich, daß die Kurve anstieg.

Im Laufe der Jahrhunderte begannen Maschinen, das Bild zu bestimmen. Die systematische Erschließung nichtmenschlicher Energien fing schon in der Vorgeschichte an, als primitive Menschen Tiere mit Pfeil und Bogen und mittels Fallen erlegten. Auch das Feuer wurde technisch verwendet, zunächst, um Stöcke zu härten, später, um Ziegel zu brennen. Es erschloß durch die Methode des Erhitzens auch neue Nahrungsmittelquellen, ermöglichte ferner die Konservierung menschlicher Energie, indem es Wärme und Schutz gab. Dann entwickelte sich der Landanbau, förderte der Einsatz von Tieren eine bessere Bestellung des Bodens, machten Boote und Segel sowie die Ausnutzung von Strömungen und Winden die Schiffahrt möglich. Trotzdem, so bemerkenswert alle diese Leistungen waren, für Tausende von Jahren blieben die menschlichen und tierischen Muskeln die Hauptantriebskraft für Maschinen, und Verbesserungen gab es nur, soweit eine effektivere Nutzung dieser Muskelkräfte mittels wirkungsvollerer Geräte, Geschirre und Werkzeuge das ermöglichte. Sogar Wasser- und Windmühlen gaben, so wichtig sie auch waren, der Kraft des Menschen, sich der natürlichen Dinge zu bedienen, nur einen begrenzt erweiterten Wirkungskreis. Erst in den letzten zwei bis drei Jahrhunderten veränderten sich die Dinge völlig.

Vorbote der Energierevolution der frühen Neuzeit war die Erfindung des Schießpulvers, bei dem die expansive Kraft brennender Gase genutzt wurde. Lange Zeit konnte das jedoch kaum von Bedeutung sein, es sei denn als spezifisches Werkzeug – als Waffe. Was die technologische Geschichte veränderte, war die Nutzung der Dampfkraft. Dem Grundsatz nach war sie schon zwei bis drei Jahrhunderte vor Christi einigen Griechen bekannt, doch fehlte ihnen die Technologie, um sich dieser Kraft in nennenswerter Weise bedienen zu können. Aber im 17. und 18. Jahrhundert stand endlich die Technik zur Verfügung, mit der man effiziente Maschinen herstellen konnte. Wasser, das Räder antrieb, war bis tief ins 19. Jahrhundert hinein die übliche Kraftquelle in vielen Gewerbezweigen, aber dann trat ganz plötzlich die Dampfkraft auf. Von etwa 1830 an nahm sie als Energiequelle ungeheuer an Bedeutung zu, bis sie Produktion und Transport völlig beherrschte. Zu diesem Zeitpunkt hatte die Welt einen beispiellosen Wandel durchgemacht. Die ersten Industriegesellschaften waren ins Leben getreten.

Um 1830 erfand ein Franzose das Schlagwort von der »industriellen Revolution«; es implizierte, daß das, was da vor sich ging, der großen Französischen Revolution, die noch in jedermanns Gedanken existent war, an Bedeutung in nichts nachstand, ja sie vielleicht sogar übertrumpfte. Nur wenige Jahre später, 1833, konnte ein Bischof aus Kalkutta im Blick auf einen von der westlichen Technologie noch kaum berührten Subkontinent von den zu erwartenden Auswirkungen der Dampfschiffahrt schwärmen. Und er tat das in Worten, die erstaunlich prophetisch klingen: Die Dampfkraft werde »Zugang und Vorbote aller Missionstätigkeit, Erziehung, des Handels, der Landwirtschaft, Wissenschaft, Literatur, Politik und Gesetzgebung, kurz: von allem«[6] sein.

Der Dampf war aber nur der Anfang einer außerordentlich dynamischen Phase der Energierevolution. Bald sollte die Elektrizität folgen (die häufig durch Dampf erzeugt wurde), ferner Maschinen mit einem geschlossenen System, in dem fossile Brennstoffe verbrannt wurden, und schließlich die Atomkraft. Alle diese Innovationen waren wie die Nutzbarmachung von Dampf Leistungen des Westens. Der Effekt war kumulativ: Die Industrialisierung folgte einer Exponentialkurve.

Der reichlicher fließenden Energie mußte noch einiges andere hinzugefügt werden, bevor eine Industriegesellschaft entstehen konnte. Dazu zählt die Zusammenführung einer größeren Zahl von Produzenten in größeren Einheiten – etwas, das bald als Faktoreisystem bezeichnet wurde. Ferner kam ein Strom neuer Erfindungen hinzu, die Maschinen, Technologie und Kraft aus neuen Quellen auf alte handwerkliche Künste anwendeten. Außerdem wurde flüssiges Kapital für Investitionen benötigt; manchmal sorgten Privatpersonen dafür, manchmal der Staat. Alles das deutet auf etwas anderes hin: Irgendwie war Europa bereits gerüstet, kreativ und flexibel auf Herausforderungen zu antworten. Es konsumierte den

Industrielle Macht: Krupps großer Dampfhammer »Fritz«, der 1861 voller Stolz eingeweiht wurde

neuen Reichtum nicht, sondern nutzte ihn als Entwicklungskapital. Auch in diesem Fall liegen die Wurzeln tief und gehen weit über materielle Faktoren hinaus. Eine bestimmte soziale und politische Ordnung erwies sich für den Start eines dauerhaften Wachstums als unerläßlich. Eigentum und Gewinn mußten geschützt werden, wenn Investoren risikobereit sein sollten; es mußte Möglichkeiten zur Verbreitung und Nutzung von Innovationen geben; die staatlichen Behörden mußten bestimmte allgemeine Unkosten tragen. Solche Faktoren sind in ihrer Bedeutung schwer zu ermessen. Irgendwo in der spezifischen kulturellen und sozialen Evolution Europas und der beiden Amerika lagen jedoch Erklärungen dafür, warum dort Technologie und reiche Kohlevorkommen genutzt wurden, um eine Industriegesellschaft zu schaffen, deren wichtigstes Potential die Dampfkraft darstellte.

Der Wandel hinterließ konkrete Spuren, die unser ganzes Leben durchziehen. Die ersten modernen Industriebezirke, in denen erweiterte Städte neue große Gruppen von Fabrikarbeitern aufnahmen, befanden sich im englischen Norden und in den Midlands. Töpferei-, Textil-, Kohle- und Eisenindustrie entfalteten sich dort mit einer dramatischen Plötzlichkeit, die die Zeitgenossen erschreckte. Allerdings sollte ihre Größenordnung nicht überschätzt werden: Die ersten Industrieansiedlungen waren klein, sie verloren sich fast in den immer noch überwiegend bäuerlichen Gesellschaften, und für eine lange Zeit veränderten sie das Aussehen des größten Teils der Welt und die Art, wie sich die Menschen ihr Brot verdienten, nur sehr wenig. Dann aber trat innerhalb von zwei Jahrhunderten ein totaler Bruch mit vielem ein, was die Europäer für unveränderlich gehalten hatten. Zwar war, als das 20. Jahrhundert begann, das Zeitalter der Dampfkraft und des Eisens noch nicht von einer zweiten, auf Elektrizität, Öl und chemischen Stoffen basierenden industriellen Revolution überrollt worden, doch war der Kontrast um 1800 schon sehr groß, obwohl um diese Zeit noch keine Industrienation existierte. 1900 jedoch gab es bereits drei Industriemächte: Großbritannien, Deutschland und die Vereinigten Staaten von Amerika. Frankreich verfügte zwar nicht über das Potential jener drei, galt aber ebenso als Industrienation wie Belgien (als Vertreter der kleineren Staaten). Aber auch Skandinavien, Spanien, Italien, die Schweiz und Rußland wiesen beachtliche Industrieregionen auf. Außerhalb Europas war dagegen nur in Japan eine Industrialisierung zu beobachten.

Die ersten modernen Gesellschaften der Welt schufen auch die ersten echten Weltmärkte. Seit 1700 hatte sich der Handel in einem beispiellosen und zunehmenden Maße ausgeweitet, zuerst, als neue Ressourcen erschlossen wurden, dann, als der technische Wandel das Transport- und Kommunikationswesen zu revolutionieren begann. Im 19. Jahrhundert machten größere und schnellere Schiffe Großtransporte leichter, zunächst zwischen europäischen Häfen, dann über den Ozean. Nahrungsmittel und Nutzholz konnten in noch nie dagewesenen Mengen aus anderen Kontinenten herangebracht werden. Und dann kamen die Eisenbahnen: Zusammen mit dem Dampfschiff machten sie innerhalb eines Jahrhunderts Argentinien, die Vereinigten Staaten, Kanada und Neuseeland zu Europas führenden Fleisch-, Gemüse- und Getreidelieferanten. Die Vereinigten Staaten erstreckten

△ Noch vor 1900 hatte die Mitgliederzahl der Gewerkschaften in Großbritannien die Zweimillionengrenze überschritten

◁ Diese Brücke wurde 1859 in Betrieb genommen. Die rasante Expansion der Eisenbahn beschleunigte die Industrialisierung sich 1869 vom Atlantik bis zum Pazifik; sechs Jahre später ging die erste Ladung tiefgekühltes Fleisch von Kansas nach New York. Die kanadische Pazifikeisenbahn wurde 1885 fertiggestellt, die Transsibirische 1916. Zu diesem Zeitpunkt fuhren schon die ersten Züge von Adelaide nach Brisbane, doch war Australien erst 1917 ganz von Westen nach Osten erschlossen. Es überrascht nicht, daß große Pläne für eine Eisenbahn vom »Kap bis Kairo« entworfen wurden, die Afrika der Länge nach durchziehen sollte. Auch von einer Berlin–Bagdad-Linie war die Rede.

Allmählich ließ das Bahn- und Straßennetz der großen Länder immer weniger Gebiete unberührt und isoliert. Auch andere Kommunikationsmittel standen bald bereit. 1870 wurde ein direktes Kabel zwischen London und Bombay in Dienst gestellt, und zwei Jahre später gab es einen Telegraphendienst zwischen London und Adelaide. 1869 wurde der Suezkanal eröffnet und verkürzte den Weg von England nach Indien um mehr als fünftausend Meilen.

Nun können aber Transport- und Kommunikationssysteme allein die Entstehung des ersten globalen Wirtschaftssystems nicht erklären. Warum sollten eigentlich Nahrungsmittel und Rohstoffe aus weit entfernten Gebieten den Europäern zur Verfügung stehen? Die Antwort kann nicht anders lauten, als daß die Europäer es so wollten, und sie besaßen die physische, ökonomische und psychologische Kraft, ihren Willen durchzusetzen. Durch viele Einzelentscheidungen, informelle wie

△ Die »Great Eastern«, größtes Schiff seiner Zeit (697 Fuß lang), wurde bei der Verlegung der ersten atlantischen Kabel (1865/66) und des Bombay–Aden-Kabels eingesetzt

▷ Schon um 1855 beobachtete Alfred Lord Tennyson das »nervenzerreißende Getöse des dahinströmenden London«. Zwanzig Jahre später veranschaulichte der Künstler Gustave Doré das Crescendo des Verkehrs auf Ludgate Hill

LONDON CHATHAM & DOVER RAILWAY
PARTINGTON & Co.
SALE OVER HALF A MILLION
ONE PENNY
DAILY NEWS
STANDARD

△△ Ein Jubiläum im Vergleich: Materieller und kultureller Fortschritt in den Vereinigten Staaten – das Jahrhundert seit der Unabhängigkeitserklärung von 1776 im Bild

△ Moderne kommerzielle Werbung ist eine Schöpfung des 19. Jahrhunderts. Das Plakat war ein frühes Medium: Eine Eisenbahnstation im Jahre 1874

Fortschritte im See- und Lufttransport und in der Straßenbeleuchtung während der mehr als sechzigjährigen Regierung Königin Viktorias, dargestellt für die Leser der »Illustrated London News« im Jahre 1897. Unter Königin Viktoria, die von 1837 bis zu ihrem Tode im Jahre 1901 regierte, erlebte das britische Bürgertum in der zweiten Hälfte des 19. Jahrhunderts seine Blütezeit, auch als »Viktorianische Ära« bezeichnet formelle, bewußte und unbewußte, schufen sie im Verlauf von zwei bis drei Jahrhunderten eine weltweite wirtschaftliche Interdependenz – das Phänomen, das Karl Marx als die bourgeoise Periode der Geschichte bezeichnete. Um 1900 war das System, das einzige globale Wirtschaftssystem, das es je gegeben hat, so perfekt wie überhaupt möglich: Es stützte sich auf den internationalen Markt, auf dem Europa Nahrungsmittel und Rohstoffe aus anderen Teilen der Welt kaufte und mit Fertigwaren und Kapitalinvestitionen bezahlte. Das sowie Transportschiffahrt, Bank- und Versicherungsgeschäfte und weitere Dienstleistungen führten bald zu ungeheuren Kapitalanhäufungen.

Viele Menschen in den westlichen Ländern waren infolgedessen hinsichtlich ihres Lebensunterhaltes direkt oder indirekt von der Industrialisierung abhängig. Viele von ihnen arbeiteten noch in kleinen Betriebseinheiten, mehr und mehr aber in Großunternehmen. Selbst Dienstleistungsbetriebe, wie kleine Geschäfte oder Büros, wurden nun immer größer – Bürogebäude und Warenhäuser entstanden. Das Leben in den Städten spielte sich auf einer neuen Ebene ab, und damit entwickelten sich neue Lebensstile. Im 19. Jahrhundert waren die Städte so rasch wie nie zuvor gewachsen, nicht nur weil es mehr Fabrikarbeiter gab, sondern auch weil die Industriegesellschaft in breitem Umfang Arbeitskräfte benötigte, um Bedürfnisse befriedigen und Waren herstellen zu können – und weil sie es sich leisten konnte, mehr Menschen zu ernähren, zu kleiden und ihnen entsprechenden Wohnraum zur Verfügung zu stellen.

Die westliche Welt war plötzlich und in einem nie zuvor erlebten Maße reich geworden. Das war das greifbarste, alles verändernde Ergebnis der Industrialisierung. Reichtum brachte Macht mit sich und keineswegs nur Macht für etablierte Eliten. Ein großer Teil der Geschichte des 19. Jahrhunderts ist die Geschichte eines Kampfes zwischen bodenständigem Reichtum und kommerziellem Vermögen oder Industriekapital. Der Wandel war an vielerlei Dingen abzulesen – etwa an dem Wort »Millionär«, das in den zwanziger Jahren des 19. Jahrhunderts erstmals in England gebraucht wurde. Eine der bedeutsamsten Veränderungen aber wurde möglicherweise am wenigsten bemerkt: Schon vor 1900 begannen nicht wenige, und keineswegs nur ein paar verschrobene Zeitgenossen, die Möglichkeit ins Auge zu fassen, absolute Armut zu beseitigen und somit auch das Schreckgespenst eines Alters ohne jegliche finanzielle Unterstützung.

Für lange Zeit war der neue Reichtum sowenig ein allgemein geteilter Reichtum wie der alte. Der Unterschied zwischen den Reichsten und den Ärmsten verstärkte sich während des 19. Jahrhunderts eher dramatisch, zieht man die neuen Güter in Betracht, die der Reichtum beschaffen konnte. Zwar konnte regelmäßiger Lohn einem Menschen damals einen warmen Raum, trockene Kleidung und ausreichende Nahrung sichern, doch hieß Reichtum um 1800 nicht etwa, daß sich jemand wirksame Medizin kaufen konnte, die nicht auch mit sehr geringen Mitteln zu haben war, einfach weil es überhaupt nur wenige effiziente Medikamente gab. Um 1900 waren die Dinge anders geworden. Sowohl die Wohlhabenden als auch die weniger Begüterten konnten Aspirin kaufen (ein unschätzbarer Beitrag zum menschlichen Wohlergehen), der Reiche aber konnte sich bessere chirurgische Behandlung und Pflege, besser wirkende Medikamente, besseren ärztlichen Rat

»Les Halles« in Paris, 1862 fertiggestellt, mit Gasbeleuchtung und fließendem Wasser ausgestattet: Eines der größten städtischen Marktprojekte des Jahrhunderts

und bessere Diagnosen beschaffen. Auf der anderen Seite zog praktisch jeder, vor allem aber der Arme, Nutzen aus dem Rückgang infektiöser Krankheiten, der vor allem eine Folge verbesserter Hygiene war. In ähnlicher Weise zog jeder Nutzen aus den neuen preiswerten Transportmöglichkeiten. Zwar besaßen reiche Leute einen Vorteil beim örtlichen Verkehr, weil sie sich Pferde und Motorfahrzeuge leisten konnten, aber die Eisenbahnen stellten auch dem weniger Begüterten den schnellsten Transport über Land zur Verfügung, den es gab.

Die ganze komplizierte Frage, wie das Leben in den westlichen Ländern durch die Industrialisierung verändert wurde, schließt die Vermutung aus, daß es viele einfache und eindeutige Wahrheiten gibt. Immerhin hatten die Industriegesellschaften um 1900 bereits bewiesen, daß sie ihren Mitgliedern mehr körperliches Wohlergehen bieten konnten als nichtindustrialisierte Länder (so waren die Todesraten niedriger, und die Menschen in den Industriestädten Deutschlands besaßen eine längere Lebenserwartung als etwa auf den Farmen in Ungarn). Sie hatten auch gezeigt, daß die furchtbaren Bedingungen der frühen Industrialisierung nicht unabänderlich waren; die Industriegesellschaft konnte fortschrittlich sein. Manchester mag 1900 kein sehr erfreulicher Ort gewesen sein, aber es war erheblich sauberer und gesünder als die Städte, die Friedrich Engels in den vierziger Jahren des 19. Jahrhunderts beschrieb. Die Industrialisierung war trotz allem erstaunlich erfolgreich gewesen. Gewiß, Leid und Ungerechtigkeit waren nicht verschwunden; durch die neuen industriellen Prozesse in großem Umfang geschaffene neue Beziehungsmuster veränderten alte und vertraute Bindungen; Lohnabhängigkeit wurde die häufigste Form der Beziehung zwischen Arbeitgeber und Arbeiter; die Familie wurde einem radikalen Wandel unterzogen. Solche Vorgänge verursachten schmerzliche Anpassungsvorgänge, deren volles Gewicht in Betracht gezogen werden muß. Aber wenn sie erfolgreich abgeschlossen sind, bleibt die Tatsache, daß die Industriegesellschaft der Menschheit ein höheres Maß an Herrschaft über die Natur, einen größeren Anteil an ihren potentiellen Reichtümern, eine Bereicherung der zwischenmenschlichen Beziehungen und eine Zunahme an menschlichen Möglichkeiten gebracht hat, die größer und vielfältiger sind, als irgendeine Gesellschaft sie je zu bieten hatte. Daß das den Glauben an die Unaufhaltsamkeit des Fortschritts stärken mußte, ist völlig verständlich.

Es ist nicht überraschend, daß sich viele Europäer und Amerikaner in dem Glanz des Wandels sonnten. Schon 1776 hatte Adam Smith stolz festgestellt, wie sehr der Reichtum eines englischen Kaufmannes den eines afrikanischen Herrschers übertreffe. Der Titel, den er für sein Buch wählte, spricht für den Geist seines Zeitalters: »Der Reichtum der Nationen«. Aber die vielsagendste Bewunderung ist wohl doch die, die sich nur widerwillig und zurückhaltend äußerte. Karl Marx haßte vieles an dem Industrialisierungsprozeß, wie er sich darstellte, aber er hat wie kein anderer seine Errungenschaften und sein Potential gewürdigt. Im »Kommunistischen Manifest« gab er 1848 widerwillig, aber bewundernd zu, daß die Bourgeoisie, die die Industriegesellschaft hervorbrachte, als erste Klasse bewiesen hatte, was Menschen zustande bringen konnten: »Sie hat Dinge vollbracht, die großartiger sind als der Bau der ägyptischen Pyramiden, der römischen Aquädukte und der gotischen Kathedralen; sie hat Expeditionen durchgeführt, die die Völkerwanderungen und Kreuzzüge weit übertreffen. Die Unterwerfung der Naturkräfte, die Erfindung der Maschine, die Anwendung der Chemie auf Industrie und Landwirtschaft, Dampfschiffe, Eisenbahnen, elektrische Telegraphen, die Rodung ganzer Kontinente für den Ackerbau, die Schaffung schiffbarer Wasserwege, große Populationen, wie durch Magie der Erde entsprungen – hatten frühere Generationen die geringste Ahnung davon, daß derartige Produktivkräfte im Schoß gemeinsamer Arbeit schlummerten?«

Was noch wichtiger war: Marx glaubte, dieser Prozeß werde weitergehen, da die bürgerliche Epoche eine fortwährende Revolution sei, und alle Nationen, sogar die unzivilisiertesten, würden dadurch in den Orbit der Kultur hineingezogen. Womit Marx natürlich die Kultur des Westens meinte.

Die materiellen Veränderungen ließen die Vorstellungen über Regierung und Gesellschaft nicht unberührt. Auch das hatte weltweite Bedeutung: Im Westen entstand eine Politik, die nach und nach in weiten Teilen der Erde übernommen werden sollte. Die Kunst der Politik ist ein westliches Produkt, das keineswegs als selbstverständlich zu erachten ist. Nicht alle Kulturen haben dergleichen entwickelt. Natürlich gab es – wie das Wort andeutet – Politik in manchen griechischen Stadtstaaten und auch lange Zeit in der römischen Republik. Sie stellte eine bestimmte Art und Weise dar, kollektive Angelegenheiten so zu regeln, daß unterschiedlichen Interessen entsprochen werden konnte, ohne in gewaltsame Konflikte zu geraten. Heutzutage mag vielleicht mancher denken, daß man damals eine sehr

Ein von achtunddreißig Pferden beziehungsweise Maultieren gezogener früher Mähdrescher, wie er bald nach 1900 in den Vereinigten Staaten im Gebrauch war

enge Sicht in bezug auf die Interessen hatte, die berücksichtigt werden mußten, und daß antike Politiker oft nicht sehr erfolgreich waren in der Erreichung ihrer Ziele. Dennoch läßt sich in jenen Gesellschaften etwas feststellen, das, um nur ein Beispiel zu nennen, dem alten Persien fehlte und von dem viele von uns immer noch glauben, daß es das Wesen der Politik ausmacht. Politik dieser Art erfordert so etwas wie ein Forum oder einen Marktplatz, auf dem diskutiert und verhandelt werden kann, selbst wenn sich nur wenige daran beteiligen. Politik impliziert auch Übereinstimmung darüber, daß es einen Bereich kollektiver Aufgaben gibt, so begrenzt er auch sein mag, gegen die Widersprüche legitim sind. Das setzt voraus, daß es ein Gemeinwohl gibt, das mehr ist als die Summe der individuellen Anliegen.

Man kann das Wort »Politik« auch noch auf eine andere Weise benutzen, die unseren Sinn für seine Einzigartigkeit manchmal trübt. Dieser Gebrauch deutet die

Intrigen und Kämpfe um die Macht innerhalb geschlossener Kreise an – beispielsweise jener von Königshöfen, von Führungsgremien gewisser Gesellschaftsgruppen oder in Exekutiven von Gewerkschaften. Solche Kämpfe entbehren des Elements einer legitimen öffentlichen Auseinandersetzung, die ganz ohne Zweifel Teil echter Politik sein muß. Die »Politik« von Hofstaaten und Kabalen, von Komitees und rauchgeschwärzten Sitzungsräumen mit Recht und öffentlicher Politik zu verwechseln verstellt den Blick auf die Tatsache, daß Politik, wie wir sie heute im Westen kennen, während des größten Teils der menschlichen Geschichte und in den meisten Gesellschaften nicht existierte – es hat sie zum Beispiel in den großen orientalischen Monarchien nie gegeben, und nur gelegentlich und in begrenztem Umfang wird sie im mittelalterlichen Europa sichtbar. Echte Politik setzt ein anerkanntes Recht voraus, das öffentliche Wohl zu diskutieren und innerhalb der gesetzlichen Grenzen um Einfluß zu kämpfen. Nichtsdestoweniger und obwohl das bis vor kurzem noch durchaus ungewöhnlich war, scheint sich der Wunsch, die Dinge in dieser Weise anzupacken, weiter über die Welt verbreitet zu haben, als dies je der Fall war, und dieses Verlangen ging vom Westen aus.

Von den grundlegenden Änderungen, die zum Aufkommen unserer modernen politischen Kultur geführt haben, war die Reformation eine der wichtigsten: Durch sie wurden die Europäer zum ersten Mal gezwungen, bewußt zu akzeptieren, daß Gesetze nötig waren, damit der Tatsache Rechnung getragen werden konnte, daß die Menschen uneins darüber waren, wo in Sachen des religiösen Glaubens die höchste Autorität lag. Ein anderer wichtiger Wandel ergab sich, als im Ergebnis eines vielfältigen ökonomischen Wachstums neue Forderungen nach Einfluß und Anerkennung geltend gemacht wurden. Zusammen mit weiteren, sekundären Kräften, wie der provozierenden Wirkung einer höheren Besteuerung, den wachsenden Ambitionen und Kompetenzen der Regierungen (und einer sich daher verstärkenden Furcht vor ihnen) und neuen Bindungen an neue Größen (Nationen wie Kirchen), schufen sie ein für das Wiederaufleben echter Politik förderliches Umfeld. Es gab Probleme, an denen sich die Menschen festbeißen konnten. Alles zusammen erklärt die Tatsache, warum im 19. Jahrhundert westliche Völker den Mythos akzeptierten, daß Geschichte nicht nur Geschichte des Fortschritts, sondern auch der politischen Freiheiten ist.

Üblicherweise sind drei große Revolutionen, die sich innerhalb eines Jahrhunderts nacheinander ereigneten, als Marksteine für den Beginn der modernen politischen Ära betrachtet worden: die englische Revolution von 1688 bis 1689, die amerikanische von 1776 bis 1783 und die Französische Revolution, deren Beginn gewöhnlich für 1789 angesetzt wird. Alle drei waren echte Revolutionen: Sie übertrugen Macht von den einen auf die anderen, sei es durch Gewalt, sei es durch Drohung mit Gewalt, wenn Diskussion und Verhandlung scheiterten. Dennoch lösten sie auch die Ära der modernen Politik und die Auffassung von der Legitimität des Dissens aus. Um das zu erkennen, ist es wichtig, sich den Unterschied zwischen der britischen und der amerikanischen Revolution auf der einen und der Französischen auf der anderen Seite klarzumachen. Jede Revolution versucht, neue Grundsätze für die Legitimierung von Autorität zu finden. Das steht fest, bringt uns aber nicht weiter. Die Unterschiede zwischen ihnen sind gewöhnlich wichtiger als diese

Ähnlichkeit. In der »Glorreichen Revolution« von 1688 ging es darum, wer in englischen und irischen Angelegenheiten das letzte Wort haben sollte. Bei der amerikanischen Revolution ging es, wie sich am Schluß herausstellte, um eine nationale Frage – ob die Engländer oder die Amerikaner in amerikanischen Angelegenheiten das Sagen haben sollten. Um diese Fragen zu beantworten, mußten Engländer und Amerikaner erneut klären, wer berechtigt sein sollte, politische Probleme zu erörtern, und die Körperschaften neu definieren, in denen das geschehen sollte. Das Hauptbestreben ihrer Politik bestand jedoch darin, die meisten anderen Dinge so zu lassen, wie sie waren. Nachdem die Souveränitätsfrage gelöst war, ging es in der politischen Diskussion weitgehend darum, durch Vereinbarungen dafür zu sorgen, daß sowohl in England als auch in Amerika die Regierungen sowenig wie möglich in das Leben des einzelnen eingriffen.

In diesem Sinne hat man diese beiden Revolutionen zu Recht als »konservativ« bezeichnet. Das ist eine brauchbare Kennzeichnung, wenn man dabei nicht die Tatsache übersieht, daß der Schutz der Individualrechte in diesen beiden Ländern am Ende in anderen Teilen der Welt Wogen eines revolutionären Wandels mit Auswirkungen verursachen sollte, die alles andere als konservativ waren. 1688 wollten die Engländer, 1776 die Amerikaner bestehende Freiheiten schützen – ob sie rechtlich, durch Überlieferung oder einfach praktisch begründet waren –, die eine Zeitlang durch die Regierungen bedroht schienen. Das ist durch die Tatsache verschleiert worden, daß die Amerikaner ihre Sache durch den Appell an Grundsätze zu stärken suchten, die sie als universell bezeichneten. Es stimmt auch, daß von diesen revolutionären Prinzipien später andere Völker inspiriert werden sollten. Die beispielhafte Wirkung der amerikanischen Revolution ist bekannt; sie war um so stärker, als auf die Absetzung eines Monarchen nicht wie 1688 die Einsetzung eines anderen folgte, sondern die Errichtung einer Republik. Was die amerikanische Forderung nach dem Recht auf »Glück« anging, so handelte es sich dabei natürlich um ein schon weitgehend akzeptiertes Schlagwort der Aufklärung. Es war allerdings das Glück bestimmter lebender weißer Amerikaner, das die Gründerväter im Blick hatten – nicht die abstrakten Rechte von Negern oder Indianern.

Fast zur gleichen Zeit protestierten Franzosen, Ungarn, Belgier (gewöhnlich solche von adliger Herkunft) aus traditionellen, herkömmlichen Gründen gegen die Versuche ihrer Herrscher, sie zu besteuern – das war es in der Hauptsache, um was es bei der amerikanischen Revolution und im späten 18. Jahrhundert in den meisten europäischen Ländern ging, wenn die Regierungen nach neuen Wegen suchten, um über Teile des Vermögens ihrer Untertanen verfügen zu können. Obwohl sich die Amerikaner nicht auf mittelalterliche »Freiheiten« und »Privilegien« berufen konnten, so versuchten doch einige, ihre Gründungsakte ins Spiel zu bringen.

Die Französische Revolution stellt sich dagegen ganz anders dar. Sie fand in einem Land statt, in dem (anders als in Großbritannien oder in den dreizehn amerikanischen Kolonien) noch manche mittelalterliche Elemente wirksam waren – so wurde ein Jahr nach Revolutionsbeginn in Paris ein Mann (wegen eines Gewalteinbruchs) lebendig verbrannt.[7] Und knapp zwanzig Jahre früher, 1774, schwor der französische König bei seiner Krönung noch einen Eid, die Häresie auszurotten. Viele seiner Untertanen waren dem Gesetz nach noch Knechte; dieses

△△ Ein Ereignis, das bald auf Hunderten von Zeichnungen, Gemälden und Drucken festgehalten (und idealisiert) wurde: Der Sturm auf die Bastille vom 14. Juli 1789

△ Entwurf des Malers Jacques Louis David für einen Vorhang der Pariser Oper: Das französische Volk (durch Herkules vertreten) triumphiert über die Monarchie

◁ Der legendäre »Minuteman«, der Milizsoldat der Kolonialzeit, der angeblich im Nu kampfbereit war. Hier ist er am Ort des Scharmützels von Lexington (1775) verewigt

Gesetz räumte denen, deren Leben es regelte, bei Gerichtsverfahren keine Gleichheit ein. Es gab auch noch keine geeinte legale Größe namens Frankreich; in einigen ihrer Provinzen war der König von Frankreich lediglich ein Herzog. Darüber hinaus war die französische Monarchie jedoch eine bedeutende internationale Macht, und französische Kultur durchdrang die ganze Epoche.

Ihr Schauplatz war nicht der einzige Grund dafür, daß sich die Französische Revolution von anderen Revolutionen so stark unterschied. Sie unterschied sich von ihnen auch in der Zielsetzung (eine Tatsache, die wiederum viel mit ihrem Schauplatz zu tun hat).

In jüngerer Zeit haben einige Historiker mit Nachdruck darauf hingewiesen, daß Frankreich durch die Revolution weniger verändert wurde, als die Revolutionäre gehofft und die Konterrevolutionäre gefürchtet hatten. »Eine kurze Explosion auf der Oberfläche unserer Geschichte«, wie man es kürzlich auf französischer Seite ausdrückte.[8] Vielleicht ist das ein wenig untertrieben, dennoch kann das Paradox vernünftig begründet werden. Was nicht in Frage gestellt werden kann, ist der psychologische Effekt, den die Französische Revolution im eigenen Land wie außerhalb nach sich gezogen hat; sie löste im traditionellen Denken einen Schock aus, stellte scheinbar eine Sintflut nahezu beispielloser Veränderungen dar. Doch nach modernen Maßstäben war sie weniger gewaltsam, als es die Überlieferung glauben macht: So starben in den schlimmsten Monaten des Terrors weniger Franzosen als in den Kämpfen der einen Woche, in der die Pariser Kommune von 1871 zerschlagen wurde; auch flohen beispielsweise weniger Menschen aus Frankreich, um dem Revolutionsregiment zu entrinnen, als während der amerikanischen Revolution aus den amerikanischen Kolonien flüchteten, um den Schikanen und Quälereien durch ihre patriotischen Nachbarn zu entgehen. Was den Eindruck eines Umbruchs erweckte, war die formale, rituelle Herausforderung der Französischen Revolution an die bestehende Welt. Bis dahin hatten nur die Engländer – wohlbekannt als ein rechthaberisches, unregierbares Volk – Monarchen vor Gericht gebracht und zum Tode verurteilt; nun wurde ein König von denen, die im Namen der Nation sprachen, gerichtet und dann auf das Schafott gezerrt, ein König, der aus jenem Gefäß gesalbt worden war, das, wie es hieß, bei der Krönung Chlodwigs, des Königs der Franken, benutzt worden war. Der neue französische Staat lehnte die christliche Religion in einer Weise ab, die seit den Tagen Julians des Apostaten ohne Beispiel war. Selbst der christliche Kalender wurde abgeschafft; so wurde erklärt, eine neue Welt habe mit dem Jahr »Eins« begonnen (tatsächlich wurde es erst später, im Jahr »Zwei« der neuen Zeitrechnung, so bezeichnet), wurde weiterhin beschlossen, daß die Monate andere Namen erhielten.

Solche Maßnahmen proklamierten die Vorherrschaft des Willens – angeblich eines nationalen Willens – über Tradition, Religion, Naturrecht und die feste Ordnung der Dinge. Das war das Gespenst, das hinter all den verschiedenen und erschreckenden Manifestationen der Revolution umging. Es gab der Welt eine neue Vorstellung von den Möglichkeiten sozialen Wandels. Es zeigte auch, daß Politik das geeignete Instrument zur Durchsetzung eines solchen Wandels, zur Anfechtung und Beseitigung vermeintlich unabdingbarer Rechte und Interessen war. Bei politischen Forderungen ging es von da an nicht mehr um das, worauf man durch Gesetz oder Tradition einen Anspruch hatte, sondern zunehmend um das, was man wünschte oder auf was man aus anderen Gründen (wahrscheinlich moralischen) ein Recht zu haben glaubte. Manche Menschen hatten schon früher Ansprüche solcher Art erhoben, zwischen 1789 und 1799 aber wurden sie zur Grundlage der Revolutionsideologie.

Die politische Sprache zeigt das immer noch. »Links« und »rechts« sind Begriffe, die 1789 in Frankreich erfunden wurden, um das auf eine kurze Formel zu bringen, was damals in der Nationalversammlung vor sich ging, in der diejenigen, die gegen Veränderungen waren, rechts vom Präsidenten saßen, während jene, die dafür waren, links von ihm. Diese Einteilung ist einer der großen Kulturexporte Frankreichs. Zu gegebener Zeit setzte sie sich in allen anderen europäischen Ländern durch, sogar wenn es (wie in Großbritannien) nicht recht zu den politischen Gegebenheiten paßte. Sie breitete sich aus, weil die großen Zielsetzungen der Französischen Revolution – die Gleichheit der Menschen vor dem Gesetz und die nationale Souveränität (obwohl in England und Nordamerika bereits weitgehend verwirklicht) – in faktisch jedem anderen kontinentaleuropäischen Land während des nächsten Jahrhunderts und danach zu Elementen der Entzweiung wurden. Natürlich umfaßte die Spaltung mehr als das. Sie betraf auch die Vorstellung, Politik habe ein einziges zentrales Ziel. Im weitesten Sinn ging es hier um eine Auseinandersetzung zwischen grundlegendem Wandel und Stabilität, zwischen Liberalismus und Konservatismus, Fortschritt und Stillstand. Diese sich widersprechenden Begriffspaare wurden als allumfassend betrachtet: Die Männer der Linken waren der Zukunft verpflichtet, die Männer der Rechten der Vergangenheit verhaftet – aber wie bei allen bedeutenden und nützlichen Mythen lag dem natürlich eine übermäßige Vereinfachung zugrunde. Dennoch war dies eine große Hilfe für das politische Handeln, das in den meisten zivilisierten Ländern zu einem Weg wurde, auf dem durch Wettstreit zwischen denen, die nach Veränderung strebten, und denen, die sie fürchteten, allmählich ein friedlicher Wandel erreicht werden konnte.

Das war ein großer Schritt nach vorn in der Geschichte und der politischen Kultur der Menschheit. Auf die Dauer konnten sogar die erfolgreichsten politischen Systeme, die Großbritanniens und der Vereinigten Staaten beispielsweise, nicht ganz immun dagegen bleiben. Das spiegelte sich in der allmählichen Verbreitung neuer Regierungsideale wider. Schließlich hatte Autorität nicht während der ganzen Menschheitsgeschichte immer dieselbe Aufgabe. Oft bestand das Regieren lediglich darin, die Ordnung aufrechtzuerhalten, zu anderen Zeiten war es seine Aufgabe, das Verwaltungssystem funktionsfähig zu erhalten – beides ist etwas mehr als der konkrete Ausdruck einer allgemeinen Sorge um die Verteidigung der Gesellschaft. Dann wiederum wird Verwaltung transzendiert, und es entwickelt sich eine Politik, die auf allgemeine Ziele ausgerichtet ist. So versteht man in den meisten modernen westlichen Staaten das Regieren. Dabei setzt man voraus, daß das Gemeinwohl und nicht das Wohl der Regierenden Ziel der Politik sein sollte, eine revolutionäre Vorstellung, die zuerst in Europa aufkam. Sie beruht natürlich nicht allein auf der Annahme, daß es ein öffentliches Wohl gibt, das identifiziert werden, sondern daß der jeweilige Zustand verändert werden könnte.

△ Eine Versammlung im Birmingham von 1832, in der zu einer parlamentarischen Reform aufgerufen wurde. Die Ziele: Ein umfassenderes Wahlrecht und gleichwertige Einteilung der Parlamentswahlbezirke

◁ Die universalen Forderungen der Menschenrechte zielten auch auf eine Abschaffung der Sklaverei. In Frankreich wurden sie 1791, in seinen Kolonien 1794 durchgesetzt, um dann im Jahre 1802 dort wieder gesetzlich eingeführt zu werden

Die Französische Revolution ist sowohl als Kulminationspunkt einer historischen Epoche – als ein mächtiges Aufwallen von Bestrebungen, Plänen, Hoffnungen und Idealen, die für die Zeit der Aufklärung charakteristisch waren – wie auch als Beginn eines neuen Geschichtsabschnitts betrachtet worden. Die Franzosen waren sich ihrer immer sehr sicher als Vorbilder für jene Nationen und Völker, deren Kultur noch entwicklungsfähig schien, und viele Revolutionäre waren davon überzeugt, daß ihr Tun von singulärer Bedeutung war. Dennoch gab es sogar unter den revolutionärsten Franzosen nur wenige, die erkannten, in welchem Ausmaß sie Neuerer waren. Immer wieder versuchten sie, Menschenrechtserklärungen zu entwerfen: So sollte sich jeder Bürger Rechte erfreuen, die von den Interessen der jeweiligen Machthaber nicht berührt werden durften. Das war allerdings mit anderen ihrer Ziele unvereinbar. Erklärungen dieser Art wurden dann oft rasch beiseite geschoben – und das nicht nur von einflußreichen Persönlichkeiten: Zum einen wurden sie als Hindernisse empfunden, zum anderen war es unlogisch zu behaupten, daß es Grundrechte geben sollte, die vom Volkssouverän nicht angetastet werden durften, wenn die Definition dieser Rechte vom Willen des Volkes abhing. Wenn der Volkssouverän Gesetze erlassen konnte, dann konnte er sie auch wieder rückgängig machen – ein Problem, das die Gründerväter der Vereinigten Staaten und die Verfasser der *Bundesakte* erkannt und gegen das sie angekämpft hatten. Wenn der Volkswille jede Änderung rechtfertigen konnte, dann auch die Unterdrückung der Pressefreiheit, die Inhaftierung ohne Prozeß, die Beseitigung der Religionsfreiheit – und oft tat er das auch. Trotz dieser Unzulänglichkeiten war die dynamische Auffassung von Politik – die Überzeugung, daß sie ihrem Wesen nach einen Weg nach vorn, einen Wegweiser für die darstellte, die auf dem mühsamen Weg zu einer besseren Gesellschaft waren – ungemein folgenreich. Ihre klassischen Bewertungsmaßstäbe wurden im Europa des 19. Jahrhunderts erarbeitet: das Maß der Teilnahme am Verfassungsprozeß, das Maß an Gleichheit vor dem Gesetz, die Realität der nationalen Souveränität, die Beseitigung aller anderen Ansprüche auf unabhängige Autorität innerhalb des Staates.

Seit damals ist der Begriff von der Politik als der Auseinandersetzung über einen befreienden Wandel der Dinge rund um die Welt gegangen; er rechtfertigte und förderte auf allen Kontinenten die Mittel zur Überwindung der Vergangenheit (oft zu einem hohen Preis). Eine der Konsequenzen besteht darin, daß fast überall demokratische Wahlen an der Tagesordnung sind: Parlamente oder andere Institutionen, die so herausstaffiert sind, daß sie wie solche aussehen, findet man heute in den unmöglichsten Winkeln der Erde. Daß sie häufig nur Staffage sind, die den Mangel an einem wirklichen politischen Leben verschleiern, berührt den Hauptpunkt nicht – selbst Scheinpolitik lebt von dem westlichen Mythos, Politik sei das beste Mittel zur Schaffung einer besseren Gesellschaft. Wir verdanken auch das hauptsächlich den Franzosen, deren Denker und Politiker im 19. Jahrhundert stärker und ausdauernder als irgend jemand sonst auf die Institutionalisierung dieser Idee drängten, aber auch den Briten, die sie in ihr Imperium einpflanzten, und den Amerikanern, die sehr viel investierten, um den Mythos überall in der Welt aufrechtzuerhalten. Wie immer der Trend langfristig sein mag (die Demokratie scheint häufig mehr auf Stabilität als auf Wandel hinzuzielen), jener Vorgang hat gerade während des letzten Jahrhunderts die nicht-westliche Welt zunehmend beeinflußt.

Ich habe bereits angedeutet, daß gewisse sehr wichtige, zentrale Elemente der abendländischen Kultur religiöser Natur sind, insbesondere der nicht auf der Vernunft gründende Glaube, daß sich das Leben an übergreifenden, transzendenten Werten orientieren muß, die Ziele im Hier und Heute legitimieren. Gegenwärtig präsentieren sich diese Werte in Formen, häufig politischer Art, die sich sehr von der »Anderweltlichkeit« der traditionellen Religion unterscheiden. Sie können dennoch dieselbe Funktion haben. Die moralischen Äquivalente von Himmel und Hölle – beide als Bestimmungsort – sind während des letzten Jahrhunderts im Westen von neuen, profanen Überzeugungen definiert worden. Manche, fast gänzlich utopisch, sind kurz aufgeblüht und dann wieder vergangen. Andere gediehen. Zwei von ihnen, Nationalismus und Sozialismus, hatten offensichtlich einen besonders starken Einfluß.

Es handelt sich dabei um ungenaue Begriffe. Um zuerst vom Nationalismus zu sprechen: Am einfachsten läßt er sich mit der heutzutage als selbstverständlich betrachteten Ansicht umschreiben, daß (soweit keine unüberwindlichen konkreten Zwänge vorliegen) ein Volk, wenn es sich als Volk versteht, nicht von Außenstehenden regiert werden darf. Ein Tatbestand, nämlich das Vorhandensein dessen, was als Volk zu verstehen ist, erfordert die Anwendung eines universalen moralischen Prinzips: Ein Volk darf ein anderes nicht ohne dessen Zustimmung regieren. Wir streiten uns eher über das einschlägige Kriterium oder über die Frage, ob eine Gruppe ein Volk ist oder nicht, als über das Prinzip, das Anwendung finden sollte, wenn es sich tatsächlich um ein Volk handelt. Natürlich ist das ein sehr radikales Prinzip; daher auch die vielen Probleme, die der Nationalismus verursacht. Jenes Prinzip öffnet das Tor zu endlosen Auseinandersetzungen darüber, was ein Volk ausmacht und was als gültiger Ausdruck seines Willens anerkannt werden kann – wie Palästina und Nordirland nur allzu deutlich zeigen.

Eine solche Auseinandersetzung ist weniger überraschend als die gedankenlose Annahme des Prinzips, das sie auslöst. Denn niemand (oder fast niemand) stellt die Grundidee in Frage. Moralisch und begrifflich hat der Nationalismus sich durchgesetzt. Vor wenig mehr als einem Jahrhundert – in einigen Ländern, auch in Europa, vor weniger als hundert Jahren – war er noch nicht allgemein akzeptiert. Selbst wenn sie die Polen als Nation anerkannten, waren viele durchaus nicht der Meinung, daraus sei ein Recht auf Selbstregierung abzuleiten. Was die anging, die offensichtlich *keine* Nation darstellten – die Iren zum Beispiel –, so war es klar, daß ihnen ein solches Recht nicht zustand. Die durch das europäische Staatsrecht Herrschern und Dynastien übertragenen Rechte begründeten nach Auffassung der damaligen Zeit endgültige Ansprüche. Gewiß, man war sich dessen schon nicht mehr so ganz sicher. Sucht man einen bestimmten Meilenstein oder Wendepunkt, so kann ihn wiederum die Französische Revolution liefern, denn sie übertrug die Idee von der nationalen Souveränität als ein revolutionäres Prinzip nicht nur auf Europa, sondern auch auf Südamerika und den Mittleren Osten.

Politisch ausgedrückt, ist der Nationalismus die Leitidee der letzten anderthalb Jahrhunderte. Seinen ersten großen Triumph feierte er in Europa. Zwischen 1815,

Nationalismus, das Kind der Angst: Nordirische Freiwillige, die gegen die Autonomie Irlands Widerstand leisten sollten, 1914 beim Exerzieren

als der Wiener Kongreß das europäische Staatensystem neu gestaltete, und 1919, als die Pariser Friedenskonferenz dasselbe versuchte, wurde die Landkarte Europas so verändert, daß der Kontinent von einem Ende zum anderen formal wie eine Kollektion von Nationalstaaten organisiert war. Nicht alle waren lebensfähig; einige erwiesen sich als ungeeignet zur Lösung der Probleme, die sich aus dem Prinzip der Nationalität ergaben. 1939 sollte es über der deutschen Frage zu einem neuen Krieg kommen – dem letzten, wie inbrünstig zu hoffen ist. Aber spätestens 1919 hatte das nationale Prinzip in Europa triumphiert. Griechenland war die erste »neue Nation« gewesen, die nach 1815 (aus dem osmanischen Teil Europas) erstand; Italien vollendete seine nationale Einheit im Jahre 1870, Deutschland im darauffolgenden Jahr; zu dieser Zeit hatte sich innerhalb des Osmanischen Reiches Rumänien als eine autonome Größe entwickelt; bis 1914 waren Montenegro, Albanien und Bulgarien ins Leben getreten; in Skandinavien hatte sich Norwegen von Schweden getrennt. Der Erste Weltkrieg sollte die Dinge endgültig regeln. Polen erhob sich aus dem Grab seiner Teilungen im 18. Jahrhundert. Jugoslawien, die Tschechoslowakei, Österreich und Ungarn versprachen mitten in dem durch den Untergang des Osmanischen und des Habsburger Reiches entstandenen Chaos für nationale Strukturen zu sorgen. Vom Zarenreich lösten sich Finnland, Estland, Lettland und Litauen (und eine Zeitlang schien es so, als würden andere folgen). Das Flickwerk Europa, das damals entstand, war übersät mit irredentistischen Enklaven, Gebieten mit einer Mischbevölkerung – also praktisch mit zukünftigen Krisenherden. Dennoch hatte der formale Nationalismus gesiegt, war als Organisationsprinzip an die Stelle des dynastischen Systems getreten.

Das Tempo, mit dem sich der Nationalismus als Prinzip durchsetzte, trat zutage, als er schon früh von konservativen Kräften übernommen wurde. Camillo Benso

D.O.M.
TAS SANCTISSIM
1860

△ Das Elsaß stößt den preußischen Helm mit dem Fuß zurück: Die französisch-deutschen Beziehungen waren 1871 infolge der deutschen Annexion des Elsaß und Lothringens vergiftet

◁ Das Garibaldi-Denkmal in Nizza, dem Geburtsort des Revolutionärs, wurde 1859 von Savoyen nach Frankreich überführt. Sowohl Frankreich als auch Italien wachen über den Helden, der zwischen ihnen als Kind dargestellt ist

Graf von Cavour bediente sich seiner um die Mitte des 19. Jahrhunderts, um Italien auf den Weg der Einigung unter dem Haus von Savoyen zu bringen, und Bismarck schuf mit seiner Hilfe ein von Preußen beherrschtes Deutsches Reich. Das Prinzip des Nationalismus kam auch (vielleicht am eindrucksvollsten) in dem Wunschtraum zum Ausdruck, der sich an der Gestalt des charismatischsten aller Revolutionäre, Giuseppe Garibaldi, entzündete. Man hat Garibaldi voll und ganz nicht nur mit der Sache der italienischen, sondern mit der der Nationalität schlechthin identifiziert, wo immer diese unterdrückt wurde. Sein internationaler Ruhm, weit größer als der des Argentiniers Che Guevara hundert Jahre später, wirkt wie eine Ironie, denkt man daran, daß Garibaldi selbst von dem Ergebnis des italienischen Risorgimento tief enttäuscht war.[9]

Von Europa und Nordamerika griff diese »Infektion« auf andere Teile der Welt über. Die Befreiungskriege in Südamerika waren ihr erster Triumph, aber am Ende trug sie weltweit Siege davon.

Der Nationalismus hat die Welt auf den Kopf gestellt: Er ist für mehr als ein Jahrhundert die stärkste revolutionäre Kraft der Welt gewesen. Als verändernde Größe hat er den Kommunismus weit hinter sich gelassen – Kommunisten waren häufig nur »Reiter«, die sich an den Rücken eines nationalistischen »Tigers« klammerten. Der Nationalismus zerstörte die Staatsgebilde des dynastischen Zeitalters. Er führte zu europäischen Bürgerkriegen zwischen Staaten, deren wahres Interesse in der Konfliktvermeidung lag, und diese Kriege griffen auf die ganze Welt über. Er hat die nach diesen Kämpfen übriggebliebenen Strukturen fortlaufend untergraben und sogar tief verwurzelte historische Nationalstaaten – wie England, Frankreich und Spanien – zerschlagen. Vom Beginn der lateinamerikanischen Unabhängigkeitsbewegungen im frühen 19. Jahrhundert an sind die europäischen Imperien außerhalb Europas von ihm erstickt worden, so daß ihre so solide scheinende Pracht von gestern das Schicksal Ninives und Tyros' teilte. In den Vereinigten Staaten mußte ein Krieg geführt werden, der im Verhältnis mehr Menschenleben gekostet hat als jeder andere Krieg ihrer Geschichte, damit klar wurde, daß das Land aus einer Nation, nicht aus zweien bestand. Der Nationalismus ist das triumphierende Glaubensbekenntnis der Epoche.

Hier liegt zweifellos ein herausragendes Beispiel der kulturellen Hegemonie des Westens vor. Es ist leicht zu erkennen, warum die im Westen vergötterte Idee des Nationalstaates sich in der nicht-westlichen Welt als so unwiderstehlich erwies. Obwohl sie das Prestige und die Anziehungskraft der westlich-abendländischen Kultur demonstriert, kann sie als Waffe gegen den Westen benutzt werden: Sie trägt zur Untergrabung der gegenwärtigen westlichen politischen und wirtschaftlichen Vorherrschaft bei, was nicht zuletzt auf die gezielten Exportbemühungen des Westens zurückzuführen ist. Manchmal war auch ein missionarischer Impuls am Werk: Viele Europäer und Nordamerikaner entfachten zu verschiedenen Zeiten die Flammen des asiatischen oder afrikanischen Patriotismus und Nationalismus, weil sie nationale Selbstbehauptung für das Zeichen der Zukunft oder, noch spekulativer, für einen Teil des umfassenden Fortschritts der Menschheit hielten. Manchmal bringt dies aber lediglich diplomatischen oder strategischen Opportunismus zum Ausdruck.

Jean Jaurès, die dominierende Persönlichkeit der sozialistischen Linken Frankreichs, argumentiert 1913 auf einer Versammlung gegen das französische Militärdienstgesetz

Tatsächlich bedurften gebildete Asiaten und Afrikaner für gewöhnlich keiner besonderen Ermunterung, um sich die Sache des Nationalismus zu eigen zu machen. Sie spürten (auch wenn ein Beweis nicht zu erbringen war), daß ihre Völker nicht auf die Bühne der modernen Geschichte gelangen und die Vorteile des wirtschaftlichen und sozialen Fortschritts genießen konnten, bevor sie sich nicht von dem imperialistischen Zugriff befreit hatten. Nur nationale Selbstbestimmung konnte den Weg in eine fortschrittliche Geschichtsepoche öffnen. Alle Segnungen würden folgen, wenn nur erst die fremde Macht ausgeschaltet war. Es spielte keine große Rolle, daß zur selben Zeit andere ihrer Landsleute sich aus konservativen Beweggründen der nationalistischen Sache anschlossen und gegen die Fremden Front machten (beispielsweise konfuzianische Chinesen und islamische Fundamentalisten). Es spielte auch keine Rolle, daß man (wie in Indien) nie zuvor von den jetzt nach Selbstbestimmung verlangenden Staaten gehört oder auch nur davon geträumt (geschweige denn sie identifiziert) hatte, bis die Idee von Fremden eingeführt wurde. Der nationalistische Feuereifer von Männern wie Pandit Nehru in Indien oder Sun Yat-sen in China ergab sich aus der Assoziation von nationalistischen Zielsetzungen mit der Sache des allgemeinen Fortschritts. Weil er nationale Selbstbehauptung und nationale Wiederbelebung versprach, wandten sich schließlich viele Chinesen dem Kommunismus zu. Überall nährte auch der tägliche Kontakt der regierenden Elite mit europäischen Institutionen nationalistische Aspirationen.[10] Sogar heutige Symbole des asiatischen und afrikanischen Nationalismus – Fahnen, Statuen, Zeremonien – lassen ihre wesenhaft westlichen Ursprünge erkennen.[11]

Manchmal schien es sich sehr rasch zu erweisen, daß die Nationalisten im Recht waren (obwohl häufiger im Hinblick auf die Zukunft als auf die Vergangenheit). Hatten sie einmal den Weg des Nationalismus eingeschlagen, dann entdeckten manche neue Staaten zur Freude ihrer Anführer, daß der Nationalismus eines der wirksamsten Schlagworte, mit denen sich kollektive Energien freisetzen ließen, seit der Ausformung der großen Weltreligionen war. Kriege waren ein häufig auftretendes Ereignis und ein Beweis dafür. Es gab aber auch Beispiele für einen Nationalismus, der große wirtschaftliche und materielle Anstrengungen auf sich konzentrierte und Verzicht und Disziplin in einem Ausmaß zumutbar machte, das an den Bau der Pyramiden erinnert. Es war der Nationalismus, der die Menschen zuerst auf den Mond trieb. Mindestens ebensooft aber hatte Nationalismus, wenn er versuchte, einen Mythos auf Kosten von Minderheiten zu verwirklichen, neue Spannungen und sogar Ungerechtigkeiten zur Folge. Daß es dem Nationalismus mißlungen ist – sofern das der richtige Ausdruck ist –, die Versprechen einzulösen, die er in den Augen der neuen Nationen der Zeit nach 1945 zu beinhalten schien, vermindert in keiner Weise die historische Bedeutung der Idee.

Der Nationalismus kann nämlich die Vergangenheit ebenso beeinflussen wie die Gegenwart. Jahrhundertelang hatte das jüdische Volk – selbstbewußt wie nur je ein Volk – mit Hilfe seines Kultes und seiner Traditionen seine Identität erfolgreich bewahrt. Am Ende des 19. Jahrhunderts griffen einige Juden die Idee einer nationalen Selbstbestimmung wieder auf, und der Zionismus war geboren. Zum Teil zweifellos im Blick auf den Niedergang des orthodoxen religiösen Glaubens wurde das neue Glaubensbekenntnis in manchen jüdischen Kreisen begeistert begrüßt. Aber es steckte mehr dahinter als das. Die Idee schien konkrete Sicherheiten in Aussicht zu stellen, deren Mangel manche Juden spürten, und sie war respektabel und modern – Selbstbestimmung war das Losungswort der Zeit. Es ist erstaunlich, daß trotz aller Widerstände gegen Vorschläge, den Juden eine eigene Heimat zu geben (es wurden verschiedene Länder genannt, darunter Argentinien und Uganda, bevor man sich für Palästina entschloß), doch häufig die Auffassung vertreten wurde, daß die Juden ein Recht auf ein Heimatland besäßen, daß sich also eine Nation in einem Territorialstaat verwirklichen müsse. Inzwischen hat der Zionismus gesiegt. 1947 trat der Staat Israel ins Leben – und wurde sofort von einem anderen Nationalismus, dem der Palästinenser, angefochten. Auch die Palästinenser fordern einen eigenen Staat als unerläßlichen Ausdruck ihrer Existenz als Nation. Israel wird heute von vielen Arabern – und nicht nur von ihnen – als die letzte Ausdrucksform des abendländischen Imperialismus betrachtet, als die moderne Version des westlichen Überseeimperiums – und möglicherweise als ebenso kurzlebig.

Die Geschichtsauffassung der Juden ist, was ihre eigene Vergangenheit betrifft, inzwischen dem modernen Nationalismus angepaßt worden. Masada, jene ehemalige Festungsanlage über dem Westufer des Toten Meeres, ist ein Wallfahrtsort, und die damit verbundenen Assoziationen werden heute bewußt kultiviert und so aufgearbeitet, daß sie sich dem Geist und der Handlungsweise moderner Männer und Frauen aufprägen lassen. Der Eid, den die israelische Armee ihren Rekruten abverlangt, läßt die Unterordnung einer alten Tradition unter einen neuen Mythos erkennen: die Nation. Was immer Masada vor neunzehnhundert Jahren gewesen sein mag, heute steht es für eine Sache, die sich von der jener Menschen unterscheidet, die damals während der dramatischen Belagerung lebten und starben. Nationalistische Heiligtümer spielen im Leben älterer und selbstzufriedener Nationen keine so große Rolle, für junge Nationen aber sind sie wichtig, und Masada ist wie andere Pilgerstätten zu einem Heiligtum geworden, weil man es *brauchte*.

Der Sozialismus ist die andere profane Religion des Westens, die eine weltverändernde Kraft besitzt. In diesem Zusammenhang verstehe ich unter »Sozialismus« keines der Systeme und keine der Ideologien, die sich dieses Namens bedienen, sondern ein Bündel von bestimmten Anschauungen über die Gesellschaft, die in einer alten Idee wurzeln: der Gleichheitsidee. Ihre Vertreter beginnen mit Protesten gegen Privilegien, die aus einem rechtlichen Status erwachsen, und greifen dann zum Beispiel auch die Auffassung auf, materielle Ungleichheiten zwischen den Menschen seien nicht gerechtfertigt, man müsse dafür bezahlen oder sie – wenigstens in einem gewissen Umfang – durch politische Aktion korrigieren, wobei die Sicherung des materiellen Wohlstandes die Hauptpflicht des Staates sei. Lange Zeit blieb der moralische Imperativ der Gleichheit auf bloße theologische Aussagen beschränkt. Seine Ausbreitung und die mit ihm verbundene Untergrabung von Rechtsansprüchen, von ethnischen Grundsätzen, von Vermögen und den daraus resultierenden praktischen Vorteilen liegt im Kern in großen Teilen der abendländischen Geschichte. Keine solche Idee wäre vor zweihundert Jahren auf breite Zustimmung gestoßen – heute sind sie in der ganzen Welt Gemeinplätze einer »fortschrittlichen« Politik.

Wenn auch häufig versucht wird nachzuweisen, daß sich solche Ideen in Übereinstimmung mit den ethischen Richtlinien anderer Kulturen befinden, so sind sie doch ausschließlich in der profanen, progressiven Kultur des modernen Europa zutage getreten. Oft schienen sie in Einklang zu stehen mit den Forderungen des Nationalismus. Der (so definierte) Sozialismus ist nicht dasselbe, ist nicht so revolutionär gewesen wie der Nationalismus und kann mit ihm wie mit anderen westlichen Werten in Konflikt geraten, so zum Beispiel mit den Werten eines liberalen Individualismus. Doch erst seit kurzem hat es sich als unvermeidbar erwiesen, hier eine Wahl zu treffen. Häufig schien der Sozialismus nur der nächste logische Schritt in einem kontinuierlichen historischen Prozeß der Befreiung von alten Zwängen zu sein. Noch vor nicht allzu langer Zeit pflegte das von fremden Ankäufern am meisten geschätzte westliche Modell jedoch ein Laisser-faire-Kapitalismus zu sein (und er ist es in vielen Teilen der Welt immer noch). In der jüngsten Zeit aber hat der Sozialismus eine größere Anziehungskraft entwickelt. Teilweise erklärt sich das mit einer irreführenden Analogie: Die Modernisierung der heutigen Sowjetunion erreichte ihren Höhepunkt unter einem Regime, das sich als sozialistisch bezeichnete; aus einen Agrarland wurde das ehemalige Rußland ein bedeutender Industriestaat; vom Analphabetentum der Massen gelangte es innerhalb von zwei bis drei Jahrzehnten zu einer Alphabetisierung seiner Bevölkerung. Zahlreiche andere Veränderungen zeigten ein Beispiel an, das nicht wenigen anderen Völkern, obwohl sie vieles von dem übersahen, was entscheidende Kennzeichen der russischen Geschichte waren, bedeutungsvoll zu sein schien.

Es ist deshalb leicht zu begreifen, warum solche Vorstellungen, die von der westlichen Welt entwickelt worden waren, Menschen außerhalb dieses Kultur-

Um 1895: In dieser Reklame werden der Glanz der Entdeckungen, der Stolz auf die Technik und die Überzeugung von der kulturellen Überlegenheit verbunden

kreises anzuziehen vermochten. Der Hauptgrund aber, warum sie so begierig aufgegriffen wurden, scheint mir ganz einfach in ihrem Ursprung und ihrem Kontext zu liegen. Auf dem Höhepunkt des Einflusses der westlichen Kultur waren diese Ideen die Spätfrüchte des ertragreichen, progressiven Ideenstromes des Abendlandes. Es ist zweifellos ein vielsagendes Detail, daß »progressiv« ein Schlagwort der weltweiten Linken ist (ein weiterer von Europa exportierter Begriff, wie wir uns erinnern). Der Sozialismus war die letzte Beigabe zu dem generellen progressiven Impuls, den in den letzten zwei Jahrhunderten die abendländische Kultur und keine andere ausgelöst hatte, und er hat wie der Nationalismus seinen entscheidenden Anstoß im Jahre 1789 erhalten, obwohl es zur Zeit der Französischen Revolution nur wenige Menschen gab, die wir heute als »Sozialisten« bezeichnen würden. Ohne den Anstoß zur Verwirklichung von Fortschritt und ohne den Schwung, den die Revolution dem Nationalismus verlieh, wäre der Egalitarismus weniger bedeutsam gewesen, sähe die Welt heute anders aus.

X.
Die selbstsicheren Aggressoren

Man frage ein halbes Dutzend Leute, was Imperialismus bedeutet, und man wird ein halbes Dutzend verschiedener Antworten erhalten. Der Begriff bezeichnet sowohl eine Anzahl positiver Faktoren als auch ein ähnlich umfassendes und sehr viel komplizierteres Bündel von Mythen und Meinungen. Europas machtpolitische Expansion war ein gewaltiges und ungeordnetes Unternehmen. Sie vollzog sich im Laufe von drei Jahrhunderten immer schneller und schneller. Seinen endgültigen Höhepunkt erreichte der westliche Ansturm auf die Welt, der mit den Konquistadoren begonnen hatte, vor kaum hundert Jahren. Zu keinem Zeitpunkt war dieser Prozeß ein simpler, vereinzelter Vorgang; er war vielmehr von Anfang an und durchgehend ungeheuer komplex und wirkte sich in verschiedenen Regionen auf verschiedene Weise aus. Dies wird leicht vergessen, wenn man sich hinter das bequeme Schlagwort vom »Imperialismus« zurückzieht.

Man kann eine grobe, aber brauchbare erste Unterscheidung zwischen territorialem und Handelsimperium vornehmen. Anfangs gab es so etwas wie zwei Welten innerhalb des europäischen Imperiums, die östliche und die westliche. Weil die Spanier, die zuerst in den beiden Amerika eintrafen, (verallgemeinernd ausgedrückt) nach Land suchten, um zu siedeln, während ihre Zeitgenossen aus Portugal das in Asien und Afrika nicht praktizierten (wiederum verallgemeinernd ausgedrückt), gab es im Ergebnis für lange Zeit zwei vage umschriebene, jedoch unterschiedliche Machtbereiche, die sich auf den Atlantischen beziehungsweise auf den Indischen Ozean konzentrierten. Später änderten sich die Dinge. Andere Europäer bemächtigten sich großer Teile Nordamerikas, Asiens und Indonesiens, und die Portugiesen nahmen riesige Gebiete in Brasilien und Afrika in Besitz. Hingegen faßten die Europäer, die sich nach Osten wandten, über lange Zeit eher Märkte und Handelsgüter als Land ins Auge. So wurde Indien von den Briten fast zufällig erworben, praktisch als ein Nebenprodukt der Unternehmungen einer Handelsgesellschaft, obwohl sich daraus auch erhebliche nichtkommerzielle Konsequenzen ergeben sollten. Im 19. Jahrhundert dagegen war man, vor allem in Afrika, in zunehmendem Maße um des Prestiges willen, aber auch aus strategischen Gründen und im Blick auf Ressourcen auf der Suche nach Land, aber auch (wo das geeignet erschien) um Platz für neue europäische Niederlassungen zu gewinnen. Zu diesem Zeitpunkt war eine Unterscheidung von Territorium und Handel, die das 16. und 17. Jahrhundert kennzeichnete, praktisch nicht mehr möglich.

Mit dem Fortgang der Zeit änderte sich auch die Art und Weise, in der Institutionen tätig wurden. Im frühen 16. Jahrhundert, als französische Kaufleute, die in

Häfen des Osmanischen Reiches Handel trieben, sich einen gewissen Grad an Freiheit von der Gerichtsbarkeit der örtlichen Behörden zu sichern suchten, lag es sowohl im Interesse der Beamten des Sultans als in dem der französischen Monarchie, »Kapitulationen« (vom Mittellateinischen »capitulare«, was soviel wie »über einen Vertrag verhandeln« heißt) auszuhandeln, um ihre Einflußbereiche zu umschreiben und sich innerhalb dieser größere Unabhängigkeit von Recht und Gerichtsbarkeit des Aufenthaltslandes zu sichern. Der erste Vertrag dieser Art wurde 1536 geschlossen. Als andere Nationen diesem Beispiel folgten, wurde aus einem juristischen und kommerziellen Vorteil allmählich ein wirksamer Apparat zur Beeinträchtigung der osmanischen Souveränität und der Souveränität anderer Länder: Ausländische Kaufleute verkauften osmanischen Untertanen die Nutznießung ihrer Privilegien; sie erwarben Eigentum, das selbst wiederum privilegiert war. Alles das verwandelte bis zum 20. Jahrhundert eine ursprünglich akzeptable kommerzielle Konvention in einen Affront. Das war jedoch weder beabsichtigt noch vorausgesehen worden.

Dieses Beispiel läßt auf den Zuwachs an Gewicht und Macht schließen, den die europäische Expansion erfuhr. Reifer westlicher Imperialismus ist in der Tat lediglich eine Sache der zweiten Hälfte des 19. Jahrhunderts, ist der Höhepunkt einer lang anhaltenden Anstrengung, mit der die Tendenz von Jahrhunderten unterbrochen und umgekehrt wurde und so festgeschriebene Maßstäbe geändert worden waren. Diese Phase sollte bald vorüber sein. Die letzte Hoch-Zeit der europäischen Weltmachtpolitik erstreckte sich lediglich auf die letzten sechzig bis siebzig Jahre vor dem Ersten Weltkrieg. Die historischen Kräfte, die sie möglich gemacht hatten und die daran beteiligten Länder begünstigten oder benachteiligten, bilden kein einfaches System. Tiefgreifende, langfristige wirtschaftliche Strömungen waren am Werk, die durch die Art, in der die sozialen, kommerziellen und technischen Leistungen Europas Bedürfnisse und Wünsche allmählich umorientierten, eine grundlegende Richtungsänderung erfuhren. Nun kommen solche Strömungen aber durch Menschen zur Wirkung, und häufig war der tatsächliche Kurs des Imperialismus nur das Ergebnis von Zufällen und von trivialen Streitigkeiten zwischen Kirchturmspolitikern. Das Schicksal ganzer Kontinente wurde oft von kleinen Gruppen von Europäern entschieden, die Tausende von Meilen von zu Hause entfernt waren. So fiel im 18. Jahrhundert ein durch den Untergang der Moguln verursachtes Machtvakuum mit einer Reihe englisch-französischer Kriege zusammen, die zur Vorherrschaft der Briten in Indien führen sollten. Praktisch eine Handvoll Männer entschied innerhalb weniger Jahrzehnte das Schicksal eines ganzen Subkontinents: Robert Clive siegte in der Schlacht von Plassey über den Nawab von Bengalen mit einer Armee von weniger als dreitausend Mann, von denen nur einige hundert Europäer waren, und schuf somit die Voraussetzung, daß Indiens Zukunft von England, nicht von Frankreich bestimmt werden sollte. Die ungeheuren Folgen dieser Tatsache erstrecken sich direkt bis in unsere Tage, obwohl 1757 die einzige Folge darin zu bestehen schien, daß die Ostindienkompanie nun die vorhandenen kommerziellen Möglichkeiten in Bengalen ausschöpfen konnte. Clive ist auch ein Beispiel dafür, wie wichtig Einzelfiguren in der Geschichte sein können: Persönlichkeit war zu allen Zeiten eine den Imperialismus formende unberechenbare Kraft. Die Geschichte Britisch-Afrikas beispielsweise wäre ohne David Livingstone oder Cecil Rhodes sehr viel anders verlaufen.

Rund um die Welt wurden in Streitigkeiten zwischen Europäern Aufgebote an eingeborenen Völkerschaften eingesetzt. Wie der britische Politiker und Historiker Lord Macaulay of Rothley es in einer berühmtgewordenen Sentenz ausdrückte, skalpierten sich an den Ufern der Großen Seen Rote gegenseitig, damit ein preußischer König imstande war, eine Provinz zu halten, die er vorher seinem Nachbarn entrissen hatte. Es war ein fast zufälliges Ergebnis des englisch-französischen Kampfes (seinerseits ein Nebenprodukt der Kriege zwischen Preußen und dem Hause Habsburg um die Hegemonie in Mitteleuropa), daß Englisch die Amts- und vorherrschende Sprache in den beiden großen Nationalstaaten Nordamerikas wurde. Selbst die Entstehung der Vereinigten Staaten war eine Nebenwirkung der englisch-französischen Auseinandersetzungen. So kam es, daß Männer wie die Franzosen Étienne-François Choiseul-Amboise und Charles Vergennes, die britischen Politiker William Pitt d. Ä., Earl of Chatham, und Frederick North, die von den großstädtischen Kulturen Europas des 18. Jahrhunderts geprägt waren, die künftige Weltgeschichte in bestimmte Fahrwasser lenkten, während ihre Augen auf gänzlich andere, unmittelbare Aufgaben gerichtet waren.

Mit Hilfe der Technik konnte sich der Imperialismus im späten 19. Jahrhundert wie nie zuvor ausbreiten: Französische Soldaten auf dem Kongo

Das Ergebnis solcher vielfältigen, komplexen und beiläufigen Prozesse konnte um 1914 auf der Landkarte recht einfach nachvollzogen werden. Genau wie in den großen Tagen der spanischen Eroberungen in Mittel- und Südamerika und der Besiedlung Nordamerikas war die Souveränität über außereuropäische Territorien in Übersee (oder im Falle Rußlands über Land) der beste Beweis für den Erfolg des westlichen Imperialismus. Um 1850, als von der Autorität der Moguln nur noch ein schwacher Schatten übrig war, stand Indien bereits fast völlig unter britischer Oberherrschaft. Doch die spektakulären territorialen Gewinne der Europäer in Asien und Afrika sollten erst noch folgen. 1870 war Afrika noch der »Schwarze Kontinent«, außerhalb seiner Küstenregionen nahezu völlig unbekannt. Vierundvierzig Jahre später, beim Ausbruch des Ersten Weltkriegs, stand ganz Afrika, Liberia und Äthiopien ausgenommen, unter unmittelbarer europäischer Gewalt, Besatzung oder Schutzherrschaft. In denselben Jahren waren Südostasien und Indonesien mit Ausnahme von Siam (wie Thailand damals genannt wurde) endgültig in das Kolonialsystem einbezogen worden;[1] Persien, nominell unabhängig, wurde 1914 zwischen Rußland und Großbritannien in »Einflußsphären« aufgeteilt; auch ging die Rede von einer Teilung Chinas, dem Rußland im späten 19. Jahrhundert riesige Gebiete entrissen hatte; andere Staaten wiederum hatten sich chinesi-

scher Häfen bemächtigt, während Briten und Franzosen Dependancen in Tibet und Indochina unterhielten.

Obwohl der Anteil der Europäer an der Weltbevölkerung größer wurde als je zuvor, blieben die Völker Europas stets eine Minorität. Nicht selten waren sie zahlenmäßig verschwindend gering im Verhältnis zu den großen Populationen, denen sie in Übersee begegneten. Industrialisierung und technologischer Wandel aber gaben ihnen eine enorme Überlegenheit. Die Kampfkraft der Männer des Hernán Cortez wurde im Laufe der folgenden dreieinhalb Jahrhunderte tausendfach größer – durch kleine Repetierhandwaffen, Maschinengewehre und Schützenartillerie: In den östlichen Meeren sahen sich portugiesische Abenteurer Gegnern gegenüber, deren Waffen mit denen der Azteken gleichzusetzen waren; im 17. Jahrhundert, im Kampf gegen die fast ebenbürtigen Waffen der Perser, Inder und Araber, führten mit Kanonen bestückte Schiffe die Entscheidung herbei; zwei Jahrhunderte später richteten Raddampfer unter den chinesischen Dschunken noch viel größeres Unheil an; Eisenbahnen und Telegraphen statteten die Europäer mit noch rascheren und sichereren Kommunikationsmöglichkeiten aus; Armeen und Flotten konnten im Notfall in bis dahin unvorstellbarer Geschwindigkeit zusammengeführt werden. Um 1900 kostete es nur ein Sechstel oder ein Siebtel dessen,

△ »Was auch immer passiert, wir haben das Maxim-Gewehr und sie nicht« (der US-Ingenieur Maxim entwickelte 1883 das erste kriegstaugliche Maschinengewehr)

◁ Die russische Grenze in Asien: Troitskosawsk nahe der chinesischen Grenze (südlich des Baikalsees) drückt Asien den westlichen Stempel auf was ein Jahrhundert vorher zur Verfügung gestellt werden mußte, um Menschen und Material zu verschiffen. Darüber hinaus erleichterten bessere Medikamente ganz allmählich die Durchführung von Expeditionen in die Tropen.[2]

Psychologie hat möglicherweise eine ebenso entscheidende Rolle gespielt wie materielle Faktoren. Macht ist zugleich verführerisch und enttäuschend. Wenn man Macht besitzt, kann man leicht zu der Auffassung gelangen, darauf ein Recht zu haben und sie folglich unbesorgt zur Verwirklichung von Zielen zu benutzen. Machtbewußtsein nährte das Selbstvertrauen der letzten imperialistischen Epoche und erhöhte ebenso dramatisch den Respekt, der den westlichen Nationen von anderen entgegengebracht wurde; auch darin lag eine Versuchung. Ein weiteres Element in der Geisteshaltung des Imperialismus war die sich zunehmend verbreitende, keineswegs aus Ereignissen und Vorgängen erwachsende Annahme, daß nur territoriale Souveränität den Zugang zu Märkten und Rohstoffen sicherte – die Schaffung oder Entdeckung neuer ökonomischer Ressourcen in der nicht-westlichen Welt mußten daher zwangsläufig zu politischen Kämpfen führen, woraus sich wiederum ein großer Teil der Geschichte Afrikas im 19. Jahrhundert erklären läßt. Eine weitere innere Dynamik teilte sich dem Imperialismus durch den Konkurrenzkampf und die nationalen Gefühle mit, die in einem immer demokratischeren Zeitalter sehr viel virulenter wurden. Rivalität zwischen Staaten wurde leicht mit innenpolitischen Problemen verknüpft, und europäische und nordamerikanische Politiker scheuten sich nicht, die Ziele des Kolonialismus in den Wahlkampf mit einzubeziehen. Natürlich waren nationale Rivalitäten fast von Anfang an Teil der Geschichte des westlichen Imperialismus gewesen, beeinflußten seinen Weg und seinen Charakter. Es kann daher behauptet werden, daß die Gangart der Expansion jeder Nation wahrscheinlich schneller wird, wenn es einen mutmaßlichen Rivalen gibt. Das haben die Holländer im 17. Jahrhundert im Indischen Ozean und in Ostindien gezeigt, die Franzosen und Briten ein Jahrhundert später in Indien, Großbritannien und die Vereinigten Staaten von Amerika bald nach 1800, Deutsche, Franzosen, Briten, Belgier und Italiener im Kampf um Ostafrika und allesamt bei dem brutalen Vorgehen in China.

Was immer westliche Nationen in anderen Teilen des Erdballs zu tun oder nicht zu tun beschlossen, die nicht-westliche Welt wurde wohl oder übel verändert. Dennoch hatten westliche Nationen je spezifische Möglichkeiten und Bedürfnisse, spezifische geographische und historische Voraussetzungen und spezifische Anschauungen darüber, die sich auf charakteristische Weise der Geschichte ihrer Imperien aufprägte. Die geographische Ausrichtung der territorialen Expansion Rußlands und Amerikas war faktisch vorherbestimmt. Anders als fast alle anderen westlichen Völker nach 1500 konnten sie ihre Imperien nahezu völlig über Land ausweiten. Russische Siedler drangen jahrhundertelang über den Ural vor, ohne je die ethische Rechtfertigung ihres Anspruchs in Frage zu stellen. Wie die Vereinigten Staaten, so absorbierte auch das kaiserliche Rußland einen ganzen Kontinent. Beide Länder erreichten das durch Verhandlung, Krieg und Besiedlung. Den Amerikanern ist es immer schwergefallen, das, was da vor sich ging, als Imperialismus zu sehen – in ihren Augen nahmen sich die Vorgänge wie ein von Gott autorisierter Ausdruck ihres »manifesten Schicksals« aus, westwärts zu wandern. Und was die

Untertanen des Zaren angeht, so waren nur wenige von ihnen bereit, jenes Vorgehen ernstlich in Frage zu stellen.

Ungeachtet der komplizierten und vielfältigen Elemente, die sich hinter dem Wort »Imperialismus« verbergen, war das Ergebnis eine nie zuvor erreichte Verbreitung unmittelbarer westlicher Herrschaft. Die Woge westlich-abendländischer Kultur, die sich im 19. Jahrhundert in die Welt ergoß, vernichtete oder absorbierte viele der zerbrechenden nicht-westlichen Gemeinwesen. So zeigte die Eroberung Hawaiis und, etwas später, der Philippinen durch die Vereinigten Staaten, daß in Übersee selbst Europas Tochternationen tätig waren. Darüber hinaus gab es auch australische und südafrikanische Expansionisten.

Wenn eine Nation in der Endphase des Imperialismus dominierte, dann Großbritannien. Nach 1815 erntete es die Früchte von Trafalgar, indem es viele Gebiete der ehemaligen holländischen und französischen Kolonialreiche an sich zog. Das weltweite Netz an Kolonien und Flottenstützpunkten, das daraus entstand und in den folgenden zwei bis drei Jahrzehnten noch ergänzt wurde, bildete den strategischen Rahmen für ein unglaublich eindrucksvolles Imperium, für das augenscheinlichste Beispiel westlicher Machtpolitik. Es umfaßte schließlich nicht nur den gesamten indischen Subkontinent und einen großen Teil Afrikas, sondern auch große, sich selbst regierende Kolonien, die dank einer ungewöhnlich breiten Emigration, die im 19. Jahrhundert von den Britischen Inseln ausgegangen war, überwiegend von Siedlern europäischer Abstammung bewohnt waren.

Britische Staatsmänner hielten ein wachsames Auge auf die Bedürfnisse des Handels und der Flotte. Das war ein besonderer Zug des britischen Imperialismus. Ein weiterer bestand darin, daß der Machtzuwachs mit der im Mutterland stattfindenden Entwicklung neuer verfassungsmäßiger Kontrollen über die Regierung zusammenfiel. Das britische Imperium war in dieser wie in anderer Hinsicht weit davon entfernt, ein »typisches« Imperium zu sein (so etwas hat es überhaupt nie gegeben), es war auch nicht das Ergebnis einer einheitlichen Planung oder auch nur das eines schlichten Ehrgeizes. Und es hat auch nie eine einmütige und bedingungslose Unterstützung erfahren: Im 18. Jahrhundert pflegten sich Gegner von Eroberungen im Ausland (vor allem in Asien) auf ihre klassische Bildung zu berufen und am Beispiel der römischen Geschichte zu illustrieren, daß Machtpolitik zu Korruption führte; in den vierziger und fünfziger Jahren des 19. Jahrhunderts vertraten viele die Auffassung, es gehe – zum Glück – mit dem Imperium zu Ende; und der eigentliche Nutznießer des Imperiums, der britische Mittelstand, ließ diesem keineswegs dauernd und unkritisch Bewunderung zuteil werden.

Auf der anderen Seite glaubten die meisten Briten fest an eine andere Art von Imperium. Das frühe 19. Jahrhundert war die Blütezeit dessen, was Historiker manchmal den »Imperialismus des Freihandels« nennen, eine Macht, die global wirksam war. Politische und militärische Mittel wurden eingesetzt, um geschlossene Wirtschaftssysteme dem Westen zu öffnen. Schiere Kampfkraft, nicht immer angewandt, doch stets drohend, brach im 19. Jahrhundert schließlich die Häfen Chinas, Japans und Siams auf und übertrug den Druck der westlichen Marktwirtschaft und des westlichen Kapitalismus auf traditionsgebundene Gesellschaften, deren Handel bis dahin weitgehend selbständig gewesen war. Zu diesem »inoffiziellen« Imperialismus kamen außerdem noch die Einflüsse, die sich durch die Kontakte mit Missionaren, Philanthropen und Abenteurern, die den Händlern folgten oder sie begleiteten, ergaben. Tausende von Agenten des Wandels trugen somit auf ihre je eigentümliche Weise dazu bei, die Wege zu bahnen, auf denen der Westen die übrige Welt erreichte. Häufig verfolgten sie dabei gegensätzliche, sich widersprechende Ziele – was die Dinge noch weiter komplizierte. Wie die Kreuzfahrer in früheren Zeiten ließen sie sich durch Rivalitäten untereinander oftmals dazu hinreißen, sich mit örtlichen Potentaten einzulassen, und wie die Kreuzfahrer bekämpften sie sich häufig gegenseitig.

So ähnlich sie sich auch in den Augen der Einheimischen ausnehmen mochten, die »Franken« waren eine bunt zusammengewürfelte Schar. Sogar Verwaltungsbeamte und Soldaten kamen aus verschiedenen Milieus und Traditionen. Ihre Vorstellungen, die eine so große Rolle bei der Ausformung von Zielsetzungen für ihre neuen Untertanen spielten, waren auf sehr unterschiedliche Weise zustande gekommen. Herausragende Beispiele – der französische Generalkonsul von Marokko, Hubert Lyautey, oder der britische Generalkonsul in Ägypten, E. Baring Earl of Cromer – machen keineswegs die ganze Geschichte aus. Die überragenden Gestalten von Vizekönigen und Prokonsuln – wie leicht die Epoche doch in die Terminologie des kaiserlichen Rom verfiel! – verstellen den Blick auf die Menschen an der Basis. Es waren die Tausende anonymer Distriktbeamte, Richter, Zollbeamte, Polizisten und Lehrer, die die Imperien in Gang hielten und den westlichen Einfluß unmittelbar auf Millionen von Nicht-Europäern übertrugen. Ihre Anwerbung und Ausbildung sowie Sondereinrichtungen – wie die englischen »Public Schools« oder die französischen »Grandes Écoles« – und Ideologien, durch die sie geformt worden waren, machten einen wichtigen Teil der westlichen Durchschlagskraft aus und müssen berücksichtigt werden, wenn man erklären will, wie der Imperialismus funktionierte. Aber sie waren natürlich auch Individuen und häufig sehr unterschiedlicher Auffassung darüber, wozu die ihnen gegebene Macht gebraucht werden sollte und konnte.

Man nehme beispielsweise den Fall der britischen Statthalter Indiens, zuerst unter der Ostindienkompanie und dann unter der Krone. Welche von ihnen soll man sich vor Augen halten? Die Machthaber in Kalkutta, die in den Distrikten oder die in London? Die viktorianischen Evangelikalen oder die Beamten der Kompanie, gegen die jene angingen, weil sie Hindu-Tempel und Hindu-Feste finanzierten und in den Regimentern des Heeres die Ausübung des Hindu-Kultes erlaubten? Einen Mann wie Metcalf, der Indien die Pressefreiheit schenkte, oder seine Nachfolger, die sie später wieder beseitigten?[3] Den Brigadegeneral Dyer, der durch sein brutales Vorgehen in der Stadt Amritsar zu zweifelhaftem Ruhm gelangte, oder die geduldigen Beamten der dreißiger Jahre unseres Jahrhunderts, von denen sich viele bemühten, den Prozeß, der zur Unabhängigkeit führen sollte, zu beschleunigen? Lord Curzon, den königlichsten aller Vizekönige, oder die Briten, die sich so bitter beklagten, als er ein Regiment bestrafte, dessen Soldaten indische Frauen vergewaltigt hatten? Lord Ripon, den liberal eingestellten Vizekönig, oder die »verdammte Niggerpartei« (als welche diese von einem anderen Vizekönig bezeichnet wurde[4]), die seinen bescheidenen Wunsch ablehnte, einigen indischen Richtern die gleichen Rechte – nämlich über Weiße zu befinden – einzuräumen wie ihren britischen Kollegen? Und wie steht es mit den anderen Europäern in Indien? Bombay war portugiesisch gewesen, bevor es britisch wurde, und bei einem Besuch in Goa oder Pondicherry sind heute noch die Spuren anderer Europäer zu erkennen, die Indiens Zukunft mitformten.[5] Trotz aller Unterschiede aber ist kaum anzunehmen, daß die Europäer nicht wenigstens bis zu einem gewissen Grad ein Gefühl der Überlegenheit gegenüber den Einheimischen besaßen.

Als sich die abendländische Kultur global ausbreitete, entsprachen die großen Kulturen, die die Europäer antrafen, immer weniger ihren Erwartungen, während nichtzivilisierte Völker gar mit noch größerer Geringschätzung betrachtet wurden. Der Fortschrittsglaube selbst stand dem Respekt vor der Vergangenheit entgegen, auch wenn es sich um eine Vergangenheit europäischen Ursprungs handelte. So sahen sich gegen Ende des 19. Jahrhunderts die Mitglieder der der Labour Party nahestehenden Fabier-Gesellschaft durchaus in der Lage, dem Krieg der britischen Regierung gegen die Burenrepubliken in Südafrika Beifall zu spenden. Sie betrachteten die Burenfarmer als rückständig, fortschrittsfeindlich, sprachen ihnen das Recht ab, andere Rassen richtig zu behandeln (Selbstsicherheit hat oft neue Probleme heraufbeschworen). Dessenungeachtet hielten Vertreter des radikalen Flügels für gewöhnlich bedingungslos an ihrer Auffassung fest, daß andere Kulturen in vielen Dingen, deren Bedeutung offensichtlich war – von der Hygiene und Monogamie bis zu Recht und Ordnung, Wahlsystemen und freier Presse –, westliche Vorbilder übernehmen müßten.

Das erklärt zu einem großen Teil die Durchschlagskraft, die die westliche Kultur zunehmend durch ihre Machtpolitik gewann. Die Haltung der Liberalen zeigt dies ganz deutlich: Häufig waren sie Universalisten, die mit Verachtung auf die Vergangenheit blickten und wenig an der Eigenart der Gesellschaften, die sie verbessern wollten, interessiert waren. Genauso wie die Menschen des Mittelalters meinten, daß »Christen recht, Heiden unrecht« hätten, so gelangten sie im 19. Jahrhundert zu der Auffassung: »Progressive haben recht, Traditionalisten unrecht.« Jene Fortschrittsidee förderte einen verweltlichten missionarischen Eifer. Der Glaube, den zu verbreiten moralisch geboten war, war nicht einfach der Glaube an das Kreuz (obwohl auch dieser noch lange ein Teil des Ganzen war), sondern ein Glaube an westliche, wie selbstverständlich als allgemeingültig verstandene Werte und an die wirtschaftliche Wohltätigkeit der westlichen Kultur. Als schließlich die Manipulation der Natur neue, konkrete Erfolge zeitigte, erfuhr die Überzeugung der Europäer, daß sie die Frohe Botschaft, deren Träger ihre Kultur war, verbreiten müßten, eine Ausweitung und förderte den Mythos, daß Christentum und verbesserte materielle Lebensbedingungen von Natur aus zusammengingen, daß die Menschen dazu angeregt werden müßten, Wohlstand *und* Glaube miteinander zu teilen, daß der abendländische Mensch die Pflicht hatte, beides jenen Menschen zu vermitteln, die das zu ihrem Unglück nicht aus eigener Kraft erreicht hatten. Darin kam eine neue Art von Missionseifer zum Ausdruck, wie sie der mittelalterlichen Christenheit unbekannt gewesen, die aber durchaus mit ihr vereinbar war. Das Evangelium, Hospitäler, Schulen, eine frei von Korruption arbeitende Verwaltung, die Rechte der Frau, Tierschutz – dieses ganze wohlgemeinte, aber kulturell betrachtet von

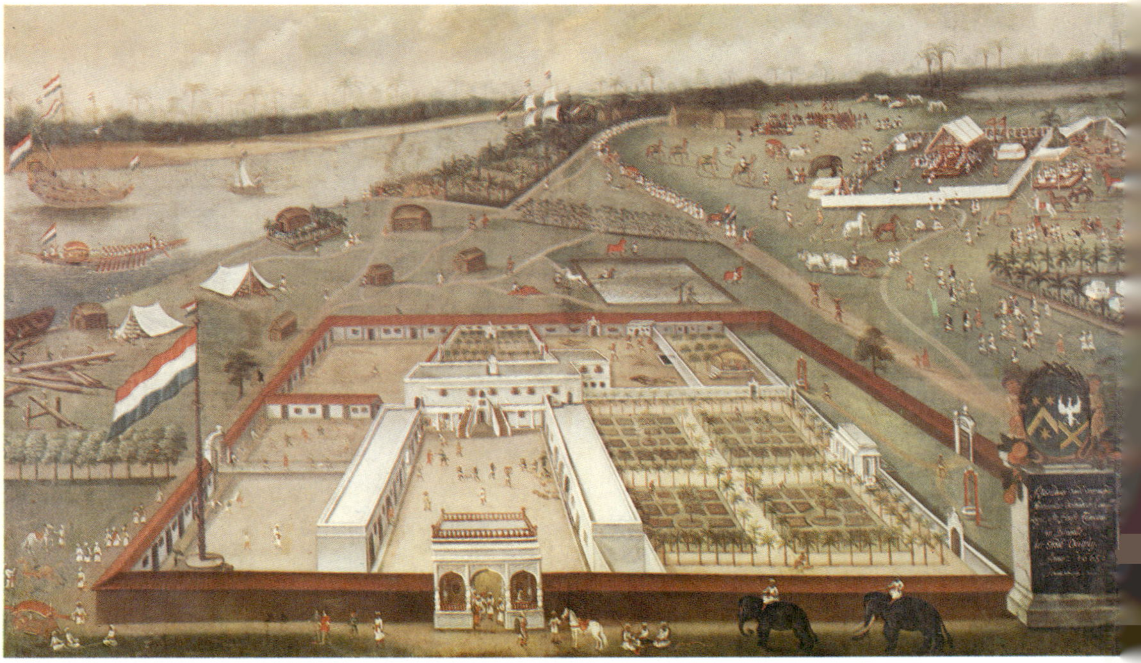

△ Lord Cornwallis, britischer Generalgouverneur und Oberbefehlshaber in Indien, empfängt die Söhne des Tipu Sahib von Mysore, dessen Armee er gerade besiegt hat

◁△ Die Segnungen des Empires: Königin Viktoria überreicht einem dankbaren Untertanen (so die Sicht des Malers) symbolisch eine Bibel

◁▽ Um 1665: Der niederländische Handelsstützpunkt (die »Fabrik«) am Hooghly in Bengalen

Arroganz zeugende Paket an Gütern gibt es bei uns auch heute noch und ist Sache eines bewußten Überlegenheits- und Pflichtgefühls.

Die Fortschrittsidee verstärkte auf diese Weise die Tendenz, die Mannigfaltigkeit menschlicher Leistung mehr und mehr nach westlichen Zielvorstellungen und Normen zu bewerten. Es gab gelegentlich und zeitweilig Ausnahmen. Als sich die osmanische Gefahr verringerte, wurde der Islam für eine Weile mit etwas mehr Toleranz und gelegentlich sogar mit Bewunderung betrachtet (vor allem wegen seiner Nachsicht gegenüber den religiösen Bräuchen von Nicht-Muslimen, die auf die Aufklärer Eindruck machte). Aber wenn auch einige Publizisten die islamische Praxis (oder was sie dafür hielten) als einen Maßstab für die Kritik an ihren eigenen Ländern benutzen mochten, wenn sich Mohammed auch für kurze Zeit einer gewissen Popularität als weiser Gesetzgeber erfreuen durfte, so machten diese Stereotypen doch bald anderen Platz. Die osmanische Herrschaft wurde bald mit Despotismus, Grausamkeit und Korruption gleichgesetzt. Es ist vielleicht bezeichnend, daß die in Aleppo lebenden europäischen Kaufleute der Levante im 18. Jahrhundert immer häufiger ihre Gewohnheit aufgaben, türkische Kleidung zu tragen.

Den noch weiter östlich angesiedelten Völkern fühlten sich die Europäer normalerweise ähnlich überlegen; die Tatsache, daß es vor der Ankunft der Jesuiten und Dominikaner in Asien so wenige Christen gegeben hatte, war für sich genommen schon ein Grund zur Selbstsicherheit.[6] Obwohl China im 18. Jahrhundert vorübergehend auf Interesse stieß, als die angebliche Toleranz des Regierungssystems der Mandarine ein Diskussionspunkt in den Schriften der Aufklärungspublizisten wurde, war dieses Reich in europäischen Augen immer mit Despotismus und den angeblich unvermeidlichen bösen Folgen befleckt, die sich daraus ergeben mußten. Was Indien angeht, so machte sich dort bei den Briten in den achtziger Jahren des 18. Jahrhunderts bereits eine gewisse Zurückhaltung gegenüber der indischen Lebensweise bemerkbar, so eng auch bei vielen von ihnen früher die Beziehungen gewesen sein mochten und obwohl vergleichbare Beziehungen in den portugiesischen und französischen Niederlassungen eher noch enger wurden (Robert Clive pflegte von den Indern mit Verachtung zu reden und weigerte sich, eine einheimische Sprache zu lernen). Allmählich wurde sogar die Achtung vor den kulturellen Leistungen der großen außereuropäischen Kulturen schwächer.[7] China hatte zugegebenermaßen den Buchdruck erfunden, aber darauf war keine intellektuelle und kulturelle Explosion erfolgt wie in Europa; der Islam hatte bedeutende Gelehrte hervorgebracht, aber die Wissenschaft hatte in der arabischen Welt keine solche Entwicklung genommen wie im Abendland und war unter der osmanischen Herrschaft degeneriert; der englische Historiker Edward Gibbon lobte im 18. Jahrhundert zwar die islamischen Leistungen in Wissenschaft und Kunst, war jedoch davon überzeugt, daß das Europa des 18. Jahrhunderts den Höhepunkt der Kultur schlechthin darstellte; die Enzyklopädisten verachteten die Wissenschaft der Brahmanen;[8] und David Hume, der bedeutendste der skeptischen Philosophen, liebäugelte mit Ideen, die man heute als »rassistisch« bezeichnen würde, als er sich über kulturelle Niveauunterschiede Gedanken machte.[9]

Zu dieser Zeit war die nicht-westliche Welt nach den Normen westlicher Wertvorstellungen gewichtet und für mangelhaft befunden worden. Kaum jemand begriff, daß die Anwendung eines solchen Wertekatalogs in sich schon das Urteil verzerrte. Wenn beispielsweise Asien als ein Kontinent mit fremdartigen, ja scheußlichen Religionen angesehen wurde, so deshalb, weil das Religionsmodell, das man zugrunde legte, das Christentum war. Asiatische Religionen hatten wie das Christentum zu sein, ausgestattet mit einer Doktrin, die in ein Korpus heiliger Bücher gefaßt werden konnte, über das eine Priesterschaft wachte, die die Schriften auslegte und angemessene Rituale vollzog. Ein derartiges Modell war jedoch größtenteils mit der Realität und den gesellschaftlichen Sitten asiatischer Religionen nicht auf einen Nenner zu bringen und gab den Weg frei für eine geringschätzige Beurteilung dessen, was man einer Bewertung unterzog.[10]

Mit Geringschätzung betrachtete man zunehmend auch die Unbeweglichkeit der asiatischen Gesellschaften. Das Klischee vom »unveränderlichen Osten« kam im 18. Jahrhundert auf. Es verführte in einer ihrer eigenen Fähigkeit zum Wandel – und zwar zum Besseren – immer bewußteren Kultur leicht dazu, die asiatischen Kulturen als »stagnierend« abzutun, und es wurde viel darüber diskutiert, ob der Grund dafür bei einer schlechten Regierung, bei der natürlichen Entartung ihrer Bevölkerung, beim Klima oder bei anderen Ursachen zu suchen sei. Der Westen nahm seine Wertungen auf dem Hintergrund seiner eigenen, wachsenden Überzeugung vor, daß Fortschritt möglich war und daß man dafür kämpfen konnte – ja mußte –, eine Vorstellung, die sich als teuflisch wirksame Kraft der Spaltung und der Zersetzung erweisen sollte.

Die Ausformung der westlichen Auffassung von der Geschichte als ein bedeutungsvolles Drama, das die Fortschrittsidee verherrlichte, machte rational denkende Menschen im Westen noch selbstsicherer und praktisch aggressiver. Ideen dieser Art sickerten durch alle Schichten der Gesellschaft und wurden dabei vergröbert und in plumpere Begriffe gefaßt. Obwohl sie sich nicht immer über ihr Handeln im klaren waren, verhielten sich die Menschen europäischer Herkunft häufig so, als ob sie nicht nur recht hatten, sondern auch höhere Wesen waren.[11] Das Abendland war der Auffassung, es sei etwas Besseres. Diese Überzeugung lag hinter der im 19. Jahrhundert aufkommenden Idealisierung der Lebensform, durch die sich Weiße auszeichnen sollten. Es wurde von ihnen erwartet, daß sie Zuversicht, Mut und Würde zeigten, weil sie eine höhere Kultur repräsentierten. Wie viele andere Mythologien trug auch diese in sich die Kraft zur Selbstverwirklichung. Das war nicht dasselbe wie Rassismus, der behauptet, weiße Menschen verhielten sich in einer bestimmten Weise aufgrund ihrer biologischen Natur; hier handelte es sich vielmehr um die Feststellung, daß sie verpflichtet waren, etwas Bestimmtes zu tun, weil ihre Kultur das von ihnen verlangte. Den Beweis, daß das richtig war, fand man in dem sichtbaren Fortschritt gegeben, den die Menschen um sich herum wahrnehmen konnten.

Bereits 1802 konnte der »Edinburgh Review« selbstgefällig behaupten: »Europa ist das Licht der Welt und die Arche des Wissens.« Er fuhr dann fort: »Vom Wohl Europas hängt das Schicksal des entferntesten und wildesten Volkes ab.«[12] Das war eine gröbere Version derselben kollektiven Selbsteinschätzung, die sich in Hegels kulturellem Ethnozentrismus zeigte und sich von ihm auf Marx übertrug.[13] Es ist schwerlich überraschend, daß sich am Ende des 19. Jahrhunderts ein Franzose berechtigt fühlte, das Verhältnis zwischen dem Westen und der übrigen Welt in Worten zu beschreiben, die die beste generelle Aussage darstellen, die man über die westliche Auffassung von der menschlichen Welt nach drei Jahrhunderten der Expansion finden kann: »Die Welt von heute«, so schrieb dieser Franzose, »besteht kulturell gesehen aus vier verschiedenen Teilen. Aus der abendländischen Kultur – unserem eigenen Teil. Dann aus einem zweiten, der von Menschen bewohnt wird, die eine andere Kultur haben, aber in geschlossenen, stabilen Gesellschaften leben und ihrer Geschichte und ihrer gegenwärtigen Natur nach dazu bestimmt sind, sich selbst zu regieren – das chinesische und das japanische Volk zum Beispiel. Im dritten Teil der Welt leben Menschen, die in mancher Hinsicht schon fortgeschritten sind, aber entweder stagnieren oder nicht imstande waren, sich als geeinte, friedliche und fortschrittliche Nationen zu konstituieren und sich richtig weiterzuentwickeln – Indien vor der britischen Eroberung, Java und Indochina sind die Hauptvertreter dieses dritten Typs. Schließlich leben in einem großen Teil der Welt Barbarenstämme oder Wilde, von denen manche dauernd Krieg führen und rohe Bräuche haben, während andere so wenig von Kunst verstehen, so wenig an Arbeit gewöhnt sind und so wenig Erfindungsgeist besitzen, daß sie nicht wissen, wie sie ihr Land und seine natürlichen Reichtümer nutzen können.« Und er fährt fort: »Dieser Zustand der Welt gibt den zivilisierten Menschen ein Interventionsrecht ... im Hinblick auf die Angelegenheiten der beiden letztgenannten Kategorien.« Wenige Jahre später nahm der britische Premierminister Lord Salisbury eine einfachere Kategorisierung vor, die allerdings offenkundig auf ähnlichen Annahmen beruhte: »Man kann«, so erklärte er, »die Nationen der Welt vereinfacht in die Lebenden und die Sterbenden einteilen.«[14]

THE GREAT BARBARIAN DRAGON THAT WILL EAT UP "THE BROTHER OF THE MOON," &c. &c. &c.

Die Bedrohung des traditionellen China, wie sie der Karikaturist John Leech 1853 sah

Eine solche Einschätzung ist weit entfernt von der Ehrfurcht, von der die ersten englischen Besucher am Hofe des Großmoguls erfüllt waren. Sie rechtfertigte (soweit sie ihn nicht überhaupt erst erzeugte) einen Drang, die Dinge in Bewegung zu bringen. Um 1900 hatten viele Europäer und Amerikaner das Gefühl, sie müßten anderen Kulturen gegenüber dynamisch auftreten und die dort herrschenden Verhältnisse ändern. Diese Haltung ist immer noch festzustellen, obwohl es zugegebenermaßen heute nur wenige Menschen gibt, die sich dies gerne bewußtmachen oder gar zugeben, daß sie solche Auffassungen teilen. Dennoch liefern die Grundüberzeugungen, auf denen diese Auffassungen beruhen, jetzt das Rückgrat für das, was man einen menschenfreundlichen Kulturimperialismus nennen könnte. Die progressivsten Denker des Westens versuchen immer noch, solche hausgemachten Produkte wie die Förderung der Menschenrechte, den Nationalismus, den Marxismus oder den wissenschaftlichen Materialismus in nicht-westliche Gesellschaften zu exportieren. Viele Leute predigen heute die Werte des Humanismus, die unzweifelhaften Verdienste und die universale Anwendbarkeit einer demokratischen Regierungsform und parlamentarischer Institutionen, die allgemeine Autorität der Wissenschaft. Sie glauben, daß alles, was sie bewundern, allgemeingültig und wahr ist; sie glauben nicht, daß Esten, Araber und Indonesier durchaus vernünftigerweise unterschiedliche Auffassungen von der Natur des Menschen, der Gesellschaft und von Institutionen haben und daß diese Auffassungen der Achtung wert sein könnten. Sie liefern den besten Beweis dafür, daß das abendländische Gefühl einer kulturellen Überlegenheit immer noch lebendig ist und herumgeistert, obwohl seine plumpe Nacktheit jetzt häufig in das menschenfreundliche Gewand der Entwicklungshilfe gehüllt ist.

Was an dieser Haltung falsch ist, hat weniger zu bedeuten als ihre Wirkung und ihre Anziehungskraft. Sie hat große historische Veränderungen überstanden, ist mühelos mit dem Wechsel von religiösen zu weltlichen Zielen innerhalb der westlichen Kultur fertig geworden und hat die Welt des Kolonialismus überlebt. Ihre Wurzeln gehen, wie wir schon gesehen haben, weiter zurück, als man gewöhnlich annimmt; einige liegen sogar im Christentum selbst, doch sind sie besser denn je im Zusammenhang mit dem wirtschaftlichen Erfolg, dem Säkularismus und dem Fortschrittsglauben gediehen, der den Westen seit dem 18. Jahrhundert ergriffen hat. Bis vor kurzem allerdings war die Religion immer eine der eindeutigsten Ausdrucksformen der geschilderten Haltung.

Missionarisches Christentum hat seit den Zeiten des heiligen Paulus Ebbe und Flut erlebt. Die zweite große Missionsepoche bekehrte im frühen Mittelalter Deutschland und Osteuropa. Eine dritte begann mit den großen Entdeckungen und mit dem Einbruch des römischen Katholizismus in die beiden Teile Amerikas und in Ostasien. Das war aber nur ein erster Anfang. Die missionarische Welle sollte nach dem Aufkommen des religiösen Pluralismus in Europa und mit dem neuen Anreiz, den die Gegenreformation dem katholischen Unternehmen vermittelte, mit wachsender Kraft die außereuropäischen Gebiete erfassen: Der erste afrikanische Bischof des lateinischen Ritus wurde 1518 ernannt, der erste indische 1637, der erste chinesische 1674;[15] die Jesuiten verzeichneten in Japan im letzten Viertel des 16. Jahrhunderts spektakuläre Erfolge; 1600 gab es in China bereits vier geweihte einheimische Priester und hundert Jahre später zweihunderttausend Christen; im Jahre 1664 wurde in Ayuthia, der alten Hauptstadt von Siam, ein Priesterseminar errichtet. Weitere Impulse ergaben sich mit der Gründung europäischer Niederlassungen in Übersee. Gewiß: Die lateinische Kirche wurde im Japan des 17. Jahrhunderts fast völlig vernichtet, die Jesuitenschaft am Ende in Peking in ihren Erwartungen enttäuscht, die Verbreitung des Christentums 1724 in China verboten, auch die siamesische Initiative verlief im Sande – aber keiner dieser Vorgänge hatte seinen Grund in der feindseligen Haltung im Mutterland: Die im 18. Jahrhundert in der europäischen Oberschicht aufkommende Glaubenslosigkeit beeinträchtigte die Missionsarbeit so gut wie nicht.[16]

Die protestantische Missionstätigkeit begann erst im 18. Jahrhundert. Zuerst unterstützte sie die großen Anstrengungen der Katholiken, wirkte dann aber bald stärker als diese. 1701 wurde in England die »Gesellschaft für die Verbreitung des Evangeliums im Ausland« gegründet. Ungeachtet des im 18. und 19. Jahrhundert in die abendländische Kultur einfließenden Säkularismus waren diese beiden Jahrhunderte die bedeutendste Zeit der Christianisierung außerhalb Europas. Von ungefähr 1800 an wurden Afrika, Asien und die Inseln des Pazifik als reif für die Ernte betrachtet, reif für eine Ernte, wie sie das Christentum seit der Eroberung der beiden Amerika nicht mehr erlebt hatte. Wissenschaft und Technologie förderten diese Entwicklung gewaltig: Sie verhalfen den Missionaren im 19. Jahrhundert zur Anwendung der Medizin, der Dampfschiffe und Eisenbahnen. Im 20. Jahrhundert sollten dann Flugzeug, Radio und Fernsehen bei der Evangelisierung der nichtwestlichen Welt ihre Rolle spielen. Trotz mancher Rückschläge haben die sechziger Jahre unseres Jahrhunderts gezeigt, daß die großen Bataillone Roms (die römische Kirche war noch die einzige, die zuversichtlich die universalen Ansprüche des Glaubens verkündete) in den ehemaligen Kolonien der westlichen Staaten stehen. Päpstliche Reisen nach Asien, Afrika und Südamerika fanden bei den Volksmassen ein erstaunliches Echo.

Man kann weder die darin implizit enthaltene kulturelle und intellektuelle Aggression leugnen noch ihre Verbindung mit dem Imperialismus. Aber ebensowenig sind diese beiden Elemente alles. Daß die Missionstätigkeit im 19. Jahrhundert eine Förderung durch die Öffentlichkeit erfuhr, mag schwer zu erklären sein, ist aber leicht nachzuweisen. Ein Wandel in der öffentlichen Meinung im Mutterland war für die Evangelisierung häufig wichtiger als die machtpolitische Unterstützung, die sie in früheren Zeiten von den Katholischen Königen oder von Karl V. erfahren hatte. In Indien widersetzte sich die Ostindienkompanie lange mit Erfolg der Entsendung von Missionaren aus Europa (wenngleich sie bald ihre eigenen Seelsorger einführte) trotz solcher Versuche wie der des Bischofs von Oxford, der 1762 die Aufmerksamkeit auf die göttlichen Fügungen lenkte, die mit dem Sieg im Siebenjährigen Krieg offenbar geworden seien: »Ein neues Feld steht nun für unser Bemühen offen«, erklärte er. »Durch die Gnade Gottes und den Arm Seiner Majestät erstreckt es sich bis in die äußersten Enden des Erdballs. Unsere Armeen sind uns vorausgegangen; sie haben unseren Missionaren die entferntesten Länder zugänglich gemacht.«[17] Der protestantische Eifer mußte sich jedoch eine Zeitlang damit zufriedengeben, den deutschen lutherischen Missionaren, die in den dänischen Siedlungen

Südindiens arbeiteten, Mittel der »Englischen Gesellschaft zur Verbreitung der christlichen Erkenntnis« zur Verfügung zu stellen. Die Spende belief sich in den siebziger Jahren des 18. Jahrhunderts auf jährlich tausend englische Pfund, eine Summe, die kein besonders lebhaftes Gefühl für die Dringlichkeit der Evangelisierung des Subkontinents anzeigte.[18] Immerhin begann die Flut aufzulaufen. Zwar schloß sich 1788 nur ein einziger britischer Missionar den Lutheranern an, aber in England gewann der Evangelisierungsimpuls unter den Angestellten der Kompanie in Bengalen an Kraft. 1793 wurden im Parlament die Klauseln eines Gesetzes gestrichen, die der Kompanie die Sorge für die »religiöse und moralische Besserung« Indiens übertrugen, und noch im selben Jahr kam ein Baptist als erster englischer Missionar in die Niederlassungen der Kompanie. Er fand keine sehr herzliche Aufnahme bei seinen Landsleuten und reiste bald wieder ab, um dann in einer dänischen Siedlung bei Kalkutta zu leben. Aber als die Erneuerungsbewegung die öffentliche Meinung mit allem Nachdruck auf die britische Regierung ansetzte, änderte sich die Situation völlig.

Das Christentum war die ursprüngliche und entscheidende Matrix der abendländischen Kultur gewesen, und ein großer Teil seiner Botschaft war in das ererbte Konglomerat an Grundanschauungen dieser Kultur eingegangen. Das Verlangen, das christliche Licht in die Dunkelheit zu tragen und den Unwissenden zu helfen, konnte sogar von religiös nicht gebundenen Menschen verstanden werden. »Über Heidenländern weit herrscht noch immer Dunkelheit«, sangen die Missionare (wenn sie englische Protestanten waren); sie waren überzeugt, die Dunkelheit mit dem Licht des Christentums durchdringen zu können, und kämpften darum oft um einen hohen Preis persönlichen Leidens und der Selbstaufopferung. Den meisten Missionaren fiel es nicht schwer, ihr Werk als einen geistigen Kreuzzug zu betrachten. Viele von ihnen übten scharfe Kritik an dem Verhalten der Europäer in ihren Kolonien und verurteilten sie im Namen der abendländischen und christlichen Normen, deren Aufrechterhaltung sie von der Kolonialregierung erwarteten. Dennoch stellte der missionarische Eifer eine enorme Stärkung des Imperialismus dar: Europäische Herrschaft konnte gerechtfertigt werden (was durch die päpstlichen Schreiben an Heinrich den Seefahrer auch tatsächlich geschehen war), wenn sie die Siege des Kreuzes schirmte und konsolidierte.

Es war natürlich im Grunde nichts Neues, Seelen retten, Licht in die Dunkelheit bringen, Idole stürzen zu wollen. Der gegenreformatorische Enthusiasmus der portugiesischen Geistlichkeit des 16. Jahrhunderts hatte die Hindu-Tempel in Goa zerstört, die Ausübung des Hinduismus, Buddhismus und Islam verboten und Versuche provoziert, sich der heiligen Schriften dieser Religionen zu bemächtigen, hatte einen Bann auf das rituelle Bad der Hindus gelegt, Gewalt gebraucht, um Waisen zu bekehren, und die Polygamie verurteilt.[19] Es ist niederschmetternd, wenn zugegeben werden muß, daß solche Schritte wirksam waren. Goa wurde innerhalb weniger Generationen christianisiert, die Ausmerzung des »Suttee« (der Verbrennung einer Hindu-Witwe auf dem Begräbnisscheiterhaufen ihres Mannes bei lebendigem Leibe) durch die Einführung von Ketzergerichten und Judenverbrennungen »ausgeglichen«. Die Portugiesen waren sich genau wie andere, in ihrem Vorgehen weniger radikal verhaltende europäische Missionare, im

19. Jahrhundert ihrer Sache völlig sicher, wenn sie einheimische Kulturen zerstörten, die mit ihren eigenen Vorstellungen von einer allgemeingültigen Moral nicht übereinstimmten.

Die Erfolge, die so errungen wurden, waren nicht lediglich geistiger Art; sie fanden ihren konkreten Ausdruck häufig auch in der Heilung von Kranken und in der Erziehung. Dem konnten alle zustimmen, die daran glaubten, die abendländische Kultur, in der sie aufgewachsen waren, sei allem anderen, was die Welt zu bieten hatte, unbestreitbar überlegen und müsse Nicht-Europäern vermittelt werden. Nur sehr wenige Europäer dachten jemals daran, die abendländische Kultur könne von dem, was die übrige Welt zu bieten hatte, etwas lernen. Einer von den wenigen war Sir William Jones, der »Vater der Indologie«.[20] Er kam 1783 nach Indien, schon damals ein Orientalist von Rang (er hatte in Harrow damit begonnen, sich selbst Hebräisch und die arabische Schrift beizubringen) und Autor mehrerer Bücher, darunter einer persischen Grammatik. Seine Ankunft wurde von den Engländern in Bengalen begrüßt, die sich, von Warren Hastings dazu ermuntert, dem wissenschaftlichen Studium der indischen Geschichte, Sprachen und Institutionen gewidmet hatten. Jones scheint elektrisierend und anregend gewirkt zu haben: 1784 wurde die »Asiatische Gesellschaft« gegründet, ein Meilenstein in der Geschichte der Orientalistik als wissenschaftlicher Disziplin. Der erste Band der Publikationen der Gesellschaft, »Asiatische Forschungen«, erschien 1789 und erregte in der britischen Hauptstadt nicht nur Aufmerksamkeit, sondern gar Bewunderung. Jones betonte nachdrücklich den Eigenwert des literarischen und religiösen Erbes der Inder. Gewiß, er war weiterhin der Meinung, daß die Inder von Engländern regiert werden sollten, deren Geist durch liberale Ideen und dank gültiger Grundsätze aufgeklärt war, aber dennoch machte er eine Neueinschätzung der indischen Vergangenheit möglich, die für die spätere Entwicklung des indischen Nationalbewußtseins von größter Bedeutung sein sollte – eines Selbstbewußtseins, das dringend benötigt wurde, als sich die Inder mit der anscheinend stets erfolgreichen Durchschlagskraft der abendländischen Kultur konfrontiert sahen.

Trotzdem gab es in Indien Hunderte von anderen Weißen, die, soweit sie überhaupt jemals über ihren Profit hinausblickten, in dem Land, dem sie dienten und das sie kultivierten, nur wenig anderes als Barbarei und Aberglaube entdeckten. Sowohl Utilitaristen als auch evangelische Christen waren gleichermaßen entsetzt über solche Dinge wie den »Suttee«, und die Kinderheirat, empört über die Tötung weiblicher Säuglinge. Deshalb verstärkte und ergänzte die Missionstätigkeit lange Zeit die Machtpolitik, welche Herausforderung sie auch für diese auf lange Sicht gesehen darstellen mochte. Ein evangelischer Direktor der Ostindienkompanie drückte das mit folgenden Worten so aus: »Das höchste Ziel ist die moralische Besserung. Die herausragende Güte der vom Evangelium gelehrten Moralität und die überlegene Wirksamkeit dieses gottgegebenen Systems in all seinen Aspekten bei der Verbesserung der Lage der menschlichen Gesellschaft kann von denen, die seine höheren Ansprüche nicht anerkennen wollen, nicht geleugnet werden; und einzig aus diesem Grund ist ihre Verbreitung zum Segen der Menschheit unerläßlich.«[21]

△△ Kalkutta: 1849 wurde St. Paul, die erste anglikanische Kathedrale in Asien, fertiggestellt (danach zerstörten zwei Erdbeben den Turm)

△ Goa: Portugiesischer Barock in Indien zur Zeit der Gegenreformation

So paßte die generelle »Abendländischkeit« der missionarischen Bewegung in den Rahmen einer monolithischen kulturellen Übermacht über viele kolonisierte Völker. Ob ein Missionar jetzt dieser oder jener Kirche angehörte, änderte daran nicht viel. Es ist nicht wahrscheinlich, daß die Menschen, denen die Missionare das Evangelium predigten, erkannten, was Katholiken und Protestanten in ihrer Doktrin trennte, so scharf ihr Blick für deren Attraktivität als Quellen von Profit und Begünstigung auch gewesen sein dürfte.

Der moralische Universalismus erhielt starke Unterstützung durch das wachsende Bewußtsein der materiellen Überlegenheit, das im Laufe des 19. Jahrhunderts den letzten Rest von Ehrfurcht und Respekt vor der nicht-westlichen Welt immer rascher untergrub. Eine intensivere wissenschaftliche Beschäftigung mit anderen Kulturen und mit der Anthropologie vermochte das nicht aufzuwiegen: Die Bewunderung alter östlicher Weisheit wurde zu einer Sache wundersamer Käuze, die (schon immer unrealistische und einäugige) frühere Begeisterung für die angebliche Toleranz und Aufgeklärtheit Chinas, für die nicht korrumpierte Unschuld edler Wilder auf Tahiti oder für die geheimnisvolle Weisheit des indischen Brahmanen verlor sich. Es wurde Teil einer allgemeinen Auffassung, die zerfallenden Kulturen des Ostens seien bestenfalls ein pathologisches Phänomen, das behandelt werden müsse, etwas, das nur im Hinblick auf sein Potential für westliche Reform und Besserung von Interesse war. Diese Kulturen stellten in grotesker Form Hindernisse für den Fortschritt dar, wie sie im Westen schon längst durch die Einwirkung von Revolution und Veredlung beseitigt worden waren, und wurden zunehmend für unfähig gehalten, sich aus eigener Kraft zu verändern. Als Percy Bysshe Shelley, einer der Hauptvertreter der englischen Romantik und einer der bedeutendsten Lyriker Englands, die Griechen seiner Zeit, die gegen die Türken rebellierten, loben wollte, tat er das bezeichnenderweise, indem er erklärte, sie bewahrten Europa vor der gleichen »stagnierenden« Verfassung der sozialen Einrichtungen, wie sie für China und Japan kennzeichnend sei.[22]

Solche Bewertungen verstärkten die Überzeugung, daß, falls sich ihre Selbstveredlung als unmöglich erweisen sollte, diese alten Staaten wenigstens von Menschen kultiviert werden müßten, die etwas davon verstünden. Wie die langlebige ökonomische Fata Morgana von riesigen Märkten, die auf westliche Fertigwaren warteten, deutete auch diese Schlußfolgerung auf eine gewisse Realitätsblindheit hin. Es mag sein, daß Indien elementarer Formen zivilisierter Gerechtigkeit entbehrte und unfähig zu unternehmerischer Initiative und zum Wandel zu sein schien, aber die, die so argumentierten, schienen vergessen oder übersehen zu haben, daß es aus jüngerer Zeit in ihrer näheren Umgebung Beweise für eine ähnliche »Rückständigkeit« gab: Noch wenige Jahre vor der Französischen Revolution wurden Menschen in Europa wegen Hexerei verbrannt; Rußland und die Vereinigten Staaten zögerten bis in die sechziger Jahre des 19. Jahrhunderts, bis sie endlich die Leibeigenschaft abschafften; im »finstersten England« lebten Millionen im Elend; und immer noch gab es in westlichen Ländern Beweise für eine abergläubische Frömmigkeit bei den Massen. Das Fortschrittsbewußtsein konnte die Menschen jedoch dergleichen leicht übersehen lassen: Immerhin waren solche Erscheinungen ja im Rückgang begriffen.

In der Wirklichkeit vollzieht die Geschichte Drehungen und Wendungen, und das ganze Bild weist Nuancen und Abstufungen auf. Ein britischer Beamter sprach für viele, als er betonte, daß die angebliche Minderwertigkeit der indischen Untertanen Großbritanniens den Machthabern eine besondere Verpflichtung auferlege, eine Verpflichtung, die allerdings nur langfristig erfüllt werden könne. »Das wünschenswerteste Ende«, so schrieb er, »müßte für uns darin bestehen, die Eingeborenen in einem solchen Maße zu bessern, daß es für eine fremde Nation unmöglich wäre, ihre Herrschaft aufrechtzuerhalten.«[23] Häufig waren es Zivilbeamte, die sich bemühten, ihre jeweilige Kolonialregierung in unerwünschte Richtungen zu drängen. Die französische Kolonialpraxis zum Beispiel spiegelte allmählich fast überall die in Algerien entstandene offizielle Doktrin von der »Assimilierung« wider – die Indoktrinierung der einheimischen Eliten mit den Werten und Lebensformen Frankreichs und die Behauptung, sie besäßen vollen Anteil an der großstädtischen Kultur der herrschenden Macht. Die Wirkungen lassen sich noch heute in einem frankophonen Afrika erkennen, das sich ganz anders darstellt als Britisch-Afrika. Eine solche Politik mag arrogant gewesen sein, war aber nicht immer zynisch. Und daß die Franzosen noch heute stolz auf einen Mann wie den Präsidenten Léopold Sédar Senghor von Senegal sind, der ein Mitglied des französischen Senates, ein Dichter in seiner Sprache und ein Bewunderer Johann Wolfgang von Goethes war, lange bevor er Präsident eines afrikanischen Staates wurde, ist durchaus verständlich.

Kulturelles Selbstvertrauen wurde mit der Zeit zu einer Stütze einer inhaltsreichen und manchmal systematischen Reichsideologie, aus der man leichter einzelne und unvollständige Aussagen zitieren kann, als daß man sie verständlich dargestellt findet. Ein viktorianischer Gouverneur in Indien, Fitzjames Stephen, faßte in einer eindrucksvollen Passage präzise zusammen, wie sich diese Ideologie in britischen Augen darstellte: »Die wesentlichen Bestandteile der europäischen Kultur sind Friede, Ordnung, der Supremat des Rechts, die Verbrechensverhinderung, die Beseitigung von Übelständen, die Durchsetzung von Verträgen, die Fortentwicklung und Konzentration der militärischen Stärke des Staates, die Errichtung öffentlicher Bauten, die Eintreibung und Ausgabe der für diese Ziele nötigen Mittel auf eine Weise, daß das öffentliche Interesse in höchstmöglichem Maße gefördert und das Wohlergehen und das Eigentum der Bewohner sowenig wie möglich beeinträchtigt werden, sowie die Veredlung des Volkes.«[24]

Was dabei am meisten überrascht, ist, daß nur der letzte, fast zufällig und halbherzig hinzugefügte Satzteil über ein Programm hinausgeht, das die Zustimmung jedes aufgeklärten römischen Provinzstatthalters gewonnen hätte und zugleich weitgehend auch von denen akzeptiert worden wäre, die Indien nach dem »Mutiny«, dem großen Aufstand von 1857/58, als sich verschiedene indische Regimenter gegen die Briten erhoben, regierten. Diese wollten sowenig wie möglich über das hinausgehen, was Regierung und andere Behörden unbedingt tun mußten, um die Grundvoraussetzungen für ein gesundes soziales Leben, wie sie es sich vorstellten, zu garantieren.[25] Daß aber alle diese gesetzten Ziele gut und ihre Durchsetzung offensichtlich gerechtfertigt war, daran zweifelten sie nicht. Noch um 1900 schien das Recht Europas, seine

Neu gewonnenen, eigensinnigen Völker,
Halb Teufel, halb Kinder,

zu regieren, vielen unantastbar zu sein. Der genaue Kontext dieser alarmierenden und enthüllenden Zeile entstammt einem Gedicht, das Rudyard Kipling nicht seinen eigenen Landsleuten, sondern den Bürgern der Vereinigten Staaten widmete. Er drängte sie, mit ihren »kindischen Tagen Schluß zu machen« (Amerika wurde damals noch als »junge« Nation betrachtet) und ihren Teil der »Last des weißen Mannes« zu übernehmen. Diese Last bestand darin, »den Bedürfnissen unserer Gefangenen zu dienen«. Der Preis des Zivilisierungsauftrags waren demnach Blut und Mühe. Darüber hinaus durften sie am Ende keinen Dank erwarten:

Nimm auf des weißen Mannes Last –
Und ernte seinen wohlbekannten Lohn:
Den Vorwurf derer, die du besser machst,
Den Haß der Menschen, die du schützt,
Den Schrei der Menge, die du führst
(So langsam, ach!) dem Licht entgegen.

Warum hast du die Fesseln,
Die uns banden, aufgesprengt?
Oh, geliebte ägyptische Finsternis!

Eine solche zielbewußte, sehr moralische Auffassung von Herrschaft zeigt die Komplexität kultureller Arroganz. Kipling zapfte alte Mythen von Pilgerschaft, von Leiden um der Gerechtigkeit willen, von der Notwendigkeit der Selbstvervollkommnung und Selbstdisziplin an, ja griff sogar auf das Bild des Exodus zurück. Er forderte die Amerikaner nicht auf, die Beute des weißen Mannes zu übernehmen; es ging um eine Aufgabe, nicht um eine Belohnung. Der weiße Mann, so lautet die Botschaft, ist nicht gerechtfertigt, weil er weiß ist, nicht durch seinen Besitz oder seine Macht und nicht einmal durch seine geistige und moralische Überlegenheit, sondern durch das, was er damit anfängt, durch seine Werke. Es bedurfte eines solchen Credos. Eine der Gestalten des Dichters Joseph Conrad drückt das so aus: »Die Eroberung der Erde, die zumeist bedeutet, daß man sie denen wegnimmt, die eine andere Hautfarbe oder plattere Nasen haben als wir, ist keine erfreuliche Sache, wenn man zu genau hinsieht. Was sie wettmacht, ist allein die Idee. Eine Idee, die dahintersteht; kein sentimentaler Vorwand, sondern eine Idee und ein selbstloser Glaube an die Idee – etwas, was du erbauen und vor dem du dich verneigen und dem du Opfer darbringen kannst.«[26]

Zu unterrichten war ein Weg. Die Denkmäler der Überzeugung, Bildung sei der Weg, den Geist durch Ignoranz gehemmter oder durch Aberglauben verwirrter Menschen zu erreichen, sind überall in der nicht-westlichen Welt in Form von Schulen, Universitäten, Krankenpflegeschulen, technischen Instituten zu sehen. Internate in Indien oder an der Goldküste waren ebenso eine Neuschöpfung des englischen Vorbilds, wie ein Lyzeum in Saigon oder Marokko den Versuch dar-

David Livingstone, der bedeutendste viktorianische Missionar und als Entdecker und Kämpfer gegen den Sklavenhandel von seinen Landsleuten verehrt stellte, das französische Original zu kopieren. Solche Einrichtungen verschafften Zugang sowohl zu Stellungen in der kolonialen und kommerziellen Bürokratie als auch zu der Macht und der Magie westlicher Ideen. Söhne der einheimischen Eliten und manchmal Menschen, die sich den entstehenden Eliten anschließen wollten, waren eifrig bemüht, Zugang zu solchen Institutionen zu erlangen. Reaktionäre mochten diese heftig als Vermittler einer fremden Kultur verwerfen, andere wiederum suchten in ihnen den Schlüssel zu einer Zukunft in einer sich nach dem Westen ausrichtenden Gesellschaft.

Bildung trug zur Entstehung einer neuen linguistischen Weltkarte bei: Spanisch und Portugiesisch verdrängten schon früh die Eingeborenensprachen in Zentral- und Südamerika; in der Karibik setzten sich Englisch und Französisch in bescheidenem Umfang durch; Afrika hingegen ist, linguistisch gesehen, weitgehend zwischen diesen beiden Sprachen aufgeteilt worden – »frankophon« und »anglophon« sind die Kunstworte, die von den Experten für afrikanische Angelegenheiten gebraucht werden, um die Gebiete zu kennzeichnen, in denen die eine oder andere dieser Sprachen Verwaltungs- und Bildungssprache ist. In Asien werden diese Begriffe selten verwendet, erwiesen sich doch die Schriftkulturen dieses Kontinents als ein Gut, gewachsen über Jahrtausende, das den linguistischen Einflüssen von außen widerstand. Dennoch wurde in Indien das Englische so wirksam verbreitet, daß es auch heute noch als Hauptsprache der zeitgenössischen Bildung gilt.[27] Manchmal ermöglichte jedoch erst die Einführung europäischer Sprachen die Artikulierung gewisser Gedankengänge. Als die Afrikaner in der Ära der Nachwirkungen des Kolonialzeitalters tastend nach einer neuen Grundlage für kulturelle Selbstachtung suchten, mußten sie sich eines französischen Wortes bedienen: »Négritude«. Das ist natürlich ein europäischer Begriff, der das Gegenteil von »Weiß-sein« bedeutet, und die Afrikaner, die jetzt völlig zu Recht die Aufmerksamkeit auf ihr eigenes kulturelles Erbe und ihre Einzigartigkeit lenken, benutzen oftmals Worte, die ihnen die westlichen Sprachen geliefert haben.[28]

Häufig wird übersehen, welche Bedeutung solchen kulturellen Triumphen als Kräften des Wandels wie als Beiträger zur menschlichen Wohlfahrt zukommt. Nur wenige westliche Intellektuelle scheinen es heutzutage der Mühe wert zu finden, zu fragen – und sei es auch nur in Gedanken –, ob der abendländische Einfluß in der nicht-westlichen Welt denn überhaupt jemals von Vorteil gewesen ist. Die idealistischen, wenn auch anmaßenden Argumente, die einst von eifrigen Imperialisten angeführt wurden, sind so entschieden verdammt worden, daß ihre Sache oft kein Gehör mehr findet. Es wird sogar behauptet, die Zerschlagung traditioneller Lebensformen, revolutionäre Umbrüche in friedlichen Kulturen, die Korrumpierung natürlicher einheimischer und Aufzwingung neuer, nicht passender Werte seien alles, was das Abendland der übrigen Welt eingebracht habe. Zweifellos hat es Zerstörung im Übermaß gegeben. Die Sache ist jedoch erheblich komplizierter als diese Tatsache.

Die Sklavenhaltung (hauptsächlich von Schwarzen) in den beiden Amerika und der sie fördernde Atlantikhandel werden häufig in besonderem Maße kritisiert. Selbst wenn man von dem schrecklichen Preis (Verlust der Heimat, keine Rechte, oft nur grausame Pflichten) absieht, den menschliche Individuen dafür haben

Prunk einer verwestlichten Kultur: Guayanische Würdenträger mit Gefolge (Niederländisch-Guayana 1906)

zahlen müssen (ein Preis, den alle anderen historischen Kulturen, die es je gegeben hat, unbekümmert gefordert haben), muß noch hinzugefügt werden, daß die Realität eines Sklavenlebens nahezu immer furchtbar war: Die weitaus meisten Sklavenhalter gingen erbarmungslos vor und beuteten ihre Opfer gnadenlos aus – vor allem wenn sie selbst Afrikaner waren. Es muß jedoch daran erinnert werden, daß die erste Verurteilung des Sklavenhandels von Europäern ausgesprochen wurde, nicht von Hindus, Buddhisten und Muslimen (Mohammed hatte lediglich festgelegt, daß seine Anhänger sich nicht untereinander versklaven durften und daß sie sich Verdienste erwerben konnten, wenn sie ihre eigenen Sklaven emanzipierten), und ebensowenig haben das die afrikanischen Häuptlinge getan, die nicht nur Untertanen anderer, sondern auch ihre eigenen in die Sklaverei verkauften.

Der Islam hat sich im Hinblick auf die Abschaffung der Sklaverei höchst resistent gezeigt. In Ostafrika und im Sudan florierte der Sklavenhandel in der zweiten Hälfte des 19. Jahrhunderts wie nie zuvor, und selbst Gordon Pascha, der britische Generalgouverneur in Ägypten und Sudan, fühlte sich verpflichtet, ihn zu legalisieren, als er in Khartum war. Nach seinem Tod im Jahre 1885 expandierte dort der Sklavenhandel unter den aufständischen Mahdisten, den siegreichen Anhängern des muslimischen Derwischordens der Sammanija (die meisten verkauften Sklaven waren junge Äthiopierinnen). Auf seinem Höhepunkt belief sich der Import von Sklaven in Ägypten auf zehntausend im Jahr (der drei Monate dauernde Marsch

Bildnis eines Weißen. Belgischer Beamter, zu Beginn des 20. Jahrhunderts von einem kongolesischen Künstler dargestellt

nach Norden kann nicht sehr viel weniger grausam gewesen sein als die Schrecken der Überfahrt nach Amerika auf dem Zwischendeck). Gegen 1786 lautete eine weitere Schätzung, daß jährlich dreißigtausend Sklaven auf dem Seeweg nach Arabien exportiert wurden.[29] Es überrascht nicht, daß es einen beträchtlichen Widerstand gegen eine Einmischung in das Geschäft der arabischen Händler gab oder daß die Sklavenhaltung in der islamischen Welt nur langsam ausstarb (wie vor einigen Jahren der Fall eines saudischen Prinzen zeigte, der die Freilassung von Sklaven ankündigte, die er eigentlich gar nicht besitzen durfte).

Am Ende war es westliche Stärke, die die arabische Sklavenhaltung zügelte (allerdings nie völlig ausrotten konnte): Nachdem man lange diplomatischen Druck ausgeübt hatte, war es schließlich nur die Drohung mit Gewalt, die den Sultan von Sansibar dazu bewegte, 1873 seinen Sklavenmarkt zu schließen und drei Jahre später den Sklavenhandel auf dem Landweg als illegal zu erklären; in Ägypten war es das von den Briten beherrschte Regime, das damit unmittelbar vor Ende des 19. Jahrhunderts Schluß machte; die türkische Verfassung von 1876 – die allen Angehörigen des Reiches persönliche Freiheit garantierte – wurde erst durchgesetzt, als 1908 die »Jungtürken«, eine dem Westen zuneigende Gruppe, die Macht ergriffen. Es ist auch interessant, daß, als die Italiener während des Ersten Weltkrieges die libysche Saharalandschaft Fezzan (die sie von den Türken erobert hatten) aufgaben, dort sofort wieder ein Sklavenmarkt errichtet wurde. In den zwanziger Jahren unseres Jahrhunderts begannen sich schließlich die Zeiten in den islamischen Ländern rascher zu ändern, als Afghanistan (1923 und 1931), der Irak

(1924), Iran und Transjordanien (1929) das Gesetz der Sklaverei abschafften. Es ist eine Ironie der Geschichte, daß in Äthiopien, dem einen der beiden christlichen Staaten Afrikas (der andere war Liberia), die Sklaverei erst von den Italienern förmlich aufgehoben wurde, als Mussolinis Streitkräfte 1936 das Land besetzten. Die letzte offizielle Aufhebung erfolgte dagegen erst 1980 (!) in Mauretanien.

Die Möglichkeit, daß die abendländische Kultur mit der Sklaverei ein Ende machen würde, war der Grund dafür, daß manche Afrikaner ihr Auftauchen auf dem Schwarzen Kontinent begrüßten, was immer ihre nationalistischen Nachfolger heute davon halten mögen. Edward Blyden, ein Westindier, der von dem nigerianischen Volk der Ibo abstammte, schlug 1851 als erster in dem für freigelassene Sklaven geschaffenen neuen Land Liberia seine Zelte auf (er wurde später liberianischer Gesandter in London). Blyden lenkte die Aufmerksamkeit darauf, daß die Kultur der Weißen den Liberianern bei der Beseitigung des Sklavenhandels und der Stammeskriege Hilfe leisten konnte. Deshalb war er, obwohl er seine Landsleute vor dem westlichen Materialismus und der westlichen Gottlosigkeit warnte und ihnen die Bedeutung ihres afrikanischen Erbgutes bewußtmachte, dennoch sicher, der weiße Einfluß sei eine Kraft zum Guten. Das war mehr als eine fromme Hoffnung: Einzig und allein die westliche kapitalistische Gesellschaft schuf ein weltweites Meinungsklima, das es heute den Ländern, in denen noch Sklaven gehalten werden, unmöglich macht, für diese Tatsache einzutreten.[30]

Natürlich handelt es sich hier nicht um etwas, das sich mit einem schlichten Schwarz-Weiß-Gegensatz erfassen läßt. Die Aufklärer, deren Angriffe auf die Sklaverei zu ihrer Abschaffung durch die französischen Revolutionsversammlungen anregten, mußten erleben, daß die wieder eingeführt wurde, nachdem sich ihre Landsleute nach Sklavenaufständen in Westindien zunehmend bedroht fühlten (Robespierre äußerte dabei die Ansicht, die Anti-Sklaverei-Lobby werde von den Briten unterstützt). Die beiden bedeutsamsten Daten im Prozeß der Aufhebung der Sklaverei sind Daten der britischen Geschichte: 1807 wurde der Sklavenhandel im britischen Empire illegal, 1833 die Sklaverei schlechthin.[31] Das war von entscheidender Bedeutung, nicht nur weil es so viele britische und kolonialbritische Sklavenbesitzer gab, sondern auch weil der Sklavenhandel weitgehend vom Transport auf dem Seeweg abhing und Großbritannien dank seiner Flottenstärke die Meere kontrollieren konnte. Der moralische Druck, den die Abolitionisten – Angehörige einer Bewegung zur Abschaffung der Sklaverei, die 1787 gegründet wurde – ausübte, war am Zustandekommen dieser Maßnahmen entscheidend beteiligt. Jener Druck wurde nicht nur durch Sorge aus christlicher Sicht ausgelöst, sondern auch durch den Humanismus der Aufklärung – Engländer wie Kontinentaleuropäer hatten ihren Raynal gelesen. Skeptische Historiker sind beachtlich weit gegangen, um zu demonstrieren, daß die britischen Reformer es leichter hatten, als sie erwartet haben mochten, weil die Entwicklungstendenz der kapitalistischen Gesellschaft auf ihrer Seite war.[32] Aber auch das sagt schwerlich genug über ihren einzigartigen Beitrag aus. Es erhöht vielmehr ihren Anspruch auf Bewunderung, denkt man an ihre taktische Fähigkeit, einen passenden Augenblick und die richtige Argumentation zu wählen. Es erklärt auch noch nicht die Tatsache, daß allein die westlich-abendländische Kultur aus eigenem Antrieb die Sklaverei abschaffte (keine

Der Kongo, faktisch als Privatbesitz des belgischen Königs regiert, war berüchtigt wegen der Grausamkeit und Habgier seiner Gouverneure, die nur darauf aus waren, hohe Gewinne aus den Gummiplantagen zu erzielen

andere Kultur hat das jemals getan). Was noch wichtiger ist: Sie tat es häufig zu einem hohen Preis. Die Amerikaner führten einen langen, blutigen Krieg über der Frage nach dem Schicksal der Sklaverei, bevor sie schließlich in den Vereinigten Staaten abgeschafft wurde. Außerdem waren es westliche Länder, die am Ende von jedermann die Einstellung des Sklavenhandels erzwangen (wenn auch in einigen islamischen Ländern, die lange Zeit diesem Wandel unzugänglich waren und bis heute noch nicht dem vor hundert Jahren wirksam eingesetzten Druck nachgegeben haben, ohne vollen Erfolg). Die westliche Auseinandersetzung über die Sklaverei selbst in der Zeit, als der Handel seinen Höhepunkt erreichte, beweist die selbstkritische Kraft der abendländischen Kultur und ihre Fähigkeit, Korrektive für eigene Ausschreitungen zu entwickeln. Das protestantische Gewissen war nur eines dieser Korrektive, die auch heute noch ihre Wirkung haben. So hat die 1839 gegründete »Britische und Ausländische Gesellschaft gegen die Sklaverei« ihren modernen Abkömmling in der »Anti-Sklaverei-Gesellschaft für den Schutz der Menschenrechte«.

Im Laufe der Zeit haben viele ihre Aufmerksamkeit auf andere unglückselige – und manchmal unbeabsichtigte – Folgen der westlichen Vorherrschaft gerichtet, von denen einige nicht mehr rückgängig zu machen sind. Erst seit kurzem beginnt man sich ernste Sorgen wegen der Ausbeutung der Umwelt zu machen, obwohl das

Problem weder neu noch auf den Westen beschränkt ist – im Laufe der Jahrhunderte sind in Südchina mit katastrophalen Konsequenzen 670 Millionen Morgen Waldland gerodet worden, als die Chinesen in den Süden wanderten.[33] Jüngere Ereignisse sind besser bekannt: Die Wale im südlichen Atlantik wurden, innerhalb weniger Jahrzehnte nachdem der englische Weltumsegler James Cook über ihre große Zahl berichtet hatte, nahezu ausgemerzt; schon zu Beginn des 19. Jahrhunderts waren die Robben und Otter an der nordwestlichen Pazifikküste Amerikas praktisch ausgerottet; das hochgeschätzte Sandelholz von Hawaii und den Fidschi-Inseln war bereits 1830 abgebaut. Jetzt (so sagen manche) sind die großen brasilianischen Regenwälder in Gefahr und dadurch die Atmosphäre selbst – die Liste kann beliebig verlängert werden.

Auch soziale Veränderungen hatten sich infolge wirtschaftlicher Neuerungen rasch eingestellt und waren nahezu unkontrollierbar. In Britisch-Indien machte die Ausweitung eines wirksameren Rechts- und Ordnungssystems im 19. Jahrhundert Geldverleihgeschäfte erheblich sicherer – eines der Ergebnisse war um 1900 ein unverhältnismäßiges Anwachsen der Kaste der Geldverleiher und eine ebenso unverhältnismäßige Zunahme der bäuerlichen Verschuldung. Dann gab es eine Verschleppung von Krankheiten in andere Teile der Welt durch die Europäer: Eine katastrophale Bevölkerungsabnahme folgte der spanischen Besetzung der karibischen Inseln; die indianischen Völker in Nordamerika wurden durch Windpocken, Masern und Alkoholismus buchstäblich hinweggerafft; in kleinen melanesischen und polynesischen Gemeinwesen schossen die Todesraten nach der Ankunft europäischer Schiffe, die Influenza und Geschlechtskrankheiten mitbrachten, in die Höhe. Aber auch Europa blieb von schrecklichen Seuchen nicht verschont, von Epidemien, die ihren Ursprung außerhalb des Abendlandes hatten. Die Malaria scheint in der christlichen Frühzeit von Westafrika nach Europa eingeschleppt worden zu sein, und China war zu allen Zeiten ein großes Reservoir für die Pest, die von Zeit zu Zeit über den Mittleren Osten immer wieder nach Europa gelangte und Epidemien hervorrief, von denen der Schwarze Tod nur die bekannteste ist. Sozusagen zum Ausgleich konnten Medizin und Biologie der westlichen Wissenschaft dagegen epidemische Krankheiten zurückdrängen.

Zwei Seiten hatte auch die Einführung neuer Feldfrüchte und Tiere in die nicht-westliche Welt und deren Rückwirkungen. Im Prinzip war an solchen Veränderungen nichts Neues, waren die Europäer lediglich die letzten von vielen Vermittlern. Asiatische Bananen, Yams- und Wasserbrotwurzeln kamen zuerst via Madagaskar, wo die Indonesier sie angepflanzt hatten, nach Afrika; Java lernte vom Jemen, wie man Kaffee anbaut; die Muslime brachten Orangen und Zitronen nach Europa (was die Neuzeit daran änderte, war lediglich Umfang und Geschwindigkeit solcher Transfervorgänge, Resultat der westlichen Manipulierung der natürlichen Ordnung). Mais, süße Kartoffeln und Erdnüsse wurden von Europäern nach China gebracht, Reben nach Madeira, Nord- und Südamerika, Afrika und Australien; Maniokstraucher gingen nach Westafrika, Chili, Kartoffel und Tabak nach Indien. Solche Vorgänge schufen manchmal ganz neue Gesellschaften. Das entscheidende biologische Ereignis in der Geschichte Australiens bestand nicht etwa in der Ankunft der Europäer, sondern in der der Schafe, die sie in den neunziger

Von William Wilberforce, dem parlamentarischen Führer der britischen Anti-Sklaverei-Bewegung, wurde gesagt, er habe, »obwohl von der Verderbtheit der menschlichen Natur überzeugt, fast jedes einzelne menschliche Wesen geliebt«. Das Schiff ist ein Modell, das nach seinen Angaben angefertigt wurde, um zu zeigen, welchen Bedingungen die Sklaven an Bord eines Sklavenschiffes ausgesetzt waren

Die goldenen Vliese Australiens: Wolle bildete das Rückgrat der Wirtschaft des neuen Landes. »Das Scheren der Widder« von Tom Roberts (1890)

Jahren des 18. Jahrhunderts einführten, denn sie machten Neu-Südwales dadurch zu einem entwicklungsfähigen Siedlungsgebiet.

Manchmal dauerte es lange, bis gewisse Wirkungen offenbar wurden, aber die Integration vorher lokaler Märkte in ein Weltwirtschaftssystem zeitigte über kurz oder lang immer enorme Konsequenzen. Es gäbe beispielsweise die malaiische Gummiindustrie nicht, hätten Europäer den Baum nicht von Südamerika eingeführt. Und man hätte sich kaum der Mühe unterzogen, das Experiment zu realisieren, wenn nicht durch das Aufkommen des Luftreifens und hundert anderer Bereiche, in denen die Industrienationen Gummi verwendeten, die Nachfrage nach dem Rohstoff nicht erheblich gestiegen wäre. So erfolgte in Malaya zwangsläufig eine gewaltige Umstrukturierung weiter Teile der Kulturlandschaft, die oftmals umwälzende Folgen für die dort lebenden Gemeinschaften nach sich zog. Der Gummi sorgte so für neue und unterschiedliche Arbeitsplätze, ließ als Ergebnis von Veränderungen durch einen relativ hohen Wohlstand in einem Großteil der Dörfer neue Verwandtschaftsverhältnisse entstehen, führte zur Schaffung neuer Überwachungs- und Leitungsfunktionen und letztendlich auch zu unterschiedlich hohen Löhnen. Durch den Gummi ergab sich auch eine neue Abhängigkeit vom Auf und Ab der internationalen Nachfrage nach den Feldfrüchten, mit deren Pflege und Ernte die einheimischen Arbeitskräfte sich ihren Lohn verdienten. Schließlich vermittelte er der malaiischen Halbinsel auch eine neue strategische Bedeutung, womit in das internationale Spiel der Kräfte ein weiteres besorgniserregendes Element eingeführt wurde.

Manchmal war die machtpolitische Einflußnahme in besonderer Hinsicht eindeutig negativ. Durch die Errichtung der Kolonialherrschaft wurden freie Märkte in einigen Teilen Afrikas eingeschränkt. Europäische Güter traten an die Stelle der traditionellen Produkte des einheimischen Handwerks.[34] Manche indischen Textilhandwerker und Kleinproduzenten von Textilwaren litten beispielsweise schwer unter der Konkurrenz von Englands Lancashire – eine Tatsache, an die man sich angesichts der Klagen, die heutzutage manchmal wegen billiger ausländischer Importe nach Europa zu hören sind, vielleicht häufiger erinnern sollte.[35] So war schließlich für weite Teile der Welt die Umstellung ihrer Wirtschaft auf den Anbau leichtverkäuflicher Landbauprodukte geradezu unausweichlich. In Afrika spezialisierten sich allmählich manche Kolonien auf die Massenproduktion von Kakao, Erdnüssen, Palmöl und Nutzholz. Dadurch wurden sie in den Kreislauf der Weltmärkte und das Auf und Ab einer Wirtschaft hineingerissen, deren Rhythmen in weiter Ferne entstanden. Den menschlichen Beziehungen wurde immer mehr ein bestimmter Geldwert beigelegt, und das führte zu ungleich verteilten Nutzen und Lasten. Es gab zahllose Wirkungen und Verästelungen solcher Art. Sie traten als Ergebnis faktisch immer neuer ökonomischer Unternehmungen auf, zu denen die Industrienationen andere Gesellschaften ermunterten – und faktisch auch als Folge der sich in den Kolonien ergebenden Notwendigkeit, mit neuen Steuerforderungen fertig zu werden. Im tropischen Afrika pflegten manche Menschen von französischen Territorien auf britische überzusiedeln, um dort das Geld zu verdienen, das sie zu Hause als Steuer entrichten mußten.

Selbst in früheren Epochen hatte der abendländische Ansturm auf die übrige Welt immer mehrere Seiten, und der westliche Imperialismus war stets von einem schlechten Gewissen begleitet. Von Las Casas' Unbehagen über die Behandlung der amerikanischen Ureinwohner bis zu den Anwürfen des Abbé Raynal gegen das Kolonialregime, von den Angriffen gegen Warren Hastings und dem Mißtrauen

1925: Das Anzapfen der Gummibäume in Britisch-Malaya

gegenüber den »Nabobs«, den Reichen, die in Indien ihr Vermögen machten, bis zum Aufschrei über die Grausamkeiten auf den Gummiplantagen im Kongo unter König Leopold von Belgien – Jahrhundert für Jahrhundert hielt die Kritik an. Zu Beginn unserer Tage war sie bereits sehr lautstark geworden. Wenn sie manchem erst noch fällig zu sein scheint, so sollte bedacht werden, daß in Europa selbst erst vor kurzem die Idee, eine Regierung müsse das Wohl der Regierten suchen, allgemein akzeptiert worden ist – auf die Kolonien bezogen, hieße das demnach die Idee der Treuhänderschaft. Erst im 19. Jahrhundert wurde sie im größten Teil Europas in aller Form eingeführt. Von keiner anderen imperialen Kultur ist sie jemals als etwas Selbstverständliches akzeptiert worden. Machtpolitik mag sich oft in offener Brutalität äußern, aber das ist niemals alles. Selbstkritik konnte auch in Politik umgesetzt werden; der schlimmen Geschichte des Burenkriegs wie den unmenschlichen Ansichten von Strategie und Umgang gegenüber den Einheimischen lag der Unterschied zwischen den Vorstellungen der Buren und der Briten über das zugrunde, was man dem Schwarzafrikaner schuldete. Die Selbsterforschung mag ihren Höhepunkt in unseren Tagen erreicht haben, viele Europäer aber

THE RHODES COLOSSUS

Cecil Rhodes, gleichermaßen bewundert, verabscheut und mit Mißtrauen betrachtet, jedoch unbestreitbar ein Visionär des Imperialismus haben den Imperialismus schon öffentlich verurteilt, lange bevor das in gewissen Kreisen gesellschaftsfähig wurde.

Die Ausweitung der westlichen Einflußsphäre war kein simpler, geradliniger Prozeß der Fremdüberlagerung, sie kam vielmehr durch ein komplexes, widersprüchliches Bündel von Kräften zustande, von denen die einen die Wirkungen der anderen neutralisierten oder vereitelten oder aber verstärkten. Alles hing davon ab, wer wen »verwestlichte«.[36] Was aber auch immer die Voraussetzungen waren – wenn man auf der Empfängerseite stand, war es zweifellos schwierig, säuberliche Unterscheidungen zu würdigen. »In der Physiologie des Kolonialismus sind es die Ergebnisse, nicht die Motive, auf die es ankommt«, ist sehr richtig festgestellt worden.[37] Stets unterwarfen sich manche dem im Gang befindlichen Prozeß, andere widersetzten sich ihm. Stünden uns ihre Aussagen zur Verfügung, dann würden sicher viele dem zugestimmt haben, was 1911 Charles Domingo aus Njassaland, dem heutigen Malavi, einmal gesagt hat (der die Dinge sehr gut in einer Sprache zusammenfaßte, die um so eindringlicher wirkt, als sie nicht seine eigene war): »Die drei Körperschaften – Missionare, Regierung und Gesellschaften oder Geldgewinner – haben es sich zur Regel gemacht, die Eingeborenen mit spöttischen Blicken zu betrachten. Manchmal sind wir überrascht zu sehen, daß diese drei vereinigten Körperschaften aus Europa kommen und die Bezeichnung Christenheit tragen ... Wenn wir mächtig genug wären, uns mit Europa in Verbindung zu setzen, würden wir den Menschen dort raten, sich nicht Christenheit, sondern Europäerheit zu nennen ... Die Lebensweise der drei vereinigten Körperschaften ist wirklich allzu trügerisch, allzu räuberisch, allzu zynisch.«

XI.
Reaktionen und Wirkungen

Die Europäer vergaßen, wußten vielleicht nie wirklich, in welchem Maße die Menschen, die ihrem Einfluß unterworfen wurden, untereinander verschieden waren. Hinter simplen, verächtlichen Kennzeichnungen (»Mohren«, »Eingeborene«, »Nigger«) verbargen sich Hunderte von verschiedenen Kulturen. Die kulturelle »Mischung«, die das Endergebnis des Zusammentreffens der übrigen Welt mit dem Westen war, besaß nie einen spezifischen Charakter, keine spezifische Qualität oder Stärke. Sie konnte innerhalb derselben Kulturzone stark variieren. »Islam« etwa ist eine Abstraktion; das Wort verschleierte die Vielfalt der Realitäten in Arabien, Malaysia, Afrika oder China; und die sunnitische Türkei und der schiitische Iran reagierten unterschiedlich auf westliche Einflüsse (und die Unterschiede sind bis heute spürbar). Zudem gab es in fast allen Kolonien Auseinandersetzungen um den Status, der den Anschauungen der westlichen Regenten wohl am ehesten entsprechen konnte, um die Gunst, die sie schenkten, um die Gelder, mit denen sie Verbündete belohnen konnten. Es mußte vielfältige Resultate geben, selbst wenn es eine monolithische »westliche« Kultur gegeben hätte, die ihren Einfluß geltend gemacht hätte. Die Vielfalt der Reaktionen auf den Westen zeigte sich am offensichtlichsten in Asien, beheimatete es doch gegenüber Afrika oder Australien große und alte Kulturen. Das bedeutete sehr unterschiedliche, manchmal schöpferische Antworten auf die westlichen Herausforderungen. China ist das herausragende Beispiel.

Zu Beginn des 19. Jahrhunderts waren das historische Gewicht und das Ansehen der chinesischen Kultur groß. Über Jahrhunderte hinweg gab es im Einflußbereich Chinas nie ein Zentrum zivilisatorischer Macht, das fähig gewesen wäre, die chinesische Übermacht herauszufordern. Sicher geborgen hinter den Bergen und Regenwäldern im Süden und den Wüsten und der Großen Mauer im Norden, hatte ein chinesisches Imperium fast zweitausend Jahre lang die chinesischen Völker beherrscht und manchmal weit über jene Grenzen hinaus Einfluß genommen und Ansehen gewonnen. Für eine kürzere Zeit – und doch jahrhundertelang – waren die Eliten, die dieses Imperium in Gang hielten, dank eines bemerkenswerten Systems der Auswahl durch Prüfungen in denselben Wertvorstellungen und Geisteshaltungen aufgewachsen, nämlich in denen des Konfuzianismus. Trotz aller Vielfalt der ethnischen Ursprünge, Religionen, Landschaften und Sprachen innerhalb seiner Grenzen war China einzigartig, eine erfolgreiche, glänzende Kultur, die faktisch identisch war mit einem großen Reich, mit einer kulturellen Größe, die in einer intensiv betriebenen Agrarwirtschaft, in einem straff organisierten Familienleben, in einer hauptsächlich aus seiner Oberschicht rekrutierten bürokratischen Verwaltung wurzelte.[1]

Im Jahre 1800 wurde China von einem Kaiser der Ching-Dynastie regiert, dessen Vorfahren im 17. Jahrhundert durch barbarische Eindringlinge auf den Thron gehoben worden waren. Die Barbaren waren aus dem Norden von jenseits der Mauer, aus der Mandschurei, in China eingedrungen. Innere Schwäche hatte das Reich oft genug Überfällen von außen ausgesetzt; auf diese Weise war die Mongolendynastie in China an die Macht gekommen, als Marco Polo dem Kaiserhof seine Besuche abstattete. Aber selbst wenn die Barbaren die Mauer überwanden und eine Dynastie stürzten, mußten sie sich am Ende immer der kulturellen Überlegenheit Chinas beugen. Das ungeheure Prestige und die spektakulären Leistungen der chinesischen Kultur schüchterten sie förmlich ein. Wie die germanischen Völker, die in Europa das Erbe des alten Römischen Reiches antraten, unterwarfen sie sich dem, was sie vorfanden – sie wurden zivilisiert. Mochten sie auch neue »Barbaren-Dynastien« gründen, so begannen diese bald, im Rahmen der konfuzianischen Ideen zu regieren. Das Mandschu-Königtum war tatsächlich bereits konfuzianisch und halb chinesisch geworden, bevor es 1618 das Ming-Reich offen angriff. Die Ching-Kaiser sollten die letzten Kaiser barbarischer Abstammung sein, aber das kann 1800 niemand gewußt haben, sowenig wie jemand wissen konnte, daß sie sich eines Tages der schlimmsten und letzten Herausforderung gegenübersehen sollten, der China je ausgesetzt war, und daß ihr Reich das nicht überleben sollte.

Schon zu Beginn des 19. Jahrhunderts standen die Ching-Kaiser vor großen Schwierigkeiten. Hungersnöte und Überschwemmungen, Bauernaufstände und eine hundert Jahre andauernde Inflation waren die Hauptursachen und -symptome. Man hätte vielleicht mit diesen Problemen fertig werden können,[2] doch konnte man sie nur mit traditionellen Mitteln angehen, und dies in einem Augenblick, in dem die Europäer begannen, stärker auf Freiheiten innerhalb des Reiches zu drängen, ein Vorgang, der China noch mehr schwächen mußte.

Die ersten portugiesischen Galeonen waren im Jahre 1514 gelandet. Von da an trieben die Europäer fast dreihundert Jahre lang mit China Handel. Macao (das von den Portugiesen bis heute gehalten wird) war nach 1557 das Tor zum Chinahandel via Kanton, von wo die Portugiesen allerdings bald wieder vertrieben wurden. Jahr für Jahr kauften nun Europäer (meistens Engländer) chinesische Waren für die europäischen und asiatischen Märkte und verkauften Güter aus anderen Teilen Asiens an die Chinesen. Tee, Porzellan, Seide waren im Abendland sehr begehrt, und man war dort im 18. Jahrhundert eine Zeitlang geradezu verrückt nach chinesischen Vorlagen – woran uns noch heute so unterschiedliche Objekte wie die Pagode in Kiew, Chippendalemöbel und die gekachelten chinesischen Räume in vielen europäischen Schlössern erinnern. Es gab auch einen russisch-chinesischen Überlandhandel, aber dieser hatte sein hauptsächliches Zentrum südlich des Baikalsees, in Kyakhta. Die kaiserliche Regierung tolerierte diese begrenzten Kanäle des Fremdhandels, die sie regulierte und als ein »Tribut«-System verstand.

Der Kantonhandel hatte einen Haken. Chinesische Waren mußten mit Silber bezahlt werden. Es gab keine europäischen Güter, die die Chinesen wirklich zu haben wünschten, vor allem aber keine, die sie benötigten. Manchmal zeigten sie sogar eine gewisse Verachtung für das, was ihnen angeboten wurde, obwohl sie die wissenschaftlichen Instrumente und die technischen Fähigkeiten zu schätzen wußten, die Jesuiten im 17. Jahrhundert nach China gebracht hatten. Die Überzeugung der Chinesen von der Überlegenheit ihrer Kultur schlug sich demnach in einer mangelnden Nachfrage nach europäischen Gütern nieder. Deshalb mußte chinesische Ware mit echtem Silber bezahlt werden. Lange Zeit ging ein großer Teil des Silbers aus den beiden Amerika in das »Reich der Mitte« (und das erklärt teilweise, warum der mexikanische Dollar in China lange eine gängige Münze war). Diese Situation änderte sich erst im frühen 19. Jahrhundert, als der Westen etwas entdeckte, nach dem die Chinesen verlangten, von dem ihre Regierung jedoch nicht wünschte, daß sie es erhielten: Opium.

Opium konnte in Indien leicht angebaut werden. Die britische Ostindienkompanie griff erleichtert danach, als sie feststellte, daß sie es an die Chinesen verkaufen konnte. Als der Vorrat größer wurde, schnellte die Nachfrage in die Höhe. Die Auswirkungen waren katastrophal. In den chinesischen Küstenprovinzen sollen Millionen von Menschen opiumabhängig gewesen sein. Chinas Handelsbilanz gegenüber England, bis dahin positiv, geriet in ein Defizit; Silber verließ das Land mit schlimmen Rückwirkungen auf dem Gebiet der Steuern, die gerade in dem Augenblick festgesetzt worden waren, als die Inflation umschlug. Die kaiserliche Regierung verbot den Handel und versuchte, ihn zu verhindern, aber die britischen und amerikanischen Schieber waren nicht aufzuhalten; sie verstanden es hervorragend, die öffentliche Meinung zu steuern; die englische Presse stellte sie nicht als bloße Profitjäger dar, sondern als Kulturträger.

Eine Zeitlang hatte die britische Regierung versucht, die Öffnung weiterer Häfen in China zu erreichen, um Zugang zu von ihr vermuteten großen potentiellen Märkten für Fertigprodukte zu gewinnen. Das Recht, Handel zu treiben, wurde zu einer moralischen Frage, zu einem Problem, das zwischen zwei Kulturen umstritten war. Heute mag es so aussehen, als ob an dem Eigennutz der Kaufleute, die die Droge nach China bringen wollten, nicht viel Achtenswertes gewesen war, es war jedoch von vitaler Bedeutung, daß das allgemein verbreitete Gefühl, im Recht zu sein, auf der Seite von Fortschritt und Geschichte zu stehen, für die Überwindung der Barbarei zu kämpfen, das Gewissen derer beruhigte, die diese Handelspolitik in der Heimat vertraten. Außerdem besaß auch die indische Regierung ein Interesse an diesem Handel, da die Opiumsteuer eine Haupteinnahmequelle darstellte; in den frühen dreißiger Jahren des 19. Jahrhunderts machte sie mehr als ein Zehntel des Gesamtsteuereinkommens aus.

Als ein chinesischer Funktionär in Kanton geschmuggelte Opiumladungen entdeckte und vernichtete, führte die britische Anmaßung und Überheblichkeit dazu, daß die chinesische Regierung den ersten der sogenannten »Opiumkriege« erklärte, die zu den schmutzigsten Episoden in der Geschichte des westlichen Imperialismus (die doch wahrlich reich ist an dergleichen) werden sollten. Der Krieg der Jahre 1840 bis 1842 markiert für die chinesische Orthodoxie von heute »den Beginn der modernen Geschichte Chinas«.[3] Allerdings gewannen ihn die Briten, und das versetzte dem Ansehen des Mandschu-Regimes einen empfindlichen Schlag, wenn auch noch nicht seiner Selbstsicherheit. Die Niederlage an sich war jedenfalls

Die Große Mauer, mehr als zweitausend Meilen lang und noch immer nicht vollständig vermessen: Symbol der Macht und der Abkapselung des kaiserlichen China

weniger schlimm als das, was darauf folgte. Die Erlaubnis, Opium zu importieren, war nur ein Teil dessen, was die chinesische Regierung zugestehen mußte. Innerhalb weniger Jahre zwangen einige westliche Mächte den Chinesen Verträge auf, die ihnen einen privilegierten Zugang zum kaiserlichen Territorium verschafften. Bald folgten Frankreich und die Vereinigten Staaten dem britischen Beispiel (diplomatische und kommerzielle Konkurrenz gab im 19. Jahrhundert jeder imperialistischen Intervention einen Multiplikatoreffekt, und die Engländer, von den Vorteilen des Freihandels überzeugt, versuchten Konkurrenten, die in ihre Fußstapfen treten wollten, nicht abzuhalten). In einem Zeitraum von ungefähr zwanzig Jahren mußten die Chinesen die Errichtung fremder Niederlassungen und Gerichte auf chinesischem Boden, das Recht von Ausländern auf Eigentum und auf Verkündigung des Christentums zulassen; und sie öffneten in dieser Zeit dem Handel eine sehr viel größere Anzahl von Häfen (gegen Ende des Jahrhunderts gab es um die neunzig davon). Aus diesen »ungleichen« Verträgen (so bezeichnete man sie später) ergaben sich achtzig Jahre westlicher Einflußnahme und der Zersetzung chinesischer Lebensformen durch westliche Vorstellungen und Institutionen. Plötzlich konkurrierten in China zwei verschiedene Kulturen miteinander.

Zuerst legte die chinesische Regierung keinerlei Sorge über das, was da vor sich ging, an den Tag. Das Vertragshafensystem wurde zunächst nur als Ausweitung einer bereits bestehenden Praxis betrachtet, wie sie die Duldung der portugiesischen Präsenz in Macao darstellte. Es zeigte sich jedoch bald, daß der Zusammenprall der beiden Kulturen neue Grade der Intensität erreichte und sich in vielerlei Formen vollzog; es handelte sich dabei keineswegs nur um gereizte Reaktionen auf diplomatischer Ebene. In der chinesischen Gesellschaft ging ein Wandel vor sich; ein Zeichen dafür war die dem Vertrag von Nanking folgende, sich über zwanzig bis dreißig Jahre hinziehende Schaffung einer chinesisch-ausländischen Handelsvereinigung, die stark an der Aufrechterhaltung guter kommerzieller Beziehungen zu Europa und den Vereinigten Staaten interessiert war. Ferner kam der sich vollziehende Wandel in der Ausdehnung des christlichen China zum Ausdruck, was für das Mandschu-Reich besonders nachteilige Auswirkungen nach sich zog. Noch im 17. Jahrhundert, als die Jesuiten sich eines beträchtlichen Einflusses und Prestiges am kaiserlichen Hof erfreuten, war es mit der Bekehrung von Mitgliedern der herrschenden Klasse nie wirklich vorangegangen, obwohl sich manche Jesuiten sehr dafür eingesetzt hatten, beim Adel und bei der Bildungsschicht Chinas geistlichen Nachwuchs zu suchen. So zog ein Jesuitengeistlicher anschauliche Parallelen zur Kirche im Römischen Reich, wo zuerst einheimische Priester geweiht worden waren, und war überzeugt, bald werde ein chinesischer Konstantin erscheinen.[4]

Im Jahre 1724 war die Bekehrung verboten worden, und zwei grausame Verfolgungen in den vierziger und achtziger Jahren des 18. Jahrhunderts schwächten das missionarische Werk der Europäer erheblich. 1810 gab es in China nur noch fünfunddreißig europäische Priester.[5] Nach der Aufhebung des Verbots 1841 nahmen die christlichen Missionare ihre Arbeit energischer und in einem ganz neuen Umfang wieder auf. Zuerst hauptsächlich Katholiken, später auch einige Protestanten weckten bei der chinesischen konfuzianischen Bildungsschicht bald Feindseligkeit, weil es ihnen gelang, unter den Armen und ungebildeten Konvertiten zu gewinnen. Das bedeutete eine Umwälzung der sozialen Ordnung Chinas, wurden damit doch die traditionellen Vorstellungen von Pflicht, Eigentum und kindlichem Gehorsam angegriffen. Die Protestanten, die meistens aus den Vereinigten Staaten und Großbritannien kamen, forderten die überkommene Ordnung der chinesischen Gesellschaft besonders stark heraus, weil sie häufig ihre Familien und vieles von der materiellen Kultur des Westens mitbrachten.[6]

Im Laufe des Jahrhunderts häuften sich die Angriffe auf Missionare. Die chinesische Oberschicht und die Beamten machten sich bald das abergläubische Mißtrauen des Pöbels zunutze, indem sie Geschichten über christlichen Kannibalismus verbreiteten – so förderte beispielsweise die »Rettung« chinesischer Waisen und verwahrloster Kinder diese üble Nachrede. Belästigungen und Ermordungen von Missionaren waren jedoch für die Regierung nachteilig. Es war zu befürchten, daß solche Vorgänge Drohungen seitens westlicher Regierungen, Wiedergutmachungsforderungen und manchmal sogar Strafaktionen provozierten. Was auch immer passierte, die Autorität der kaiserlichen Regierung bei ihren Untertanen würde wahrscheinlich Schaden erleiden. So war es auch, wenn chinesische Konvertiten – oder nominelle Christen – bei den Missionaren Zuflucht suchten und von dieser sicheren Freistatt aus der Polizei des Reiches trotzten.

Ein deutlich sichtbares Zeichen für das gegenseitige Unverständnis, das die Beziehungen Chinas zum Westen kennzeichneten, ist noch heute außerhalb von Peking zu sehen. Dort erbaute im Laufe der Jahrhunderte ein Kaiser nach dem anderen Residenzen, die dem Hofstaat in der Juli- und Augusthitze als Refugium dienten. Dieses Residenzviertel ist allgemein noch heute als »Sommerpalast« bekannt. Die mongolischen Kaiser waren die ersten, die daran bauten, ihre Nachfolger fügten weitere Teile hinzu. Manche Trakte des Palastes, die im 18. Jahrhundert errichtet wurden, entsprechen sogar europäischen Stilen. Die Fragmente, die heute davon noch übrig sind, gehören zu den ältesten greifbaren Zeugnissen der Wirkungen, die das Abendland auf China ausübte. So veranlaßte auch eine vorübergehende Laune des kaiserlichen Hofes im 18. Jahrhundert einen der Kaiser, einige der Jesuiten zu ersuchen, ihm Barockpaläste wie die in Europa zu entwerfen und zu bauen. Die Jesuiten entsprachen seinem Wunsch, und einige alte Stiche geben heute noch von diesem kulturellen Transfer Zeugnis.

Die barocke Kunst ging in China jedoch nicht sehr tief. Sie verbreitete sich in der chinesischen Gesellschaft nicht in dem Maße, in dem die zeitgenössischen Europäer für Chinoiserien schwärmten. Die Schlösser, in denen sie einen Ausdruck fand, blieben wie die Bauten, die ihnen vorausgegangen waren, Vergnügungsstätten für die Kaiser, bis sie – neben verschiedenen anderen – im Jahre 1860 zerstört wurden. Die, die sie zerstörten, waren wie ihre Baumeister Europäer – um exakt zu sein: englische Soldaten unter dem Kommando eines englischen Gesandten, Lord Elgin, der nach China geschickt worden war, um die Chinesen zu veranlassen, einen zwei Jahre zuvor von ihnen unterzeichneten Vertrag zu erfüllen. Der Befehl an seine Soldaten, den Sommerpalast in Brand zu stecken (vorher hatten sie und ihre französischen Waffengefährten ihn schon geplündert), zeugte keineswegs von einem Akt puren Vandalismus. Elgins Ziel hieß nicht sinnlose Zerstörung. Seinem

Die kaiserlichen Paläste in der Nähe von Peking: Im 18. Jahrhundert von jesuitischen Architekten entworfen, im 19. Jahrhundert von Lord Elgins Soldaten zerstört

Befehl war die Ermordung einiger europäischer Geiseln durch chinesische Beamte vorausgegangen, allem Anschein nach auf ausdrückliche Anordnung des Kaisers. Deshalb hielt man sich an kaiserlichem Eigentum schadlos. Die Zerstörung des Palastes sollte die Unantastbarkeit und die Macht des westlichen Rechts demonstrieren. Alle Chinesen, so der Gedanke, würden erkennen, daß selbst der Kaiser seiner Strafe nicht entging, wenn er nicht nach Recht und Gesetz handelte.

Heute erscheinen uns der Geiselmord und die Niederbrennung des Palastes nur als ein extremer Ausdruck des abgrundtiefen Unverständnisses, das zwischen China und dem Westen herrschte. Die chinesische Kultur war selbst in großen Schwierigkeiten selbstbewußt und selbstsicher geblieben. Diejenigen, die das Land regierten und seine kulturelle Elite bildeten, betrachteten die sich abspielenden Vorgänge als bloß zufällige und vorübergehende Störungen des Verlaufs, den die Dinge normalerweise nahmen. Sie waren überzeugt, daß sich die Verhältnisse am Ende wieder beruhigten, wie das in der Vergangenheit immer der Fall gewesen war. Dahinter lag die jahrhundertealte Überzeugung von der eigenen Überlegenheit und folglich auch vom Einfluß der chinesischen Kultur auf die gesamte Menschheit. Das war eine Vorstellung, die sich aus der langen, erstaunlich erfolgreichen Kontinuität der chinesischen Institutionen und aus dem Mythos von der gesellschaftlichen und kulturellen Homogenität ergab, von der die herrschende Elite ausging. Chinas politische Normen gründeten in dem Glauben daran, die Herrschaft des Kaisers, des »Himmelssohnes«, sei eine universale Herrschaft der Tugend, in der Pflichterfüllung über das materielle Interesse ging. Ihr Anspruch auf den Respekt der Menschheit war – so meinten die Chinesen – so offensichtlich wie der Anspruch des konfuzianischen Familien- oder Sippenoberhauptes auf Gehorsam und Ehrerbietung. Hier lag die Wurzel der chinesischen Reaktion auf die nicht-chinesische Welt und so auch der chinesischen Haltung gegenüber dem, was wir »auswärtige Angelegenheiten« nennen würden. Interessanterweise gab es in China kein Ministerium, das dafür zuständig gewesen wäre. Vom chinesischen Standpunkt aus gab es keine unabhängigen fremden Nationen, sondern nur nicht-chinesische Völker, die mehr oder weniger in Abhängigkeit vom Kaiser standen. Alle Menschen wurden als in gewisser Weise dem »Sohn des Himmels« unterworfen betrachtet, und von Peking aus konnte man sich die Welt am besten in einer Reihe von konzentrischen Kreisen vorstellen. China und sein Volk lagen im Zentrum, im »Kaiserreich der Mitte«, das der kaiserlichen Herrschaft unmittelbar unterstand. Rundherum lagen Zonen, in denen der chinesische Einfluß in dem Maße zurückging, in dem man sich weiter nach außen bewegte. Dennoch schuldeten alle Völker dieser Zonen dem kaiserlichen Thron Respekt und mußten das von Zeit zu Zeit dadurch zeigen, indem sie Tribut entrichteten. Es gab eine lange chinesische Tradition des erfolgreichen Umgangs mit der Eindämmung, Unterwerfung und schließlich der Absorbierung von Barbaren, die es begreiflich macht, daß man sich in Peking wegen der äußeren Beziehungen nicht sonderlich sorgte.

Seit den Zeiten der Han-Kaiser hatten die Chinesen die Welt in dieser sinozentrischen Sicht betrachtet. Um das symbolhaft deutlich werden zu lassen, mußten Fremde bestimmte rituelle Formen beachten. Eine dieser Formen war besonders wichtig und wurde »Kotau« oder förmliche Gehorsamsbezeugung genannt. Die

△△ Ch'ien-lung, chinesischer Kaiser von 1736 bis 1796, und Lord Macartney, Gesandter Georgs III.

△ Der Opiumkrieg: Die »Nemesis« im Einsatz gegen Kriegsdschunken

Holländer beispielsweise hielten sich im 18. Jahrhundert an diese Form, und so konnten die Chinesen es schwer verstehen, was später westliche Emissäre (wie Lord Macartney, der Gesandte König Georgs III. von England im Jahre 1793) davon abhielt, sich auf die gleiche zivilisierte Weise zu benehmen. Trotz all ihrer Selbstsicherheit wußten die Chinesen jedoch in Wahrheit nicht sehr viel über die Welt außerhalb Chinas. Im Jahre 1800 war dem Rat für koloniale Angelegenheiten, der für Tibet zuständig war, nicht bekannt, daß die westlichen Besucher, die im Süden dieses Gebietes tätig waren, im Auftrag der Ostindienkompanie handelten, deren Schiffe in Kanton anlegten. Und als schließlich bessere Informationen zur Verfügung standen, wirkte sich das auf die Haltung der Chinesen nur ganz allmählich aus. Um 1860 hielten die meisten gebildeten Chinesen noch immer an dem alten Weltbild fest.

Dieses Weltbild war mit der Weltanschauung der westlichen Menschen des 19. Jahrhunderts völlig unvereinbar (selbst in unserer aufgeklärten Zeit ist eine auf Tugend gegründete Regierung kein Konzept, das so leicht Anklang findet). Menschen, die in den westlichen Ländern überhaupt über dergleichen nachdachten, tendierten zu der Überzeugung, ihre eigene Kultur sei der Kultur Chinas bei weitem überlegen. Sie glaubten, auf der Seite der Engel – oder des Fortschritts – zu stehen, und meinten, die Pflicht, nicht nur ein Interesse zu haben, diese Botschaft zu verkünden. Natürlich strebten viele von ihnen auch nach einem raschen materiellen Profit. Aber das ist bei weitem keine zufriedenstellende Erklärung für die nahezu hundert Jahre des Konflikts. Elgin versuchte etwa nicht, China zu kolonisieren oder es der Fahne Großbritanniens zu unterwerfen, was er (und Gleichgesinnte) durchsetzen wollte, war, daß China den ihm angemessenen Platz in der Welt einnahm – und das hieß, daß es in den Bereich der abendländischen Kultur rückte und ihre Vorstellungen übernahm. China sollte sich wie ein Nationalstaat unter anderen, wie ein Gleicher unter Gleichen verhalten, sollte die Herrschaft des Rechts anerkennen und sie auf den Schutz der Individualrechte ausdehnen, anstatt Recht und Gesetz in erster Linie als ein Instrument zur Aufrechterhaltung der öffentlichen Ordnung zu betrachten, die den Grundsätzen einer moralischen Haltung untergeordnet war.[7] Darüber hinaus sollte es die Ausbreitung des Christentums, der einzig wahren Religion, zulassen. Und selbstverständlich hielten es viele Menschen in der westlichen Welt für ihr gutes Recht, zu Gewalt zu greifen, wenn die Chinesen einem solchen Programm nicht entsprachen.

Das war viel zuviel und viel zu rasch verlangt. Jede Seite betrachtete die andere als »barbarisch«. Der Westen hatte zwar Macht – wenn auch keine grenzenlose –, doch manche Chinesen glaubten lange, die Technologien des Westens könnten erlernt, westliche Kanonen und Dampfschiffe gekauft und angeheuert werden, ohne daß Änderungen in der weit überlegenen chinesischen Lebensweise notwendig wären. »Selbststärkung« war ein Schlagwort, das zuerst in den sechziger Jahren des 19. Jahrhunderts zu hören war. Reichtum und Macht, so begannen manche Chinesen zu argumentieren, seien mit dem konfuzianischen Ideal vom Staat als Wächter und Ausdruck der Moral nicht unvereinbar.[8] Die erste Gruppe chinesischer Gelehrter, die ins Ausland ging, um dort Erfahrungen zu sammeln, verließ China 1872 und reiste nach Nordamerika. Mit einer solchen selbstschmeichlerischen Annähe-

△ 1900: Chinesische Schulkinder in der Church Missionary Society School zu Foochow

◁ Haarzöpfe waren Zeichen von Minderwertigkeit und wurden den Chinesen von den Mandschus im 17. Jahrhundert aufgezwungen. Die Revolutionäre von 1911 machten dann Schluß mit den »alten Zöpfen«

▶▶ Das Hafengebiet von Kanton um 1850, beherrscht von den Gebäuden westlicher Nationen rung wurde jedoch der Notwendigkeit einer neuen Politik nicht angemessen Rechnung getragen. In einem umfassenderen Sinn war die Geschichte des chinesischen Regierungssystems für den Rest der Reichsgeschichte – die bis 1911 dauerte, als eine militärische Revolution zur Errichtung einer chinesischen Republik führte, ohne daß dies den Wandel herbeiführte, den man sich manchmal vorstellte[9] – eine Geschichte konservativer Reaktionen auf den Westen, die nur gelegentlich und für kurze Zeit durch die Einsicht beeinflußt wurde, daß China spektakuläre Veränderungen durchsetzen mußte, wenn es dem Westen erfolgreich widerstehen wollte. Selbst die Chinesen, die zu dieser Einsicht kamen, mußten häufig eingestehen, daß der Preis für deren Realisierung in den Augen ihrer Landsleute möglicherweise allzu hoch war. Sie wäre in der Tat einer moralischen Unterwerfung unter den Westen und einer Anerkennung seiner Überlegenheit gleichgekommen. Und das in Gang zu setzen, waren die Herrscher Chinas lange Zeit nicht bereit.

Wie schwierig es war, sich Chinas wahre Interessen in einem Augenblick bewußtzumachen, in dem die Welt sich rascher veränderte als je zuvor, läßt sich an der Konfrontation des Reiches mit einer der ernstesten inneren Bedrohungen ablesen, der es je ausgesetzt war: am T'ai-p'ing-Aufstand. Dieser Aufstand, potentiell eine Revolution, dauerte fünfzehn Jahre und kostete mehr Menschenleben als der Erste Weltkrieg. Er begann zwar mit Bauernrevolten gegen Hunger, Steuern und die Mandschu – altbekannte Ursachen von Unruhe und Aufruhr[10] –, aber sein Anführer, ein junger Mann namens Hung Hsiu-ch'uan, der bei den kaiserlichen Zulassungsprüfungen zum Staatsdienst durchgefallen war, fügte dem Volksaufstand ein neues Element hinzu: Vom Christentum fasziniert, von dem ihm amerikanische protestantische Missionare eine oberflächliche Kenntnis vermittelt hatten, verurteilte er den Götzendienst und die konfuzianische Tradition der Ahnenverehrung und sprach von der Errichtung eines egalitären Königreiches Gottes auf Erden. Von 1850 an drohte die T'ai-p'ing-Armee, die er anführte, China an seiner Basis zu revolutionieren. Um die Mitte der fünfziger Jahre war Hung in Nanking als »Himmlischer König« an der Spitze eines neuen Hofes etabliert. Die soziale Gliederung der T'ai-p'ing scheint bei den Massen positive Reaktionen hervorgerufen zu haben: Wenigstens in der Theorie gab es kein Privateigentum, und kommunale Bedürfnisse wurden durch öffentliche Maßnahmen gedeckt. Was mehr Erstaunen erregte: Die T'ai-p'ing verboten den Brauch, die Füße der Frauen einzuschnüren, dehnten die soziale Gleichheit und die Gleichheit der Bildung auf die Frauen aus und befürworteten ein hohes Maß an Enthaltsamkeit in den sexuellen Beziehungen – wenn auch durch das Verhalten des »Himmlischen Königs« selbst dieser Seite seiner Lehre nicht die volle Achtung gezollt wurde.

Fremde Regierungen waren sich eine Zeitlang nicht ganz sicher, wie sie T'ai-p'ing einschätzen sollten. Der Erfolg der Bewegung trieb die kaiserliche Regierung in Peking allerdings zu mehr Konzessionen an die westlichen Mächte; durch den Aufstand in Anspruch genommen, konnte sie deren Forderungen nicht mehr so leicht widerstehen. Eine Folge davon war, daß die russische Regierung sich in der Lage sah, von China größere territoriale Zugeständnisse zu erlangen, als es irgendeiner anderen westlichen Macht je möglich gewesen war.[11] Es überrascht auch nicht, daß die kaiserliche Regierung, die sich zunehmend größeren Schwierigkeiten

ausgesetzt sah, 1861 zum ersten Mal beschloß, ein besonderes Ministerium für auswärtige Angelegenheiten einzurichten. Der alte Mythos von der Anerkennung des himmlischen Mandats durch die ganze Welt war gestorben.

Am Ende erschien der Westen, um Peking gegen die Aufständischen Hilfe zu leisten. Mit westlichen Feuerwaffen und unter der Leitung Gordon Paschas konnte eine »immer siegreiche Armee« schließlich der Pfeile und Bogen der T'ai-p'ing Herr werden. Zyniker mögen die europäische Hilfe als nur zu verständlich ansehen, schließlich waren die T'ai-p'ing gegen das Opium. Es gab aber auch Anzeichen dafür, daß die Bewegung nach innen bereits zerfiel, bevor ihr Führer 1864 starb. Aus der Sicht Pekings sah es so aus, als habe sich die Tradition wieder einmal durchgesetzt; die Niederlage der Rebellen wurde von den Gelehrten als Ch'ing-»Restauration« gefeiert.[12] Die herrschende Bürokratie Chinas hatte eine weitere Herausforderung von unten überlebt.

Das mag den konservativen Widerstand gegen eine Selbstanpassung verlängert haben, doch waren die in die T'ai-p'ing-Bewegung eingebetteten und verzerrten westlichen Ideen ein warnendes Zeichen: Sie hatten bei vielen Chinesen Anklang gefunden. Jedenfalls fiel das Reich nach diesem Erfolg von einer Schwäche in die andere. Eine Gesellschaft und eine Politik, die jahrhundertelang enorm erfolgreich gewesen waren, zerbrachen allmählich. Eine andere Entwicklung war auch schwerlich zu erwarten, zieht man die fest verankerten konfuzianischen Traditionen in Betracht, deren Absorbierung und Verinnerlichung so wichtig für die Formung der Beamtenschaft war (andererseits haben zwei andere östliche Monarchien, die japanische und, in noch höherem Maße, die siamesische dieses Schicksal mit Erfolg vermieden). Was noch bedeutsamer ist: China hatte in der Vergangenheit eine starke Widerstands-, Gesundungs- und Bindungskraft an den Tag gelegt; Buddhismus und Islam waren aufgenommen worden, ohne daß das Imperium geschwächt worden wäre. Und man entwickelte große Anstrengungen: Arsenale und Schiffe wurden gebaut und mehr und mehr Gelehrte ins Ausland geschickt. Chinas Schicksal muß unbedingt mehr gewesen sein als nur eine eindrucksvolle Warnung vor dem, was einer Gesellschaft bevorsteht, die sich von gebildeten, wohlerzogenen Beamten regieren läßt. Manche haben auch die Schuld dem Einfluß der kaiserlichen Witwe Tzu Hsi zugeschrieben, die den Hof beherrschte und in den letzten Jahrzehnten des 19. Jahrhunderts die treibende Kraft hinter dem Thron war, aber das reicht zur Erklärung nicht aus. Die Prioritäten der Kaiserinwitwe mögen sich darin geäußert haben, daß sie Geld für den Bau neuer Sommerpaläste ausgab anstatt für eine moderne Marine, aber das war nicht alles, was einem wirklichen Wandel und einer angemessenen Reform im Wege stand. Chinas Aktivitäten mußten sich anders ausdrücken als in dem Kauf von Dampfschiffen und Kanonen, wenn es der westlichen Herausforderung entscheidend begegnen wollte.

Vielen seiner Herrscher ist das tatsächliche Ausmaß der Bedrohung Chinas wahrscheinlich erst in den neunziger Jahren des letzten Jahrhunderts allmählich bewußt geworden. 1894 brach über Rivalitäten in Korea, das nominell eine chinesische Dependance war, ein Krieg mit Japan aus. China erlitt eine schwere Niederlage – nicht durch die Hand des Westens, sondern durch einen nach westlichem Vorbild bewaffneten und operierenden asiatischen Staat. Das Scheitern der »Selbststärkung« war offensichtlich. Dem Verlierer wurde ein grausamer Friede diktiert.[13] Dieser konnte nur um den Preis weiterer Demütigungen außer Kraft gesetzt werden, als Rußland, Deutschland und Frankreich aus Furcht vor Japans neu gewonnener Kraft die Japaner zwangen, sich mit weniger zufriedenzugeben als dem, was sie ursprünglich von den Chinesen gefordert hatten. Dieser Vorgang war so etwas wie ein Meilenstein im Prozeß einer wachsenden Enttäuschung Japans über den Westen. Nachdem sie die westlichen Spielregeln befolgt hatten – indem sie die Chinesen drangsalierten –, erklärte man den Japanern nun, daß diese Regeln nicht zu ihren Gunsten, sondern nur im Interesse der Europäer angewandt werden durften. Und von China verlangten die Beschützer ihren Preis in Form von neuen Konzessionen und neuem Pachtbesitz. Das Mandschu-Reich schien zum Tode verurteilt zu sein: Wie das Osmanische Reich der kranke Mann Europas war, so war China der kranke Mann Asiens.

Für einen Augenblick schien es jedoch so, als rege die Demütigung zu einem echten Wandel in China an. Eine »Reformbewegung« erreichte ihren Höhepunkt in den »Hundert Tagen« des Jahres 1898, als eine Flut von Edikten in nahezu jedem Bereich von Regierung und Verwaltung Veränderungen in Gang setzte. Der Schock über den japanischen Sieg hatte unter einer Reihe von Intellektuellen eine Welle radikaler Selbsterforschung ausgelöst und wurde zum Katalysator, der einen von ihnen zu der Überzeugung brachte, das wahre Geheimnis westlichen Reichtums und westlicher Macht sei nicht in der Technologie, sondern in bestimmten Ideen und Werten zu suchen.[14] China mußte nicht einfach nur das Gepäck westlicher Macht erwerben, sondern etwas von der Energie, die die westliche Kultur unaufhaltsam vorwärtstrieb. Viele chinesische Intellektuelle suchten die Schlüssel zum Verständnis dieser Kultur in westlichen Schriften, vor allem in denen des aufgeklärten, liberalen, industrialisierten und wissenschaftlichen Europa – bei Montesquieu, Mill, Huxley, Spencer. Darüber hinaus forderten einige eine Reform der Institutionen, die in westlichen Augen rückständig waren.

Trotz allem hielt sich in Peking der Konservatismus, und bald gab ein Staatsstreich der Witwe des Kaisers die Macht zurück. Sie und einige ihrer Berater waren bereit, seit langem deutlich werdende Reaktionen der Massen zu fördern und diese gegen die »haarigen Barbaren« und ihre zum Christentum bekehrten chinesischen Schützlinge zu nutzen. Das war die Essenz der sogenannten »Boxer«-Bewegung, einer Welle von Angriffen gegen die chinesischen Christen und westliche Missionare (von den ersteren kamen dabei dreißigtausend, von den letzteren etwa zweihundert um), die am Ende in einer dramatischen Belagerung des europäischen Gesandtschaftsviertels,[15] in einer Kriegserklärung der chinesischen Regierung an alle Fremden und in der Entsendung einer internationalen Armee (bezeichnenderweise einschließlich eines japanischen Kontingents) zur Aufhebung der Belagerung kulminierte. Nach dem Scheitern der Chinesen wurde der Regierung in Peking eine schwere Geldbuße auferlegt, und die westliche Oberherrschaft über das Reich wurde, so schien es, noch stärker durch ausländische Garnisonen im Gesandtschaftsviertel von Peking und entlang den Verbindungslinien zwischen diesem und dem Meer abgesichert. Die Reaktion der Bevölkerung hatte sich als Sackgasse erwiesen, und zwar als eine kostspielige. Es wurde immer deutlicher, wie stark die

△◁ 1891: Europäischer Blick auf China: Ein französisches Magazin berichtet über Massaker, begangen an Christen und Missionaren

△▷ Aus der Sicht des Zeichners: Der westliche Einsatz in China, mit dessen Hilfe der Boxer-Aufstand von 1900 niedergeschlagen wurde

Unabhängigkeit Chinas komprimiert war. Nur die Formen wurden noch gewahrt: Zwar herrschte der Kaiser in Peking weiter, aber im Vergleich zu den glorreichen Tagen der Vergangenheit war seine Macht erheblich eingeschränkt.

China war ein Sonderfall. Der indische Subkontinent war ein anderer. Er war der Schauplatz blühender Kulturen und komplexer Religionen gewesen. »Es gibt und es gab nie ein Indien«, so erklärte ein britischer Zivilbeamter, »das irgendeine Art von Einheit, sei sie physischer, politischer, sozialer oder religiöser Natur, besessen hat.« Deshalb gab es auch niemals eine einzige, kompakte Einwirkung des Westens auf Indien; es hat sich immer um viele Formen der Einflußnahme auf viele verschiedene Indien gehandelt. Völlig gegensätzliche geographische Regionen, eine Fülle von Sprachen,[16] in starkem Maße einander widerstreitende Religionen ließen Gemeinschaften entstehen, die durch unterschiedliche und einander ausschließende Sitten und Verhaltensweisen geprägt waren. Es gibt immer noch viele Inder, die glauben, daß schon der Schatten eines Mitmenschen, der einer anderen Kaste angehört, ihre Nahrung verunreinigt. Grauenvolle Armut und unvorstellbarer Reichtum existieren seit langem Seite an Seite. Man muß ganz spezifische Fragen im Hinblick auf das stellen, was Gemeinschaften und Rassen – Pathanen, Tamilen, Bengalen – in verschiedenen Berufsgruppen – Handwerker, Händler, Soldaten – oder an verschiedenen Orten – Darjeeling, Goa, Kalkutta – widerfuhr. Ein Abgrund, der tiefer ist als alles, was man sich in einer europäischen Gesellschaft

Kolorierte Handschrift: Jahangir, der dritte Mogulkaiser, teilt sich diese Seite mit Christus (in einer indischen Wiedergabe einer europäischen Vorlage)

vorstellen kann, trennte den Parsen-Magnaten von, sagen wir einmal, dem Sikh-Krieger. Bis in die späte britische Zeit verfügte der Subkontinent niemals über eine Verwaltungs- oder Bildungselite, die dank ihrer Bildung durch eine einzige Sprache und eine allgemein verstandene Schrift, wie etwa die chinesische, verbunden gewesen wäre. Literatur und Kunst spiegeln in Indien Schicht für Schicht von außen gekommene kulturelle Einflüsse wider, Einflüsse Chinas, Persiens, Zentralasiens, der arabischen Welt und schließlich des Westens.

Diese Vielfalt war den europäischen Einflüssen kontinuierlicher ausgesetzt als jeder andere Teil Asiens weiter östlich, und der Subkontinent wurde schließlich – ausgenommen einiger Enklaven – für ein Jahrhundert von der britischen Krone regiert. Britisch-Indien wurde so die größte Ansammlung von Völkern, die jemals von einem europäischen Staat beherrscht wurde, und auch der einzige Rahmen, der jemals, wenn auch nur vorübergehend, faktisch alle Völker des Subkontinents in einer politischen Matrix zusammenfaßte, an deren Spitze die »Raj« stand. Jene britische Herrschaft in Indien dokumentierte durch glänzende Schauspiele auch nach außen hin ihre schier unerschütterliche Macht – so beim Krönungsempfang des Jahres 1911, als König Georg V. zusammen mit seiner Königin die Huldigung Indiens und seiner Fürsten entgegennahm. Die Zeremonie war eine großartige östlich-westliche Mischung: Kronen und Königsroben aus dem mittelalterlichen Europa konkurrierten mit den farbenprächtigen Aufzügen kleiner indischer Prinzen. Ganz bewußt wurden hier – wie bei der feierlichen Krönung eines mittelalterlichen englischen Königs – imperiale Mythologie und Symbolkraft zu machtpolitischen Zwecken eingesetzt.

Selbst auf ihrem Höhepunkt sah die Wirklichkeit der von den indischen Patrioten später so verfluchten und von den Machern der britischen Politik so sehr idealisierten Kolonialherrschaft jedoch ganz anders aus, als es manchmal den Anschein hatte. Sie war zu einem großen Teil von den lokalen Gegebenheiten, von

Mittelalterliches Europa im Indien des Jahres 1911: Herolde und Trompeter beim feierlichen Staatsempfang in Delhi

den örtlichen Behörden und von den Verbündeten abhängig, mußte immer und überall nach einer wirksamen politischen Unterstützung der indischen Gemeinschaften suchen (eine Herrschaft allein durch Waffen wurde zu keiner Zeit praktiziert). Die Engländer konnten die bestehenden Verhältnisse auch nicht so ohne weiteres ändern. Die Grundlage des fiskalischen Systems zum Beispiel stellte die Besteuerung von Grund und Boden dar, den man von den Moguln geerbt hatte. Auch die Engländer stützten sich darauf – weitgehend deshalb, weil ihnen nichts anderes übrigblieb. Es hatte wenig Sinn, Einkommen oder Dienste in einer Wirtschaft zu besteuern, die sowenig geldabhängig war, eine Wirtschaft, in der der nicht in Grund und Boden investierte Reichtum in Juwelen oder Gold und Silber angelegt wurde, eine Wirtschaft, in der sich der Handel in der Hauptsache noch auf lokaler Ebene abspielte und die Landwirtschaft im allgemeinen nur die bloße Existenz sicherte. Sowenig wie ihre Vorgänger verfügten die Briten über den Apparat und das Personal, um andere fiskalische Möglichkeiten ausfindig zu machen und abzuschätzen. Deshalb besteuerten sie wie die Moguln den Grund und Boden. Das war am einfachsten.

Damit ließ man die Dinge aber nicht einfach, wie sie waren. Ein auffälliges Paradox des Imperialismus besteht darin, daß selbst Entscheidungen, die bestehende Verhältnisse bewahren sollen, einen Wandel verursachen. Die Besteuerung von Grund und Boden erforderte die Identifizierung von Personen, die als Gegenleistung für die Zahlung von Steuern als die rechtmäßigen Besitzer dieses Bodens anerkannt wurden, ob es sich dabei um einzelne Personen oder um Personengruppen handelte. Aber eine »Einsetzung«, als welche man eine solche Rechtsübertragung bezeichnete, bedeutete eine Änderung in der Machtverteilung innerhalb der örtlichen Gesellschaft.[17] Sie bedeutete eine Auswahl unter mehreren Bewerbern, bedeutete auch eine Verwässerung der bestehenden Institutionen – auf irgendeine Weise mußte die britische Vorstellung von einem legalen Recht auf Grundbesitz, die weit zurück im Gewohnheitsrecht und im römischen Rechtsdenken wurzelte, in eine Gesellschaft eingebracht werden, der eine solche Vorstellung unbekannt war. Das wurde zu einer Quelle unerwarteter Konsequenzen.

Gleiches galt für den reichen und sich ständig verändernden »Ideenfonds«, aus dem die britischen Verwalter Indiens »schöpften«. Zu Beginn des 19. Jahrhunderts handelte es sich dabei zumeist um das, was man »Whig-Ideen« (Whig: Liberaler; Anm. d. Verlages) nennen könnte: Man lasse die Regierung sowenig wie möglich tun und beschränke sie auf die Sicherung von Ruhe und Ordnung, die zum Schutz von Personen und Eigentum nötig sind, und das soziale und individuelle Wohl wird daraus so sicher folgen wie der Tag auf die Nacht. In Bengalen zum Beispiel, dem Zentrum der britischen Macht seit dem 18. Jahrhundert, sahen sich die Briten wie gute Whigs an Ort und Stelle nach Männern aus der besitzenden, wohlhabenden Schicht um – meist aus der Adelsklasse – und setzten die Bodensteuer entsprechend fest. Englische Beamte neigten zu der Überzeugung, daß ein Mann, dem man einen nicht anzuzweifelnden Rechtstitel auf Grund und Boden gab und eine begrenzte Steuerlast garantierte, sich ermuntert fühlen mußte, seinen Status zu verbessern, das heißt: sich wie ein englischer kapitalistischer Grundherr zu verhalten. Auf diese Weise würden, entsprechend den ökonomischen Ideen der Zeit und da die Steuer-

Um 1820 konnte sich der britische Resident am Hofe der Moguln noch nach indischer Sitte entspannen, ohne die Mißbilligung der britischen Gesellschaft fürchten zu müssen

last konstant bleiben sollte, die Kosten sinken, die Produktion steigen, mehr Kapital zur Investition und das ganze Paket von Vorteilen der Marktwirtschaft folgen, wie es Adam Smith dargelegt hatte. Die Entwicklung verlief jedoch anders. Bengalen war Bengalen, nicht Ostengland. Diejenigen, denen man die Aufgabe übertragen hatte, Grundherren einzusetzen und zu fördern, erwiesen sich oft als Spekulanten, die ihren Profit suchten.

Im Süden dagegen sah die Praxis der Engländer anders aus. So versuchten sie es in Madras mit einem Steuersystem, das sowenig wie möglich in die indische Gesellschaft eingriff, verzichteten darauf, ihr eine »Veredlung« aufzuzwingen, betonten vielmehr die Rolle des kleinen Landeigners als Quelle der Stabilität. Das bäuerliche Ideal fand auch bei den Verwaltungsideologen Anklang, die vom College der Ostindienkompanie in Hailesbury, wo die Lehren des Utilitarismus vermittelt wurden, nach Indien kamen. Im Westen unter Rückgriff auf westliche Daten und Beobachtungen entwickelte ökonomische Ideen wurden so auf die indische Gesellschaft angewandt. Das Resultat war aber kein in doktrinären und abstrakten Ideen wurzelnder aufgeklärter Absolutismus, der Indien stetig auf vorgezeichneten Bahnen umgestaltet hätte. Die »Raj« hat in Indien ebensowenig eine Agrarreform durchsetzen können wie später das unabhängige Indien, das doch über unendlich viel bessere Erfahrungsquellen, ökonomische Ideen, Planungskenntnisse und Regierungsmethoden verfügte. Die örtlichen Bedingungen sorgten fast immer dafür, daß die abstrakten Theorien auch abstrakte Theorien blieben.

Der »Utilitarismus« war auch voller Widersprüche. Sein Ziel war ein »glückliches Indien«, aber dieses Glück mußte durch den Staatsapparat herbeigeführt werden. Das war in den Augen vieler, die die utilitaristischen Grundsätze in England als so entscheidend für den Abbau der Staatsmacht betrachteten, eine merkwürdige Schlußfolgerung, wenn auch keine, die die Menschen des 18. Jahrhunderts, die an einen »aufgeklärten Despotismus« glaubten, verwundert hätte. Die Verhältnisse konnten, so glaubten viele, durch Autorität verbessert werden – ebenso die Erlösung, wie Evangelikale meinten (ein weiteres Paradox, denkt man an ihre protestantische Herkunft). Häufig waren sie der Ansicht, daß Hindernisse auf dem Weg zur Erlösung durch Christus – heidnisches Brauchtum, Götzenanbetung, sündhaftes soziales und persönliches Verhalten – von der staatlichen Autorität weggeräumt werden könnten und sollten. Deshalb zeigten die Wege der Utilitaristen und der Protestanten trotz aller Spannungen eine Neigung zur Konvergenz. Beide glaubten, genau zu wissen, was für Indien das Beste war, und waren überzeugt, dieses könne durch den Einsatz staatlicher Macht gefördert werden.

Manche Verwaltungsbeamte setzten ihre Vorstellungen mit Härte durch, andere erreichten ihr Ziel auf eine gemäßigtere und humanere Weise. Eines der eindrucksvollsten Zeugnisse der »Raj« ist eine Inschrift auf dem Sockel einer Statue in Kalkutta, die heute in den Parkanlagen des Siegesdenkmals steht, in denen mehrere solche prokonsularische Relikte ihren Platz gefunden haben. Die Inschrift lautet:

Für
William Cavendish Bentinck,
Der sieben Jahre lang Indien mit eminenter
Klugheit, Integrität und Güte regierte;
Der an der Spitze eines großen
Imperiums niemals
Die Einfachheit und Mäßigkeit eines schlichten Bürgers ablegte;
Der orientalischem Despotismus den Geist britischer Freiheit einflößte;
Der niemals vergaß, daß das Ziel der Regierung
Das Glück der Regierten ist;
Der grausame Riten beseitigte;
Der demütigende Unterscheidungen ausmerzte;
Der der öffentlichen Meinung das Recht auf freie Äußerung einräumte;
Dessen dauernde Sorge es war, die intellektuelle
Und moralische Natur der
Ihm anvertrauten Nation zu fördern;
Dieses Monument wurde
Von Männern errichtet,
Die, obwohl nach Rasse,
Lebensweise, Sprache und Religion verschieden,
Mit derselben Verehrung und Dankbarkeit
Das Andenken seiner weisen, aufrechten und väterlichen Verwaltung pflegen.

Das wirkt heutzutage ziemlich pompös. Solche Inschriften sind nicht nach dem Geschmack des 20. Jahrhunderts. Trotzdem ist die Inschrift für Bentinck als Katalog dessen, was ein aufgeklärter Engländer seiner Zeit als imperiale Zielsetzungen bewundern konnte, einer Betrachtung wert. Sie zeigt auch die Kluft zwischen den Bestrebungen, zu denen die scheinbar despotische Macht der indischen Verwaltung anzuregen vermochte, und dem, was sie tatsächlich erreichen konnte.

Bentinck war zuerst als junger Mann in Indien gewesen. Seine Statue erinnert jedoch an den Dienst, den er dort von 1827 bis 1835 als Generalgouverneur von Bengalen und dann, ab 1834, als erster Generalgouverneur Indiens leistete. Man hat von ihm gesagt, er sei der erste britische Staatsmann in Indien gewesen, für den die Interessen der Inder das wichtigste gewesen seien. Obwohl er im großen und ganzen scheiterte, unternahm er doch entschiedene Anstrengungen, Indern den Zugang zu Rängen in der Verwaltung zu öffnen, die ihnen bis dato verschlossen waren. Er wünschte, daß Indern in seinem gesetzgebenden Rat Sitz und Stimme eingeräumt wurde (obwohl es ihm nicht gelang, das durchzusetzen), und erreichte die Abschaffung des »Suttee«, womit er tiefer in das indische Brauchtum eingriff als jeder seiner Vorgänger.[18] Bezeichnenderweise rechtfertigte er das mit der Behauptung, diese Maßnahme sei ein Schritt zu einem besseren Schicksal der Hinduvölker in der Zukunft, weil damit »eine reinere Moral« verwirklicht werde. »Wenn sie sich der Sündhaftigkeit der höchsten und wichtigsten ihrer Sitten bewußt geworden sind«, so schrieb er, »kann man dann nicht darauf hoffen, daß andere Sitten, die ihrer Vervollkommnung im Wege stehen, ebenfalls beseitigt werden und daß sie dann, wenn ihr Geist von solchen Fesseln befreit ist, nicht mehr länger wie bisher Sklaven jedes fremden Eroberers werden, sondern unter den großen Menschheitsfamilien die ersten Plätze einnehmen?«[19] Der Weg zur nationalen Unabhängigkeit ging offensichtlich über Reformen nach europäischem Muster, wie sie in den dreißiger Jahren des 19. Jahrhunderts auch in England anstanden.

Bentincks trotz seiner Macht und seines Scharfsinns so begrenzte Erfolge zeigen, daß die Leistungen von Reformern und Konservativen in Indien sich nicht immer sehr voneinander unterschieden. Am deutlichsten wird das vielleicht an den Bemühungen im Bildungsbereich sichtbar, von denen sich manche Engländer so viel erhofften. Eine Frage jedoch stand offen: Sollten die Inder in der Sprache und Kultur Englands unterrichtet werden oder mittels einheimischer Sprachen in den kulturellen Traditionen Indiens? Die Frage war zwischen »Orientalisten« und »Anglisten« strittig. 1800 hatte ein Generalgouverneur in Kalkutta das Fort-Willam-College gegründet, auf dem in Urdu gelehrt und zur Abfassung von Prosa in Urdu angeregt wurde. Ein anderer Generalgouverneur trug 1816 zur Gründung des Hindu-Collegs in Benares bei. Solche Entwicklungen entsprachen der Auffassung, daß Persisch und Sanskrit das Latein und Griechisch der indischen Intelligenz sein sollten. Das war aber keineswegs das, was viele Inder wollten. Als sich die Kompanie 1823 bereit erklärte, ein College für traditionelle indische Studien einzurichten, waren es Bengalen, die darauf drangen, daß dort europäische Wissenschaft und Englisch gelehrt wurden.[20] Engländer, die mit ihnen einer Meinung waren, glaubten, daß die Förderung der traditionellen indischen Bildung gleichbedeutend sei mit der »Verewigung der Erniedrigung und des Elends des Volkes«. Der Mann, der das erklärte, behauptete auch, daß es »unsere Pflicht ist, sie nicht zu belehren, sondern sie das Erlernte vergessen zu lassen, die Fesseln, die seit Jahrhunderten den Geist unserer Untertanen gebunden haben, nicht zu vernieten, sondern sie im Lauf der Zeit und mit dem Fortschritt der Dinge abfallen zu lassen«.[21] Das war ein Gesichtspunkt, der auch in der ersten allgemeinen Geschichte Indiens zum Ausdruck gebracht wurde, die dem britischen Publikum zugänglich wurde. Dieses Werk wurde 1818 von James Mill herausgegeben, dem utilitaristischen Philosophen, der weitgehend dieser Publikation seine Berufung als Leiter des »Indischen Amtes« in London verdankte. Er war nie in Indien gewesen, zweifelte aber nicht daran, daß die Verachtung von Hindus und Muslimen, die er in seinem Buch ausdrückte, gerechtfertigt war.

Eine entscheidende Rolle in der Auseinandersetzung über das indische Schul- und Bildungswesen spielte im Jahre 1835 der Historiker Thomas Macaulay (früher Mitglied des Rates von William C. Bentinck und, nebenbei bemerkt, auch der Verfasser der Inschrift auf dessen Denkmal), damals Präsident der indischen Kommission für öffentliche Bildung. Diese Kommission hatte die Aufgabe, die beste Methode für die Ausgabe der Gelder zu erarbeiten, die das Parlament zur Förderung von Literatur und Wissenschaft in Indien bewilligt hatte. Macaulay schrieb für den Rat des Generalgouverneurs einen Bericht, der nicht nur eines der berühmtesten Staatsdokumente der »Raj« ist, sondern auch eines der schillerndsten, unfairsten und arrogantesten Zeugnisse der Selbstsicherheit, mit der Menschen aus dem abendländischen Raum fremden Gesellschaften begegneten. Die Argumentation ist äußerst simpel. Für Macaulay war die zentrale Frage »schlicht und einfach, ob ... wir Sprachen lehren sollen, in denen es, wie allgemein bestätigt wird, keine Bücher über irgendein Thema gibt, die mit unseren vergleichbar sind; ob wir, wenn wir die europäische Wissenschaft vermitteln können, Lehrmethoden anwenden, die, wie allgemein anerkannt wird, wann immer sie sich von europäischen Methoden unterscheiden, das in einem negativen Sinne tun; und ob, wenn wir gesunde Philosophie und wahre Geschichte fördern, wir mit öffentlichen Mitteln medizinischen Auffassungen Vorschub leisten sollen, die einen englischen Hufschmied entehren würden – eine Astronomie, die kleine Mädchen in englischen Internaten zum Lachen bringen würde – eine Geschichtsschreibung, in der von dreißig Fuß großen Königen und von dreißigtausend Jahre alten Reichen die Rede ist – und eine Geographie, die von Meeren aus Zuckersirup und Ozeanen von Butter handelt«. Die traditionelle indische Bildung, die er nach den Maßstäben der von ihm so meisterlich beherrschten europäischen Kultur beurteilte, war, so argumentierte Macaulay, völlig ungeeignet zur Verwirklichung dessen, was in Indien mit öffentlichen Mitteln erreicht werden mußte: die Schaffung einer »Klasse von Menschen, die zwischen uns und den Millionen, die wir regieren, als Interpreten wirken können, eine Klasse von Personen, die nach Blut und Hautfarbe zwar Inder, jedoch Engländer ihrer Neigung, Meinung, Moral und ihrem Intellekt nach«[22] sind.

Das war natürlich nicht zu realisieren. Zum ersten reagierten nicht alle Inder auf dieselbe Weise. Brahmanen griffen häufig eifrig nach der Möglichkeit einer Bildung europäischer Art. Immerhin war diese ein Weg zu höheren Ämtern, zu Einfluß und Status. Im Gegensatz dazu bemühten sich die Muslime im allgemeinen nicht mit

Das Pflegepersonal des Hospitals in Bombay kurz nach 1900. Eine zwar geringe, aber gänzlich neue Möglichkeit für eine Karriere eröffnete sich indischen Frauen durch solche Institutionen

besonderem Enthusiasmus um das neue Wissen. Sie behaupteten sich in verantwortlichen Stellen so lange, wie Persisch und Urdu Sprachen der britischen Verwaltung blieben. Sobald die Engländer dominierten, fielen sie zurück, weil sie vergleichsweise langsam zu den neuen Bildungsmöglichkeiten griffen. Auf der anderen Seite des Spektrums, und das war noch überraschender, nahmen Parsen der Provinz Bombay, eine der altpersischen Religion Zoroasters anhängende Minderheit von nur 1:250 der Bevölkerung im Jahre 1881, im selben Jahr ein Fünftel der Plätze der Provinz für Collegestudenten ein.[23] Auch Bengalen wurde zu einem bedeutenden Reservoir für den regionalen Nachwuchs der Schulen und neuen Universitäten Indiens (exakt im ersten Jahr des großen Aufstandes wurden die ersten drei Universitäten – Madras, Kalkutta und Bombay – mit öffentlichen Mitteln gegründet). So äußerte sich der Bildungswandel in verschiedenen Gemeinschaften auf verschiedene Weise.

Wie so oft fehlte es jedoch auch hier an den nötigen Geldern, so daß die Anstrengungen der Regierung auf dem Bildungssektor lange Zeit nicht viel erbringen konnten. Aber das Vertrauen in westliche Bildung sollte sich in Indien wie in vielen anderen Teilen der Welt nie mehr ganz verlieren. »Die frische Luft der europäischen Kultur zirkuliert ungehindert durch jede Pore dieses großen Gemeinwesens«, schwärmte ein junger Beobachter dreißig Jahre nach Macaulay – ein Kommentar, der ebenso übertrieben war wie seine Hoffnung, daß »ein Brahmane, der Seite an Seite mit einem Metzger von Burdwan nach Kalkutta reist, um zuzusehen, wie sein Sohn im Provinzcollege genau wie der Abkömmling eines Straßenfegers einen Preis entgegennimmt, wahrscheinlich mit neuen Vorstellungen über das Kastenproblem nach Hause zurückkehrt«.[24] Macaulays Ziel, eine kulturell anglisierte »Interpreten«-Klasse zu schaffen, eine doch offenbar so klare und einfache Idee, konnte schließlich nicht realisiert werden in einer Kultur, deren Wurzeln so ganz anders waren als die der britischen.

Natürlich waren nicht alle Engländer der Meinung, Bildung sei für die Inder etwas Gutes. Nachdem der Schock des Aufstandes von 1857/58 das Mißtrauen der Briten gegenüber den Einheimischen geweckt hatte, ließen Ignoranz, Furcht und Vorurteile gebildete Inder in der anglobritischen Gemeinschaft (wie die weiße Gesellschaft damals genannt wurde) unpopulär werden. Man wollte sie nicht in verantwortlichen Stellen sehen. Gelegentlich mit ihnen sympathisierende Beamte oder Vizekönige änderten daran kaum etwas – so wurden in den achtziger Jahren des 19. Jahrhunderts trotz der offenen Prüfungen, zu denen die Inder theoretisch zugelassen waren, nur etwa ein Dutzend von ihnen in den Staatsdienst übernommen (zu viele praktische und psychologische Hindernisse stellten sich ihnen in den Weg). Als er Indienminister war, bezeichnete Lord Salisbury die »gebildete Klasse« Indiens als eine »Opposition in friedlichen, als Rebellen in unruhigen Zeiten«. Der »Babu«, der gebildete Bengale, wurde in den Augen der Engländer zu einer Witzfigur – oder zu einem verdächtigen Subjekt –, wenn auch Kipling (in seinem Buch »Kim«) ein freundliches und anerkennendes Bild von ihm zeichnete. Um 1900 war die Partnerschaft bei der Entwicklung der Inder zu einem höheren kulturellen Niveau, die sich Macaulay vorgestellt hatte, weiter denn je von ihrer Verwirklichung entfernt.

Wenn man von der staatlichen Politik zuviel erwartet hatte, so war das verständlich. Obwohl es der »Raj« nie gelang, den ganzen Subkontinent zu einer einzigen Verwaltungseinheit zu machen, handelte es sich dabei um einen erstaunlichen Apparat, der überall in Indien wirksamer operierte als sein Vorgänger. Ihrem Ursprung und ihrer Natur nach prägte die »Raj« lange und nachdrücklich die Vorstellungswelt ihrer Untertanen, und wie das spanische Imperium in Amerika war sie, wie es einer ihrer bedeutendsten Verteidiger ausdrückte, im Kern ein auf Eroberung gegründetes absolutistisches Regime.[25] Was aber dieses Regime in Indien tatsächlich erreicht hat, ist eine andere Sache: Zwar band sein Kommunikationssystem die verschiedenen Regionen enger aneinander als je zuvor und regte

Victoria Station in Bombay – ein Feuerwerk in anglo-indischer Gotik: Ausdruck der Überlegenheit einer technologischen Kultur

THE MASSACRE AT DELHI.

So sollte die britische Öffentlichkeit den indischen Aufstand sehen. Es ereigneten sich Massaker genug, um ein solches Bild nur allzu glaubhaft erscheinen zu lassen neue Interessenverbindungen zwischen den Indern an, doch seine Bildungsmaßnahmen führten in der indischen Gesellschaft zu neuen Spaltungen; die wirtschaftliche Entwicklung, die durch die Sorge für Recht und Ordnung gefördert wurde, führte einen Wandel im Verhältnis von Stadt und Land, von Region und Region herbei und veränderte gelegentlich die Lebensbedingungen in großen Gebieten zum Besseren; der Bau von Eisenbahnen war die große Investition des europäischen Kapitals in Indien, die eine öffentliche Unterstützung erfuhr (aus dieser Investition bezieht Indien heute noch Dividenden, obwohl diese ständig sinken). Der Mangel an Mitteln und der schiere Umfang ihrer Aufgabe ließ der »Raj« wenig Macht, so zu operieren, wie die Befürworter einer Modernisierung und angeblich aufgeklärte Autokraten es gerne gesehen hätten. Ihre Regierungsmethoden sind als »subtil und den Verhältnissen entsprechend« bezeichnet worden[26] – was jedoch nicht bedeutete, daß sie keine Veränderungen hervorriefen. Entscheidender war ihre Rolle hingegen bei der politischen Entwicklung: Wo immer die Verwaltung in Indien eingriff, provozierte sie politische Reaktionen; selbst wenn sie nur versuchte, die Rolle des ehrlichen Maklers zu spielen, weckte sie Irritation, was immer auch die Politiker beabsichtigen mochten. Sogar die indische Armee – auch der Sepoy, der sich in ethnischer Hinsicht wie im Hinblick auf seine Kaste von dem, der neben ihm Dienst tat, unterschied, ausgenommen in seiner genormten europäischen Disziplin und Ausbildung – verkörperte lange deutlich die Widersprüchlichkeit Britisch-Indiens und die Ironie seiner Situation.

In der Mischung und im Wechselspiel der Kulturen liegt die fortdauernde Faszination, die von der indischen Geschichte ausgeht. Inder und Engländer konnten einander nie ganz verstehen, so eng sie auch miteinander verbunden waren. Nirgendwo treten die Schwierigkeiten dieser Beziehung klarer zutage als bei den indischen Patrioten, die sich darum bemühten, die Unzufriedenheit mit den Briten in eine nationale Bewegung nach westlichem Muster umzusetzen. Nationalismus, wie man ihn in unserem Jahrhundert für gewöhnlich versteht (und auch bereits im vergangenen Jahrhundert verstand), ist in Indien natürlich, historisch gesehen, totaler Unsinn. – Unbewußt oder bewußt denken die meisten bei dem Wort »Nationalismus« an Modelle wie Spanien, Frankreich oder England, wo ein gewisses Maß an kultureller oder sonstiger Homogenität existiert (wenn diese auch oft übertrieben wird – so entsprechen unter den europäischen Nationen praktisch nur Portugal und Island diesem Begriff). Ganz bewußt haben die Führer »neuer Nationen« gewöhnlich versucht, ihre eigene Geschichte unter diesem Aspekt neu zu schreiben, weil das ein überzeugender Kurs zu sein schien. In Wirklichkeit entstanden die meisten modernen Nationalismen infolge der Unmut weckenden Erfahrung gemeinsam erlittener Fremdherrschaft von Gruppen, die sich im übrigen voneinander unterschieden. Die Staatsformen, die sich während der Befreiungskämpfe herausbildeten, führten dann zu Versuchen, eine neue Uniformität im Namen des Nationalismus durchzusetzen.

Der indische Nationalismus spiegelt das wider. Da es keine indische Nation mit einer objektiven geographischen, linguistischen oder religiösen Basis gab und erst recht keine das gesamte von den Briten regierte Gebiet verbindende Grundlage, konnte sich ein panindischer Nationalismus nur auf gezielte Politik stützen. Die nationalistische Bewegung war eine Reaktion auf die Wirkung westlicher Ideen, auf die Folgen der westlichen Verwaltungsentscheidungen, auf westliche Technologie und auf die Rolle der »Raj« als ein gemeinsamer Bezugspunkt der Unzufriedenheit derer, die nach Macht und Status strebten, sowie schließlich auf die gemeinsame Erfahrung politischer Aktionen. Manche Inder waren sich der entscheidenden Rolle der britischen Machtträger in diesem Prozeß bewußt.[27] Aber wieder einmal ist das nicht alles. Der Westen trug zum indischen Selbstbewußtsein auch auf eine mehr indirekte Weise bei. Es war Warren Hastings, der bedeutendste der britischen Regenten Bengalens im 18. Jahrhundert, der die Anregung zur Einführung der ersten Druckpresse in Indien gab und damit zur Entstehung der ersten bengalischen Druckschrift – ein interessanter symbolischer Akt! Es hat sogar einen indirekten westlichen Beitrag zum Denken eines herausragenden indischen Politikers gegeben: Mahatma Gandhi.

Gandhi war ein sehr unorthodoxer Hindu, wenn die Bezeichnung auf ihn überhaupt anwendbar ist. Sein Pazifismus und sein Plädoyer für Gewaltlosigkeit waren ebenso Ausdruck seines Wunsches, viele Aspekte der indischen Tradition, die so durchtränkt war von Gewalt, zu ändern, wie seines Bestrebens, sie zu bewahren. Obwohl er sich selbst als »groß geworden in der Enttäuschung über die westliche Kultur« beschrieb, entstammten seine ersten Gedanken über Politik dem

Der junge Mahatma Gandhi als Anwalt in Südafrika

Westen: Er nutzte nationale Gefühle als positive Kraft und bediente sich der Sprache des westlichen Liberalismus und des Christentums. »Ist das christlich, ist das Fair play, ist das Gerechtigkeit, ist das Kultur?« fragte er einmal Südafrikaner, die diskriminierende Gesetze gegen indische Einwanderer erlassen hatten.[28] Natürlich war er weit davon entfernt, ein Nationalist in dem Sinne zu sein, in dem viele, die seiner Führung folgten, diesen Begriff verstanden – der in der Erinnerung in besonderer Weise wegen seiner politischen Taktik des passiven Widerstandes fortlebt, die wahrscheinlich einiges der Hindu-Tradition verdankt.[29] Es wäre deshalb irreführend, wollte man in seiner Lehre systematisches politisches Gedankengut westlicher Provenienz suchen, ebenso irreführend aber auch, einen Überblick über seine Vorstellungen geben zu wollen, bei dem, sagen wir einmal, der englische Sozialreformer John Ruskin oder die Bergpredigt außer Betracht blieben, wenngleich Gandhi die westliche Kultur am Ende verwarf und einmal erklärte, Indien gehe nicht unter den Stiefeln der Engländer zu Boden, sondern unter dem Gewicht der modernen Zivilisation.[30]

In Indien wie in anderen asiatischen Ländern waren es gewöhnlich diejenigen, die bewußt oder unbewußt von westlichem Gedankengut beeinflußt worden waren, die bei der Mobilisierung der Gefühle gegen die westliche Herrschaft den größten Erfolg hatten. Das Phänomen reicht weit zurück. So vergötterten in den zwanziger Jahren des 19. Jahrhunderts aufgeschlossene ehemalige Absolventen des kurz zuvor gegründeten Hindu-Colleges in Benares die »Philosophes«, lasen Thomas Paines »Zeitalter der Vernunft« und erregten durch ihr Benehmen bei den Orthodoxen Anstoß.[31] Ram Mohan Roy zum Beispiel, der erste Botschafter des Moguln am Hof von Saint James, war ein bengalischer Brahmane, der zwar dem Hinduismus treu blieb, jedoch zum Ausdruck brachte (in Worten, denen viele Engländer zugestimmt hätten), daß die »Lehren Christi mehr zu moralischen Grundsätzen beitragen und für vernunftbegabte Wesen besser geeignet sind als andere Lehren, die ich kennengelernt habe«.[32] Er betonte auch die Vorteile des Freihandels für Indien und argumentierte, daß, »je umfassender unsere Wechselbeziehung mit europäischen Gentlemen ist, desto umfassender unser Fortschritt auf den Gebieten der Bildung, der sozialen und politischen Angelegenheiten sein wird«.[33] Zeitweise blickte Roy sogar hoffnungsvoll auf den Tag, an dem Indien, dem die europäische Besiedlung Nutzen gebracht hatte, innerhalb des britischen Reiches den Status Kanadas (wie er 1832 war) haben werde – das heißt den Status eines sich nach innen selbst verwaltenden Staates.[34] Zieht man diese Auffassung in Rücksicht, so überrascht es nicht, wenn man Roy an der Spitze der Kampagne gegen den »Suttee« findet. Später sollte dann der Kampf gegen Kinderheirat und für die Anhebung des Mündigkeitsalters auf zwölf Jahre Reformer über alle konfessionellen Grenzen hinweg zusammenführen. Solche Kampagnen wurzelten in der kritischen Haltung, die auf den Einfluß so allgemeiner westlicher Ideen wie der fundamentalen Gleichheit aller Menschen zurückzuführen waren.

Westliche Bildung, ob in Indien oder in Großbritannien, erteilte den Indern nicht nur moralische und religiöse, sondern auch politische Lektionen. Die politischen Ideen des Westens waren im Verlauf einer europäischen und englischen Geschichte geformt worden, und die Inder erfuhren dies jetzt als Teil einer allgemeinen

Bewegung des materiellen und moralischen Fortschritts, nicht so sehr als das eigentümliche Produkt der nordwestlichen Halbinsel der eurasischen Landmasse. Freiheit und Gleichheit, die Auseinandersetzung zwischen Staat und Kirche, der Legalismus des Mittelalters, die parlamentarische Praxis, die amerikanische und die Französische Revolution – alles das trug dazu bei, in vielen Ländern neue Zukunftsvisionen zu wecken. »Das Studium der europäischen Geschichte«, so erklärte ein Inder der neuen Bildungsschicht, »und insbesondere die Geschichte Englands und der englischen politischen Institutionen soll jene patriotischen Gefühle, die in der Brust Indiens seit Jahrhunderten schlummerten, nicht abtöten, sondern im Gegenteil wecken und anfeuern.«[35] Da die Inder gelehrt wurden, die Nation als angemessenen Ausdruck politischer Autorität zu betrachten, nimmt es nicht wunder, daß sie sich nach einem Grund für eine eigene nationale Einheit umsahen.

Zum ersten Mal besaßen die Gebildeten auf dem ganzen Subkontinent eine gemeinsame Sprache, Englisch. Diese gemeinsame Sprache ermöglichte den Gedanken und Ideen eine weitere Verbreitung – häufig dank einer anderen westlichen Importware, der Zeitungspresse. Gerade Zeitungen trugen zum gegenseitigen Kennenlernen und zur Zusammenführung jener bei, die sich durch das, was sie als unfaire Hindernisse im öffentlichen Leben und im Verwaltungsdienst betrachteten, frustriert fühlten. Sie ermunterten die Gebildeten zu dem Versuch, die Barrieren innerhalb und zwischen den verschiedenen indischen Gemeinschaften zu überwinden.[36] Auch die einheimische Presse verbreitete Ideen und Vorstellungen, besonders nachdem in den achtziger Jahren des 19. Jahrhunderts die Briten die Pressezensur aufhoben (obwohl sie später in Krisensituationen die Zensur zeitweilig wieder einführten).

So taten die Inder die ersten Schritte in Richtung auf eine moderne Politik. Eine nationale Elite begann in Erscheinung zu treten, die es in dieser Art bis dahin nicht gegeben hatte. Das brauchte seine Zeit, aber die Existenz eines gemeinsamen Gegners ließ die bestehenden Differenzen in den Hintergrund treten. Die siebziger und achtziger Jahre des 19. Jahrhunderts werden als der Beginn eines Wandels in der indischen Politik gesehen, in dessen Verlauf viele verwestlichte Inder von Kollaborateuren zu Kritikern wurden. Aber auch institutionelle Vorgänge trugen ihren Teil dazu bei: So wurde 1882 der Verwaltungsdienst auf der Ebene dessen, was man hierzulande Kreis- oder Kommunalverwaltung nennen würde, Indern zugänglich gemacht. Zu diesem Zeitpunkt hatten Inder auch schon Richterposten übernommen, und einige waren in ranghöhere Verwaltungsstellen aufgerückt. Bald ergab sich eine Möglichkeit, den Wünschen der wachsenden Zahl westlich gebildeter Inder öffentlich Ausdruck zu geben. Die erste indische politische Vereinigung wurde gegründet, und als 1885 der Indische Nationalkongreß ins Leben trat, fand der moderne politische Agitations- und Propagandastil in Indien Eingang. Ein ehemaliger britischer Zivilbeamter, A. O. Hume, ein Mann, der sich während des großen Aufstandes durch Eifer und Mut das Viktoriakreuz verdient hatte, war der ideologische Pate dieses Organs. Da Englisch die Sprache des Kongresses war, bestand sein Verwaltungsstab lange Zeit aus Briten, und unter jenen stellte Hume die dominierende Figur dar. Viele der ersten Kongreßmitglieder zögerten jedoch lange, eine Autonomie unter der britischen Krone zu verlangen –

indes waren in den neunziger Jahren zwei Inder ins britische Oberhaus gewählt worden.[37]

Immer häufiger erhielt die westlich orientierte indische Elite ihre Ausbildung in England. 1845 kamen die ersten vier indischen Studenten nach Großbritannien, in den neunziger Jahren waren es bereits über dreihundert, 1907 siebenhundertachtzig.[38] So gaben Harrow und Cambridge Jawaharlal Nehru, der später siebzehn Jahre lang Premierminister eines unabhängigen Indien war, seinen Bildungshintergrund. Dieser machte ihn zu einem sehr wortgewaltigen Advokaten progressiver Ideen in der indischen Politik. »Ich bin überzeugt«, so erklärte er 1936, »daß der einzige Schlüssel ... zu Indiens Problemen im Sozialismus liegt ... nicht in einem vagen humanitären, sondern in einem wissenschaftlich-ökonomischen Sinn.«[39] Die »Westlichkeit« konnte sich aber auch weniger offenkundig zeigen. Cornelia Sorabji, Tochter eines indischen christlichen Geistlichen, war die erste Studentin an ihrem College in Poona und dann, wie es scheint, auch die erste Inderin, die in Oxford studierte. Sie wurde in Somerville Hall zugelassen, einer Stiftung, die lernbegierige junge Frauen aufnahm, deren formaler Zulassung sich die Universität Oxford noch widersetzte. 1892 erhielt Cornelia Sorabji eine Sondergenehmigung, ihr BCL-Examen (Bachelor of Civil Law) abzulegen (sie bekam die Note »Drei«), aber es dauerte noch dreißig Jahre, bevor sie bei Gericht als Anwältin zugelassen wurde (erst ab 1919 durften Frauen vor Gericht plädieren). Ungeachtet aller Hindernisse, die ihr – wie ihren englischen Zeitgenossinnen – in den Weg gelegt wurden, bewahrte sie sich eine tiefe Bewunderung für England und seine Institutionen. Ohne Sympathie für die indische Unabhängigkeitsbewegung stürzte sie sich in die Arbeit für indische Frauen und wurde zu einer offiziell anerkannten Beraterin in Verhandlungen gegen Frauen. In dieser Rolle und durch ihr Beispiel muß sie die traditionelle indische Auffassung von der Rolle der Frau empfindlich gestört haben.

Westliche Vorstellungen erreichten Indien durch viele Kanäle und in vielerlei Formen. Wenn man mit einem frühen Morgenzug in den Bahnhof Howrah in Kalkutta einfährt und über die Brücke über den Hoogly geht, kann man auf die Pilgerboote hinuntersehen, die sich füllen und dann stromaufwärts nach Benares fahren, um dann – geht man etwas weiter – den »Maidan« zu erreichen, einen großen Platz, der die Stadt Kalkutta von Fort William trennt, dem historischen Zentrum der »Raj«. Sonntags – am christlichen Sabbat, der heute Indiens wöchentlicher Feiertag ist – ist der Platz gefüllt mit Indern, die dem Kricketspiel frönen. In Fort William spielen Soldaten Fußball – »Das lenkt ihre Gedanken von den Mädchen ab«, erklärte ein indischer Offizier, Veteran der 8. Armee, der mich begleitete. Der englische Sport hat überall auf dem Subkontinent seine Spuren hinterlassen, nicht zuletzt dank der indischen Armee.

In Europa sind Sport und Gymnastik oft mit Patriotismus und Nationalismus verbunden gewesen. Nationalisten in anderen Ländern folgten dem Beispiel. So war Maos erster veröffentlichter Essay ein Plädoyer für körperliche Ertüchtigung als ein Weg zu größerer Tauglichkeit und mehr Kampftüchtigkeit.[40] Im 19. Jahrhundert zeigte sich diese Verbindung sehr deutlich in Bengalen. Britisch erzogene, viele junge und weniger junge Bengalen übernahmen bereitwillig die Auffassung ihrer Regenten, sie seien physisch degeneriert. Beeindruckt von der offensichtlichen Disparität zwischen ihrer Statur und Kraft und der der Briten, akzeptierten sie die westliche Meinung, der Grund dafür liege bei der Vernachlässigung körperlicher Ertüchtigung. Schon bald befolgten die Bengalen den Rat des Vizekönigs und der Missionare und versuchten, ihre Physis mittels Sport zu stärken.

Die institutionelle Fortentwicklung der »Raj« selbst war die stärkste positive Kraft bei der Ausformung des indischen Nationalismus. Die Regierung in Indien orientierte sich immer an der Politik des Mutterlandes. Im 20. Jahrhundert wurde die Entschlossenheit der Briten, den indischen Forderungen zu widerstehen, zunehmend durch einen ständigen Fluß an Nachrichten aus Indien über terroristische Ausschreitungen, Inhaftierung wegen Aufwiegelung, Polizeiaktionen gegen politische Demonstranten und ähnliches unterhöhlt. Dem spektakulären Galaempfang des Jahres 1911 folgte bereits im Jahr danach der Versuch, den Vizekönig durch eine Bombe zu töten. Auch viele Engländer wünschten, die indische Selbstverwaltung zu realisieren, ein Ziel, das ihnen dort ebenso angemessen zu sein schien wie in anderen Teilen des Empire, und bei manchen entwickelte sich das Gefühl, daß die Inder diese Selbstverwaltung verdienten, weil sie den Verbündeten während des Ersten Weltkrieges Hilfe geleistet hatten, wenn auch 1919 scheinbar die Reaktion triumphierte, als erneut repressive Maßnahmen aus der Kriegszeit durchgesetzt wurden. Gandhi prangerte das als »ungerecht, das Prinzip der Freiheit untergrabend und die elementaren Menschenrechte, auf denen die Sicherheit der Gemeinschaft als Ganzes und des Staates selbst gründet, verletzend«[41] an. Im Jahre 1919 trat schließlich auch der schlimmste, am wenigsten zu rechtfertigende, einzig dastehende Zwischenfall in der ganzen Geschichte der britischen Herrschaft in Indien ein, als ein wahnsinniger Offizier in Amritsar den Befehl erteilte, in die Menge zu schießen, und Hunderte von Indern getötet wurden. Zu diesem Zeitpunkt war jedoch die Schwierigkeit, die britische Oberhoheit aufrechtzuerhalten, schon unbestreitbar und den meisten aufmerksamen Verwaltungsbeamten und Politikern klar, so lautstark auch diejenigen, die anderer Ansicht waren, protestierten. Offizielle Stellen zeigten sich mehr und mehr geneigt, eine indische Teilnahme an Regierung und Administration zu fördern.

Im Jahre 1919 war den Provinzen eine parlamentarische Vertretung zugestanden worden. Breite Wählermassen gaben Regenten wie Regierten neue Möglichkeiten.[42] Obwohl die Zentralregierung in englischer Hand verblieb, ging die Leitung der Angelegenheiten auf Provinzebene und das damit verbundene Patronat auf die Inder über. Das gab dem Indischen Nationalkongreß eine neue Aufgabe und führte zu einem neuen politischen Stil. Der Kongreß mochte ein loses, baufälliges Gefüge von Fraktionen und Interessengruppen sein (und ist das in weitem Umfang geblieben), aber er machte sich mit großem Eifer daran, diesen so viele Vorteile bietenden Apparat in Gang zu setzen. Dabei war von nun an mehr denn je die Rede von westlichen Vorstellungen über politische Rechtmäßigkeit. So entfaltete sich die politische Bildung der indischen Mittelklassen – und sogar die der Massen – in Formen der westlichen liberalen Demokratie und des westlichen Nationalismus. Und so begann auch eine neue, bemerkenswerte Phase in der Politisierung der Beamtenschicht, der westlich orientierten Elite, die durch die »Raj« selbst ins Leben gerufen, erzogen und geformt worden war.

Das parlamentarische Regierungssystem kam dem Kongreß aus anderen als rein politischen Gründen gelegen. Weil er über Wahlen in zunehmendem Maße Zugang zu politischen Ämtern vermittelte, war es für ihn leichter, Förderer zu finden. Mehr und mehr Menschen wurden so beinahe zufällig in die nationale Bewegung für eine politische Emanzipation hineingezogen. Rivalitäten um Macht und Patronage mußten innerhalb der Ränge des Kongresses, innerhalb einer Bewegung ausgefochten werden, deren ursprünglicher Auftrag darin bestanden hatte, darzutun, daß es ab jetzt eine einzige indische Stimme gab. Ging es zu Beginn der Kongreßarbeit in erster Linie um eine Sache von Eliten, wurden später, in den dreißiger Jahren, als die Katastrophe der Weltwirtschaftskrise auch über Indien hereinbrach, in zunehmendem Maße auch die bäuerlichen Massen anfällig für eine Agitation gegen die britische Herrschaft. Das unterstützte den Kongreß in seinem Anspruch, eine nationale Bewegung zu sein.

Bis zum Ende der dreißiger Jahre unseres Jahrhunderts beherrschte der Kongreß die Politik der Provinzen. Zu dieser Zeit, im Jahre 1936, hatte das englische Parlament Maßnahmen beschlossen, durch die indische Politiker durch ein parlamentarisches Organ an der Zentralregierung beteiligt werden sollten. Inzwischen gab es mehr als dreißig Millionen Wähler, um die zu werben war. Dann brach der Zweite Weltkrieg aus, und bei den Führern des Kongresses regten sich Unwille und Zorn, weil man, ohne sie zu konsultieren, Indien in diesen Krieg mit hineinzog. Dazu kam die Gefahr einer japanischen Invasion und die Bekämpfung der durch die »Gebt-Indien-frei«-Bewegung hervorgerufenen Krise mit dem üblichen Vorgehen, das sich in Inhaftierungen, Polizeiaktionen und Freiheitsstrafen zeigte. Die »Raj« schien trotz allem noch erstaunlich stark zu sein: So rekrutierte sich die indische Armee allein durch Freiwillige zu einer Größenordnung, die es nie zuvor gegeben hatte. Aber die Zeitenwende war eingetreten, und in London wurden die notwendigen Entscheidungen nun nicht mehr lange hinausgezögert: 1947 übertrug die britische Labour-Regierung unter Premierminister Clement Attlee die Macht an Jawaharlal Nehru, den ersten indischen Premierminister.

Am Unabhängigkeitstag schien der Kongreß fast ohne Debatte für Kontinuität, nicht für Revolution zu optieren – für ein Weiterbestehen der Regierungseinrichtungen, für eine Fortsetzung der Partizipation und Konsultation, wie sie die »Raj« in ihren letzten Jahrzehnten eingeführt hatte. Der wenige Monate nach der Unabhängigkeit verübte tragische Mord an Mahatma Gandhi, dem Inder, der mehr als jeder andere für die Versöhnung aller Inder aller Rassen und Kasten in einer einzigen Gemeinschaft stand, fand in seinem Symbolcharakter auf schreckliche Weise Ausdruck: Sein Tagwerk war getan, es war ihm mißlungen, die Einheit Indiens zu verwirklichen und die Demontage des Kongresses und der von der »Raj« übernommenen staatlichen Struktur durchzusetzen, wie er es gewollt hatte. Gandhi wurde von einem nationalistischen Extremisten ermordet, aber damals hatten ihn die indische Teilnahme an der »Raj« und die neue republikanische Ordnung bereits tief enttäuscht. »Heute bin ich eine Nummer von gestern«, schrieb er in sein Tagebuch. Die Zukunft Indiens sollte von der Elite entschieden werden, welche die »Raj« geschaffen hatte, einer Elite, die von allen Schichten der Bevölkerung am stärksten von westlichen Vorstellungen beeinflußt worden war.

Mohammed Ali Jinnah, der Gründer Pakistans, sprach gewohnheitsmäßig Englisch – sogar wenn er Bengali sprechenden Studenten aus Bangladesch erklärte, die offizielle Sprache Pakistans müsse Urdu sein. Die Sprachenteilung bestätigte, daß die von der englischen Armee und Diplomatie erzwungene Einheit etwas Künstliches war. Sie enthüllte auch die zerbrechliche Natur der antibritischen Koalition, die den Nationalgedanken monopolisiert hatte. Die Unfähigkeit Pakistans, das islamische Bangladesch ein Vierteljahrhundert später zu halten, unterstreicht das ebenso, wenn auch weniger spektakulär als die Kriege Indiens mit Pakistan und China, von denen der zweite ein Kampf für die Bewahrung einer neuen Nation war, deren territoriale Integrität einzig und allein durch ihren ehemaligen Kolonialstatus definiert wurde.[43]

Man kann Pakistan als ein Beispiel dafür ansehen, wie vergänglich manche westlichen Einflüsse und Institutionen waren. Erst sehr viel später war ein unabhängiges Pakistan als ein potentielles Resultat einer Entwicklung in Erscheinung getreten, die historisch ebensowenig in einer nationalen Idee wie der indische Nationalismus wurzelte. Pakistans Gründung muß vor dem Hintergrund der Angst gesehen werden, der Islam werde sich in einem unabhängigen Indien zersetzen oder entarten – deshalb war ein islamisches Gemeinwesen nötig. Das verschleierte die bedeutsame Tatsache, daß es unter der »Raj« sowenig *eine* islamische Gemeinschaft in Indien wie *ein* Indien gegeben hatte. Von Beginn an enthielt die neue Nation ein immanentes Paradox: Die Grundform ihres Regierungssystems lieferte der Westminster-Parlamentarismus, obwohl sich ein konfessioneller Staat bilden sollte. Einige der konservativsten Muslime Indiens emigrierten in das islamische Pakistan. Trotzdem war dessen sehr schmale politische Schicht (Pakistan nahm im Augenblick der Unabhängigkeit nur dreiundachtzig von mehr als fünfhundertfünfzig eingeborenen indischen Zivilbeamten in seine Verwaltung auf) westlich orientiert und hatte die Kommunalpolitik der seit 1906 bestehenden Muslimliga in einem alles andere als frommen Geist übernommen. Das Ergebnis war, daß die Bemühungen dieser Elite, einen progressiven Wandel und die Auflösung der Liga durchzusetzen, alsbald scheiterten. Die Verfassung Pakistans ist ein Beweis für den ideologischen Erfolg orthodoxer islamischer Denker.

Im Gegensatz dazu ist die indische Republik sehr viel eindeutiger durch westliche Einflüsse gezeichnet. Zum Teil handelt es sich dabei um ein unmittelbares Erbe: eine große apolitische Armee und Zivilverwaltung, ein Staatsoberhaupt mit eingeschränkter Machtvollkommenheit nach britischer Tradition, unabhängige Gerichte, Notstandsvollmachten für die Regierung. Noch im Jahre 1970 standen im Dienst des neuen Staates Zivilbeamte und Soldaten, die von den Engländern rekrutiert worden waren. Etwa zweihundertfünfzig Artikel der Verfassung von 1935 (Government of India Act) gingen 1947 unverändert in die Verfassungsgesetzgebung des neuen, unabhängigen Staates über. Und es gab progressive, demokratische, andeutungsweise sozialistische Politiker, die in dem neuen Staatswesen großes Gewicht hatten, vor allem Pandit J. Nehru. Es ist jedoch überraschend, daß sich ein Land, in dem Religion deutlich mehr Einfluß auf das soziale Verhalten hat als irgendwo anders, trotzdem nachdrücklich als weltlichen Staat bezeichnet. Gerade das Kräftespiel zwischen Religion und Politik führte (und führt) zu einem Dilemma, das für

Der Vater Pakistans: Mohammed Ali Jinnah

viele Inder ein sehr persönliches Problem darstellt (und noch immer gegenwärtig ist). Es war Nehru, der erklärte: »Ich bin eine eigenartige Mischung von Ost und West geworden, überall fehl am Platz, nirgendwo zu Hause. Vielleicht sind meine Gedanken und meine Einstellung zum Leben dem, was man westlich nennt, verwandter als dem, was als östlich anzusehen ist, doch hält mich Indien fest ... hinter mir liegen, irgendwo im Unterbewußtsein, rassische Erinnerungen von Hunderten von Brahmanengenerationen.«[44]

Trotzdem bleibt die indische Republik ein Träger westlicher Vorstellungen. So zerbrechlich sie auch manchmal wirken mag, die indische Demokratie ist um so wichtiger und beispielhafter, weil anderswo in Asien verfassungsmäßige Regierungen und liberale Werte weit weniger tiefe Wurzeln vorweisen, so daß es nicht überrascht, daß es ihnen oft nicht gelingt, zu überleben. Im Vergleich zu den meisten anderen Nationen in der Welt kann Indien genauso eine Demokratie genannt werden wie, lange vor der Französischen Revolution, das England des 18. Jahrhunderts, kann es als ein liberales Gemeinwesen gelten, wenn man es mit irgendeinem anderen großen Staat vergleicht.[45]

Das ist nicht etwas, das »einfach geschah«. Hier liegt vielmehr das Produkt einer sehr spezifischen Erfahrung des Westens vor. Es ist ein Ergebnis, das sich von dem unterscheidet, was in anderen asiatischen Gesellschaften zu beobachten ist, in denen

»Verwirrte Ideen«: Lithographie eines Aquarells des bengalischen Künstlers Gaganendranath Tagore

– nach chinesischer Tradition – Autorität respektiert und ihr eine moralische Rückendeckung gegeben wird, die im Westen schon seit dem frühen Mittelalter immer umstritten war. Solchen Gesellschaften ist anscheinend tatsächlich manchmal der ganze Begriff einer grundsätzlichen Opposition verabscheuungswürdig, weil er die Gesellschaft selbst zu spalten scheint. In Indien jedenfalls ist ihre verfassungsmäßige Verankerung einer der sprechenden Beweise für eine positive Reaktion vieler Angehöriger seiner Eliten auf die Erfahrung der westlichen Kultur.

XII.
Untergangsstimmung

Seit Beginn unseres Jahrhunderts ist ein großer Traum zerronnen. Vielen Menschen im Westen scheint ihre Kultur auf eine abschüssige Bahn geraten zu sein. Vieles, was an dieser Kultur einmalig ist, hat sich anscheinend als Schwäche oder als noch etwas Schlimmeres erwiesen. Kulturelle Selbstkritik und Selbstvorwürfe schienen zu einer kulturellen Selbstzerstörung zu führen. Von der Mitte des 19. Jahrhunderts an legte eine wachsende Zahl von Gebildeten in Europa und im übrigen Westen nicht nur bestimmte Glaubensüberzeugungen ab, sondern den Glauben an absolute Werte jedweder Art. Obschon das lange Zeit nur wenige Menschen berührte (und obwohl zur gleichen Zeit Ideen, die auf solchen im Westen nicht mehr akzeptierten absoluten und universalen Werten beruhten, anderswo in der Welt aufgegriffen wurden), war der Trend eindeutig. Der Begründer der Psychoanalyse, Sigmund Freud, einer der großen Köpfe einer Zeit, als sich die Kultur Europas auf ihrem Höhepunkt befand, gelangte zwar im 20. Jahrhundert zu seinen bahnbrechenden Erkenntnissen, aber dennoch war sein Denken dem des 19. Jahrhunderts verhaftet. Was genau er lehrte und aufzeigte, ist dabei weniger wichtig als die Tatsache, daß das, was er sagte, auf breiter Ebene Zweifel an der Macht der Vernunft und an den traditionellen westlichen Werten weckte. Auch die Künste liefern Elemente, die zur Unterhöhlung der Gewißheit hinsichtlich traditioneller Maßstäbe beitragen. In der Politik vollzog sich der Schwund des Vertrauens in die absoluten Werte des Liberalismus rasch und in spektakulärer Weise. Im besten Fall lief er auf einen bequemen Pragmatismus und im schlimmsten auf jene totale Irrationalität hinaus, die den Faschismus nährte. Es entsprach dieser Entwicklung, wenn die Nazis bewußt die Symbole einer vorchristlichen und folglich vorabendländischen heidnischen Vergangenheit übernahmen.

Es scheint wenig übriggeblieben zu sein, an das der gebildete Mensch glauben kann. Dem Verfall des Christentums als eines überzeugenden geistigen Lehrgebäudes folgte der Verfall seines Rivalen, des Marxismus. Beide haben noch ihre gläubigen Anhänger, die sich in ihren Ritualen und in ihren Dogmen sicher fühlen. Aber die hungrigen Schafe blicken suchend um sich und werden immer seltener gefüttert. Die Unsicherheit, die sich bei christlichen Geistlichen zeigt, wenn sie über den Glauben sprechen, findet ihre Parallele in der Verwirrung, die unter den Marxisten herrscht, und in der Ignoranz allzu vieler, die behaupten, Marxisten zu sein. Man kann sich leicht denken, wie sein Kommentar gelautet hätte, wenn man Karl Marx gesagt hätte, daß es weniger als ein Jahrhundert nach seinem Tod Menschen geben würde, die sich »christliche« Marxisten nennen. Als intellektuelle

△◁ Der »Antineutralistische Anzug«, für Futuristen von ihrem Führer Emilio Filippo Tommaso Marinetti 1914 empfohlen – Demonstration einer künstlerischen Bewegung, die bewußt die Werte der liberalen Kultur ablehnte

△▷ Oswald Spengler, dessen geschichtsphilosophisches Werk »Der Untergang des Abendlandes« eine breitere Öffentlichkeit fand, als es sein schwieriger Text vermuten läßt

Heilslehren, die bewußte Zustimmung erfahren, sind Christentum und Marxismus jetzt nur noch von bescheidener Bedeutung. Das betrifft jedoch nicht die Tatsache, daß ihre tatsächliche Macht enorm bleibt. Geschichte, Brauchtum und Beharrungsvermögen können dem Papst immer noch einen herzlichen Empfang durch Millionen von Menschen bereiten und kommunistischen Parteien in westlichen Demokratien Millionen von Stimmen einbringen.

Da die Menschen durch Einbildungskraft und Gefühle sehr viel leichter zu bewegen sind als durch Vernunftgründe, ist es durchaus einleuchtend, wenn man den schrecklichen europäischen Bürgerkriegen von 1914 bis 1918 und 1939 bis 1945 ebensoviel Gewicht beimißt wie der intellektuellen Zersetzung, wenn man erklären will, was falsch gelaufen ist. Obwohl Europas Auseinandersetzungen zweimal unentwirrbar mit ganz verschiedenen Kriegen verbunden wurden,[1] ging es bei diesen Konflikten um ein europäisches Problem, ging es um die Bändigung Deutschlands. Sie brachten in Europa Kriege zwischen und innerhalb von Staaten ins Rollen. In einigen Ländern kämpfte Klasse gegen Klasse, in anderen kamen nationale Aspirationen und Ansprüche zum Durchbruch, dem sich das alte Gefüge Europas so lange widersetzen konnte, als es keinen Erschütterungen ausgesetzt gewesen war. Ein internationales politisches und wirtschaftliches System, das im ganzen erfolgreich gewesen war, wurde hinweggefegt. Die Auswirkungen erstreckten sich weit über Europa hinaus und beendeten eine Friedensära, die in der Neuzeit beispiellos war. An ihre Stelle trat eine Ära der Instabilität und ungelöster Konflikte, wie es sie noch nie gegeben hatte, da sie globaler Natur war.

Die politische Zerstörung, die diese Kriege zur Folge hatten, war spektakulär. Im Ersten Weltkrieg brachen drei große europäische Reiche zusammen: das deutsche, das habsburgische und das russische. Mit ihnen verschwand das alte Gefüge Mittel- und Osteuropas. Unter Hitler für kurze Zeit wiederbelebt und weiter ausgedehnt als zuvor, brach das Deutsche Reich 1945 erneut auseinander. Das Ergebnis war eine Teilung Deutschlands, die weit tiefer ging als alles, was der Gründung des ersten geeinten Deutschland im Jahre 1871 vorausgegangen war. Bereits vorher, 1918, war das Habsburger Reich von der Bühne verschwunden. Eine Revolution nach der anderen ließ auf seinen ehemaligen Territorien neue Staaten entstehen, von denen manche bis dato auf keine Geschichte als unabhängige Einheit zurückblicken konnte. Polen stieg nach anderthalb Jahrhunderten der Unterjochung durch Preußen, Habsburg und Rußland wieder empor. Das Zarenreich war nach der Revolution von 1917 als erstes zerfallen – Dynastie und zaristische Autokratie hatten ihr Ende gefunden. Nach der bolschewistischen Revolution von 1917 entstand eine neue Art von Staat, ein Staat, der sich als das Eigentum der russischen Arbeiter bezeichnete, der in seiner Philosophie atheistisch und materialistisch und auf die Förderung der Revolutionsidee in aller Welt festgelegt war. Seit damals hat es immer irgendwo auf dieser Erde »sozialistische« Staaten gegeben. Das weckte in einigen nicht-sozialistischen Ländern die Befürchtung, daß sich die jeweiligen Bevölkerungen dem Bolschewismus zuwenden könnten, obwohl ein Vergleich der Ideale mit der Wirklichkeit, die auf die Errichtung kommunistischer Regime folgte, zu einer erheblichen Enttäuschung über den sozialistischen Universalismus und zu einem stärkeren Realismus geführt hat. Nur in »sozialistischen« Staaten haben sich in jüngerer Zeit Arbeitermassen gegen ihre Regierungen erhoben.[2] Es gab gewichtige Gründe, den neuen russischen Staat und seine durch Propaganda, Diplomatie und Militärmacht mit Bedacht geförderte Bildung eines neuen russischen Imperiums zu fürchten, dessen Interessen als identisch mit denen der »internationalen Arbeiterklasse« ausgegeben wurden.

Bis zum Ende des Jahres 1939 hatte die neue russische Autokratie faktisch einen großen Teil des alten Zarenreiches wieder zurückgewonnen. Die Sowjetunion herrschte damals erneut über halb Polen, hatte darüber hinaus wieder die baltischen Staaten geschluckt, die zwischen den beiden Kriegen für kurze Zeit aus den Trümmern des alten Rußland zu vorübergehender Unabhängigkeit erstanden waren, und entriß den Finnen (vormals Untertanen der Zaren) einige Monate später Teile ihres Territoriums. Dann kam der Krieg mit Deutschland. Am Ende des Ringens in Europa waren viele Beobachter so stark wie nie über die Macht, die das neue Rußland bereits an den Tag legte, und über seine ausdrücklichen Absichten beunruhigt.

Nach 1945 wuchs ihre Unruhe. Im größten Teil Osteuropas entstanden kommunistische Satellitenregime, und im Fernen Osten hatten russische Streitkräfte Südsachalin besetzt und blieben bis 1948 in Port Arthur. Es sah nun so aus, als ob Stalin auch das frühere Reich der Zaren in Asien wiederaufbauen wollte. Wieder einmal

Unsere letzte Hoffnung:
HITLER
M JOLNIK

In der ersten Hälfte des 20. Jahrhunderts wurde erneut der Kult des großen Mannes und charismatischen Führers belebt, als die Menschen nach der Bestätigung suchten, daß Geschichte gemeistert werden kann. Links: Ein deutsches Wahlplakat aus dem Jahre 1932 wirbt für »Unsere letzte Hoffnung – Hitler«. Oben: Das gigantische Lenin-Wandgemälde, das auf der Landwirtschaftsausstellung in Moskau gezeigt wurde

»Der kleine Vater in seinem Trophäenzimmer« – liberalen Beobachtern fiel es schwer, an die Brutalität der Säuberungsaktionen unter Stalin seit 1924 zu glauben. Einem pronazistischen Magazin fiel das im Jahre 1938 leichter

stellte sich die alte Frage: Waren die Russen wirklich Teil des Westens? Als der Kalte Krieg die Menschen zu ängstigen begann, waren viele von ihnen noch weniger als zuvor geneigt, sie (oder auch irgendein anderes Land des kommunistischen Europa) so zu sehen.

Inmitten dieses mächtigen politischen Wandels war es leicht, gewisse wichtige Fakten aus den Augen zu verlieren. Daß Rußland zu einer Großmacht wurde, war unausweichlich, nachdem sie einmal den Prozessen der Modernisierung ausgesetzt war, und das war bereits lange vor 1914 geschehen. Wahrscheinlich wäre Rußland in den dreißiger Jahren unter den Zaren ebenso mächtig geworden wie unter Stalin – hätte der Erste Weltkrieg nicht die Autokratie zerstört – und dann zu einer schweren Bedrohung des Friedens geworden. Aber die ideologische Feindseligkeit des neuen russischen Imperiums gegen jede andere Regierung im Westen war etwas ganz Neues und versetzte dem westlichen Vertrauen einen schweren Schock. Seine ausdrückliche revolutionäre Orientierung war eine der brisanten Kräfte, die die internationale Ordnung gefährdeten, und machte es schwer, eine Wiederbelebung der alten Politik des Kräftegleichgewichts ins Auge zu fassen.

Nicht nur Europa verlor im Ersten Weltkrieg die Stabilität, die ihm die alten Reiche verliehen hatten. Nachdem die ersten beiden Jahrhunderte osmanischer Hegemonie vorüber waren, war der Nahe Osten allmählich zu einer umstrittenen Zone geworden. Vom 17. Jahrhundert an gab es Anzeichen dafür, daß sich die »Franken« in nicht allzu langer Zeit darüber wieder untereinander und mit den Russen streiten würden. Das osmanische Europa war bereits vor 1914 faktisch verschwunden (und in den folgenden Jahren erlitt das osmanische Asien dasselbe Schicksal). Griechen und Italiener stritten sich bald über die Türkei, die Franzosen und Briten über das ehemalige türkische Mesopotamien, über Syrien und Palästina. Die französischen und britischen Kolonialimperien erlebten in der Tat 1919 im ehemaligen osmanischen Territorium ihre letzte, kurze Expansionsphase, aber das erwies sich als ein Fehlschlag. Als diese Reiche ihrerseits nach dem Zweiten Weltkrieg zusammenbrachen, stand der Nahe Osten vor einem politischen Chaos, das neu auftretende Konfliktstoffe noch verstärkte: Öl, unversöhnlicher jüdischer und arabischer Nationalismus und der Kalte Krieg.

Der andere umfassende und offenkundige Wandel, der den europäischen Bürgerkriegen folgte, ergab sich aus der Übernahme der Führungsrolle Europas durch Amerika. Das kann man wohl kaum als »destabilisierend« bezeichnen, aber es wirkte psychologisch verunsichernd. Der Vorgang begann im übrigen keineswegs erst mit dem Ersten Weltkrieg. Schon zu Beginn des Jahrhunderts tauchte er als eine zunächst nur schwach wahrnehmbare Gefahr auf – nicht von ungefähr veröffentlichte ein britischer Journalist im Jahre 1901 ein Buch mit dem Titel »Die Amerikanisierung der Welt«.[3] Was man dahinter mit wachsendem Unbehagen spürte, war ebenso eine Sache des im Gang befindlichen Modernisierungsprozesses wie einer spezifischen Amerikanisierung, doch lag ein Stück Wahrheit in der Auffassung, daß ungefähr zu dieser Zeit in der Geschichte einer Nation eine neue Epoche erreicht worden war.

In den neunziger Jahren des 19. Jahrhunderts kündigte das Innenministerium der Vereinigten Staaten an, es gebe keine »Grenze« mehr – die geschlossene Phalanx von Siedlungen, jenseits derer sich die Wildnis ausbreitete, war verschwunden. Symbolisch war das Territorium der Vereinigten Staaten ausgefüllt. Natürlich gab es (und gibt es noch) riesige leere Räume in dieser Republik, und ein großer Teil ihres Territoriums wurde noch nicht von Staaten mit einer regulären Verwaltung organisiert. Das transkontinentale Eisenbahnnetz war jedoch seit langem komplett, und die Tage der Cowboys und Trapper waren gezählt. Bald folgte der Abrundung und Konsolidierung der Binnenlandkarte ein territorialer Imperialismus in Übersee: In den neunziger Jahren wurden Hawaii, die Philippinen und Puerto Rico erworben; 1914 waren die Amerikaner im Pachtbesitz der panamesischen Kanalzone – der Kanal war beinahe fertig, als eine »Dollardiplomatie« und der »Roosevelt-Zusatz« zur Monroe-Doktrin klarstellten, daß die Amerikaner bereit sein würden, in die Angelegenheiten ihrer Nachbarn mit Waffengewalt einzugreifen, wenn ihr Interesse das zu erfordern schien.

Zu diesem Zeitpunkt war jedoch etwas für die Zukunft noch sehr viel Entscheidenderes in Erscheinung getreten – die höchste Konzentration wirtschaftlicher Macht, die es je unter einer einzigen Regierung gegeben hatte: die amerikanische Industriewirtschaft. Sie brachte Reichtum – und folglich Macht – in einem unvorstellbaren Maße mit sich, und seither haben wir stets in ihrem Schatten wie in ihrem Sonnenschein gelebt. Die Massenproduktion führte zu einer Neuverteilung von Reichtum und Gewinn und ließ damit den Sozialismus weit hinter sich – zugleich bleibt die amerikanische Wirtschaft im Hinblick auf die Ausweitung der individuellen Möglichkeiten unerreicht.

Diese neue Macht trat außerhalb der westlichen Hemisphäre nur zögernd als politische Größe in Erscheinung. Nur schrittweise griff sie über den Pazifik hinaus und vor 1914 nach Europa eigentlich kaum. Schließlich aber begann eine Zeit, in der die Europäer nach ihr verlangten: Nach zwei Kriegsjahren konnte die politische

Die Neugestalter Europas: US-Präsident Wilson (vorne) wird 1919 von Frankreichs Premierminister Georges Clemenceau (links) und Englands Außenminister Arthur James Balfour (rechts hinter Clemenceau) zu den Versailler Friedensverhandlungen begleitet

und militärische Sackgasse, in die das alte Herzstück des Westens geraten war, nur noch von der größten Demokratie in der Welt aufgebrochen werden. Drei Jahre lang kauften und borgten sich Engländer und Franzosen amerikanische Hilfe, bevor die Vereinigten Staaten 1917 endlich in den Krieg gegen Deutschland eintraten. Das war ein Ereignis, das die alte europäische Ordnung ebenso untergrub wie der Erfolg der Bolschewiken, vielleicht sogar in noch höherem Maß. Zum ersten Mal seit dem 16. Jahrhundert wurde das Schicksal Europas von Außenseitern bestimmt. Präsident Wilsons berühmte »Vierzehn Punkte« zeigten, welche Macht beim Wiederaufbau Europas und eines Teils seines kolonialen Erbes nun hinter Selbstbestimmung und demokratischem Nationalismus zur Wirkung kommen sollte. Aber obwohl sie geographisch gesehen Außenseiter waren, waren die Amerikaner doch in die europäische Kultur hineingeboren und gehörten zu ihr. Deshalb handelte es sich hier eher um eine Machtverschiebung innerhalb der westlichen Kultur als um ihre Verdrängung.

Für mehr als zwanzig Jahre trat das nicht besonders deutlich hervor. Präsident Wilsons Wunsch, die amerikanische Macht zur Schaffung einer neuen Weltordnung einzusetzen, wurde von anderen amerikanischen Politikern durchkreuzt, die auf eine isolationistische Tendenz in den Vereinigten Staaten reagierten und zu ihrer Verstärkung beitrugen. Amerika präsentierte sich als ein sicheres, blühendes Land, und deshalb wandten viele Amerikaner der Welt in den zwanziger Jahren den Rücken zu. Sie konnten jedoch nicht verhindern, daß sie schon einfach dadurch, daß sie nicht präsent waren, einen enormen Einfluß ausübten. Wenn Deutschland eines Tages wieder mächtig werden sollte, würden England und Frankreich ohne Amerika oder einen anderen mächtigen Verbündeten neben sich (Rußland stand nicht zur Verfügung) nicht genug sein, um das Gleichgewicht der Kräfte aufrechtzuerhalten. Amerikanische Entscheidungen, selbst die Entscheidung, sich abseits zu halten, mußten notwendigerweise das Schicksal der westlichen Kultur beeinflussen, auch ohne daß irgend jemand das bewußt anstrebte. Wirtschaftliche Gegebenheiten allein sorgten bereits dafür (und es ist möglich, daß sich die amerikanische Industrie dank des Ersten Weltkrieges so viel stärker entwickeln konnte). Die amerikanische Blütezeit der zwanziger Jahre verhalf Europa zur Wiedergesundung, als aber gegen Ende des Jahrzehnts die amerikanischen Anleihen allmählich wieder gekündigt wurden, gingen tiefe Erschütterungen durch das europäische Finanz- und Handelssystem. Als das Jahr 1929 in den Vereinigten Staaten Bankrotte und Krediteinbrüche brachte, folgte in Europa eine finanzielle Katastrophe. Und als die wirtschaftliche Stagnation in den USA ihren Tiefpunkt erreichte, schlitterte die Welt in die erste echte Weltwirtschaftskrise hinein. Ein dramatischer Beweis für das unwiderstehliche Gewicht der amerikanischen Wirtschaft ergab sich, als Rohstoffproduzenten in Nigeria, Malaya und Argentinien in den mittellosen Städten und stillgelegten Fabriken Europas keine Nahrungsmittel und Rohstoffe mehr absetzen konnten.

Im Zweiten Weltkrieg akzeptierten die Vereinigten Staaten endlich bewußt die Rolle, die ihnen die Geschichte und ihre eigene Kraft zuwiesen. Ihr Präsident übernahm innerhalb des Westens die politische und militärische Führung, die ihm eigentlich schon längst zugestanden hatte. Nach 1945 gab es kein Zurück mehr: Zu viele Grundvoraussetzungen der alten europäischen Ordnung waren nicht mehr gegeben. Europa war physisch und wirtschaftlich so völlig zusammengebrochen, daß manche glaubten, es werde sich nie wieder erholen. Aber amerikanische Hilfe in Form des Marshall-Plans und amerikanischer militärischer Schutz ermöglichten den Wiederaufbau schließlich doch. Außerdem gab es eine amerikanische Besatzung in Europa, wo die Vereinigten Staaten formal als eine der vier Besatzungsmächte in Deutschland installiert wurden. Der kommunistische Staatsstreich in Prag, die Berliner Blockade und die Schaffung der NATO folgten. Und so wurde deutlich, daß die alte Ordnung tatsächlich überwunden war und einer neuen Platz gemacht hatte. Das war etwas, das zu akzeptieren den Westeuropäern nicht immer leichtfiel, und die psychologische Anpassung, die das erfordert, bereitet bis heute Schwierigkeiten.

In der Zwischenzeit war eine ganze Kultur von einem psychischen Trauma erfaßt worden. Die beiden großen deutschen Kriege ließen Europa betäubt und gelähmt zurück. Schreckliche Zerstörungen waren angerichtet worden, Hungersnot und Krankheiten nach Europa zurückgekehrt. Als sie sich von dem unmittelbaren Schock der Jahre 1914 bis 1918 erholten, begannen viele Europäer sich umzublikken, wobei sie das Gefühl nicht loswurden, daß man an nichts von dem, an das man je geglaubt hatte, mehr auf dieselbe Weise glauben konnte. Die beispiellose Schlächterei und physische Gewalt des Ersten Weltkrieges – des »Großen Krieges«, wie man ihn vielerorts bezeichnenderweise nannte – war in einem Maße psychologisch entscheidend, wie es der Zweite nicht war, obgleich er mehr Blut und größere Zerstörung gefordert hat. Der Erste Weltkrieg setzte einem Jahrhundert naiver Auffassung von Kriegen in einem demokratischen Zeitalter ein Ende. Der Tribut an Menschenleben, den man hatte entrichten müssen, war unvorstellbar viel größer gewesen, als man je erwartet hatte – viereinhalb Jahre lang starb in Europa alle zwölf bis fünfzehn Sekunden ein Mensch. Nie zuvor waren Menschen so effektiv getötet worden. Der »Große Krieg« war der erste Krieg in der Menschheitsgeschichte, von dem wir wissen, daß darin mehr Menschen durch Waffengewalt getötet wurden, als durch Krankheit starben. Millionen, die »überlebten«, wurden zu Krüppeln, erblindeten, wurden vergiftet, wurden zu lebenden Erinnerungen an ein grauenvolles Geschehen.

Demographen haben versucht, den Bevölkerungsverlust Europas genau zu bestimmen, doch wurden – was vielleicht viel schwerer wog – die feststellbaren genetischen und wirtschaftlichen Folgen weniger exakt festgehalten. Was jedoch erheblich mehr zählte, waren das Entsetzen und der Schrecken, den solche Verluste einflößten. Sie waren, im tiefsten Sinne eines alten Wortes, Urteilssprüche. Ohne Umstände schienen sie alle Annahmen, Überzeugungen, Verhaltensweisen und Institutionen zu verdammen, die sie möglich gemacht hatten. Sie machten Europas Glauben an sich selbst zunichte. So setzten zwangsläufig sie die Dämonen der Unsicherheit, des mangelnden Vertrauens und der Skepsis frei, die so häufig eine brauchbare Reaktion auf die vom »Großen Krieg« hinterlassenen Probleme verhinderten.

Die Welt der Nachkriegszeit konnte gar nicht anders als deprimierend sein. Das ökonomische Gefüge der alten, von Zuversicht erfüllten Tage vor 1914 war zerbro-

△△ Raubbau in Jahren mit hohen Kornpreisen und schlechte Bodenkonservierungsmethoden reduzierten nach 1920 einen großen Teil des amerikanischen Farmlandes zu einer »Staubschüssel«

△ 1931, Weihnachten in New York: Arbeitslose stehen um ein Weihnachtsessen an chen: In einem großen Teil Europas war die Produktion zum Stillstand gekommen; neue politische Grenzen machten die alten Marktmodelle sinnlos; die Beseitigung der alten politischen Strukturen verbreitete Unsicherheit und Unordnung in Ländern, die vorher als rechtsstaatlich und liberal gegolten hatten. Alte Haßgefühle, wie der Antisemitismus, trieben zwischen den Ruinen neue Blüten, als wirtschaftliche Entbehrungen den Menschen neue Konfliktgründe lieferten; die sozialen Spannungen verschärften sich; revolutionäre Kräfte traten in Erscheinung – manche von ihnen von einer vorübergehend erschöpften, bald aber wieder aufsteigenden Sowjetunion unterstützt –, die sich die Aufgabe gestellt hatten, die Uhr der Zeit zurückzudrehen und die liberale Demokratie wiederzubeleben. Bezeichnenderweise war es der Präsident der Vereinigten Staaten von Amerika, nicht die Regenten der siegreichen oder unterlegenen europäischen Großmächte, der 1918 das größte Vertrauen in die Kräfte der Demokratie und des Nationalbewußtseins setzte, um

eine neue und gesündere europäische Ordnung aufzubauen. Tatsächlich trat eine gewisse Erholung ein. Eine Zeitlang sah es, wenn man nicht allzu genau hinsah, so aus, als ob die alte kulturelle Ordnung des Westens wieder zusammengebastelt worden sei, aber in den dreißiger Jahren schwand dann auch dieses Trugbild endgültig.

Der erste Schock ging von dem wirtschaftlichen Niedergang aus, der die Produktion und die Einkommen in der ganzen Welt drastisch senkte. Obwohl die Rohstoffproduzenten in Ländern, in denen Farmen, Ranchs, Plantagen oder Minen das Rückgrat der Wirtschaftssysteme bildeten, wahrscheinlich am stärksten in Mitleidenschaft gezogen wurden, zeigten sich die dramatischsten und augenscheinlichsten Wirkungen in den stillgelegten Mühlen und Fabriken der Industrienationen und in der hochschnellenden Zahl von Arbeitslosen in den Städten. Das Vertrauen in das »natürliche« Funktionieren des sich selbst anpassenden kapitalistischen

△ Mechanisierter Wahnsinn: Die Bahnstation des Vernichtungslagers Auschwitz in Polen

◁ Das niederrheinische Kleve im Februar 1945, eine Woche nach einem schweren Luftangriff durch die Royal Air Force

Systems, in die gegenseitige Abhängigkeit von Produzent und Konsument, die sich schicksalhaft ergänzende Bedürfnisse hatten, in die automatische Tendenz des Eigeninteresses konkurrierender Individuen zu sozialer Harmonie erlitt eine tödliche Wunde. Und mit dem Glauben an das Laisser-faire verlor sich allmählich auch der Glaube an liberale Werte.

Die Dämonen stellten sich drohender als je zuvor wieder ein, als Europa auf einen neuen Krieg zusteuerte. Internationale wirtschaftliche Konkurrenz war nur ein Grund. In einem Land nach dem anderen schwand die Überzeugung, daß liberale Werte noch geeignet seien, dem Nihilismus und der Unkultur zu widerstehen. 1939 gab es in Europa weniger konstitutionelle Staaten mit angemessen funktionierenden Institutionen als 1914. Zum allgemeinen Entsetzen erklärte Nazi-Deutschland sich ausdrücklich gegen jedwede moralische Beschränkung mit Ausnahme solcher, die sich aus einem irrsinnigen Rassismus ableiteten. So sah sich Europa der schlimmsten Bedrohung seiner Geschichte gegenüber.

Als 1939 der Krieg ausbrach, beseitigte er die letzten 1918 noch verbliebenen Hoffnungen. Die einzigen großen Nationalstaaten Europas, die ihn überlebten, waren Großbritannien, das durch seine insulare Lage geschützt war, und die Sowjetunion, die ihre Rettung ihrer riesigen Landmasse verdankte. Außerhalb der Grenzen dieser beiden und einer Handvoll neutraler Staaten lag Europa 1945 am

Siebzehn Millionen Menschen besuchten 1924 die »Empire Exhibition«, an die die Post mit einer besonderen Briefmarke erinnerte

Boden, in jeder Hinsicht zwischen den siegreichen sowjetischen und amerikanischen Armeen aufgeteilt. Eine Wiedererrichtung der alten Machtstrukturen und die Wiedererlangung der früheren Stabilität schien unvorstellbar. Der Krieg hatte den Aufstieg der beiden Supermächte sichtbar werden lassen, die Tocqueville über ein Jahrhundert zuvor als die dominierenden Staaten der Zukunft erkannt hatte. Beide waren durch den Krieg aus ihrer Isolierung herausgerissen worden, beide besaßen starke Interessen in Asien und im Pazifik, beide waren echte Weltmächte. Die Europäer schienen ihre Rolle als Schrittmacher der modernen Geschichte endgültig abgetreten zu haben.

Die beiden Weltkriege versetzten auch den europäischen Überseeimperien tödliche Schläge. Ihre moralischen Fundamente waren bereits vor 1914 durch die liberale politische Kritik und den Niedergang des Vertrauens in das Christentum erschüttert worden, ohne das man der Unterlegenheit der Nicht-Christen nicht mehr so sicher sein konnte. Der Erste Weltkrieg fügte diesem Schaden weitere hinzu. Die unterworfenen Völker konnten nicht nur zunehmend beobachten, wie ihre Herren sich gegenseitig schwächten, sondern auch so manches andere zeigte ihnen, wie hohl der Anspruch dieser Herren auf kulturelle und moralische Überlegenheit war.[4] Auch Präsident Wilson untergrub den Imperialismus, indem er den Glauben an die Selbstbestimmung als Prinzip stärkte. Wenn Frankreich und Großbritannien in einem letzten Expansionsschub 1919 weitere überseeische Territorien erwarben, so geschah das auf einer neuen Grundlage, nämlich auf der Grundlage eines »Mandats« des Völkerbundes, durch das eine Macht, die die ehemaligen Kolonialgebiete der Verlierermächte treuhänderisch verwaltete, dem Völkerbund gegenüber dafür verantwortlich war. Zu den anderen Mandatsmächten gehörten die von Weißen regierten britischen Dominions und – Japan. Da es seine Kräfte in den europäischen Auseinandersetzungen geschont hatte, konnte sich Japan nun im Fernen Osten mehr und mehr etablieren.

Trotz des Glanzes und der Begeisterung über die Wembley-Ausstellung in London 1924 und die französische »Exposition coloniale« in Paris sechs Jahre später traten jetzt die Herausforderer auf den Plan: Auf der Pariser Friedenskonferenz erschienen selbsternannte »Repräsentanten der Negerwelt«, während im folgenden Jahr in Baku am Kaspischen Meer ein »Kongreß der Völker des Ostens« abgehalten wurde. Hier gab es nun neue Akteure – oder Möchtegern-Akteure –, die beabsichtigten, jene an die Seite zu drücken, die so lange die Weltbühne beherrscht hatten. Und noch etwas anderes kam hinzu: Sie trafen sich unter der Schirmherrschaft des neuen Rußland – der Pate der Revolution beschränkte seine Hilfe nicht auf Kommunisten und Marxisten, sondern lieh sie ebenso Nationalisten. 1919 wurde eine Kommunistische Internationale (die Komintern) ins Leben gerufen – ein geschicktes taktisches Manöver in einem Augenblick, in dem die Sowjetunion schwer bedroht schien. Später wurde diese Organisation zu einem Motor, mit dem sich Moskau revolutionäre und antikoloniale Bewegungen den sowjetischen Interessen rund um die Welt dienstbar machte. 1920 und 1921 wurden Sonderkongresse der Komintern ausschließlich den Problemen des Fernen Ostens gewidmet.

Leider gab es in den zwanziger und dreißiger Jahren in der einst so sicheren Welt der westlichen Imperien immer noch Menschen, die angesichts solcher Veränderungen wie der Vogel Strauß den Kopf in den Sand steckten. Selbst wenn Regierungen in den Hauptstädten den Weg, den die Dinge nahmen, erkannten – und in gewisser Weise auch billigten –, verhielten sich Europäer und Abkömmlinge von Europäern vor Ort manchmal so, als habe sich nichts geändert. Nach dem Zweiten Weltkrieg waren die machtpolitischen Illusionen allerdings fast nicht mehr aufrechtzuerhalten. Franzosen, Belgier, Holländer und Italiener hatten samt und sonders Niederlagen einstecken und die Besetzung ihrer Heimatländer erdulden müssen, wodurch ihre machtpolitische Rolle bloßgestellt worden war. Weit schlimmere Niederlagen als im »Großen Krieg« hatten die Europäer zudem in Asien durch die Japaner hinnehmen müssen. Der Fall Singapurs, wo die Japaner nach ihrem Sieg im Februar 1942 achtzigtausend Soldaten des Commonwealth in die Gefangenschaft führten, war eine der nachhaltigsten Katastrophen, die die britische Armee je

△ Ein Plakat der Vietminh von 1945, als in Indochina die französische Oberhoheit mit Gewalt wieder eingesetzt wurde

▷ Ein japanischer Druck zeigt japanische Zerstörer, die vor Port Arthur im Einsatz sind

getroffen hatte. Aber nicht nur die von Hongkong, Malaya und Burma vertriebenen Briten wurden gedemütigt. Das französische Indochina geriet unter japanische Kontrolle, die Holländer verloren Indonesien, die Vereinigten Staaten wurden von den Philippinen verjagt. Asien erlebte die Niederlagen allzu vieler Europäer und Amerikaner, um das je zu vergessen. Darüber hinaus schienen die Japaner und die Gegner des Kolonialismus in gewissem Sinne einen gemeinsamen Feind zu haben. Viele der Politiker in den von Japanern besetzten Kolonialländern waren recht zufrieden mit ihren neuen Herren, die wie sie Asiaten waren. Auf diese Weise betraten viele Führer des Nachkriegsnationalismus die politische Bühne, und die Japaner wählten bewußt Mitarbeiter, die den ehemaligen Kolonialregierungen nicht gedient hatten.

Als ihre Streitkräfte am Ende siegreich in ihre ehemaligen Besitzungen zurückkehrten, gerieten die Kolonialmächte durch ihre eigene Rhetorik in die Klemme. Schon 1941 war ein »Atlantikcharta« genanntes Dokument das erste Anzeichen dafür, daß wenigstens die Briten erkannten, daß die Mobilisierung der Weltmeinung ideologische und politische Zugeständnisse unumgänglich machte. Die Charta sprach von den »Rechten aller Völker, die Regierungsform zu wählen, unter der sie leben wollen«, und es besteht kein Zweifel, daß, was immer die Verfasser solcher Formeln beabsichtigten, Worte dieser Art die echten Anliegen vieler Engländer und Amerikaner, die in der selbstkritischen Tradition ihrer eigenen Kulturen standen,

zum Ausdruck brachten. Der deutsche Angriff auf die Sowjetunion brachte dann in gewisser Weise auch die öffentlich beteuerte antikolonialistische Haltung der Sowjetunion mit den Kriegszielen der Alliierten in Verbindung, und darüber hinaus schien es notwendig, daß auch China, eine asiatische Nation, die lange unter dem westlichen Imperialismus gelitten hatte, den anderen kriegführenden Großmächten gleichberechtigt werden mußte. 1945, als die neue Organisation der Vereinten Nationen ins Leben trat, wurde China einer der fünf permanenten Sitze im Sicherheitsrat eingeräumt. Auch der Druck der amerikanischen Politik stand einer Wiedererrichtung der machtpolitischen Autorität über ehemalige Kolonialbesitzungen entgegen und führte zu einem Umdenken der westlichen Staaten hinsichtlich ihrer bisherigen Kolonialpolitik. Großbritannien war entsetzlich geschwächt, und auf Dauer gab es kaum eine andere Wahl, als das Empire, freiwillig oder nicht, zu demontieren, um so mehr, als das nur eine logische Weiterentwicklung früherer englischer Politik darstellte. Welche Zweifel es auch hinsichtlich des richtigen Zeitpunkts und der Umstände gab, Indien wurde 1947 aufgegeben. Die sich daraus für andere Imperien ergebenden Folgen waren enorm.

Der Abbau der Kolonialreiche nahm sehr viel weniger Zeit in Anspruch als ihr Aufbau. Um 1970 war Afrika, mit Ausnahme der portugiesischen Kolonien, frei von jedweder formalen Unterwerfung unter westliche Kolonialmächte. Portugal, welches das Kolonialzeitalter in Afrika eröffnet hatte, sollte die letzte Nation sein, die ihre Truppen abzog, und das geschah dann bereits wenige Jahre später. Der Prozeß verlief sehr ungleichmäßig. Den Engländern gelang es, ihre Kolonien ohne großes Blutvergießen zu verlassen, und anders als die Franzosen in Algier brauchten sie ihre Siedler nicht mit Waffengewalt zu verteidigen. Aber Algerien war natürlich theoretisch ein Teil des Mutterlandes Frankreich, und deshalb übten dort die Siedler auf die Heimatregierung politischen Druck aus, was für die in Afrika lebenden Briten nicht möglich war. In Asien ging dies alles sogar noch schneller vorüber, teils, weil ein holländischer Versuch, Indonesien zurückzugewinnen, schon sehr früh scheiterte, teils, weil der französische Widerstand gegen den indochinesischen Nationalismus einen nicht tragbaren Preis kostete (die dramatische Niederlage der französischen Armee bei Dien Bien Phu, obwohl von geringerem Ausmaß, hatte eine ähnliche moralische Wirkung wie die Aufgabe Singapurs), und teils wegen der potentiellen Gefahr internationaler Auseinandersetzungen über asiatische Probleme. So verlief sich die militärische und politische Flut, die mehrere Jahrhunderte lang mehr oder weniger ungestört aufgelaufen war. Die »Dekolonialisierung« war die letzte, dramatische Phase der Entwicklung.

Aus einer gewissen Distanz betrachtet, gewinnt jedoch das Jahr 1905 eine größere Bedeutung als Wendepunkt im Wandel der Dinge als das Jahr 1941. Japans bewußte Modernisierung hatte es ihm damals bereits ermöglicht, wenigstens von einer westlichen Macht, die ernst genommen werden mußte, die Anerkennung als Teil der »zivilisierten« Welt zu erreichen: 1902 war Japan der Verbündete Großbritanniens geworden (die Japaner waren das einzige Volk, mit dem die Engländer vor 1914 einen förmlichen Bündnisvertrag in Friedenszeiten geschlossen hatten). 1904 griffen die Japaner dann aus Furcht vor einer Konsolidierung des russischen Einflusses in der Mandschurei und vor einer möglichen russischen Expansion in Korea den russischen Flottenstützpunkt Port Arthur an. Im darauffolgenden Jahr

1894: Japan feiert nach einem Sieg über China den ersten großen Erfolg der jungen Marine. Um so bitterer war die darauffolgende westliche Intervention, mit der Japan gebremst wurde

zwangen sie, in einer äußersten Anspannung ihrer Kräfte, ihrem Gegner einen Friedensvertrag auf.[5] Zum ersten Mal hatte eine asiatische Nation eine europäische Macht in einem regelrechten Krieg besiegt. Port Arthur war der Beginn einer Straße, die durch Kut, Singapur und Dien Bien Phu bis nach Saigon und zum endgültigen Zusammenbruch der westlichen Vormacht in Asien führen sollte.[6] Aus diesem Grunde gilt das Jahr 1905 als ein Markstein in der Geschichte des 20. Jahrhunderts.

Schon vorher hatten die Japaner nach den Methoden und mit Waffen des Westens eine aggressive Überseepolitik gegen andere Asiaten aufgenommen. Ihren ersten Erfolg errangen sie, als sie 1876 Korea, das sich zu jener Zeit außenpolitisch als einen Vasallenstaat Chinas betrachtete, einen »ungleichen« Vertrag aufzwangen. Bald folgten direkte Angriff auf China. Um so tiefer ging die Demütigung der siegreichen Japaner durch Rußland, Deutschland und Frankreich im Jahre 1895.[7] Das trägt zu der Erklärung bei, warum das Schlagwort »Asien den Asiaten« aus Japan kam. Der nächste wichtige Meilenstein war der Erste Weltkrieg. Japans Herrscher nutzten die sich daraus ergebenden Möglichkeiten geschickt aus. Zwar nahmen sie an Operationen gegen deutsche Küstenwachstationen im Fernen Osten und im Pazifik teil, weigerten sich aber beharrlich, eine Armee zur Unterstützung der Alliierten nach Europa zu entsenden. Andererseits profitierten sie von dem ökonomischen Bedarf, den der Krieg mit sich brachte. In der Zwischenzeit nutzten die Japaner das Vakuum, das durch die in Europa gebundenen Briten und Franzosen in Fernost entstanden war, um die neue chinesische Republik zu bedrängen. Schon seit Jahrzehnten hatten sie Stücke aus dem alten Reich herausgebrochen, indem sie 1895 Formosa und 1905 Korea besetzten und nach der russischen Niederlage ihre eigene Vormacht in der Mandschurei sicherten. Die Möglichkeit eines Wiederaufstiegs eines durch die Republik verjüngten China sahen sie höchst ungern.

Nach 1918 hatte sich Japan seinen früheren Alliierten in Europa auch dadurch entfremdet, als es sich weigerte, der Aufnahme des Prinzips der rassischen Gleichheit in den Vertrag des Völkerbundes zuzustimmen. Der amerikanische Widerstand gegen Japans Ansprüche auf ehemaliges deutsches Territorium in China bot weiteren Konfliktstoff. Doch die Zeit schien für Japan zu arbeiten. Alle früher an Asien interessierten europäischen Großmächte verfügten nicht mehr über die Kraft, die sie ehemals besaßen. Eine erneute westliche Expansion im Fernen Osten schien nicht vorstellbar: Deutschland war seiner asiatischen Besitzungen beraubt worden; Rußland, durch Niederlage und Revolution zerrüttet, konnte lange Zeit wenig mehr tun, als sich darum zu bemühen, die fernöstlichen Provinzen der alten Monarchie nicht zu verlieren; die Franzosen begnügten sich ebenfalls damit, ihre eigenen Besitzungen zu halten. Der britische Entschluß, in Singapur einen Flottenstützpunkt zu errichten, zeigte, daß England allenfalls an eine Verteidigung Indiens dachte – wirtschaftlich und militärisch schwach, in Europa zunehmender Provokation gegenüberstehend und wachsendem Zweifel an seiner machtpolitischen Rolle ausgesetzt, hatte es sich schon seit der Unterzeichnung des britisch-japanischen Bündnisvertrags nicht mehr der Illusion hingegeben, die alte westliche Vormachtstellung im Fernen Osten allein bewahren zu können. Diese Entwicklung setzte sich

Hiroshima 1945

fort, als die Briten angesichts des Drucks von seiten der Kanadier und Australier ihre Allianz mit Japan schleifen ließen. Was die Vereinigten Staaten anging, so bedeuteten Sympathieerklärungen nicht, daß sie bereit waren, China mit Waffengewalt gegen die japanische Aggression zu verteidigen. So machte sich Japan in den dreißiger Jahren zuerst daran, die Mandschurei zu erobern, und dann, 1937, einen regelrechten Krieg mit China zu beginnen. Im Rückblick stellt sich das als der Anfang eines fernöstlichen Krieges dar, der sich dann 1941 mit den Kriegshandlungen der Europäer im Zweiten Weltkrieg vermischte.

Während des Vierteljahrhunderts vor 1941, in dem die westliche Vormacht in Asien dahinschwand, besaß einzig und allein Japan die Freiheit, in Fernost zu agieren. Seine Stärke basierte auf einem früheren Durchbruch, der darin bestand, daß es als erstes nicht-westliches Land mit Erfolg die gefährliche Mitgift des Westens übernahm und dem westlichen Beispiel folgte. Das oftmals brutale Vorgehen westlicher Mächte erleichterte den Japanern ihre Entscheidung, nicht zurückzustehen, wenn es darum ging, China zu unterdrücken, und selbst die imperialistischen Rechtfertigungsgründe, die Japan – in Begriffen wirtschaftlicher Notwendigkeit – geltend machte, hatten viel Westliches an sich. Außerdem nutzte Japan die Möglichkeiten, die ihm die unterworfenen Kolonialvölker lieferten, als sie anfingen, die Rechte ihrer westlichen Machthaber in Frage zu stellen.[8] Was jedoch noch entscheidender war: Es hatte von den militärischen Lektionen des Westens gelernt.

Japan konnte sowohl technologisch – mit seiner neuen Kriegsflotte und später mit seinen Luftstreitkräften – als auch organisatorisch – dank seines neuen, im Ausland ausgebildeten Generalstabs – Erfolge erzielen, weil es sich selbst modernisiert und westlich orientiert hatte. Dazu war China nicht fähig gewesen.

Trotzdem wurde Japan, als es sich erneut in unmittelbare Konflikte mit westlichen Nationen einließ, entgegen aller spektakulären Anfangserfolge niedergeworfen. Es war bereits konventionellen Waffen unterlegen, als ihm im August 1945 eine überlegene Wissenschaft, die die erste Atombombe hergestellt hatte, den endgültigen Schlag versetzte – ein Ereignis, das den Beginn einer folgenschweren Entwicklung darstellte. In der Zeit danach erlebte Japan eine weitere einseitig »westliche« Erfahrung: General MacArthur zwang dem Inselstaat eine neue, demokratische Verfassung auf. Wieder einmal wurde durch eine gezielte Revolution von oben der Versuch unternommen, Japan »westlicher« zu machen. Das fand nahezu einhellig begeisterte Zustimmung, und die Vereinigten Staaten gaben in weiten Bereichen der japanischen Gesellschaft die zukünftige Richtung an. Hatte die erste Revolution versucht, mit nur geringen moralischen und ideologischen Zugeständnissen eine Modernisierung durchzusetzen, so versuchte die zweite das Umgekehrte – sie versuchte, die Japaner zu Demokraten im westlichen Sinne zu machen. Hatten die Zeugnisse der ersteren in der Bewahrung der Ethik des Buschido – jener »Weg des Kriegers« stellte den Ehrenkodex des japanischen Militäradels aus der Feudalzeit dar – und in der Verehrung der Kamikaze-Piloten bestanden, so fand die zweite ihren Ausdruck in einer freien Presse, in einer neuen Verfassung und in einer Neugestaltung der Wirtschaftsstruktur – der Großgrundbesitz wurde an Kleinbauern aufgeteilt, und die Großkapitalgesellschaften wurden entflochten.

Die Neuausrichtung Japans war trotz allem nur dank der Kraft der alten Lebensformen möglich. Blinder Gehorsam gegenüber dem Kaiser gestattete die überraschende Wende der Unterwerfung von 1945 – die Japaner gehorchten dem höchsten Gesetz ihrer Kultur sogar in der Niederlage. Jener Gehorsam ermöglichte auch die ebenfalls überraschende Zusammenarbeit mit den Siegern, die der Kapitulation folgte. Eine bewußt auf Demokratie abstellende Politik war jedoch nicht die einzige Kraft, die in den Nachkriegsjahren in Japan wirkte. MacArthur formte das Denken der Japaner wahrscheinlich weniger als die schiere Schwungkraft der japanischen industriellen Entwicklung: 1951 ließ Japan das erste zum Export bestimmte Schiff vom Stapel, das jemals in einer seiner Werften gebaut wurde, und zwanzig Jahre später galt es als der größte Schiffsproduzent der Welt; der Verbrauch an Rohstoffen und Energie schoß in die Höhe; der Binnenmarkt florierte; neue Industriezweige tauchten auf, und bald war Japan in manchen von ihnen führend. Die Wurzeln seiner wirtschaftlichen Umwandlung liegen mit Sicherheit weit zurück in nationalen Haltungen, die die Entstehung disziplinierter, fähiger industrieller Arbeitskräfte begünstigten. Das Wirtschaftswachstum wurde aber auch durch gewisse Zufälle und Umstände ermöglicht – so machte beispielsweise die Entstehung des kommunistischen Regimes in China die Japaner lange Zeit im Fernen Osten zu einem favorisierten Empfänger von Investitionshilfen. Das Ergebnis war ein industriewirtschaftliches Gefüge, das in westlichen Ländern oft als bedrohlich empfunden wurde (und heute noch wird).

Es gab in Ostasien in den Jahren nach 1945 vieles, was die Selbstsicherheit des Westens erschütterte. Andere asiatische Länder hatten versucht, Japan auf dem Weg in die nationale Unabhängigkeit und in den Wohlstand zu folgen, und auch sie wurden dann als Gefahrenherde betrachtet. So verständlich das ist, so paradox ist es auch irgendwie, da die neuen Nationen, die die Nachfolge der westlichen Imperien angetreten haben, sich häufig oder auch immer auf den Westen ausrichten, wenn sie nach Werten, Zielsetzungen und Methoden suchen. Sehr wenige von ihnen sind zugegebenermaßen konservativ, und ihre traditionellen Kulturen haben offenbar lediglich als pittoreske touristische Attraktionen überlebt. Erst vor kurzem entdeckte man dann in islamischen Ländern Gründe für die Auffassung, daß es eine plausible Alternative zur Verwestlichung durch Selbsterneuerung und eine Rückkehr zur Tradition geben könnte.

Der Iran ist auf den ersten Blick der augenscheinlichste Fall eines islamischen Landes, das gegen den Versuch seiner Regenten rebellierte, es auf einen Weg der Modernisierung nach westlichem Muster zu bringen, einen Weg, der schon zuvor für viele Machthaber muslimischer Völker einen Anreiz darstellte. Die Stärke des Iran, der auf eine lange Kulturgeschichte zurückblicken konnte, schien, wenn auch seit jener Blütezeit erheblich schwächer geworden, unter dem letzten Schah nach einer Periode gewaltsamer Verwestlichung zurückzukehren. Jene Verwestlichung ergab sich nicht zuletzt durch den enormen Ölreichtum, der völlig neue Perspektiven eröffnete. Westliche Technologie machte den Iran zur stärksten Macht in der Golfregion. Bald aber wurden westliche Beobachter durch zweierlei überrascht: Zunächst einmal erwies sich der enorme wirtschaftliche Fortschritt (an einer Wachstumsrate von jährlich zehn Prozent ablesbar) nicht als stabilisierender, sondern als destabilisierender Faktor; zum zweiten standen bei der islamischen Revolution, die den Schah stürzte, die religiösen Führer an erster Stelle.[9] Offensichtlich war die iranische Gesellschaft viel weniger verwestlicht, als es den Anschein hatte. Der Widerstand gegen den Schah entzündete sich daran, daß er die islamische Tradition verletzte: Er förderte die Befreiung der Frau und die Säkularisierung der Gesellschaft. Aber das war noch nicht alles. Der Iran wandte sich nicht einfach wieder seiner Vergangenheit zu. Obwohl sich ein Teil der Koalition, die den Schah stürzte, auf das Gefühl lang andauernder Demütigung eines alten und stolzen Volkes stützte, wurde sie zum anderen Teil durch einen geradezu vergewaltigten Liberalismus mobilisiert. Die Geheimpolizei des Schah, die Knebelung der Presse, die Härte der Justiz und die Willkür bei der Ausübung der Macht veranlaßte viele westlich eingestellte Iraner, sich gegen den Schah zu wenden. Iraner, die mit Fortschritt verbundene westliche Grundsätze verteidigten, waren der Unterdrückung ausgesetzt. Sie kämpften für westliche Werte, die in ihren Augen universaler Natur waren. In den wirklich wichtigen Angelegenheiten war der Schah offenbar nicht westlich genug.

Die anscheinend antiwestliche islamische Renaissance im Iran steht deshalb in einer Beziehung zur westlichen Kultur, die sehr viel komplizierter ist, als es auf den ersten Blick scheint. Die Geschichte vermittelt einen Durchblick. Die islamische Geschichte ist immer wieder durch Erneuerungsphasen unterbrochen worden. Normalerweise zeigten diese eine konservative Färbung, waren Reaktionen auf das, was man als Unfähigkeit islamischer Regime betrachtete, ein Leben nach den Lehren des Propheten zu verwirklichen.[10] Da in der Lehre Mohammeds Richtlinien für jeden Aspekt des Lebens und der Gesellschaft zu finden sind, ist es gläubigen Muslimen nieschwer gefallen, Beweise für ein solches Versagen zu finden. Erweckungseifer kann die Legitimität einer jeden Muslimgesellschaft in Frage stellen, in der der Ulema, jener Stand der muslimischen Rechts- und Gottesgelehrten, keine beherrschende Rolle spielt. Es gibt auch stets eine potentielle Herausforderung des Islam gegenüber nicht-muslimischen Herrschern, die absolute Autorität beanspruchen; das ergibt sich aus dem Universalismus des Islam, wie die Ch'ing-Kaiser im 19. Jahrhundert in Sinkiang feststellen mußten und die sowjetische Regierung – vielleicht – heute entdeckt.[11] Man sollte auch daran denken, daß, obwohl wir unbekümmert vom Islam als von einer »Religion« sprechen, in diesem Wort viele Obertöne der spezifischen Geschichte Westeuropas mitschwingen. Der Muslim ist in erster Linie Mitglied einer Gemeinschaft, Anhänger einer bestimmten Lebensform und eines Rechtssystems, nicht so sehr jemand, der bestimmte theologische Auffassungen vertritt.

In diesem Licht gesehen, war die derzeitige islamische Erneuerung bereits seit langem im Kommen. Die Rolle des Westens war dabei allerdings von entscheidender Bedeutung. Er züchtete die anhaltende Frustration und den Ärger heran, die viele Menschen im historischen Kernland des Islam im Nahen und Mittleren Osten während der Zeit verspürten, als sich die westliche Macht auf ihrem Höhepunkt befand. Um nur das Beispiel Persien anzuführen: Auf den Sieg Rußlands über Persien folgte 1828 ein Vertrag, der es den Persern verbot, eine Gebühr von mehr als fünf Prozent auf Importwaren zu erheben, und als die Importe aus westlichen Ländern anstiegen, brachen die persischen Industrien zusammen; »Kapitulationen« oder extraterritoriale Privilegien wurden mehr als einem Dutzend europäischer Länder zugestanden, und im Jahre 1906 wurde eine konstitutionelle Revolution durch russische Intervention niedergeworfen; im folgenden Jahr teilten die Briten und Russen das Land unter sich in Einflußzonen auf; und nach dem Ersten Weltkrieg versuchten die Engländer, Persien vor dem Bolschewismus zu bewahren, indem sie einen fügsamen persischen Kosakenkommandeur auf den Thron setzten (jener Resa Pahlawi erwies sich als gar nicht leicht zu lenken, doch ist das eine andere Sache). Wohlgemerkt: Bei diesen ganzen Vorgängen handelte es sich um die Erfahrung nur eines einzigen islamischen Landes. Inzwischen waren innerhalb von hundert Jahren das Reich der Moguln und das Osmanische Imperium – zwei der bedeutendsten Gebilde der islamischen Geschichte – dem westlichen Imperialismus zum Opfer gefallen. Dasselbe geschah mit einer ganzen Reihe kleinerer, aber auch wichtiger islamischer Gemeinwesen vom Sudan bis nach Zentralasien und von der Golfregion bis Indonesien.

Ohnmacht und Frustration sind aber vielleicht nicht einmal die Hauptquellen der Verärgerung und der Gewalttätigkeit, die wir heute in der islamischen Welt beobachten. Der Grund dafür muß auch bei der Art und Weise gesucht werden, in der manche Herrscher islamischer Völker auf die westliche Dynamik und Stärke reagierten, indem sie versuchten, sich diese nutzbar zu machen. Männer wie Mehemet Ali von Ägypten, Kemal Atatürk in der Türkei, Schah Mohammad Resa im Iran sahen jedoch in einer Verwestlichung nicht nur eine Möglichkeit, um ihre eigene Macht zu stärken, sondern auch ein Mittel, den Westen in Schach zu halten. Mehemet Ali ließ aus Europa Lehrer und Ingenieure kommen und trug Sorge, daß in den ägyptischen Schulen Französisch gelehrt wurde. Er vermittelte dem ägyptischen Staat eine kurze, aber wichtige »Entwicklungs«-Rolle bei der industriellen Innovation. Kemal Atatürk verbot die Polygamie, latinisierte die türkische Schrift, säkularisierte das Rechtswesen, gab Frauen das Stimmrecht und setzte den muslimischen Kalender außer Kraft. »Europäisch zu sein ist unser Ideal«, schrieb einer seiner Anhänger, und Kemal Atatürk selbst sprach von europäischer Kultur als einer Kultur, die »die Berge durchdringt, die Himmel durchfliegt, alles sieht, selbst Sterne, die dem bloßen Auge unsichtbar sind . . . dessen brodelndem Strom sich zu widersetzen vergebens ist«.[12] Schah Resa, so unausgeglichen und despotisch er auch wurde, verbot den Frauenschleier (seine eigene Frau trat 1937 zum ersten Mal unverschleiert auf) und religiöse Schulen. Syed Ahmed Khan, der erste indische Muslimführer, der seinen Sohn nach Cambridge schickte, sah Bildung als das Allheilmittel für seine Glaubensbrüder in Indien. »Alle guten Dinge, geistige und weltliche«, schrieb er einmal, »sind vom Allmächtigen Europa anvertraut worden und besonders England«, und er forderte seine Glaubensbrüder dringend auf, diese guten Dinge durch Bildung zu erwerben.[13] All diese Männer, die Verwestlichung und Modernisierung anstrebten, schufen mit unterschiedlichem Erfolg neue Nationen, die überwiegend muslimisch, jedoch dem Islam weniger ergeben waren, als dies vorher der Fall gewesen war.

Der erfolgreichste dieser Staatsmänner war Atatürk. Seine Leistung folgte auf einer lange andauernden Heranreifung neuer Kräfte innerhalb des Osmanischen Reiches, der größten außereuropäischen Gefahr, mit der sich der Westen vor dem 20. Jahrhundert konfrontiert sah. Vom 15. bis zum 19. Jahrhundert beherrschten seine Sultane von Konstantinopel aus wenigstens dem Namen nach einen riesigen Bogen islamischer Länder, der in seiner größten Ausdehnung von Marokko bis Mesopotamien reichte und auch den Balkan und einen großen Teil Zentral- und Südosteuropas umfaßte (im 17. Jahrhundert hätte man von Budapest bis zum Jemen reisen können, ohne das osmanische Territorium verlassen zu müssen). Zu Beginn des 18. Jahrhunderts hatte die osmanische Macht dann ihren Zenit überschritten, und um 1900 war der Ruhm von einst längst vergangen. Ein großer Teil des Imperiums war verschwunden, losgetrennt von expansiven europäischen Staaten, verloren durch nationale Erhebungen. Manche osmanischen Untertanen, die weitsichtig genug waren, die Probleme zu erkennen, drängten ihre Herrscher, ihr Haus in Ordnung zu bringen. Andere wünschten, daß die Dynastie die Kraft finde, sich von fremder (das hieß europäischer) Einmischung wieder frei zu machen. Manche blickten weiter in die Zukunft und verlangten um ihrer selbst willen Liberalisierung und Reform; sie waren vom Geist der Zeit beeinflußt, von den Ideen der Französischen Revolution und von dem, was ihnen von westlicher Wissenschaft und westlichem Rationalismus zur Kenntnis kam. Und dann waren da noch die, die schlicht der Meinung waren, daß allzuviel Geld an die westlichen Unternehmer ging, die dank ihrer speziell ausgehandelten kommerziellen und steuerlichen Privilegien hervorragende Geschäfte machten.

Als sich das 19. Jahrhundert vor dem Hintergrund eines erneuerten Despotismus und gescheiterter Reformen seinem Ende zuneigte, versuchte das Regime, die Auseinandersetzungen zum Schweigen zu bringen. Die Frage der Modernisierung und Westorientierung konnte nun nicht mehr offen diskutiert werden, und deshalb wandten sich die Regimegegner dem Komplott und der Subversion zu. Unter ihnen befanden sich junge Heeresoffiziere, von denen viele – Ironie des Schicksals – in neuen, vom Regime errichteten Ober- und Militärschulen ausgebildet worden waren. Manche von ihnen organisierten sich innerhalb des Reiches und im Exil als »Osmanische Gesellschaft für Einheit und Fortschritt« – von Ausländern bald als »Jungtürken« bezeichnet. Einer ihrer Führer drückte das so aus: »Einer unserer Hauptwünsche ist es, zu erleben, daß sich die europäische Kultur in unserem Lande ausbreitet ... Wir folgen dem von Europa vorgezeichneten Pfad«, bevor er vielsagend hinzufügte: »... sogar mit unserer Weigerung, fremde Einmischung zu dulden.«

Ein großer Teil der Armee war bereits für die Sache des Nationalismus und der Reform gewonnen, als 1908 eine neue diplomatische Demütigung die Explosion auslöste. In Mazedonien stationierte Einheiten begannen mit einer Revolte. Innerhalb weniger Wochen gab der Sultan nach. Eine dreißig Jahre zuvor suspendierte Verfassung wurde wiedereingesetzt, ein neues Parlament konstituierte sich. Für kurze Zeit schien es mit der Spaltung von Nationalitäten und Gemeinschaften ein Ende zu haben: Türken, Griechen, Juden, Armenier umarmten einander in den von Jubel widerhallenden Straßen Konstantinopels. Aber um 1914 wurde das Land bereits wieder autokratisch regiert – diesmal allerdings von den jungtürkischen Ministern des Sultans. Für sie bedeutete »Einheit« Osmanisierung: Eine starke, zentralisierte, mächtige Regierung sollte einen möglichen Identitätszuwachs der Minderheiten verhindern. Die Aussage eines Jungtürken verdeutlicht diese Haltung: »Es gibt keine Bulgaren, Griechen, Rumänen, Juden, Muslime mehr ... Wir sind alle gleich, wir sonnen uns darin, Osmanen zu sein.« Eine der Folgen: Politische Gesellschaften mit zwar nationalistischem, doch nicht osmanischem Charakter wurden verboten.

Bis zu diesem Punkt scheint die Geschichte der patriotischen Reformbewegung in der Türkei eine geradezu unheimliche Vorwegnahme dessen zu sein, was später in vielen anderen Ländern geschehen sollte. Die miteinander vermischten Reformquellen, die Anwendung von Verschwörung und Gewalt zur Erreichung von Macht, die Schlüsselrolle von Soldaten, das dem osmanischen Nationalismus gebrachte Opfer an Grundsätzen, die Desillusionierung von Liberalen und Minderheiten – das alles ist eine bedrückend vertraute Geschichte. Sie endete im Osmanischen Reich jedoch nicht mit der Einsetzung der Jungtürken in die Schaltstellen der Macht, weil ihr ein sehr viel revolutionierenderes Ereignis folgte: Der Erste Weltkrieg brach aus. Obwohl es die Niederlage länger überdauerte als seine Verbündeten Deutschland und Österreich-Ungarn und als sein alter Feind, das zaristische Rußland, war das Osmanische Reich einer der Verlierer dieses Konflikts. Gewiß, der Sultan überlebte Zar und Kaiser; er saß noch auf seinem Thron; aber 1918 durfte er eine demütigende Kapitulation unterzeichnen. Zu diesem Zeitpunkt jedoch war die osmanische Herrschaft über Arabien schon zerbrochen, und Palästina, Syrien und Mesopotamien waren von britischen Truppen überrannt worden. Ein »arabisches Erwachen«, das bereits im 19. Jahrhundert eingesetzt hatte, machte es schwer zu glauben, daß der Sultan noch einmal die arabischen Gebiete beherrschen sollte. Vom ehemaligen osmanischen Europa war wenig mehr als Istanbul selbst übriggeblieben – und dort wurde alsbald eine britische Garnison errichtet. In der Zwischenzeit hatten, unmittelbar nach dem Waffenstillstand, italienische, griechische und französische Streitkräfte Teile Vorderasiens und einige der früheren osmanischen Inseln in der Ägäis besetzt. Was übrigblieb, war wenig mehr als Anatolien, das alte Herzland des Reiches, in dem sich die Türken niedergelassen hatten, als sie fünf oder sechs Jahrhunderte zuvor aus dem Osten gekommen waren. Über diesem verarmten, entmutigten Land stand die geschlagene, diskreditierte und halb gefesselte Regierung des Sultans, ohne jede ideologische Orientierung, ohne Idealismus, ausgestattet nur mit der schwindenden Autorität dessen, was einmal das größte islamische Imperium gewesen war.

Aus diesen Trümmern erhob sich, plötzlich und in einem dramatischen Vorgang, der Mann, der eine neue türkische Nation schaffen und erfolgreich sein sollte, wo die Jungtürken versagt hatten. Mustafa Kemal, der viele Gemeinsamkeiten mit den Jungtürken teilte, war Berufssoldat. Bereits vor 1914 im Untergrund der politischen Geheimgesellschaften tätig, gehörte er nach dem Kriegsausbruch zu jenen enttäuschten Offizieren, die – ohne Erfolg – gegen die jungtürkischen Führer in der Regierung konspirierten. Seit eh und je ein Mann von hohem Ehrgeiz, war er dann zu einem türkischen Nationalisten geworden, überzeugt, daß die Zukunft nicht in einer weiteren osmanischen Herrschaft über Nicht-Türken, sondern in der Schaffung eines echten türkischen Nationalstaates lag. Kemal hatte sich als Befehlshaber auf dem Schlachtfeld wie als Stabsoffizier als ein Mann von außerordentlichen Fähigkeiten erwiesen, und seine imposante Erscheinung unterstrich seine sowohl beherrschende als auch herrische Persönlichkeit, die geprägt war von Energie und Willenskraft.[14] Als er im Mai 1919 seine vorgetäuschte Loyalitätshaltung gegenüber dem Sultan aufgab, kam das deshalb nicht völlig überraschend.

Kurz darauf wurde Kemal von der Regierung nach Anatolien geschickt, um festzustellen, in welchem Zustand sich die türkische Armee befand. Er erkannte bald, daß dieser Auftrag ihm die Möglichkeit bot, die Kontrolle über Anatolien zu gewinnen. Als er von den alarmierten Behörden zurückbeordert wurde, ließ er wissen, es sei kein Brennstoff für das Dampfschiff verfügbar, mit dem er gekommen war, und begab sich mit einigen Vertrauten ins Landesinnere. Auf lokaler Ebene hatten sich bereits (weitgehend infolge der griechischen Invasion) Widerstandsgruppen gebildet. Kemal schürte ihren Haß auf die Fremden und setzte allmählich eine nationale Bewegung in Gang. Im Jahre 1920 tagte die erste Nationalversammlung in Ankara, das Sitz einer neuen Regierung wurde. Ihr Ziel: Sturz des Sultans, der einen so kostspieligen Frieden geschlossen hatte, und Befreiung des türkischen Territoriums von Fremden. Kemal stützte sich dabei auf eine regelrechte Militärregierung – zu diesem Zeitpunkt für viele Anhänger einer nationalen Bewegung scheinbar die einzige Alternative, die ihre Ziele durchsetzen konnte.

Ein Bürgerkrieg und der Krieg gegen griechische Eindringlinge auf dem türkischen Festland gingen Hand in Hand und fanden 1922 einen siegreichen Abschluß.

Die Türken statteten Kemal nun mit einem alten Titel aus: »Ghazi«, was soviel wie »Glaubenskämpfer« heißt. Das war eine irreführende Bezeichnung. Es sollte sich bald zeigen, daß der Islam für Kemal, obwohl dieser als Muslim aufgewachsen war, kaum mehr als ein politischer und militärischer Faktor darstellte. In der Tat erwies er sich als ein progressiver, ein weltlicher Politiker, der sein Land nach dem Vorbild des Westens modernisieren wollte, dessen Ideen und Fähigkeiten er schon lange vor 1914 bewundert hatte.

1922 marschierten seine Truppen in Istanbul ein. Der Sultan flüchtete auf ein britisches Schlachtschiff, und die neue Regierung handelte mit den Alliierten einen neuen Friedensvertrag aus. Dieser war – und ist bis heute – einzigartig, der einzige Friedensvertrag nach dem Ersten Weltkrieg, der nicht einer besiegten Macht aufgezwungen wurde, und der einzige, dessen Bestimmungen in jeder Hinsicht heute noch intakt sind und respektiert werden. Unter anderem beseitigte er die »Kapitulationen«. 1923 wurde eine türkische Republik ausgerufen. Obwohl einige seiner Anhänger vorschlugen, ihn zum Sultan zu machen, trat Kemal das Amt des Präsidenten an. Bald machte ein Zweiparteiensystem einem autoritärerem Regime Platz. Trotz der konstitutionellen Form lag die Macht beim Präsidenten und seiner unmittelbaren Umgebung. Dennoch war die Form nicht ganz ohne Bedeutung:

Kemal Atatürk tanzt mit seiner Tochter auf ihrem Hochzeitsempfang – eine erstaunliche Geste in einem muslimischen Land

Peter der Große hatte sich, als er sein Land zwei Jahrhunderte zuvor modernisierte, auf den traditionellen Respekt vor einer autokratischen Autorität in Rußland gestützt, und da ein solcher Respekt in der Türkei verlorengegangen war, mußte Kemal seine Diktatur in ein demokratisches Gewand kleiden. Er sah seine Aufgabe als eine Aufgabe nationaler Erziehung und Bildung, und sowohl die Mitwirkung einer repräsentativen Versammlung als auch (normalerweise) die Achtung vor dem Gesetz hatten dabei ihre Rolle zu spielen, wenn auch die neue Türkei in Wahrheit ein Einparteienstaat war.

Obwohl Kemal bei den muslimischen Religionsführern Unterstützung gefunden hatte, lag es auf der Hand, daß jedes Regime, das eine Modernisierung der Türkei betrieb, früher oder später mit dem Islam in Widerspruch geraten mußte. Vom 19. Jahrhundert an waren die Sultane Kalifen gewesen, die für sich eine auf den Propheten selbst zurückgehende Autorität beanspruchten, die Lehren des Islam zu interpretieren. Das Kalifat hatte sogar das Ende der Monarchie überdauert, und in der neuen Verfassung stand: »Die Religion des türkischen Staates ist der Islam.« Kemal aber war, wie einer seiner Anhänger es ausdrückte, sehr darauf aus, »die die Türkei mit dem Mittelalter verbindenden Brücken abzureißen« – und der Islam war eine von diesen. Der erste Schritt in die neue Richtung war die Ausweisung des Kalifen. Eines Nachts wurde er davon in Kenntnis gesetzt, er habe das Land bis fünf Uhr zu verlassen. Am darauffolgenden Tag wurde bei den Gebeten in der großen Moschee von Istanbul, der ehemaligen Sophienkirche, zum ersten Mal seit 1453 der Kalif nicht erwähnt. Das Ende des Kalifats war da. Es folgten die Schließung der Religionsschulen, die Einführung eines neuen bürgerlichen Gesetzbuches nach Schweizer Modell und schließlich im Jahre 1928 die förmliche Säkularisierung des türkischen Staates und die Streichung des Religionsartikels in der Verfassung. »Der Islam, diese Theologie eines sittenlosen Arabers«, erklärte Kemal, »ist eine tote Sache.«[15]

Es war ein weiteres Symbol für die Entfernung von den islamischen Wurzeln, daß 1925 offiziell der Gregorianische Kalender eingeführt wurde. Entscheidungen dieser Art identifizierten die Türkei mit dem Westen, mit den Vorstellungen einer Kultur, die sich seine Landsleute nach dem Willen Kemals zu eigen machen sollten. Manche dieser Entscheidungen gingen sehr tief, insbesondere die Umwälzung im Hinblick auf den rechtlichen und sozialen Status der Frau. Sie erhielt vor dem Gesetz neue Rechte, bekam Stimmrecht und Zugang zu akademischen Berufen. Aber genauso bedeutsam war die Abschaffung des Schleiers und die Verbreitung westlicher Kleidung, ein Prozeß, der durch das Beispiel der Frau des Präsidenten beschleunigt wurde, die in dieser Hinsicht ganz und gar westlich orientiert war. – Symbole spielten schon immer eine große Rolle.

Das war charakteristisch für den Präsidenten, für Kemal, jenen geborenen Pädagogen. Wie jeder gute Lehrer kannte er den Wert der dramatischen persönlichen Geste. Als die Einführung einer auf dem westlichen Alphabet basierenden neuen Schrift eine weitere Verbindung mit der arabisch geprägten Kultur der Vergangenheit löste, reiste Kemal selbst durchs Land und unterrichtete das Volk. In seinem Palast hielt er Besuchern unter Zuhilfenahme von Tafeln Vorlesungen. Er pflegte sich sogar zwischen den Gängen der Diners, die er gab, zu erheben und seine

Gäste mit einem Stück Kreide in der Hand zu belehren. Noch mehr Aufsehen erregten seine Attacken auf die traditionelle türkische Kleidung. »Eine zivilisierte, internationale Bekleidung ist unserer Nation würdig und angemessen«, erklärte er kategorisch, »und wir werden sie tragen.« Das bedeutete den Abschied vom Fes, jener roten Filzkappe mit der dunkelblauen Quaste, 1925 wurde ihr Tragen verboten.

Was die Überzeugung Kemals, die zu dieser Zeit vorherrschenden westlichen Vorstellungen seien beispiellos, am stärksten zum Ausdruck brachte, war seine Unterstützung des Konzepts der türkischen Nationalität. Der Zusammenbruch des Osmanischen Imperiums hinterließ mehr als dreißig Nachfolgestaaten, von denen es vielen an jedwedem verbindenden Prinzip fehlte. So trat ein ethnischer oder Territorialcharakter in der islamischen Welt erst in Erscheinung, als im 19. Jahrhundert die Ideen der Französischen Revolution in den Nahen Osten vordrangen. Kemal wollte, daß das Gefühl, einer Nation anzugehören, bei seinen Landsleuten das durch das Ende der osmanischen Herrschaft entstandene Vakuum ausfüllte – war das osmanische Regime doch um religiöse Legitimierung bemüht und praktisch weitgehend gezwungen gewesen, eine religiöse Gruppe bevorzugt zu behandeln und Beamte ohne Rücksicht auf ihre ethnische Zugehörigkeit auszuwählen.[16] Der Name »Türkei« war in dem Land, dem der Westen ihm gab, unbekannt gewesen: Er wurde einfach aus europäischen Sprachen übernommen und von der neuen Republik 1923 eingeführt. Dann begann eine Idolisierung des anatolischen Türken. Der Mann auf der Straße erfuhr, Adam sei ein Türke gewesen, und jenen, die eine gefälligere Grundlage für ihre politische Loyalität verlangten, wurde erklärt, die modernen Türken seien genetisch reine Nachfahren eines weißen indogermanischen Volkes aus Zentralasien. Die Verbindung Kemals mit dem nationalistischen Kult kam in dem neuen Namen zum Ausdruck, den ihm seine Landsleute gaben: Atatürk, »Vater der Türken«.

Zum Zeitpunkt seines Todes im Jahre 1938 war die türkische nationale Revolution so weit verankert, daß Kemal sein Hauptwerk als getan betrachten konnte. Seither haben viele Reformer versucht, es ihm gleichzutun. Oft sind sie gescheitert, weil sie weder so zielstrebig waren wie er noch so klarsichtig in der Einschätzung der sich aus ihren Zielsetzungen ergebenden Implikationen und des möglichen Widerstandes gegen die hohen gefühlsmäßigen und kulturellen Kosten, die damit verbunden waren. Das zeigt das wechselvolle Geschick so mancher Führer und Reformer, die islamische Länder ohne viel Rücksicht auf weitverbreitete und tief wurzelnde Haltungen zu industrialisieren versuchten. Industrialisierung bedeutete Nachahmung des Westens – wie es ein Ägypter in den zwanziger Jahren unseres Jahrhunderts ausdrückte: »Wir wünschen uns nur einen Platz an der Sonne, wünschen, wie andere Menschen zu leben, indem wir unsere eigene Produktion auf- und ausbauen.« Und direkt an den Westen gewandt, fuhr er fort: »Wir arbeiten in Übereinstimmung mit eurem Beispiel. Und wir sind euch dankbar, daß ihr uns diesen Weg gezeigt habt.«

Um das Jahr 1939 zeigte es sich, daß verschiedene islamische Nationen Kemals Weg der nationalen Selbstbehauptung eingeschlagen hatten. Die Entwicklung in den islamischen Ländern verlief jedoch nicht glatt und gleichmäßig. Das Konzept des Territorialstaates setzte sich bei ihnen nicht schnell genug durch, um die durch das wirtschaftliche Wachstum, die Urbanisierung und die Auflösung des Stammessystems herbeigeführte Destabilisierung auszugleichen. Diese Entwicklungen machten neue Bezugspunkte für Loyalität und Treue nötig, die selbst nach 1945 nicht leicht zu finden waren. Das Entstehen Pakistans als eine durch eine Religion gekennzeichnete neue Nation in der nachkolonialen Welt war ein überraschendes, ungewöhnliches Ereignis, doch war der Islam, wie die spätere Loslösung Bangladeschs zeigte, nicht stark genug, diese Nation zusammenzuhalten. Auch war der Nationalismus in den arabisch-islamischen Ländern im Hinblick auf die Befriedigung der Bedürfnisse und Wünsche der Bevölkerung anscheinend nicht so erfolgreich wie in Europa. In den Augen vieler Muslime löste er die Versprechen nicht ein, die er den Enthusiasten des 19. Jahrhunderts zu enthalten schien. Häufig trug er lediglich dazu bei, die Streitigkeiten zwischen den arabischen Völkern zu vermehren. Vielleicht hätte darüber niemand überrascht sein dürfen. Abgesehen davon, daß sie islamisch ist, ist die islamische Welt ganz bestimmt keine Einheit. Doch gab es nach dem Zusammenbruch des osmanischen und des persischen Vielvölkerreiches keine Alternative zum Nationalstaat, wenn der Aufbau aus den Trümmern wieder erfolgen sollte.

Fundamentalisten hielten eine Erklärung bereit: Die Nationalisierung mußte scheitern, weil sie ein fremdes, westliches Produkt war. Ihre Antwort war die Rückkehr zu den islamischen Lehren und die Beseitigung von potentiellen Anwälten einer Modernisierung und Verwestlichung.[17] War es nicht, wie sich einer der iranischen Reaktionäre äußerte, »ebendas humanistische Menschenbild, das den Menschen ins Untermenschliche gezogen hat«? Langsam erschienen die Reformer in einem anderen Licht. Kemal Atatürk wurde in ganz besonderer Weise geschmäht. Hatte er nicht den Propheten einmal »sittenlos« genannt und den Schleier abgeschafft? Schah Resa wurde vorgeworfen, daß er den »unislamischen« Namen Pahlawi von seinem Vater übernommen hatte. Jinnah, der Begründer Pakistans, wurde als ein Mann betrachtet, der das Nationalgefühl über den Glauben gestellt hatte.[18] Selbst die antiisraelischen Palästinenser wurden von manchen muslimischen Fundamentalisten kritisiert, weil sie sich in einem nationalistischen, nicht in einem Kampf für den Islam engagierten. Für einen Fundamentalisten wie Maulana Mawdudi, einen islamischen Ideologen aus Pakistan, waren Kapitalismus, Kommunismus und, was das anbelangt, auch der Faschismus samt und sonders Produkte derselben westlichen Dekadenz.

Es dauerte lange, bis die Abneigung gegen den Westen ihren Höhepunkt erreichte, als es aber soweit war, war sie unvermeidlich heftig und weitreichend. Der Islam konnte für den Augenblick der Freisetzung enorme emotionale Kräfte, unterstützt durch einen starken Willen, mobilisieren und verfügte über eine Doktrin, die sie zu kanalisieren vermochte: Streng orthodoxe Rechtsgelehrte erklärten, es habe immer einen Kriegszustand zwischen dem Islam und dem »Haus des Krieges« (der nicht-islamischen Welt) gegeben und werde es auch immer geben, bis die ganze Welt muslimisch sei. Ein Schritt wie die 1973 erfolgte Gründung eines Islamischen Europäischen Rates für die Islamisierung dieses Kontinents muß daher sowohl hinsichtlich des alten konzeptionellen Hintergrundes gesehen werden als auch vor dem Hintergrund einer modernen Geschichte des puren Ressentiments gegen die Macht des Westens.

Als es in den siebziger Jahren zur Explosion kam, war sie wie so vieles in der Geschichte eine Sache der gegebenen Umstände. Als die Zahl der Mitglieder der Vereinten Nationen auf hundertfünfzig Staaten anstieg, begannen sich die Mehrheiten stetig gegen die alten westlichen Mächte und ihre Satelliten zu wenden: Im Mittleren Osten selbst hatte der Kalte Krieg die machtpolitischen Rivalitäten des kommunistischen und des nicht-kommunistischen Westens teilweise paralysiert; die Existenz Israels stellte für die muslimischen Machthaber einen ständigen Herd der Instabilität und der Frustration dar; konservative arabische Staaten fürchteten die sozialen Folgen des technologischen Wandels. Jene Unzufriedenheit mit der Modernisierung zeigte sich in erster Linie im Iran, wo sich der Schah den Haß sowohl der westlich orientierten Liberalen als auch der Orthodoxen zuzog. Im Jahre 1973 entdeckten die arabischen Staaten schließlich die magische Kraft des neuen Schwertes Allahs: Öl. Die Öldiplomatie zwang nun die Großmächte, darunter auch Japan, zum ersten Mal seit den Zeiten der Osmanen, die Muslime als internationale Kraft ernst zu nehmen. Was noch wichtiger war: Die islamische Bruderschaft warf lange Schatten. Die kommunistischen Imperien der Russen und Chinesen sind sowohl multinational als auch multikonfessionell, und Millionen ihrer Untertanen gehören durch den Islam zu einer Gemeinschaft mit Gravitationszentren außerhalb ihrer Grenzen.

Die ersten Ergebnisse zeigten sich in beachtlichen Siegen der islamischen Fundamentalisten, vor allem im Iran und in Libyen. Die westliche, liberale Industriegesellschaft wurde verworfen und geschmäht. Die Regierung von Pakistan beispielsweise führte die im Koran vorgesehene Strafe der Amputation für Diebstahl und die Auspeitschung für Alkoholgenuß ein, erklärte es zu einer kriminellen Beleidigung, wenn jemand während der Fastenstunden des Ramadan beim Essen oder Trinken beobachtet wurde (Ausländer speisten in ihren Hotels hinter verdunkelten Fenstern), und verbot weiblichen Hockey-Mannschaften die Teilnahme an internationalen Wettkämpfen, wenn Männer dabei zusahen.

Die grundlegenden Veränderungen, die unter der Oberfläche der äußeren Ereignisse in so unterschiedlichen Gesellschaften wie denen der islamischen Welt vor sich gehen, sind allerdings schwer zu bestimmen. Der Schah ist gegangen, aber Sunniten und Sufis kämpfen noch gegeneinander, und ein Ende des seit 1980 andauernden Krieges zwischen Iranern und Irakern um den Schatt el-Arab ist noch nicht abzusehen.

Bildung ist eine besonders schwer abzuschätzende Kraft. Ölgelder sind in Colleges und Universitäten mit überwiegend technologischer, naturwissenschaftlicher und medizinischer Orientierung geflossen – ein neuer wichtiger Ausgangspunkt. Bis zur Mitte des letzten Jahrhunderts fand muslimische höhere Bildung fast ausschließlich in theologischen und juristischen Bereichen statt und erstreckte sich auf wenig mehr als auf das Lesen und Auswendiglernen des Koran und der Sunna sowie das Studium der Kommentare dazu. In der Folgezeit gingen muslimische Studenten an westliche Universitäten in Europa und in den Vereinigten Staaten, während in islamischen Ländern die ersten Colleges und Universitäten nach westlichem Muster entstanden (insbesondere die Amerikanische Universität von Beirut). Viele dieser Entwicklungen führten zu einer weiteren kulturellen Beeinflussung der islamischen Gesellschaft durch den Westen, und neue Universitäten versuchten bald, aus dem westlichen Wissen zwar Vorteil zu ziehen, sich dem westlichen Gedankengut jedoch nicht auszusetzen.

In vielen dieser Hochschulen wird heute mit den neuen Curricula und Lehrbüchern versucht, das Problem einer Neuklassifizierung des Wissens in Übereinstim-

Suez 1956: Aufgrund der amerikanischen Politik erfolgt der größte Rückschlag für Franzosen und Briten seit 1945 und der Beginn einer Ära erhöhter Instabilität im Nahen Osten

mung mit den islamischen Denkkategorien zu bewältigen, wird ferner versucht, neue islamische Konzepte zu formulieren, um die Naturwissenschaften neu zu strukturieren und zu interpretieren. Ob ein solcher Rückzug in die Isolierung tatsächlich auf Dauer möglich ist, ist eine andere Sache. Die Erben Mehemet Alis, die jungen Männer, die für sich und ihre Völker materiellen Fortschritt suchen, gehen, wenn sie können, immer noch auf das Massachusetts Institute for Technology oder das Imperial College, um zu lernen, wie man westlich und modern wird – oder »flirten«, in einigen Fällen, mit dem Marxismus, einem Produkt des Westens, das sich immer noch in militanten, in aufdringlicher Weise werbenden Formen ausdrückt, die nicht nur eine Herausforderung für den Islam darstellen, sondern innerhalb des Islam für ein revolutionäres Potential sorgen. 1978 weigerten sich hingegen die jungen Frauen an der Schule für Medizin in Kairo, männliche Leichen zu sezieren, übernahmen den Schleier, setzten eine schulische Trennung von den Männern durch, verlangten duale Lehrpläne und stehen doch im Gegensatz zu Tausenden von anderen muslimischen Mädchen, denen jetzt zum ersten Mal eine Hochschulbildung zugänglich gemacht wird und die dadurch einen Blick auf eine ganz andere Lebensform erhaschen. Ein erfolgreicher Widerstand gegen eine Verwestlichung mag sich deshalb in islamischen Ländern als weniger leicht erweisen, als es auf den ersten Blick scheinen mochte. Vor tausend Jahren wurde in Sizilien und *Al-Andalus* die Selbstsicherheit der christlichen Kultur durch die verführerische Überlegenheit des Islam untergraben. Jetzt stimmt das Umgekehrte.

Ein sensibler Beobachter entdeckt Sonderbares im Kern der islamischen Reaktion, Sonderbares, das sich in dem uneingestandenen, aber entscheidenden Glauben daran äußert, daß, welche Veränderungen auch immer der Islam durchsetzen muß, um seine Reinheit zu bewahren, dieser ihn niemals daran hindern wird, sich der Früchte der modernen Wissenschaft und Technik zu erfreuen. Jener Beobachter wird die Erwartung feststellen, daß »andere weiterhin schöpferisch tätig sind, [daß] die fremde, notwendige Zivilisation weiterschreitet«, eine Haltung, die er als »im Akt der Verweigerung mitenthalten und [als] seinen großen Makel« betrachten wird.[19] Das bedeutet, den Islam als einen Nutznießer zu sehen, der die westliche Kultur zwar ablehnt, aber nicht ohne sie auskommen kann. Es muß daher festgestellt werden, daß – bis heute jedenfalls – die islamischen Erfahrungen die Auffassung nicht widerlegen, als beste Verteidigung gegen die westliche Macht habe sich bisher immer die Übernahme westlicher Ideen, nicht ihre Zurückweisung, erwiesen – ein Vorgang, der durchaus historisch erklärbar ist, denn schließlich liegen die Wurzeln des Islam in derselben semitischen und monotheistischen Tradition wie die des Christentums (wenigstens einige islamische Fundamentalisten geben zu, daß das Christentum *einst* ein gesundes, unverdorbenes Gewächs war).

In allen Erdteilen wenden sich die Menschen immer noch den großen europäischen Dichtern und Denkern zu, wenn sie auf der Suche nach Selbsterkenntnis Führung und Einsicht erhoffen, auch wenn andere verzweifelt danach streben, ihre einheimischen Traditionen wiederzubeleben. Newton, Darwin, Marx, Tolstoi, Rousseau – sie alle und noch viele mehr haben, was immer wir auch von ihnen halten mögen, die nicht-westliche Welt tiefgreifend geprägt. Ihre Vorstellungen sind in ihr immer noch am Werk. Auf der anderen Seite verdankt das Abendland keiner nicht-westlichen Gestalt seit Jesus Christus irgend etwas Vergleichbares – und als er starb, gab es natürlich noch nicht ein durch eine Religion geprägtes Abendland.

XIII.
Eine nach-westliche Welt?

Eine bekannte Photographie aus dem letzten Weltkrieg zeigt zwei indische Soldaten, die mit einem Maschinengewehr bewaffnet sind und neben einer burmesischen Pagode Stellung bezogen haben. Diese Männer, Asiaten, die gegen andere Asiaten kämpften, trugen die Uniform westlicher Armeen. Das Maschinengewehr auf der Photographie ist eine amerikanische Waffe, und zweifellos benutzten die Japaner ähnliche Waffen, Kriegsmaterial, das ursprünglich von westlicher Technologie für westliche Truppen entwickelt worden war. Auch in anderer Hinsicht spiegelt die Aufnahme unser vielschichtiges, kompliziertes Thema wider. Bei näherem Hinsehen zeigt sich, daß die Pagode aus Wellblech errichtet ist, einem beliebten Material der Bautechnik des industrialisierten Westens. Die Soldaten sind Söldner. Manches, für das sie kämpften, lag ganz offensichtlich im Interesse des Westens, diente einem fremden Machthaber – wie dies die Inder seit dem 18. Jahrhundert kannten, als die britische Ostindienkompanie die Ära der von Europäern angeführten einheimischen Truppen eröffnete. Die Praxis war weit verbreitet. In den neunziger Jahren des 18. Jahrhunderts stellten sowohl die Franzosen als auch die Engländer in Westindien einheimische Regimenter auf; von daher stammt das Westindische Regiment, das erste, das sich aus Angehörigen von Kolonialvölkern zusammensetzte und in Friedenszeiten beibehalten wurde. Die indische Armee galt als die größte aller derartigen Streitkräfte, jedoch stellten sämtliche Imperialmächte des 19. Jahrhunderts einheimische Truppen auf: Die Vereinigten Staaten bedienten sich beispielsweise philippinischer Spähtrupps, und die Franzosen sahen in bezug auf Europa eine entscheidende strategische Rolle für ihre großen afrikanischen Einheiten. So wurden Millionen von Kämpfenden in ein vom Westen gewobenes Netz verwickelt.

Oberflächlich betrachtet, beziehen sich viele Gründe, die für die Auffassung sprechen, daß die Tage des Westens vorüber sind, nur darauf, daß die Imperien, die solche Streitkräfte aufbringen konnten, von der Bildfläche verschwunden sind – und das zum Glück. Außer den inneren Unruhen und dem Verlust der Selbstsicherheit unserer Kultur hat es in der Welt außerhalb des westlichen Kulturraumes enorme Veränderungen gegeben. Diese Welt ist voller junger Nationen, die 1939 noch nicht existierten, und das gegenwärtige internationale System verleiht ihnen ein Gewicht, das mit der Wirklichkeit nicht übereinstimmt – so ist China beispielsweise zur Supermacht aufgestiegen. All das macht jede Vorstellung von einer Wiederbelebung der alten unmittelbaren politischen Kontrolle über den Erdball durch den Westen unsinnig. Schließlich gibt es auch noch jene Anzeichen aus den

1945, die Schlacht um Fort Dufferin bei Mandalay in Burma: Indische Armeesoldaten im Einsatz letzten Jahren, die sich in manchen Augen als Ausdrucksformen einer tiefer wurzelnden, kulturellen Ablehnung des Westens in Ländern darstellen, die seine Kultur einst zu begrüßen schienen. Ist diese frühe, so außerordentlich effektive Kultur nicht mehr länger imstande, der Welt, die sie veränderte, Führung anzubieten? Geht der Niedergang weiter – oder haben wir Schlimmeres zu erwarten? Schließlich sind ja bisher schon ganze Kulturen verschwunden – manche durch die Hände des Westens. Oder besitzt der Westen noch Kraftreserven sowie intellektuelle und spirituelle Ressourcen, die sich erschließen lassen können?

Historiker sollten sich mit Vorhersagen zurückhalten. Angesichts der derzeitigen Weltlage mögen jedoch die besonneneren – oder zynischeren – unter ihnen bemerken, daß, obwohl sich in den letzten beiden Jahrzehnten vieles geändert hat, Macht und Reichtum des Westens immer noch überwältigend sind – so zählen die Vereinigten Staaten, Europa und Sowjetrußland bis heute zu den Industriegiganten. Der Zweite Weltkrieg hat zwar die westliche Macht und den westlichen Reichtum in mancherlei Hinsicht geschwächt, in anderer aber auch gestärkt, zum Beispiel dadurch, daß er in den Kolonialländern zu neuen wirtschaftlichen Entwicklungen anregte, die mit westlichen Bedürfnissen in Übereinstimmung gebracht wurden – so befassen sich einige afrikanische Länder noch immer mit den Folgen der strategischen Planung, die sie bis heute zum Export preiswerter landwirtschaftlicher Erzeugnisse zwingt, die sie anstelle von Produkten, welche den eigenen Bedarf decken könnten, anbauen müssen. Aus einem ähnlichen Zwang heraus ergab sich auch eine industrielle und urbane Entwicklung, die jetzt feindselige Kritik hervorruft.[1] Paradoxerweise muß heute ein Staat wie Sambia Nahrungsmittel einführen, und das bindet ihn ebenso an die Mechanismen des Welthandels wie die Minerale, die er exportiert.

Ein erneuter großer westlicher Bürgerkrieg – etwa zwischen Kommunisten und Nicht-Kommunisten – könnte den enormen wirtschaftlichen Vorteil, dessen sich die westlichen Länder noch erfreuen, in Frage stellen oder sogar beseitigen – aber von diesem Punkt sind wir noch weit entfernt. Außerdem hat der nicht-kommunistische Westen durch Auslandsinvestitionen oder durch multinationale Gesellschaften direkt oder indirekt immer noch ein gewichtiges Wort im Management sowie in der Nutzung der meisten Rohstoffvorkommen mitzureden – so sollen zu Beginn der siebziger Jahre die europäischen und amerikanischen Regierungen und Gesellschaften zusammen siebzig Prozent der Kupfer- und drei Viertel der Nickelproduktion sowie vier Fünftel der Aluminiumveredlung kontrolliert haben.[2] Gewiß, viele westliche Länder sind auf Ölimporte aus nicht-westlichen Ländern immer noch angewiesen, aber die vermehrte Erschließung der Ölfelder in der Nordsee sowie der seit Beginn des Jahres 1985 zu beobachtende Preisverfall des Rohöls – hervorgerufen durch die Uneinigkeit innerhalb der OPEC – deuten darauf hin, daß das neue Schwert Allahs, das Öl, nicht mehr die frühere Schärfe haben wird.

Es gibt sichere Anzeichen dafür, daß die Zukunft der westlichen Kultur weniger bedroht ist, als wir manchmal meinen. Das läßt gerade die Stärke der antiwestlichen Reaktion von Traditionalisten in anderen Kulturen vermuten – wahrscheinlich ein Beweis für die fortdauernde Wirksamkeit, nicht für die Schwäche der westlichen Kultur. Hier ergibt sich ein weiteres Paradox: Die westliche Kultur ist bei dem

Versuch, eine stabile Weltordnung aufzubauen, schon immer ganz erheblich durch ihre immanente Tendenz behindert gewesen, all jene Bereiche, auf die sie eingewirkt hat, zu destabilisieren. Zeitweise scheint sie auf andere Kulturen einen geradezu destruktiven Einfluß auszuüben: So werden beispielsweise arabische Prinzen mehr und mehr von einer westlichen Konsumgesellschaft angezogen und werden dadurch Einflüssen ausgesetzt, die ebenso mächtig sind wie jene, welche Rom auf die barbarischen Kriegsherren ausübte, die bald darauf die Leistungen und den Luxus der Ewigen Stadt bewunderten und schließlich gezwungen waren, sich einer überlegenen Kultur unterzuordnen. Auf diese Weise beschleunigte der Westen wider seinen Willen den Zerfall etablierter Strukturen in der alten islamischen Welt, einen Zerfall, der leicht zum Ausbruch neuer Krisen führen kann, die uns mit einem Weltkrieg bedrohen könnten. Es geht aber dabei nicht einfach nur um die Anziehungskraft, die die Versuchungen des Westens auf manche Muslime ausüben – ein viel tiefer greifender Seismograph ist die allmähliche Entfremdung ganzer Generationen wohlhabender junger Leute von der Lebensweise ihrer Eltern, die weltweit zu beobachten ist. Manchmal auch einer formalen Bildung ausgesetzt, die westliche Vorstellungen enthält, nehmen sie überall langsam westliche Mode einfach aufgrund westlich geprägter Kommunikations- und Konsumgewohnheiten auf.

In viel stärkerem Maße als früher steht jetzt das Individuum im Vordergrund. Wenn manchen Stimmen Glauben geschenkt werden darf, so führt beispielsweise in Westafrika eine Überbetonung des Gewinnmotivs zu einem Rückgang in der traditionellen Sorge um die Bedürfnisse der Großfamilie, ja der Gesellschaft. Die Veränderungen folgen auf vielerlei Weise einem Trend zu stärkerer Ausrichtung auf den einzelnen: Neue Vorstellungen bilden sich heraus, etwa über die Ehe als eine Form gegenseitiger Zuneigung, nicht so sehr als Ausdruck dynastischer Strategie, über Einkommen als Mittel der unmittelbaren Bedürfnisbefriedigung, nicht so sehr als Mittel der Statusförderung und Machtanhäufung. So wird ferner behauptet, die Monogamie, die in einem großen Teil Afrikas eine Neuerscheinung ist, spiegele eine neue und zerstörerische individualistische Kultur wider. Es wird ohne Zweifel lange dauern, bevor etwa chinesische oder indische Familien ihre Stärke und ihren Zusammenhalt verlieren, aber sogar bei den Hongkong- und Singapur-Chinesen beginnen sich erste Risse zu zeigen. Manche chinesischen Eltern in diesen Gemeinschaften sind bereits tief enttäuscht vom Rückgang des alten, behutsamen Wirtschaftsgebarens, das die Sicherheits- und Investitionsstrukturen schuf, von denen die großen chinesischen Gemeinschaften im Ausland getragen werden. Indische Eltern in England etwa tun ihr Möglichstes, um eine Erosion der alten Ideen der Familientreue und Disziplin zu vermeiden, Ideen, die ihnen so gute Dienste geleistet haben (ähnliche Vorstellungen waren früher in der abendländischen Gesellschaft bestimmend, sind inzwischen jedoch so gut wie nicht mehr vorhanden). Was Japan anbelangt, so zeigen Berichte, daß viele junge Leute die traditionellen Haltungen gegenüber Beruf, Familie und Gesellschaft ablehnen, und die alten Menschen können, was die Fürsorge anbelangt, nicht mehr länger auf den alten konfuzianischen Sinn für kindliche Treue hoffen.[3]

Die Reaktion auf destabilisierende Berührung mit dem Westen kann allerdings sehr unterschiedliche Formen annehmen. Manche Menschen wünschen noch immer, die westliche Kultur so weit wie möglich zu übernehmen – weil sie glauben, daß sie die beste ist. Sie kaufen mit Vergnügen das ganze Paket: nicht nur die Technologie, sondern auch den Optimismus, den Rationalismus und den Individualismus – eine ideologische Trinität der Kultur, aus der sich die Technologie entwickelt hat. Andere würden gerne von den gefährlichen Geschenken des Westens auswählen. Sogar die feindselige Zurückweisung des westlichen Einflusses tritt in verschiedener Gestalt auf. Da sind in der modernen islamischen Welt jene, die alles, was nach dem Westen schmeckt, heftig und in einer anachronistischen Haltung ablehnen, wohingegen andere um so nachdrücklicher die Übernahme einiger westlicher Lebensformen fordern, um die Kontrolle über ihr eigenes Erbe zu erlangen oder zurückzugewinnen. Beide Gruppen wollen dasselbe: die Würde der Emanzipation von westlicher Macht und die Bewahrung von etwas, das sie als einzig ihnen eigen erkennen. So geht es heute in großen Teilen der Welt; dennoch hat die westliche Herausforderung die Vorstellungen von Geschichte und menschlichem Schicksal, die die alten Kulturen belebten, häufig erschüttert; sie sind nicht mehr länger brauchbare Führer auf dem Weg, den die Gesellschaft geht. Die Menschen finden sich in einer erschreckenden, zerfließenden Landschaft und verlieren ihre Sicherheit und ihr Selbstverständnis. Man hat oft nach westlichem Wissen getrachtet, um das Wesen einer alten Gesellschaft auch unter Ausnahmebedingungen zu bewahren, doch gewöhnlich mit Ergebnissen, die dies, wie es sich zeigt, schwieriger machen. Unter diesen Umständen ergibt sich die Versuchung, die Auffassungen, die Mythen anderer zu übernehmen, hoffend, daß diese eine bessere Wegweisung anbieten. Und solche alternativen Mythen sind nun schon seit langem überwiegend den Mythologien des Westens entnommen worden, mögen sie christlich, marxistisch oder lediglich vage und in materieller Hinsicht progressiv sein. Daß man beim Westen die intellektuellen Mittel sucht, um den Schaden zu beheben, den er angerichtet hat, ist sicher sein eigentümlichster Triumph.

Selbst die bedeutendsten alten Traditionen spiegeln das wider. Seit nun schon mehr als einhundert Jahren versucht China, seine Beziehung zum Westen neu zu definieren. Die Sache konnte mit der Niederbrennung des Sommerpalastes oder mit dem Boxeraufstand nicht ihr Bewenden haben. Im späten 19. Jahrhundert gelangten viele gebildete Chinesen endlich zu der Erkenntnis, daß westliche Macht sich nicht in den Rahmen der traditionellen Vorstellungen einbauen ließ. Das alte chinesische Weltbild, das den Westen als eine unterlegene Kultur kennzeichnete, deren Bewohner auf den Status von Unterworfenen und Tributpflichtigen beschränkt sein sollten, und die damit verbundene psychologische Haltung erhielten einen neuen schweren Schlag im Jahre 1911, als eine Revolution das Reich der Mitte zerstörte und eine Republik nach westlichem Muster errichtet wurde. Eine zweitausend Jahre alte Tradition wurde damit formal beseitigt und zeigte das Ende eines Staates und einer Gesellschaft an, deren Fundament im Konfuzianismus begründet war. 1912 wurde der Gregorianische Kalender eingeführt – ein sprechendes Zeichen für die Verzahnung mit westlichen Normen. Es war unvermeidlich, daß sich die zentrifugalen Kräfte behaupteten, Kräfte, die in den vorausgegangenen fünfundzwanzig Jahren kaum noch zusammenzuhalten gewesen waren. Einige von ihnen – sogar der Revolutionsführer Sun Yat-sen selbst – verdankten viel der Ermutigung

Schanghai 1937: Eine britische Wache vor einer internationalen Niederlassung

durch die Japaner, war doch Japan für den chinesischen Exulanten lange Zeit eine Zuflucht und eine Quelle konkreter und finanzieller Hilfen gewesen.

Das Jahr 1911 brachte jedoch noch nicht ganz das Ende des chinesischen Traditionalismus. Gelegentlich von der Regierung darin bestärkt, hielten manche selbst noch in der Kuomintang-Ära, als China von den Nachfolgern der Revolutionsführer regiert wurde, an konfuzianischen Verhaltensweisen fest. Die Tragfähigkeit und Kraft der chinesischen Familie, der umgreifende Halt der chinesischen Kultur, wurden kaum berührt. Trotzdem war der formale Wandel ungemein bedeutungsvoll – es war offensichtlich, daß zweitausend Jahre der Reichsgeschichte zu Ende gegangen waren.[4] Jene Chinesen, die möglichst viel vom Westen übernehmen wollten, hatten wenigstens der Form nach den Sieg davongetragen, und Form spielte (und spielt) in China eine große Rolle. Die Auseinandersetzung trat nun in eine neue Phase. Sie betraf die Gangart und die Taktik der Modernisierung, das heißt die Frage, auf welche Weise der Westen nachgeahmt werden sollte, nicht das Prinzip als solches – jedenfalls schien dies so.

In dem Zeitraum zwischen den beiden Weltkriegen wurden die Probleme infolge politischer Wirren noch schwieriger. Auf das Verschwinden des chinesischen Imperiums folgte keine eindeutige Machtübertragung an die neue Republik, sondern beinahe deren Auflösung. Der Staat erlebte einen Niedergang, ein Vorgang, der sich schon 1904 angedeutet hatte: Die Abschaffung der konfuzianischen Staatsprüfungen und damit der Verzicht auf ein seit fast zweitausend Jahren bestehendes

Auslesesystem für die Beamtenschaft führte zur Auflösung der Hegemonie der alten Adelsschicht, die das Reich jahrhundertelang zusammengehalten hatte. Jetzt zerfiel es in den Wehen des Bürgerkrieges endgültig. Das erklärt, warum der Staat mehrere Jahre lang wenig mehr als defensiv reagieren konnte. Mit der politischen Auflösung ging eine ideologische einher: Die Zentralgewalt ging mehr und mehr verloren, als riesige Gebiete unter den Einfluß selbsternannter und für sich operierender Warlords gerieten, wodurch sich natürlich auch die Einnahmen der Republik verringerten, da die Quellen in den Provinzen zusehends versiegten. Diese einschneidende Entwicklung trug dazu bei, daß die Zentralregierung (normalerweise immer eines der wirksamsten Motoren der Modernisierung) fast vierzig Jahre lang (zwischen 1911 und 1949) nur in einem geringen Teil Chinas handlungsfähig war.

In diesen für China turbulenten Jahren fand die direkte Aggression der imperialistischen Staaten des Westens ihr Ende. Militärische Inanspruchnahme ließ das diplomatische Interesse an China nach 1914 fast völlig erlahmen – ausgenommen in einem Punkt: Briten und Franzosen hofften auf chinesische Hilfe für den Kampf an der Westfront. Obwohl China 1917 in den Krieg gegen Deutschland eintrat, blieb ihr Bemühen erfolglos – das Reich der Mitte schickte lediglich einige Arbeitsbataillone nach Europa. Trotzdem waren nicht wenige Chinesen der Ansicht, ihr Eintreten für die Sieger würde sich auszahlen – eine Hoffnung, die unerfüllt blieb, da die Alliierten in Japan die kommende Macht in Fernost sahen. Die Japaner, denen der Krieg sehr gelegen gekommen war, erwiesen sich als ein potentiell sehr viel mächtigerer Verbündeter als China. Bald wurde, nachdem es schon erste eindringliche Anzeichen gegeben hatte, deutlicher denn je, daß sie die schlimmste Bedrohung für das neue China darstellten.

Die Erkenntnis, daß die europäischen Mächte wahrscheinlich nicht länger an China interessiert waren, und die Chance, sich ehemals deutscher Gebiete in China und im Pazifik zu bemächtigen, waren die ersten Vorteile, die die Japaner aus der Situation zogen. Außerdem förderten sie die Spaltung im Inneren seines großen Nachbarn: Sun Yat-sen selbst hatte um japanische Hilfe beim Sturz der Regierung der noch jungen Republik gebeten. 1915 enthüllten die Japaner ihre Absichten und präsentierten den Chinesen die Liste der »Einundzwanzig Forderungen«. Mit der Annahme sämtlicher dieser Forderungen wäre China fast zu einem japanischen Protektorat geworden, und obwohl die chinesische Diplomatie die größten Gefahren abwehren konnte, war das, was sie zugestehen mußte, noch schlimm genug. Nach diesen Vorgängen saß jedenfalls das Mißtrauen Chinas gegenüber dem Inselstaat zu tief, um je wieder ausgeräumt zu werden. Japans Hoffnungen auf das Erreichen seiner ehrgeizigen Ziele wurden hingegen gestärkt: Nach dem russischen Zusammenbruch 1917 schien sein alter, durch Bürgerkrieg und innere wirtschaftliche Schwierigkeiten geschwächter Rivale im Fernen Osten mit Sicherheit für einige Zeit gelähmt. Während einer kurzen, aber entscheidenden Periode westlicher Einmischung in russische Angelegenheiten in den Jahren 1918/19 wünschten die Alliierten eine sibirische Front gegen die Sowjetunion. Dieser Wunsch hinderte sie natürlich daran, auf das japanische Vorgehen entscheidend Einfluß zu nehmen – wenn sie auch darauf beharrten, daß sich die japanischen Streitkräfte von diesem

△ Der Personenkult: Idealisierter und jugendlicher Mao, gemalt 1977

▷ Alt und neu in China: Kuomintang-Rekruten und ein Gelehrter im Stil der Tradition während der letzten Monate Nationalchinas

Kriegsschauplatz zurückziehen sollten, als die Amerikaner und Briten ihn verließen.

Vor diesem Hintergrund dürfte es kaum überraschen, daß die chinesische Regierung die Friedensbedingungen von 1917 schwer erträglich fand, machten sie doch deutlich, daß die siegreichen Alliierten nichts tun würden, um die Japaner daran zu hindern, ihren Einfluß anstelle des deutschen geltend zu machen. In dieser Situation kam es zu einem starken Ausbruch des verletzten chinesischen Nationalgefühls, der bald in der »Bewegung des 4. Mai« seinen Ausdruck fand. Enttäuschung sowohl über ihre eigene, ineffektive Regierung als auch über Großbritannien, Frankreich und die Vereinigten Staaten veranlaßte viele intellektuelle Chinesen dazu, sich dem Kommunismus zuzuwenden. Die Sowjetunion besaß zu diesem Zeitpunkt den großen Vorzug, in ihren Köpfen nicht mit dem Imperialismus des alten Rußland in Zusammenhang gebracht zu werden. Darüber hinaus zeigten sich weitere Parallelen: In beiden Ländern war durch Revolution das alte System abgelöst worden, ein System, das jeweils ein großes, rückständiges Imperium repräsentierte, beide Länder strebten eine Modernisierung an, und beide sahen sich gemeinsamen Gegnern gegenüber.

Die Existenz einer chinesischen kommunistischen Partei sorgte dann für Form und Inhalt der chinesischen Politik bis zum Jahre 1949. Bald waren die Kommunisten und die Kuomintang – die von Sun Yat-sen gegründete Partei – die führenden politischen Kräfte Chinas. Manchmal bekämpften sie sich, manchmal arbeiteten sie

zusammen. Und immer agierten sie in Gegenwart einer dritten Kraft, Japan, die ihre Interessen hartnäckig durchzusetzen versuchte und China zuerst 1931 die Mandschurei, dann, nach 1937, seine Hauptstadt, seine wichtigsten Küstenregionen, seine Häfen und einen großen Teil seines Binnenterritoriums entriß. Als Grund für die Übergriffe auf China erklärten die Japaner, sie wollten es mit ihrer Invasion vor dem Kommunismus bewahren. Als Japan jedoch nach 1941 in einen umfassenderen Kampf eintrat, konnte die Befreiung chinesischen Bodens von fremder Einmischung endlich ins Auge gefaßt werden. Die letzte Phase der Auseinandersetzung zwischen den Kommunisten und der Kuomintang stand kurz bevor.

Am Ende gab es viele Gründe für ein Scheitern der Kuomintang. Ihre Bemühungen um die Aufrechterhaltung der Einheit des Landes in den zwanziger und dreißiger Jahren hatte eine Vernachlässigung der sozialen Reformen zur Folge gehabt. Da es ihr auch nicht gelang, ihren kommunistischen Gegner während des Langen Marsches (1934/35) entscheidend zu schlagen, mußte sie ihn schließlich im Kampf mit Japan als gleichberechtigten Partner akzeptieren.

Die Herrschaft der Kuomintang war mit einer langen Periode der Not und eines sinkenden Lebensstandards verbunden. Die Partei Sun Yat-sens verfügte in der Gesellschaft nur über eine schmale Basis und geriet darüber hinaus während der Kriegsjahre in einen Zustand der Korruption. Vielleicht wäre der Kuomintang in jedem Fall ein erfolgreicher Abschluß der Revolution verwehrt geblieben, obgleich sie diplomatische Erfolge vorweisen konnte – so gelang es ihr, die förmliche Abschaffung der »ungleichen« Verträge sowie die Anerkennung als Großmacht zu erreichen und so einen permanenten Sitz im Sicherheitsrat der Vereinten Nationen zu erhalten. Doch den außenpolitischen Erfolgen der Kuomintang standen die der Kommunisten innerhalb Chinas gegenüber: In vielen der von ihnen kontrollierten Gebiete versicherten sich die Anhänger Maos der Loyalität der Bauern, und ihre Landreformen versprachen einen echten sozialen Fortschritt. Darüber hinaus konnten sie viele japanische Waffen erbeuten und wichtige strategische Bereiche unter ihre Kontrolle bringen, als der Eindringling schließlich zusammenbrach. Und zu diesem Zeitpunkt erfreuten sie sich zudem der russischen Assistenz. Allerdings gelang es den chinesischen Kommunisten ebensowenig wie der Kuomintang, die Japaner zu besiegen.

Statt dessen profitierte China vom Ausgang des Krieges im Pazifik. Bis zum Jahre 1945 war es den amerikanischen Streitkräften gelungen, die maritimen Verbindungswege Japans zu zerstören, seine Industrie durch Bombenangriffe lahmzulegen sowie seine Truppen und Schiffe im Südpazifik zu vernichten; die Briten konnten die japanische Armee in Burma schlagen; schließlich beschleunigte der Abwurf der beiden ersten Atombomben die Unterwerfung Japans. Damit wurde die letzte Phase der sich lang hinziehenden chinesischen Revolution eingeleitet, eine Revolution, die alsbald als Bürgerkrieg zwischen Kuomintang und Kommunisten betrachtet wurde. Der Form nach endete die Revolution am 1. Oktober 1949 mit der Ausrufung der Volksrepublik China in Peking. Damit war der größte kommunistische Staat der Welt ins Leben getreten.

Endlich sollte nun die Auseinandersetzung um die Modernisierung Chinas ein Ende haben. Erneut konnte der ideologische und institutionelle Zusammenhang

Neue Bräuche, neuer Geschmack: Die erste Lieferung von in China abgefüllten Coca-Cola-Flaschen trifft in einem Pekinger Hotel ein wiederhergestellt werden. Es gibt jedoch in der Geschichte selten scharfe Brüche. Während der Zwischenkriegszeit waren viele Stimmen zu hören gewesen, die über Chinas Zukunft stritten, manche von ihnen noch mit traditionellen Begriffen. Der Chinese hatte 1911 nicht aufgehört, Chinese zu sein. Auf einer sehr tief liegenden Ebene wurde selbst der revolutionäre Wandel von der Tradition mitbestimmt, wie es etwa Mao Tse-tungs Anstrengungen zeigen, seine Partei vom orthodoxen Marxismus seiner Zeit mit seiner Lehre von unvermeidbaren Etappen der Revolution und eines industriellen Proletariats weg- und zu einer Rückbesinnung auf das immense Potential des bäuerlichen Standes in China hinzuführen. Verbissene Neuerer verfluchten manchmal die Hindernisse, die die Tradition ihnen in den Weg legte. Ein Beispiel dafür war die alte Sprache. Sich von ihr abzuwenden würde – allerdings in einem sehr viel höheren Maße – etwas von der Wirkung des Abwendens vom Lateinischen als Medium des intellektuellen Gesprächs im Westen gehabt haben, und manche Chinesen machten sich mit Enthusiasmus auf die Suche nach einer neuen Sprache, in der sich Schriftsteller und Dichter ausdrücken sollten und die die formale Bildung neuen Kräften öffnen konnte. Reformer neigten jedoch schon immer dazu, sich darüber zu streiten, wie weit solche Veränderungen gehen sollten, und das hilft zu erklären, warum sich auch ausgesprochen revolutionäre Veränderungen häufig als deutlich chinesisch erwiesen haben. Trotzdem bedeutete die Schaffung eines neuen China eine förmliche Verbeugung vor der westlichen Kultur. Mit Zustimmung und Unterstützung Sowjetrußlands etablierte sich das neue Regime in aller Form auf der Basis von Prinzipien, die ausdrücklich als Prinzipien von Marx und Lenin – von westlichen Intellektuellen also, die nie in ihrem Leben ein östliches Land besucht hatten – deklariert wurden. Ihre Porträts werden immer noch zusammen mit denen von Engels und Stalin bei Aufmärschen feierlich mitgetragen und bei Kundgebungen auf Wandplakaten gezeigt. Das erinnert an die traditionelle Achtung, die man den großen chinesischen Weisen entgegenzubringen pflegte (kein Nicht-Chinese seit Buddha hat einen derartigen offiziellen Beifall gefunden – sieht man einmal von den Eroberern, den Mongolenkaisern, ab). Die neue Staatsreligion Chinas kam also aus dem Westen.

Die Zeit hat erwiesen, daß Chinas Kurs damit nicht leichter vorhersagbar wurde. Seine Regierung legte zum Beispiel keinen solchen missionarischen Eifer an den Tag, wie ihn der sowjetische Kommunismus gezeigt hat. Vielleicht sagt dieser Unterschied genausoviel über die historische Matrix aus, die von der russischen Vergangenheit und vom Mythos vom »Dritten Rom« geliefert wurde, als über China selbst. Allerdings ist ein Kreuzzug zur Errichtung einer universalen ideologischen Herrschaft in den kaiserlichen Zeiten niemals ein Ziel der Führer Chinas gewesen, und das mag durchaus seine Bedeutung gehabt haben. Auf der anderen Seite hat es auch ungewöhnlich heftige Reaktionen auf große Teile der chinesischen Vergangenheit gegeben. Vor allem während der »Kulturrevolution« wurden einstmals angesehene Gelehrte zu Geächteten, wurde bewußt versucht, die Familie, das Fundament des alten China, zu untergraben – ein Viertel der Menschheit stürzte sich in einen Angriff auf die Tradition, auf alte Werte (oder wurde dazu getrieben). Dies alles mag als brutaler Ausdruck der Begeisterung für eine Modernisierung, die viele Radikale erfüllte, angesehen werden, wurde doch Religion ungeachtet ihres

Ursprungs angegriffen, wurden buddhistische und christliche Andachtsstätten gleichermaßen geschlossen, während man in Kashgar (wo muslimische Frauen noch den Schleier trugen) Berge islamischer Bücher vor der Moschee verbrannte. Die Interpretation solcher Vorkommnisse ist allerdings ein schwieriges Unterfangen. An der Kulturrevolution scheint vieles, wie auch die vorangegangene Absetzung von Grundherren, lediglich Ausdruck überkochender, lange gehegter Abneigungen gewesen zu sein.

Es ist auch schwer, die Rolle Maos richtig zu deuten, der während der Gründungszeit des kommunistischen China mehr oder weniger fortlaufend den Vorsitz führte. Trotz all seiner Lippenbekenntnisse zum Marxismus-Leninismus vertrat er von den zwanziger Jahren an Auffassungen über die chinesische Revolution, die offensichtlich fest in einer Anerkennung der chinesischen Tradition und Realität gründeten, weniger in der marxistischen Orthodoxie jener Tage. 1938 sprach er von der Notwendigkeit einer Anpassung des Marxismus an die spezifischen chinesischen Gegebenheiten, und die große Rolle, die er in seinen Reden, in seinen Lehrschriften, seiner Taktik und Strategie dem bäuerlichen Stand zuweist, ist dafür ein sprechendes Beispiel. Mindestens in bezug auf die Folgen bedeutete das eine Verwerfung sowohl des orthodoxen Marxismus als auch des marktwirtschaftlichen Modernisierungsmodells. Wichtiger noch ist, daß Mao als Inhaber der Macht vieles an sich hatte, einschließlich seiner Rücksichtslosigkeit, das auf den großen Herrscher chinesischer Tradition hindeutet. Er sprach von seiner Macht (die er auch entsprechend nutzte) unter Bezugnahme auf die moralische Besserung seiner Untertanen, die er wie ein Lehrer führte und zugleich regierte. Ethische Überlegenheit war aber in China lange Zeit zur Rechtfertigung des Reiches herangezogen worden und wurde als politische Doktrin kaum in Frage gestellt. Mao schrieb sogar Gedichte und übte sich in der Kunst der Kalligraphie – auch darin kam eine gewisse Verachtung des Westens zum Ausdruck. Mao griff darüber hinaus die »Geschäftsführer-Kultur« in Worten an, die darauf hindeuten, daß er der chinesischen Tradition stärker verhaftet war als etwa Tschou En-lai. Solche Fakten lassen es weniger überraschend erscheinen, daß manchmal ein Bild Maos den Ehrenplatz selbst in chinesischen Häusern in der nicht-kommunistischen Welt einnimmt, obwohl seine Politik von seinen Nachfolgern zunehmend der Kritik unterzogen wird.

Die Auseinandersetzung ist in China im Gange, seit Mao starb. In den letzten Jahren scheint sich das politische Mißtrauen gegenüber dem Westen etwas gelegt zu haben und seine Ablehnung schwächer geworden zu sein, während andererseits der Drang nach technologischer Modernisierung bei den Chinesen offenbar stärker ausgeprägt ist denn je. Die Umstände wirken sich wohl erneut zugunsten Chinas aus, hatte es doch schon immer insofern Glück, als die volle Kraft des westlichen Imperialismus auf seinem Höhepunkt dort nie – etwa im Gegensatz zu Indien – ganz zum Tragen kommen sollte.

Dem Reich der Mitte wurde schließlich von den Chinesen selbst ein Ende gemacht. Da die europäischen Nationen nach dem Ersten Weltkrieg in Fernost den Rückzug antraten, konnte China die Auseinandersetzung über Verwestlichung und Modernisierung vor dem Hintergrund einer schwindenden westlichen Macht austragen. In den von der Geschichte gesetzten Grenzen vermochte es am Ende seinen

△ Fast Food in Asien

▷ Eine Institution, die sich seit ihrer Gründung in England (vor 1914) um die ganze Welt verbreitete, war die Pfadfinderbewegung: Jungpfadfinder in Kyoto, Japan

eigenen Weg zu wählen, weil es sich die Möglichkeit zum Selbstwandel gerade lange genug offengehalten hatte, bis die schlimmste Gefahr vorüber war. Das macht es einfacher, einzusehen, warum so vieles von der chinesischen Vergangenheit fortdauert, insbesondere die überkommene Bereitschaft, das Individuum einer sozialen Disziplin zu unterwerfen, die im Westen als unerträglich empfunden würde. Hier liegt einer der Gründe dafür, warum es so schwer zu beurteilen ist, was in China wirklich vor sich geht, wenn es am Ende auch im Namen westlicher Werte – sowohl liberaler als auch marxistischer – in seine Modernisierungsära gezwungen wurde.

Auch wenn Japan in seiner Frühzeit seinem großen Nachbarn kulturell viel verdankte, ist es einen ganz anderen Weg gegangen. Die Kontinuität seiner Geschichte wurde durch die Berührung mit dem Westen unterbrochen, aber Japan begab sich sehr viel früher auf den Weg des Wandels und hat sich im Ergebnis viel offenkundiger verändert. Darüber hinaus scheint das japanische Volk bereitwilliger und positiver auf westliche Ideen zu reagieren: So wurden die Übersetzungen von J. S. Mills »Über die Freiheit« und Samuel Smiles »Selbsthilfe« in den siebziger Jahren des 19. Jahrhunderts zu Bestsellern. Dennoch brachte Japan es fertig, sich von seiner

緑化募金
緑化募金
70

ererbten Struktur viel zu erhalten. Trotz schwerer Schocks, die es auf seinem Wege erlitt, hat es den Wandel bewußt und gezielt reguliert (was China bis vor kurzem nicht gelang). Obwohl das Ergebnis sehr »westlich« aussieht, sind in Japan einheimische und westliche Kulturelemente so stark miteinander verwoben, daß inzwischen die alte und irreführend simple Dichotomie wertlos geworden ist. Die Geschwindigkeit, mit der Japan im 19. Jahrhundert auf dem Weg zur Modernisierung fortgeschritten war, befreite es rasch von der Gefahr westlicher Einschüchterung (wie China sie erlitt). Das lag nicht nur daran, daß Japan bald die militärische und technologische Kraft gewann, dem Westen Widerstand zu leisten, sondern auch daran, daß des Westens »Fortschrittlichkeit« keinen moralischen Grund für eine Intervention erlaubte. Es war für Briten und Amerikaner in Japan (wie später auch anderswo) schwierig, der Sache nach nicht zuzugeben, daß Modernisierung Liberalisierung in sich schließen muß. Lange vor den »Kapitulationen« mit der Türkei oder den China aufgezwungenen »ungleichen« Verträgen waren deren japanische Äquivalente verschwunden.

Inwieweit oder in welchem Sinne die kulturelle Mischung, die das moderne Japan darstellt, als »verwestlicht« bezeichnet werden kann, ist noch umstritten. Die Ansichten der Meiji-Ära waren in Schlagworten zusammengefaßt worden, in denen sich eine Diskriminierung und eine Selektion ausdrückte: »Östliche Moral, westliche Technologie« oder »Japanischer Geist, westliche Sachkenntnis«. Wenn das keinen Sinn mehr im Hinblick auf Entscheidungen gibt, die Japan heute treffen muß, so liegt das einfach daran, daß in einem Jahrhundert viel geschehen ist.[5] Was

Die Kommunikationsrevolution erreicht Kuwait

nicht bestritten werden kann: Japan ist (wie in gewisser Weise auch China) stets bemüht gewesen, durch ein vernünftiges Maß an Verwestlichung einen Schutz gegen die westliche Kultur zu finden.

Hier liegt die größte Ironie der nach-westlichen Geschichte: Oft wird der Westen im Namen westlicher Werte zurückgewiesen, und stets wird seinem Zugriff mit seinen eigenen Fähigkeiten und Mitteln entgegengetreten. Westliche Werte und Auffassungen sind bis zu einem beachtlichen Grad in nahezu jede andere Hochkultur eingegangen. Die Organisation der Vereinten Nationen beruht auf der juristischen Fiktion, daß Nationalstaaten gleichberechtigte, souveräne Individuen sind. Das ist ein westliches Konzept, das nur im Rahmen und auf dem Hintergrund des westlichen Rechts- und politischen Denkens voll verständlich wird – dennoch hält die Welt es für selbstverständlich. Auch die Gleichheit, das beherrschende soziale Ideal unserer Zeit, ist ein westlicher Wertbegriff – die Auseinandersetzung über ihren Sinn und ihre Verwirklichung und darüber, ob ihr nach außen oder nach innen, objektiv oder subjektiv, Genüge getan werden sollte, hat im Westen ihren Ursprung. Solche Paradoxien sind keineswegs auf die Politik beschränkt geblieben. Wenn ein indischer oder japanischer Intellektueller heute fragt, wo die Avantgarde zu finden ist, blickt er wie seine Vorgänger vor fünfzig Jahren auf den Westen, selbst wenn das bedeutet, dem selbstzerstörerischen Trend der westlichen Kultur zu folgen. Sogar die westliche Verherrlichung des Künstlers nicht als eines Handwerkers, sondern als jemand, dessen kennzeichnende Aktivität die Schaffung inspirierter Ausdrucksformen subjektiver Erfahrung, dessen Lebensstil unkonventionell ist und dessen Anspruch auf Respekt sich auf den Besitz eines Talents gründet, das durch die Entfaltung von Originalität bezeugt wird, breitet sich in zunehmendem Maße auf andere Kulturen aus. Der Wandel im europäischen Bild des Künstlers, der (vielleicht) mit Ludwig van Beethoven Anfang des 19. Jahrhunderts begann, läßt sich jetzt weltweit feststellen.

Es wäre falsch, vielleicht sogar gefährlich, diese Dinge zu übertreiben. Millionen leben faktisch, ohne von ihnen berührt zu sein. Politiker, Journalisten, Intellektuelle aber halten sie zunehmend für selbstverständlich. Sobald eine nicht-westliche Gesellschaft einmal in Bewegung gerät, scheinen ihre Eliten unausweichlich in Richtungen gedrängt zu werden, die bereits vom Westen festgelegt worden sind – in Richtung auf das Bemühen um größere materielle Wohlfahrt, auf die Einführung der formalen Wertkategorien der Demokratie und des Nationalbewußtseins, auf den Drang nach Fortschritt, auf die zersetzenden Ideen von persönlicher Verantwortung und Entscheidung, auf Individualismus und das Recht auf ein Privatleben. Daß etwa in vielen japanischen Familien die traditionellen Gleitwände durch verschließbare Türen ersetzt werden, wie sie im Westen üblich sind, macht die Abgrenzung einer Privatsphäre innerhalb des Familienwohnsitzes möglich, die der Tradition unbekannt war – auch ein Japaner kann heutzutage in einer einst ganz und gar kollektiven Gesellschaft einen eigenen Raum, eine Privatsphäre beanspruchen. Solche Erscheinungen sind Indikatoren für die Kraft der ersten Kultur, die auftrat, um ihre universalen ethischen Anliegen in der ganzen Welt zu verbreiten. Es scheint, daß solche Ideen und Normen außerhalb der alten Welt in wachsendem Maße Zustimmung erfahren.

Das sagt nichts über ein wirkliches Verdienst aus. Einer erheblichen Verbesserung der Kommunikationsmöglichkeiten mag größere Bedeutung zukommen. Hauptsächlich in den letzten dreißig Jahren haben sich Menschen und Informationen, hat sich die technische Entwicklung so rasch bewegt wie nie zuvor. Reisen und Übermittlung über große Entfernungen gehen leichter und schneller denn je vor sich. Ob sich der Austausch in die eine oder andere Richtung bewegt – er scheint die anziehende Kraft der westlichen Lebensweise nicht zu schwächen oder zu vermindern. Tatsächlich ist das Umgekehrte der Fall: Die Hunderttausende von Reisenden aus westlichen Ländern beispielsweise, die jedes Jahr nach Asien oder Afrika kommen, lösen durch ihre Vorstellungen von Service eine Erweiterung der Kapazität auf dem Sektor der Dienstleistungen aus. In umgekehrter Richtung sind Konflikte und kulturelle Schocks offensichtlich. Inder und Pakistani fühlen sich in Großbritannien häufig unglücklich, häufig unwohl, und gleiches gilt auch für die Algerier in Frankreich, die Türken in Deutschland und Italien. Ältere, konservativere Angehörige der Immigration fühlen ebenso wie erst kürzlich eingewanderte Gruppen ihre hochgeschätzten Traditionen bedroht, fürchten eine kulturelle Vergiftung. Gelingt es jemandem vielleicht, sich und seine Familie vor schädlichen Einflüssen zu bewahren, so muß er jedoch feststellen, daß es geradezu unmöglich ist, sich dem Einfluß der mächtigsten Massenbildungsmaschinerie zu entziehen, die der Westen bisher produziert hat: die kommerzielle Werbung. Die andere Seite der Medaille besteht in der positiven Forderung der jungen Mitglieder dieser Gemeinschaften nach voller und uneingeschränkter Einbettung in die westliche Gesellschaft. Sie wollen einen Beweis dafür, daß das westliche Gerede von Toleranz, gleicher Behandlung durch das Gesetz und gleichem Zugang zu wirtschaftlichen Möglichkeiten keine Täuschung, sondern Wirklichkeit ist. Das bringt natürlich mit sich, daß sie die westliche Kultur auf eine sehr tiefgreifende Weise annehmen. Sie lehnen (wie die Europäer und Amerikaner des 19. Jahrhunderts) Auffassungen ab, die von der überwiegenden Mehrheit der menschlichen Rasse noch heute vertreten werden: daß Verwandte vor Freunden, Freunde und Nachbarn vor Fremden kommen, daß der, der besitzt, behält, was er besitzt. Sie lehnen ferner den uralten Fatalismus ab, der besagt, daß die Dinge so bleiben, wie sie sind, ein Fatalismus, dem sich die europäische Kultur als erste entzog.

Menschliche Interaktion ist jedoch nur ein Teil der Geschichte der modernen Kommunikation, und ein sehr junger noch dazu. Ein wachsender Informationsfluß hat die nicht-westlichen Kulturen schon vieler Länder untergraben. Es gibt ein faszinierendes Memorandum eines belgischen Jesuiten aus dem 17. Jahrhundert, der die Ordination einheimischer chinesischer Geistlicher unterstützte. Er wollte jedoch nicht, daß sie Latein lernten, nicht nur weil die chinesischen Behörden diejenigen, die in einer ihren Beamten unbekannten Sprache mit Fremden verkehrten, mit Mißtrauen beobachteten, sondern weil das Lateinische den Zugang zu anderen als römisch-katholischen Schriften ermöglicht hätte – ja sogar die Lektüre der Werke von Häretikern oder Kritikern der kolonialen Ansprüche Spaniens und Portugals. Chinesische Priester, die ihre eigene Sprache gebrauchten, so dachte er, würden »nur die Teile des Alten und Neuen Testamentes lernen, die man sie ohne Furcht vor Mißverständnissen und Skandal lehren kann«.[6] Der Zugang zur Umgangssprache des gebildeten Europa sollte sich dann als noch viel gefährlicher erweisen. Pater Rougemonts, so hieß der belgische Jesuit, Befürchtungen haben sich auf eine viel umfassendere Weise bewahrheitet, als er es für möglich gehalten hätte. Vor allem in den letzten dreißig Jahren ist es zu einer beispiellosen Zunahme von Umfang und Geschwindigkeit in der Informationsverbreitung aus westlichen Quellen gekommen.

Das Druckverfahren bedeutete nur die erste herausragende Veränderung im Kommunikationswesen. Im 19. Jahrhundert ermöglichten dann Dampfschiffe und Eisenbahnen zum ersten Mal einen regulären Postdienst, schufen elektrische Telegraphen Weltmärkte. Der Start in eine weltweite Massenkommunikation begann in Wirklichkeit aber erst nach 1945. Dabei handelt es sich um ein weitreichendes Thema, das sich von der Übermittlung der neuesten Nachrichten durch Apparate und Ämter, die aus dem Westen kommen oder dort noch ihren Schwerpunkt haben, bis zu Filmaufführungen von Hollywoodstreifen in indonesischen Dörfern erstreckt, bei denen der unverständliche Ton abgeschaltet ist und der Lehrer erklärt, was auf der Leinwand vor sich geht. Die entscheidende Veränderung ergab sich jedoch mit Radio und Fernseher, obwohl sie noch einen weiten Weg vor sich hat. In den meisten Teilen der Welt sind Fernsehapparate noch ungewöhnlich. Transistorradios sind das jedoch schon längst nicht mehr, und Satellitenübertragungen und Videofilme verleihen jetzt allmählich der Berichterstattung eine neue Geschwindigkeit und Unmittelbarkeit.

Der neue Maßstab der Massenkommunikation kommt auch in anderen Dingen zum Ausdruck. Er erstreckt sich von der Reklame, die bestimmte Konsumverhaltensmuster aufdrängt, indem sie Erfolgs- und Statuskriterien widerspiegelt, die nach westlichen Vorstellungen erstellt werden, bis zur Verbreitung der Bilder von westlichen Idolen in Druck und Photographie.[7] Die Botschaften, die sie in so überwältigender, wenn auch indirekter und unausgesprochener Weise in die Welt tragen, bestätigen westliche Ideen und Ansichten, westliche Verfahren und Verhaltensmodelle, sogar westliche Kunstformen, so verzerrt diese auch sein mögen. Hier ist die Erklärung dessen zu finden, was manchmal als »internationale Jugendkultur« bezeichnet worden ist. In seiner sozialen Zusammensetzung ist dieses Phänomen sicherlich international, aber kaum interkulturell; es beruht auf der Verbreitung westlicher Stile in Kleidung, Vergnügen, Benehmen, persönlichen Beziehungen durch die westliche Reklame- und Kommunikationsindustrie. Mode spielt hier eine große Rolle: Jeans, T-Shirts und Turnschuhe sind die modernen Äquivalente der Zylinderhüte und Morgenröcke, an denen manche Asiaten im letzten Jahrhundert Gefallen fanden, weil sie diese als Nachweis ihrer Integration in eine Kultur von überragender Anziehungskraft betrachteten.

Manche der einflußreichsten Zeugnisse westlicher kultureller Kraft werden von der westlichen Wissenschaft geliefert. Natürlich ist diese über lange Zeit stetig, rücksichts- und mühelos in die nicht-westliche Welt eingebracht worden, seit dort die ersten Dampfschiffe, Lokomotiven, Motorfahrzeuge und Flugzeuge auftauchten. Technologie und Medizin sind stets die beste Werbung für das gewesen, was sie zu tun vermochte. Das ständig steigende Prestige durch den täglichen, beiläufigen Beweis für die Beherrschung der Natur durch die westliche Kultur wirkte rund um

Schanghai nach der Kulturrevolution: Vor Filmplakaten, die noch an ideologische Zielstrebigkeit erinnern, zwei westlich gekleidete Mädchen die Welt als soziale und politische Kraft. Für die meisten Menschen bedeutet wissenschaftlicher Fortschritt Technologie. Das Fernsehen liefert in dieser Hinsicht jeden Tag neue Bilder – vom Raumfahrzeug bis zur Ölraffinerie. In solchen Bildern sind leichtverständliche Ausdrucksformen des menschlichen Potentials zusammengefaßt. Sie liefern neue Einsichten über mehr als nur die materielle Welt. Sie werden als kulturelle Faktoren durch indirektere Beiträge der Wissenschaft zur menschlichen Wohlfahrt untermauert, wie etwa die Verbreitung experimenteller Techniken, die Verstärkung systematischer Forschung, die Koordinierung der in vielen verschiedenen Bereichen gewonnenen Erkenntnisse.

Die intellektuelle Hegemonie der westlichen Wissenschaft wird auch durch ihren schieren Umfang abgestützt. Gegen 1970 wurden bereits mehr als hunderttausend wissenschaftliche Zeitschriften publiziert, und die Steigerungsrate ließ vermuten, daß sich die Zahl alle fünfzehn Jahre verdoppeln würde. So ist die Zahl der Wissenschaftler, die heute in den Laboratorien der Welt forschen oder in den Hörsälen ihre Vorlesungen abhalten, höher als die derjenigen, die während der gesamten Menschheitsgeschichte gelebt haben. All das erklärt, weshalb die Wissenschaft inzwischen zu einer Religion, vielleicht zu *der* Religion unserer Kultur geworden ist, die für die meisten Männer und Frauen unserer Zeit eine der wenigen noch verbliebenen, nicht in Frage gestellten Wahrheiten darstellt. Manchmal ist sie die einzige Religion, zu der sich ein nachchristlicher Europäer noch bekennt. Sie kann sich auf die gefühlsmäßige Unterstützung einer Großzahl von Menschen verlassen. Dieser nichtrationale Status erwächst aus ihrer Macht als eine bestätigende Autorität, aus der häufig unbestrittenen Auffassung, daß ihre Ziele gut sind, so sehr sie auch manchmal mißbraucht werden mag, und aus der Schaffung einer Hierarchie und »Priesterschaft«, die Neid und Verlangen weckt. Seit Voltaire Newton kanonisierte, ist es Wissenschaftlern immer gestattet gewesen, öffentliche Erklärungen über Dinge außerhalb ihrer beruflichen Kompetenz mit einer Selbstsicherheit abzugeben, die früher nur Bischöfe an den Tag legten. Was noch wichtiger ist: Oft wird ihnen achtungsvolle Aufmerksamkeit zuteil, wie man sie einst nur kirchlicher Rhetorik schenkte. Wie die Priester vor ihnen haben die Wissenschaftler vom Wunsch der Menschheit profitiert, wenigstens in einigen ihrer Mitbürger eine allgemeine Zuständigkeit für menschliche Angelegenheiten zu akzeptieren.

Natürlich ist die neue Priesterschaft auch Verdächtigungen ausgesetzt. Manchmal hat sie Fehler gemacht, und manchmal kann sie nicht unter Kontrolle halten, was sie in Gang setzte. So beginnen wir jetzt, uns über die Folgen der Befruchtung des menschlichen Eies im Laboratorium zu sorgen, obwohl das vor einem Jahrzehnt noch eine großartige Leistung zu sein schien. Die bewußte Anwendung der Wissenschaft auf die Menschheit beginnt jetzt in der Tat, tiefe Unruhe zu wecken. Die manchmal angestellte Vision von einer total vorherbestimmbaren Menschheit erschreckt die meisten von uns. Es wäre bitter, müßte man zugeben, daß die Manipulierung des Menschen als ein Teil der Natur das logische Ende des westlichen Traumes ist. In diesem Zusammenhang erscheint eins jedoch wichtiger: Die Geschichte hat keinen Respekt vor Autorität. So eindrucksvoll und scheinbar dauerhaft diese auch sein mag, sie tendiert dahin, mit den spezifischen sozialen Formen zu vergehen, die sie ins Leben riefen. Autoritätsverfall ist nicht leicht

Indien: Plakate in Englisch weisen auf die Probleme der Bevölkerungskontrolle hin

vorhersagbar und kann sich überraschend einstellen. Wer wäre schon vor Beginn des 19. Jahrhunderts imstande gewesen, etwas von unserer modernen verweltlichten und entsakramentalen Kultur zu erkennen? Außer den Kirchen sind aber auch andere Autoritäten herausgefordert worden und häufig zusammengebrochen. Das Königtum, die Familie, das Recht auf Eigentum – in manchen Gesellschaften haben sie sich überlebt. Nichts Menschliches ist unwandelbar. Neue Bedürfnisse und Forderungen werden aufkommen, und die gegenwärtige Autorität der Wissenschaft könnte sich als begrenzter erweisen, als wir heute anzunehmen geneigt sind. Daß sie jedoch jemals zu Bedeutungslosigkeit herabsinkt, ist unwahrscheinlich, daß nicht-westliche Gesellschaften sie aufgeben, ist unvorstellbar. Die Wissenschaft ist der höchste und geballte Ausdruck des Status des Menschen als ein des rationalen Denkens fähiges und Wandel bewirkendes Wesen. Der Glaube daran liegt dem Optimismus zugrunde, mit dem westliche Menschen so lange der Zukunft entgegengetreten sind und den sie inzwischen überall in der Welt verbreitet haben.

Die meisten Universitäten und Einrichtungen der höheren Bildung, die in der nicht-westlichen Welt seit 1945 gegründet worden sind, haben eine wissenschaftliche oder technologische Ausrichtung. Nachdem sie das westliche Konzept der höheren Bildung und die abendländische Institution der Universität übernommen haben, sind die nicht-westlichen Gesellschaften jetzt eifrig bemüht, sie gegen die westliche Wissenschaftskultur einzusetzen. Der Zauberlehrling könnte jedoch mehr Kräfte freisetzen, als er beabsichtigt. Außerhalb des Campus ist die Wissenschaft, wenn sie ungekonnt angewendet wird, eine auf schreckliche und fundamentale Weise verwandelnde Kraft. Sie bewirkt eine Neuverteilung von Status und Prestige und gibt denen, die bestimmte Arten von Wissen besitzen, neue Geltung. In dem

Maß, in dem Denkkategorien des Empirismus und des Experiments in die Spalten und Sprünge der Vorstellungswelt und der Alltagspraxis einsinken, regen sie zu einem Wachstum an, das nach und nach überkommene geistige Welten ebenso unbarmherzig verdrängt, wie Pflanzen und Bäume schließlich von den Regenwäldern verschlungene Tempel sprengen. Konventionelle Ansichten weichen nicht leicht, das ist richtig (so zeigen viele indische Wissenschaftler immer noch eine große Achtung vor der Kaste, wenn es um die Verheiratung ihrer Kinder geht). Kulturelle Folgewidrigkeit kann jedoch durch Bildung und Zeitablauf abgebaut werden – und das geschieht glücklicherweise auch häufig. Jemand, der daran gewöhnt ist, an seine Arbeit in den Begriffen westlicher Wissenschaft zu denken, dürfte am Ende dazu beitragen, einen neuen Sinn für kritische Reaktion zu verbreiten, selbst wenn das Ergebnis entweder eine Art von Schizophrenie, das heißt die Hinnahme von Widersprüchen als ein intellektuell nicht begründbares Erfordernis, oder Zynismus ist. Keines von beidem wirkt stabilisierend.[8]

In manchen Bereichen der traditionellen Praxis kommen die rationalen Kriterien unserer wissenschaftlich fundierten, individualistischen Kultur nur langsam zum Tragen. Familie und Sexualverhalten sind offenkundige Beispiele. Trotz aller neuen Zwänge, die auf die nicht-westlichen Gesellschaften einwirken, ist die Familie immer noch eine große bewahrende Kraft, die die Beziehungen der einzelnen Männer und Frauen auf eine im Westen bereits in Frage gestellten Art und Weise beeinflußt. Die Tochter eines gebildeten indischen Anwalts dürfte es immer noch vorziehen, die Ansicht ihrer Familie zu akzeptieren, daß ein Ehemann für sie nicht allein in derselben Brahmanenkaste, sondern sogar in einer ihrer sehr eingegrenzten Unterkasten gesucht werden sollte.[9] Daß eine derartige Wahl den betroffenen Individuen durchaus willkommen sein kann, zeigt die Kraft der Tradition. Die chinesische kommunistische Partei beispielsweise hat sich gegen die früher weitverbreitete Praxis der Tötung weiblicher Säuglinge gewandt. Dennoch hat die offizielle Politik, die Familie auf nur ein Kind zu beschränken, das alte Vorurteil wiederbelebt, daß Söhne, nicht Töchter erwünscht sind. Wenn man nur ein Kind haben darf, dann sollte es, so meinen viele chinesischen Mütter, ein Junge sein, und folglich gibt es jetzt zahlreiche Hinweise darauf, daß kleine Mädchen oft bei der Geburt getötet werden – eine Rückkehr zu einer traditionellen Praxis. Wie ein chinesisches kommunistisches Magazin meinte, würde heute, mehr als dreißig Jahre nach dem Sieg der chinesischen Revolution und zweitausenddreihundert Jahre nach seinem Tod, der alte Weise Mencius sich bestätigt fühlen – steht es doch fest, daß immer noch viele Chinesen fest daran glauben, was er über männliche Höherwertigkeit und die essentielle Wertlosigkeit der Frauen gelehrt hat.[10]

Solche Fakten müssen berücksichtigt werden, wenn man die »Verwestlichung« abschätzt. Das Gleichgewicht variiert nicht nur von Gesellschaft zu Gesellschaft, sondern auch innerhalb derselben Gesellschaft von einer Institution zur anderen. So offenkundig das Gewicht und die Komplexität der Vergangenheit auch sind, ist es doch vernünftig zu fragen, ob ein Trend erkennbar ist. Das traditionelle Verhalten mag durch solche Veränderungen scheinbar unberührt geblieben sein, wenn wir von der Wirksamkeit einer wissenschaftlich fundierten Kultur lediglich eine mehr oder weniger abstrakte und formale oder eine ziemlich oberflächliche, kurzsichtige

Synkretismus an einem Militärfahrzeug während des Krieges in Biafra

Vorstellung haben. Am Ende sind es nicht rationalistische oder wissenschaftliche Ideen, die etwa den sich beschleunigenden Wandel der Rolle der Frau in westlichen Gesellschaften während der letzten zweihundert Jahre »erklären«. Von Anfang an war ein nicht reduzierbarer Rest von christlicher Achtung vor der Frau vorhanden, der es in einer letzten und höchst vitalen Hinsicht – in bezug auf die Fähigkeit zur Erlösung – außerordentlich schwermachte, zwischen ihnen und den Männern zu unterscheiden, wie sehr sich Theologen gelegentlich auch darum bemühten. Frauen mochten schwächere Gefäße haben, Töchter Evas, die Adam verführten, mochten Versuchungen zur Sünde sein, dennoch mußte die Kirche lehren, daß ihre Seelen in den Augen Gottes von unendlichem Wert sind.

Hunderte von Jahren trug das wenig dazu bei, das Leben der meisten Frauen zu ändern. Es schützte jedoch ihren Status, und in manchen europäischen Ländern verbesserte er sich auch. Bezeichnenderweise waren es die am stärksten vom Islam beeinflußten Regionen Europas, die in ihrer Haltung gegenüber Frauen die engsten Grenzen zogen. Später kam es, vom 18. Jahrhundert an, zu der großen Säkularisierung der westlichen Kultur. Das gab rationalistischen und individualistischen Argumenten für von bis dahin weitgehend nur Männern zustehende Rechte auf Frauen wachsendes Gewicht. Schließlich waren es nicht Doktrin oder Politik, die die Frauen wirklich »emanzipierten« (um die Terminologie der klassischen Frauenbewegung zu benutzen), sondern Technologie und Kapitalismus. Die erstere gab den meisten Frauen mehr Zeit. In Industriegesellschaften befreite sie faktisch alle Frauen (und nicht nur die reichen) von bestimmten Arbeiten, und das bedeutete zunächst einmal mehr Zeit für Bildung (für einige wenige) und mehr Zeit für die Berufsausübung (für viele). Zu dieser Entwicklung waren jedoch keine technischen Wunder nötig: Bedeutend entscheidender war die Tatsache, daß die Haushalte direkt über Leitungen mit Wasser oder Gas versorgt wurden (um nur ein Beispiel zu nennen). Was die neuen Jobs angeht, die der Industriekapitalismus ihnen bot, so wurden sie besser bezahlt als diejenigen, die jahrhundertelang nur die Schinderei und Schwerarbeit in einer Agrarkultur kannten – heute immer noch das Los vieler Frauen in nicht-westlichen Ländern. Es folgte die Bildung, da nur sie die Voraussetzungen schaffen konnte, die Frauen für die Berufswelt zu qualifizieren. Schließlich (und das ist ein oft unterschätzter Faktor) unterwarf der kommerzielle Handelskapitalismus die Frauen durch die Werbung einem enorm großen und anhaltenden Kaufanreiz.[11]

Solche Kräfte wirken heute fast weltweit auf die Frauen, wenn auch nicht gleichmäßig oder mit gleicher Intensität. Was beispielsweise als das gegenseitige Sexualmonopol zweier Individuen bezeichnet worden ist, wurde von einem afrikanischen Soziologen als die bedeutsamste Institution gedeutet, die das Christentum den Kulturen Afrikas – in großen Teilen Afrikas konkurriert (wenigstens der Form nach) die Monogamie jetzt erfolgreich mit der Polygamie – vermittelt hat.[12] Der Verzicht auf das Einbinden der Füße war schon lange vorher zu Recht als ein Markstein in der Geschichte Chinas erkannt worden; einige arabische Staaten haben Universitäten gebaut, in denen zwar Männer und Frauen, die dasselbe Fach studieren und dieselben Kurse besuchen, voneinander getrennt sind, aber es ist wenig wahrscheinlich, daß diese Trennwände in ein oder zwei Jahrzehnten noch

△ Ein Katastrophenbild von 1951: Flehende Menschen aus einem von Hungersnot betroffenen Distrikt in Indien

◁ Die neuen Möglichkeiten der Zerstörung

wirtschaftlich oder vernünftig erscheinen; Indiens Empfängnisverhütungsprogramm wird vielleicht bei den bäuerlichen Massen nicht so greifen wie in China, aber indische Familien der Mittelschicht werden allmählich kleiner – eine Veränderung, die vom 19. Jahrhundert an in Europa festzustellen war.

Offensichtlich ist die psychologische Wechselwirkung zwischen der westlichen Kultur und anderen Teilen der Welt enorm und komplex; sie ergibt sich aus den großen positiven Veränderungen, die wir betrachtet haben, erstreckt sich aber weit darüber hinaus. Das Abendland hat auf vielfältige Weise auf den Geist der Menschen eingewirkt, aber nicht bloß als eine gestaltende Kraft (und erst recht nicht nur als eine selbstbewußte), sondern allein schon durch seine Präsenz. Es war sowohl ein Wegweiser zu etwas, das vollbracht werden mußte (oder gelegentlich auch zu etwas, das vermieden werden mußte), als auch ein Beispiel, das allein durch seine Existenz andere Kulturen und ihre überkommenen Lebensweisen verführte oder herausforderte, indem es sie zur Selbstprüfung zwang und sie in Frage stellte.

Das trägt dazu bei, das eigenartige Paradox zu erhellen, daß wirtschaftliche Entwicklung so oft ein destabilisierender Prozeß ist. Sie stellt nicht nur traditionelle Lebensformen und Werte in Frage, sondern kann auch die Unzulänglichkeit anderer westlicher Importe enthüllen – die Unzulänglichkeit der repräsentativen Demokratie zum Beispiel. Alte Loyalitätsbeziehungen werden zersetzt, genau wie neue Wortschöpfungen sich als unwirksam erweisen. Selbst das Wissen um den Überfluß des Westens kann zutiefst beunruhigend sein. Güter, die vor einigen Jahren noch als Luxus galten, sind jetzt verbreiteter bekannt als bisher, und ihr Besitz wird häufig als etwas betrachtet, nach dem alle Menschen streben sollten. Natürlich gilt das nicht überall und gleichermaßen. Millionen von Menschen haben kein reines und mengenmäßig ausreichendes Wasser zu ihrer Verfügung, doch steigt die Zahl derjenigen stetig, die es für selbstverständlich ansehen, daß reines Wasser, Transportmöglichkeiten, elektrisches Licht und Nahrung normalerweise verfügbar und gewöhnlich ziemlich preiswert sind. Darüber hinaus sehen viele von ihnen keinen Grund, warum solche Güter, die einmal Luxus waren, nicht noch billiger und noch besser verfügbar werden sollten. Steigende Erwartungen sind für mehr Menschen normaler als je, und diese Tendenz ist nicht allein auf die entwickelten Länder beschränkt. Die Industrialisierung beginnt jetzt in Südkorea, Taiwan oder Brasilien die gleichen Wirkungen zu zeigen, die vor langer Zeit in Europa und Nordamerika registriert worden waren.

Eine steigende Flut von Konsumgütern zerreißt wichtige Bindungen an die Vergangenheit, weil sie die Welt ganz bestimmter Erwartungen erschüttern, eine Welt, die in ihrer bisherigen Geschichte von anderen Vorstellungen geprägt war. Die Wirkung ist sehr nachhaltig in ärmeren Ländern zu erkennen, in denen der Import billiger Konsumgüter rasche soziale Veränderungen auslösen kann. Güter solcher Art vermitteln den Menschen einen mächtigen Anreiz, Arbeit dort zu suchen, wo sie höhere Löhne erreichen, so daß sie diese Güter erwerben können. Das bedeutet zumindest, daß sie die Dörfer verlassen, in denen die Mehrheit der Menschen immer noch lebt.

Hier liegt mit Sicherheit ein Schlüssel zum Verständnis der am tiefsten greifenden, unausweichlichen Veränderungen in der modernen Gesellschaft. Im materiellen Überfluß liegt, verborgen und ihrer Entdeckung harrend, die alte westliche Idee der Aufklärung, alle Probleme seien lösbar. Eine andere Möglichkeit, das auszudrücken, ist die Feststellung, daß die Idee des 18. Jahrhunderts, man *müsse* dem Glück nachjagen, die Idee von der Suche nach Glück als ein moralisches Ziel, jetzt nach und nach auf die ganze Welt angewandt wird.[13] Millionen von Asiaten, Afrikanern und amerikanischen Indianern akzeptieren immer noch mehr oder weniger passiv, daß ihr Leben von Kräften bestimmt wird, die sich ihrer Kontrolle entziehen; so zu reagieren bedeutet für die meisten von ihnen nur, sich den Gegebenheiten zu beugen; wie die meisten Europäer des Mittelalters ergeben sie sich fatalistisch der Idee, daß die Welt immer so sein wird, wie sie ist. Jedoch selbst das beginnt sich zu ändern. Vor vierzig oder fünfzig Jahren mag die Mehrzahl der Chinesen so gedacht haben, während heute wahrscheinlich bedeutend weniger dies tun. Weitgehend dank der mit dem Erwachen der Aufklärung in die Welt gesetzten europäischen Ideologien – Nationalismus, Marxismus, Glaube an die Naturwissenschaften – gehen die Führer des ehemaligen Reiches der Mitte heute davon aus, daß ihr Schicksal in ihren eigenen Händen liegt, glauben sie daran, daß die Probleme zu lösen sind, wenn genügend Einfälle und Ressourcen zum Tragen kommen können. Eine derartige Haltung ist bemerkenswert optimistisch: Der Mensch kann und wird Herr in seinem eigenen Hause sein. Das – der Glaube, daß die Menschheit ihr eigenes Geschick bestimmt – ist wohl die Gabe, die das Abendland zu allen Zeiten anbieten konnte.

Dieser Mythos hat im Westen überdauert, auch wenn so vieles andere zerbrochen ist. Freud hoffte – wenn er auch die menschliche Sicherheit zutiefst erschüttert hat –, den Menschen durch Selbsterkenntnis eine Kontrolle über ihr Leben zu geben, die sie nie zuvor spürten. Als die biologisch begründeten evolutionären Modelle des 19. Jahrhunderts im 20. Jahrhundert mehr analytischen Ansätzen wichen, wurden Grundkonzepte über Fortschritt und Ziele häufig durch die Vordertür hinausbefördert, nur um zu gegebener Zeit zur Hintertür wieder hereinzukommen. Eine Teleologie des sich selbst bestimmenden (weil sich endlich wahrhaft selbst erkennenden) Geistes ersetzte eine frühere, mehr deterministische Fortschrittsidee, ließ jedoch eine bestimmte Vorstellung von dem zurück, was Fortschritt ist und wie er erreicht werden kann. Oft wurde ein Idol durch ein anderes ersetzt, auch wenn Veränderungen, die man früher als Lösungen ins Auge gefaßt hatte, nur neue Probleme aufwarfen oder wenn es den Menschen schwerfiel, mit der Belastung fertig zu werden, die das Leben in Gesellschaften mit sich brachte, in denen es keine aus einer statischen Geschichtsauffassung erwachsende Stabilität mehr gab. So stark der Einfluß der Religion in vielen Gesellschaften auch noch ist, sie verliert immer mehr den enormen Vorzug, den sie früher als einzige Quelle der Tröstung, Erklärung und Hoffnung für Menschen darstellte, die sich in einer unveränderlichen Ordnung gefangen fühlten. Heute stellt man fest, daß sich die Ordnung nicht nur ändert, sondern daß sie in zunehmendem Maße nach Belieben verändert werden kann. Die Enttäuschungen, die das hervorruft, sind noch nicht ausgeprägt genug, um das Pendel in die andere, pessimistischere Richtung ausschlagen zu lassen. Der Glaube des Westens hebt also (noch) den tragischen Sinn des Lebens auf.

Es ist vielleicht das letzte Paradox jenes paradoxen Zeitalters, in dem wir leben, daß – während doch kein anderes so stark durch menschliches Leid gekennzeichnet gewesen ist – in keinem anderen so viele Menschen darin übereinstimmen, daß Gewalt und Grausamkeit im Prinzip unter Kontrolle gehalten werden können. Gewiß, zum größten Teil läßt sich das schreckliche Blutvergießen unseres Jahrhunderts als Nebenwirkung oder Funktion der technologischen Intensivierung des modernen Krieges erklären, nicht so sehr als Beweis für eine zunehmend bösartige, zynische Abneigung, friedliche Lösungen zu suchen. Trotzdem scheint die westliche Welt im Hinblick auf eine Sache optimistisch zu bleiben, bei der es wahrscheinlich weniger Grund zum Optimismus gibt als bei anderen – auf die angeborene Besserungsfähigkeit des Menschen. Ganz ähnlich bleibt unser Glaube, daß eine menschenfreundliche Weltordnung möglich ist, eigenartig unberührt von den furchterregenden Gespenstern, die im Ergebnis dessen, was bisher getan worden ist, drohend am Horizont auftauchen: Wir können nicht einmal Grundbedürfnisse rasch genug befriedigen – es gibt einfach nicht genug Energie, Nahrung und Medizin für alle ohne eine Umverteilung so dramatischer und radikaler Art, daß man sie sich nicht vorstellen und sie unmöglich in einem vernünftigen Zeitraum durchsetzen kann. Dennoch gehen Wunsch und Neid weit über die Möglichkeit ihrer Befriedigung hinaus.

Ein sogar noch erschreckenderes Gespenst türmt sich hinter diesem auf. Könnte es sein, daß der Westen der übrigen Welt Erwartungen vermittelt hat, die nicht nur in der kurzen Dauer von ein paar Jahrzehnten, sondern überhaupt schlicht unerfüllbar sind, weil sie über unsere Kraft, ihnen zu entsprechen, unendlich hinausgehen? Es ist nicht einfach nur der enorme Bedarf der wachsenden Bevölkerungen ärmster Länder an Brennstoff, Nahrung, selbst Wasser, der so beklemmend ist. Bedeutend schlimmer erscheint, daß der Glaube an die Fortschrittlichkeit der Geschichte uns möglicherweise bereits dahin gebracht hat, uns Ziele zu setzen, die psychologisch unerreichbar sind. Viele Leute scheinen schon der Überzeugung zu sein, daß jede physische und geistig-seelische Krankheit irgendwie heilbar ist. Eine solche Gewißheit ist ein erschreckendes und belastendes Erbe unseres Utopismus und unseres Vertrauens in die vernünftige Manipulierbarkeit der Natur. Vielleicht handelt es sich hier um dasselbe, was von manchen als »faustischer« Drang des westlichen Menschen bezeichnet worden ist, um sein rastloses Bemühen um Macht und immer mehr Macht mit dem Ziel, den Weg zur Glückseligkeit zu öffnen. Wenn die vieldeutigen Gaben des Westens an die Menschheit das einschließen, dann haben wir zusammen mit unserem Selbstvertrauen und unserer Egozentrik der übrigen Welt auch eine Neigung zur Selbstzerstörung vermittelt.

Es ist an der Zeit, die Fäden dieses Schlußkapitels wieder aufzugreifen. Die Aussage, der Lauf der »modernen« Geschichte (wie immer man sie zeitlich bestimmen will, jedenfalls aber von ungefähr 1700 n. Chr. an) ist in zunehmendem Maße zuerst von der europäischen, dann von der westlichen Kultur beherrscht worden, erscheint plausibel. Mit »beherrscht« meine ich, daß zweierlei vor sich ging: Einmal, daß die Geschichte der übrigen Welt für immer und unumkehrbar durch die Hand der Menschen des Abendlandes verändert worden ist, zum zweiten, daß sie sich in eine bestimmte Richtung veränderte (es handelte sich in einer überwältigenden Weise darum, daß andere Kulturen westliche Ideen, Zielsetzungen und Werte aufgriffen – nicht umgekehrt). Zusammen mit der Ausbreitung einer westlichen Technologie und der schieren Durchschlagskraft der Evolution auf den Gebieten der Wirtschaft und Kommunikation machte dies die menschliche Rasse zum ersten Mal wirklich zu einem großen Ganzen – zu *einer* Welt. Ich glaube, wir können uns auch darauf einigen, daß zu einem bestimmten Zeitpunkt im 20. Jahrhundert der Westen in einigen sehr spezifischen Punkten aufhörte, der Überlegene zu sein. Um es anders auszudrücken: Von vielen Standpunkten aus zeigt sich die westliche Nationengruppe nicht mehr länger als die gleiche entscheidende historische Kraft, die sie früher einmal war. Welche reale Macht sie auch noch besitzen mögen, die Forderungen und die Autorität der abendländisch-westlichen Menschen sind auf vielen Gebieten weniger effektiv als etwa im Jahre 1900. Das bedeutungsvollste Zeichen dafür war der Verfall des Kolonialreiches. Es ist nicht besonders wichtig, ob wir 1905, 1918 oder 1941 oder irgendein anderes Datum als Markierung dieses Vorgangs betrachten – der Wandel ist leicht zu spüren.

Es ist zu erkennen, daß heute eine neue weltpolitische Struktur in der Entstehung begriffen ist. Ihre Form ist noch weit davon entfernt, sich deutlich zu zeigen. Wir merken das an der Art und Weise, in der wir immer noch über gewisse Termini stolpern. Bezeichnungen wie »Dritte Welt«, »Blockfreie Nationen«, »Ost und West« sind inzwischen von Ausdrücken wie »reich und arm«, »entwickelt« und »unterentwickelt«, »Nord und Süd« überholt worden, Termini, die wie ihre Vorgänger so lange im Gebrauch bleiben werden wie die spezifischen Probleme, für die sie Kürzel liefern. Was immer jedoch dabei herauskommt, mit dem alten internationalen System formaler Gleichheit innerhalb einer kleinen Gruppe von westlichen Nationen, die die Welt mit möglichst wenig Reibung zwischen sich lenkten, ist es nun vorbei. Kein Vokabular, kein Begriffsschema ist bisher gefunden worden, das der Unbeständigkeit der Situation, die dieses System ersetzt hat, gerecht wird.

Ohne den Franzosen (die das Jahr 1789 als Markierung vorziehen) zu nahe zu treten, kann man diesen Wandel im 20. Jahrhundert als das Ende der »modernen« und den Beginn der »zeitgenössischen« Geschichte bezeichnen – die Periode, in der wir die Konturen unserer eigenen Welt bereits entstehen sehen können. In diesem Sinne wenigstens sieht die zeitgenössische Geschichte nicht nur nach-europäisch,

Begegnung zweier Welten

sondern nach-westlich aus. Die Hauptaussage dieses Buches lautet jedoch, daß die abendländisch-westliche Kultur ihre Herrschaftsrolle in der Welt nicht verloren hat, wie immer auch die politische Geschichte aussehen mag, weil politische Macht nur ein Teilaspekt dieser Rolle gewesen ist. Gewiß, die einst und für kurze Zeit unwiderstehliche amerikanische Machtpolitik ist nicht mehr das, was sie einmal war. Und auch die Sowjetrussen können, wie es den Anschein hat, ihre Interessen nicht mehr so leicht durchsetzen, wie dies in vielen Teilen der Welt einmal der Fall gewesen ist. Noch schwerer wiegt, daß das Vertrauen in ein auf der industriellen Kraft einiger weniger Länder beruhendes ökonomisches System durch die Offenbarung seiner Verwundbarkeit schwächer geworden ist. Auch ist industrielle und wirtschaftliche Macht nicht mehr in so eingeschränktem Umfang verteilt, wie das früher der Fall war: Indien ist heute ein Stahlexporteur, die Chinesen bauen Eisenbahnen für Afrika, VW-Käfer werden in Nigeria hergestellt, und Südkoreas industrielles Können erschreckt sogar die Japaner, die jetzt die Notwendigkeit eines

Abbaus ihrer Autoindustrie diskutieren, solange es noch Zeit ist, das kontrolliert zu tun. Tiefer greifen die psychologischen Herausforderungen, denen sich der Westen infolge seines eigenen kulturellen Wandels gegenübersieht. Die meisten Grundideen der europäischen Tradition sind in Frage gestellt worden, viele mit unumkehrbaren Folgen. Sogar in Europa selbst haben manche von ihnen ihren alten festen Halt – die rationale Intelligenz, die christliche Religion, die nationale Unabhängigkeit, die Idee vom souveränen Staat – verloren.

Vieles also ist verschwunden. Und dennoch: Wenn wir nach dem Warum fragen, müssen wir zugeben, daß die Ursache in Kräften liegt, die sich innerhalb des Westens herausgebildet haben und durch die westliche Tradition geformt wurden (sowie in der Dynamik und in der selbstkritischen Kraft dieser Tradition). Wenn das stimmt, ist schwerlich davon auszugehen, daß die Tage ihrer kreativen Rolle vorüber sind – die westliche Kultur hat ganz offensichtlich ihre Gestaltungskraft nicht verloren. Paradoxerweise könnte es sein, daß wir gerade jetzt in die Ära ihres größten Triumphes eintreten, in die Ära eines Triumphes nicht über staatliche Strukturen und wirtschaftliche Beziehungen, sondern über den Geist und die Herzen aller Menschen.

»Ist der Triumph vergangen?« und »Ist die Parade zu Ende?« – Einige Geschichtswissenschaftler werden sagen, daß Historiker nicht versuchen sollten, solche Fragen zu beantworten. Sie wissen, daß solche Fragen nach historischer Forschung aussehen können, in Wirklichkeit aber Fragen über die Zukunft sind: Was wird als nächstes geschehen? Werden die bedeutenden Kräfte, mit denen wir uns hier befaßt haben, auch weiterhin so große Wirkungen zeitigen wie in der Vergangenheit? Ich teile die Skepsis: Ein Historiker kann für sich keine besondere Qualifikation beanspruchen, solche Fragen zu beantworten. Auf die Vergangenheit zu blicken ist wichtig für die Zukunft, aber nicht weil dies Voraussagen möglich macht. Fragen dieser Art werden dennoch jedem nachdenklichen Menschen kommen, und irgend jemand muß versuchen, sie zu beantworten, und sei es, mangels verifizierbarer Wahrheiten, nur mit Meinungen. Menschen brauchen Hypothesen, um aktiv werden zu können. Ein Historiker hat einen spezifischen Hintergrund und eine bestimmte Perspektive, das ist alles. Niemand kann mehr tun, als Vermutungen anzustellen, aber Vermutungen sollten eine gewisse logische Perspektive haben. Geschichte scheint mir eine solche am besten liefern zu können.

Der Historiker ist dafür da, daß er über die Vergangenheit nachdenkt. Das ist in einem gewissen Sinn das Wertvollste, was er tun kann. Wertvoll nicht, weil wir ein Bild von der Vergangenheit brauchen (wir haben eines, ob wir das wissen oder nicht), sondern weil wir ein ausgewogenes, kritisches Bild von ihr brauchen. Ständig jagen allgemeine historische Vorstellungen durch das intellektuelle Dunkel um uns herum. Eine sehr vertraute Idee ist die, daß man »von der Geschichte nichts lernen kann«. Hier einige weitere: »Geschichte ist Geschichte des Fortschritts und der Freiheit«; »Geschichte ist Geschichte der menschlichen Anmaßung«; »Geschichte zeigt, daß immer einige wenige die vielen ausbeuten«; »Geschichte zeigt, daß die vielen immer die wenigen unterdrücken«. Die Liste ist sehr lang. Erkannt oder unerkannt beeinflussen solche Vorstellungen die ganze Zeit über unser Verhalten. Wir sollten sie uns daher besser bewußtmachen. Menschliche Wesen sind die einzigen Wesen mit einer Geschichte. Studium und Erzählung dieser Geschichte bedürfen keiner Rechtfertigung. Geschichte ist notwendig, wenn wir das Chaos ungeprüfter Annahmen, wenn wir Furcht, Arroganz und völlige Irrationalität meistern wollen, um nicht von ihnen beherrscht zu werden. Geschichtsschreibung kann uns eine artikulierte, bewußte Lesart der Vergangenheit vermitteln, auf deren Hintergrund andere Vorstellungen von der Vergangenheit überprüft werden können. Sie ist eine Sache der intellektuellen Hygiene.

Ich habe versucht, hier einige der Mythen und Stereotypen zu skizzieren, die sich in einer wichtigen Epoche der modernen Geschichte bündelten, in der es zu einem bedeutsamen Wandel in den Beziehungen der Kulturen kam. Es ist an anderen, diesen Wandel für sich selbst zu veranschlagen. Das Ergebnis ist kein Paket von Schlußfolgerungen, die sich experimentell überprüfen lassen – noch ist Geschichtswissenschaft nicht so. Sie ist wesenhaft eine spekulative und kritische Aktivität, vergleichbar dem Lesen großer Literatur, vergleichbar vielleicht auch der Psychoanalyse; ihre Funktion ist unmittelbar und erhellend, nicht instrumentell oder auf Nützlichkeit gerichtet. Geschichtsschreibung ist kollektive Autobiographie: Wir blicken auf uns selbst. In diesem Licht mag manch einer fragen, ob wir in der Rückschau irgend etwas Nützliches und Wahres über den Sinn der westlich-abendländischen Geschichte und ihr Zusammenspiel mit der Geschichte der übrigen Welt sagen können. Kann etwas so Kompliziertes überhaupt zusammengefaßt werden?

Um mit solchen Fragen zurechtzukommen, ist jedenfalls nichts verloren, wenn man noch einmal das Offensichtliche und Unumkehrbare feststellt: Die Wirkungen des Abendlandes auf die übrige Welt sind unauslöschlich. Die Geschichte ist durch das Abendland verändert worden, das aus der Welt *eine* Welt gemacht hat. Die schiere Energie und Dynamik, die es dabei offenbarte, findet nicht ihresgleichen. Obwohl häufig Individuen seine Nutznießer waren, diente es auch kollektiven Zwecken – manchmal, indem es die Welt nach seinem eigenen Bild umformte. Manche Leute werden den Wunsch haben, daraus ein moralisches Gleichgewicht abzuleiten und Lob und Tadel zu verteilen. Mich hält Skepsis zurück. Ich halte es weder für logisch möglich, gegen umfassende Abstraktionen und Kategorien Klage zu führen – Abstraktionen wie Kulturen, Nationen, Völker, Klassen –, noch bin ich der Meinung, daß es so einfach ist, die historischen Handlungen nach moralischen Begriffen zu ordnen. Wenn wir uns im Hinblick auf unsere eigene moralische Sensibilität beruhigen wollen, dann sollten wir uns erinnern, daß die Träger der westlichen Kultur oft mit bewußter Grausamkeit und Rücksichtslosigkeit gegen andere Völker vorgegangen sind, daß manche von ihnen ihre Opfer ihres Reichtums und ihrer natürlichen Ressourcen beraubt haben, daß wieder andere, wenn auch mit größeren Skrupeln und wohlmeinend, manchmal zerstörerische Nebenwirkungen auf Gesellschaften und Kulturen ausgelöst haben, die sie weder verstanden noch zu verstehen suchten. Jahrhundertelang zeigten viele Europäer und viele europäische Völker außerhalb Europas eine erstaunliche kulturelle Arroganz gegenüber der übrigen Menschheit. Dabei verhielten sie sich, wie Träger von Macht sich in jeder mächtigen Kultur immer verhalten haben. Die Andersartigkeit bestand lediglich darin, daß sie so viel mehr Macht besaßen als irgendwelche früheren

Eroberer und darüber hinaus überzeugende Gründe, sich dabei im Recht zu fühlen.

Wenn wir das alles bedenken, wenn wir uns wirklich um unser eigenes Gespür für ethische Nuancen sorgen, dann sollten wir auch anerkennen, daß Verwalter, Missionare, Lehrer häufig glaubten, daß sie Nicht-Europäern Wertvolles vermittelten. Dies schloß menschenfreundlichere Normen für das Verhalten den Schwächeren gegenüber, das Ideal einer objektiveren Justiz, die intellektuelle Kraft der Wissenschaft, deren Früchte in Form besserer Gesundheit und Technologie und vieles andere ein. Jene glaubten ferner, fortschrittliche, humane Bestrebungen in der ganzen Welt zu fördern (mancherorts war schon die Schaffung einer festen Ordnung in sich ein unbestreitbares Gut). Mit der Zeit konnten sie auch auf wirtschaftliche Veränderungen hinweisen, die neue Möglichkeiten, längeres Leben, größeren Komfort boten. Und wenn sie tiefer darüber nachdachten, mochten sie auch anführen, daß die wertvollste Gabe, die sie mitbrachten, in der Idee bestand, daß bewußter Wandel möglich ist.

Genau dies scheint mir die Essenz dessen zu sein, was die westlich-abendländische Kultur vollbracht hat. Im Prinzip stellte sie alles in Frage, was vor Ort bereits existierte – sie zwang die Menschen, über ihre alte Lebensweise nachzudenken und zu überlegen, ob sie fortdauern konnte. Natürlich wirkte sie nicht immer so und nicht überall auf dieselbe Art und Weise. Glaubensüberzeugungen und Ideologien werden durch die Welt verändert, verändern aber auch ihrerseits die Welt. Trotzdem besaß die westlich-abendländische Kultur die Kraft, wie keine andere die Welt zu formen. Sie war der stärkste Anspruch, der je auf den einzigartigen Status des Menschen als ein Veränderung bewirkendes Wesen erhoben worden ist. Deshalb ist, wie immer auch unsere Bilanz in bezug auf den Wert der Kultur, die unsere Welt beherrscht, lauten mag, ihre Kraft immer noch so offensichtlich. Als die ersten Menschen auf dem Mond landeten und auf den Planeten Erde blickten, den sie kurz zuvor verlassen hatten, gaben sie nicht nur (einfach durch ihre Präsenz) Zeugnis für die erstaunliche Fähigkeit ihrer Kultur, die Natur zu manipulieren, sondern auch für das großartige Versprechen, das sie immer noch enthält. Es gibt keinen unbestreitbaren Grund zu glauben, daß die Menschheit in einer Sackgasse steckt oder daß die Kreativität, die sie aus der westlichen Kultur gewonnen hat, abnimmt. Möglicherweise steht sie erst am Ende ihrer Anfänge. Was klar zu sein scheint, ist, daß die Geschichte der westlich-abendländischen Kultur heute die Geschichte der Menschheit ist, daß ihr Einfluß so verbreitet ist, daß alte Gegensätze und Widersprüche bedeutungslos geworden sind. Das »Abendland«, der »Westen«, ist heute wohl kaum noch ein bedeutungsvoller Begriff – es sei denn für Historiker.

Anhang

Anmerkungen

I. Die eine Welt

1 Auf Japanisch »Sabiro«.

2 Schon in den zwanziger Jahren des 19. Jahrhunderts beobachtete ein englischer Bischof die wenig befriedigende Erscheinung des europäisierten Gefolges eines indischen Prinzen in seiner »unklugen und unvollkommenen Übernahme europäischer Mode. Der orientalische Höfling mit seinem Turban und seinen fließenden Gewändern ist ein eindrucksvoller Anblick, ein orientalischer Fürst hoch zu Roß, begleitet von seinem gewohnten Gefolge weißbesternter und hochbemützter Janitscharen, ein noch trefflicherer; ein orientalischer Prinz in einer schäbigen Kutsche jedoch, eskortiert von Männern, die wie die Reitertruppe eines Jahrmarktes gekleidet sind, ist nur lächerlich und stimmt traurig. Es ist allerdings nur natürlich, daß diese unglückseligen Souveräne, so gut sie können, die Kleidung nachahmen, die sie aufgrund des Vorbildes ihrer Eroberer mit ihren neuesten Vorstellungen von Macht und Größe verbinden.« *Bishop Heber in Northern India. Selections from Heber's Journal,* hrsg. v. M. A. Laird (Cambridge 1971), S. 83.

3 Aizawa Seishisei, zit. R. N. Bellah, »Japan's cultural identity«, »Journal of Asian Studies«, XXIV (1965), S. 574.

4 Vgl. J. K. Fairbank/E. O. Reischauer/A. M. Craig, *East Asia. Transition and Transformation* (London 1973), S. 486. Interessanterweise ist der letztere Spruch offensichtlich von einem japanischen Kanonier geprägt worden.

5 Für Informationen über Chinas Schicksal in den vierziger Jahren des 19. Jahrhunderts s. u. Kap. IX.

6 Zit.: Fairbank u. a., a.a.O. S. 503 f.

7 *The Autobiography of Yukichi Fukuzawa* (Tokyo 1934), S. 113.

8 Ein deutscher Arzt protestierte: »Von der Hygiene ganz abgesehen, sagte ich, sei die geplante Veränderung vom kulturellen und ästhetischen Standpunkt aus einfach unmöglich. Ho (der japanische Premierminister) lächelte und erwiderte: ›Mein lieber Baelz, Sie verstehen nicht im geringsten die Erfordernisse der hohen Politik. Alles, was Sie sagen, mag vollkommen richtig sein, aber solange unsere Damen weiter in japanischer Tracht erscheinen, wird man sie als bloße Puppen oder Nippesfigürchen betrachten.‹« Aus: E. Baelz, *Awakening Japan: The Diary of a German Doctor* (Bloomington [Ind.] 1974), S. 239.

9 Zit.: J. P. Lehmann, *Image of Japan: From Feudal Isolation to World Power, 1850–1905* (London 1978), S. 34.

10 Als im Jahre 1979 in Kenia eine Parlamentsdebatte über die Frage stattfand, ob die Polygamie abgeschafft oder auch nur in etwa geregelt werden sollte, »wurde der militante Chauvinismus kenianischer Parlamentarier überdeutlich«, so ein (afrikanischer) Beobachter: A. Mazuri, *»The Listener«,* 22. November 1979.

11 Das besagt natürlich nicht und impliziert auch in keiner Weise, daß die Fähigkeiten einzelner Nicht-Europäer denen einzelner Europäer unterlegen wären. Interessanter zu untersuchen wären die Auswirkungen von Umständen und Umwelt, die erklären, warum andere Teile der Welt nicht dazu kamen, Europa zu beherrschen.

II. Ein Gefühl für Richtung

1 Worin sie anscheinend erfolgreich waren, obwohl es heißt, eine Angehörige des Frauenbataillons, das die provisorische Regierung im Palast schützte, habe Selbstmord begangen (es gab auch drei Fälle von Vergewaltigung). Vgl. M. Liebmann, *The Russian Revolution* (London 1970), S. 269. Die Seiten, in denen dieser Autor die ganze Episode beschreibt, sind sehr lesenswert.

2 E. R. Dodds, *The Greek and the Irrational* (Cambridge 1951). Deutsch: *Die Griechen und das Irrationale,* Darmstadt 1970.

3 Zit.: D. Bullough, »The Ostrogotic and Lombard Kingdoms«, in *The Dark Ages,* hrsg. v. D. Talbot Rice (London 1965), S. 168. Deutsch: *Morgen des Abendlandes. Von der Antike zum Mittelalter,* München 1980.

4 Peter Brown, *St. Augustine* (London 1967), S. 81. Deutsch: *Augustinus von Hippo,* Frankfurt [2]1982.

5 Um fair und genau zu sein, muß man zugeben, daß der von Noah über die Nachkommen Hams (die als die ersten Besiedler Afrikas angesehen wurden) verhängte Fluch (Gen. IX, 25–27) von christlichen Autoren (insbesondere des 17. und 18. Jahrhunderts) häufig herangezogen wurde; das hängt mit der tragischen Geschichte der schwarzen Sklaverei zusammen. Allerdings hat die Kirche meines Wissens nie anerkannt, daß die Feststellung des Alten Testamentes etwas am Stellenwert der Erlösung der einzelnen Seele ändert.

6 Vgl. M. J. Lasky, *Utopia and Revolution* (London 1977), S. 102 f., der in diesem Sinne einen Artikel von Karl Marx aus dem Jahre 1847 zitiert. Lasky bringt auch eine weitere aufschlußreiche Stelle bei Marx: »Ein Ziel, das ungerechte Mittel erfordert, ist kein gerechtes Ziel.« Auch dies scheint unser Argument zu belegen. Viele Marxisten von eigenen Gnaden haben natürlich das Gegenteil behauptet oder auch ausgeführt, kein Mittel sei »objektiv« ungerecht, wenn es der Erreichung des Ziels einer klassenlosen Gesellschaft diene.

III. Die Geburt des Abendlandes

1 Neben den großen monastischen Bewegungen des keltischen Raumes, die zur Zeit des heiligen Benedikt bereits stattfanden, sollten andere monastische Entwicklungen des Mittelalters vielleicht erwähnt werden, um das Bild zu vervollständigen: (I) Die Kluniazensische Reform – ein sehr einflußreicher Versuch, zur Einfachheit des ursprünglichen benediktinischen Lebens zurückzukehren, der im 11. und 12. Jahrhundert große Wirkung in der gesamten römischen Kirche zeigte. (II) Der Zisterzienserorden – ein weiterer Ansatz zur Rückkehr zu den benediktinischen Anfängen, vor allem im 12. Jahrhundert, mit dem Schwerpunkt auf Abgeschiedenheit und körperlicher Arbeit, was nebenbei dazu führte, daß viele Zisterzienserklöster bei Fortschritten in der Landwirtschaft eine Pionierrolle spielten. (III) Die Bettelorden (als erste die Franziskaner und Dominikaner im 13. Jahrhundert), deren Brüder, besitzlos und nicht zum Leben in der Gemeinschaft verpflichtet, in der Welt predigten und lehrten und für ihren Unterhalt auf Almosen angewiesen waren. Seit ihrer Zeit entstand eine Vielzahl geistlicher Orden, von denen viele monastisch waren.

2 Zit.: D. A. Bullough, *The Age of Charlemagne* (London 1980), S. 115.

3 *The Times Atlas of World History,* hrsg. von G. Barraclough (London 1978), enthält einige interessante, vergleichende Pläne, S. 108 f.

4 664 n. Chr. ist das Eckdatum. In jenem Jahr wurde bei der Synode von Whitby die Gehorsamspflicht der englischen Kirche unter die römische beschlossen.

5 Als knappe Zusammenfassung der Argumentation für und um das Datum 1100 vgl. den Kommentar von Joan Evans in ihrem bemerkenswerten Vorwort zu *The Flowering of the Middle Ages* (London 1966), S. 9. Deutsch: *Blüte des Mittelalters. Die Welt der Ritter und der Mönche,* München 1980.

6 *The Canterbury Tales* wurden in den neunziger Jahren des 14. Jahrhunderts abgeschlossen.

7 Der Buchdruck tauchte zuerst in China auf. Gutenberg erfand die beweglichen Typen aus Metallguß und verwendete eine aus einer Weinpresse entwickelte Druckpresse. Ein gutes Eckdatum ist sein Bibeldruck im Jahre 1456.

8 Bemerkenswert ist auch, daß nicht lange nach Luther einige Autoren, die die theologische Führung eines anderen bedeutenden Reformators, Calvin, anerkannten, bestimmte Freiheiten und Rechte des einzelnen betonten und so die langfristige Tendenz zu Individualismus und Säkularismus verstärkten, die Calvin selbst verabscheut hätte.

9 Der amerikanische Theologe Reinhold Niebuhr war keineswegs ein unqualifizierter Bewunderer des liberalen Individualismus. In *Reflections on the End of an Era* (London 1934) lobt er einen früheren Autor, Kidd, dafür, daß er den Christen zu Recht »die Hauptursache für die Vollendung der westlichen Kultur« zuschreibt, indem sie »den einzelnen von der Tyrannei der politischen Gruppe befreien und seinem Leben einen Bezugspunkt geben, aufgrund dessen er in der Lage ist, den Diktaten

der Regierungen zu trotzen« (S. 108). Niebuhrs eigene Kritik des späteren Individualismus richtete sich gegen dessen Optimismus, nicht gegen diese abweichende Schwerpunktsetzung.

10 Ob eine solche Tendenz objektiv »besser« oder »schlechter« sei, ist in meinen Augen eine historisch nicht zu beantwortende und, so glaube ich, bedeutungslose Frage. Da ich in der westlichen Tradition aufgewachsen bin, gebe ich ihr den Vorzug (aber das beantwortet eine andere Frage). Schwer zu bezweifeln ist die objektive historische Wirkung solcher Ideen.

11 C. McEvedy/R. Jones, *Atlas of World Population History* (Hardmondsworth 1978), S. 18.

12 Ursachen und Wirkungen früher Fortschritte in der landwirtschaftlichen Technologie sind allerdings nicht leicht zu bestimmen; vgl. E. L. Jones, *The European Miracle* (Cambridge 1981), S. 48f.

13 A. E. J. Morris, *History of Urban Form* (London 1972), S. 179; J. D. Port, *The Last Great Subsistence Crisis in the Western World* (Baltimore 1977), S. 1937f.

14 Shakespeare erklärt natürlich oft, daß er königliche Macht für eine fast unschätzbare öffentliche Wohltat hält; R. Beans Ausführungen in »War and the birth of the nation state« (»Journal of Economic History« [1973], S. 205), sind interessant in bezug auf die Beziehung zwischen militärischen Veränderungen und Staatsaufbau, ein Thema, das mehr als diese flüchtige Erwähnung verdient.

15 Dies ist im Sinne des Wortes wahr; immer wieder konnten, gerade um abweichende Meinungen und kritisches Denken in Europa erhalten zu helfen, diejenigen, die dessen angeklagt waren, die Grenze von einer Staatsgewalt zur anderen überschreiten.

16 Das Fehlen einer auf Nationalität angelegten staatlichen Struktur bis noch vor ganz kurzer Zeit ist einer der interessantesten Unterschiede zwischen Europa und der islamischen Welt.

IV. Eine Auseinandersetzung um die Welt

1 Vgl. Kapitel V.

2 »Gegensatzpaare wie religiös und säkular, geistlich und weltlich, Klerus und Laien, selbst heilig und profan, hatten bis in sehr viel spätere Zeit keine wirkliche Entsprechung im islamischen Sprachgebrauch.« In: B. Lewis, *The Legacy of Islam,* hrsg. v. J. Schachs und C. G. Bosworth (Oxford 1974), S. 158. Deutsch: *Das Vermächtnis des Islams,* 2 Bände, München 1983.

3 Vor 1100, so schreibt Prof. R. Southern, »gibt es kein Anzeichen dafür, daß irgend jemand in Nordeuropa den Namen Mohammed auch nur gehört hätte«. *Western Views of Islam* (Cambridge [Mass.] 1962), S. 15. Er schreibt weiter (S. 28), er habe vor diesem Datum nur eine Erwähnung des Namens im christlichen Europa außerhalb Spaniens und Süditaliens gefunden. Bis zur Mitte des 12. Jahrhunderts gab es keine lateinische Übersetzung des Korans. Deutsch: *Das Islambild des Mittelalters,* Stuttgart 1981.

4 Obwohl dasselbe Gedicht auch Karl den Großen einem muslimischen König von Toledo dienen und eine maurische Prinzessin heiraten läßt.

5 Weitere Beispiele für die Brutalität der Kreuzfahrer sind neben Massakern und Plünderungen im 1099 eroberten Jerusalem die in Alexandria am Ende der Kreuzzugsperiode (1365).

6 Vgl. die abschließenden Bemerkungen von S. Runciman, *History of the Crusades* (Cambridge 1954), Bd. III, S. 492. Deutsch: *Geschichte der Kreuzzüge,* München 1978.

7 Dr. Needham allerdings spricht (in *Science and Civilization in China* [Cambridge 1954], Bd. I, S. 222) von »einer langsamen, aber massiven Infiltration von Ost nach West während der ersten vierzehn Jahrhunderte der christlichen Zeitrechnung«. Das dürfte lediglich heißen, daß der Aufstieg des Islam einem bereits fließenden Strom keinen Einhalt gebot. Der Autor bemerkt insbesondere, daß dies nicht auf die chinesische Wissenschaft zutrifft, und hebt »eine von Norden nach Süden durch Baktrien und die Mündung des Persischen Golfes verlaufende Trennungslinie« hervor (S. 220). Deutsch: *Wissenschaft und Zivilisation in China,* Frankfurt 1984.

8 Inferno, Buch IV, Vers 143f. Dante versetzt auch Saladin dorthin: Buch IV, Vers 129.

9 G. Mandisi, *The Rise of Colleges: Institutions of Learning in Islam and the West* (Edinburgh 1982).

10 Beispielsweise im Spanischen *aceituna, aduana;* im Französischen *douane;* im Englischen *alembic, algebra, cipher.*

11 F. Braudel, *The Mediterranean and the Mediterranean World in the Age of Philipp II.* (London 1975), Bd. I, S. 118.

V. Abgrenzung einer Welt

1 Beispielsweise im Französischen *esclave* und im Deutschen *Sklave,* abgeleitet vom griechischen *slobenoi,* das im 6. Jahrhundert zur Bezeichnung der Slawen gebraucht wurde. Die Konnotation persönlicher Unfreiheit läßt sich offenbar erst im 9. Jahrhundert feststellen, als das Wort *sklabos,* eine Ableitung aus der ethnischen Bezeichnung, entweder »Sklave« oder »Fremder« bedeutet. Zu diesem Zeitpunkt hatte der fränkische »Drang nach Osten« (!) bereits begonnen, wurden die Sklavenmärkte Venedigs und anderer Orte mit slawischen Gefangenen beliefert. Muslimische Händler waren gute Abnehmer.

2 Der tatarische Einfluß mag auf diese Tendenz auch direkter eingewirkt haben. Bereits im 13. Jahrhundert übersetzten Russen den mongolisch-tatarischen Titel »Khan« mit »Zar« – »Caesar« – als Bezeichnung für einen Herrscher über viele Völker. Diese Bedeutung prägte sich der sich entwickelnden russischen Vorstellung vom Verhältnis zwischen Herrscher und Untertan auf. Im moskowitischen Reich war der höchste Beamte der *Kholop,* was man mit »Sklave« übersetzen könnte. Daß ein solcher Titel von einem Angehörigen des moskowitischen Adels geführt wurde, läßt eine erstaunliche ideologische Richtung erahnen. Vgl. *The Mutual Effects of the Islamic and Judeo-Christian Worlds: The East European Pattern,* hrsg. v. A. A. Ascher u. a. (New York 1979).

3 Die russische Armee drang am Tag nach Inkrafttreten eines Waffenstillstandsabkommens mit Japan in Polen ein. A. Resis, »Spheres of Influence in Soviet Wartime Diplomacy«, »The Journal of Modern History«, 53 (1981), S. 421.

4 Zit. bei J. Stoye, *The Siege of Vienna* (London 1964), S. 32, aus E. Browne, *A brief account of some travels* (1685). Die Vorstellung von einem homogenen Asien hatte auch eine zeitliche Dimension, vgl. daher die von P. J. Marshall und G. Williams, *The Great Map of Mankind* (London 1982), S. 128, zitierten Auszüge von Chardin.

5 Brief des Mönches Philotheus an Zar Basil III. Vgl. das längere Zitat (mit leicht abweichendem Wortlaut) in G. Vernadsky u. a., *A Source Book for Russian History from Early Times to 1917* (New Haven 1972), Bd. I, S. 156.

6 Kuropatkin, später Oberbefehlshaber des dortigen russischen Heeres im Russisch-Japanischen Krieg von 1904/05.

7 Zit.: M. Cunliffe, *The Age of Expansion 1848–1917* (London 1974), S. 176.

8 Wie Prof. Obolensky hervorhebt (*The Byzantine Commonwealth* [London 1971], S. 364), war der zweiköpfige Adler nicht das offizielle Wappen des Byzantinischen Reiches, sondern tauchte gegen Ende des 13. Jahrhunderts, in den ersten Jahren der Dynastie der Palaiologen, als Herrschaftssymbol auf. Er wurde auch in anderen orthodoxen Gebieten im 13. und 14. Jahrhundert als Herrschaftssymbol verwendet.

VI. Eine Entdeckerkultur

1 Ma Huan, *The Overall Survey of the Ocean's Shore,* übers. u. hrsg. v. J. V. G. Mills, »The Hakluyt Society«, Sonderserie, Bd. XLII (1970).

2 Ein Indikator für steigendes Vertrauen sind fallende Versicherungssätze. Vgl. J. Bernard in *The Fontana Economic History of Europa: The Middle Ages,* hrsg. v. C. Cipolla (London 1972), S. 122. Deutsch: *Europäische Wirtschaftsgeschichte, Band 1: Mittelalter,* Stuttgart 1978.

3 C. R. Beazley, *Prince Henry the Navigator* (London 1901), S. 122.

4 Beazley ist immer noch lesenswert, muß jedoch ergänzt werden. Eine gute Einführung in spätere Auffassungen bietet eine Vorlesung von P. E. Russell, »Prince Henry the Navigator« (»Canning House Seventh Annual Lecture«, London 1960). Prof. Russell hebt überzeugend die Vielschichtigkeit der Motive Heinrichs hervor.

5 C. R. Boxer, *The Portuguese Seaborne Empire 1414–1825,* London 1969, S. 21 ff.

6 Genaugenommen war Madeira einige Jahrzehnte früher »entdeckt« worden, und zwar von Robert Machin, einem Mann aus Bristol, der vor Madeira Schiffbruch erlitt und starb. Ein Bericht hierüber erreichte Prinz Heinrich 1416, als ein Überlebender des Unglücks, der den Muslimen in die Hände gefallen war, freigekauft und dann auf dem Heimweg nach Spanien von einem portugiesischen Schiff gefangengenommen wurde.

7 »Etwa 150 000« ist Prof. Boxers Schätzung der Zahl der von den Portugiesen zwischen 1450 und 1500 gefangenen Negersklaven (*The Portuguese Seaborne Empire,* S. 31).

8 Boxer, ebd., S. 37.

9 Zu diesem Zeitpunkt hatten die Japaner bereits eine erste Probe ihrer eifrigen Verwendung westlicher Technologie geliefert: Sie er-

warben die ersten Feuerwaffen von den Portugiesen, und am Ende der siebziger Jahre des 16. Jahrhunderts war das Feuer der Musketiere bereits zum Schlüssel des Sieges auf den Schlachtfeldern geworden, auf denen Japans allzu mächtige Untertanen ihre persönlichen Streitigkeiten und Familienfehden ausfochten (Fairbank/Reischauer/Craig, a.a.O., S. 394). Schwarzpulver als Ladung für Wurfgeschosse kannten sie seit dem 13. Jahrhundert, jedoch keine Schußwaffen.

10 S. E. Morrison, *Christopher Columbus, Admiral of the Ocean Sea* (London 1979).

11 Eine Debatte in der Vollversammlung der Vereinten Nationen Ende 1982 über den Sinn einer Fünfhundertjahrfeier der Reise des Kolumbus läßt vermuten, daß es hier noch viel Raum für unterschiedliche Meinungen gibt. So wollte der Vertreter von Island historische Gerechtigkeit für Leif Erikson, den Wikinger, der vermutlich um 1000 v. Chr. »Vinland« (die nordamerikanische Küste) entdeckt hatte, während der irische Vertreter sein Votum für den im 6. Jahrhundert lebenden Saint Brendan abgab. Verschiedene afrikanische Staaten vertraten den radikalen, aber wenig überzeugenden Standpunkt, die Ankunft auch nur eines Europäers sei nicht mit einer Entdeckung gleichzusetzen.

12 Vgl. L. Bagrow, *History of Carthography,* bearb. und hrsg. v. R. A. Skelton (London 1964), S. 109. Als einen anderen Vorschlag zur Klärung des Namens Amerika vgl. A. E. Hudd, »Richard Ameryk and the name America«, in: »Gloucestershire Studies«, hrsg. v. H. P. R. Finberg (Leicester 1957).

13 Zur Unterscheidung: John Cabot (1450? bis 1499) war Genuese und ließ sich 1484 in London nieder. Sein Sohn, Sebastian (1476?–1557) ist möglicherweise in Bristol geboren, war Kartograph für Heinrich VIII., diente in der spanischen Marine, war *Piloto mayor* (verantwortlich für Lotsen, Karten und Instrumente) unter dem spanischen König, wurde von Edward VI. in den Ruhestand versetzt und zum Leiter der »Merchant Adventurers« gemacht. Seine Suche nach einer nordöstlichen Durchfahrt nach Asien war zwar erfolglos, begründete aber Englands Seehandel mit Rußland.

14 Tatsächlich war das eine erneute Verhandlung über die Linie – viel weiter östlich –, jenseits der der Papst den »Katholischen Königen« im Vorjahr sämtliche Exklusivrechte eingeräumt hatte.

15 *The New Cambridge Modern History,* Band XIV, Atlas, hrsg. v. H. C. Darby u. H. Fullard (Cambridge 1970), S. 6f., zeigt unter der Überschrift »Expanding Knowledge of the World« einige Karten. Damit ist vermutlich nicht gemeint, daß diejenigen, die außerhalb des Einflußbereichs europäischer Zivilisation lebten, keinerlei Kenntnis der Welt besaßen, wenn auch das Fehlen des Zusatzes »Europäische Kenntnis« das so erscheinen läßt.

16 D. Hay, *Europe* (Edinburgh 1957), S. 58.

17 Derselbe, S. 61.

18 Die letzte größere Einbeziehung dieser Art war die des heidnischen Königreichs Litauen in den neuen Polnisch-Litauischen Staat im Jahre 1386.

19 Hay (S. 73–82) befaßt sich mit der besonderen Bedeutung des Konzils von Konstanz und den damit verbundenen Auseinandersetzungen.

20 Hay, *Europe* (S. 110) zitiert »Purchas His Pilgrimages« (»Hakluyt Society, Extra Series«, I, 1905), S. 251. Samuel Purchas war Verfasser von Reiseberichten.

21 H. D. Schmidt (»The establishment of Europe as a political expression«, »Historical Journal«, 1966, S. 172) berichtet, daß er die Verbindung des Konzeptes »Europa« mit den Gedanken von wachsender Freiheit, Handel und Gleichgewicht in einem Pamphlet des Jahres 1667 findet. »Christenheit« war damals ein verdächtiges Wort in England, weil der entsprechende französische Begriff von Ludwig XIV. benutzt worden war.

22 Bossuet, *Discours sur l'histoire universelle* (Paris, 1691), S. 4.

23 *Essays,* übers. v. F. Florio, Buch III, Kap. VI (Saintsbury, 1893, S. 141).

VII. Neue Welten

1 D. W. Lomax, *The Reconquist of Spain* (London 1978), S. 178. Ein anderer Geisteswissenschaftler (R. Ricard, *The Spiritual Conquest of Mexico [Berkeley* 1966], S. 308) bemerkt, daß »Spanien, aufgrund seiner langwährenden Kontakte mit der muslimischen Welt, vielleicht das europäische Land war, das am besten für ein großes missionarisches Unternehmen geeignet war«.

2 Die spanischen Gesetze für Ostindien forderten, daß Städte in der Neuen Welt aus genau diesem Grund unter den Indern »Verwunderung hervorrufen« sollten. Vgl. M. Picón-Salas, *A Cultural History of Spanish America* (Berkeley 1962), S. 44.

3 L. Hanke, *The First Social Experiments in America* (Cambridge [Mass.] 1935), S. 60, zitiert Worte des spanischen Historikers Petrus Martyr Anglerius, einem Mitglied des »Ostindienrates«, die eine durch die nächsten drei Jahrhunderte der Kolonisierung widerhallende Resonanz hatten: »Als unsere Landsleute jene ferne Welt erreichten, so weit fort und so entfernt von uns, jenseits des Ozeans, dessen Wogen den sich wandelnden Himmel widerspiegeln, fanden sie sich weit weg von jedem Richter. Hingerissen von der Liebe zum Gold, werden sie zu reißenden Wölfen anstatt zu sanften Lämmern und achten der königlichen Befehle nicht.«

4 Zit. aus der Bulle »Inter Caetera«, 1493 (zit. bei Hanke ebda.).

5 L. Hanke (Hrsg.), *History of Latin American Civilization, Sources and Interpretations* (London 1969), Bd. I, S. 122.

6 Für diese Auseinandersetzung siehe: A. Pagden, *The Fall of Natural Man: The American Indian and the Origins of Comparative Ethnology* (Cambridge 1982), S. 42.

7 Zit.: L. Hanke, *The First Social Experiments in America,* S. 20.

8 Dies ist sicherlich einer der frühesten Hinweise eines Europäers auf die Schaffung eines monitären Systems in Wirtschaften anderer Völker; ein Vorgang, der in seinen Auswirkungen häufig revolutionär war. Das auffälligste an dieser Bemerkung ist die Tatsache, daß hier die Möglichkeit außer acht gelassen wird, daß die Einführung des Geldes etwas anderes als ein Segen sein könnte.

9 Pagden, S. 96.

10 Ricard, S. 146 sowie Hinweise 347 ff.

11 I. Clendinnen, »Missionarische Gewalt in Yucatán«, »Past and Present« (1982).

12 Im folgenden Jahr wurde die Fahne des französischen Königs durch einen Zufall in Quebec gehißt.

13 Aus: *Plymouth Plantation 1620–1647 by William Bradford, sometime Governor thereof,* hrsg. v. S. E. Morison (New York 1953), S. 236.

14 Zit.: G. Mattingly, *Renaissance Diplomacy* (Boston 1955) S. 290. Seine Sprache ist vorsichtig, er gibt keine genaue Quelle an. Nach der Überlieferung handelt es sich dabei um die Stadt Milford in Connecticut.

15 Zit.: L. Hanke, *Aristotle and the American Indians* (Chicago 1959), S. 100 (von Archdale). Das war keineswegs ein exzentrischer, selbstzufriedener Standpunkt. Aus dem New York von 1670 kommt die Idee, daß, »wohin die Engländer auch kommen, um zu siedeln, eine göttliche Hand Platz für sie schafft, indem sie die Indianer aus dem Wege räumt oder vernichtet, entweder durch Kriege, die sie gegeneinander führen, oder durch eine tödliche Krankheit« (Zit.: P. J. Marshall und Glyndwr Williams, *The Great Map of Mankind* [London 1982], S. 29).

VIII. Ein neues Zeitalter

1 M. Bloch, *The Royal Touch: Sacred Monarchy in England and France* (London 1973), S. 244 ff.

2 Zit.: Hugh Honour, *The New Golden Land: European Images of America* (New York 1975), S. 84. Durch die Existenz menschlicher Wesen in den beiden Amerika ergab sich ein offenkundiges Problem: Wie konnten, betrachtete man die biblischen Geschichten, diese Menschen dorthin gekommen sein?

3 N. Hampoon, *The Enlightenment* (Harmondsworth 1968), S. 146. Dieses Buch ist noch immer die beste kurze Einführung in das Thema.

4 Vgl. beispielsweise, was über ihn in der großen *Encyclopédie* unter dem Stichwort *Expérimental* gesagt wird – ein Artikel, der sich in der nützlichen Anthologie, hrsg. v. J. Lough, *The Encyclopédie of Diderot and d'Alembert* (Cambridge 1969) findet. Deutsche Anthologie: *Die Encyclopédie des Denis Diderot,* Dortmund 1983.

5 Zit.: C. M. Cipolla, *European Culture and Overseas Expansion* (Harmondsworth 1970), S. 26, der den Leser auf R. F. Jones, *Ancients and Moderns* (St. Louis 1936), S. 204, verweist.

6 Wenn man die Anzahl der zurückgelegten Meilen in Rechnung zieht, ist der Raumflug zweifellos die sicherste Art der Fortbewegung.

7 Voltaire, *The Age of Louis XIV.* (übers. v. Pollack, London o.J.) S. 2. Er unterschied vier solche »glücklichen« Zeitalter: das des klassischen Griechenland, das des Caesar und des Augustus, das des Europas der Renaissance und das Ludwigs XIV.

8 Der Titel, unter dem es gewöhnlich bekannt ist, obwohl der, unter dem es zuerst veröffentlicht wurde, *Du Contract Social; ou, Principes du Droit Politique* lautet.

9 »L'homme est né libre, et partout il est dans les fers« (Edn. Bibl. de la Pléiade, *Oeuvres complètes,* III, S. 351).

10 I. Edward VI., c. 3, »Gesetz gegen Landstreicherei« von 1547.

11 I, XV, 5.

12 Ein großer Teil des Buches stammt in der Tat von Diderot.

13 Vgl. E. L. Jones, *The European Miracle,* S. 140–144 und 181 ff. Das gesamte Thema hat wirtschaftliche Implikationen, und die Bedeutung eines solchen Erfolges am Vorabend des gewaltigen Wachstums europäischer Dörfer und Städte ist offensichtlich. Es ist jedoch von Bedeutung als Symptom und Stimulans für geistige Veränderung, die hier von Interesse ist.

14 R. Niebuhr hat zu diesem Punkt eine scharfsinnige Gedankenverbindung hergestellt: »Sowohl die bourgeoise Vorstellung von Fortschritt«, so schreibt er, »als auch die marxistische Idee von Erlösung durch Katastrophen drückt einen Glauben an den Charakter des Lebens aus, der eher religiös als wissenschaftlich ist, da hier die Mechanismen der Geschichte unter ihr Ziel subsumiert werden« (*Reflections on the End of an Era,* S. 195).

15 Antoine-Nicolas de Condorcet, *Sketch for a Historical Picture of the Progress of the Human Mind* (London 1955), S. 4. Deutsch: *Entwurf einer historischen Darstellung der Fortschritte des menschlichen Geistes,* Frankfurt 1976.

IX. Eine raschere Gangart

1 Er gebrauchte es in zwei seiner berühmtesten Gedichte: »Locksley Hall« und »Ode on the Death of the Duke of Wellington«.

2 In fünfhundert Jahren nach dem Jahr 1000 verdoppelte sich die Bevölkerung Europas etwas mehr als einmal. Sie brauchte ungefähr zweihundertfünfzig Jahre, um sich erneut zu verdoppeln, und etwas mehr als hundertfünfzig Jahre wurden für den gleichen Vorgang benötigt – ein gutes Beispiel einer sich beschleunigenden Veränderung.

3 *Vide supra,* III.

4 E. L. Jones, *The European Miracle,* S. 81 f.

5 Derselbe, S. 56: »Die [mittelalterliche technologische] Geschichte Europas beginnt wie ein andauernder vorwärtstreibender Fortschritt auszusehen, bei dem im Vergleich zu der schwerfälligen Natur anderer Kulturen die Verzögerungen relativ geringfügig erscheinen.«

6 Zit.: J. Rosselli, *Lord William Bentinck: The Making of a Liberal Imperialist 1774–1839* (London 1974), S. 285.

7 Vgl. A. Willis, *Crime and Punishment in Revolutionary Paris* (London 1981).

8 F. Furet, in: »Annales« (1974), S. 3. Für das Thema im allgemeinen vgl. auch J. M. Roberts, *The French Revolution* (Oxford 1974).

9 Kurz vor seinem Tod schrieb Garibaldi von »einem ganz anderen Italien, von dem ich mein ganzes Leben lang geträumt habe, nicht das verarmte und gedemütigte Land ... jetzt ... vom Abschaum der Nation beherrscht.«

10 »Auf der ganzen Welt sind aus Untergebenen der Regierung nationalistische Führer geworden, Männer, die ihre Dienststunden gut ausnutzten, um die Machtmechanismen zu studieren und ihre Freizeit dazu zu verwenden, die Hindernisse zu untersuchen, die sich ihrem Fortkommen entgegenstellten.« A. Seal, *The Emergence of Indian Nationalism* (Cambridge 1970), S. 116.

11 In Kuala Lumpur gibt es ein bemerkenswertes Denkmal zur Erinnerung an die erfolgreiche Meisterung der Gefahren, denen die junge Nation ausgesetzt gewesen war. Dabei handelt es sich um ein blankes Plagiat, um die Nachahmung einer berühmten amerikanischen Patriotengruppe, die nach einer Photographie modelliert wurde, auf der amerikanische Marinesoldaten auf einer von den Japanern eroberten Insel die US-Fahne hissen.

X. Die selbstsicheren Aggressoren

1 Nepal könnte man als zu derselben Kategorie gehörend ansehen, es konnte jedoch nie auch nur den Grad an Unabhängigkeit von britischer Politik erreichen, den Siam errang.

2 Trotzdem war die Sterberate aufgrund von Krankheiten unter den europäischen Soldaten im Ausland hoch. Südafrika mag hier als Beispiel gelten: Im Krieg von 1899–1902 kam etwa ein Viertel der Briten durch die Treffsicherheit und die Geschütze der Buren um, während drei Viertel an Ruhr und Typhus starben.

3 Es war Metcalf, der, einfach und genial, erklärte: »Wenn Indien nur dadurch als Teil des britischen Weltreiches erhalten werden könnte, wenn man seine Bewohner in einem Zustand der Unwissenheit beläßt, würde unsere Herrschaft ein Fluch für das Land sein und müßte deshalb beendet werden« (zit.: P. Mudford, *Birds of a Different Plumage* [London 1974], S. 126).

4 Zit.: S. Gopal, *The Vice-Royalty of Lord Ripon 1880–1884* (London 1953), S. 116.

5 Unterschiede zwischen Europäern konnten sehr wichtig sein, wie Bischof Heber in den

zwanziger Jahren des 19. Jahrhunderts feststellte, als er mit Indern über die Franzosen sprach. »Man erzählte mir, daß viele Leute daran gewöhnt seien, von ihnen als tyrannisch und habgierig, aber auch als von gewinnenderem und populärerem Benehmen als die englischen Sahibs zu sprechen. Viele von ihnen ... hatten die indische Art, sich zu kleiden, und die indischen Sitten und Gebräuche völlig übernommen, und die meisten waren frei von jener unzugänglichen und intoleranten Gesinnung, die die Engländer, wo immer sie auch hingehen, zu einer geschlossenen Kaste macht, die ihre Nachbarn nicht mag und die jene ihrerseits nicht mögen. Wir machen uns nicht der Ungerechtigkeit oder bewußter Unterdrükkung schuldig, aber wir schließen die Eingeborenen von unserer Gesellschaft aus, und wenn wir mit ihnen sprechen, legen wir ein einschüchterndes und anmaßendes Verhalten an den Tag.« *Bishop Heber in Northern India,* S. 249.

6 Vgl. P. J. Marshall und G. Williams, *The Great Map of Mankind,* S. 24f.

7 Bewunderung ist natürlich nur in Ausnahmen weniger zivilisierten Menschen geschenkt worden – etwa den eingeborenen Amerikanern. Das Beste, auf das Rotindianer hoffen konnten, war, als »edle Wilde« betrachtet zu werden. Den Ureinwohnern Australiens wurde nicht einmal jenes zweifelhafte Zeichen des Respekts zuteil.

8 *Encyclopédie,* unter dem Stichwort »Brahmanen«.

9 »Ich bin geneigt, die Neger und ganz allgemein alle anderen menschlichen Rassen (es gibt vier oder fünf verschiedene Arten davon) als dem Weißen von Natur aus untergeordnet zu betrachten. Nie hat es eine zivilisierte Nation gegeben, die eine andere als die weiße Hautfarbe besessen hätte, noch gab es je ein durch seine Handlungen oder seine Gedanken hervorragendes Individuum, keine einheimische Industrie bei ihnen, keine Künste, keine Wissenschaften.« Zit. aus einer Anmerkung des »Of National Characters« (Marshall und Williams, S. 246).

10 Vgl. Marshall und Williams, S. 98.

11 Obwohl unter besonderer Bezugnahme auf den Orientalismus des 19. Jahrhunderts abgefaßt, ist hier ein Kommentar des berühmten Islamisten Maxine Rodinson zutreffend. »Im Mittelalter war der Orientale als grimmiger Feind angesehen worden, dennoch als dem abendländischen Menschen gleichgestellt. Die Aufklärung des 18. Jahrhunderts und die daraus resultierende Ideologie der Französischen Revolution sah ihn als ein hinter einer Maske im wesentlichen menschliches Wesen; jetzt wurde er zu einer Kreatur, die abseits stand ...« (*The Legacy of Islam,* S. 48).

12 Zit.: Marshall und Williams, S. 303.

13 Vgl. zum Beispiel seine *Philosophy of History.*

14 P. Leroy-Beaulieu, *De la colonisation chez les peuples modernes* (Paris 1891), S. 165. Salisbury äußerte sich so in einer Ansprache in der Albert Hall im Mai 1968.

15 Der erste afrikanische Bischof war eine etwas widersprüchliche Erscheinung. Er war ein kongolesischer Prinz, der, allerdings nur mit zögerndem Einverständnis des Papstes, geweiht wurde, weil der portugiesische König darauf beharrte. Der erste chinesische Bischof war Gregorio Lopez (oder Lo Wentsao), ein Dominikaner, der 1654 in Manila geweiht wurde. Die Ordination der chinesischen Geistlichkeit wurde trotzdem durch Streitigkeiten unter den Missionaren über die Vor- und Nachteile einer solchen Strategie verzögert. Vgl. C. R. Boxer, »European Missionaries and Chinese Clergy«, in: *The Age of Partnership,* hrsg. v. B. B. Kling (Hawaii 1979), pass., für eine aufschlußreiche Darstellung dieses lang anhaltenden Streites und die ihm folgenden Veränderungen in der Politik.

16 Obwohl ein Angriff der Regierungen des 18. Jahrhunderts auf die Gesellschaft Jesu 1773 zu ihrer Auflösung führte.

17 Marshall und Williams, S. 122.

18 Ebenda.

19 C. R. Boxer, S. 66–73.

20 Eine kürzlich erschienene einfühlsame, wenn auch etwas enttäuschende Studie von S. N. Mukherjee, *Sir William Jones: A Study of Eighteenth-Century British Attitudes to India* (Cambridge 1968).

21 Charles Grant, zit. Judith Brown, *Modern India: The origin of an Asian Democracy* (Oxford 1985). Derselbe Beamte bringt hervorragend den anmaßenden Abscheu zum Ausdruck, den Indien bei vielen aufrechten Christen hervorrief. In einer Beschreibung der Hindus als »eine Rasse [sic] von Menschen, die beklagenswert degeneriert sind in ihrer Nichtachtung all dessen, von dem sie doch wissen, daß es richtig ist, [Menschen], die beherrscht sind von schlechten und ungezügelten Leidenschaften, die eindrucksvoll die Auswirkungen ausgeprägter und allgemein verbreiteter Korruption der Sitten in

der Gesellschaft veranschaulichen und infolge ihrer Laster verelendet sind« (zit.: Mudford, S. 102).

22 Vgl. auch das Vorwort zu *Hellas: A Lyrical Drama* (1822).

23 Elphinstone, Mudford, S. 124.

24 Zit.: Brown, S. 140.

25 Es sollte angemerkt werden, daß Stephen (und jene, die seines Geistes sind) ihre Rolle nicht darin sahen, die *britischen* Wirtschaftsinteressen wahrzunehmen.

26 *Heart of Darkness* (1902). Penguin-Ausgabe (Harmondsworth 1973), S. 10.

27 »Die unabwendbare Realität ist, daß Englisch weiterhin die einzig zweckmäßige Sprache in ganz Indien ist«, sagte ein Sprecher 1971 auf einem Kongreß indischer Schriftsteller (zit.: Mudford, S. 16). Japanische Nationalisten standen – als sie in den vierziger Jahren des 20. Jahrhunderts versuchten, angelsächsische Elemente aus ihrer eigenen Kultur zu entfernen – einer zusätzlichen Schwierigkeit gegenüber, die in der Tatsache bestand, daß die englische Sprache für Verwaltung und Verständigung in großen Teilen des gemeinsamen groß-ostasiatischen Prosperitätsgebietes unentbehrlich war.

28 Anderswo kam es nicht zu vergleichbarer linguistischer Übernahme; das sagt zweifellos einiges über die spezifische Geschichte Afrikas aus. In China, so wird gesagt, werden Europäer »die Haarigen« genannt, die Chinesen bezeichnen sich selbst jedoch nicht als »Nichthaarige«.

29 B. Fredriksen (Dissertation), »Sklaverei und ihre Abschaffung im Ägypten des 19. Jahrhunderts« (Bergen 1977), S. 53.

30 *Encyclopaedia of Islam,* I., siehe unter »Abd«, S. 38.

31 Die Abschaffung galt für Indien jedoch erst ab 1843; es war keine Kronkolonie. Andere Weltmächte folgten dem Beispiel: Frankreich 1848, die Niederlande zwischen 1854 und 1863, die Russen (in ihren zentralasiatischen Schutzgebieten) 1873.

32 Vgl. insbesondere die Schriften der Westinder C. L. R. James und E. Williams.

33 E. L. Jones, S. 213.

34 Diese treffende Bemerkung machte R. Rathborne in einer Vorlesung, die am 24. Oktober 1980 in »The Times Higher Education Supplement« abgedruckt wurde. »In Birmingham hergestellte Stahlmacheten für den Buschschlag waren billiger als die vom Schmied angefertigten. Paraffinlampen waren besser geeignet, die Hütten in den langen äquatorialen Nächten zu erleuchten, als Binsenlichter ... Hollands Gin und seine Sardinen ersetzten bis zu einem gewissen Grade den destillierten Palmwein und den Tilapia.«

35 Dieses Argument sollte man nicht zu einem allgemein negativen Urteil über den britischen wirtschaftlichen Einfluß in Indien ausweiten, eine Versuchung, der einige indische nationalistische Historiker nur zu gern erlegen sind. Sogar im Fall der Textilindustrie scheint es sich zuerst um einen Antrieb, dann um Verwüstung und schließlich wieder – in einem umfassenderen Sinne – um einen Anreiz auf örtlicher Ebene gehandelt zu haben.

36 A. Seal, *The Emergence of Indian Nationalism,* S. 9.

37 Zit.: M. Cunliffe, *The Age of Expansion* (London 1974), S. 177.

XI. Reaktionen und Wirkungen

1 Gewiß, die Natur des letzteren kann falsch begriffen werden. Die Bürokratie setzte mehr auf Verhaltensmaßregeln und kulturelle Trägheit als auf wirkliche Verwaltung in westlichem Sinne. Vgl. *The Cambridge History of China* (im folgenden CHC), Band X, Teil I., S. 2–6 als gute Zusammenfassung. E. L. Jones, *The European Miracle,* S. 206 f., bemerkt, daß »das chinesische System die Gesellschaft mehr in ein Netz von Fallstricken verwickelt, als daß sie [sie] mit eiserner Faust bearbeitet«.

2 Vielleicht läßt sich eine zusätzliche Perspektive durch den Kommentar gewinnen, daß in mindestens einer von Chinas Provinzen (in fast jedem Jahr von 108 v. Chr. bis 1911 n. Chr.) als eine Folge von Überschwemmung oder Dürre Hungersnot herrschte (W. H. Mallory, *China: Land of Famine* [New York 1926], S. 1).

3 *The Opium War* (Peking 1976), S. 1.

4 C. R. Boxer, »European Missionaries and Chinese Clergy, 1654–1810«, S. 100 ff.

5 C. R. Boxer, S. 114.

6 CHC, X, I, liefert einige interessante Angaben. Zwischen 1845 und 1876 gab es rund dreißig römisch-katholische Missionare in China (S. 229). Sogar um die Mitte des Jahrhunderts lagen die Zahlen auf protestantischer Seite weit höher und stiegen eigenartigerweise weit schneller nach den Verträgen zwischen China und Frankreich in den Jahren 1858 und 1860, mit denen die Privilegien des römischen Klerus ausgeweitet wurden. In weiteren, von anderen

westlichen Nationen mit China geschlossenen Verträgen folgten Meistbegünstigungsklauseln. 1864 gab es 189 protestantische Missionare, im Jahre 1905 deren 3445 (die Hälfte davon Frauen). Die meisten Missionsschüler waren protestantisch; 1877 waren es 6000, 1906 mehr als 57000 (S. 577). Protestantische Schulen, Colleges und Krankenhäuser förderten das Studium wissenschaftlicher Fächer in höherem Maße als die römischen Einrichtungen. Bis 1897 hatten sich dreihundert chinesische Ärzte von Schulen, die zu Missionskrankenhäusern gehörten, graduiert (S. 575). 1905 gab es dreihundert qualifizierte Missionsärzte, die in China Dienst taten, 1874 waren es nur zehn gewesen (S. 574).

7 Es ist interessant, daß es im kaiserlichen China keine Figur gegeben zu haben scheint, die dem Berufsjuristen der westlichen Länder entspricht.

8 1864 schrieb ein hoher Beamter an einen kaiserlichen Minister und brachte sein Bedauern darüber zum Ausdruck, daß der Schwerpunkt bei der Ausbildung von Beamten immer noch traditionsgemäß auf der literarischen Bildung lag – eine vielsagende Andeutung. CHC, X, I, S. 498.

9 Sogar nach diesem Zeitpunkt kam aber der letzte Kaiser noch zweimal in den Genuß des imperialen Status: Er sollte 1917 erneut den chinesischen und später auch den Thron des 1931 von den Japanern gegründeten, kurzlebigen Reiches von Mandschukuo einnehmen.

10 Ihr erneuter Ausbruch in der ersten Hälfte des 19. Jahrhunderts muß in funktionaler Hinsicht mit dem fortwährenden Bevölkerungswachstum zu einer Zeit in Verbindung gebracht werden, in der die Nahrungsmittelproduktion nicht länger (wie es jahrhundertelang der Fall gewesen war) durch Urbarmachung neuer inländischer Gebiete anstieg. Vgl. CHC, X, I, S. 108f.

11 Die nächste Inbesitznahme von fremdem Territorium durch eine westliche Macht fand statt, als die Franzosen 1884 eine Gruppe von Staaten in Indochina eroberte, die China tributpflichtig waren.

12 CHC, X, I, S. 477.

13 Der Vertrag von Schimonoseki, April 1895.

14 Yen Fu. Vgl. B. Schwartz, *In Search of Wealth and Power: Yen Fu and the West* (Cambridge [Mass.] 1964).

15 Währenddessen hatte der Belagerte reichlich Gelegenheit, einige der Anleihen Chinas beim Westen bis zu diesem Zeitpunkt zu beobachten. Ein Augenzeuge bemerkte: »Die Batterie auf der Mauer der kaiserlichen Stadt begann während der Nacht Krupp-Granaten abzufeuern ... Eine von diesen fiel in einen Ankleideraum vor Sir Claudes Schlafzimmer und zertrümmerte ihn völlig.« A. H. Smith, *China in Convulsion* (London 1901) II, S. 428.

16 »Bis zum späten 19. Jahrhundert«, erzählt uns Dr. Seal, »waren ungefähr 179 verschiedene Sprachen und Dialekte identifiziert worden, die ihrerseits in fünfzehn Hauptschriftsprachen aus je fünf oder sechs unterschiedlichen Familien gruppiert wurden, die nach Struktur, Vokabular und Schrift verschieden waren« (*The Emergence of Indian Nationalism,* S. 30).

17 Die von Lord Cornwallis gegründete berühmte Siedlung zum Beispiel tendierte dazu, muslimische Bauern auf das Niveau landwirtschaftlicher Arbeiter herunterzudrücken, während sie Hindus gestattete, auf deren Kosten reich zu werden.

18 Es wurde jedoch erst 1980 über einen derartigen Fall berichtet.

19 Zit.: J. Rosselli, *Lord William Bentinck,* S. 211.

20 Seal, S. 17.

21 C. E. Trevelyan, zit.: Judith Brown, *Modern India,* S. 75, ein Schwager von Macaulay und Gouverneur von Madras, war ein tiefgläubiger evangelischer Christ; er wurde von Bentinck als »der fähigste junge Mann im Dienst und der edelmütigste Mensch, dem er je begegnet war« beschrieben (zit.: Rosselli, S. 188).

22 Vgl. G. O. Trevelyan, *Life and Letters of Macaulay* (London 1876).

23 Dr. Seal führt einige vielsagende Zahlen an: S. 85f. und 302.

24 G. O. Trevelyan, Neffe von Macaulay und später selbst ein berühmter Historiker, besuchte Indien 1863 im Alter von fünfundzwanzig Jahren; seine Eindrücke hielt er in einer Reihe von Zeitschriftenartikeln fest, die ein Jahr später als Buch herausgegeben wurden *(The Competition Wallah),* das ihm einen Namen verschaffte. Die Zitate stammen aus einer zweiten Ausgabe von 1866, S. 311.

25 J. F. Stephen in einem Brief an *»The Times«,* 1. März 1883.

26 Seal, S. 3.

27 Vgl. zum Beispiel Surendranath Banerjees Autobiographie *A Nation in the Making* (Oxford 1925), ein Bild Indiens, durch den Filter einer liberalen Auffassung gesehen, als eine Nation, die geschaffen werden muß, indem man sich durch englische politische Prinzipien arbeitet.

28 Zit. Ved Mehta, *Mahatma Gandhi and his Apostles* (London 1977).

29 Vgl. zum Beispiel Bischof Hebers Vermerk über die allgemeinen Reaktionen auf die Beeinträchtigung bestimmter Steuerprivilegien durch die britische Regierung in den zwanziger Jahren des 19. Jahrhunderts. *Bishop Heber in Northern India,* S. 150.

30 Zit.: Fischer, S. 59.

31 Seal, S. 196.

32 Zit.: Brown, S. 76.

33 Zit.: Rosselli, S. 194.

34 Seal, S. 196.

35 Lal Malam Ghose, zit.: Brown, S. 150.

36 Dr. Seal druckt (S. 147) die enthüllende Bemerkung eines britischen Beamten von 1878 ab: »In den letzten zwanzig Jahren ... ist ein Nationalgefühl, das es zuvor nicht gegeben hatte ... wach geworden, und die ... Presse kann jetzt zum ersten Mal in der Geschichte unserer Herrschaft *an die gesamte einheimische Bevölkerung* Indiens gegen ihre ausländischen Regenten appellieren. Vor zwanzig Jahren ... mußten wir den örtlichen Nationalitäten und besonderen Rassen Rechnung tragen ... Jetzt ... haben wir all das geändert ...«

37 Beide waren Parsen, die das Elphinstone College in Bombay besucht hatten. Der erste war Dabadhai Naoroji, der 1892 als liberaler Vertreter für Zentral-Finsbury gewählt wurde. 1895 wurde Mancherjee Bhownaggree konservativer Abgeordneter für Bethnal Green, N. E. Er übersetzte auch das Buch der Königin, *Our Life in the Highlands.*

38 Seal, S. 246.

39 Ansprache des Präsidenten bei der Kongreßsitzung im April 1936 in Lucknow; zit.: D. Norman (Hrsg.), *Nehru: The First Sixty Years* (London 1965), I, S. 433.

40 J. D. Spence, *The Gate of Heavenly Peace* (1980), S. 131, berichtet, daß Maos Aufsatz 1917 in der Zeitschrift *New Growth* erschien.

41 Zit.: Fischer, S. 225.

42 Wie Dr. Seal es so anregend ausdrückte: »Wie ein Croupier schloß die Raj Verträge mit einem Spieler nach dem anderen; sobald sich der eine abwandte, fand schon der nächste seinen Weg zum Tisch« (S. 349).

43 Vgl. A. Lamb, *Asian Frontiers* (London 1968), S. 110–117.

44 Jawaharlal Nehru, *Toward Freedom,* zit.: Norman, I, S. 351. Anzeichen dafür gab es schon lange Zeit vorher. Der Kongreß hatte während der neunziger Jahre des 19. Jahrhunderts in überwältigender Weise die Ansichten verwestlichter Inder widergespiegelt; als jedoch 1891 die indische Regierung einen Gesetzesentwurf zur Einführung eines Mündigkeitsalters mit dem Ziel einbrachte, Kinderheiraten zu verhindern, widersetzte sich der Kongreß; seine Mitglieder brachten es nicht fertig, sich von ihrer orthodoxen Hindu-Herkunft zu lösen.

45 Die Parallelen gehen tatsächlich noch weiter. Die indische Interessenpolitik ist ebenso auf Ort, Profit und Personen ausgerichtet wie die von Walpoles England. »Alle diese Männer haben ihren Preis«, muß ein Gedanke gewesen sein, der Frau Gandhi wiederholt gekommen ist. Indische Zeitungen sind voll von Berichten über Wahlen und Ministerwechsel, lassen jedoch eigenartigerweise politische Stellungnahmen vermissen. Sogar das dringende Ersuchen um lokale Autonomie wurde von Frau Gandhi als Verrat jener bezeichnet, die die Union zerreißen wollen – wie es einigen Whigs des 18. Jahrhunderts gelang, die Tories jakobitischer Umtriebe zu bezichtigen.

XII: Untergangsstimmung

1 Die osmanischen Erbfolgekriege (1911 bis 1922), der chinesisch-japanische Krieg von 1937 bis 1945, der Krieg im Pazifik von 1941 bis 1945.

2 Ostdeutschland 1953, Ungarn 1956, Tschechoslowakei 1968, Polen 1982.

3 W. T. Stead.

4 Vgl. Sarrant, zit.: Ch. M. Andrew und A. S. Kanya-Forstner, *France Overseas: The Great War and the Climax of French Imperial Expansion* (London 1981), S. 242.

5 Vertrag von Portsmouth (New Hampshire), der übrigens die Tatsache ignorierte, daß die Russen und die Japaner alle ihre Kämpfe zu Lande auf chinesischem Territorium ausgetragen hatten.

6 Und anderswo: Storry macht darauf aufmerksam, daß Sun Yat-Sen von der Freude beeindruckt war, die die Ägypter über den japanischen Sieg zeigten, und daß der französische Generalgouverneur von Madagaskar glaubte, eine Revolte, die dort stattfand, sei teilweise eine Auswirkung des japanischen Beispiels gewesen.

7 Vgl. die Bemerkungen eines jüngeren Ministers, Hayashi Tadasu, zit. bei R. Storry, *Japan and the Decline of the West in Asia 1894–1943* (London 1979), S. 30.

8 Die Bedeutung des moralischen Elements in der japanischen Strategie wurde in dem offiziellen Kommentar zur kaiserlichen Kriegserklärung von 1941 deutlich: »Die verschiedenen Rassen Asiens«, so heißt es da, »sehen die Briten und Amerikaner als der japanischen Rasse überlegen an ... Wir müssen unsere wirkliche Stärke allen unseren Mitrassen in Ostasien beweisen. Wir müssen ihnen eine Lektion erteilen. Es ist keine Lektion in Worten. Es sollte eine Lektion der Tatsachen sein. Mit anderen Worten: Bevor wir die Angelsachsen ... aus Ostasien vertreiben können, müssen wir sie schlagen.« Zit.: E. Wilkinson, *Japan versus Europe: A History of Misunderstanding* (Harmondsworth 1983), S. 122. Deutsch: *Das große Mißverständnis. Weshalb Europa den Industriegiganten Japan unterschätzt,* Königstein 1982.

9 Wie E. Abrahamian in seinem Werk *Iran between Two Revolutions* (Princeton 1982), S. 536, hervorhebt, »trieben die Landreformen des Schahs die Bauern in städtische Slums, wo sie sich begierig der Moschee und den Mullahs als Ersatz für den alten Gemeinschaftsgeist in den Dörfern, der Bezugspunkt und Sicherheit bedeutete, zuwandten.

10 Zum Beispiel die puritanische Wahabisten-Bewegung im Arabien des 18. Jahrhunderts – aus der sich die offizielle Ideologie des modernen Saudi-Arabien entwickelte –, die ihrerseits von aktiveren Schulen herausgefordert wurde.

11 Vgl. zum Beispiel CHC, X, I, S. 407.

12 Zit.: M. Robinson, *Islam and Capitalism* (Harmondsworth 1977) S. 12. Ich habe dieses Buch als große Hilfe und Anregung empfunden.

13 Seal, S. 317. Die Gründung des anglo-orientalischen Colleges in Aligarh (es wurde 1875 eröffnet) war die erste der von Syeds unternommenen Anstrengungen, muslimischen Studenten Englisch beizubringen.

14 Man erzählt, daß er, als man ihn fragte, was ihn am stärksten angesprochen habe, antwortete: »Verfügbarkeit«.

15 Zit.: H. C. Armstrong, *Grey Wolf* (London 1937), S. 205.

16 »1878 war Prinz Otto von Bismarck – der mit den meisten seiner europäischen Zeitgenossen die Angewohnheit teilte, die Osmanen für ›Türken‹ und für asiatisch, muslimisch und rückständig zu halten – überrascht festzustellen, daß die osmanische Delegation beim Berliner Kongreß von Karatodori Pascha, einem orthodoxen Griechen, und Mehemed Ali Pascha, gebürtig aus Magdeburg, das nicht weit von Bismarcks eigenem Besitz in Schönhausen entfernt war, angeführt wurde« (*The Mutual Effects of the Islamic and Judeo-Christian Worlds: The East European Pattern,* hrsg. v. A. Ascher u. a., S. 65).

17 Zum Beispiel aus einer vor kurzem erschienenen Veröffentlichung eines tansanischen Muslim. »Mit dem Auftreten Mustafa Kemals in der politischen Arena der Türkei wurde ein Stadium erreicht, in dem der Islam, das islamische Erbe und seine Werte über Bord geworfen und ein weltlicher Zustand geschaffen werden sollte. Resa Pahlawi, ein Soldat der iranischen Armee und eine weitere Marionette des Imperialismus, riß die Macht an sich und folgte Kemals Beispiel. Es begann ein Sperrfeuer auf islamische Werte durch die westlich-orientierte Elite, die den Islam als mittelalterlich, altmodisch, antiwissenschaftlich und reaktionär anprangerte.« F. A. Hamelt, »Iranisch-islamische Revolution aus meiner Sicht«, in einer Sammlung von Essays mit demselben Titel, 1982 von der Internationalen Abteilung für Erziehung der Isfahan-Universität im Iran veröffentlicht.

18 Obwohl sein Ruf in Pakistan jetzt eine Rehabilitation erfährt. Laut *»International Herald Tribune«* vom 19. Juli 1982 ist dort in einem Wettbewerb ein offizielles Porträt Jinnahs ermittelt worden, auf dem er pakistanische Kleidung statt der von ihm bevorzugten westlichen Kleidung trägt.

19 V. S. Naipaul, *Among the Believers* (London 1981), S. 19. Vgl. auch S. 158.

XIII. Eine nach-westliche Welt?

1 Solche Angelegenheiten erregen so leicht selbstgerechte Empörung, daß es der Mühe wert ist, darauf hinzuweisen, daß es in historischen Zeiten nicht nur westliche Kräfte waren, die, nachlässig und unwillentlich, die Wirtschaftssysteme anderer Teile der Welt veränderten, sondern daß der Islam die Wirtschaft von *Al-Andalus* revolutionierte und daß in Ostafrika die arabische Einführung von Gewürznelken und Bananen zusammen mit dem gewaltigen, von Arabern kontrollierten Sklavenhandel für einen tiefgreifenden wirtschaftlichen Wandel verantwortlich ist.

2 J. Halliday/G. McCormack, *Japanese Imperialism Today* (Harmondsworth 1973), S. 20.

3 Vgl. *»The Economist«,* 9. bis 15. Juli 1983. Für einen weiteren Kommentar zur japanischen Jugend vgl. Wilkinson, S. 138.

4 Der nur drei Monate dauernde erneute Auftritt eines »Kaisers« im Januar 1916 – Yuan Shik-k'ai war der bedeutendste militärische Führer der Revolution von 1911 und war 1912 Sun Yat-Sen als Präsident der neuen Republik gefolgt – kann diese summarische Feststellung kaum entkräften.

5 Vgl. Seizaburo Sato, »Japan's World Order«, in: *Modern Japan. An interpretive* [sic] *Anthology*, hrsg. v. I. Schreiner (New York 1974).

6 C. R. Boxer, »European Missionaries and Chinese Clergy«, S. 103.

7 1964 besuchte ich einen Tempel in Bengalen, wo Hausierer kleine Triptycha aus Zinn mit Bildern von Gandhi, Christus und J. F. Kennedy (!) verkauften.

8 Für ein interessantes persönliches Beispiel vgl. den Fall Yen Fus, der in den sechziger Jahren des 19. Jahrhunderts in die Schule für Navigation in Foochow eintrat und dort mit den Methoden und Fakten der Naturwissenschaften bekannt wurde – der Grund für seine spätere Begeisterung für westliche Wissenschaft. Vgl. B. Schwartz, *In Search of Wealth and Power*, S. 27. Prof. Schwartz gibt auch einige interessante Hinweise auf die Verbindung solcher »praktischen« Studien mit dem Aufkommen allgemeiner kritischer Reaktionen (S. 28).

9 Persönliche Information.

10 Vgl. den Bericht von Jonathan Mirsky, »Infanticide in the one-child, one-party state« (der auch andere interessante Fakten enthält) in *»The Times«*, März 1983, und einen Bericht des »Siebten Frauenkongresses des Stadtbezirks Peking« in *»China Daily«* vom 4. April 1983.

11 Insoweit der weitergreifende Kontext von Freizeit von Bedeutung ist, bringt auch das Veränderungen mit sich, die allzu oft unterbewertet worden sind. Vgl. H. Cunningham, *Leisure of the Industrial Revolution* (London 1980), pass.

12 A. Mazuri, in *»The Listener«*, vom 22. November 1979.

13 Im 18. Jahrhundert wuchs mit Hilfe Bentincks auch die Vorstellung, daß Glücklichsein gemessen werden kann.

Nachweis der Abbildungen

Seite 14: Montargis (Bulloz)
Seite 15: Frank Spooner Pictures (Abbas)
Seiten 17 und 18: BBC Hulton Picture Library
Seite 22: Ken Griffiths/Sunday Times Magazine
Seite 26: Chicago Art Institute (Werner Forman Archive)
Seite 27 oben: Ikon
Seite 27 unten: Joslyn Art Museum, Omaha, Nebraska (Werner Forman Archive)
Seite 28: Ikon
Seite 30: MacClancy Collection
Seite 31 oben: © Tsuneo Tamba Collection, Yokohama, Japan (Japan Information Centre)
Seite 31: unten: Japan Information Centre
Seite 32: Edimedia
Seite 36: Rolf Gillhausen/Stern
Seite 40: BBC Hulton Picture Library
Seite 42: Popperfoto
Seiten 44 und 45: Grand Rapids Public Library
Seite 46: John Hillelson Agency (Ian Berry/Magnum)
Seite 48 oben und Mitte: BAL/RIBA
Seite 48 unten: © Department of the Environment, Crown
Seite 51: Michael Holford
Seite 54: Ronald Sheridan's Photo Library
Seite 55: Werner Forman Archive
Seite 56: Robert Harding Picture Library
Seite 58 oben: Sonia Halliday Photographs (F. C. H. Birch)
Seite 58 unten: Sonia Halliday Photographs
Seite 59: Werner Forman Archive
Seite 61: Museo Gregoriano Profano (Werner Forman Archive)
Seiten 62 und 63: John Hillelson Agency/Brian Brake
Seite 65: Michael Holford
Seiten 66 und 68: Werner Forman Archive
Seite 70: The Fotomas Index
Seite 74: Bibliothèque de Douai (Giraudon)
Seite 77: Mansell Collection (© Bulloz)
Seite 80: John Hillelson Agency (© Stuart Franklin/Sygma)
Seite 82 oben: Scala
Seite 82 links: British Museum
Seite 82 rechts: Landesmuseum für Vorgeschichte, Halle, DDR
Seite 83: Photo Biblioteca Vaticana
Seite 86: Kunsthistorisches Museum, Wien (K. G. Meyer, © S. D. E.)
Seite 90: British Museum
Seite 91: Germanisches Nationalmuseum, Nürnberg

Seite 93: Musée Condé, Chantilly (Giraudon)
Seite 99: Bibliothèque Nationale, Paris
Seite 102 oben: Triangle Audio Visual Partnership (Roy Reed)
Seite 102 unten links: Sonia Halliday Photographs
Seite 102 unten rechts: Victoria and Albert Museum (E. T. Archive)
Seite 103: Bibliothèque Nationale, Paris
Seite 106: City of Bristol Museum and Art Gallery (Bridgeman Art Library)
Seite 107 oben: Bodleian Library
Seite 107 unten: Scala
Seite 110: Victoria and Albert Museum (John Webb)
Seite 113: Rapho
Seite 114: Museo Correr, Venedig (Scala)
Seite 115: Royal Library, Windsor, Wiedergabe mit freundlicher Genehmigung Ihrer Majestät der Königin
Seiten 121 links und 123 unten: Bibliothèque Nationale, Paris
Seiten 121 rechts, 123 oben, 127 und 130 unten: C. M. Dixon
Seite 130 oben: Michael Holford
Seite 131: Sonia Halliday Photographs
Seite 132: A. F. Kersting
Seite 133 oben: Bodleian Library
Seiten 134 und 135: Sonia Halliday Photographs
Seite 138: Kunsthistorisches Museum, Wien
Seite 139: Bibliothèque Nationale, Brüssel
Seite 142 und 143: Werner Forman Archive
Seite 146 oben: Juan Jimenez Salmeron
Seite 146 unten: Escorial (Patrimonie Nacional, Madrid)
Seite 147: Spectrum
Seite 148: Werner Forman Archive
Seite 151 oben und unten: Sonia Halliday Photographs
Seite 151 Mitte: British Museum
Seite 155 oben links: Photo Biblioteca Vaticana
Seite 155 unten links: Sonia Halliday Photographs
Seite 155 rechts: Tretjakow Galerie, Moskau (Nowosti)
Seite 162: Universitätsbibliothek Istanbul (Sonia Halliday Photographs)
Seite 163: Sonia Halliday Photographs
Seite 165: British Library
Seite 167: Tretjakow Galerie, Moskau (Nowosti)
Seite 168: Nowosti
Seite 171: Mansell Collection
Seite 172: Nowosti
Seite 173: Mansell Collection
Seite 174: Nowosti
Seite 178 oben: Bodleian Library
Seite 178 unten: Sonia Halliday Photographs
Seite 182: Robert Harding
Seite 183: British Museum
Seite 184: British Museum (Walter Forman Archive)
Seite 184/5: Bibliothèque Nationale, Paris (E. T. Archiv)
Seite 185: Mansell Collection
Seite 186: Ronald Sheridan's Photo Library
Seite 187: Art Institute of Chicago (Werner Forman Archive)
Seite 188: British Museum (© BPCC/Aldus/John Freeman)
Seite 190/1: Frans Hals Museum, Haarlem
Seite 192 oben: National Gallery of Art, Washington, D.C.
Seite 192 unten: National Maritime Museum
Seite 195: British Museum
Seite 198/9: The Fotomas Index
Seite 200: Mansell-Alinari
Seite 202: Arxiu Mas
Seite 207: Robert McNab
Seite 209: American Museum of Natural History
Seite 210 links: Museo de America, Madrid (Bridgeman Art Library)
Seite 210 rechts: Banco Central Museum, Ecuador (Tony Morrison)
Seite 211: Werner Forman Archive
Seite 213 oben: Det Kongelige Bibliotek, Kopenhagen
Seite 213 unten: British Library
Seite 217: Robert McNab
Seite 218 oben: The Methuen Collection
Seite 218 unten: Tony Morrison
Seite 220: Chloë Sayer
Seite 223: British Museum (Bridgeman Art Library)
Seite 224: British Library
Seite 226: Victoria and Albert Museum
Seite 227: National Maritime Museum
Seite 228 oben: Library of Congress, Washington, D.C.
Seite 228 unten: BBC Hulton Picture Library
Seite 232: Fürstbischöfliche Residenz, Würzburg (Bridgeman Art Library)
Seite 234: Barnaby's Picture Library (Bill Coward)
Seite 238: entnommen dem *Atlas Coellestes* des Andreas Cellarius
Seiten 239 und 241: Scala
Seite 243: Master and Fellows of Trinity College, Cambridge
Seite 246: Rijksmuseum, Amsterdam (Bridgeman Art Library)
Seite 246/7: Tate Gallery

Seite 250 oben: Musée des Beaux-Arts, Rouen (Giraudon)
Seite 250 unten: Louvre (Giraudon)
Seite 255: National Gallery of Scotland
Seite 258: Robert Harding Picture Library (Margaret Collier)
Seite 261: BBC Hulton Picture Library
Seite 262: Victoria and Albert Museum
Seite 266: Walker Art Gallery, Merseyside County Council
Seite 269: Krupp
Seite 270: Ironbridge Gorge Museum Trust
Seite 271: Trades Union Congress Library
Seite 272: Mit freundlicher Erlaubnis der British Telecom
Seite 274 oben: Library of Congress, Washington, D.C.
Seite 274 unten: Ikon
Seite 275: Illustrated London News Picture Library
Seite 277: Roger Viollet
Seite 279: Library of Congress, Washington, D.C.
Seite 282: Howard Blakemore
Seite 283: Musée Carnavalet (Bulloz)
Seite 286: oben: Birmingham City Museums & Art Gallery
Seite 286: unten: Musée de L'Union Centrale des Arts Decoratifs (Bulloz)
Seite 289: The Photo Source
Seiten 290, 291 und 293: Roger Viollet
Seite 296: Victoria and Albert Museum (Ikon)
Seite 299: Roger Viollet
Seite 300/1: National Board of Antiquities and Historical Monuments (© Nationalmuseum Finnland, Helsinki)
Seite 301: Vickers P. L. C.
Seite 306 oben: National Portrait Gallery
Seite 306 unten: Rijksmuseum, Amsterdam
Seite 307: National Army Museum
Seite 310: Mary Evans Picture Library
Seite 315 oben: BBC Hulton Picture Library
Seite 315 unten: Robert McNab
Seite 319: Mansell Collection
Seite 321: Royal Geographical Society
Seite 322: Musée Royal de L'Afrique Centrale (Werner Forman Archive)
Seite 324: The Anti-Slavery Society
Seite 326 oben: National Portrait Gallery
Seite 326 unten: Ausgestellt im Wilberforce House, Kingston-upon-Hull City Museums and Art Galleries
Seite 327: National Gallery of Victoria, Australien
Seiten 329 und 330: BBC Hulton Picture Library
Seite 334: The J. Allan Cash Photo Library
Seiten 336 und 338 oben: British Library
Seite 338 unten: National Maritime Museum
Seite 340 oben: Church Missionary Society
Seite 340 unten: Roger Viollet
Seite 342/3: Martyn Gregory Gallery
Seite 346 links: Mary Evans Picture Library
Seite 346 rechts: Punch Magazine
Seite 347: Chester Beatty Library, Dublin
Seiten 348, 350, 354 und 355: British Library
Seite 356: Mansell Collection
Seite 358: The Photo Source
Seite 365: Popperfoto
Seite 366: Victoria and Albert Museum
Seite 368 links: Tate Gallery (Eileen Tweedy)
Seite 368 rechts: Ullstein Bilderdienst
Seite 370: Collection Brinson
Seite 371: John Hillelson Agency (Burt Glinn)
Seite 372: MacClancy Collection
Seite 374: Popperfoto
Seite 377 oben: Victoria and Albert Museum/The Library of Congress, Washington, D.C.
Seite 377 unten: United Press Association
Seite 379: Auschwitz Museum (Wiener Library Ltd.)
Seite 378/9: Imperial War Museum
Seite 380: Stanley Gibbons Ltd.
Seite 382: Edimedia
Seite 383: Victoria and Albert Museum
Seite 384: McClancy Collection
Seite 386: John Topham Picture Library
Seite 393: BBC Hulton Picture Library
Seite 398: MacClancy Collection
Seite 402: Popperfoto
Seite 406: BBC Hulton Picture Library
Seite 408: Hsinhua New Agency
Seite 409: John Jillelson Agency (Henry Cartier-Bresson)
Seite 411: John Hillelson Agency (Alain Nogues/Sygma)
Seite 414: Barnaby's Picture Library
Seite 415: John Hillelson Agency (Elliott Erwitt/Magnum)
Seite 416: John Hillelson Agency (Bruno Barbey)
Seite 420: John Hillelson Agency (Alain Nogues/Sygma)
Seite 422: John Hillelson Agency (Henri Cartier-Bresson)
Seite 424: The Photo Source
Seite 426: Daily Telegraph Colour Library
Seite 427: John Hillelson Agency (Werner Bischof/Magnum)
Seite 431: Daily Telegraph Colour Library (© Gruschwitz)

Register

Die Hauptschübe der Expansion des Christentums von 600 bis 1300 n. Chr.